ΠΛΑΤΩΝΑΣ, ΟΧΙ ΠΡΟΖΑΚ!

Η εφαρμογή της φιλοσοφίας
στα καθημερινά προβλήματα

ΛΟΥ ΜΑΡΙΝΟΦ

ΠΛΑΤΩΝΑΣ, ΟΧΙ ΠΡΟΖΑΚ!

Η εφαρμογή της φιλοσοφίας
στα καθημερινά προβλήματα

Μετάφραση από τα αγγλικά
ΑΡΙΑΔΝΗ ΑΛΑΒΑΝΟΥ

ΕΚΔΟΤΙΚΟΣ ΟΡΓΑΝΙΣΜΟΣ ΛΙΒΑΝΗ
ΑΘΗΝΑ 2002

Σειρά: ΦΙΛΟΣΟΦΙΑ
Τίτλος πρωτοτύπου: PLATO, NOT PROZAC!
Συγγραφέας: LOU MARINOFF

ΕΚΔΟΤΙΚΟΣ ΟΡΓΑΝΙΣΜΟΣ ΛΙΒΑΝΗ ΑΒΕ
Σόλωνος 98 – 106 80 Αθήνα. Τηλ.: 210 3661200, Fax: 210 3617791
http://www.livanis.gr

ISBN 960-14-0635-2

*Σε αυτούς που πάντα ήξεραν πως η φιλοσοφία είναι καλή για κάτι,
αλλά δεν μπορούσαν ποτέ να πουν ακριβώς για τι.*

«Γιατί τη γλύκα στη ζωή (τη φέρνει) ο νηφάλιος στοχασμός, αυτός που διερευνά τους λόγους για τους οποίους, προτιμάμε ή αποφεύγουμε καθετί και αποδιώχνει τις δοξασίες που με τόση ταραχή γεμίζουν την ψυχή μας».

ΕΠΙΚΟΥΡΟΣ
(*Επιστολή προς Μενοικέα*,
μτφρ. Νίκος Σκουτερόπουλος,
εκδ. Στιγμή, Αθήνα, 2000)

«Ὁ δέ ἀνεξέταστος βίος οὐ βιωτός ἀνθρώπῳ».

ΣΩΚΡΑΤΗΣ

«Ο χρόνος της ανθρώπινης ζωής δεν είναι παρά ένα σημείο, και η ουσία της ρευστή, και οι αντιλήψεις της ακαθόριστες, και η σύνθεση του σώματος φθαρτή, και η ψυχή μία δίνη, και η τύχη ακατανόητη, και η δόξα ένα ανούσιο πράγμα. Τι υπάρχει τότε που να μπορεί να κατευθύνει έναν άνθρωπο; Ένα και μόνο ένα, η φιλοσοφία».

ΜΑΡΚΟΣ ΑΥΡΗΛΙΟΣ

«Τα σύννεφα της θλίψης μου διαλύθηκαν και ήπια από το φως. Με τις σκέψεις μου συγκεντρωμένες ξανά γύρισα να εξετάσω το πρόσωπο της “γιατρού” μου. Γύρισα τα μάτια μου και σταμάτησα το βλέμμα μου επάνω της, και είδα πως ήταν η τροφός μου, η οποία με φρόντιζε στον οίκο της από τα νιάτα μου – η Φιλοσοφία».

ΑΝΙΚΙΟΣ ΒΟΗΘΙΟΣ

«Ο άνθρωπος δεν μπορεί να υπερεκτιμήσει το μεγαλείο και τη δύναμη του νου του».

ΓΚΕΟΡΓΚ ΦΡΙΝΤΡΙΧ ΧΕΓΚΕΛ

«Το να φιλοσοφεί κανείς είναι σαν να εξερευνά την ιδιοσυγκρασία του, ενώ παράλληλα προσπαθεί να ανακαλύψει την αλήθεια»

ΑΪΡΙΣ ΜΕΡΝΤΟΧ

«Οι μαραγκοί μετασχηματίζουν το ξύλο, οι κατασκευαστές τόξων τα βέλη, οι σοφοί τους εαυτούς τους».

ΒΟΥΔΑΣ

ΠΕΡΙΕΧΟΜΕΝΑ

ΕΥΧΑΡΙΣΤΙΕΣ

Ευχαριστώ τους φιλοσοφικούς μου προκατόχους και συγχρόνους για τη διαρκή έμπνευση. Η φιλοσοφία είναι ένας ατελείωτος ποταμός που ελίσσεται και ρέει αλλά δεν στερεύει ποτέ.

Ευχαριστώ τους πολλούς ακαδημαϊκούς και επαγγελματίες συναδέλφους, στην Αμερική και το εξωτερικό, για την εποικοδομητική ανταλλαγή. Αυτοί συντηρούν τη φλόγα της φιλοσοφικής αναζήτησης με διαφωτιστικές θεωρίες και αποτελεσματικές πρακτικές.

Ευχαριστώ όλους τους ψυχολόγους που συνεισέφεραν με μελέτες περιπτώσεων. Εξαιτίας των συνηθισμένων περιορισμών δεν μπορούσαν να ενσωματωθούν όλες περιπτώσεις. Χρησιμοποιήσαμε περιπτώσεις από τους: Κιθ Μπέρκαμ, Χάριετ Τσάμπερλεν, Ρίτσαρντ Ντανς, Βογκάνα Φίρι, Στέφεν Χέιρ, Αλίσια Χουαρέρο, Κρις ΜακΚάλαχ, Μπεν Μιγιουσκόβιτς, Σιμόν ντι Πλοκ και Πέτερ Ράαμπε. Ευχαριστώ επίσης αυτούς τους ψυχολόγους στη δουλειά και τη διαίσθηση των οποίων αναφέρθηκα κατά περίσταση: Γκερντ Άχενμπαχ, Στάνλεϊ Τσαν, Πιερ Γκράιμς, Κένεθ Κίπνις, Ραν Λάχαβ, Πίτερ Μαρτς και Μπέρναρντ Ρόι.

Ευχαριστώ τους Ολλανδούς συναδέλφους –κυρίως τους Ντριές Μπέλε και Ίντα Γιόνγκσμα– για την εκπαίδευση των πρώτων Αμερικανών αρωγών στη Νελσόνεια μέθοδο της Διαλεκτικής του Σωκράτη.

Ευχαριστώ και τόσους άλλους, που το όραμα και η απεριόριστη υποστήριξή τους βοήθησαν στην εμφάνιση της εφαρμοσμένης φιλοσοφίας στην Αμερική μεταξύ των οποίων τους: Τσαρλς ΝτεΚίκο, Τζοέλε Ντελμπούργκο, Ρούμπεν Ντίας Τζ., Πολ ντελ Ντούκα, Ρον Γκόλντφαρμπ, Τζον Γκρίνγουντ, Ρόμπι Χέαρ, Μαχίν Χασίμπι, Μερλ Χόφμαν, Αν Λίπελ, Τόμας Μάγκνελ, Ρόμπιν Λίρι Μαντσίνι, Τζιν Μεκάνικ, Τόμας Μοράλες, Γιολάντα Μόζες, Τζέραντ Ο' Σάλιβαν, Μέχουλ Σαχ, Πολ Σάρκι, Γουέιν Σέλτον, Τζένιφερ Σταρκ, Μάρτιν Τάμι, και Εμάνουελ Τσιβιτζιάν.

Τελειώνοντας, ευχαριστώ την Κολίν Κάπκλαϊν, η οποία ικανότατα μετέφρασε τις δυσνόητες ασυναρτησίες μου σε προσιτό γραπτό λόγο. Κάθε φιλόσοφος, από ό,τι έμαθα, μπορεί να γράψει ένα μη δημοφιλές βιβλίο χωρίς καμία βοήθεια. Άλλωστε είναι δικό μας χάρισμα να παίρνουμε απλά θέματα και να τα κάνουμε απίστευτα περίπλοκα. Αντιθέτως, για να είναι ένα γραπτό δημοφιλές απαιτεί την έντεχνη μα και πιστή μετατροπή περίπλοκων θεμάτων σε απίστευτα απλά, κάτι που εγώ δεν θα μπορούσα καν να διανοηθώ, πόσο μάλλον να το πραγματοποιήσω, χωρίς πεπειραμένη βοήθεια.

Οι περιπτωσιολογικές μελέτες που παρατίθενται προέρχονται από τη συμβουλευτική πρακτική δική μου και συναδέλφων οι οποίοι εθελοντικά μου τις υπέβαλαν για να τις συμπεριλάβω. Η ανωνυμία των πελατών μας προστατεύεται με την αλλαγή ονομάτων, τοπωνυμίων, επαγγελμάτων, λεπτομερειών και άλλων σχετικών πληροφοριών. Παρόλο που οι ταυτότητες τους είναι φανταστικές, τα φιλοσοφικά οφέλη που αποκόμισαν είναι αληθινά.

ΜΕΡΟΣ ΠΡΩΤΟ

ΝΕΕΣ ΧΡΗΣΕΙΣ ΤΗΣ ΑΡΧΑΙΑΣ ΣΟΦΙΑΣ

1

ΤΙ ΠΗΓΕ ΛΑΘΟΣ ΜΕ ΤΗ ΦΙΛΟΣΟΦΙΑ ΚΑΙ ΤΙ ΠΑΕΙ ΣΩΣΤΑ ΜΕ ΑΥΤΗΝ ΤΕΛΕΥΤΑΙΑ

«Δεν υπάρχει άγουρη ή υπερώριμη εποχή για την ψυχική υγεία. Εκείνος που λέει ότι δεν είναι ακόμη καιρός για φιλοσοφία ή ότι πέρασε ο καιρός, μοιάζει με εκείνον που λέει ότι δεν είναι καιρός για ευδαιμονία».

ΕΠΙΚΟΥΡΟΣ*

«Για να είσαι φιλόσοφος δεν χρειάζεται απλά να έχεις εκλεπτυσμένες σκέψεις, ούτε καν να ιδρύσεις μια σχολή... Πρέπει να έχεις λύσει μερικά από τα προβλήματα της ζωής, πρακτικά, όχι θεωρητικά».

ΧΕΝΡΙ ΝΤΕΪΒΙΝΤ ΘΟΡΟ

Μια νεαρή κοπέλα αντιμετωπίζει την ανίατη περίπτωση καρκίνου του μαστού της μητέρας της. Ένας μεσήλικας άνδρας σχεδιάζει αλλαγή καριέρας. Μια προτεστάντισσα, που η κόρη

---

* *Προς Μενοικέα,* μτφρ. Περικλής Ροδάκης, Εκδοτικός Οργανισμός Λιβάνη, Αθήνα, 1993. (Σ.τ.Μ.)

της είναι αρραβωνιασμένη με έναν Εβραίο και ο γιος της παντρεμένος με μια μουσουλμάνα, φοβάται πιθανές θρησκευτικές διαμάχες. Ένα επιτυχημένο διευθυντικό στέλεχος προσπαθεί να αποφασίσει αν θα αφήσει τη γυναίκα του με την οποία είναι παντρεμένος για πάνω από είκοσι χρόνια. Μια γυναίκα ζει ευτυχισμένη με τον άνδρα της, αλλά μόνο ο ένας θέλει παιδιά. Ένας μηχανικός και ανύπαντρος πατέρας τεσσάρων παιδιών ανησυχεί μήπως αν αποκαλύψει ένα σχεδιαστικό λάθος σε ένα πρόγραμμα για το οποίο υφίσταται μεγάλη πίεση θα χάσει τη δουλειά του. Μια γυναίκα που έχει οτιδήποτε νόμιζε ότι ήθελε –άνδρα και παιδιά που την αγαπούν, όμορφο σπίτι, καριέρα υψηλών αποδοχών– παλεύει με την έλλειψη νοήματος: Όταν κοιτάζει τη ζωή της σκέφτεται: «Αυτό είναι όλο;»

Όλοι αυτοί οι άνθρωποι έχουν ζητήσει επαγγελματική βοήθεια για να αντιμετωπίσουν τα προβλήματα που νομίζουν ότι τους καταβάλλουν. Παλιότερα αυτοί οι άνθρωποι θα κατέφευγαν στα γραφεία ψυχολόγων, ψυχιάτρων κοινωνικών λειτουργών, συμβούλων γάμου ή ακόμη και στον προσωπικό τους γιατρό για να ζητήσουν βοήθεια για «διανοητική ασθένεια». Ή μπορεί να συμβουλεύονταν ένα πνευματικό σύμβουλο ή μπορεί να κατέφευγαν στη θρησκεία για ηθική διδασκαλία και καθοδήγηση. Και μερικοί από αυτούς μπορεί να έβρισκαν βοήθεια σε αυτά τα μέρη. Μπορεί επίσης να έπρεπε να υπομείνουν συζητήσεις για τα παιδικά τους χρόνια, αναλύσεις των προτύπων συμπεριφοράς τους, συνταγές για αντικαταθλιπτικά ή επιχειρήματα για την αμαρτωλή τους φύση ή για το ότι ο Θεός συγχωρεί. Τίποτα από τα παραπάνω δεν θα έφτανε στην καρδιά του προβλήματός τους. Και μπορεί κάλλιστα να υπέβαλλαν τους εαυτούς τους σε πολύχρονες και ατελείωτες θεραπείες, οι οποίες θα επικεντρώνονταν στο να διαγνώσουν την ασθένεια σαν να ήταν όγκος προς εξαγωγή ή κάποιο σύμπτωμα που αντιμετωπίζεται με φάρμακα.

Όμως τώρα υπάρχει και άλλη μια επιλογή για τους ανθρώπους που δεν είναι ικανοποιημένοι ή αντιτίθενται στην ψυχολογική ή ψυχιατρική θεραπεία: φιλοσοφικές συμβουλές. Αυτό που έκαναν οι άνθρωποι που αναφέρθηκαν νωρίτερα ήταν να ζητήσουν διαφορετικού είδους βοήθεια. Συμβουλεύτηκαν ένα φιλοσοφικό θεραπευτή, ψάχνοντας για φώτιση ανάμεσα στις μεγαλύτερες παραδόσεις σοφίας του κόσμου. Καθώς καθιερωμένοι θρησκευτικοί θεσμοί χάνουν τη δύναμή τους σε όλο και περισσότερους ανθρώπους και καθώς η ψυχολογία και η ψυχιατρική υπερβαίνουν τα όρια της χρησιμότητάς τους στις ζωές των ανθρώπων (αρχίζοντας να κάνουν πιο πολύ κακό από ό,τι καλό), όλο και περισσότεροι φτάνουν στο συμπέρασμα ότι η φιλοσοφική γνώση περιλαμβάνει λογική, ηθική, αξίες, νόημα, εκλογίκευση, λήψη αποφάσεων σε καταστάσεις διαμάχης ή ρίσκου και σε όλες τις εξαιρετικά πολύπλοκες καταστάσεις που χαρακτηρίζουν την ανθρώπινη ζωή.

Οι άνθρωποι που αντιμετωπίζουν αυτές τις καταστάσεις πρέπει να μιλούν με όρους αρκετά βαθιούς και ευρείς, ώστε να αγγίζουν τις ανησυχίες τους. Αναλαμβάνοντας το χειρισμό των προσωπικών τους φιλοσοφιών πάνω στη ζωή, μερικές φορές με τη βοήθεια των μεγαλύτερων διανοητών του παρελθόντος, μπορούν να φτιάξουν ένα πλαίσιο βάσει του οποίου να χειριστούν όποια προβλήματα έχουν και να αντιμετωπίσουν την επόμενη κρίση με πιο γερές βάσεις και πνευματικά ή φιλοσοφικά πλήρεις. Χρειάζονται διάλογο, όχι διάγνωση.

Μπορείτε να εφαρμόσετε τη διαδικασία στην προσωπική σας ζωή. Μπορείτε να δουλέψετε μόνοι σας, παρόλο που μερικές φορές βοηθάει να υπάρχει ένας συνεργάτης, με τον οποίο όταν συζητάτε βεβαιώνεστε ότι δεν έχετε παραλείψει κάτι ή ότι δεν έχετε αρκεστεί στην απλοποίηση εις βάρος της λογικής. Με την καθοδήγηση και τα παραδείγματα αυτού του βιβλίου, θα είστε έτοιμοι να ανακαλύψετε τα προτερήματα μιας ζωής* με διαρκή εξέταση, στα οποία συμπεριλαμβάνονται ψυχική ηρεμία, σταθερότητα και ακεραιότητα. Δεν χρειάζεστε εμπειρία στη φιλοσοφία, ούτε χρειάζεται να διαβάσετε την *Πολιτεία* του Πλάτωνα ή κάποιο άλλο φιλοσοφικό κείμενο (εκτός βέβαια και αν το θέλετε). Το μόνο που χρειάζεστε είναι μια φιλοσοφική αλλαγή στον τρόπο σκέψης, την οποία, εφόσον κρατάτε αυτό το βιβλίο και έχετε διαβάσει ως εδώ, θα έλεγα ότι την έχετε ήδη κάνει.

Η ΦΙΛΟΣΟΦΙΑ ΤΟΥ ΚΑΘΕ ΑΤΟΜΟΥ

Ο καθένας έχει μια φιλοσοφία πάνω στη ζωή, αλλά μόνο λίγοι από εμάς έχουμε το προνόμιο και την άνεση να καθόμαστε και να προσπαθούμε να ξεδιαλύνουμε τις λεπτομέρειες. Έχουμε την τάση να την αναπτύσσουμε καθώς προχωρούμε. Η εμπειρία είναι μεγάλος δάσκαλος, αλλά χρειάζεται επίσης να εκλογικεύουμε τις εμπειρίες μας. Πρέπει να σκεφτόμαστε κριτικά, ψάχνοντας για επαναλαμβανόμενα πρότυπα και συνδυάζοντας τα πάντα, προσπαθώντας να σχηματίσουμε τη μεγάλη εικόνα

---

* Ο συγγραφέας εννοεί την αντίληψη του Σωκράτη για τη ζωή, η οποία αποκτά ενδιαφέρον μόνο αν είναι μια διαρκής αναζήτηση της αλήθειας, της γνώσης και του εσωτερικού κόσμου (της αυτογνωσίας) όπως επίσης και της ηθικής συμπεριφοράς. Μια ζωή με διαρκή εξέταση. (Σ.τ.Μ.)

για να συνεχίσουμε το δρόμο μας στη ζωή. Η κατανόηση της δικής μας φιλοσοφίας μπορεί να μας βοηθήσει να αποτρέψουμε, να επιλύσουμε ή να αντιμετωπίσουμε πολλά προβλήματα. Οι φιλοσοφίες μας μπορούν επίσης να αποτελέσουν τη βασική εξήγηση για προβλήματα που βιώνουμε· έτσι πρέπει να αξιολογήσουμε τις ιδέες μας για να διαμορφώσουμε μια άποψη που θα λειτουργεί υπέρ μας και όχι εναντίον μας. Μπορείτε να αλλάξετε αυτό που πιστεύετε για να βρείτε τη λύση ενός προβλήματος και αυτό το βιβλίο θα σας δείξει πώς.

Παρά την παρούσα φήμη της, η φιλοσοφία δεν είναι υποχρεωτικό να είναι τρομακτική, βαρετή ή ακατανόητη. Πολλά από όσα έχουν γραφτεί πάνω στο αντικείμενο, στο πέρασμα των χρόνων, εμπίπτουν σε μια ή περισσότερες από τις παραπάνω κατηγορίες, αλλά κατά βάθος η φιλοσοφία εξετάζει ερωτήματα που όλοι θέτουμε: Τι είναι η καλή ζωή; Τι είναι το καλό; Ποιο είναι το νόημα της ζωής; Γιατί είμαι εγώ εδώ; Γιατί θα πρέπει να κάνω το σωστό; Ποιο είναι το σωστό; Δεν είναι εύκολα ερωτήματα και δεν υπάρχουν εύκολες απαντήσεις, γιατί αλλιώς δεν θα ασχολούμαστε ακόμη με αυτές. Ποτέ δυο άνθρωποι δεν φτάνουν αυτόματα ακριβώς στις ίδιες απαντήσεις. Όμως όλοι έχουμε ένα σύνολο λειτουργικών αρχών με τις οποίες δουλεύουμε, άσχετα εάν γνωρίζουμε την ύπαρξή τους και μπορούμε να τις απαριθμήσουμε ή όχι.

Το καλύτερο πράγμα, από τα χιλιάδες χρόνια διαλογισμού από τα οποία μπορούμε να αντλήσουμε υλικό, είναι ότι μερικά από τα σοφότερα μυαλά της ιστορίας έχουν ασχοληθεί με αυτά τα θέματα και έχουν αφήσει σκέψεις, οράματα και οδηγίες για να χρησιμοποιήσουμε εμείς. Μα η φιλοσοφία είναι και προσωπική – είσαι και εσύ φιλόσοφος επίσης. Πάρε ό,τι μπορείς από άλλες πηγές, μα για να φτάσεις σε έναν τρόπο προσέγγισης του κόσμου προσιτό σε εσένα, πρέπει να σκεφτείς μόνος σου. Τα καλά νέα είναι ότι με την κατάλληλη ενθάρρυνση, μπορείς να σκεφτείς αρκετά αποτελεσματικά από μόνος σου.

Και πού θα βρεις την κατάλληλη ενθάρρυνση; Στο βιβλίο αυτό για αρχή. Το *Πλάτωνας, όχι Πρόζακ!** προσφέρει μερικούς από τους καρπούς της φιλοσοφικής πρακτικής. Εγώ και οι συνάδελφοί μου δεν είμαστε φιλόσοφοι μόνο με την ακαδημαϊκή έννοια. Παρόλο που πολλοί από μας έχουμε πτυχία, διδάσκουμε σε πανεπιστήμια και δημοσιεύουμε εξειδικευμένα άρθρα, δεν αρκούμαστε μόνο σε αυτό: Προσφέρουμε επίσης συμβουλές σε πελάτες, ομαδική αρωγή και συμβουλές σε οργανισμούς. Παίρνουμε τη φιλοσοφία από το καθαρά θεωρητικό και υποθετικό πλαίσιο και την εφαρμόζουμε στα καθημερινά, προσωπικά, κοινωνικά και επαγγελματικά προβλήματα.

Εάν ερχόταν κάποιος να με δει, μπορεί να συζητούσαμε για τις σκέψεις του Κίρκεγκορ για την αντιμετώπιση του θανάτου, τις ιδέες της Άιν Ραντ πάνω στην αρετή της ανιδιοτέλειας ή τις συμβουλές του Αριστοτέλη για την επιδίωξη σύνεσης και εγκράτειας. Μπορεί να ανατρέχαμε στη θεωρία των αποφάσεων, στο *Ι Τσινγκ* (*Το Βιβλίο των Αλλαγών*) ή στη θεωρία του καθήκοντος του Καντ. Ανάλογα με το πρόβλημα, θα εξετάζαμε τις θεωρίες των φιλοσόφων που θα ταίριαζαν περισσότερο στη συγκεκριμένη κατάσταση και αυτές που θα ήταν πιο φιλικές προς εσάς. Σε μερικούς αρέσουν οι αυταρχικές ιδέες του Χομπς, για παράδειγμα, ενώ άλλοι ανταποκρίνονται σε πιο διαισθητικές προσεγγίσεις, όπως του Λάο Τσου. Μπορεί να διερευνήσουμε τις φιλοσοφίες τους σε βάθος. Αλλά το πιθανότερο είναι

---

* Το Prozac είναι ένα αντικαταθλιπτικό φάρμακο σχετικά νεότερης γενιάς που στις ΗΠΑ έχει τόσο ευρεία χρήση που ονομάστηκε «χάπι της ευτυχίας». (Σ.τ.Μ.)

να έχετε τις δικές σας φιλοσοφικές απόψεις και να ψάχνετε τρόπο να τις εκφράσετε με μεγαλύτερη σαφήνεια. Θα λειτουργούσα ως οδηγός για να εκμαιεύσω και να διασαφηνίσω τις δικές σας ιδέες, και πιθανότατα να σας προτείνω και μερικές καινούριες.

Αυτό που θα ανακαλύψετε, έχοντας ασχοληθεί φιλοσοφικά με το θέμα σας, είναι ένας διαρκής τρόπος για να αντιμετωπίσετε οτιδήποτε βρεθεί στο δρόμο σας, στο παρόν και στο μέλλον, με ευρύτητα πνεύματος και σε βάθος. Θα βρείτε πραγματική ψυχική ηρεμία με στοχασμό και όχι μέσω φαρμακευτικής αγωγής. Πλάτωνας, όχι Πρόζακ. Απαιτεί καθαρή και οξεία σκέψη, αλλά δεν είναι κάτι ακατόρθωτο.

Η ζωή είναι αγχώδης και περίπλοκη, αλλά δεν είναι απαραίτητο να ανησυχείτε και να μπερδεύεστε. Το βιβλίο αυτό αναφέρεται σε ανθρώπινα προβλήματα της καθημερινής ζωής. Είμαστε ιδιαίτερα ευάλωτοι όταν έχουμε χαμηλή πίστη και αυτοπεποίθηση, όπως τόσοι από εμάς που νιώθουν ότι δεν μπορούν να βρουν απαντήσεις με τη βοήθεια της θρησκείας ή της επιστήμης. Στη διάρκεια αυτού του αιώνα, μια διευρυνόμενη άβυσσος έχει εμφανιστεί κάτω από τα πόδια μας, καθώς η θρησκεία έχει υποχωρήσει, η επιστήμη έχει προχωρήσει και το νόημα έχει χαθεί. Οι περισσότεροι από εμάς δεν αντιλαμβανόμαστε καν την άβυσσο μέχρι να πέσουμε μέσα. Υπαρξιακοί φιλόσοφοι κάνουν μεγάλα ταξίδια στην άβυσσο, μα δεν μπορούν να βγάλουν πολλούς ανθρώπους από αυτήν. Πρέπει να συγκεντρώσουμε τις πρακτικές εφαρμογές από όλα τα φιλοσοφικά ρεύματα για να χαράξουμε το δρόμο μας μέσα σ' αυτή.

Η φιλοσοφία ξανακερδίζει τη χαμένη της αίγλη σαν ένας εξυπηρετικός τρόπος να εξετάσουμε τον κόσμο γύρω μας καθώς το σύμπαν μάς παρουσιάζει καινούρια μυστήρια γρηγορότερα από όσο η θεολογία ή η επιστήμη μπορούν να διευθετήσουν τα ήδη υπάρχοντα. Ο Μπέρτραντ Ράσελ χαρακτήρισε τη φιλοσοφία σαν «κάτι ενδιάμεσο ανάμεσα στην επιστήμη και τη θεολογία... μια αδέσποτη έκταση, εκτεθειμένη σε επιθέσεις και από τις δυο πλευρές». Αλλά η θετική πλευρά αυτής της προσφυούς αξιολόγησης είναι ότι η φιλοσοφία μπορεί να αντλεί δύναμη και από τις δυο πλευρές, χωρίς να πρέπει να απορροφά τα δόγματα ή τις αδυναμίες τους.

Αυτό το βιβλίο βασίζεται στους μεγαλύτερους φιλόσοφους και στις σημαντικότερες φιλοσοφικές θεωρίες της ιστορίας και του κόσμου για να σας δείξει πώς να προσεγγίζετε τα σημαντικά θέματα της ζωής σας. Ασχολείται με τα προβλήματα που όλοι αντιμετωπίζουν, συμπεριλαμβανομένων του χειρισμού ερωτικών σχέσεων, της ηθικής διαβίωσης, της αντιμετώπισης του θανάτου, της αλλαγής καριέρας και της εύρεσης νοήματος στη ζωή. Βέβαια δεν έχουν όλα τα προβλήματα λύση, αλλά ακόμα και αν δεν μπορεί να βρεθεί λύση, πρέπει να βρεθεί ένας τρόπος χειρισμού του προβλήματος έτσι ώστε να μπορούμε να συνεχίσουμε τη ζωή μας. Με τον έναν ή τον άλλο τρόπο, είτε λύνοντας είτε αντιμετωπίζοντας το πρόβλημα, αυτό το βιβλίο μπορεί να σας καθοδηγήσει. Αντί όμως να προσφέρει επιφανειακές ή σχετιζόμενες με την παθολογία ψευδοϊατρικές προσεγγίσεις του τύπου της Νέας Εποχής, παρουσιάζει δοκιμασμένη από το χρόνο γνώση ειδικά προσαρμοσμένη στο να σας βοηθήσει να ζήσετε με πληρότητα και ακεραιότητα σε έναν όλο και πιο προκλητικό κόσμο.

ΠΡΑΚΤΙΚΗ ΦΙΛΟΣΟΦΙΑ

Η φιλοσοφική συμβουλευτική είναι ένας σχετικά νέος μα γρήγορα εξελισσόμενος τομέας της φιλοσοφίας. Το κίνημα της φιλοσοφικής πρακτικής ξεκίνησε από την Ευρώπη τη δεκαετία του 1980, με τον Γκερτ Άχενμπαχ στη Γερμανία, και άρχισε να αναπτύσσεται στη Βόρεια Αμερική στη δεκαετία του 1990. Ενώ οι λέξεις *φιλοσοφία* και *πρακτική* δύσκολα μπορεί να συνδυαστούν στο μυαλό των περισσότερων ανθρώπων, η φιλοσοφία πάντα παρείχε εργαλεία για να τα χρησιμοποιούν οι άνθρωποι στην καθημερινή τους ζωή. Όταν ο Σωκράτης περνούσε τον καιρό του συζητώντας στην Αγορά σημαντικά θέματα και ο Λάο Τσου κατέγραφε τις συμβουλές του για το πώς να ακολουθήσει κανείς το μονοπάτι της επιτυχίας αποφεύγοντας παράλληλα τις ατυχίες, είχαν σκοπό οι ιδέες τους να εφαρμοστούν. Η φιλοσοφία αρχικά ήταν τρόπος ζωής όχι ακαδημαϊκό αντικείμενο, ένα αντικείμενο όχι μόνο προς μελέτη αλλά και προς εφαρμογή. Όμως τον περασμένο αιώνα οι φιλόσοφοι απομονώθηκαν σε μια εσώτερη πλευρά ενός πύργου από ελεφαντόδοντο, γεμάτη από θεωρητική διορατικότητα αλλά άδεια από πρακτική εφαρμογή.

Η *αναλυτική φιλοσοφία* είναι ο τεχνικός όρος αυτού που σας έρχεται στο μυαλό κάθε φορά που σκέφτεστε τη φιλοσοφία. Αυτός είναι ο τομέας όπως καθορίζεται ακαδημαϊκά. Αυτό το είδος φιλοσοφίας είναι τελείως θεωρητικό και αυτοαναφορικό, με ελάχιστα ή τίποτα να πει για τον κόσμο. Σπάνια εφαρμόζεται στη ζωή. Αυτή η προσέγγιση είναι ικανοποιητική για πανεπιστήμια. Η βασική μελέτη της φιλοσοφίας πρέπει να αποτελεί τμήμα κάθε είδους γενικής μόρφωσης. Ένα πανεπιστήμιο χωρίς φιλοσοφικό τμήμα είναι σαν ένα σώμα χωρίς κεφάλι. Αλλά στους περισσότερους ακαδημαϊκούς τομείς μελέτης που υπάρχει ένα καθαρά θεωρητικό τμήμα υπάρχει επίσης και ένα καθαρά πρακτικό τμήμα. Μπορεί να μελετήσει κανείς θεωρητικά ή εφαρμοσμένα μαθηματικά, θεωρητικές ή εφαρμοσμένες επιστήμες. Παρόλο που είναι ουσιώδες για κάθε τομέα μελέτης να επεκτείνει τους θεωρητικούς του ορίζοντες, η ακαδημαϊκή φιλοσοφία έχει δώσει τελευταία μεγάλη έμφαση στη θεωρία εις βάρος της πρακτικής. Σας υπενθυμίζω ότι η ζωντανή γνώση της φιλοσοφίας, που ασχολείται με την καθημερινή ζωή και το πώς να τη ζήσει κανείς, προϋπάρχει της παγίωσης της φιλοσοφίας ως νοητικής εκγύμνασης που δεν έχει καμία σχέση με την καθημερινή ζωή.

Η φιλοσοφία επιστρέφει στο φως της ημέρας, όπου οι συνηθισμένοι άνθρωποι μπορούν να την κατανοήσουν και να την εφαρμόσουν. Διορατικές αντιλήψεις για την ανθρώπινη ύπαρξη άφθαρτες από το χρόνο είναι διαθέσιμες για εσάς. Εμείς οι επαγγελματίες της εφαρμοσμένης φιλοσοφίας τις παίρνουμε από τα μουχλιασμένα ράφια της βιβλιοθήκης, τις ξεσκονίζουμε και τις θέτουμε στη διάθεσή σας. Μπορείτε να μάθετε να τις χρησιμοποιείτε. Δεν χρειάζεται προηγούμενη εμπειρία. Μπορεί να θελήσετε μια περιήγηση στην περιοχή της φιλοσοφίας πριν ξεκινήσετε από μόνοι σας. Αυτό το βιβλίο σάς το προσφέρει αυτό μαζί με επεξηγήσεις για τις διαδρομές που θα ακολουθήσετε για να έχετε ένα ασφαλές και συναρπαστικό ταξίδι στη φιλοσοφία, μόνοι σας ή με ένα φίλο.

Για κανένα λόγο δεν εξαρτάται από το αν έχετε διδακτορικό ή οποιοδήποτε άλλο δίπλωμα σπουδών το εάν θα ωφεληθείτε από τη γνώση τόσων αιώνων. Άλλωστε, δεν είναι απαραίτητο να μελετήσετε βιοφυσική για να περπατήσετε, μηχανολογία για να στήσετε ένα αντίσκηνο ή οικονομικά για να βρείτε μια δουλειά. Ομοίως, δεν χρειάζεται να μελετήσετε φιλοσοφία για να έχετε μια καλύτερη ζωή, μπορεί όμως να χρειαστεί να την εφαρμόσετε. Η αλήθεια για τη φιλοσοφία (και ένα καλά φυλαγμένο μυστικό από ό,τι φαίνεται) είναι ότι οι περισσότεροι άνθρωποι μπορούν να ασχοληθούν μ' αυτήν. Η φιλοσοφική έρευνα δεν απαιτεί διπλωματούχο ή αναγνωρισμένο φιλόσοφο, απαιτεί απλά διάθεση να προσεγγίσει κανείς ένα θέμα με φιλοσοφικούς όρους. Δεν χρειάζεται να πληρώσετε κάποιον επαγγελματία, αν και μπορεί να απολαμβάνατε και να μαθαίνατε από τη διαδικασία με έναν επαγγελματία, γιατί με έναν πρόθυμο σύντροφο, ή ακόμη και μόνοι σας, μπορείτε να φιλοσοφήσετε στο σπίτι, σε ένα καφενείο ή σε ένα εμπορικό κέντρο.

Ως επαγγελματίας της εφαρμοσμένης φιλοσοφίας υποστηρίζω τα ενδιαφέροντα των πελατών μου. Δουλειά μου είναι να βοηθώ τους πελάτες μου να καταλάβουν το πρόβλημα που αντιμετωπίζουν και μέσω διαλόγου να ξεδιαλύνουμε και να κατατάξουμε επιμέρους παράγοντες και συνέπειες. Τους βοηθώ να βρουν τις καλύτερες λύσεις, με μια φιλοσοφική προσέγγιση συμβατή με τα δικά τους πιστεύω και συνάμα αρμονική με τις τιμημένες από το χρόνο αρχές τις γνώσης που μας βοηθούν να ζούμε πιο ενάρετη και αποτελεσματική ζωή. Δουλεύω με τους πελάτες για να εντοπίσουμε τις αντιλήψεις τους (και να σκεφτούμε αν πρέπει να αντικαταστήσουμε αυτές που δεν βοηθούν) και να διερευνήσουμε γενικά ερωτήματα πάνω στις αξίες, στο νόημα και στην ηθική. Δουλεύοντας με αυτό το βιβλίο, μπορείτε να μάθετε να κάνετε το ίδιο μόνοι σας, παρόλο που θα βοηθούσε να υπήρχε άλλος ένας να ασχολείται με το ίδιο θέμα.

Οι περισσότεροι πελάτες έρχονται σ' εμένα για να επιβεβαιώσουν ότι οι πράξεις τους είναι σε συμφωνία με την κοσμοθεωρία τους και βασίζονται σε εμένα για να τους υποδείξω τυχόν παρεκκλίσεις. Ο στόχος της φιλοσοφικής συμβουλευτικής βρίσκεται στο παρόν, και με τη βλέψη προς το μέλλον, όχι στο παρελθόν, όπως συμβαίνει τόσο πολύ στην παραδοσιακή ψυχοθεραπεία. Άλλη μια διαφορά είναι ότι η φιλοσοφική συμβουλευτική είναι πιο βραχυχρόνια. Με μερικούς πελάτες έχω μόνο μια συνεδρία. Συνήθως δουλεύω με κάποιον μερικές φορές στη διάρκεια μερικών μηνών. Το μακρύτερο διάστημα που έχω δουλέψει με ένα άτομο είναι περίπου ένας χρόνος.

Μια συνεδρία φιλοσοφικής συμβουλευτικής περιλαμβάνει περισσότερα από μια απλή αντιστοίχηση προβλημάτων με κομμάτια φιλοσοφικής γραμματείας, παρόλο που ένας απλός αφορισμός μπορεί μερικές φορές να λύσει ένα περίπλοκο πρόβλημα. Είναι ο διάλογος, η ανταλλαγή ιδεών αυτή καθ' εαυτή που είναι θεραπευτική. Αυτό το βιβλίο θα σας δώσει όλες τις πληροφορίες που χρειάζεστε για να διασαφηνίσετε τη δική σας φιλοσοφία, καθώς και καθοδήγηση για το πώς να διευθύνετε την εσωτερική σας διαβούλευση ή το διάλογο με ένα φίλο. Θα σας δείξω πώς να είστε αρκετά ριζοσπαστικοί ώστε να λαμβάνετε υπόψη κάθε εναλλακτική επιλογή, αλλά και αρκετά συνετοί ώστε να διαλέγετε τη σωστή.

ΠΛΑΤΩΝΑΣ Ή ΠΡΟΖΑΚ;

Προτού βασιστείτε αποκλειστικά στη φιλοσοφία για το χειρισμό ενός προβλήματος, πρέπει να βεβαιωθείτε ότι είναι κατάλληλη για την περίπτωσή σας. Αν είστε ανήσυχοι επειδή έχετε μια πέτρα στο παπούτσι σας δεν χρειάζεστε συμβουλές, απλά χρειάζεται να βγάλετε την πέτρα από το παπούτσι σας. Μιλώντας για την πέτρα στο παπούτσι σας δεν θα σταματήσει ο πόνος στο πόδι σας, ανεξάρτητα πόσο συμμερίζεται το πρόβλημά σας ο ακροατής σας και σε ποια σχολή θεραπευτικής ανήκει αυτός. Αναφέρομαι σε ανθρώπους με προβλήματα τα οποία υποπτεύομαι ότι είναι σωματικά και αφορούν επαγγελματίες της ιατρικής και της ψυχιατρικής. Μερικοί άνθρωποι μπορεί να μην κερδίσουν από τον Πλάτωνα, ενώ άλλοι μπορεί να μην κερδίσουν από το Πρόζακ. Μερικοί μπορεί να χρειάζονται Πρόζακ πρώτα και μετά Πλάτωνα ή Πλάτωνα και Πρόζακ ταυτόχρονα.

Μερικοί άνθρωποι που αναζητούν φιλοσοφικούς συμβούλους έχουν ήδη δοκιμάσει θεραπεία με ψυχολόγους και τη βρήκαν ολοκληρωτικά απογοητευτική, τουλάχιστον από ορισμένες απόψεις. Η ψυχολογική ή ψυχιατρική θεραπεία μπορεί να βλάψει το άτομο εάν το κύριο πρόβλημά του είναι φιλοσοφικής φύσεως και ο θεραπευτής ή ο γιατρός του δεν το εντοπίσουν. Ένα αίσθημα απελπισίας ξεκινάει όταν αρχίζει κανείς να νιώθει ότι κανείς δεν θα μπορέσει να τον βοηθήσει με το πρόβλημά του, επειδή δεν τον καταλαβαίνουν όταν μιλάει. Η ακατάλληλη θεραπεία ξοδεύει χρόνο κατά κύριο λόγο και μπορεί να χειροτερέψει το πρόβλημα.

Πολλοί άνθρωποι που τελικά βασίζονται στη φιλοσοφική θεραπεία έχουν πρώτα ωφεληθεί από την ψυχολογική θεραπεία, ακόμη και αν διαπιστώσουν ότι αυτή δεν είναι αρκετή από μόνη της. Το παρελθόν βέβαια ασκεί επιρροή και διαμορφώνει τον τρόπο με τον οποίο συνηθίζει κάποιος να βλέπει τα πράγματα, έτσι η εξέταση του παρελθόντος μπορεί να βοηθήσει. Η κατανόηση της προσωπικής ψυχολογίας ενός ατόμου μπορεί να αποτελέσει μια χρήσιμη προετοιμασία για την καλλιέργεια της προσωπικής του φιλοσοφίας. Όλοι κουβαλάμε ψυχολογικές αποσκευές, αλλά για να ξεφορτωθούμε αυτές που μας γίνονται βάρος χρειάζεται φιλοσοφική συμβουλή. Η ιδέα είναι να ταξιδεύει κανείς με όσο λιγότερο βάρος γίνεται. Η επίγνωση του εαυτού μας, μια ιδέα που προσεγγίζεται διαφορετικά από την ψυχολογική και τη φιλοσοφική συμβουλευτική, δεν σημαίνει ότι πρέπει να αποστηθίσουμε την εγκυκλοπαίδεια του εαυτού μας. Το να παραμένουμε σε κάθε μικρή και ιδιαίτερη λεπτομέρεια προσθέτει στις αποσκευές μας παρά ελαττώνει το φορτίο.

Πολλοί άνθρωποι που δεν θα πλησίαζαν για κανένα λόγο την ψυχοθεραπεία βρίσκουν την ιδέα περί συζήτησης με κάποιον πάνω σε ιδέες και κοσμοθεωρίες ελκυστική και αποδεκτή. Ανεξάρτητα από το αν η ψυχολογική θεραπεία είναι για κάποιον θεμέλιος λίθος ή όχι, από το αν είναι περίεργος, ριψοκίνδυνος, σκεπτόμενος, αναλυτικός και ευφραδής, μπορεί να ωφεληθεί πολύ από τη φιλοσοφική θεραπεία. Για την ακρίβεια, οποιοσδήποτε με ερευνητικό νου είναι έτοιμος για τη ζωή με διαρκή εξέταση που αποτελεί για τους φιλόσοφους το σκοπό που τους ενώνει.

ΘΕΡΑΠΕΙΑ ΓΙΑ ΤΟΥΣ ΛΟΓΙΚΟΥΣ

Η φιλοσοφική θεραπεία σύμφωνα με τα λεγόμενα του Καναδού συναδέλφου μου Πίτερ Μαρτς είναι «θεραπεία για τους λογικούς». Στο δικό μου μυαλό αυτό περιλαμβάνει σχεδόν όλους μας. Δυστυχώς, το μεγαλύτερο μέρος των ψυχολόγων και των ψυχιάτρων έχει επικεντρωθεί στο να κατατάσσει ως «ασθένειες» τις περισσότερες περιπτώσεις (έτσι ώστε να χρησιμοποιεί φαρμακευτικές θεραπείες), ψάχνοντας να διαγνώσει ασθένεια σε κάθε άνθρωπο που περνάει την πόρτα τους και να βρει ποιες διαταραχές και ποια σύνδρομα μπορεί να είναι υπαίτια για τα προβλήματά του. Από την άλλη πλευρά μεγάλο μέρος της σκέψης της Νέας Εποχής θεωρεί δεδομένο ότι ο κόσμος (και κάθε άνθρωπος μέσα σε αυτόν) είναι όπως πρέπει να είναι ή όπως θα έπρεπε να είναι. Ενώ γενικά θα περιμέναμε να γίνουμε αποδεκτοί παρά το πλήθος των ιδιοσυγκρασιών και ελαττωμάτων που ακολουθούν τον καθένα μας, και ενώ δεν υπάρχει λόγος επίσης να βλέπουμε αυτά τα ελαττώματα σαν διαταραχές (η τελειότητα είναι κάτι μη φυσιολογικό), δεν υπάρχει λόγος να βλέπουμε την αλλαγή ως κάτι πέραν των δυνατοτήτων μας. Όταν ο Σωκράτης διακήρυττε ότι ζωή χωρίς διαρκή εξέταση δεν αξίζει να τη ζει κανείς, υποστήριζε το «γνώθι σαυτόν» και την προσπάθεια για αυτοτελείωση ως την ύψιστη ενασχόληση.

Είναι φυσιολογικό να έχει κανείς προβλήματα και η συναισθηματική αγωνία δεν είναι απαραίτητα ασθένεια. Οι άνθρωποι που ψάχνουν για έναν τρόπο να παρακολουθήσουν και να διαχειριστούν ένα περιβάλλον που γίνεται όλο και πιο περίπλοκο δεν πρέπει να χαρακτηρίζονται προβληματικοί, ενώ στην πραγματικότητα ακολουθούν ένα μονοπάτι, άφθαρτο από το χρόνο, προς μια πιο πλήρη και ικανοποιητική ζωή. Στο βιβλίο αυτό θα δείτε συγκεκριμένα πώς να εφαρμόζετε τη φιλοσοφία όταν αντιμετωπίζετε ηθικά διλήμματα· επαγγελματικές ηθικές διαμάχες· δυσκολία να συμβιβάσετε την εμπειρία με τα πιστεύω σας· διαμάχες μεταξύ λογικής και συναισθημάτων, κρίσεις νοήματος, σκοπού ή αξιών· αναζητήσεις προσωπικής ταυτότητας· αναζήτηση γονικών στρατηγικών· άγχος για την αλλαγή καριέρας, για την ανικανότητα επίτευξης προσωπικών στόχων· αλλαγές στη μέση ηλικία· προβλήματα στις διαπροσωπικές σχέσεις· το θάνατο ενός αγαπητού προσώπου ή το ότι όλοι κάποτε θα πεθάνουμε. Διάλεξα για λεπτομερή εξέταση τις πιο συνηθισμένες καταστάσεις που φέρνουν τους ανθρώπους πρόσωπο με πρόσωπο με τις ατομικές τους φιλοσοφίες. Άσχετα με το τι σας απασχολεί συγκεκριμένα, μπορείτε να εφαρμόσετε τις βασικές πρακτικές και μεθόδους σκέψης.

Καθώς σας καθοδηγεί στο να χρησιμοποιήσετε μόνοι σας τη φιλοσοφία, αυτό το βιβλίο κάνει πολλά περισσότερα από το να προτείνει «πάρε δυο αφορισμούς και τηλεφώνησέ μου το πρωί». Είναι ένας πρακτικός οδηγός για τους πιο συνηθισμένους αγώνες της καθημερινής ζωής. Παρέχει μια γρήγορη μελέτη της φιλοσοφίας για αυτούς που ξέχασαν ή δεν διδάχθηκαν ποτέ στο σχολείο τις βασικές αρχές της. Είναι επίσης μια σοβαρή εξέταση τρόπων με τους οποίους μπορούμε να ζήσουμε με περισσότερη ακεραιότητα και ικανοποίηση. Εξετάζει τα σοβαρότερα ερωτήματα που αντιμετωπίζει κανείς στη ζωή του και προσφέρει τις απαντήσεις που δόθηκαν από μερικά από τα μεγαλύτερα μυαλά όλων των εποχών, καθώς επίσης και στρατηγικές που βοηθούν να φτάσει κανείς στις απαντήσεις που θα έχουν μεγαλύτερη σημασία: στις δικές του απαντήσεις.

ΑΝΑΚΕΦΑΛΑΙΩΣΗ

Έτσι, για να ξέρετε περί τίνος πρόκειται, ακολουθεί μια σύντομη περιγραφή του τι θα βρείτε και πού στο βιβλίο. Εδώ, στο πρώτο μέρος, σας γνωρίζω τη φιλοσοφική πρακτική, τρόπους για να χρησιμοποιήσετε τη φιλοσοφία για προσωπικό σας όφελος και τα όρια του τι μπορεί να κάνει κανείς από μόνος του για να βοηθήσει τον εαυτό του. Μετά από αυτό το κεφάλαιο, για το τι πάει στραβά με τη φιλοσοφία καθώς χρησιμοποιείται (ή δεν χρησιμοποιείται καθόλου) στον πραγματικό κόσμο και τι πάει σωστά με αυτήν τελευταία, ακολουθεί το δεύτερο κεφάλαιο που εξετάζει τα υπέρ και τα κατά της ψυχολογίας και της ψυχιατρικής και συγκρίνει διάφορα είδη θεραπείας. Το τρίτο κεφάλαιο παρουσιάζει τα πέντε βήματα της διαδικασίας PEACE για τον φιλοσοφικό χειρισμό προβλημάτων. Το τέταρτο κεφάλαιο παρέχει μια σύντομη αναφορά σε μερικούς από τους φιλόσοφους των οποίων οι ιδέες είναι σχετικές με τη συμβουλευτική μου πρακτική, για να σας δώσω μια ιστορική άποψη του θέματος.

Καθένα από τα κεφάλαια του δεύτερου μέρους του βιβλίου επικεντρώνεται σε ένα από τα πιο συνηθισμένα προβλήματα που αντιμετωπίζουν οι φιλοσοφικοί σύμβουλοι, δείχνει πώς τα προσεγγίζει η φιλοσοφία και σας οδηγεί στο πώς να εφαρμόσετε φιλοσοφική σκέψη στις δικές σας συγκεκριμένες περιπτώσεις. Οι περιπτωσιολογικές μελέτες είναι διάσπαρτες με επεξηγήσεις πάνω στις κύριες σχολές σκέψης και σε συγκεκριμένες φιλοσοφικές θεωρίες, για να παράσχει μια ποικιλία επιλογών για κάθε κοινή περίπτωση. Αυτά είναι τα εργαλεία που χρειάζεστε για να εξετάσετε τη δική σας ζωή.

Το τρίτο μέρος διευρύνει την προοπτική πέρα από την προσωπική φιλοσοφική θεραπεία και εξετάζει την εφαρμογή της φιλοσοφίας σε ομάδες και οργανισμούς. Ο όρος *φιλοσοφική πρακτική* αναφέρεται σε τρεις τύπους επαγγελματικής δραστηριότητας: συμβουλές σε άτομα, διευκόλυνση διαφόρων ειδών ομάδων και παροχή επαγγελματικών συμβουλών σε διάφορους οργανισμούς. Έτσι ο φιλοσοφικός σύμβουλος είναι ένα είδος επαγγελματία της εφαρμοσμένης φιλοσοφίας. Μερικοί επαγγελματίες εξειδικεύονται σε ένα είδος της πρακτικής ενώ άλλοι ασχολούνται με περισσότερα. Αν και αυτό το βιβλίο επικεντρώνεται στις προσωπικές συμβουλές, και τα άλλα είδη πρακτικής είναι εξίσου σημαντικά και άξια αναφοράς. Άτομα που δουλεύουν σε ομάδες μπορούν να αποκτήσουν προσωπικό κέρδος από τέτοια γεγονότα και επαγγελματικοί οργανισμοί μπορούν να κερδίσουν από το ίδιο είδος αυτοεξέτασης και φιλοσοφικής διασαφήνισης, όπως τα άτομα και οι ομάδες.

Τέλος, στο τέταρτο μέρος μια λίστα επιπρόσθετων πηγών σάς προσφέρει περισσότερες πληροφορίες. Το Παράρτημα Α καταρτίζει μια λίστα με τους διασημότερους και πιο χρήσιμους φιλόσοφους και τα κυριότερα έργα τους. Το Παράρτημα Β παρουσιάζει οργανώσεις φιλοσοφικής πρακτικής στην Αμερική και σε άλλες χώρες. Το Παράρτημα Γ είναι ένα διεθνές ευρετήριο φιλοσοφικών πρακτικών. Το Παράρτημα Δ προσφέρει επιλογές για περαιτέρω μελέτη πάνω στη φιλοσοφική εφαρμογή και σε σχετικά θέματα. Το Παράρτημα Ε δείχνει πώς χρησιμοποιείται το *Ι Τσινγκ*, μια αιώνια πηγή φιλοσοφικής γνώσης που μπορείτε να συμβουλευτείτε από μόνοι σας.

Αυτό το βιβλίο είναι πολύ πιο διδακτικό από ό,τι θα ήταν μια τυπική συνεδρία φιλοσοφικής συμβουλευτικής. Με έναν επαγγελματία της εφαρμοσμένης φιλοσοφίας η συνεδρία θα ακολουθούσε έναν από τους εξής τρεις δρόμους. Μπορεί να συζητούσατε το πρόβλημα γενικά χωρίς να αναφερθείτε σε κάποιο συγκεκριμένο φιλόσοφο ή φιλοσοφία. Αυτό είναι το είδος της συζήτησης που πιθανότατα θα κάνατε με τους φίλους, τους συναδέλφους, μέλη της οικογένειας, έναν μπάρμαν ή έναν οδηγό ταξί και μερικές φορές είναι ο καλύτερος τρόπος προσέγγισης.

Σκέφτεστε από μόνοι σας χρησιμοποιώντας κριτικές και αναλυτικές γνώσεις, ανακαλύπτοντας τις βαθύτερες σκέψεις σας και συζητάτε φιλοσοφικά χωρίς να το επιδιώκετε εσκεμμένα.

Άλλο ένα κοινό μονοπάτι σε μια συμβουλευτική συνεδρία είναι να ζητήσει ο πελάτης κάποια συγκεκριμένη φιλοσοφική οδηγία. Σε αυτή την παραλλαγή μπορεί να έχετε εφεύρει ξανά κάποια φιλοσοφική καινοτομία και να επιβεβαιωθείτε μαθαίνοντας ότι κάποιος έχει ήδη χαρτογραφήσει την περιοχή στην οποία κινείστε. Στο πιθανό γεγονός τού να μην έχετε καλύψει όλες τις θέσεις από μόνοι σας, μπορείτε να μάθετε από αυτούς που το έχουν κάνει πριν από σας. Η κατανόηση ενός τμήματος μιας τυποποιημένης σχολής σκέψης μπορεί να σας βοηθήσει να καλύψετε τα δικά σας κενά, αλλά ο σύμβουλός σας δεν θα σας παρουσιάσει μια πλήρη διατριβή πάνω στο κάθε θέμα εκτός και αν του το ζητήσετε.

Μια τρίτη, πιο σκληροπυρηνική εναλλακτική λύση είναι για αυτούς που έχουν αντιμετωπίσει ξανά προβλήματα με αυτό τον τρόπο, αλλά έχουν και περαιτέρω ενδιαφέρον. Αυτό είναι πιο περίπλοκο και μπορεί να σημαίνει ότι μπορεί να σας συστήσουν να επισκεφθείτε και κάποιον άλλο επαγγελματία της εφαρμοσμένης φιλοσοφίας ή να ερευνήσετε τη βιβλιοθεραπεία, δηλαδή να ασχοληθείτε στην πραγματικότητα με κάποια φιλοσοφικά συγγράμματα. Μπορεί να έχετε ωφεληθεί από κάποιο βουδιστικό συλλογισμό και να θέλετε να μάθετε περισσότερα για την εφαρμογή του Ζεν. Ή μπορεί να σας βοήθησε κάποια ιδέα του Αριστοτέλη και θέλετε να ερευνήσετε βαθύτερα το σύστημά του πάνω στις ηθικές αξίες. Τέτοιου είδους δουλειά μπορεί να σας βοηθήσει να προετοιμαστείτε για μελλοντικά θέματα ακόμα πιο διεξοδικά από την εμπειρία της αντιμετώπισης ενός συγκεκριμένου προβλήματος. Δεν παύει όμως να είναι μια εναλλακτική λύση και σίγουρα δεν είναι η σωστή για όλους.

Ενώ η προσωπική μου πρακτική περιλαμβάνει και τις τρεις προσεγγίσεις, αυτό το βιβλίο τονίζει κυρίως τη δεύτερη. Δεν χρειάζεται να γνωρίζετε συγκεκριμένες φιλοσοφίες, αυτό είναι δική μου δουλειά. Δουλειά σας είναι να διαπιστώσετε το πρόβλημα και να έχετε τη διάθεση να το διερευνήσετε φιλοσοφικά. Ο διάλογος, εσωτερικός ή εξωτερικός, που επακολουθεί θα σας βοηθήσει να εξηγήσετε, να λύσετε ή να χειριστείτε τα θέματά σας όποια και αν είναι αυτά. Δεν είμαι μέντιουμ που θα σας φέρει σε επαφή με νεκρούς φιλόσοφους, αλλά είμαι ο οδηγός σας στις ιδέες, στα συστήματα και στους συλλογισμούς τους. Αρκεί να τους γνωρίσετε και θα σας υπηρετήσουν πιστά στο να αντιμετωπίσετε ό,τι βρεθεί στο δρόμο σας.

Διαπιστώσαμε ότι ούτε η θρησκεία ούτε η επιστήμη δίνουν απαντήσεις σε όλα μας τα ερωτήματα. Ο φιλοσοφικός ψυχοθεραπευτής Βίκτορ Φρανκλ είδε αυτή την κατάσταση να οδηγεί σε ένα υπαρξιακό κενό από το οποίο οι συνηθισμένοι άνθρωποι χρειάζονταν μια έξοδο:

> «Όλο και περισσότεροι ασθενείς συνωστίζονται στις κλινικές και τα ιατρεία μας παραπονούμενοι για εσωτερικό κενό, μια αίσθηση πλήρους και ολοκληρωτικής έλλειψης νοήματος στη ζωή τους. Μπορούμε να καθορίσουμε το συναισθηματικό κενό ως τη ματαίωση αυτού που θεωρούμε την πιο βασική κινητήρια δύναμη του ανθρώπου, αυτού που μπορούμε να το ονομάσουμε... θέληση για νόημα».

Ο Φρανκλ χρησιμοποίησε τη φράση «θέληση για νόημα» ως παράλληλη δυο κεντρικών ιδεών της ψυχολογίας: της «θέλησης για ισχύ» του Άντλερ και της «θέλησης για ηδονή» του Φρόιντ. Αλλά όπως προέβλεψε ο Φρανκλ υπήρχε κάτι βαθύτερο στον πυρήνα του κεντρικού προβλήματος των ανθρώπων, που οι παρούσες ιατρικές, ψυχολογικές και πνευματικές αντιμετωπίσεις δεν θα επαρκούσαν για να το ανακουφίσουν. Παλιότερα απευθύναμε τα ερωτήματά μας περί νοήματος και ηθικής σε κάποια παραδοσιακή αυθεντία, μα αυτές οι αυθεντίες έχουν πια καταρρεύσει. Μεγάλος αριθμός ατόμων δεν είναι πια ικανοποιημένος με το να αποδέχεται παθητικά τις δογματικές διακηρύξεις ενός ακατανόητου Θεού ή τις απρόσωπες στατιστικές μιας ανακριβούς κοινωνικής επιστήμης. Τα βαθύτερα ερωτήματά μας παραμένουν αναπάντητα. Ακόμη χειρότερα, τα πιστεύω μας παραμένουν αδιερεύνητα.

Η εναλλακτική λύση είναι η άσκηση της φιλοσοφίας. Έφτασε ο καιρός για μια καινούρια προοπτική αντιμετώπισης των γεγονότων και η καινούρια προοπτική που περιγράφεται εδώ είναι πραγματικά ένας αρχαίος τρόπος, χρόνια ξεχασμένος που τον θυμηθήκαμε πρόσφατα. Καθώς μπαίνουμε στην καινούρια χιλιετία ολοκληρώνουμε ένα πλήρη κύκλο.

> «Αυτό που λέμε αρχή είναι συχνά το τέλος
> Και τελειώνοντας θα πει πως κάνεις μιαν αρχή
> Το τέλος είναι εκεί που ξεκινούμε».
>
> Τ. Σ. ΕΛΙΟΤ*

* *Τέσσερα Κουαρτέτα*, απόδοση, εισαγωγικά δοκίμια και σχόλια Αντώνης Δεκαβάλλες, εκδ. Καστανιώτη, Αθήνα, 1992. (Σ.τ.Μ.)

2

ΘΕΡΑΠΕΙΑ, ΘΕΡΑΠΕΙΑ ΠΑΝΤΟΥ ΚΑΙ ΟΥΤΕ ΜΙΑ ΙΔΕΑ ΓΙΑ ΝΑ ΣΚΕΦΤΟΥΜΕ

«Από τότε που εκφράστηκαν κάποιες περίεργες απόψεις, είτε κατά λάθος είτε με κάποια υψηλά κίνητρα... οι φιλόσοφοι έχουν αναγκαστεί να υποστηρίζουν το αληθές του προφανούς ή να αρνούνται την ύπαρξη πραγμάτων που κάποιος φαντάστηκε λανθασμένα».

ΜΩΫΣΗΣ ΜΑΪΜΟΝΙΔΗΣ

«...η έννοια της διανοητικής ασθένειας χρησιμοποιείται σήμερα κυρίως για να αποκρύψει και να προσπαθήσει να δικαιολογήσει προβλήματα στις προσωπικές και κοινωνικές σχέσεις, όπως χρησιμοποιήθηκε αντίστοιχα η έννοια της μαγείας από τις αρχές του Μεσαίωνα ως και τα τέλη της Αναγέννησης».

ΤΟΜΑΣ ΖΑΖ

Η Αμερική έχει γίνει μια θεραπευτική κοινωνία. Ή μάλλον θεραπευόμενη. Όλο και περισσότεροι θεραπευτές κρεμάνε τις ταμπέλες των ιατρείων τους κάθε ημέρα, και το τι χρειάζεται από προσόντα (αν χρειάζονται) για να χαρακτηριστεί κανείς θεραπευτής διαφέρει βάσει του κατά τόπους πολιτειακού νόμου και όχι στην ουσία. Απλά πείτε σε ένα πάρτι «... ο θεραπευτής μου είπε...» και δεν θα μπορέσετε να πείτε άλλη κουβέντα για το υπόλοιπο της συζήτησης, αφού όλοι θα σπεύσουν να πουν τι λέει ο θεραπευτής του καθενός. Όταν ο πρόεδρος Κλίντον συγκάλεσε το υπουργικό του συμβούλιο για να αντιμετωπίσει το σκάνδαλο πού σκίαζε το αξίωμά του, οι συμμετέχοντες περιέγραψαν στην εφημερίδα *Washington Post* ότι δεν βρέθηκαν σε μια συγκέντρωση καθορισμού πολιτικής ή πολιτικής ανασύνταξης παρά σε μια «συνεδρία βιωμάτων». Μπάρμαν, οδηγοί ταξί, ο καλύτερός σας φίλος, η μητέρα σας, ακόμη και περαστικές γνωριμίες έχουν πάντα έτοιμο ένα ψήγμα ψευδοψυχολογικής συμβουλής να σας προσφέρουν σε κάθε σας δυσκολία. Τα ράφια των τοπικών σας υπερκαιασιημάτων είναι γεμάτα βιβλία με θέμα τρόπους «να βοηθήσετε τον εαυτό σας». Τα τηλεοπτικά προγράμματα με κοινωνικά θέματα πρωτοπόρησαν φέρνοντας στιγμιαία επίγνωση, με τον πιο επιφανειακό τρόπο, για κάθε πλευρά της ανθρώπινης συμπεριφοράς. Ακόμη και τώρα, που το σενάριο φαίνεται πάντα να απαιτεί την πρόκληση γρονθοκοπήματος μεταξύ των συμμετεχόντων, χωρίς αμφιβολία κάποιος θεραπευτής κάποιου είδους θα εμφανιστεί λίγο πριν τους τίτλους του τέλους για να μας δείξει ότι το θέμα διευθετήθηκε σε πολιτισμένα πλαίσια. Είναι θαύμα ότι έστω και ένας άνθρωπος επιβιώνει τον Αύγουστο που όλοι οι θεραπευτές λείπουν σε διακοπές.

Αυτή η κατάσταση συνεχίζεται για δεκαετίες τώρα, αλλά δεν δείχνουμε να έχουμε μάθει και πολλά, αφού η ζήτηση βοήθειας για την πνευματική και τη συναισθηματική μας υγεία συνεχίζεται ακάθεκτη. Η ψυχολογική θεραπεία ή η ψυχιατρική φροντίδα υψηλής ποιότητας μπορεί να παρέχει πολύτιμη βοήθεια και βιώσιμες λύσεις σε πολλά είδη προσωπικής διαταραχής. Όμως και οι δυο τομείς (όπως και κάθε τομέας) έχουν περιορισμένο εύρος και δεν μπορούν να προσφέρουν διαρκή ή πλήρη αποτελέσματα για όλους, ούτε ακόμη και για μερικούς από αυτούς που αρχικά ωφελούν σημαντικά. Δεν είναι αρκετό.

Η φιλοσοφική συμβουλευτική δεν μπορεί να αντιμετωπίσει τα πάντα επίσης, και μου είναι απαραίτητο να μπορώ να παραπέμπω τους πελάτες μου σε ψυχολογική ή ψυχιατρική θεραπεία μερικές φορές, σε συνδυασμό, αντί ή πριν να συνεργαστώ μαζί τους φιλοσοφικά. Όμως η φιλοσοφική συμβουλευτική φτάνει πολύ μακρύτερα όσον αφορά την παροχή λειτουργικών μακροχρόνιων προσεγγίσεων στα πιο κοινά προβλήματα για τα οποία οι άνθρωποι ζητούν βοήθεια και μπορεί να γεμίσει τα κενά που αφήνουν άλλα είδη συμβουλευτικής. Αυτό το κεφάλαιο ερευνά τη χρησιμότητα και τα όρια της ψυχολογίας και της ψυχιατρικής και δείχνει ποια είναι η θέση της φιλοσοφικής συμβουλευτικής.

ΜΙΑ ΠΑΡΤΙΔΑ ΣΚΑΚΙ

Η παρομοίωση με μια παρτίδα σκάκι (εμπνευσμένη από το συνάδελφο στη φιλοσοφική συμβουλευτική Ραν Λάχαβ) υπογραμμίζει τις διαφορές ανάμεσα στην ψυχολογική, ψυχαναλυτική, ψυχιατρική και φιλοσοφική προσέγγιση της παροχής συμβουλών. Φανταστείτε πως βρίσκεστε στη μέση μιας παρτίδας σκάκι και μόλις έχετε κάνει μια κίνηση.

Ο ψυχοθεραπευτής σάς ρωτάει: «Τι σε έκανε να κάνεις αυτή την κίνηση;» «Να, ήθελα να πάρω τον πύργο», απαντάτε, αβέβαιοι για το σκοπό της ερώτησης. Μα θα συνεχίσει να σας κάνει ερωτήσεις για να βρει την υποτιθέμενη ψυχολογική αιτία αυτής της κίνησης, με τη βεβαιότητα ότι υπάρχει κάποια εξήγηση πέραν της απάντησής σας, και μπορεί να καταλήξετε να λέτε την ιστορία της ζωής σας για να ικανοποιήσετε τις υποθέσεις του. Μια παλιότερα πολύ δημοφιλής, μα τώρα υπό σοβαρή κριτική, ψυχολογική θεωρία θα έλεγε ότι η παρούσα επιθετική συμπεριφορά σας, η θέληση να πάρετε τον πύργο, οφείλεται σε κάποια απογοήτευση του παρελθόντος.

Ο ψυχαναλυτής θα σας έκανε την ίδια ερώτηση: «Τι σε έκανε να κάνεις αυτή την κίνηση;» Όταν θα απαντούσατε: «Να, ήθελα να πάρω τον πύργο», θα συνέχιζε λέγοντας: «Πολύ ενδιαφέρον. Τι σε έκανε να πεις πως αυτός ήταν ο λόγος που έκανες αυτή την κίνηση;» Θα μπορούσατε να βγάλετε πάλι από μέσα σας την ιστορία της ζωής σας ή τουλάχιστον τα κεφάλαια της παιδικής σας ηλικίας. Αν ακόμη δεν είναι ικανοποιημένος, μπορεί να θεωρήσει δεδομένους κάποιους λόγους που εσείς δεν γνωρίζετε, γυρίζοντας στη βρεφική σας ηλικία. Μια σύγχρονη μα επίσης υπό σοβαρή κριτική ψυχαναλυτική θεωρία θα υποστήριζε ότι η κτητική σας συμπεριφορά, η θέληση να πάρετε τον πύργο, πηγάζει από την καταπιεσμένη ανασφάλειά σας που προκλήθηκε κατά τον απογαλακτισμό σας.

Ο ψυχίατρος θα σας έκανε την ίδια ερώτηση: «Τι σε έκανε να κάνεις αυτή την κίνηση;» Ξανά θα απαντούσατε: «Να, ήθελα να πάρω τον πύργο». Αμέσως ο ψυχίατρος θα συμβουλευόταν την τελευταία έκδοση του *Εγχειριδίου Διαγνωστικής και Στατιστικής* μέχρι να βρει πια διαταραχή προσωπικότητας ταιριάζει καλύτερα στα συμπτώματά σας. Α, να το: «Επιθετική κτητική διαταραχή προσωπικότητας». Μια επίσης σύγχρονη, αλλά υπό αυξανόμενη κριτική, ψυχιατρική θεωρία θα είχε διαγνώσει τη συμπεριφορά σας ως σύμπτωμα εγκεφαλικής ασθένειας και θα είχαν χρησιμοποιηθεί φάρμακα για να κατασταλεί αυτό το λεγόμενο σύμπτωμα.

Σε αντίθεση με τα παραπάνω ο φιλοσοφικός σας θεραπευτής μπορεί να σας ρωτούσε: «Τι νόημα, σκοπό ή αξία έχει αυτή η κίνηση για σας τώρα;» και «Τι επιπτώσεις θα έχει στην επόμενη κίνησή σας;» και «Πώς αξιολογείτε τη συνολική κατάστασή σας στο παιχνίδι αυτό και πώς μπορείτε να τη βελτιώσετε;». Ο φιλόσοφος βλέπει την κίνηση όχι σαν αποτέλεσμα κάποιας αιτίας του παρελθόντος μα σαν κάτι σημαντικό στο παρόν πλαίσιο του παιχνιδιού, καθώς και σαν αιτία για μελλοντικά αποτελέσματα. Θα αναγνωρίσει ότι έχετε την επιλογή των κινήσεων που κάνετε και θα δει την αιτία των κινήσεων σαν κάτι σχετικό μα όχι σαν μια συνολική εξήγηση.

Νομίζω πως είναι προτιμότερο να ζεις τη ζωή σου παρά να σκαλίζεις συνεχώς το παρελθόν. Αν το κάναμε αυτό, ακόμη και το πιο ανθεκτικό φυτό δεν θα αναπτυσσόταν ποτέ, άσχετα με το πόσο λίπασμα θα του ρίχναμε. Η ζωή δεν είναι ασθένεια. Δεν μπορούμε να αλλάξουμε το παρελθόν. Η φιλοσοφική συμβουλευτική ξεκινάει από αυτό το δεδομένο και προχωρεί στο παρόν, βοηθώντας τους ανθρώπους να αναπτύξουν έναν παραγωγικό τρόπο αντιμετώπισης του κόσμου και παράλληλα ένα περιεκτικό σχέδιο για το πώς να δρουν στην καθημερινή τους ζωή.

Ο ΔΙΑΧΩΡΙΣΜΟΣ ΦΙΛΟΣΟΦΙΑΣ, ΨΥΧΙΑΤΡΙΚΗΣ ΚΑΙ ΨΥΧΟΛΟΓΙΑΣ

Η φιλοσοφία και οι επιστήμες αποτελούσαν κάποτε μία και την αυτή ενασχόληση. Ο Αριστοτέλης μελέτησε αστρονομία και ζωολογία όσο και λογική και ηθική. Ο Ρόμπερτ Μπόιλ (νόμος του Μπόιλ: ο όγκος ενός αερίου, σε σταθερή θερμοκρασία, είναι αντιστρόφως ανάλογος της πίεσης που του ασκείται) θα έβαζε τον τίτλο «πειραματικός φιλόσοφος» στο βιογραφικό του. Οι νόμοι της κίνησης ανακαλύφθηκαν από τον φυσικό φιλόσοφο σερ Ισαάκ Νεύτωνα, ενώ η θεωρία της βιολογικής εξέλιξης από τον φυσικό φιλόσοφο Κάρολο Δαρβίνο. Οι φιλόσοφοι σαν και αυτούς ασχολούνταν με τον πειραματισμό και τις μετρήσεις του κόσμου που τους περιέβαλλε, μια διαδικασία που άρχισε σαν επέκταση ερωτημάτων του τύπου: «Πώς λειτουργεί ο κόσμος;», ερωτήματα που οι περισσότεροι φιλόσοφοι έθεταν. Πριν την επιστημονική επανάσταση του δεκάτου εβδόμου αιώνα, οι δύο αυτές προσεγγίσεις {φιλοσοφική και επιστημονική} ήταν πιο πολύ συνδεδεμένες παρά ξεχωριστές.

Τελικά η επιστήμη και η φιλοσοφία ακολούθησαν αποκλίνουσες πορείες, και η δυτική ιατρική, μετά από αιώνες στα χέρια τσαρλατάνων, κουρέων, φρενολόγων και διανομέων φιδελαίου, συμμάχησε τελικά με την επιστήμη. Η ψυχιατρική αναπτύχθηκε ως ένας κλάδος της στοιχειώδους ιατρικής κατά τον δέκατο όγδοο και καθιερώθηκε τον εικοστό αιώνα, χάρη στον Φρόιντ. Η ιατρική αποτελεί επίσης μια ισορροπία επιστήμης και τέχνης: αξονικές τομογραφίες και ιατρικές συμβουλές, χημειοθεραπεία και τεχνικές απεικόνισης, ηλεκτροκαρδιογραφήματα και δεύτερες γνώμες. Η φροϊδική ψυχανάλυση και όλες οι επακόλουθες μορφές της που αναπτύχθηκαν από τους αποσκιρτήσαντες μαθητές του Φρόιντ (Γιουνγκ, Άντλερ, Ράιχ, Μπάροου, Χόρνι και άλλους) μοιάζουν όλο και περισσότερο με μια σχισματική θρησκεία. Οι φροϊδιστές ψυχαναλυτές είναι τόσο διαιρεμένοι και αμοιβαία εχθρικοί με τους οπαδούς του Γιουνγκ όσο οι φανατικοί ορθόδοξοι με τους εκσυγχρονιστές Εβραίους, οι καθολικοί με τους προτεστάντες χριστιανούς και οι σιίτες με τους σουνίτες μουσουλμάνους. Δεν είναι ανάγκη να είσαι γιατρός για να γίνεις ψυχαναλυτής, πρέπει όμως να προσχωρήσεις με κάθε κόστος σε ένα συγκεκριμένο δόγμα.

Η φιλοσοφία του Φρόιντ για την ψυχιατρική ήταν ότι όλα τα νοητικά προβλήματα (τα οποία αποκαλούσε νευρώσεις και ψυχώσεις) μπορούσαν πάντα να εξηγηθούν βάσει φυσικών προβλημάτων. Με άλλα λόγια, πίστευε πως κάθε νοητική ασθένεια προκαλείται από μια εγκεφαλική ασθένεια. Και ακριβώς εκεί έχει καταλήξει και η μοντέρνα ψυχιατρική. Οποιαδήποτε συμπεριφορά μπορεί να καταλήξει στο *Εγχειρίδιο Διαγνωστικής και Στατιστικής* (DSM), όπου και θεωρείται σύμπτωμα κάποιας υποτιθέμενης διανοητικής ασθένειας. Παρόλο που οι περισσότερες από τις αποκαλούμενες διανοητικές ασθένειες του εν λόγω εγχειριδίου δεν έχει ποτέ αποδειχθεί ότι οφείλονται σε εγκεφαλική ασθένεια, η φαρμακευτική βιομηχανία και οι ψυχίατροι που συνιστούν τα φάρμακά της είναι αφοσιωμένοι στο να αναγνωρίσουν όσες περισσότερες «διανοητικές ασθένειες» μπορούν. Γιατί; Για τους συνηθισμένους λόγους: δύναμη και κέρδος.

Λάβετε υπόψη το εξής: Το 1952 το DSM-I κατέγραφε 112 διαταραχές. Το 1968, το DSM-II κατέγραφε 163. Το 1980 το DSM-III κατέγραφε 224. Η τελευταία έκδοση, το DSM-IV του 1994, καταγράφει 374 διαταραχές. Στη δεκαετία του 1980, οι ψυχίατροι υπολόγιζαν ότι ένας στους δέκα Αμερικανούς ήταν διανοητικά ασθενής. Στη δεκαετία του 1990 ήταν ένας στους δύο. Σε λίγο θα είναι όλοι, εκτός βέβαια από τους ψυχίατρους. Ανακαλύπτουν παντού «διανοητική ασθένεια», εκτός από το εργαστήριο, και σας δίνουν συνταγές για τόσα φάρμακα όσα πληρώνει η ασφαλιστική σας εταιρεία.

Ενώ σίγουρα υπάρχουν ορισμένοι άνθρωποι που χρήζουν φαρμακευτικής αγωγής και εγκλεισμού σε ψυχιατρείο για να να μην προκαλέσουν κακό στον εαυτό τους και σε άλλους, ο αριθμός τους σίγουρα δεν είναι ένας στους δύο Αμερικανούς, ή ένας στους δέκα ή ένας στους εκατό. Κατά το μέγιστο, η προσωπική δυστυχία, οι διαμάχες μεταξύ ομάδων, η χονδροειδής απρέπεια, η σύγχυση, η επιδημία εγκληματικότητας και ο οργασμός βίας είναι προϊόντα όχι μιας κοινωνίας διανοητικά άρρωστης, αλλά ενός συστήματος το οποίο, λόγω έλλειψης διοίκησης με όραμα και φιλοσοφικής αρετής, έχει επιτρέψει και έχει ενθαρρύνει τη δημιουργία μιας κοινωνίας στην οποία δεν υπάρχει ηθική τάξη. Παρόλο που οι φιλόσοφοι έχουν κατά κύριο λόγο παραμείνει σιωπηλοί πάνω σε αυτό το θέμα, οι επαγγελματίες της εφαρμοσμένης φιλοσοφίας μπορούν να βοηθήσουν στην αποκατάσταση της ηθικής τάξης και της «διανοητικής υγείας» των τελείως εξαχρειωμένων πολιτών μας. Η ηθική τάξη δεν είναι φάρμακο, μα έχει καταπληκτικές παρενέργειες.

Η ψυχολογία δεν εμφανίστηκε ως τομέας μελέτης ανεξάρτητα από άλλους τομείς πριν το 1879, όταν ο Βίλχελμ Βουντ άνοιξε το πρώτο ψυχολογικό εργαστήριο. Πριν από αυτό οι παρατηρήσεις και οι ιδέες που σχετίζονταν με την ψυχολογία ήταν πρόνοια των φιλοσόφων. Ακόμη και αφού η ψυχολογία ανεξαρτητοποιήθηκε, η ψυχολογία και η φιλοσοφία παρέμειναν δίδυμες επιστήμες κατά τον εικοστό αιώνα. Ο Ουίλιαμ Τζέιμς, που θεωρείται μεγάλος στοχαστής και στους δυο τομείς, είχε και τις δυο έδρες στο Χάρβαρντ στις αρχές της δεκαετίας του 1900, ενώ τις ίδιες αρμοδιότητες είχε, τη δεκαετία του 1940, στο Πανεπιστήμιο του Λονδίνου ο Σίριλ Τζόαντ. Αλλά οι δυο τομείς απέκλιναν τον τελευταίο αιώνα με την ψυχολογία να φεύγει από το πεδίο των ανθρωπιστικών επιστημών και να τοποθετείται στο πεδίο των κοινωνικών επιστημών. Παρά τη θέση του στον κόσμο της φιλοσοφίας, ο Τζέιμς ήταν ένας από τους κύριους υποστηρικτές της μετατροπής της ψυχολογίας σε επιστήμη. Όπως ο ίδιος έγραψε: «Ευχόμουν, φερόμενος στην ψυχολογία σαν σε φυσική επιστήμη, να τη βοηθήσω να γίνει».

Με τον ερχομό της συμπεριφοριστικής ψυχολογίας, το σχίσμα ολοκληρώθηκε. Συμπεριφοριστές ψυχολόγοι όπως ο Τζον Ουότσον και ο Μπ. Φ. Σκίνερ έφεραν τα ερωτήματά τους για την ανθρώπινη φύση στο εργαστήριο και πειραματίστηκαν πάνω σε αυτά. Αυτό απέχει πολύ από την προσέγγιση, επιτομή της οποίας αποτελεί το άγαλμα *Ο Σκεπτόμενος* του Ροντέν (σαγόνι στο χέρι, αγκώνας στο γόνατο, χαμένος στη σκέψη), την οποία προτιμούν οι φιλόσοφοι. Μα είτε αναπτύσσεις τις ιδέες σου έχοντας φραστικές μονομαχίες με τον Σωκράτη είτε περνώντας ποντίκια από λαβυρίνθους, τα ερωτήματα που θέτεις τελικά είναι βασικά τα ίδια: Τι κάνει το ανθρώπινο ον να λειτουργεί; Είναι λογική θέληση ή ρυθμιζόμενη ανταπόκριση; Αν είναι και τα δύο, πώς αλληλεπιδρούν;

Οι φιλόσοφοι ήταν πάντα παρατηρητές της ανθρώπινης φύσης, κάτι που ακούγεται σαν περιγραφή του επαγγέλματος του ψυχολόγου. Οποιαδήποτε φιλοσοφία της ανθρωπότητας θα ήταν ατελής χωρίς ψυχολογική ενόραση. Η ψυχολογία επίσης αποτυγχάνει όταν της λείπει η φιλοσοφική ενόραση και οι δυο τομείς είναι πιο φτωχοί λόγω του διαχωρισμού τους. Μερικοί τομείς της φιλοσοφίας, όπως η λογική, απέχουν πολύ από την ψυχολογία. Κατά κύριο λόγο όμως, η φιλοσοφία βασίζεται σε παρατηρήσεις, αισθητηριακά δεδομένα, αντιλήψεις και εντυπώσεις, όλα αυτά που διαπερνούν τον τομέα της ψυχολογίας. Όταν βλέπουμε τον κόσμο, δεν είναι απαραίτητο ότι βλέπουμε καθαρά αυτό που είναι μπροστά μας. Παιχνίδια φυσιολογίας και υποκειμενικές εξηγήσεις σχεδόν πάντα παίζουν σημαντικό ρόλο. Αυτή η παρεμβολή, της διαφοράς μεταξύ αντικειμένου και εμπειρίας, είναι ψυχολογία και καμία φιλοσοφική θεώρηση δεν στέκει χωρίς αυτήν.

Η συμπεριφοριστική ψυχολογία, με την κύρια προσέγγισή της ερέθισμα-αντίδραση, θεωρεί ένα άτομο σαν μηχανή ρυθμισμένη ή προγραμματισμένη για αρκετά επιθυμητά αποτελέσματα. Απλά χρειάζεται να βρούμε και να χρησιμοποιήσουμε το κατάλληλο ερέθισμα. (Αυτή τη θεωρία επιβεβαίωνε ο Παβλόφ όταν προκαλούσε την έκκριση σάλιου σε σκύλους με τον ήχο ενός κουδουνιού, αφού τους είχε πρώτα εκπαιδεύσει να τους δίνει φαγητό χτυπώντας πριν ένα κουδούνι.) Πολλά όμως αποκρύπτονται από αυτή την παύλα ανάμεσα στο *ερέθισμα* και την *αντίδραση*. Όλα τα πλούσια, σημαντικά μέρη της ψυχολογίας, και της ανθρώπινης φύσης, παραλείπονται όταν περιορίζουμε όλες τις ενέργειες σε ένα απλό αίτιο και αποτέλεσμα. Το να θεωρούμε τον άνθρωπο τίποτα παραπάνω από ένα πλάσμα που ανταποκρίνεται με ελεγχόμενους τρόπους σε συγκεκριμένα ερεθίσματα ελαττώνει την ανθρωπιά μας. Αδιαφορεί για την ψυχή, το φαινομενικό αντικείμενο μελέτης της ψυχολογίας. Είμαστε κάτι πολύ περισσότερο από το σύνολο των αναμενόμενων αντιδράσεών μας. Υπάρχουν περισσότερα πράγματα στη ζωή μας από μια σειρά προδιαγεγραμμένων αντιδράσεων. Το πρόβλημα της μοντέρνας ψυχολογίας, ως επιστήμης, είναι ότι προέρχεται ή είναι επηρεασμένη από τη συμπεριφοριστική ψυχολογία και την επακόλουθη απογύμνωση της ανθρώπινης εμπειρίας.

Η εφαρμογή της επιστημονικής μεθόδου αποφέρει κάποιες σημαντικές πληροφορίες για τους ανθρώπους και τον τρόπο λειτουργίας τους. Και παρόλο που μπορεί να ξεχωρίσει ίνες επίγνωσης, η ψυχολογία ποτέ δεν θα αποκαλύψει το πλήρες πολύπλοκο ψηφιδωτό της ανθρώπινης φύσης. Για παράδειγμα, άσχετα με το αν είναι μια ορθή επιστημονική μέθοδος, η συμπεριφοριστική ψυχολογία δεν θα αποφέρει ποτέ ένα σύστημα αξιών, ένα από τα κύρια συστατικά της ανθρώπινης ύπαρξης και αντικείμενο στο οποίο είναι αφιερωμένο ένα ολόκληρο ρεύμα φιλοσοφίας. Εάν η πρόκληση μιας πράξης είναι καθαρά θέμα του κατάλληλου ερεθίσματος, τότε οι άνθρωποι περιορίζονται στο να κάνουν τα πάντα απλά για να ανταμειφθούν ή να αποφύγουν την τιμωρία. (Δηλαδή το ερέθισμα είναι ή καρότο ή ραβδί.) Υπό αυτές τις συνθήκες, υπάρχει κάτι που να μπορεί να χαρακτηριστεί καλή πράξη; Θα ήταν δυνατό να κάνει κανείς το σωστό απλώς και μόνο επειδή αυτό είναι το σωστό και να μην κάνει το λάθος επειδή απλώς και μόνο είναι λάθος;

Οι συμπεριφοριστές θα έλεγαν ότι εάν ασκούσαν επάνω μας ένα δυσάρεστο ηλεκτρικό σοκ κάθε φορά που βοηθούσαμε μια γηραιά κυρία να διασχίσει το δρόμο, σύντομα θα σταματούσαμε τη συνήθεια του καλού Σαμαρείτη. Επίσης υποστηρίζουν ότι θα μπορούσαν να μας κάνουν να τη σπρώχνουμε κάθε φορά που περνάμε από δίπλα της στο δρόμο, αρκεί να μας έδιναν την κατάλληλη ανταμοιβή κάθε φορά που το κάναμε. Έτσι κάνουν τους ανθρώπους να φαίνονται ρηχοί, αγνοώντας την πλούσια εσωτερική διανοητική μας ύπαρξη. Είμαστε πολύ πιο ποικίλοι και περίπλοκοι από τα ποντίκια που συνεχίζουν με μανία να πιέζουν το μοχλό που συνήθως τους παρέχει τροφή αρκετό καιρό αφού έχει σταματήσει να έρχεται η ανταμοιβή. (Βέβαια όλοι έχουμε τις στιγμές μας που δεν συμπεριφερόμαστε πιο έξυπνα από τα ποντίκια, μα αυτό είναι μια άλλη ιστορία.)

Ένα από τα ανθρώπινα χαρίσματα είναι η δυνατότητα να παρέχουμε τα δικά μας εσωτερικά ερεθίσματα. Μερικές φορές υποσχόμαστε στον εαυτό μας ένα παγωτό μετά από κάποια δυσάρεστη δραστηριότητα, και έτσι χρησιμοποιούμε αυτά που μάθαμε από τους συμπεριφοριστές ψυχολόγους. Μπορούμε όμως να δώσουμε στον εαυτό μας ως κίνητρα την τιμή, το καθήκον ή την υποχρέωση, θέματα με τα οποία έχουν ασχοληθεί οι φιλόσοφοι, αλλά βρίσκονται πέρα από το φάσμα της πειραματικής ψυχολογίας. Να γιατί ο Άρθουρ Κέσλερ την ονόμασε «ποντικομορφική ψυχολογία». Τα πειράματα κατέληγαν στο να μαθαίνουμε πολλά γύρω από τα τρωκτικά, με τα συμπεράσματα τα εφαρμόσιμα για τους ανθρώπους να είναι περιορισμένα και χωρίς να αγγίζουν σίγουρα τα μεγάλα υπαρξιακά ερωτήματα.

Όλοι οι επιστήμονες λειτουργούν με σύνολα από «παρατηρήσιμα αντικείμενα» – τα αντικείμενα της μελέτης τους. Για παράδειγμα οι αστρονόμοι έχουν γαλαξίες, αστερισμούς και πλανήτες, οι χημικοί έχουν άτομα, μόρια και ούτω καθεξής. Η δουλειά του επιστήμονα είναι να κάνει και να καταγράφει παρατηρήσεις γύρω από τα φαινόμενα που παρατηρεί, να εκφράζει θεωρίες για να εξηγήσει το λόγο για τον οποίο κάτι συμπεριφέρεται όπως συμπεριφέρεται και μετά να δοκιμάζει τις θεωρίες εκτελώντας πειράματα. Στις κοινωνικές επιστήμες δεν είναι εύκολο να οριστεί ένα σύνολο αντικειμένων για μελέτη, γιατί δεν έχει φυσική υπόσταση ούτε είναι μετρήσιμο. Έτσι καταλήγουμε σε σοβαρές φιλοσοφικές διαφορές μεταξύ υλικών (ή φυσικών) και κοινωνικών επιστημών και αυτό σημαίνει πως δεν μπορούμε να βρούμε ποτέ ένα τμήμα που να περιλαμβάνει όλες τις επιστήμες σε ένα πανεπιστήμιο. Στις κοινωνικές επιστήμες, οι ερευνητές επιβάλλουν τις δικές τους κοσμοθεωρίες σε οτιδήποτε παρατηρούν. Αυτή είναι και η αιτία που ακόμη και λαμπρά μυαλά, όπως της Μάργκαρετ Μιντ, δέχτηκαν κριτική ότι έβγαλαν εσφαλμένα συμπεράσματα λόγω υποκειμενικών (ακόμη και ασυναίσθητων) προκαταλήψεων. Επιστήμονες φυσικών επιστημών μπορεί να αντιμετωπίσουν παρόμοια προβλήματα, αλλά οι επιπτώσεις στο αποτέλεσμα της έρευνας θα μετριαστούν από την πιο συμπαγή, αντικειμενική φύση του υπό παρατήρηση αντικειμένου.

Στην ψυχολογία το υπό παρατήρηση αντικείμενο είναι ο ψυχισμός. Πώς μπορεί να τον παρατηρήσει κανείς; Τι είναι, αλήθεια; Η νευροψυχολογία μελετά τον εγκέφαλο, ο οποίος είναι μέχρι ενός σημείου μετρήσιμος. Μα η γενική ψυχολογία μελετάει το νου. Εφόσον ο νους ή ο ψυχισμός δεν έχουν φυσικά χαρακτηριστικά, όλες οι παρατηρήσεις είναι έμμεσες και όλα τα συμπεράσματα είναι υποκειμενικά και λιγότερο βέβαια από ό,τι στις φυσικές επιστήμες. Ακόμη και στις φυσικές επιστήμες, που έχουμε το πλεονέκτημα της απευθείας παρατήρησης, οι πληροφορίες που παίρνουμε είναι ατελείς. Όσα αναπάντητα ερωτήματα έχουμε για το νου, άλλα τόσα περίπου έχουμε και για τον εγκέφαλο τον οποίο μπορούμε να αγγίξουμε, να ζυγίσουμε και να τεμαχίσουμε. Φανταστείτε λοιπόν πόσο εύκολο είναι να βγει κανείς τελείως εκτός θέματος στις κοινωνικές επιστήμες, όπως η ψυχολογία, όταν η όλη υπόθεση είναι πολύ πιο αφηρημένη και δεν έχουμε τίποτα συγκεκριμένο για να παρατηρήσουμε.

Παρ' όλα αυτά, η σχετικά καινούρια επιστημοποίηση της ψυχολογίας σε συνδυασμό με την αιώνια ανάγκη του ανθρώπου για διάλογο έχει σαν αποτέλεσμα, στον εικοστό αιώνα, την άνευ προηγουμένου ανάπτυξη του κλάδου της ψυχολογικής συμβουλευτικής. Όταν οι πρώτοι ψυχολόγοι άρχισαν να συμβουλεύουν ανθρώπους, οι ακαδημαϊκοί φιλόσοφοι τους κατηγόρησαν ότι ήταν αιρετικοί, αποστάτες και τα σχετικά. «Η ψυχολογική συμβουλευτική δεν είναι ψυχολογία», έλεγε η συμβατική γνώση. Αλλά μέσα σε λίγες δεκαετίες οι θεραπευτές ψυχολόγοι ξεπερνούσαν σε αριθμό όλους τους άλλους ψυχολόγους μαζί.

Οι επαγγελματίες της ψυχολογικής συμβουλευτικής έχουν ένα πραγματικό μονοπώλιο κρατικών αδειών για θεραπεία με διάλογο, γι' αυτό και οι ασφάλειες υγείας καλύπτουν τα έξοδα επίσκεψης, παρόλο που δεν είναι πραγματικοί γιατροί. Αν ο προσωπικός σας γιατρός μπορεί να σας παραπέμψει σε ψυχολόγο, ο οποίος δεν είναι γιατρός αλλά τα έξοδά του καλύπτονται από την ιατρική σας ασφάλιση, τότε μάλλον θα μπορεί να σας παραπέμψει και σε φιλοσοφικό σύμβουλο επίσης.

Οι κοινωνικοί επιστήμονες πρέπει να βασίζονται σε στατιστικές για να κάνουν τις μετρήσεις τους. Ενώ οι στατιστικές μπορεί να μας δώσουν πολλές πληροφορίες για μια ομάδα ανθρώπων, δεν μας δίνουν σχεδόν τίποτα για το κάθε άτομο μεμονωμένα και γι' αυτό οι ψυχολόγοι βρίσκονται ξανά σε αδιέξοδο. Κάνουμε γενικά σωστά να αποδεχόμαστε αξιόπιστες στατιστικές, αλλά παράλληλα να επιμένουμε ότι δεν μας περιγράφουν ως άτομα. Ψυχολογικά δεδομένα δείχνουν ότι κατά μέσο όρο τα κορίτσια έχουν περισσότερες λεκτικές ικανότητες από τα αγόρια, ενώ τα αγόρια έχουν περισσότερες σωματικές ικανότητες. Αλλά αυτό δεν σημαίνει τίποτα για το αγόρι που αρίστευσε στο λεκτικό μέρος των εξετάσεων ή για το κορίτσι που είναι βασικό στέλεχος μιας κορυφαίας εφηβικής αθλητικής ομάδας. Τι μάθαμε που να μπορούμε ουσιαστικά να το αξιοποιήσουμε; (Αυτή είναι η πραγματιστική φωνή του Ουίλιαμ Τζέιμς, ο οποίος ελέγχει αν «στέκει» μια ιδέα δοκιμάζοντας εάν μπορούμε να χρησιμοποιήσουμε την πληροφορία.) Χρειάζεται τα αγόρια να μελετούν περισσότερο; Χρειάζεται τα κορίτσια να αθλούνται περισσότερο; Μπορούμε να διδάξουμε αποτελεσματικά αγόρια και κορίτσια στις ίδιες ομάδες; Μπορούμε να εξετάσουμε τις στατιστικές και να δοκιμάσουμε να αποφασίσουμε τι θα είναι αποδοτικό για μεγάλες ομάδες. Εάν όμως κάποιος είναι γονιός και ψάχνει την καλύτερη προοπτική για το παιδί του, μάλλον θα πρέπει να βασιστεί στην προσωπική του έμπνευση και εμπειρία.

Μπορεί να σκεφτείτε ότι ούτε και η φιλοσοφία θα μπορούσε να σχεδιάσει το καλύτερο πρόγραμμα μαθημάτων. Με «στοιχεία» όμως περιορισμένης χρησιμότητας είναι η εκπαιδευτική φιλοσοφία που τελικά καθοδηγεί αυτές τις αποφάσεις. Τα περισσότερα αγόρια και κορίτσια φοιτούν σε μεικτά σχολεία, διότι έχουμε τη φιλοσοφική υποχρέωση να παρέχουμε ίσες ευκαιρίες (ακόμη και αν αυτό σημαίνει μικρές και πιθανόν προσωρινές διαφορές στις βαθμολογίες). Επιπλέον οι εκπαιδευτικοί διαλέγουν μεθόδους διδασκαλίας που θεωρούν ότι είναι οι πιο αποτελεσματικές. Και σε αυτές οι διαφορές είναι φιλοσοφικές επίσης. Πολλά αμερικανικά σχολεία δίνουν απολυτήρια σε αμόρφωτους μαθητές εν μέρει επειδή υπάρχει μια συστηματική φιλοσοφική αφοσίωση σε μεθόδους διδασκαλίας που πρακτικά εγγυώνται ότι οι μαθητές θα παραμείνουν αμόρφωτοι (π.χ., ιστορική ορθογραφία) αντί για αυτές που εγγυώνται τη μόρφωση (π.χ., φωνητική ορθογραφία). Εφόσον ξέρουμε πώς να διδάξουμε στα παιδιά να διαβάζουν όπως και να τα διδάξουμε πώς να μη διαβάζουν, η επιλογή της μεθόδου διδασκαλίας δεν εξαρτάται από τίποτα άλλο εκτός από την εκπαιδευτική μας φιλοσοφία.

Άσχετα με το τι επιστήμονας είναι κανείς, τα ερωτήματα στα οποία προσπαθεί να απαντήσει είναι «πώς λειτουργεί αυτό;» και «γιατί κάνει αυτό που κάνει;». Οι επιστήμονες ψάχνουν για αίτια και αποτελέσματα (κάτι που οι ψυχολόγοι της συμπεριφοράς έχουν απλοποιήσει στο έπακρο). Οι ψυχολόγοι, αντίστοιχα, ρωτάνε: «Πώς λειτουργούν οι άνθρωποι; Γιατί κάνουν αυτά που κάνουν;» Και ένας ψυχολόγος θεραπευτής ρωτάει: «Πώς λειτουργεί αυτό το άτομο; Γιατί κάνει αυτά που κάνει;» Ο θεραπευτής παρατηρεί εκδηλώσεις (π.χ., άγχος, κατάθλιψη) και ψάχνει για αιτίες (π.χ., αρνητική σχέση με ένα σύντροφο, αλκοολικός γονιός). Αυτός μπορεί να είναι ένας επιστημονικός τρόπος να ερευνήσει κανείς τα πράγματα, μα όταν εφαρμόζεται σε ένα άτομο η ψυχολογική θεραπεία αντιμετωπίζει δυο κύρια προβλήματα.

Αίτιο και αποτέλεσμα

Το πρώτο είναι μια πλάνη που οι φιλόσοφοι την αποκαλούν *post hoc ergo propter hoc*. Σε περίπτωση που δεν τα πάτε καλά με τα λατινικά, σημαίνει ότι επειδή ένα γεγονός συνέβη πριν από κάποιο άλλο, το πρώτο προκάλεσε το δεύτερο. Αυτό μπορεί να αληθεύει σε ορισμένες περιπτώσεις. Κάποιος χτυπά το μεγάλο δάχτυλο του ποδιού του και μετά φωνάζει «Οχ!». Μα αυτό δεν είναι απαραίτητα ή πάντα αληθές. Εάν οι γονείς κάποιου τον χτυπούσαν όταν ήταν παιδί και τώρα δεν μπορεί να ελέγξει το θυμό του, δεν μπορούμε να βγάλουμε το συμπέρασμα ότι το ένα προκάλεσε το άλλο. Μπορεί να το προκάλεσε. Μπορεί όμως να είναι και άσχετο. Ακόμη και αν ήταν αυτή η αιτία, μπορεί να συνέβαλαν και άλλοι παράγοντες. Γυρίζοντας στο χτύπημα του δαχτύλου του ποδιού, είναι φανερό ότι το γεγονός ότι δεν φορούσε παπούτσια, ότι είχε παρατησει διάφορα αντικείμενα στη μέση του δωματίου ή ότι το διέσχισε βιαστικά, στο σκοτάδι, για να απαντήσει στο τηλέφωνο, θα μπορούσαν να είναι οι αιτίες. Αλλά είναι δυνατό κάθε συστατικό του περίπλοκου μείγματος του παρελθόντος να έχει αληθινά επιπτώσεις σε γεγονότα του παρόντος; Ήταν η οργή της μητέρας κάποιου που τον κάνει να γίνεται εκρηκτικός όταν θυμώνει; Ήταν η ψυχρότητα του πατέρα του; Ήταν και τα δυο ή κανένα από αυτά;

Ψάχνοντας στις σκιές του παρελθόντος για να βρείτε τις αιτίες των τωρινών σας δυσκολιών είναι ακόμη πιο προβληματικό, επειδή μπορεί να υπάρχουν συγκυρίες που σας διαφεύγουν. Η μνήμη δεν είναι τέλεια και σημαντικά γεγονότα μπορεί να ξεχαστούν, ενώ ασήμαντες λεπτομέρειες μπορεί να παραμείνουν. Τι γίνεται όταν η εξόρυξη του παρελθόντος αποδίδει μόνο ψεύτικο χρυσό, μα εσείς και ο θεραπευτής σας το δέχεστε σαν να έχετε χτυπήσει μεγάλη φλέβα χρυσού; Στην καλύτερη περίπτωση θα σπαταλήσετε χρόνο σε άσχετα γεγονότα και λανθασμένες κατευθύνσεις, ακόμη και αν στο τέλος φτάσετε στον προορισμό σας.

Χωρίς βολικούς νόμους να σας καθοδηγήσουν, όπως έχουν οι χημικοί και οι φυσικοί, πώς ξέρετε τι προκαλεί ποιο αποτέλεσμα; Εάν λαμβάνετε αξιωματικά ότι το καθετί θα μπορούσε να προκαλέσει οτιδήποτε άλλο (αρκεί το ένα γεγονός να συνέβη πριν από το άλλο), ο κίνδυνος είναι ότι όταν καταλήξετε σε μια θεωρία, απλά διαλέγετε ό,τι ταιριάζει σε αυτήν και απορρίπτετε όλα τα υπόλοιπα. Όπως πολύ πετυχημένα υπέδειξε ο Άμπρααμ Μάσλοου, εάν το μόνο εργαλείο στην εργαλειοθήκη σας είναι ένα σφυρί, τότε πολλά πράγματα αρχίζουν να μοιάζουν με πρόκες.

Ακόμη και αν η ψυχολογία γινόταν μια ακριβής επιστήμη, τι θα κερδίζατε αν βρίσκατε τις αιτίες του παρόντος προβλήματός σας; Το να σας χαρακτήριζε ή να σας κατέτασσε κάποιος ως προβληματικό θα σας έκανε να αισθανθείτε καλύτερα; Το να γνωρίζετε ότι έχετε χαλασμένο δόντι δεν σταματάει τον πόνο. Όταν επισκεφθείτε τον οδοντίατρο σταματάει ο πόνος. Ναι, θα πρέπει να βελτιώσετε τη στοματική σας υγιεινή για να αποφύγετε παρόμοια προβλήματα στο μέλλον. Ναι, μερικοί άνθρωποι θα ανακουφίζονταν εάν ανακάλυπταν την πηγή των προβλημάτων τους μέσω της ψυχολογίας και μερικοί άλλοι θα μπορούσαν να βρουν έναν τρόπο αντίδρασης που θα τους ανακούφιζε όταν ανακάλυπταν την αιτία των προβλημάτων τους. Αλλά για πολλούς άλλους η κατάδειξη του προβλήματος δεν θα ήταν αρκετή. Θα περνούσαν μήνες ή χρόνια ψάχνοντας χωρίς αποτέλεσμα και η αντίδρασή τους πιθανό να ήταν ένα «και λοιπόν;». Η επίγνωση της αιτίας του ψυχικού τους πόνου χωρίς να έχουν τρόπο να τον ελαττώσουν κάνει μερικούς ανθρώπους να νιώθουν ακόμη χειρότερα. Το να γνωρίζετε ότι νιώθετε κατάθλιψη επειδή ο γάμος σας διαλύεται μπορεί να σας κάνει να νιώθετε ακόμη χειρότερα, αφού δεν μπορείτε να γυρίσετε στο παρελθόν και να το αλλάξετε.

Το ιατρικό μοντέλο

Το δεύτερο κύριο πρόβλημα με την ψυχιατρική και ψυχολογική θεραπεία είναι ότι μιμούνται το ιατρικό μοντέλο. Οι επαγγελματίες σ' αυτούς τους τομείς παίρνουν άδεια άσκησης επαγγέλματος σαν να ήταν γιατροί και καλύπτονται από τις ασφάλειες υγείας (μερικώς τουλάχιστον). Οι γιατροί είναι εκπαιδευμένοι στη διάγνωση και αντιμετώπιση ασθενειών του σώματος. Οι ψυχίατροι και ψυχολόγοι είναι εκπαιδευμένοι να αντιμετωπίζουν «διανοητικές ασθένειες». Αυτός ο όρος είναι σε εισαγωγικά γιατί είναι μεταφορικός τρόπος έκφρασης. Αλλά η μεταφορά αυτή λανθασμένα θεωρείται πραγματικότητα. Ένα παλιό ψυχιατρικό ανέκδοτο υπογραμμίζει το γεγονός: Ασθενείς που έφταναν νωρίς για το ραντεβού τους χαρακτηρίζονταν αγχώδεις, αυτοί που αργούσαν χαρακτηρίζονταν εχθρικοί και αυτοί που έρχονταν στην ώρα τους παρορμητικοί. Το ανέκδοτο το έλεγαν οι ψυχίατροι μεταξύ τους, που ήξεραν πολύ καλά τη διαφορά μεταξύ κυριολεκτικής και μεταφορικής ασθένειας. Αλλά δεν είναι πια αστείο, γιατί αυτή η διαφορά έχει γίνει ασαφής εξαιτίας αυτού που ο Τόμας Ζαζ χαρακτηρίζει ως «μύθο της διανοητικής ασθένειας».

Τα ιατρικά προβλήματα συχνά αποκαλούνται «σύνδρομα». Πλήθος συνδρόμων έχουν παρατηρηθεί, καταγραφεί, διερευνηθεί και κατανοηθεί. Για παράδειγμα, το σύνδρομο Down προκαλείται από μια συγκεκριμένη γενετική ακολουθία ενώ το σύνδρομο Tourette είναι μια συγκεκριμένη εγκεφαλική δυσλειτουργία που εκδηλώνεται με νευρικές μα όχι επικίνδυνες χειρονομίες και φωνητικές εκφράσεις. Το σύνδρομο επίκτητης ανοσοποιητικής ανεπάρκειας (AIDS) προκαλείται από ένα λανθάνοντα ιό (HIV) ο οποίος επιτίθεται και θέτει εκτός λειτουργίας το ανοσοποιητικό σύστημα. Τι μπορούμε όμως να πούμε για διαγνώσεις όπως το «σύνδρομο του Περσικού κόλπου»; Τι σημαίνει αυτό; Προφανώς σημαίνει ότι μερικοί από τους ανθρώπους που υπηρέτησαν στον Περσικό κόλπο δεν νιώθουν καλά. Κανείς δεν ξέρει (ή δεν λέει) αν έχουν εκτεθεί σε βιολογικά αντιδραστήρια ή χημικές τοξίνες, αν τα προβλήματά τους είναι ιατρικά ή ψυχολογικά ή και τα δύο. Το να διαγνώσει κανείς Σύνδρομο του Περσικού κόλπου ακούγεται πολύ επιστημονικό, αλλά δεν αποκαλύπτει καμία καινούρια ή χρήσιμη πληροφορία για το πρόβλημα. Ομοίως, αναλογιστείτε το «σύνδρομο αιφνίδιου βρεφικού θανάτου» (SIDS). Δυστυχώς μερικά βρέφη πεθαίνουν αναπάντεχα στις κούνιες τους. Παλιά το έλεγαν «θάνατος στην κούνια». Τώρα έχει πολύ πιο επίσημο όνομα, το οποίο δεν μας αποκαλύπτει τίποτα απολύτως για το πρόβλημα. Άρα το να χαρακτηρίσουμε κάτι σύνδρομο δεν σημαίνει ότι ξέρουμε γιατί πράγμα μιλάμε, ακόμη και όταν υπάρχει ιατρικό (σωματικό) πρόβλημα.

Αυτό δεν είναι νέο για τους φιλόσοφους. Ακούστε μια διάσημη «εξήγηση» για το όπιο που υπάρχει από το Μεσαίωνα. Η ερώτηση ήταν γιατί το όπιο (κατά την κλινική του χρήση) προξενούσε ύπνο; Η απάντηση που δόθηκε από γιατρούς της εποχής (μερικοί από τους οποίους, προς λύπη μου αναφέρω, ήταν πιθανόν και φιλόσοφοι) ήταν ότι το όπιο προκαλούσε ύπνο στους ασθενείς λόγω των «υπνωτικών του ιδιοτήτων» (dormitive properties). Όλοι έγνεψαν συγκαταβατικά και με σοφία και αποδέχτηκαν την εξήγηση για χρόνια σαν να εξηγούσε κάτι. Μα δεν εξηγούσε τίποτα. Το *dormitive* (υπνωτικές) προέρχεται από το λατινικό ρήμα *dormire*, που σημαίνει «κοιμάμαι». Το να εξηγείς ότι το όπιο προκαλεί ύπνο στους ανθρώπους λόγω των υπνωτικών του ιδιοτήτων είναι σαν να λες ότι το όπιο προκαλεί ύπνο επειδή προκαλεί ύπνο. Όχι και ιδιαίτερα επιστημονικό, απλά μια κυκλική επεξήγηση.

Τι συμβαίνει όμως όταν προσπαθούμε να εφαρμόσουμε κυκλικές επεξηγήσεις κυριολεκτικών σωματικών ασθενειών σε μεταφορικές διανοητικές ασθένειες; Παίρνουμε μια πληθώρα από τα αποκαλούμενα σύνδρομα. Έχετε ένα άλυτο συναισθηματικό πρόβλημα που προέρχεται από μια δυσάρεστη εμπειρία του παρελθόντος; Στο *Εγχειρίδιο Διαγνωστικής και Στατιστικής*, γίνεται διανοητική ασθένεια: διαταραχή μετατραυματικού άγχους. Έχει το παιδί σας πρόβλημα με το να μάθει αριθμητική; Υπάρχει μια σοβαρή πιθανότητα να συμβαίνει αυτό επειδή ο δάσκαλος του παιδιού δεν ξέρει αριθμητική ή επειδή η παρούσα μέθοδος διδασκαλίας υποστηρίζει ότι η σωστή απάντηση στην πρόσθεση «δύο συν δύο» είναι οποιοσδήποτε αριθμός κάνει το μαθητή να νιώθει άνετα. Στο *Εγχειρίδιο Διαγνωστικής και Στατιστικής* όμως αυτό γίνεται διανοητική ασθένεια: διαταραχή που προκαλείται από την πίεση επιλογής των αριθμών. Θα μπορούσατε να αρνηθείτε ψυχιατρική θεραπεία σε εσάς ή το παιδί σας εάν αντιμετωπίζατε αυτού του είδους τη διάγνωση; Στο *Εγχειρίδιο Διαγνωστικής και Στατιστικής* η άρνησή σας γίνεται διανοητική ασθένεια: διαταραχή μη συμμόρφωσης με τη θεραπεία.

Αυτό θα ήταν πολύ καλό εάν επρόκειτο για επιστημονική φαντασία ή κωμωδία. Μεταμφιέζεται όμως σε σοβαρή επιστήμη στις ημέρες μας. Το 1987 η Αμερικανική Ψυχιατρική Ένωση ψήφισε ως διανοητική ασθένεια την υπερκινητική διαταραχή έλλειψης προσοχής (ADHD). Επιστήμη με ψηφοφορία. Εκείνη τη χρονιά, μισό εκατομμύριο παιδιά στην Αμερική βρέθηκαν να πάσχουν από ADHD. Το 1996 υπολογίστηκε ότι 5,2 εκατομμύρια παιδιά, το δέκα τις εκατό του συνόλου των παιδιών σχολικής ηλικίας στην Αμερική, έπασχαν από ADHD. Η «θεραπεία» για αυτή την «επιδημία» είναι το Ritalin, η παραγωγή και οι πωλήσεις του οποίου, καθώς και οι εφιαλτικές παρενέργειες, έφτασαν στα ύψη. Αυτό είναι πολύ καλό για τη φαρμακοβιομηχανία αλλά όχι και τόσο καλό για τα παιδιά. Δεν υπάρχει το παραμικρό δείγμα ιατρικής απόδειξης ότι η ADHD προκαλείται από κάποια συγκεκριμένη εγκεφαλική ασθένεια, αλλά είναι αυτός ο ισχυρισμός που δικαιολογεί το χαρακτηρισμό εκατομμυρίων παιδιών σχολικής ηλικίας στην Αμερική ως διανοητικά άρρωστων, την εξαναγκαστική χρήση φαρμάκων και την καταγραφή αυτών των διαγνώσεων διανοητικής ασθένειας στους φακέλους των προσωπικών τους στοιχείων.

Γιατί φυσιολογικά, υγιή, φιλοπράγμονα και μερικές φορές ανεξέλεγκτα παιδιά έχουν πρόβλημα να συγκεντρωθούν στο σχολείο; Η ADHD μπορεί να είναι ένας λόγος, όμως υπάρχουν και πολλοί άλλοι. Μπορεί να είναι και η έλλειψη κινήτρου και πειθαρχίας, έλλειψη αντικειμένου μελέτης, έλλειψη κριτηρίων που να απαιτούν μελέτη, απουσία δοκιμασιών που να αξιολογούν τη γνώση, ανίκανοι εκπαιδευτικοί και αδιάφοροι γονείς. Μπορεί να φταίει το γεγονός ότι τα υποχρεωτικά κριτήρια έχουν αντικατασταθεί από ανεγκέφαλα συνθήματα και ότι δεν υπάρχει ηθική αυθεντία στο σπίτι ή το σχολείο για να ενσταλάξει αρετές στα παιδιά αυτά. Το εκπαιδευτικό σύστημα έχει μεταμορφωθεί από ένα μονοπάτι μάθησης σε ένα ναρκοπέδιο ασθενειών με την ψυχολογία και την ψυχιατρική σαν πρόθυμους συνοδούς. Αυτοί οι συνοδοί έχουν διεισδύσει επίσης στο σύστημα δικαιοσύνης, στο στρατό και στην κυβέρνηση. Είναι να απορεί κανείς γιατί οι άνθρωποι στρέφονται (ή επιστρέφουν) στη φιλοσοφία;

Είναι ευκολότερο για μας να ονειρευόμαστε ξύπνιοι. Αν το παιδί σας δεν προσέχει στο σχολείο, τότε πάσχει από υπερκινητική διαταραχή έλλειψης προσοχής. Και αν παραπονεθείτε για αυτή τη διάγνωση, πάσχετε από τη διαταραχή άρνησης της διαταραχής έλλειψης προσοχής.

Το πρόβλημα με το να αποκαλέσει κανείς αυτή την προσέγγιση επιστημονική είναι ότι αυτές οι αποκαλούμενες διαταραχές δεν ελέγχονται βάσει επιστημονικών κριτηρίων. Η δήλωση ή η υπόθεση ότι κάτι υπάρχει, χωρίς απόδειξη να το υποστηρίζει, είναι αυτό που οι φιλόσοφοι καλούν «πραγμοποίηση».

Οι ψυχίατροι και οι ψυχολόγοι είναι ειδήμονες στο να «πραγμοποιούν» σύνδρομα και ανωμαλίες. Τα φαντάζονται και μετά βρίσκουν τα συμπτώματα σε ανθρώπους και τα χρησιμοποιούν σαν απόδειξη ότι η ασθένεια υπάρχει. Όποια πλεονεκτήματα και αν κερδίζονται από την ομαδοποίηση αυτή των συμπτωμάτων υπάρχει και ένα τεράστιο μειονέκτημα. Νεκρώνονται οι δυνάμεις έρευνας, κάνοντάς μας να νομίζουμε ότι έχουμε απαντήσεις που δεν έχουμε. Νιώθετε δυστυχείς χωρίς λόγο; Είναι μη διαμεσολαβούμενο καταθλιπτικό σύνδρομο, κάτι πολύ συνηθισμένο. Σας αρέσει να χτυπάτε τα δάχτυλά σας στο γραφείο σας; Έχετε σύνδρομο δακτυλικής επίκρουσης. Και να ο πραγματισμός που θέτει ξανά το ερώτημα: «Πού μας αγγίζουν εμάς όλα αυτά;»

Τι σημασία έχει λοιπόν αν είστε μια γυναίκα που αγαπάει πάρα πολύ ή πάσχετε από το σύνδρομο του Πίτερ Παν ή ο σύζυγός σας είναι από τον Άρη; Κάθε βιβλίο αυτοβοήθειας που αξίζει τα λεφτά του σας υπόσχεται αυτοβελτίωση και βελτίωση της ζωής σας γενικότερα. Μα με τον τρόπο που είναι συγκροτημένη στο παρόν η ψυχολογία, και κυρίως η δημοφιλής ψυχολογία, δεν έχει τα εργαλεία που χρειάζονται για να σας βοηθήσει να εφαρμόσετε τα λίγα πράγματα που μαθαίνετε για τον εαυτό σας στο γενικότερο πλαίσιο της ζωής. Η ψυχολογία μέχρι εκεί φτάνει, άσχετα με το τι υπόσχεται το εξώφυλλο του τελευταίου μπεστ σέλερ. Για να ενσωματώσετε κάθε πιθανή επίγνωση (η ψυχολογική επίγνωση είναι μόνο ενός είδους) σε ένα σαφές και λειτουργικό πλαίσιο προσέγγισης της καθημερινής ζωής, σε μια προσωπική φιλοσοφία, χρειάζεστε... φιλοσοφία. Πολλοί από τους πελάτες μου έχουν ήδη περάσει από εκτενή ψυχολογική ανάλυση, και παρόλο που αρκετοί έχουν αποκτήσει αρκετά προπαρασκευαστικά οφέλη από αυτήν, κανείς τους δεν διαπίστωσε ότι ήταν αρκετά για να φέρουν ένα αίσθημα εσωτερικής γαλήνης στη ζωή τους. Βέβαια, οι άνθρωποι που θεωρούν την ψυχολογία ως το μυστικό της επιτυχίας δεν απευθύνονται σε εμένα.

Δεν υπάρχει τίποτα εγγενώς λανθασμένο στο να βασίζεται κανείς σε θεωρίες, όταν αυτές είναι χρήσιμες στους ανθρώπους (αυτό άλλωστε κάνουν και οι φιλοσοφικοί σύμβουλοι στο κάτω κάτω), αλλά να το κάνει κανείς αυτό στο όνομα της επιστήμης είναι παραπλανητικό. Η θεραπεία, και η ψυχολογική θεραπεία, είναι κυρίως μια τέχνη. Μεγάλο μέρος της είναι καθαρά υποκειμενικό για να τοποθετηθεί στον αντικειμενικό κόσμο της εργαστηριακής επιστήμης. Και άλλωστε, πρέπει να χαρακτηριζόμαστε ότι πάσχουμε από κάποιο σύνδρομο ή διαταραχή μόνο και μόνο επειδή αντιμετωπίζουμε συναισθηματικές, διανοητικές, ψυχολογικές, ή, γιατί όχι, και φιλοσοφικές προκλήσεις; Και βέβαια όχι.

Ούτε μπορεί ψυχιατρική να πλησιάσει όλα τα καθημερινά προβλήματα για τα οποία χρειάζονται οι περισσότεροι άνθρωποι να μιλήσουν σε κάποιον. Η μεταφροϊδική έμφαση σε βιολογικά βασισμένες ασθένειες με διανοητικά ή συναισθηματικά συμπτώματα και η χορήγηση φαρμάκων για τον έλεγχό τους κάνει την ψυχιατρική να απευθύνεται σε ένα μικρό μόνο τμήμα του πληθυσμού. Αυτοί που είναι δυσλειτουργικοί λόγω σωματικής ασθένειας που είναι πέραν του δικού τους ελέγχου, όπως οι μανιοκαταθλιπτικοί, βοηθιούνται από τη φαρμακευτική αγωγή. Για να αντιμετωπίσετε ένα τέτοιο πρόβλημα απευθυνθείτε σε έναν ψυχίατρο. Αν όμως έχετε προβλήματα ταυτότητας ή αξιών ή ηθικής, η χειρότερη επιλογή σας είναι να επιτρέψετε σε κάποιον να πραγμοποιήσει μια διανοητική ασθένεια και να σας χορηγήσει φάρμακα. Δεν υπάρχει χάπι που να σας κάνει να βρείτε τον εαυτό σας, να επιτύχετε τους στόχους σας ή να κάνετε το σωστό.

Εάν η ρίζα του προβλήματός σας είναι φιλοσοφική, δεν υπάρχει τίποτα στο ράφι του φαρμακείου της γειτονιάς σας που να σας δώσει διαρκή ανακούφιση. Οι Αμερικανοί έχουν μια αδυναμία στη γρήγορη «δόση». Έχουμε βασιστεί στην τεχνολογία για να βελτιώσει τη ζωή μας και να δώσει μια εύκολη απάντηση σε όλα. Η κοινωνία μας επίσης ενστερνίζεται πρόθυμα δικαιολογίες που περιορίζουν την προσωπική ευθύνη για οτιδήποτε ανεπιθύμητο. Ακόμη και οι καπνιστές, που συνέχισαν να καπνίζουν πάνω από ένα πακέτο την ημέρα αφού οι κίνδυνοι του καπνίσματος έγιναν ευρέως γνωστοί, μηνύουν τις καπνοβιομηχανίες ότι τους προκάλεσαν καρκίνο του πνεύμονα, λες και μόνο οι καπνοβιομηχανίες ήταν υπαίτιες για την ασθένειά τους. Υπάρχει καλύτερος τρόπος να ξεφορτωθούμε κουραστικά προβλήματα από το να θεωρήσουμε κάθε είδος δυστυχίας ή παράξενης συμπεριφοράς ασθένεια, κάτι γενετικό ή βιολογικό ή περιβαλλοντικό, άρα πέραν του δικού μας ελέγχου; Επιπλέον τα φάρμακα στην Αμερική είναι φθηνότερα και περισσότερα από οπουδήποτε αλλού στον κόσμο.

Όλα αυτά συνεργούν στο να μας οδηγήσουν σε μια ψυχιατρική αντίληψη των πραγμάτων. Όμως η διαμόρφωση μιας τέτοιας άποψης σας προσφέρει μόνο μια επιφανειακή αίσθηση ότι δεν είσαστε υπαίτιος για τίποτα και μια λανθασμένη αίσθηση ελπίδας για εύκολες απαντήσεις. Και αυτό γιατί δεν υπάρχουν εύκολες απαντήσεις. Ο μόνος τρόπος να πετύχει κανείς μια αληθινή, διαρκή επίλυση ενός τρέχοντος προσωπικού προβλήματος είναι να ασχοληθεί με αυτό, να το επιλύσει, να μάθει από αυτό και να εφαρμόσει ό,τι έμαθε στο μέλλον. Αυτός είναι ο στόχος της φιλοσοφικής συμβουλευτικής, διακριτός ανάμεσα σε αναρίθμητους άλλους τύπους θεραπείας.

ΤΑ ΤΕΣΣΕΡΑ ΠΡΟΣΩΠΑ ΤΗΣ ΚΑΤΑΘΛΙΨΗΣ

Για να κατανοήσουμε πώς η ψυχολογία, η ψυχιατρική και η φιλοσοφία βλέπουν το ίδιο πράγμα με διαφορετικό τρόπο, και το αποτέλεσμα που έχει αυτό στη θεραπεία, ας δούμε τέσσερις διαφορετικούς τρόπους κατανόησης της κατάθλιψης. Κάθε οπτική γωνία θα σας διαφωτίσει σε ορισμένες περιπτώσεις, αλλά θα διαστρεβλώσει την αντίληψή σας πάνω σε κάποιες άλλες. Αν χρησιμοποιούσαμε την κατάλληλη οπτική γωνία με τον κατάλληλο τρόπο στον κατάλληλο χρόνο, θα είχαμε ό,τι καλύτερο μπορεί να προσφέρει η κάθε άποψη για να βοηθήσουμε κάποιον να αντιμετωπίσει τα προβλήματά του τόσο ξεκάθαρα, αποτελεσματικά και οριστικά όσο είναι δυνατό. Πολύ συχνά όμως ένας θεραπευτής χρησιμοποιεί μόνο μία οπτική γωνία ή δεν καταφέρνει να αλλάξει πρίσμα όταν πρέπει ή δεν απευθύνεται σε κάποιον με διαφορετική θεώρηση που θα μπορούσε να βοηθήσει στη συγκεκριμένη περίσταση. Ένα πιθανό αίτιο της κατάθλιψης είναι ότι κάτι δεν πάει καλά με τον εγκέφαλο, ίσως ένα γενετικό πρόβλημα που προκαλεί την παραγωγή νευροχημικών διαβιβαστών με τέτοιο τρόπο που να παρεμβάλλονται στις αποδεκτές κλίμακες λειτουργίας του εγκεφάλου. Αυτό το είδος κατάθλιψης είναι μια σωματική ασθένεια, με όλες τις υπόλοιπες γνωστές συνέπειες. Ένα άλλο είδος κατάθλιψης είναι αυτό που προκαλείται από μια εγκεφαλική κατάσταση που έχει προκληθεί, δηλαδή είναι βιολογικό, όχι όμως γενετικό. Μπορεί να είναι αποτέλεσμα κατάχρησης ουσιών, παρενέργεια χρήσης αμφεταμινών ή ενός κατασταλτικού όπως το αλκοόλ. Αυτό το είδος κατάθλιψης υποδεικνύει σωματική ή ψυχολογική εξάρτηση. Ένα τρίτο τυπικό αίτιο κατάθλιψης είναι ένα παιδικό τραύμα που εκκρεμεί ή κάποιο άλλο πρόβλημα του παρελθόντος, άποψη καθαρά φροϊδική (και γενικώς αποδεκτή) και είναι ψυχολογικό πρόβλημα όχι ιατρικό. Ένα τέταρτο είδος κατάθλιψης προέρχεται από κάποιο έντονο ερέθισμα το οποίο συμβαίνει στο παρόν. Μπορεί να είναι μια επαγγελματική κρίση, επικείμενο προσωπικό ή οικονομικό πρόβλημα, όπως για παράδειγμα διαζύγιο ή χρεοκοπία, ή ένα ηθικό δίλημμα ή πρόβλημα αξιών. Εδώ δεν υπάρχει καμία σωματική ή ψυχολογική αιτία που να προκαλεί την κατάθλιψη. Οι εγκεφαλικές λειτουργίες, η κατάχρηση ουσιών και το παιδικό τραύμα δεν είναι οι ένοχοι.

Στις δυο πρώτες περιπτώσεις χρειάζεται ιατρική παρακολούθηση. Η ψυχιατρική είναι πολύ καλή σε τέτοιες περιπτώσεις, καθώς η κατάλληλη φαρμακευτική αγωγή μπορεί να ελέγξει τα συμπτώματα. Τα φάρμακα όμως δεν θεραπεύουν το υποκείμενο πρόβλημα, κάτι που πιθανόν να επιτύχει η γενετική μηχανική στο μέλλον, οπότε ενδείκνυται και η θεραπεία διά της συνομιλίας. Στην τρίτη και την τέταρτη περίσταση η αρμόζουσα θεραπεία είναι η θεραπεία διά της συνομιλίας. Για άλυτα προβλήματα του παρελθόντος, η ψυχολογία έχει πολλά να προσφέρει, παρόλο που και η φιλοσοφική θεραπεία θα ήταν χρήσιμη, είτε αντί είτε μετά την ψυχολογική θεραπεία. Στο τέταρτο σενάριο όμως, κατά πολύ το πιο συνηθισμένο από όσα αντιμετωπίζουν θεραπευτές κάθε είδους, η φιλοσοφία είναι η πιο ευθεία οδός προς την ίαση. Μερικοί άνθρωποι απλά δεν είναι και πολύ φιλοσοφημένοι, οπότε για αυτούς θα ήταν καλύτερος κάποιου άλλου είδους θεραπευτής. Οι περισσότεροι άνθρωποι μπορούν να ωφεληθούν από την ψυχολογική επίγνωση, μα η κατανόηση δεν σταματάει εκεί. Πώς θα ξέρεις να κάνεις το σωστό εάν δεν ξέρεις τον εαυτό σου; Εν μέρει η αυτογνωσία είναι ψυχολογική διαδικασία βέβαια, όπως επίσης και σωματική. Μα τελικά, η ανακάλυψη της βαθύτερης ουσίας του εαυτού μας είναι καθαρά φιλοσοφικό θέμα.

Αν έχετε χρόνια κατάθλιψη λόγω κάποιου άλυτου τραύματος του παρελθόντος, η φαρμακευτική αγωγή μπορεί να σας βοηθήσει να νιώσετε ικανοί να μιλήσετε για αυτό και έτσι μπορεί να είναι βραχυχρόνια χρήσιμη. Σε μερικές περιπτώσεις το ίδιο μπορεί να εφαρμοστεί εάν αντιμετωπίζετε πιο άμεσες κρίσεις. Όμως παίρνοντας φάρμακα απλά αναβάλλετε το αναπόφευκτο και το ρίσκο είναι ότι επειδή νιώθετε καλύτερα λόγω ενός φαρμάκου, μπορεί να μην κάνετε τις απαραίτητες ενέργειες για να αντιμετωπίσετε και να ξεπεράσετε οποιαδήποτε πρόκληση βρίσκεται στο δρόμο σας. Τα φάρμακα δεν επηρεάζουν τον εξωτερικό κόσμο. Ακόμη και με μια πιο ήπια διάθεση εξαιτίας του Πρόζακ, και πάλι θα έχετε να αντιμετωπίσετε ένα σαδιστικό αφεντικό ή ένα συνέταιρο που σας κλέβει ή μια γραφειοκρατική τράπεζα. Οι απαντήσεις δεν βρίσκονται, και ούτε θα βρεθούν ποτέ, σε ένα μπουκαλάκι με χάπια. Το μόνο που θα βρείτε εκεί είναι προσωρινή ανακούφιση.

Όπως η φαρμακευτική αγωγή μπορεί να βοηθήσει σε αμιγώς ψυχολογικές ή φιλοσοφικές περιπτώσεις, έτσι και η φιλοσοφία μπορεί να παράσχει επιπρόσθετη βοήθεια σε οποιαδήποτε περίπτωση απαιτεί σωματική ή ψυχολογική θεραπεία. Ακόμη και στην αυστηρότερη ψυχιατρική περίπτωση, όπως στην ανάγκη χορήγησης λιθίου σε μανιοκαταθλιπτικούς, η φιλοσοφία μπορεί να βοηθήσει μόλις ο ασθενής σταθεροποιηθεί κλινικά. Μια λειτουργική φιλοσοφική τοποθέτηση προς τη συγκεκριμένη κατάσταση μπορεί να βοηθήσει κάποιον να αποδεχτεί πιο εύκολα μια τέτοια διάγνωση. Ένας από τους λόγους για τους οποίους πολλοί ασθενείς προβληματίζονται όσον αφορά τη συνέχιση της φαρμακευτικής τους αγωγής, ακόμη και όταν αυτή τους βοηθάει, είναι ότι για κάποιο λόγο δεν αισθάνονται ότι είναι ο εαυτός τους όταν παίρνουν φάρμακα. Αυτό επικεντρώνεται στην πιο βασική φιλοσοφική ερώτηση: «Ποιος είμαι;» Μπορεί να χρειαστεί να ανακαλύψετε ξανά τον εαυτό σας υπό φαρμακευτική αγωγή. Και αυτό μπορεί να οδηγήσει σε ερωτήματα που αποτελούν την καλύτερη τροφή για τους φιλόσοφους όπως: «Από τι αποτελούμαι;», «Τι είμαι, εάν είμαι οτιδήποτε, εκτός από το φυσικό μου σώμα;».

ΚΑΤΑΝΟΗΣΗ, ΟΧΙ ΕΙΔΗΜΟΣΥΝΗ

Ένας καλός θεραπευτής οποιουδήποτε είδους θα παρέχει συμπάθεια, κατανόηση και ηθική υποστήριξη, βοηθώντας έτσι πάρα πολύ στην ίαση του ασθενούς. Κάτι τόσο απλό όσο ο διάλογος με κάποιον που ενδιαφέρεται είναι βάλσαμο σε μερικές περιπτώσεις. Δεν είναι η ειδημοσύνη που κάνει ένα θεραπευτή καλό, δεν είναι ούτε καν απαραίτητη. Πιο σημαντική είναι η ικανότητα να ακούει, να προσεγγίζει και να καταλαβαίνει τι λέει το άλλο άτομο, να προσφέρει καινούριες θεωρήσεις πάνω σε κάποιο πρόβλημα και να προτείνει λύσεις ή να προσφέρει ελπίδα. Ένα μεγάλο τμήμα της ανταπόκρισης κάποιου στη θεραπεία είναι το προσωπικό στιλ του θεραπευτή. Κάποιος τον οποίο συμπαθείτε, που οι απόψεις του σας είναι προσφιλείς και που θέτει ένα παράδειγμα που έχει νόημα για σας θα είναι και το άτομο με το οποίο θα προχωρήσει η θεραπεία.

Οι περισσότερες θεραπείες διά συνομιλίας αποδίδουν εξαιτίας του θεραπευτή και του ότι κάπου αυτός ταιριάζει με τον πελάτη του, όχι λόγω του συγκεκριμένου είδους θεραπείας το οποίο εφαρμόζει. Άσχετα με το ποιος είναι ο άλλος και το τι σας λέει, η αλληλεπίδραση και μόνο μεταξύ σας μπορεί να είναι ωφέλιμη. Δεν είναι όμως στιγμιαία θεραπεία. Δεν υπάρχει άμεση θεραπεία για ένα συναισθηματικό πονόδοντο, κανένας προφανής τρόπος να σφραγίσει κανείς ή να βγάλει το δόντι. Ο στόχος πρέπει να είναι να καταλάβει κανείς το πρόβλημά του, να μάθει να ζει με αυτό και να προχωρήσει παρακάτω. Η ψυχολογική συμβουλευτική είναι ένας τρόπος για να διερευνήσει κάποιος το πρόβλημά του και να συμβιβαστεί με τις συναισθηματικές αντιδράσεις σε αυτό. Αυτό είναι ένα καλό σημείο για να αρχίσει κανείς. Η φιλοσοφική συμβουλευτική είναι ένας τρόπος για να διερευνήσει κανείς ένα πρόβλημα και να το αποδεχτεί. Αυτό είναι ένα καλό σημείο για να τελειώσει κανείς. Η δεύτερη προσέγγιση είναι σαφώς πιο άμεση αφού επικεντρώνεται στο πρόβλημα που αντιμετωπίζει κάποιος, ανακαλύπτοντας και αναλαμβάνοντας όλες τις απαραίτητες ενέργειες που ταιριάζουν στην προσωπική του φιλοσοφία και χρησιμοποιώντας ό,τι μαθαίνει καθώς συνεχίζει τη ζωή του.

Για τους περισσότερους πελάτες μου η φιλοσοφική συμβουλευτική είναι μια βραχυχρόνια πρόταση. Για τους περισσότερους ανθρώπους η ψυχολογική συμβουλευτική είναι πιο μακροχρόνια. (Η παρεμβολή της ελεγχόμενης παρακολούθησης αλλάζει κάπως τα πράγματα, αν και η μείωση του χρόνου μιας σχέσης που ήταν εξαρχής μακροχρόνια μάλλον δεν είναι βελτίωση της διαδικασίας.) Η αρετή της θεραπείας καθ' εαυτή μπορεί να σημαίνει ότι σχεδόν οποιαδήποτε θεραπεία είναι καλύτερη από καθόλου θεραπεία (παρόλο που λανθασμένη θεραπεία είναι χειρότερη από καθόλου θεραπεία) και ότι ένας καλός ψυχολόγος είναι καλύτερη επιλογή ως σύμβουλος από έναν κακό φιλόσοφο. Μερικές φορές το καλύτερο θα ήταν η συζήτηση με ένα γνωστικό άτομο, ανεξαρτήτως του βιογραφικού του. Πολλοί από μας λάβαμε καλές συμβουλές από τους παππούδες μας, που γνώριζαν και καταλάβαιναν πολλά για τους ανθρώπους έχοντας ζήσει τόσο καιρό ανάμεσά τους. Η ισορροπία μεταξύ ψυχολογικής και φιλοσοφικής επίγνωσης είναι αυτή που τελικά θα ωφελήσει τους περισσότερους ανθρώπους.

Πολλοί καλοί ψυχολόγοι είναι φιλόσοφοι, ενώ αντίστοιχα και πολλοί καλοί φιλόσοφοι είναι ψυχολόγοι. Η ψυχοθεραπεία έχει αναρίθμητες μορφές και παρά την τωρινή ιατρική συνεκδοχή της σας υπενθυμίζω ότι η λέξη *ψυχοθεραπεία* βγαίνει από δυο ελληνικές λέξεις που δεν έχουν καμία σχέση με την ιατρική: *θεραπεύειν*, που σημαίνει «να φροντίζεις» κάτι, και *ψυχή*, που σημαίνει «πνεύμα», «ανάσα» ή «χαρακτήρας». Ψυχοθεραπεία δηλαδή μπορεί να σημαίνει το να φροντίζεις την ψυχή σου, κάτι που κάνει τον ιερέα, τον πνευματικό ή το ραβίνο ψυχοθεραπευτή. Μπορεί να σημαίνει να φροντίζεις την αναπνοή σου, κάτι που κάνει τον εκπαιδευτή σας στο γιόγκα, το δάσκαλο του φλάουτου ή το διαλογιστή σας ψυχοθεραπευτή. Μπορεί επίσης να σημαίνει να φροντίζεις το χαρακτήρα σου, πράγμα που κάνει το φιλοσοφικό σας σύμβουλο ψυχοθεραπευτή.

Η ιδέα ότι κάθε προσωπικό πρόβλημα είναι διανοητική ασθένεια είναι από μόνη της μια διανοητική ασθένεια. Προκαλείται κυρίως από την έλλειψη στοχασμού και θεραπεύεται με στοχασμό. Και εκεί είναι που υπεισέρχεται η φιλοσοφία.

3

PEACE: ΠΕΝΤΕ ΒΗΜΑΤΑ ΓΙΑ ΝΑ ΑΝΤΙΜΕΤΩΠΙΣΟΥΜΕ ΤΑ ΠΡΟΒΛΗΜΑΤΑ ΦΙΛΟΣΟΦΙΚΑ

«Πρέπει λοιπόν να φιλοσοφεί και ο νέος και ο γέρος. (...) Πρέπει να μελετούμε εκείνα που μας φέρνουν την ευδαιμονία, γιατί όταν την έχουμε, έχουμε τα πάντα».

ΕΠΙΚΟΥΡΟΣ*

«Το φιλοσοφικό πρόβλημα είναι η επίγνωση της αταξίας των ιδεών μας και μπορεί να λυθεί με το να τις βάλουμε σε τάξη».

ΛΟΥΝΤΒΙΧ ΒΙΤΓΚΕΝΣΤΑΪΝ

Η φιλοσοφική συμβουλευτική είναι περισσότερο τέχνη παρά επιστήμη και εξελίσσεται με μοναδικό τρόπο για κάθε άτομο. Όπως η ψυχολογική θεραπεία έχει αναρίθμητες διαφορετικές μορφές, έτσι και η φιλοσοφική συμβουλευτική έχει του-

---

* *Προς Μενοικέα*, μτφρ. Περικλής Ροδάκης, Εκδοτικός Οργανισμός Λιβάνη, Αθήνα, 1993. (Σ.τ.Μ.)

λάχιστον τόσες παραλλαγές όσοι είναι και αυτοί του την ασκούν. Μπορεί κάποιος να αντιμετωπίσει ένα πρόβλημα φιλοσοφικά μόνος του ή και με τη βοήθεια ενός μη επαγγελματία συνεργάτη. Το μεγάλο ερώτημα είναι: «πώς;» Μερικοί φιλοσοφικοί σύμβουλοι, ανάμεσα τους και ο Γκερτ Άχενμπαχ, δικαιολογημένα υποστηρίζουν ότι δεν υπάρχει γενική μέθοδος που να μπορεί να επεξηγηθεί ή να διδαχθεί. Άλλωστε, εάν δεν υπάρχει γενική μέθοδος για να φιλοσοφήσει κανείς, πώς μπορεί να υπάρχει για τη φιλοσοφική συμβουλευτική;

Παρ' όλα αυτά, έχω διαπιστώσει εκ πείρας ότι πολλές περιπτώσεις προσαρμόζονται επιτυχώς σε μια προσέγγιση πέντε βημάτων την οποία έχω ονομάσει διαδικασία PEACE. Αυτή η διαδικασία έχει τα επιθυμητά αποτελέσματα, είναι εύκολο να την ακολουθήσει κανείς, ενώ υπογραμμίζει και το τι ξεχωρίζει τη φιλοσοφική συμβουλευτική από τις άλλες θεραπείες διά της συνομιλίας. Όπως θα διαπιστώσετε τα περισσότερα προβλήματα που παρουσιάζονται στο βιβλίο αυτό επιλύθηκαν με τη διαδικασία PEACE. Μπορεί και το δικό σας να αντιμετωπιστεί με τον ίδιο τρόπο. Το PEACE είναι ένα ακρωνύμιο που παρουσιάζει τις πέντε φάσεις που περνάτε: πρόβλημα (Problem), συναίσθημα (Emotion), ανάλυση (Analysis), περισυλλογή (Contemplation), εξισορρόπηση (Equilibrium). Είναι ταιριαστό και το νόημα του ακρωνύμιου σαν λέξη (PEACE=γαλήνη) αφού αυτά τα πέντε βήματα είναι το πιο σίγουρο μονοπάτι για διαρκή ψυχική ηρεμία.

Τα δυο πρώτα βήματα καθορίζουν το πρόβλημα, και οι περισσότεροι άνθρωποι περνούν από αυτές τις φάσεις μόνοι τους. Δεν χρειάζονται κάποιον να αναγνωρίσει το πρόβλημα μαζί τους ή αντί για αυτούς, παρόλο που μερικές φορές αυτό είναι ένα θέμα για επανεξέταση και βελτίωση. Η συναισθηματική αντίδρασή τους είναι άμεση και ξεκάθαρη. Κανείς δεν χρειάζεται να μάθει πώς να συγκινείται, αν και αυτό μπορεί να γίνει θέμα για περαιτέρω σκέψη. Τα δυο επόμενα βήματα προοδευτικά εξετάζουν το πρόβλημα και παρόλο που πολλοί άνθρωποι μπορούν να το κάνουν μόνοι, θα βοηθούσε η ύπαρξη κάποιου βοηθού ή οδηγού για να εξερευνηθεί η καινούρια περιοχή. Το τρίτο βήμα από μόνο του σας πηγαίνει πέρα από την ψυχολογία και την ψυχιατρική και το τέταρτο σας φέρνει κατευθείαν στη φιλοσοφική επικράτεια. Το τελευταίο βήμα ενσωματώνει στη ζωή σας αυτά που μάθατε από τα τέσσερα προηγούμενα βήματα, αφού οι καθαρά εγκεφαλικές προσεγγίσεις δεν είναι πρακτικές εκτός και αν γνωρίζετε πώς να τις χρησιμοποιήσετε.

Θα σας δώσω μια σύντομη εξήγηση του κάθε βήματος για να δείξω πώς λειτουργεί η διαδικασία. Μετά θα επιστρέψω και θα τα επεξηγήσω με περισσότερες λεπτομέρειες και θα συμπεριλάβω και ένα περιπτωσιολογικό παράδειγμα για να δείτε τη διαδικασία στην πράξη. Κάθε κεφάλαιο στο δεύτερο μέρος του βιβλίου περιγράφει μια περίπτωση στα πλαίσια της διαδικασίας PEACE.

Όταν αντιμετωπίζετε ένα θέμα φιλοσοφικά, πρέπει πρώτα να αναγνωρίσετε το *πρόβλημα*. Για παράδειγμα κάποιος από τους γονείς σας πεθαίνει ή σας έχουν απολύσει ή σας απατά η/ο σύζυγός σας. Συνήθως, όταν έχουμε ένα πρόβλημα, το συναισθανόμαστε και οι περισσότεροι από εμάς έχουμε ένα εσωτερικό σύστημα προειδοποίησης το οποίο ενεργοποιείται όταν χρειαζόμαστε βοήθεια ή και άλλες διεξόδους. Μερικές φορές το να συγκεκριμενοποιήσουμε το πρόβλημα είναι πολύ πιο περίπλοκο από ό,τι φαίνεται, οπότε αυτό το βήμα απαιτεί περισσότερη δουλειά εάν οι παράμετροι τις οποίες αντιμετωπίζει κανείς δεν είναι και τόσο εμφανείς.

Δεύτερον, πρέπει να γίνει απογραφή των *συναισθημάτων* που προκαλεί το πρόβλημα. Αυτό είναι εσωτερική λογιστική. Πρέπει κανείς να βιώνει τα συναισθήματα αληθινά και να τα διοχετεύει εποικοδομητικά. Το μεγαλύτερο μέρος της ψυχολογίας και της ψυχιατρικής δεν προχωρεί πέρα από αυτό το στάδιο, για αυτό το λόγο και τα οφέλη από αυτές είναι περιορισμένα. Σύμφωνα με τα παραπάνω παραδείγματα, τα συναισθήματά σας είναι ένας συνδυασμός λύπης, θυμού και θλίψης, αν και χρειάζεται να καταβάλετε κάποιο κόπο για να φτάσετε στο συμπέρασμα αυτό.

Στο τρίτο βήμα, την *ανάλυση*, απαριθμείτε και αξιολογείτε τις επιλογές που έχετε για τη λύση του προβλήματος. Μια ιδανική λύση θα έλυνε και τα εξωτερικά ζητήματα (το πρόβλημα) και τα εσωτερικά (τα συναισθήματα που προκάλεσε), αλλά η ιδανική λύση δεν είναι πάντοτε εφικτή. Συνεχίζοντας με το ένα παράδειγμα, το να δώσει κανείς εντολή να διακοπεί η τεχνητή υποστήριξη του οργανισμού της ετοιμοθάνατης μητέρας του μπορεί να είναι η καλύτερη επιλογή για αυτήν αλλά και η δυσκολότερη για τον ίδιο. Μπορεί να αφήσει την απόφαση στους γιατρούς ή στον αδερφό ή την αδερφή του ή να σχεδιάζει τη συνέχεια της μάταιης τεχνητής υποστήριξης. Αυτοί είναι οι πιθανοί δρόμοι που πρέπει να ακολουθήσει κάποιος στο μυαλό του για να βρει τον πιο κατάλληλο για την περίσταση.

Στο τέταρτο βήμα, κάνουμε ένα βήμα πίσω, σχηματίζουμε καθολική εικόνα για το θέμα και *συλλογιζόμαστε* την κατάσταση στο σύνολό της. Μέχρι αυτό το σημείο, έχουμε διαχωρίσει τα στάδια για να τα χειριστούμε καλύτερα. Τώρα όμως πρέπει να χρησιμοποιήσουμε όλη μας την πνευματική δύναμη για να τα ενσωματώσουμε. Αντί να ασχολούμαστε με τα δέντρα ξεχωριστά, παρατηρούμε όλο το δάσος. Καλλιεργούμε, δηλαδή, μια ενοποιημένη φιλοσοφική άποψη της κατάστασης συνολικά: Το πρόβλημα όπως το αντιμετωπίζουμε, τις συναισθηματικές μας αντιδράσεις και τις επιλογές που εμπεριέχονται και έχουμε αναλύσει. Σε αυτό το σημείο είμαστε έτοιμοι να λάβουμε υπόψη φιλοσοφικά ιδεώδη, συστήματα και μεθόδους για το χειρισμό της κατάστασης στο σύνολό της. Διαφορετικές φιλοσοφίες προσφέρουν αντικρουόμενες επεξηγήσεις της περίπτωσής σας όπως και αποκλίνουσες προτάσεις για το τι να κάνετε ή να μην κάνετε. Στο παράδειγμά μας που κάποιος αντιμετωπίζει το θάνατο της μητέρας του, πρέπει να λάβει υπόψη του τις δικές του απόψεις περί ποιότητας ζωής, των υποχρεώσεών του απέναντι στους άλλους, το πόσο ηθικό είναι να διακόπτεται η τεχνητή υποστήριξη ζωτικών λειτουργιών και τη σχετική βαρύτητα των αντικρουόμενων αξιών. Πρέπει να εδραιώσει, με περισυλλογή, μια φιλοσοφική τοποθέτηση που να είναι δικαιολογημένη λόγω των πλεονεκτημάτων της και να συμβαδίζει με την προσωπικότητά του.

Τελικά, αφού αρθρώσατε το πρόβλημα, εκφράσατε τα συναισθήματα σας, αναλύσατε τις επιλογές σας και συλλογιστήκατε μια φιλοσοφική θέση, φτάνετε στην *εξισορρόπηση*. Καταλαβαίνετε την ουσία του προβλήματος και είστε έτοιμοι να αναλάβετε κατάλληλη και αιτιολογημένη δράση. Νιώθετε ισορροπημένοι και προετοιμασμένοι για τις αναπόφευκτες αλλαγές του μέλλοντος. Στο παράδειγμα μας, εάν η απόφαση ήταν η διακοπή της τεχνητής υποστήριξης, θα ένιωθε σίγουρος κανείς ότι αυτό θα ήθελε και η ίδια, και όσο σκληρός αν είναι ο θάνατός της για τον ίδιο, είναι ευθύνη του να ακολουθήσει τις επιθυμίες της όσο καλύτερα μπορεί ακόμα και στη δύσκολη αυτή κατάσταση.

ΕΞΕΡΕΥΝΩΝΤΑΣ ΤΗ ΔΙΑΔΙΚΑΣΙΑ PEACE

Ορισμένοι άνθρωποι μπορούν να περάσουν και τα πέντε βήματα της διαδικασίας στην πρώτη κιόλας επίσκεψη. Για άλλους μπορεί να κρατήσει εβδομάδες ή μήνες. Το χρονικό διάστημα εξαρτάται και από τον πελάτη και από την κατάσταση που αντιμετωπίζει. Μερικοί πελάτες έχουν ήδη περάσει από τα τρία πρώτα βήματα, έχουν δηλαδή εντοπίσει το πρόβλημα, έχουν εκφράσει τα συναισθήματά τους και έχουν αναλύσει τις επιλογές τους, πριν έρθουν για φιλοσοφικές συμβουλές. Όταν συμβαίνει αυτό, η διαδικασία συνεχίζεται στο στάδιο της περισυλλογής. Πρέπει να προχωρείτε με τον δικό σας ρυθμό, είτε δουλεύετε μόνοι σας είτε με ένα φίλο ή σύντροφο είτε με εκπαιδευμένο επαγγελματία.

Καθένας από εμάς είναι επικεντρωμένος στη δικιά του ύπαρξη, βλέποντας τον έξω κόσμο από μια μοναδική θέση υπεροχής. Μπορούμε να αντιλαμβανόμαστε την ύπαρξη σαν μια ακολουθία πραγμάτων που συμβαίνουν σε εμάς και τους γύρω μας ή μπορούμε να αναλάβουμε εν μέρει την ευθύνη για όσα συμβαίνουν. Είναι μέρος της ανθρώπινης φύσης να σκέφτεται με τον πρώτο τρόπο για οτιδήποτε κακό συμβαίνει και με τον δεύτερο για οτιδήποτε καλό. Όταν σας συμβαίνει η τραγωδία, σίγουρα θα πείτε: «Γιατί σ' εμένα;», σε κάποιο σημείο. Όμως αυτή την ερώτηση δεν την κάνει ποτέ κάποιος που κέρδισε το λαχείο. Όταν τα παιδιά μας συμπεριφέρονται σωστά και διακρίνονται, συγχαίρουμε τους εαυτούς μας για το πόσο σωστοί γονείς είμαστε. Όταν δεν συμπεριφέρονται σωστά και επαναστατούν, κατηγορούμε τα ίδια. Το να αναλαμβάνουμε ευθύνη για τα καλά και να μην την αναλαμβάνουμε για τα άσχημα είναι ένας τρόπος να προστατεύουμε και να συντηρούμε τα συμφέροντά μας, και αξίζει να αναφέρουμε ότι ο Χομπς κάτι ήξερε όταν επέμενε ότι οι άνθρωποι «σέβονται κυρίως τον εαυτό τους».

Για να συγκεκριμενοποιήσετε το πρόβλημα που αντιμετωπίζετε, προσπαθήστε να εξετάσετε τα τεκταινόμενα χωρίς να κάνετε κρίσεις για αυτά. Παρατηρήστε αυτά που οι φιλόσοφοι αποκαλούν «φαινόμενα», εξωτερικά προς εσάς γεγονότα, που υπάρχουν ανεξάρτητα από τα πιστεύω, τα συναισθήματα και τις προσδοκίες σας προς αυτά. Μπορείτε να το θεωρήσετε ως το φαινομενικό στάδιο, αν έχετε ιδιαίτερη φιλοσοφική διάθεση. Όπως διδάσκει το *Ι Τσινγκ*, τα πράγματα αλλάζουν συνέχεια, έτσι πάντα αντιμετωπίζουμε καινούριες καταστάσεις.

Ευτυχώς για εμάς χειριζόμαστε τα περισσότερα πράγματα από συνήθεια. Δεν είμαστε υποχρεωμένοι να εξετάζουμε κάθε καινούρια εξέλιξη, γιατί έχουμε τις κοινωνικές συμβάσεις και τις προσωπικές μας συνήθειες να μας κατευθύνουν στις περισσότερες περιπτώσεις. Έτσι όταν εξετάζετε την κατάστασή σας, πρέπει να καθορίσετε τι είναι απλά φαινόμενο και ποιο είναι στην πραγματικότητα το πρόβλημά σας. Υποθέστε, για την ώρα, ότι δεν προκαλείτε εσείς την παρούσα κατάσταση. Απλά ζείτε τη ζωή σας, ασχολούμενοι με τις δικές σας υποθέσεις. (Αργότερα, στο τρίτο και τέταρτο βήμα της διαδικασίας, θα πρέπει να εξετάσετε κατά πόσο είστε εσείς υπεύθυνοι, για να αναλάβετε τον έλεγχο των πραγμάτων που εξαρτιούνται από εσάς.) Μπορεί να κολυμπάτε μέσα σε αυτό, μα δεν είστε και ο ωκεανός.

Κάθε φορά που συναντάτε κάτι πέραν του συνηθισμένου, για το οποίο δεν έχετε αντανακλαστική αντίδραση, έχετε συναισθηματική ανταπόκριση. Το σύστημα της λίμπιντο, το παλαιότερο μέρος του εγκεφάλου, καθορίζει τη φυσιολογία της συγκίνησης: αυτόματες (τεχνικά αυτόνομες) αντιδράσεις σε ερεθίσματα. Αλλά η εμπειρία μιας συγκίνησης λαμβάνει χώρα σε ένα υψηλότερο τμήμα του εγκεφάλου, όπου οι φυσιολογικές αντιδράσεις ερμηνεύονται και χαρακτηρίζονται. Αυτή η λειτουργία είναι ένας μονόδρομος. Ο διαχωρισμός εγγυάται ότι δεν μπορείτε να ελέγξετε μια συγκίνηση απλώς και μόνο αναγνωρίζοντάς τη, ένα γεγονός που παραβλέπουν πολλοί ψυχολόγοι και ψυχίατροι που επικεντρώνουν τη δουλειά τους κάνοντας ακριβώς αυτό. Το να καταλάβει κανείς ότι είναι θυμωμένος δεν θα αλλάξει την αντίδραση του σώματός του στο θυμό (π.χ., αυξημένοι καρδιακοί παλμοί, έκκριση αδρεναλίνης). Η αναγνώριση του συναισθήματος είναι χρήσιμη πληροφορία, απλά μην περιμένετε την επίγνωση που χρειάζεται για να ελέγξετε τη συγκίνηση. Αφού νιώσετε το συναίσθημα και το αναγνωρίσετε, το τρίτο μέρος αυτού του βήματος είναι να το εκφράσετε κατάλληλα. Ούτε αυτό βέβαια θα σταματήσει το συναίσθημα, άλλη μια σημείωση για τους ψυχολόγους και τους ψυχίατρους, αλλά η ακατάλληλη έκφραση του συναισθήματος πιθανότατα θα χειροτερέψει την κατάσταση.

Με την ανάλυση, αρχίζετε τη διαδικασία επίλυσης του προβλήματος, καταμετρώντας τις επιλογές σας. Μπορεί να πείτε: «Λοιπόν, έχω αυτό το πρόβλημα που με κάνει να αισθάνομαι άσχημα, τι μπορώ να κάνω για αυτό;» Ο πιο συνηθισμένος τρόπος για να δημιουργήσετε εναλλακτικές επιλογές είναι κατ' αντιστοιχία. Εάν ξαναζείτε κάτι το οποίο έχετε βιώσει και επιλύσει, τότε γνωρίζετε τι πρέπει και τι δεν πρέπει να κάνετε, ανάλογα με το πώς το αντιμετωπίσατε στην προηγούμενη εμπειρία σας. Μπορείτε επίσης να αναλογιστείτε τι συνέβη στον καλύτερό σας φίλο ή κάτι που είδατε σε μια ταινία ή κάτι που διαβάσατε σε αυτό το βιβλίο. Βρίσκοντας κοινά σημεία με άλλες καταστάσεις, δημιουργώντας δηλαδή αντιστοιχίες, είναι ένας πολύ καλός τρόπος για να κατανοήσετε το τρέχον πρόβλημα. Μπορεί να μην αλλάξει το πώς νιώθετε για το πρόβλημα, μπορεί όμως να σας δώσει επίγνωση ως προς το πώς ή γιατί συμβαίνει και να σας βοηθήσει να δημιουργήσετε πιθανές αντιδράσεις.

Οι ψυχολογικές θεραπείες δεν προχωρούν πέρα από την ανάλυση, εάν φτάσουν καν σε αυτήν. Πολλές δεν τα καταφέρνουν. Τελματώνονται στην ατέρμονη αξιολόγηση των συναισθημάτων. Οι ψυχίατροι έχουν την τάση να αποτρέπουν την έλλογη εξέταση ενός προβλήματος και αντί αυτού επικεντρώνονται στα συναισθήματα και στο να σας οδηγήσουν πίσω στα παιδικά σας χρόνια. Μπορείτε να το κάνετε αυτό για χρόνια και να μη νιώσετε καλύτερα ποτέ. Από την άλλη, πολλοί άνθρωποι δουλεύουν τα τρία πρώτα βήματα της διαδικασίας PEACE από μόνοι τους, αλλά σταματούν πριν την περισυλλογή και την εξισορρόπηση, χωρίς τις οποίες δεν μπορούν να επιλύσουν το πρόβλημά τους.

Καταλήγουμε λοιπόν στην περισυλλογή και την ενσωμάτωση όλων των πληροφοριών που συγκεντρώσατε στα τρία πρώτα βήματα. Σκοπός εδώ είναι να υιοθετήσετε μια *προδιάθεση* –μια στάση ή ένα τρόπο θεώρησης– της όλης κατάστασης. Το λεξικό γράφει ότι η λέξη *προδιάθεση* σημαίνει υπερέχουσα ροπή, κλίση, διάθεση ή ιδιοσυγκρασία. Όταν σας λένε ότι έχετε ευχάριστη προδιάθεση αυτό ακριβώς εννοεί ο θαυμαστής σας. Σε αυτό το βιβλίο όμως η προδιάθεση είναι ένας άλλος τρόπος για να μιλήσει κανείς για τη φιλοσοφική θεώρηση. Για να βρείτε τη δική σας, χρειάζεται να κάνετε ένα βήμα πίσω από την αμεσότητα του προβλήματος σας, την ισχύ του συναισθήματός σας και τη λογική της ανάλυσής σας. Το κρίσιμο βήμα είναι να υιοθετήσετε έναν υπερκείμενο φιλοσοφικό τρόπο θεώρησης της όλης κατάστασης, που να σας επιτρέπει να συμβιβαστείτε με τον εαυτό σας και να συνεχίσετε.

Μπορεί να βρείτε μια φιλοσοφία που συντονίζεται με εσάς στο έργο ενός αναγνωρισμένου φιλόσοφου, είτε μελετώντας από την πηγή ή μαθαίνοντας για τα σχετικά σημεία από έναν εκπαιδευμένο φιλόσοφο. Σίγουρα έχετε μια προσωπική φιλοσοφία, που όμως μπορεί να μην έχετε συνειδητοποιήσει ότι υπάρχει ή μπορεί να μην είναι αρκετά σαφής για να σας βοηθήσει. Οπότε αυτό που χρειάζεστε είναι μάλλον ένας οδηγός ή ένας καθρέφτης που θα σας βοηθήσει να φέρετε τις φιλοσοφίες σας στο φως, ώστε να μπορείτε να τις δείτε και να τις χρησιμοποιήσετε. Η προδιάθεση είναι κάτι που βρίσκεται μέσα μας. Είναι περισσότερο σαν να φέρνεις στο φως έναν πολύτιμο λίθο παρά σαν να κατασκευάζεις ένα εργαλείο. Εάν αποκτήσετε μια προδιάθεση που δεν τη νιώθετε μέχρι βαθιά μέσα σας, δεν θα κάνετε τίποτα περισσότερο από το να αντισταθμίζετε την κατάσταση ή να την εκλογικεύετε. Αυτό δεν επιφέρει αληθινή ή διαρκή ανακούφιση. Ίσως πάλι να διαπιστώσετε ότι η παρούσα προδιάθεσή σας χειροτερεύει το πρόβλημά σας και αλλάζοντάς την μπορείτε να αλλάξετε τη ζωή σας. Αυτού του είδους η αλλαγή είναι όμορφη, σαν τη μεταμόρφωση της κάμπιας σε πεταλούδα. Τα πάντα αλλάζουν και το κλειδί για να κερδίσετε από την αλλαγή είναι η προδιάθεσή σας.

Μερικές φορές θεωρώ αυτό το σημείο ως το εγκεφαλικό ή το εννοιολογικό στάδιο. Λέω εγκεφαλικό γιατί δουλεύετε με τη νόηση και τα συναισθήματα, δηλαδή με όλο τον εγκέφαλο. Και χρειάζεστε μια ιδέα για το πώς ταιριάζουν όλα μεταξύ τους, όλα τα στοιχεία της κατάστασής σας, με τα στοιχεία του κόσμου σας και τα στοιχεία της φιλοσοφίας σας. Είναι η εύρεση αυτής της ενότητας που θα σας επιτρέψει να ξεπεράσετε το πρόβλημά σας. Εάν σας παρεμποδίζει ένα πρόβλημα, αυτό που χρειάζεστε είναι μια εννοιολογική υπερπήδησή του. Οι συνηθισμένες σας αντιδράσεις δεν είναι αρκετές.

Στο τελευταίο βήμα, φτάνετε στην εξισορρόπηση. Με τη νεοαποκτηθείσα ή την επανασχεδιασμένη σας προδιάθεση, ενεργοποιείτε την καλύτερη επιλογή σας και ενσωματώνετε αυτά που μάθατε στη ζωή σας με συμπαγή τρόπο. Το πρόβλημα παύει να είναι πρόβλημα και εσείς επιστρέφετε στη συνηθισμένη αλλά βελτιωμένη κατάστασή σας, χωρίς να προβληματίζεστε πλέον, μέχρι την επόμενη φορά που οι συνθήκες θα συνωμοτήσουν για να σας θέσουν εκτός ισορροπίας. Υπάρχει πάντα αρκετή ταλάντευση. Κανείς δεν είναι ισορροπημένος για πάντα. Εάν όμως κατανοήσατε τη διαδικασία PEACE, θα είστε καλύτερα εξοπλισμένοι για το μέλλον. Όταν βρείτε τη σωστή φιλοσοφική προδιάθεση, δεν θα τη χάσετε. Μπορείτε να ανακαλείτε και να ξαναχρησιμοποιείτε οτιδήποτε σας φάνηκε χρήσιμο υπό συγκεκριμένες συνθήκες, σε μια παρόμοια περίπτωση που θα συναντήσετε στο μέλλον. Ό,τι σας είναι χρήσιμο ενισχύεται και, από την άλλη, τα άχρηστα μπαίνουν στο ράφι. Εάν φτάσετε μέχρι αυτό το στάδιο δεν θα είστε ποτέ πια πίσω στην αρχή. Η ζωή σας θα εμπλουτιστεί, ακόμη και μετά τη σκοτεινότερη τραγωδία, εάν μπορείτε να μάθετε κάτι για τον εαυτό σας χειριζόμενοι την εμπειρία σας και φτάνοντας στην εξισορρόπηση.

Μερικές φορές αποκαλώ αυτό το τελευταίο βήμα ουσιώδες, αφού έχοντας φτάσει ως εδώ, έχετε κατανοήσει την ουσία της κατάστασής σας. Θα έχετε ανακαλύψει όχι μόνο την ουσία του προβλήματος σας, μα και κάτι ουσιαστικό για τον εαυτό σας.

Αυτή είναι η επίγνωση που σας επιτρέπει να επιλύσετε την παρούσα κατάσταση και σας προετοιμάζει για την επόμενη. Απόλυτες λύσεις δεν είναι πάντα εφικτές, οπότε η εξομάλυνση είναι πιο ταιριαστός στόχος στις περισσότερες περιστάσεις. Αυτό το βήμα είναι επίσης ουσιώδες διότι σας επιτρέπει να συνεχίσετε. Μπορείτε να γίνετε φιλοσοφικά αυτάρκεις, οπότε δεν χρειάζεστε περαιτέρω βοήθεια (εκτός και αν αποφασίσετε να συνεχίσετε και πέρα από τα βασικά). Η προδιάθεση που οδηγεί στην εξισορρόπηση είναι κάτι που παίρνετε μαζί σας όπου και να πάτε. Δεν μένει στο ντουλαπάκι με τα φάρμακα για να το βγάλετε όταν χρειαστεί να φιμώσετε ένα ενοχλητικό σύμπτωμα. Δεν είναι κάτι από το οποίο εξαρτάστε όπως ένας θεραπευτής ή ένα φάρμακο. Είναι μέρος του εαυτού σας.

ΤΙ ΚΟΙΝΟ ΕΧΟΥΝ Ο ΠΑΜΠΛΟ ΚΑΖΑΛΣ ΚΑΙ Ο ΜΑΡΚ ΤΟΥΕΪΝ;

Τα δυο πρώτα βήματα της διαδικασίας PEACE μάς είναι γνωστά χάριν των προκατόχων μου στην ψυχολογία και την αυτοβοήθεια. Και όπως ανέφερα, πολλοί άνθρωποι καταφέρνουν να ξεκινήσουν από το εναρκτήριο αυτό κομμάτι του κυκεώνα μόνοι τους, αλλά μετά ζητούν εξωτερική βοήθεια. Εφόσον το τρίτο και το τέταρτο βήμα, η ανάλυση και η περισυλλογή, είναι αυτά που ξεχωρίζουν αυτή τη μέθοδο από το ό,τι συνέβαινε μέχρι τώρα, και εφόσον είναι τα πιο καινούρια και τα πιο δύσκολα στη σύλληψη, θα ήθελα να τα φωτίσω με δύο ισχυρά παραδείγματα. Αυτά τα παραδείγματα αφορούν διάσημους ανθρώπους οι οποίοι έδρασαν σαν φιλοσοφικοί σύμβουλοι των εαυτών τους. Αργότερα στο κεφάλαιο αυτό θα δούμε και μια περίπτωση από τη δική μου πρακτική εφαρμογή.

Ο μεγάλος τσελίστας Πάμπλο Καζάλς κάποτε έσπασε το χέρι του σε ένα ατύχημα ενώ έκανε σκι και έπρεπε να το έχει σε γύψο για έξι εβδομάδες. Το πρόβλημα που αντιμετώπιζε ήταν εμφανές. Όντας υποχρεωμένος να έχει το χέρι του στο γύψο, διέκοπτε το πρόγραμμά του και έφερνε την καταστροφή στην καριέρα του. Η συναισθηματική του αντίδραση μάλλον ήταν ένα μείγμα απογοήτευσης, άγχους, ισοπέδωσης, κατάθλιψης και φόβου. Η ανάλυσή του συγκέντρωσε όλες τις λογιστικές επιπλοκές: ακύρωση ή επαναπρογραμματισμός των κονσέρτων του, συνεχείς επισκέψεις σε γιατρούς και φυσικοθεραπευτές, επικοινωνία με τον πράκτορά του, επανασύνταξη συμβολαίων, ο σχεδιασμός της αποκατάστασης του χεριού του μόλις έβγαζε το γύψο και άλλα.

Διοργάνωσε την προαπαιτούμενη συνέντευξη Τύπου για να μοιραστεί τα νέα με τους θαυμαστές του. Οι συγκεντρωμένοι δημοσιογράφοι θα περίμεναν να τον βρουν αποθαρρημένο, αλλά αντιθέτως διαπίστωσαν ότι ακτινοβολούσε από χαρά. Όταν τον ρώτησαν γιατί ήταν τόσο χαρούμενος τους απάντησε: «Γιατί τώρα δεν θα πρέπει να κάνω πρόβες».

Θα εκπλησσόμουν αν ο Καζάλς είχε συμβουλευτεί φιλοσοφικό θεραπευτή, αλλά είχε σαφώς αντιληφθεί τη σημασία του σταδίου της περισυλλογής στην αντιμετώπιση ενός προβλήματος. Έψαξε βαθιά μέσα του και βρήκε την πιο ωφέλιμη στάση που θα μπορούσε να έχει στην παρούσα κατάσταση. Σαφώς και είχε καταλάβει τα καταστροφικά στοιχεία των συνθηκών, αλλά διάλεξε να επικεντρωθεί στα εποικοδομητικά στοιχεία. Αντιμετώπισε τους καταναγκασμούς σαν να τον απελευθέρωναν, όχι σαν να τον περιόριζαν. Αφού λοιπόν επανεξέτασε το θέμα, αναρωτήθηκε: «Τι μπορώ να κάνω για τις επόμενες έξι εβδομάδες που δεν θα μπορούσα διαφορετικά να το κάνω;» Δεν ξέρω αν πήγε διακοπές στην Ταϊτή, αν έπαιζε «κουλοχέρη» σε καζίνο ή πέρασε τον καιρό με φίλους, αλλά σίγουρα είχε πολύ περισσότερες επιλογές εκείνη την περίοδο από όσες θα είχε συνήθως, λαμβάνοντας υπόψη τις απαιτήσεις κάποιου με το δικό του ταλέντο. Η στάση αυτή του επέτρεψε να εκμεταλλευτεί όσο γινόταν καλύτερα την κατάσταση.

Σε περίπτωση που νομίζετε ότι δεν έχετε τέτοιου είδους ηρεμία, αφήστε με να σας δώσω άλλο ένα παράδειγμα προτού αποφασίσετε ότι όλα αυτά είναι πέραν των δυνατοτήτων σας. Ο Μαρκ Τουέιν ήταν σχεδόν το ίδιο διάσημος για το εκρηκτικό του ταμπεραμέντο όσο και για τα λογοτεχνικά του επιτεύγματα. Ήταν εύκολο να τον προκαλέσει κανείς και να είστε βέβαιοι ότι η οργή του ήταν κεραυνοβόλα. Όταν τον ενοχλούσαν, η επιλογή του για ανταπάντηση ήταν ένα καυστικό γράμμα. Πάντα όμως άφηνε το γράμμα στο παλτό του για τρεις ημέρες. Αν μετά από τρεις ημέρες ένιωθε ακόμη θυμωμένος, ταχυδρομούσε το γράμμα. Συχνότερα ο θυμός του είχε κοπάσει και έκαιγε το γράμμα. Αυτό μπορεί να είναι απώλεια για τους θαυμαστές που θα επιθυμούσαν ένα τέτοιο αντίγραφο, ήταν σίγουρα όμως δώρο για τον Τουέιν, τους φίλους και τους γνωστούς του.

Στοιχηματίζω ότι ο Τουέιν χρησιμοποιούσε αυτά τα γράμματα για να καθορίσει το πρόβλημα, να εκφράσει τα συναισθήματά του (κυρίως θυμό) και να αναλύσει τις επιλογές του (μερικές από τις οποίες σίγουρα θα ήταν υπέροχα γραφικές). Όμως από την περισυλλογή του προέκυπτε η αντίληψη να εξασκήσει τις αρετές της υπομονής, της ανεκτικότητας, της περίσκεψης και της προθυμίας για αλλαγή. Αν ήταν τόσο θερμόαιμος όσο λεγόταν, ο Τουέιν δεν θα είχε επιδείξει τόση αυτοσυγκράτηση εκτός και αν είχε την προδιάθεση για τις παραπάνω αρετές. Άσχετα με το αν ταχυδρομούσε το οργισμένο του γράμμα ή όχι, χρησιμοποιούσε και αυτό και τις τρεις ημέρες για να αποκτήσει ξανά την ισορροπία του.

Αν και αμφιβάλλω αν θα το γνώριζε, ο Τουέιν συλλογιζόταν την κινέζικη ιδέα που λέει ότι ο καλύτερος τρόπος δράσης είναι αυτός που μας αφήνει άμεμπτους και χωρίς τύψεις. Περιμένοντας για τρεις ημέρες και αποφασίζοντας μετά με πιο καθαρό μυαλό για το τι θα κάνει το γράμμα, μπορούσε να νιώθει σίγουρος ότι θα έβρισκε το μονοπάτι.

Επειδή δεν έχουμε πληροφορίες για τις εσωτερικές λειτουργίες στο μυαλό του Καζάλς και του Τουέιν πάνω σε αυτά τα θέματα, δεν γνωρίζουμε με πόση ευκολία ή δυσκολία ανακάλυψαν τις προδιαθέσεις τους ή πόση δουλειά χρειάστηκε για να τις εφαρμόσουν πρακτικά. Μην κάνετε το λάθος να υποθέσετε ότι ήταν εύκολο επειδή δεν καταγράφονται εδώ το αίμα, ο ιδρώτας και τα δάκρυα. Οι άνθρωποι που έχουν τη διάθεση να κάνουν μια προσπάθεια να φιλοσοφήσουν για οτιδήποτε αντιμετωπίζουν μπορούν να βρουν χρήσιμες προδιαθέσεις και να πετύχουν ένα μέτρο εξισορρόπησης. Δεν είναι απαραίτητα κάτι που γίνεται στα γρήγορα. Μα σας διαβεβαιώνω ότι το να καταβάλλει κανείς αυτό τον κόπο και να πετυχαίνει αποτελέσματα είναι κάτι πολύ καλύτερο από τις εναλλακτικές λύσεις όπως ο θυμός, οι ενοχές, οι τάσεις απόδρασης, η εξάρτηση, το να νιώθετε θύματα ή να κάνετε τους μάρτυρες, να καταφεύγετε στα δικαστήρια ή στις τηλεαγορές ή όλα αυτά μαζί.

ΒΙΝΣΕΝΤ

Ο Βίνσεντ απολάμβανε μία επιτυχημένη καριέρα ως επαγγελματίας συγγραφέας. Είχε διακοσμήσει το γραφείο του με τα συνηθισμένα ενθύμια, φωτογραφίες και τα σχετικά. Επίσης είχε κρεμάσει και ένα αντίγραφο ενός διάσημου πίνακα του Γκογκέν, που απεικόνιζε ημίγυμνες Ταϊτινές χορεύτριες σε μια ακτή. Μια από τις συναδέλφους του Βίνσεντ ενημέρωσε τον προϊστάμενό τους ότι την προσέβαλλε ο πίνακας και απαίτησε να τον κατεβάσει. Ακολουθώντας την πολιτική της εταιρείας για θέματα σεξουαλικής παρενόχλησης, ο προϊστάμενος κάλεσε τον Βίνσεντ στο γραφείο του και του είπε να κατεβάσει τον πίνακα. Ο Βίνσεντ έφερε αντιρρήσεις, αλλά δεν είχε άλλη λύση. Έπρεπε να κατεβάσει τον πίνακα, αλλιώς θα έπρεπε να παραιτηθεί από τη δουλειά του. Αφού αξιολόγησε τις δυο επιλογές του, διάλεξε το μικρότερο από τα δυο κακά και αποφάσισε να κατεβάσει τον πίνακα. Άλλωστε είναι ευκολότερο να βρει κανείς καινούριο πίνακα παρά καινούρια δουλειά. Ο Βίνσεντ έκανε την πρακτική επιλογή. Αυτό που δεν περίμενε ήταν ο αυξανόμενος θυμός, η οργή και η αίσθηση ότι πρόδωσε τις αρχές του, που ένιωθε αφού αναγκάστηκε να ξεκρεμάσει τον πίνακα για να κρατήσει τη δουλειά του.

Καθώς εξετάζουμε την περίπτωσή του με τη διαδικασία PEACE, θα δείτε καθαρά τις διαφορές της φιλοσοφικής από την ψυχολογική συμβουλευτική. Πολλοί ψυχολόγοι που άκουσαν τις δημόσιες διαλέξεις μου πάνω στη φιλοσοφική συμβουλευτική, ήρθαν σε μένα μετά και μου είπαν: «Ξέρεις, κάνω το ίδιο πράγμα με αυτό που κάνεις και εσύ». Για την ακρίβεια δεν κάνουν καθόλου το ίδιο πράγμα, και συχνά χρησιμοποιώ αυτή την υπόθεση για να τους το αποδείξω. Λέω στους ψυχολόγους για την υπόθεση του Βίνσεντ και τους ρωτώ πώς θα προχωρούσαν. Χωρίς εξαίρεση επικεντρώνονται στα συναισθήματά του, θυμό, οργή και προδοσία και λένε πόση δουλειά θα μπορούσαν να κάνουν πάνω σε αυτά. Κατά την άποψή μου, θα ήταν χαμένος χρόνος για να μην πω πεταμένα χρήματα. Όταν τους εξηγώ πώς ένας φιλοσοφικός θεραπευτής (ο υποφαινόμενος) προχώρησε στην υπόθεση, ξαφνικά συνειδητοποιούν ότι ένα ολόκληρο σύμπαν αντιλήψεων υπάρχει χωρίς να γίνεται αντιληπτό από την ψυχολογική τους εκπαίδευση. Λειτουργεί ως εξής:

ΠΡΩΤΗ ΦΑΣΗ: *πρόβλημα*. Το πρόβλημα του Βίνσεντ, με λίγα λόγια, είναι ότι υπέφερε από την αίσθηση αδικίας. Πίστευε ότι άδικα τον ανάγκασαν να κατεβάσει τον πίνακα και η δουλειά του δεν έπρεπε να διακυβεύεται από ένα θέμα προσωπικού γούστου στην τέχνη. Τα συναισθήματά του πήγαζαν από την αίσθηση της αδικίας. Αυτό, και όχι τα ίδια τα συναισθήματα, ήταν η ρίζα του προβλήματος.

ΔΕΥΤΕΡΗ ΦΑΣΗ: *συναισθήματα*. Ο Βίνσεντ δεν έβρισκε άμεσο τρόπο να εκφράσει τα συναισθήματά του εποικοδομητικά. Δεν ήθελε να νιώθει τόσο θυμωμένος και ότι είχε προδώσει τον εαυτό του τόσο πολύ, αλλά το σύστημα δεν του προσέφερε καμία συνταγή για το πώς να νιώσει καλύτερα.

ΤΡΙΤΗ ΦΑΣΗ: *ανάλυση*. Λαμβάνοντας υπόψη όλες τις επιλογές ο Βίνσεντ πιθανότατα έκανε το σωστό. Αγαπούσε τη δουλειά του, και δουλειές σαν τη δικιά του δεν φυτρώνουν σε δέντρα. Αν είχε παραιτηθεί λόγω του πίνακα, θα ένιωθε και πάλι την ίδια αδικία και θα ήταν και άνεργος. Καλύτερα λοιπόν ταραγμένος και εργαζόμενος παρά ταραγμένος και άνεργος. Εάν είχε πολλά χρήματα, πιθανόν να είχε μηνύσει τον εργοδότη του για το συμβάν και να δοκίμαζε την τύχη του στα δικαστήρια. Αλλά δεν είχε αρκετά χρήματα. Οι φαντασιώσεις για εκδίκηση είναι ικανοποιητικές σαν περαστικές μα ποτέ βιώσιμες επιλογές. Ούτως ή άλλως, αν ο Βίνσεντ είχε αρκεστεί στο να απειλήσει τον προϊστάμενό του και να προσβάλει τη συνάδελφό του ή να είχε γίνει έξω φρενών και να πυροβολούσε τα πάντα στο γραφείο, και πάλι δεν θα είχε δικαιωθεί και θα έμπαινε και στη φυλακή. Βάσει όλων, η επιλογή του Βίνσεντ έμοιαζε σαν την καλύτερη δυνατή.

ΤΕΤΑΡΤΗ ΦΑΣΗ: *περισυλλογή*. Φιλοσοφικά δούλεψα με τον Βίνσεντ πάνω στη διαφορά μεταξύ προσβολής και βλάβης. Εάν κάποιος ή κάτι σας βλάψει, δηλαδή σας προξενήσει σωματικό τραύμα χωρίς τη δικιά σας συναίνεση, δεν είστε συνεργός στον τραυματισμό. Η αρχή της βλάβης του Τζον Στιούαρτ Μιλ δηλώνει ότι «ο μόνος λόγος για τον οποίο μπορεί δικαιολογημένα να εφαρμοστεί ισχύς πάνω σε ένα μέλος της πολιτισμένης κοινωνίας, ενάντια στη θέλησή του, είναι για να αποτραπούν βλάβες σε άλλα μέλη».

Η προσβολή όμως είναι κάτι άλλο. Εάν κάποιος ή κάτι σας προσβάλλει, δηλαδή σας θίγει με κάποιο τρόπο, είστε σίγουρα συνεργός στην προσβολή. Γιατί; *Διότι προσβληθήκατε:* Μπορεί να σας βλάψει ένα χτύπημα π.χ., αλλά λαμβάνετε ενεργό μέρος όταν προσβάλλεστε από έναν πίνακα ζωγραφικής. Θυμηθείτε τη στιχομυθία περασμένων εποχών:

«Με συγχωρείτε, δεν ήθελα να σας προσβάλω».

«Τότε λοιπόν δεν με προσβάλατε».

Τέτοιου είδους ευγένεια έχει γίνει παρωχημένη σε μια κουλτούρα ανεμελιάς, η οποία έχει επιτρέψει την προσβολή να μπερδεύεται με τη βλάβη. Ο Μάρκος Αυρήλιος γνώριζε τη διαφορά στη Ρώμη του δεύτερου αιώνα, όμως η προηγμένη κουλτούρα της εποχής μας την έχει ξεχάσει. Στις ημέρες μας, οι άνθρωποι προσβάλλονται από μόνοι τους, μετά κατηγορούν άλλους ότι τους έβλαψαν και το σύστημα τους υποστηρίζει με πολιτικές που υποσκάπτουν τις ατομικές ελευθερίες. Ακόμη χειρότερα, το σύστημα ενισχύει τη σύγχυση ανταμείβοντας χρηματικά τους ανθρώπους που προσβάλλονται. Δεν είναι να απορεί κανείς που όλοι προσέχουν πού πατάνε ή κρατιούνται μακριά από τα πάντα.

> «Να αποσύρεις τη γνώμη σου και αποσύρεται και το παράπονο "Προσβλήθηκα". Να αποσύρεις το παράπονο "Προσβλήθηκα" και αποσύρεται και η προσβολή».
>
> ΜΑΡΚΟΣ ΑΥΡΗΛΙΟΣ

Η διάκριση μεταξύ βλάβης και προσβολής ήταν η πρώτη καινοτομία που πέτυχε ο Βίνσεντ με την περισυλλογή. Η δεύτερη ήρθε με την κατανόηση ότι αυτού του είδους η αδικία είναι συστημική και δεν απευθύνεται προσωπικά στον ίδιο. Η κατήγορος και ο προϊστάμενός του ήταν απλά πιόνια σε ένα μεγαλύτερο παιχνίδι που ούτε και οι ίδιοι κατανοούν. Ο παραλογισμός ήταν σχεδόν διασκεδαστικός. Δεν είχε άλλωστε κρεμάσει ο Βίνσεντ την κεντρική σελίδα του *Playboy* στον τοίχο του, κάτι το οποίο αρκετοί θεωρούν τέχνη, παρόλο που είναι σαφώς πιο προκλητικό από την ανατύπωση ενός ανεκτίμητου πίνακα ζωγραφικής. Οι άνθρωποι που ψάχνουν λόγους για να προσβληθούν πάντα θα βρουν κάτι, αλλά βέβαια αυτοί έχουν το πρόβλημα. Το πρόβλημά τους είναι ότι νιώθουν την ανάγκη να προσβάλλονται. Ο Βίνσεντ αναπόφευκτα μπήκε στο δρόμο της ανάγκης κάποιου άλλου.

Δεν υπήρχε λοιπόν λόγος να βλέπει την υπόθεση σαν αδικία, αφού αυτός ο ίδιος είχε προσβληθεί, αλλά δεν είχε υποστεί βλάβες, από το σύστημα. Είχε τη δύναμη να αρνηθεί να προσβληθεί από την έλλειψη ανεκτικότητας του συστήματος και αποφάσισε να τη χρησιμοποιήσει. Ο Βίνσεντ είχε πια μια φιλοσοφική προδιάθεση που τον ανοσοποιούσε στην αδικία και επέτρεπε στα αρνητικά συναισθήματά του να ξεθωριάσουν.

ΠΕΜΠΤΗ ΦΑΣΗ: *εξισορρόπηση*. Ο Βίνσεντ γύρισε στη δουλειά του μην έχοντας πλέον άσχημα συναισθήματα για τη συνάδελφο ή τον προϊστάμενό του. Είχε καλύτερα πράγματα να κάνει από το να επενδύει συναισθήματα πάνω στο γούστο τους για την τέχνη. Είχε να συνεχίσει την καριέρα του. Σαν τελευταία πινελιά, πρότεινα στον Βίνσεντ να φτιάξει μια λίστα με τους δέκα πιο αγαπημένους του πίνακες που θα ήθελε να κρεμάσει στο γραφείο του, να τη δείξει στη συνάδελφό του και να της ζητήσει να διαλέξει έναν που δεν την προσέβαλλε. Έτσι, όλοι θα ήταν ικανοποιημένοι με τη διακόσμησή του.

Η διαδικασία PEACE εφαρμόστηκε για τον Βίνσεντ σε μια επίσκεψη. Δεν μιλήσαμε καθόλου για την παιδική του ηλικία, τις σεξουαλικές του φαντασιώσεις, τα όνειρά του, το οιδιπόδειο σύμπλεγμα ή για κάποια ιατρική συνταγή που θα βελτίωνε το κέφι του. Ηθικό δίδαγμα: Η ψυχολογία και η ψυχιατρική δεν έχουν να πουν τίποτα για την αδικία. Αν θέλετε να διευθετήσετε ένα φιλοσοφικό πρόβλημα, αναζητήστε φιλοσοφική βοήθεια.

ΓΙΝΕΤΕ Ο ΦΙΛΟΣΟΦΙΚΟΣ ΣΥΜΒΟΥΛΟΣ ΤΟΥ ΕΑΥΤΟΥ ΣΑΣ

Η εφαρμογή της φιλοσοφίας σημαίνει να ερευνάτε τον εσωτερικό σας κόσμο. Είστε ο πιο κατάλληλος άνθρωπος για να αναλάβετε αυτό το ταξίδι αυτοανακάλυψης, αν και μερικές φορές μπορεί να ωφεληθείτε από την καθοδήγηση φιλοσόφων που έχουν περιπλανηθεί σε παρόμοια μονοπάτια. Οι φιλόσοφοι σχεδόν πάντα δουλεύουν μόνοι τους για το λόγο ότι οι άνθρωποι πάντα σκέπτονται καλύτερα και πιο καθαρά όταν είναι μόνοι τους. Όμως ταυτόχρονα δεν δουλεύουν σχεδόν ποτέ μόνοι από την άποψη ότι οι σκέψεις μας καθορίζονται και ανανεώνονται από σημαντική γνώση σχεδόν 2.500 χρόνων ποικίλων φιλοσοφικών παραδόσεων. Οι φιλοσοφικοί σύμβουλοι είναι σαν τα γραφεία συνοικεσίων: Βοηθάμε τους πελάτες μας να βρουν μια φιλοσοφική ερμηνεία, του εαυτού τους και των καταστάσεων, που να τους ικανοποιεί, και τους «παντρεύουμε» με αυτήν για μια ζωή.

Μπορείτε να βοηθήσετε φιλοσοφικά τον εαυτό σας ακόμη και αν ξέρετε ή όχι να ξεχωρίζετε τον Αριστοτέλη από το Ζεν. Ακολουθήστε τα βήματα της διαδικασίας PEACE. Κρατήστε ό,τι είναι σχετικό με σας από το επόμενο κεφάλαιο και από τις πολλές σημαντικές φιλοσοφικές ιδέες που παρουσιάζονται στο δεύτερο μέρος του βιβλίου και αναφέρονται στο Παράρτημα Α (Κατάλογος Επιτυχημένων Φιλοσόφων). Οι περιπτωσιολογικές μελέτες που περιέχονται στο βιβλίο παρέχουν παραδείγματα για το πώς να φωτίσετε τις προσωπικές σας υποθέσεις με τη σοφία των αιώνων. Οπλισμένοι με αυτά θα καταφέρετε να πετύχετε την εξισορρόπηση από μόνοι σας, σε πολλές περιπτώσεις. Θυμηθείτε ότι δεν έχουν όλα τα προβλήματα γρήγορες λύσεις. Οι μεγάλες εξερευνήσεις μερικές φορές χρειάζονται πολύ καιρό και προσπάθεια.

Εάν κολλήσετε σε κάποιο συγκεκριμένο σημείο της διαδικασίας, μπορεί να χρειαστείτε βοήθεια για να συνεχίσετε στο επόμενο βήμα. Μερικοί άνθρωποι κολλούν στο πρώτο βήμα, μην μπορώντας να αναγνωρίσουν την πραγματική φύση του προβλήματος που αντιμετωπίζουν. Είναι πιο συνηθισμένο να κολλήσει κανείς στο συναισθηματικό στάδιο, κάνοντας ενέργειες που ενώ σκοπό έχουν να καταπραΰνουν τα συναισθήματα αντιθέτως τα αναζωπυρώνουν (σαν και αυτούς που πίνουν για να ξεφύγουν από το πρόβλημά τους, ενώ το πρόβλημά τους είναι ότι πίνουν πολύ). Κάποιος μπορεί να κολλήσει και στο τρίτο βήμα επίσης, αναλύοντας επ' αόριστον μια κατάσταση που χρειάζεται κάτι παραπάνω από την ανάλυση για να αλλάξει. Για αυτούς που τα καταφέρνουν με τα τρία πρώτα βήματα, η περισυλλογή μπορεί να αποτελέσει πρόκληση. Το να βρουν και να υιοθετήσουν τη σωστή προδιάθεση μπορεί να πάρει από λεπτά μέχρι μήνες ή κατά περίσταση και χρόνια. Όταν φτάσει όμως κανείς στην εξισορρόπηση καταλαβαίνει ότι άξιζε τον κόπο.

Εάν όντως κολλήσετε και δεν μπορείτε να ξεκολλήσετε από μόνοι σας, μπορεί να θελήσετε να συμβουλευτείτε ένα φιλοσοφικό σύμβουλο (ανατρέξτε στον κατάλογο του Παραρτήματος Γ). Ή προσπαθήστε να δουλέψετε με κάποιο άλλο διαθέσιμο άτομο το οποίο έχει φιλοσοφικές τάσεις. Χρησιμοποιήστε ο ένας τον άλλο σαν αποδέκτη για να εκφράσετε τις φιλοσοφικές σας απόψεις. Μερικές φορές κάποιος μπορεί να σας βοηθήσει λίγο, έτσι ώστε να μπορέσετε να βοηθήσετε τον εαυτό σας πολύ.

4

ΤΙ ΜΑΣ ΔΙΑΦΕΥΓΕΙ ΑΠΟ ΤΙΣ ΒΑΣΙΚΕΣ ΦΙΛΟΣΟΦΙΚΕΣ ΓΝΩΣΕΙΣ ΠΟΥ ΘΑ ΜΠΟΡΟΥΣΕ ΝΑ ΜΑΣ ΒΟΗΘΗΣΕΙ ΤΩΡΑ

«Η αρχαία φιλοσοφία πρότεινε στην ανθρωπότητα μια τέχνη του ζην. Σε αντίθεση η μοντέρνα φιλοσοφία εμφανίζεται πάνω από όλα σαν ένα κατασκεύασμα τεχνικής ορολογίας περιορισμένο μόνο για τους ειδικούς».

ΠΙΕΡ ΑΝΤΟ

«Εάν υπήρχε στη φιλοσοφία κάτι που να μπορούσε να ονομαστεί διδασκαλία, δεν θα μπορούσε να είναι τίποτα άλλο από διδασκαλία στο να σκέφτεται κανείς με τον δικό του τρόπο».

ΛΕΟΝΑΡΝΤ ΝΕΛΣΟΝ

Ο Άλφρεντ Νορθ Ουάιτχεντ έγραψε: «Ο ασφαλέστερος γενικός χαρακτηρισμός της ευρωπαϊκής φιλοσοφικής παράδοσης είναι ότι αποτελείται από μια ακολουθία υποσημειώσεων στον Πλάτωνα». Είναι γεγονός ότι πολλά, πολλά δέντρα έχουν κοπεί ώστε οι ενδιαφερόμενοι να μπορούν να διαβάσουν απαντήσεις στα επιχειρήματα του Πλάτωνα ή απαντήσεις στις απαντήσεις στα επιχειρήματά του ή απαντήσεις στις απαντήσεις των απαντήσεων... καταλαβαίνετε τι εννοώ. Στο πνεύμα της διακήρυξης του Ουάιτχεντ, αλλά προσθέτοντας και άλλα στοιχεία, αυτό το κεφάλαιο προσφέρει πολύ σύντομες αναφορές σε μερικές σημαντικές φιλοσοφικές ιδέες, τις κυριότερες σχολές και στοχαστές που χρησιμοποιώ συχνά κατά τη φιλοσοφική συμβουλευτική. Ελπίζω να μπορέσετε να δείτε πώς ορισμένες φιλοσοφικές ιδέες είναι δυνατό να φανούν άμεσα χρήσιμες στην καθημερινή ζωή, ανεξάρτητα με το αν μπορείτε να γράψετε σωστά Μαϊμονίδης ή να προφέρετε το όνομα Νίτσε. Η φιλοσοφία, παρά τη φήμη της ότι είναι ασαφής και δύσκολη, μπορεί να έχει πρακτικές εφαρμογές για οποιονδήποτε.

Με σκοπό να παράσχω ένα γενικό σχέδιο, έχω τοποθετήσει τους φιλόσοφους που παρουσιάζω εδώ σε κατηγορίες. Αυτός δεν είναι για κανένα λόγο ο μόνος τρόπος να τους κατατάξει κανείς, γι' αυτό μην εκπλαγείτε αν τους δείτε καταταγμένους διαφορετικά κάπου αλλού. Ένα πράγμα το οποίο λατρεύουν οι φιλόσοφοι είναι η λογομαχία, ειδικά για τις κατηγορίες. Ακόμη και οι χρονικές περίοδοι που τοποθετώ τις κατηγορίες είναι γενικές, με μερικούς από τους κύριους στοχαστές της κάθε παράδοσης να τοποθετούνται προγενέστερα ή μεταγενέστερα. Πρέπει να γίνει κατανοητό ότι αυτό το κεφάλαιο δεν αποτελεί μια ουσιαστική εξέταση της ιστορίας της φιλοσοφίας ούτε όλων των σημαντικών φιλοσόφων. Απλά θέλω να σας παρουσιάσω το σκελετό του θέματος, έτσι ώστε να έχετε κάποιο πλαίσιο στήριξης για τις εφαρμογές αυτών των ιδεών καθώς εμφανίζονται στο δεύτερο μέρος.

Τώρα που έχετε προειδοποιηθεί, μη με μηνύσετε αν αποτύχετε σε διαγώνισμα για τις Βασικές Αρχές της Φιλοσοφίας ενώ βασιστήκατε σε αυτό το κεφάλαιο για όλες σας τις πληροφορίες. Δείτε το σαν πρόχειρο βοήθημα για ένα πάρτι. Αν δεν σας ενδιαφέρει η γενική εικόνα και ούτε έχετε προγραμματίσει πάρτι με πνευματικά κοκτέιλ, προχωρήστε και ξεπεράστε το πηγαίνοντας στο δεύτερο μέρος του βιβλίου ή κατευθείαν σε οποιοδήποτε σημείο του δεύτερου μέρους νομίζετε ότι θα σας ενδιαφέρει. Μπορείτε πάντα να επιστρέψετε σε αυτό το κεφάλαιο αργότερα και με την προϋπόθεση ότι θα κεντριστεί η περιέργειά σας. Εάν θέλετε πληροφορίες σε μεγαλύτερο βάθος, υπάρχουν αρκετά βιβλία αφιερωμένα στη φιλοσοφία και την πρακτική της, μερικά από τα οποία αναφέρονται στο Παράρτημα Δ.

Θεώρησα πολύτιμο να επεκταθώ και πέραν της δυτικής φιλοσοφίας, παρ' όλα αυτά βρέθηκα να επιστρέφω διαρκώς σε ένα μικρό φάσμα ιδεών. Τρία πολύ σημαντικά παρακλάδια της φιλοσοφίας εμφανίστηκαν περίπου στην ίδια περίοδο της αρχαιότητας, δηλαδή από το 600 έως το 400 π.Χ. Το ένα παρακλάδι, που ήταν και υπεύθυνο για τη γενική εικόνα που έχουν οι περισσότεροι για τους φιλόσοφους, μούσι, τήβεννος και σανδάλια, είναι η Αθηναϊκή σχολή με κορυφαίες φυσιογνωμίες τους Σωκράτη, Πλάτωνα και Αριστοτέλη. Αυτοί βασίζονταν και σε μερικούς σπουδαίους προσωκρατικούς (όπως οι Κυνικοί και οι πρώιμοι Στωικοί), αλλά για να εξυπηρετήσουμε τους σκοπούς μας θα παραμείνουμε στα μεγαλύτερα ονόματα. Τον ίδιο καιρό, σε ένα διαφορετικό σημείο του πλανήτη, οι Σοφοί των Δασών της Ινδίας, με πιο διάσημο τον Σιντάρτα Γκοτάμα (Βούδα), συμπλήρωναν την ινδουιστική κοσμοθεωρία. Στην άλλη άκρη του κόσμου, ο Κομφούκιος και ο Λάο Τσου ανέπτυσσαν τον κομφουκιανισμό και τον ταοϊσμό, τα οποία μαζί με το παλιότερο *Ι Τσινγκ* αποτελούσαν τον πυρήνα της κινέζικης φιλοσοφίας. Αυτή η κρίσιμη περίοδος των αρχαίων πολιτισμών διαμόρφωσε την ιστορία της φιλοσοφίας.

Χρησιμοποιώ αυτές τις τρεις παραδόσεις με τους πελάτες μου σχεδόν στις ίδιες αναλογίες, προσαρμόζοντας τις επιλογές μου στο άτομο, φυσικά. Στη δυτική σκέψη βρίσκω χρήσιμα ψήγματα σε παλιούς φιλόσοφους, σε σύγχρονους και σε οτιδήποτε ενδιάμεσο. Η εξοικείωσή μου με την ανατολική φιλοσοφία επικεντρώνεται σε αρχαία κείμενα των οποίων οι θεωρίες και οι πρακτικές έχουν γίνει ευρύτερα γνωστές και αποτελούν αντικείμενο μελέτης στη Δύση, όπως το *Μπαγκαβάντ Γκίτα* και οι διδαχές του Βούδα. Οι σύγχρονοι γκουρού της ανατολικής σοφίας τείνουν να διατηρούν τους πιστούς τους όχι τόσο εκφράζοντας νέους δρόμους σκέψης όσο ζώντας σε αρμονία με τη γνώση των αρχαίων. Εμπνέουν δίνοντας το παράδειγμα και επεξηγώντας παρά προεκτείνοντας τη γνώση. Παρ' όλα αυτά, τα γραπτά από τα οποία μπορούν και αντλούν τη γνώση είναι αμέτρητα και τα πιο πολλά δεν έχουν μεταφραστεί στην αγγλική γλώσσα. Μερικά από τα ινδουιστικά και βουδιστικά κείμενα τα οποία χρησιμοποιώ είναι ιερά για αυτούς τους ανθρώπους (παρόλο που τα χρησιμοποιώ σαν πηγές επίγειας γνώσης) οπότε λιγότερο προσιτά σε αμφισβήτηση και επανεξέταση. Οι ιουδαιο-χριστιανικές πηγές, όπως το βιβλίο του *Εκκλησιαστή* και οι *Μακαρισμοί,* επίσης περιέχουν χρήσιμες φιλοσοφικές αντιλήψεις. Το ίδιο και τα έργα ποιητών, θεατρικών συγγραφέων και μυθιστοριογράφων. Περιστασιακά, το ίδιο και τα λόγια του Κάσεϊ Στένγκελ. Οι φιλόσοφοι δεν πρέπει να είναι κενόδοξοι. Πρέπει να είμαστε ευγνώμονες που βρίσκουμε τη γνώση, όπου και να τη βρίσκουμε.

ΑΝΑΤΟΛΗ

Οι ινδικές φιλοσοφίες, ο ινδουισμός και ειδικότερα ένας από τους δυο μη ορθόδοξους κλάδους του, ο βουδισμός, τονίζουν την κυκλική φύση της ύπαρξης, την προσωρινότητα των πάντων, τα δηλητηριώδη αποτελέσματα των επιθυμιών και τη σημασία της μη εξάρτησης. Η εξάρτηση, είτε από τον εαυτό μας είτε από άλλους είτε από πράγματα, είναι η κύρια αιτία της δυστυχίας. Ένας τρόπος να ελαττώσουμε τη δυστυχία είναι να ελευθερωθούμε από την εξάρτηση. Η ινδική φιλοσοφία γενικά – ο ινδουισμός ή ο βουδισμός – υποστηρίζει ότι πρέπει να κάνουμε τα πάντα πρόθυμα, σαν εξυπηρέτηση και όχι για να καρπωθούμε τα αποτελέσματα των κόπων.

Ο βουδισμός τηρεί την ηθική ισότητα των ανθρώπων, αλλά υποστηρίζει την προσωπική ευθύνη καθώς και τη συμπόνια προς τους άλλους. Διδάσκει ότι ο ταραγμένος νους, ο αρπακτικός εγωισμός και οι αισθησιακοί πόθοι παρεμβάλλονται συνεχώς στην επίτευξη της πνευματικής ηρεμίας (βουδιστική φύση), και προσφέρει πολλές πρακτικές που περιοδικά σταθεροποιούν το ανήσυχο μυαλό, σπάνε τα δεσμά της επιθυμίας και επιτρέπουν στο άτομο να παραμείνει συνολικά και ξεκάθαρα σε κατάσταση ηρεμίας. Ένας στόχος του βουδισμού είναι μια ζωή χωρίς προβλήματα.

Ο Βούδας έγραψε για τις Τέσσερις Ευγενείς Αλήθειες (ή μάλλον οι γραφείς και οι μαθητές του, αφού ο ίδιος δεν άφησε κανένα γραπτό από το δικό του χέρι). Είναι ισχυρές φιλοσοφικές θεραπείες, έτσι δεν τις αναφέρω συνήθως στους πελάτες μου, εκτός και αν έχουν υποφέρει αρκετά για να είναι προσηλωμένοι. Αυτές οι Αλήθειες ορίζουν ένα μονοπάτι μέσα από τις σκληρότερες δοκιμασίες της ζωής, οπότε είναι χρήσιμες για ανθρώπους σε εξαιρετικά ακραίες καταστάσεις. Η πρώτη Αλήθεια είναι ότι η ζωή περιλαμβάνει δυστυχία. Η δεύτερη ότι η δυστυχία προκαλείται. Δεν συμβαίνει τυχαία. Η τρίτη ότι μπορούμε να βρούμε το αίτιο και να σπάσουμε την αλυσίδα των συμβάντων που προκαλούν τη δυστυχία για να την αποτρέψουμε. Αφαιρώντας την αιτία, μπορούμε να εξαλείψουμε και το αποτέλεσμα. Η τέταρτη ότι πρέπει να εκπαιδευτούμε για να πετύχουμε το σκοπό που περιγράφει το τρίτο σημείο.

Στη βουδιστική σκέψη οτιδήποτε και να κάνουμε έχει επιπτώσεις, συμπεριλαμβανόμενης της ηθικής μας συμπεριφοράς, παρόλο που δεν μπορούμε να καθορίσουμε πόσο χρόνο θα κάνει να εκδηλωθεί η επίπτωση ή τι μορφή θα έχει. Μπορεί να μην είναι δική μας επιλογή αν θα βρεθούμε σε μια συγκεκριμένη κατάσταση, μα έχουμε επιλογή για το τι κάνουμε στις καταστάσεις στις οποίες βρισκόμαστε. Διαλέγουμε μεταξύ του καλού και του κακού, και αν κάνουμε καλές επιλογές, καλά πράγματα θα συμβούν. Αν κάνουμε κακές επιλογές, άσχημα πράγματα συμβαίνουν. Έτσι εκχωρείται ένα μέτρο υπευθυνότητας και ελέγχου στους ανθρώπους.

Σε αντίθεση, ο ινδουισμός μπορεί να καταλήξει στην παθητικότητα εξαιτίας της πεποίθησης περί της μετενσάρκωσης. Αν αυτή η ζωή που ζει κανείς είναι αμοιβή ή τιμωρία για μια προηγούμενη ζωή, τι διαφορά θα μπορούσαν να προκαλέσουν οι πράξεις κάποιου;

Ο βουδισμός αντιμετωπίζει τη ζωή σαν μια ακολουθία στιγμών (σε αντίθεση με την ακολουθία ζωών του ινδουισμού), και ό,τι συμβαίνει σε κάθε στιγμή επηρεάζει αυτό που συμβαίνει στην επόμενη. Αυτή είναι η πιο αισιόδοξη στάση που προτιμώ, και αυτή που απαιτεί περισσότερη προσωπική ευθύνη. Ούτως ή άλλως, υπάρχει η προτροπή προς την ηθική ανάπτυξη, σε αντίθεση με τη δυτική προσήλωση στην επιστημονική πρόοδο μόνο ή πάνω από όλα.

> «Θα αποκαλύψω αυτή τη γνώση σε σας και το πώς θα μπορέσετε να την πραγματοποιήσετε· μια γνώση που, όταν επιτευχθεί, δεν παραμένει τίποτ' άλλο που να αξίζει να έχει κανείς σε αυτή τη ζωή».
>
> *ΜΠΑΓΚΑΒΑΝΤ ΓΚΙΤΑ*

Η κινέζικη φιλοσοφία έχει σαν κεντρική αρχή ότι τα πάντα αλλάζουν. Δεν πρέπει να περιμένει κανείς μόνιμη κατάσταση σε οποιονδήποτε τομέα της ζωής και για να μην μπερδεύεται εξαιτίας της καινούριας κατάστασης που προκαλεί κάθε αλλαγή, θα πρέπει να προσπαθεί να κατανοήσει τη φύση της αλλαγής. Έχοντας επίγνωση όσον αφορά το πώς και γιατί αλλάζουν τα πράγματα, η αλλαγή θα σας φανεί πιο φυσική και θα είστε σε θέση να την περιμένετε και να κάνετε τη σωστή κίνηση, την κατάλληλη στιγμή. Φιλόσοφοι όπως ο Λάο Τσου (συγγραφέας του *Τάο Τε Κινγκ*), ο Κομφούκιος και οι ανώνυμοι συγγραφείς του *Ι Τσινγκ* μάς διδάσκουν να κάνουμε ό,τι καλύτερο μπορούμε στις καταστάσεις που μπορούμε, όπως και σε αυτές που δεν είναι υπό τον έλεγχο μας, και στις άσχημες καταστάσεις επίσης. Σε κάθε περίπτωση, είμαστε υπόλογοι για τις αποφάσεις μας. Παρά τη συνεχή αλλαγή, ο κόσμος εμφανίζεται σαν ένα μέρος που κυριαρχεί η τάξη. Για να κατανοήσουμε τον τρόπο που λειτουργεί ο ανθρώπινος κόσμος, θα πρέπει να κατανοήσουμε τον τρόπο με τον οποίο λειτουργεί ο φυσικός κόσμος και να συνειδητοποιήσουμε τις ομοιότητες. Η πιο κοινή μετάφραση του «Τάο» είναι «οδός», εννοώντας το δρόμο που ακολουθούν τα πράγματα. Ο καλύτερος τρόπος για τον άνθρωπο είναι να ζει σε αρμονία με τους φυσικούς νόμους που διαμορφώνουν τις κοινωνικές και πολιτικές διαδικασίες.

Η κινέζικη φιλοσοφία επικεντρώνεται στην αναζήτηση του πώς να ζήσει κανείς μια καλή ζωή. Εάν τα άτομα ζουν καλά, τότε και η κοινωνία είναι αγαθή, χωρίς προστριβές, ευπρεπής και παραγωγική. Δεν θεωρεί ότι μόνο η γνώση είναι το μονοπάτι για μια καλύτερη ζωή (όπως κατά το πλείστον θεωρεί η δυτική σκέψη). Η ποιότητα της ζωής πηγάζει από την αντανάκλαση του καθήκοντος και της ηθικής, την ερμηνεία των εμπειριών και την κατανόηση των διαδικασιών.

> «Δεν μπορεί κάποιος να αγνοήσει τόσο μεγάλα μυαλά όπως ο Κομφούκιος και ο Λάο Τσου, εάν είναι έστω και λίγο ικανός να εκτιμήσει την ποιότητα των σκέψεων που αντιπροσωπεύουν, πόσο μάλλον μπορεί κανείς να παραβλέψει ότι το *Ι Τσινγκ* ήταν η κύρια πηγή έμπνευσής τους... Είμαι στην όγδοη δεκαετία της ζωής μου και οι εναλλαγές στις γνώμες των ανθρώπων σπάνια με εντυπωσιάζουν πια. Οι σκέψεις των παλιών δασκάλων έχουν μεγαλύτερη αξία για μένα από τις φιλοσοφικές προκαταλήψεις της δυτικής σκέψης».
>
> ΚΑΡΛ ΓΙΟΥΝΓΚ

ΔΥΣΗ

Στη Δύση, φαίνεται ότι εμείς οι φιλόσοφοι διεξάγουμε έτσι τη φιλοσοφική έρευνα ώστε να μην ασχολείται κανένας από τους υπόλοιπους με αυτήν. Η αναβίωση της σημασίας της φιλοσοφικής ενδοσκόπησης στους συνηθισμένους ανθρώπους είναι η κινητήρια δύναμη της φιλοσοφικής συμβουλευτικής.

Ο Σωκράτης αποτελεί ένα από τα πιο σημαντικά πρότυπα της φιλοσοφικής συμβουλευτικής, εκτός του ότι ήταν και ο «νονός» της δυτικής φιλοσοφίας γενικότερα. Ήταν ο μέντορας και δάσκαλος του Πλάτωνα και το έργο του επιβιώνει μόνο μέσα από τα γραπτά του Πλάτωνα. Οι φιλοσοφικοί σύμβουλοι ανατρέχουν σε αυτόν επειδή πίστευε ότι όλοι έχουμε τη γνώση μέσα μας, ότι αυτό που χρειαζόμαστε να μάθουμε το γνωρίζουμε ήδη, μα χρειαζόμαστε βοήθεια για να το φέρουμε στην επιφάνεια. Αν ασχολείσαι με κάποιο σοβαρό θέμα, τότε αυτό που χρειάζεσαι είναι κάτι σαν μια φιλοσοφική «μαία» για να σε βοηθήσει να εκμαιεύσεις την ίδια σου τη σοφία. Αντίθετα με τους γιατρούς και τους δικηγόρους, που σε βοηθούν να ψάξεις επειδή έχουν εξειδικευμένη γνώση που εσύ δεν έχεις, οι φιλοσοφικοί σύμβουλοι δεν βασίζονται απαραίτητα στη συγκεκριμένη εξειδίκευσή τους αλλά στη γενική τους ικανότητα να διεξάγουν μια έρευνα. Δεν σου δίνουμε απαντήσεις, μα σε βοηθάμε να θέτεις επωφελή ερωτήματα. Δεν δρούμε απαραίτητα ως αυθεντίες που αποκαλύπτουν πληροφορίες που δεν γνώριζες ποτέ, αλλά παρέχουμε την καθοδήγηση που πολλοί άνθρωποι χρειάζονται, έχοντας ξεχάσει ή παραμελήσει τα μέσα να εξετάζουν τους εαυτούς τους.

Η άλλη κύρια συνεισφορά του Σωκράτη στους φιλοσοφικούς συμβούλους (και σε αναρίθμητους άλλους που τη βρίσκουν πολύ χρήσιμη) είναι η αποκαλούμενη σωκρατική μέθοδος, δηλαδή το να θέτει κάποιος μια σειρά ερωτημάτων για να καταλήξει σε κάποιες οριστικές απαντήσεις. Το διάσημο ρητό του Σωκράτη «Ὁ δὲ ἀνεξέταστος βίος οὐ βιωτὸς ἀνθρώπῳ» συνοψίζει την άποψή του για το ότι το να ζει κανείς ποιοτική ζωή είναι το πιο σημαντικό και αυτό επιτυγχάνεται κυρίως με διαρκή εξέταση.

Ο Πλάτωνας, υπαίτιος για όλες αυτές τις φιλοσοφικές σημειώσεις, ήταν ένας εσενσιαλιστής.* Πίστευε στην ύπαρξη καθαρών μα αφηρημένων Ιδεών των οποίων τα υλικά αντικείμενα δεν είναι παρά ατελή αντίγραφα. Αυτές οι Ιδέες δεν αλλάζουν, όμως ζούμε σε έναν κόσμο μεταβαλλόμενων εμφανίσεων και για αυτό μπορούμε να τις προσεγγίσουμε μόνο με το νου μας. Με την κατάλληλη μόρφωση μπορούμε να περάσουμε στον νοητό κόσμο (τον κόσμο των Ιδεών) και να κατανοήσουμε τις καθαρές μορφές της Δικαιοσύνης, της Ομορφιάς και της Αλήθειας, και έτσι να κάνουμε καλύτερα αντίγραφά τους στον κόσμο που ζούμε. Ο Πλάτωνας θεωρούσε ότι η ευγενέστερη αποστολή ήταν να αναζητεί κανείς την ουσία των πραγμάτων με αυτό τον τρόπο. Η ιδέα αυτή συνηχεί και με τη φιλοσοφική συμβουλευτική επίσης, αφού εάν δεν γνωρίζεις την ουσία από κάτι, πώς θα αναγνωρίσεις αν το έχεις; Για παράδειγμα, τι είναι η ευτυχία; Η ολοκλήρωση; Η ηθική; Το βάθεμα της κατανόησης τέτοιων εννοιών προσφέρει μια φιλοσοφική άποψη για τη στάση του καθενός στη ζωή του.

Ο Αριστοτέλης ανέπτυξε τη σημασία και τις χρήσεις της κριτικής σκέψης, καθορίζοντας το σκηνικό για αιώνες φιλοσοφικής έρευνας. Ήταν πρωτοπόρος σε πολλές φυσικές και κοινωνικές επιστήμες, όμως λίγα από αυτά είναι χρήσιμα στον καιρό μας, αφού ήταν κυρίως θεωρία και καθόλου πρακτική. Δεν εκτελούσε πειράματα και δεν τον απασχολούσαν ιδιαίτερα οι αποδείξεις. Επίσης ήταν ο θεμελιωτής της λογικής, η ο-

---

* Εκ του *essentia*, λατινικού όρου με τον οποίο ο Βοήθιος (Anicius Manlius Torquatus Severinus, 480-524 μ.Χ.), Ρωμαίος χριστιανός πολιτικός φιλόσοφος, απέδωσε τον ελληνικό όρο *ουσία* αποδίδοντας την οντολογική του σημασία, ενώ με το *substantia* απέδωσε τη λογική του σημασία. (Σ.τ.Μ.)

ποία στη απλή της μορφή είναι πολύ χρήσιμη σε πελάτες των οποίων τα προβλήματα περιλαμβάνουν σφάλματα όσον αφορά την κριτική σκέψη.

Επίσης η θεωρία της ηθικής του Αριστοτέλη είναι ιδιαίτερα σημαντική. Καθόρισε την καλοσύνη σαν την αρετή την οποία επιδιώκουν όλα τα λογικά πλάσματα, μια από τις πιο αισιόδοξες απόψεις που εκφράστηκαν ποτέ. Η αρετή εξαρτάται από το αν ένα άτομο έχει επιλογές, και ο Αριστοτέλης πίστευε ότι η ενάρετη επιλογή ήταν η χρυσή τομή, ή το ευτυχισμένο μέσο μεταξύ των άκρων. Η γενναιότητα για παράδειγμα είναι η χρυσή τομή μεταξύ της απερισκεψίας και της δειλίας. Πίστευε ότι η ευτυχία ακολουθούσε την αρετή και την καλοσύνη και τόνιζε το καθήκον, την υποχρέωση και τη διαμόρφωση του χαρακτήρα ως σημαντικά ανθρώπινα μελήματα. Έδινε μεγάλη ηθική αξία στην εγκράτεια και τη μετριοπάθεια, όπως θα περίμενε κανείς από τον άνθρωπο που μας χάρισε τη χρυσή τομή. Οι σκέψεις του για όλα αυτά τα συστατικά της καλής ζωής είναι πολύ χρήσιμα στη φιλοσοφική συμβουλευτική όταν ένας πελάτης δημιουργεί τις δικές του αντιλήψεις.

> «Επειδή η παρούσα μελέτη δεν γίνεται χάριν της θεωρίας, καθώς αι άλλαι (διότι δεν ερευνώμεν διά να μάθωμεν τι είναι η αρετή, αλλά διά να γίνωμεν ενάρετοι, διότι άλλως ουδέν όφελος θα προέκυπτε εξ αυτής), παρίσταται ανάγκη να σκεφθώμεν διά τας πράξεις κατά ποίον τρόπον πρέπει να εκτελούνται».
>
> ΑΡΙΣΤΟΤΕΛΗΣ*

---

* *Ηθικά Νικομάχεια*, μτφρ. Ανδρέας Δαλέζιος, εκδ. Πάπυρος, Αθήνα, 1975. (Σ.τ.Μ.)

ΡΩΜΑΪΚΗ ΑΥΤΟΚΡΑΤΟΡΙΑ ΚΑΙ ΡΩΜΑΙΟΚΑΘΟΛΙΚΗ ΕΚΚΛΗΣΙΑ

Μετά τον Αριστοτέλη, η κατάσταση στη Δύση οδηγήθηκε σε τέλμα –από την άποψη του τι μου είναι χρήσιμο στη φιλοσοφική συμβουλευτική– για μεγάλο χρονικό διάστημα. Η τεράστια περιοχή που χαρτογραφήθηκε κατά το «Μεγάλο Άλμα προς τα Εμπρός» της ελληνικής κουλτούρας (συμπεριλαμβανομένης της φιλοσοφίας) παρέμεινε ακαλλιέργητη για αιώνες. Η στρατιωτική ισχύς της Ρωμαϊκής Αυτοκρατορίας καθυστέρησε τη φιλοσοφική εξέλιξη για πολύ καιρό, με αξιοσημείωτη εξαίρεση τους Ρωμαίους Στωικούς, πιθανότατα επειδή τόση πολλή ενέργεια αφιερωνόταν στις κατακτήσεις.

Μετά την πτώση της Ρωμαϊκής Αυτοκρατορίας, η πολιτική και πνευματική λαβή της Ρωμαιοκαθολικής Εκκλησίας έλεγξε παντελώς την ευρωπαϊκή σκέψη και η μόνη μόρφωση που επιτρεπόταν ήταν η αυστηρά θρησκευτική. Η συντριπτική πλειοψηφία των ανθρώπων δεν γνώριζε καν να διαβάζει, και τα περισσότερα από τα ελάχιστα γραπτά που υπήρχαν ήταν γραμμένα στα ελληνικά, στα λατινικά, στα αραβικά ή στα εβραϊκά. Οι κοινοί άνθρωποι άκουγαν την επίσημη ερμηνεία των γραφών που κυριαρχούσαν στη ζωή τους, αλλά δεν είχαν πρόσβαση σε αυτές. Καμία απόσχιση δεν επιτρεπόταν. Πολλά βιβλία είχαν απαγορευτεί. Πολλοί άνθρωποι, μαζί τους και φιλόσοφοι, είχαν καεί στην πυρά. Οι Ευρωπαίοι είχαν αρκετή πίστη, αλλά δεν έκαναν καθόλου έρευνα. Χωρίς ελεύθερη σκέψη, η μη θεολογική φιλοσοφία έμεινε στάσιμη.

Η Ρωμαιοκαθολική Εκκλησία είχε τέτοια τεράστια ισχύ που το 1651 ο Τόμας Χομπς τη χαρακτήρισε «το φάντασμα της νεκρής Ρωμαϊκής Αυτοκρατορίας, που καθόταν εστεμμένο πάνω από τον τάφο». Κατά μια άποψη, η Εκκλησία είχε μεγαλύτερη ισχύ από την αυτοκρατορία. Η πένα, ως γνωστόν, είναι ισχυρότερη από το ξίφος, και η ισχύς των ιδεών, του δόγματος, είναι μακροβιότερη από την εξουσία μιας απλής κυβέρνησης. Ακόμη και οι μεγαλύτερες αυτοκρατορίες, που βασίζονταν στην ισχύ του ξίφους, δεν διαρκούσαν για πάντα. Οι πνευματικές και ιδεολογικές δυνάμεις είναι ισχυρότερες μακροπρόθεσμα. Υπό τη σκιά της Εκκλησίας, η ανθρώπινη δυνατότητα για στοχασμό και σκεπτικισμό περιορίστηκε σημαντικά και τα δόγματα γίνονταν αποδεκτά ασυζητητί. Η φιλοσοφία, από την άλλη, αμφισβητεί τα πάντα. Αυτή η θεμελιώδης διχοτόμηση μεταξύ της θεολογίας, η οποία απαιτεί πίστη, και της φιλοσοφίας, που εξασκεί την αμφιβολία, συχνά κάνει τους δυο τομείς ασύμβατους, όπως και ήταν τουλάχιστον για μια χιλιετία, μέχρι τη Μεταρρύθμιση και την έναρξη, εν τέλει, της επιστημονικής επανάστασης.

Δεν ξεχωρίζω τη Ρωμαιοκαθολική Εκκλησία, όλες οι θρησκείες λειτουργούν με τον ίδιο τρόπο. Κάθε θρησκεία έχει τα κεντρικά πιστεύω της τα οποία είναι, υποτίθεται, υπεράνω αμφισβήτησης, μέχρι που να εμφανιστεί κάποιος φιλόσοφος και να τα αμφισβητήσει. Η Ρωμαιοκαθολική Εκκλησία απλώς έκανε το θέμα πιο περίπλοκο επειδή, λόγω του Θωμά του Ακινάτη, ενσωμάτωσε στη θεολογία της τη μεταφυσική και την επιστήμη του Αριστοτέλη, μεγάλο μέρος της οποίας αποδείχτηκε ότι δεν είχε βάση. Δεν μπορούσες όμως να πεις κάτι τέτοιο για τη φιλοσοφία του Αριστοτέλη χωρίς να κατηγορηθείς για αιρετικός απέναντι στη Ρώμη. Αυτό έβαλε τον Γαλιλαίο σε καυτά προβλήματα (και σχεδόν σε μια πιο καυτή φωτιά) τον δέκατο έβδομο αιώνα. Αφού απέδειξε πως ένα τμήμα της φυσικής και της αστρονομίας του Αριστοτέλη ήταν τελείως λάθος, τότε αναπόφευκτα ήταν σαν να έλεγε πως και τα σχετικά δόγματα της Ρωμαιοκαθολικής Εκκλησίας ήταν τελείως λάθος, κάτι που ήταν έγκλημα καθοσιώσεως εκείνο τον καιρό.

Όμως και οι θρησκείες εξελίσσονται. Η Ρωμαιοκαθολική Εκκλησία ήταν διάσημη (ή διαβόητη) για τον Κατάλογο Απαγορευμένων Βιβλίων. Το *Λεβιάθαν* του Χομπς απαγορεύτηκε με το που εμφανίστηκε, όμως δεν ήταν ούτε το πρώτο ούτε το τελευταίο σημαντικό βιβλίο που αντιμετώπισε προβλήματα λόγω θρησκευτικής πολιτικής. Στον εικοστό αιώνα, ο Κατάλογος απαγόρευσε από καιρό σε καιρό τα *Άπαντα* του Φρόιντ, καθώς και βιβλία των Άλντους Χάξλεϊ, Τζέιμς Τζόις, Άλφρεντ Κίνσεϊ, Τόμας Μαν, Μάργκαρετ Μιντ, Μπέρτραντ Ράσελ, Χ. Τζ. Ουέλς και άλλων. Κάποιος μπορεί να ρωτήσει: «Πώς τα ανθρώπινα όντα μπορούν να ωριμάσουν πέραν φροϊδικών αυτοαντιλήψεων, αφού δεν τους επιτρέπεται καν να καλλιεργήσουν φροϊδικές αυτοαντιλήψεις;» Όμως οι καιροί αλλάζουν με γρήγορους ρυθμούς. Υπό τον πάπα Ιωάννη-Παύλο ΙΙ, η Ρωμαϊκή Εκκλησία τώρα αναγνωρίζει ότι το *Περί της Καταγωγής των Ειδών* του Δαρβίνου (υπ' αριθμόν ένα στον Κατάλογο όταν εμφανίστηκε το 1859) είναι συμβατό με τη *Γένεση*. Εάν νομίζετε πως οι όροι αντιστράφηκαν, έχετε δίκιο. Πιο πρόσφατα, η εγκύκλιος του πάπα Ιωάννη-Παύλου ΙΙ *Fides et Ratio (Πίστη και Λογική)* παροτρύνει όλους τους καθολικούς να επικεντρωθούν στη φιλοσοφία. «Ο πάπας παρατάσσει ένα θίασο από φιλοσοφικούς πρωταγωνιστές που θα έκαναν προγενέστερους ποντίφηκες να οπισθοχωρήσουν», γράφει η εφημερίδα *London Daily Telegraph*. Θαυμάζει πέραν από τους Δυτικούς φιλόσοφους και τα ινδικά ιερά κείμενα, τις διδαχές του Βούδα και τα έργα του Κομφούκιου. Έτσι τώρα κληρονομούμε μια νέα ρητορική ερώτηση: Αντί να ρωτάμε «Είναι ο πάπας καθολικός;» μπορούμε να ρωτάμε: «Είναι ο πάπας οπαδός της φιλοσοφίας;»

> «.... Πολλοί άνθρωποι παλεύουν στη ζωή βρισκόμενοι στο χείλος της αβύσσου μη γνωρίζοντας προς τα πού πάνε. Μερικές φορές αυτό συμβαίνει διότι αυτοί των οποίων η αποστολή είναι να εκφράσουν πολιτισμικά τη σκέψη των ανθρώπων δεν θεραπεύουν πλέον την αλήθεια, προτιμώντας τη γρήγορη επιτυχία εις βάρος της υπομονετικής έρευνας για το τι κάνει τη ζωή άξια να τη ζει κανείς».
>
> ΠΑΠΑΣ ΙΩΑΝΝΗΣ-ΠΑΥΛΟΣ ΙΙ

Αυτή η νέα συνεργασία μεταξύ θεολογίας και φιλοσοφίας εκτείνεται μέχρι τους οπαδούς και των δύο. Σε προσωπικό επίπεδο, συχνός σύντροφός μου στο Ζεν και στο πρωινό είναι ο αξιοσέβαστος Ρόσι Ρόμπερτ Κένεντι, SJ. Πολύ σωστά, είναι και δάσκαλος του Ζεν και Ιησουίτης. (Το βιβλίο του είναι από τα προτεινόμενα στο Παράρτημα Δ.) Και κάτι ακόμη: Το πρώτο αναγνωρισμένο αμερικανικό ίδρυμα ανώτερης εκπαίδευσης που προσφέρει το μάθημά μου, σε επίπεδο τελειοφοίτων, πάνω στη φιλοσοφική πρακτική είναι το Felician College, ένα μικρό καθολικό κολέγιο στο Νιου Τζέρσι. Από τη δική μου προοπτική, η Ρωμαιοκαθολική Εκκλησία προωθεί μια ευρεία φιλοσοφική αναγέννηση, κάτι που είναι θαυμάσιο και συνάμα ενδιαφέρον και για τον καθολικισμό και για τη φιλοσοφία επίσης.

ΠΡΩΙΜΟΙ ΝΕΩΤΕΡΙΚΟΙ ΦΙΛΟΣΟΦΟΙ

Οι πρώιμοι νεωτερικοί φιλόσοφοι, που εμφανίστηκαν τον δέκατο έβδομο αιώνα, σηματοδότησαν το τέλος του Μεσαίωνα. Μετά τη φιλοσοφική επανάσταση που υποκίνησαν οι Φράνσις Μπέικον, Τόμας Χομπς, Ρενέ Ντεκάρτ και ο Γαλιλαίος μεταξύ άλλων, ο κόσμος δεν μπορούσε να παραμείνει ο ίδιος. Διακηρύσσοντας ότι «Η γνώση είναι δύναμη», ο Μπέικον παρείχε μια κρίσιμη τρίτη επιλογή μεταξύ της θρησκείας και του ξίφους, την επιστήμη. Η λέξη *επιστήμη* δεν είχε δημιουργηθεί ακόμη, όμως η συγκέντρωση του Μπέικον στην εμπειρική γνώση έθεσε τα θεμέλια ενός νέου τρόπου αντίληψης και πειραματισμού με τον κόσμο. Τόνιζε τη σημασία της γενίκευσης από συγκεκριμένες περιστάσεις φυσικών φαινομένων σε υποθέσεις που θα μπορούσαν να δοκιμαστούν. Αν η δύναμη προερχόταν από τη γνώση, η γνώση προερχόταν από τον πειραματισμό. Θεωρούσε ότι και η εμπειρία και η λογική ήταν απαραίτητες για να γνωρίσει κανείς τον κόσμο. Ο κόσμος οφείλει ευγνωμοσύνη στον Μπέικον, διότι μας χάρισε την επιστημονική μέθοδο.

> «Η ανθρώπινη γνώση και η ανθρώπινη δύναμη συναντιούνται σε ένα σημείο, γιατί αν δεν είναι γνωστό το αίτιο, το αποτέλεσμα δεν είναι εφικτό. Εάν θέλει κανείς να υποτάξει τη φύση πρέπει και να την υπακούσει... Η ευφυΐα της φύσης πολλές φορές είναι μεγαλύτερη από την ευφυΐα των αισθήσεων και της αντίληψης».
>
> ΦΡΑΝΣΙΣ ΜΠΕΪΚΟΝ

Ο Μπέικον προερχόταν από μια οικονομικά και πολιτισμικά προνομιούχα οικογένεια και χρησιμοποιούσε αρκετούς γραμματείς που κατέγραφαν την προφορική σοφία του στα λατινικά. Στα νιάτα του ο Τόμας Χομπς εργάστηκε ως ένας από τους γραφείς του Μπέικον. Και διδάχθηκε σωστά, ξεπερνώντας αργότερα και το μέντορά του. Άλλος ένας από τους μεγάλους πρώιμους νεωτερικούς στοχαστές, ο Χομπς ήταν ο πρώτος πολιτικός επιστήμονας και ο πρώτος εμπειρικός ψυχολόγος. Ξεκίνησε να μαθαίνει για την ανθρώπινη φύση κάνοντας παρατηρήσεις πάνω στο τι κάνουν οι άνθρωποι, χωρίς αφετηριακή θεωρία (μια μέθοδο με την οποία ο Φρόιντ αργότερα έκανε θραύση). Ο Χομπς παρατήρησε ότι οι άνθρωποι είναι από τη φύση τους εγωκεντρικοί και χρειάζονται την ελεγκτική επιρροή του πολιτισμού και της εξουσίας για να διατηρήσουν την ειρήνη.

Μπορούμε να ευχαριστήσουμε τον Ρενέ Ντεκάρτ που μας έδωσε τη διάσημη συνάρθρωση της συνύπαρξης πνεύματος και ύλης. Η αναγνώριση της διχοτόμησης μεταξύ μυαλού και σώματος και η περίπλοκη αλληλεξάρτησή τους κάνει τη φιλοσοφική συμβουλευτική εφικτή. Ο νους, ως κάτι το διακριτό από τον εγκέφαλο, μπορεί να έχει ερωτήματα, αμφιβολίες, λανθασμένες πληροφορίες, ασταθείς ερμηνείες και ανακολουθίες, μα δεν μπορεί να έχει ασθένειες. Οι ασθένειες είναι ένα φυσικό πρόβλημα, έτσι εάν υπάρχει κάποιο πρόβλημα το οποίο προέρχεται από τον εγκέφαλο, ή τουλάχιστον υποπτεύεστε ότι υπάρχει, πρέπει να δείτε γιατρό. Οι ιδέες και τα πιστεύω είναι εύλογες νοητικές καταστάσεις, όχι μόνο ή και καθόλου φυσικές. Οπότε ένας φιλοσοφικός σύμβουλος βασίζεται στη διάκριση του Ντεκάρτ για να δημιουργήσει ένα χώρο στον οποίο καλλιεργείται η νόηση σε αντίθεση με τις θεραπείες του σώματος.

Η άλλη συνεισφορά του Ντεκάρτ είναι πιο πρακτική σε αντίθεση με την πιο πάνω θεωρητική. Σαν βασιλιάς όλων των σκεπτικιστών, έθεσε στον εαυτό του την αποστολή «να μην αποδέχεται τίποτα ως αληθές, μέχρι να το γνωρίσει ως αληθές χωρίς την παραμικρή αμφιβολία». Πίστευε στην προσεκτική εξέταση όλων όσα γνωρίζουμε (ή νομίζουμε ότι γνωρίζουμε) για να ξεχωρίσουμε τα αληθινά πιστεύω από τα αβέβαια ή τα λανθασμένα. Κρατούσε τα πάντα υπό το φως της κριτικής για να δει εάν αντέχουν την εξονυχιστική έρευνα και αρνιόταν να δεχτεί ακόμη και την παραμικρή πληροφορία που έπαιρνε από τους δασκάλους του ή διαισθητικά. Η άλλη διάσημη συνεισφορά του, το «Σκέφτομαι, άρα υπάρχω», μεταφέρει την ευθύνη της ανακάλυψης του σωστού και αληθινού στο πρώτο πρόσωπο. Αυτή η άποψη θέτει βάσεις για τη φιλοσοφική συμβουλευτική δίνοντας προτεραιότητα στη σκέψη (όχι στις αισθήσεις και τα συναισθήματα) σαν το κλειδί της κατανόησης.

Ο Γαλιλαίος είχε το κουράγιο να διερευνήσει το χαρακτήρα των φυσικών φαινομένων και να αναφέρει ό,τι αποκάλυπταν οι παρατηρήσεις του, ακόμη και όταν διέψευδαν αποδεκτά δόγματα. Υποστήριζε το λογικό επιχείρημα ότι αν τα γεγονότα δεν συμβάδιζαν με τη θεωρία, τότε η θεωρία και όχι τα γεγονότα ήταν λανθασμένη. Για παράδειγμα, ο Αριστοτέλης είχε δηλώσει ότι το φεγγάρι είναι μια τέλεια σφαίρα, όμως ο Γαλιλαίος, ο πρώτος άνθρωπος που χρησιμοποίησε τηλεσκόπιο για να παρατηρήσει τους ουρανούς, αμέσως παρατήρησε ότι η σελήνη είχε βουνά και κρατήρες. Και κατηγορήθηκε ως αιρετικός! Εάν υπήρχε η ψυχιατρική τον δέκατο έβδομο αιώνα, για την περίπτωση του Γαλιλαίου πιθανώς να είχε διαγνωστεί διαταραχή μη συμμόρφωσης με την αριστοτελική τελειότητα ή σύνδρομο σεληνιακών ορέων και κρατήρων.

ΟΙ ΕΜΠΕΙΡΙΣΤΕΣ

Οι πρώιμοι νεωτερικοί φιλόσοφοι χάραξαν το δρόμο για τους Βρετανούς εμπειριστές Χιουμ, Μπέρκλεϊ και Λοκ, που συμφωνούσαν ότι η αντίληψη και η εμπειρία ήταν τα κλειδιά για την κατανόηση του κόσμου. Ο Πλάτωνας πίστευε ότι γνωρίζουμε ό,τι γνωρίζουμε μέσω της λογικής και ότι βασικά γεννιόμαστε με αυτή τη γνώση μέσα μας, απλά χρειαζόμαστε έναν οδηγό ή μια μαία για να την εκφράσουμε. Οι εμπειριστές εργάστηκαν σε πλήρη αντίθεση με αυτή την ιδέα, βασιζόμενοι στην εμπειρία παρά στη λογική. Συλλογίζονταν το τι σημαίνει να βιώνεις εμπειρίες μέσω των αισθήσεων. Όπως και οι πρώιμοι νεωτερικοί πριν από αυτούς, βοήθησαν να προετοιμαστεί το έδαφος για πιο έντονη επιστημονική έρευνα.

Η περίφημη κληρονομιά του Τζον Λοκ είναι η ιδέα ότι το μυαλό ενός νεογέννητου παιδιού είναι tabula rasa, κενή πλάκα γραφής. Πίστευε ότι ο νους είναι επιδεκτικός στον επηρεασμό και όλη η γνώση εντυπώνεται επάνω μας εκ των έξω. Διαχώριζε τις ιδέες που αποκτιούνται με την εμπειρία σε δυο τύπους. Τα αισθήματα, πληροφορίες που παίρνουμε από την όραση, την ακοή και τις άλλες αισθήσεις, και τους συλλογισμούς, πληροφορίες που παίρνουμε από την ενδοσκόπηση και από διαδικασίες του νου όπως σκέψη, πίστη, φαντασία και θέληση. Παρόλο που πιστεύω ότι είναι μόνο εν μέρει σωστός, οι ιδέες του είναι πολύ χρήσιμες στη φιλοσοφική συμβουλευτική. Μερικοί διαχωρίζονται από τον Λοκ επειδή, για παράδειγμα, πιστεύουν ότι έχουμε μια έμφυτη ικανότητα να μαθαίνουμε τη γλώσσα, ενώ ο Λοκ υποστήριζε ότι δεν υπάρχουν έμφυτες ιδέες. Εκεί που έχει δίκιο είναι στο γεγονός ότι η γλώσσα που ακούμε είναι η γλώσσα που μαθαίνουμε, αυτή που βιώνουμε.

Ξεκινώντας με «κενή πλάκα» σημαίνει ότι τα παιδιά αποκτούν αξίες και προκαταλήψεις πολύ πριν αποκτήσουν την ικανότητα να διαμορφώνουν τις δικές τους. Και τα παιδιά αποδέχονται πολλά πράγματα χωρίς κριτική. Αυτό έχει σημαντικές συνέπειες για τους γονείς, τους δασκάλους και για όλους όσοι έχουν ευθύνη για τη διάπλαση νεαρών μυαλών και εξηγεί την τρομακτική ευθύνη που συμβαδίζει μ' αυτή την ευκαιρία. Επίσης υπονοεί ότι εάν τα παιδιά έχουν δολοφονικές ή αυτοκαταστροφικές τάσεις, κάνουν χρήση ναρκωτικών ουσιών ή βγαίνουν εκτός ελέγχου με συνεχώς αυξανόμενη συχνότητα, πράγμα το οποίο ισχύει, τότε γίνεται κάποιο σημαντικό λάθος στα μαθήματα τα οποία διδάσκονται. Το γεγονός αυτό επίσης υποδεικνύει τη δυναμική της φιλοσοφικής συμβουλευτικής, προκειμένου να υπάρξει η κατάλληλη βοήθεια στην ανεύρεση «γομολάστιχας», εάν αυτά που έχουν γραφτεί στη «κενή πλάκα» είναι παραπλανητικά ή ζημιογόνα για σας, και να βοηθήσει να γράψετε καινούριες ιδέες που είναι πιο κατάλληλες ή πιο χρήσιμες.

Ο Ντέιβιντ Χιουμ ώθησε τον εμπειρισμό στα άκρα πιστεύοντας, όπως ο Λοκ, ότι δεν έχουμε ιδέες πέραν των εμπειριών μας και ότι «όλες μας οι ιδέες αντιγράφονται από τις (αισθητηριακές) εντυπώσεις μας». Επίσης πίστευε ότι δεν υπάρχει απαραίτητο αίτιο, δηλαδή δεν μπορούμε να καθιερώσουμε μια σχέση αιτίου και αιτιατού μεταξύ δυο γεγονότων. Συχνά θεωρούμε τέτοιες σχέσεις (εάν χτυπήσει κάποιος μια μπάλα με ένα ξύλο, τότε η μπάλα θα κινηθεί) βασισμένες σε προηγούμενες εμπειρίες μας, μα δεν υπάρχει εγγύηση ότι επειδή κάτι συνέβη με ένα συγκεκριμένο τρόπο στο παρελθόν θα συνεχίσει να συμβαίνει με αυτό τον τρόπο στο μέλλον. Και επειδή ένα πράγμα ακολουθεί κάποιο άλλο συνήθως δεν είναι αρκετό να αποδείξει ότι το πρώτο προκαλεί το δεύτερο. Όσο δύσκολο και αν είναι να εμπεδώσει κανείς αυτό το επιχείρημα, μπορεί να είναι λυτρωτικό. Το να αρνείται κανείς την ύπαρξη του απαραίτητου αιτίου είναι σαν να λέει ότι δεν υπάρχει πεπρωμένο, δεν υπάρχει μοίρα. Και αυτό είναι ένα κλειδί που ανοίγει την πόρτα στην πεποίθηση ότι οποιοσδήποτε μπορεί να αλλάξει.

ΟΙ ΟΡΘΟΛΟΓΙΣΤΕΣ

Οι ορθολογιστές του δεκάτου ογδόου αιώνα, με επικεφαλής τον Ιμάνουελ Καντ, προέκτειναν τις υποσημειώσεις στον Πλάτωνα ξαναδίνοντας έμφαση στη λογική. Μα εκεί που ο Λοκ θα έλεγε ότι η εμπειρία είναι η μόνη κιμωλία που γράφει πάνω στην «κενή πλάκα», ο Καντ και οι ορθολογιστές συμβαδίζουν με τον Πλάτωνα υποστηρίζοντας ότι και η λογική αφήνει εντυπώσεις στην «πλάκα». Εκεί που οι εμπειριστές επιδιώκουν να δοκιμάσουν κάτι για να δουν αν λειτουργεί και μετά να το βελτιώσουν βασιζόμενοι στα αποτελέσματα, οι ορθολογιστές εξετάζουν το πώς λειτουργούν τα πράγματα εξ αρχής. Πίστευαν ότι η μία μορφή γνώσης οδηγεί στην άλλη και ότι ήταν δυνατό να βρεθεί ένας τρόπος να ενοποιηθεί όλη η γνώση.

Ο Καντ αναγνώριζε ότι και η λογική έχει τα όριά της. Στο διάσημο έργο του *Κριτική του Καθαρού Λόγου* εξηγούσε τη θεωρία του ότι ο κόσμος είναι χωρισμένος σε φαινομενικό (αυτά που αισθανόμαστε, ο κόσμος όπως παρουσιάζεται σε εμάς) και σε υπεραισθητό (ο κόσμος όπως ακριβώς είναι). Ακούγεται σαν μια ακόμη... υποσημείωση στον Πλάτωνα! Ο Καντ υποστήριζε ότι τα πράγματα υπάρχουν με ένα συγκεκριμένο, σίγουρο τρόπο, αλλά το μόνο που εμείς μπορούμε να γνωρίζουμε είναι οι εμφανίσεις τους. Ανεξάρτητα από το αν κοιτάς άτομα, βράχους, σχέσεις ή κοινωνίες, μπορείς να τα παρατηρείς από διάφορες οπτικές γωνίες. Για παράδειγμα, κοιτάς έξω από το παράθυρο ένα δέντρο. Τώρα κάνε το ίδιο τα μεσάνυχτα. Δοκίμασε ξανά μια βροχερή ημέρα. Μετά χρησιμοποίησε μια συσκευή υπέρυθρων ακτίνων για να το παρατηρήσεις. Φαντάσου πώς φαίνεται σε μια νυχτερίδα ή έναν ελέφαντα ή σε έναν άνθρωπο που πάσχει από αχρωματοψία. Ποια είναι η πραγματική εικόνα του δέντρου; Μία από τις παραπάνω; Καμία από αυτές; Ο Καντ θα υποστήριζε ότι είναι το άθροισμα όλων των πιθανών τρόπων συν τους μη αντιληπτούς τρόπους όπως είναι ο υπεραισθητός τρόπος. Άρα το «πράγμα καθ' εαυτό», όπως είναι πραγματικά δηλαδή, είναι πολύ πλουσιότερο, βαθύτερο και πληρέστερο από οποιαδήποτε συγκεκριμένη φαινομενική αναπαράστασή του. Η λογική μας μπορεί να μας πληροφορήσει μόνο για τον φαινομενικό κόσμο.

> «Η λογική δεν μας διδάσκει βέβαια τίποτα για τα πράγματα καθ' εαυτά. Μας καθοδηγεί μόνο σε ό,τι αφορά τη δική της πλήρη και υψηλή χρήση στο πεδίο της πιθανής εμπειρίας. Μα αυτό είναι όλο όσο μπορεί να είναι λογικά επιθυμητό στην παρούσα περίσταση και με το οποίο έχουμε λόγους να είμαστε ικανοποιημένοι».
>
> ΙΜΑΝΟΥΕΛ ΚΑΝΤ

Στη φιλοσοφική συμβουλευτική, είναι σημαντικό να έχουμε στο μυαλό μας ότι η παρούσα αντίληψη είναι απλά ένας τρόπος για να βλέπει κανείς τα πράγματα και όσες περισσότερες αντιλήψεις διερευνήσουμε, τόσο θα βελτιωθεί η κατανόησή μας. Το έργο του Καντ μας προειδοποιεί να αποφεύγουμε να ορίζουμε κατηγορίες και να κάνουμε κρίσεις, γιατί είναι δύσκολο να γνωρίζουμε ποια κατηγορία ή κρίση αντιπροσωπεύει πραγματικά το αντικείμενο ή τον τρόπο με τον οποίο το παρατηρούμε. Η Αναΐς Νιν συμπύκνωσε αυτή την ιδέα όταν έγραψε: «Δεν βλέπουμε τα αντικείμενα όπως πραγματικά είναι, τα βλέπουμε όπως είμαστε εμείς».

Η θεωρία του Καντ περί ηθικής είναι επίσης πολύ σημαντική για τη φιλοσοφική συμβουλευτική. Ο Καντ ανήκε στη δεοντολογική (βασισμένη σε κανόνες) σχολή σκέψης, σε αντίθεση με την τελεολογική σχολή ηθικής ή αλλιώς τη σχολή των συνεπειών, σύμφωνα με την οποία οι πράξεις είναι σωστές ή λανθασμένες κρινόμενες εκ του αποτελέσματος. Για τους οπαδούς της τελεολογίας, ο Ρομπέν των Δασών είναι ήρωας γιατί, στην ουσία, οι σκοποί του (να δίνει στους φτωχούς) αγίαζαν τα μέσα που χρησιμοποιούσε (να κλέβει από τους πλούσιους). Οι οπαδοί της δεοντολογίας, σαν τον Καντ, από την άλλη, πιστεύουν ότι ο νόμος είναι νόμος και η κλοπή είναι κάτι κολάσιμο. Θα έβαζαν τον όποιον Γιάννη Αγιάννη φυλακή επειδή έκλεψε ένα καρβέλι ψωμί, ανεξάρτητα από την πεινασμένη γυναίκα και τα παιδιά του.

Η δύναμη της δεοντολογικής σχολής είναι ότι υπάρχει ένα βιβλίο κανόνων (είτε είναι η Βίβλος, το Κοράνι, το εγχειρίδιο των Προσκόπων είτε είναι το προσωπικό χειρόγραφο του καθενός) για να συμβουλευτείς, εάν προσπαθείς να βρεις τον σωστό δρόμο. Είναι συνήθως εύκολο να συμφωνήσεις στους βασικούς κανόνες. Το μειονέκτημα είναι ότι σ' ένα καθορισμένο σύνολο κανόνων θα υπάρχουν πάντα οι εξαιρέσεις (η ανθρωποκτονία σε αυτοάμυνα και η θανατική ποινή είναι ευρέως αποδεκτές παρά την εντολή «Ου φονεύσεις»), και δεν είναι ποτέ εύκολο να συμφωνήσεις ποιες είναι οι εξαιρέσεις. Από την άλλη, με την ηθική των συνεπειών, δεν γνωρίζεις ποτέ τι είναι σωστό ή λάθος μέχρι να γνωρίσεις το αποτέλεσμα, κάτι που κάνει τον μελλοντικό προγραμματισμό δύσκολο. Η δύναμή της είναι η ελαστικότητα και η ανεκτικότητα.

Σε ένα επίπεδο, βοηθάει το να γνωρίζουν τα άτομα ποιο είδος ηθικού συστήματος ακολουθούν και ποιο θαυμάζουν. Ο Καντ προχωρεί ένα βήμα παραπέρα από αυτό, προσθέτοντας έναν ασυνήθιστο κανόνα για κάποιον που ασπάζεται τη δεοντολογία. Πίστευε ότι μπορεί κανείς και θα έπρεπε να θέτει σε δοκιμασία τις αποφάσεις του ως προς την αγνότητα και ηθική υγεία τους και περιέγραψε ένα πείραμα σκέψης το οποίο ονόμασε «κατηγορική προσταγή», για να μας βοηθήσει να κάνουμε ακριβώς αυτό. Όταν αναρωτιόμαστε για έναν τρόπο δράσης, ρωτάμε τους εαυτούς μας: «Θα ήθελα όλοι οι άλλοι, εάν ήταν στη θέση μου, να κάνουν το ίδιο πράγμα;» Εάν η απάντηση είναι ναι, τότε βρισκόμαστε στο σωστό μονοπάτι. Εάν η απάντηση είναι όχι, τότε δεν πρέπει να κάνουμε ούτε εμείς κάτι τέτοιο. Για παράδειγμα, μπορείτε εύκολα να φανταστείτε μια περίσταση κατά την οποία θα είχατε όφελος εάν λέγατε ψέματα, δεν θα θέλατε όμως όλοι να λένε ψέματα, οπότε δεν θα έπρεπε ούτε και εσείς να πείτε ψέματα.

> «Δεν θα δράσω με άλλο τρόπο παρά έτσι που να μπορούσα να επηρεάσω ώστε το αξίωμά μου να γίνει καθολικός νόμος».
>
> ΙΜΑΝΟΥΕΛ ΚΑΝΤ

Η ΝΕΑ-ΠΑΛΑΙΑ ΣΧΟΛΗ

Καθώς η Ευρώπη παρέμενε το επίκεντρο της φιλοσοφικής σκέψης, η νεαρή χώρα της Αμερικής επηρεαζόταν πολύ από ό,τι γινόταν στην άλλη μεριά του Ατλαντικού. Δύο από τους συντάκτες του αμερικανικού συντάγματος, ο Βενιαμίν Φραγκλίνος και ο Τόμας Τζέφερσον, ήταν πειραματικοί φιλόσοφοι από μόνοι τους. Ή ψευτομάστορες, για να χρησιμοποιήσω την τραχιά ορολογία που είναι περισσότερο μέσα στο πνεύμα της πρώιμης Αμερικής. Εφευρέτες, φυσιοδίφες, συλλέκτες διαφόρων δειγμάτων, αυτοί οι προπάτορες ακολουθούσαν τις ιδέες των εμπειρικών. Όπως οι συνάδελφοί τους Τζον Άνταμς και Τόμας Πέιν, έτσι και αυτοί κληρονόμησαν από τους ορθολογιστές μια γεύση της ισχύος της λογικής και από τους ανθρωπιστές την εξύμνηση της ηθικής ισότητας και του ατομικού επιτεύγματος. Δεν μπορώ να σκεφτώ καλύτερο παράδειγμα για όλα τα παραπάνω από το Σύνταγμα των Ηνωμένων Πολιτειών. Η ίδρυση της Αμερικής όφειλε πολλά στη φιλοσοφική δόνηση των δημιουργών της, μιας ομάδας ανθρώπων που ασκούσαν στην πράξη τη φιλοσοφία, που όμοιούς τους δεν έχουμε ξαναδεί από τότε.

ΟΙ ΡΟΜΑΝΤΙΚΟΙ

Όλη αυτή η προσοχή σ' αυτή την αυστηρή και άκαμπτη γνώση κέντρισε την ανάπτυξη της ρομαντικής επανάστασης του δέκατου ενάτου αιώνα. Ο εμπειρισμός μάς έδωσε καλύτερο εξοπλισμό, ο ορθολογισμός μάς έδωσε καλύτερες θεωρίες και οι συνακόλουθες επιστημονικές και μηχανικές εξελίξεις έφεραν στον κόσμο μια πρωτόγνωρη τεχνολογική πρόοδο. Όμως στην επιστημονική και τη βιομηχανική επανάσταση οι ρομαντικοί είδαν το χειρότερο πρόσωπο του εμπειρισμού και του ορθολογισμού. Αν και όλη αυτή η πρόοδος είχε σκοπό να υπηρετήσει την ανθρωπότητα, οι ρομαντικοί είδαν ότι πολύ συχνά οι ευγενικές αυτές προσδοκίες χάνονταν σε μια θάλασσα εκμετάλλευσης. Με τους πολέμους να γίνονται όλο και πιο αιματηροί καθώς τα όπλα εξελίσσονταν, με τη δουλεία να εξαπλώνεται παντού και με γυναίκες και μικρά παιδιά να δουλεύουν σκληρά στα ορυχεία και τα εργοστάσια, οι ρομαντικοί κοίταξαν τριγύρω τους και διαπίστωσαν πως οι τρόποι των προκατόχων τους έκαναν τα πράγματα χειρότερα, όχι καλύτερα. Η ρομαντική φιλοσοφία αναπτύχθηκε ως αντίδραση στον υλισμό, στη μηχανοποίηση της κοινωνίας και στην άποψη ότι οι άνθρωποι ήταν γρανάζια μιας μηχανής.

Σε αντίθεση, οι ρομαντικοί έθεσαν στο επίκεντρό τους τη μοναδικότητα του κάθε ατόμου, τη σημασία της πνευματικότητας και τη δύναμη της τέχνης. Η φύση ήταν για αυτούς σημαντικότερη από τον πολιτισμό και το συναίσθημα από την ευφυΐα. Παρόλο που ανήκει χρονολογικά στον δέκατο όγδοο αιώνα, ο Ρουσό είναι ο πρωτοτυπικός ρομαντικός. Η ιδέα του ευγενούς άγριου (εάν αφηνόμαστε σε μια φυσική κατάσταση, θα βρίσκαμε τον καλύτερο εαυτό μας, όμως ο πολιτισμός διαφθείρει) μας πληροφορεί για πολλά από όσα επακολούθησαν. Στη Γερμανία, αναπτύχθηκε ένα άλλο είδος ρομαντισμού, ο επιλεγόμενος ιδεαλισμός, με πρωτοπόρο τον Χέγκελ. Στην Αγγλία, ο ρομαντισμός παρήγαγε πιο πολλή ποίηση με τους Μπάιρον, Σέλεϊ, Κιτς, Γουέρντσγουερθ, Μπράουνινγκ, παρά φιλοσοφία, αλλά τα ερεθίσματα ήταν τα ίδια.

> «Με τα όμορφα έργα της η φύση αιχμαλώτισε
> Την ανθρώπινη πνοή που με διαπερνούσε
> Και η καρδιά μου σπάραξε όταν αναλογίστηκα
> Τι έκανε ο άνθρωπος στον άνθρωπο».
>
> ΟΥΙΛΙΑΜ ΓΟΥΕΡΝΤΣΓΟΥΕΡΘ

Δεν είμαι και φανατικός οπαδός του Ρουσό, γιατί πολλές από τις ιδέες του ήταν αφελείς και επειδή ούτε ο ίδιος τις εφάρμοζε στη ζωή του. Πίστευε ότι «ο άνθρωπος είναι από τη φύση του καλός και είναι οι θεσμοί που τον κάνουν κακό». Αυτό βρίσκεται σε πλήρη αντίθεση με την άποψη του Χομπς για τη ζωή χωρίς κυβέρνηση ως «μοναχική, φτωχή, άσχημη, χυδαία και σύντομη». Πιστεύω πως η αλήθεια βρίσκεται κάπου στη μέση. Οι άνθρωποι είναι χωρίς αμφιβολία εγωκεντρικοί και αν αφεθούν ανεξέλεγκτοι, αυτό το στοιχείο μπορεί να φτάσει σε δυσάρεστα άκρα. Μα έχουμε και στοιχεία καλοσύνης διάχυτα στην κοινωνία. Μπορεί να είμαστε γενναιόδωροι, αμερόληπτοι και δίκαιοι. Οι περισσότεροι άνθρωποι είναι ικανοί να κινηθούν και προς τις δύο κατευθύνσεις, μια ιδέα με την οποία ο Αριστοτέλης και ο Κομφούκιος θα ήταν σύμφωνοι.

Η διαφωνία για την επίδραση μεταξύ φύσης και ανατροφής μπορεί να μη λυθεί ποτέ οριστικά, όμως είναι σαφές ότι η ανατροφή παίζει περίπλοκες μελωδίες στις χορδές που μας προικίζει η φύση. Στους Αμερικανούς αρέσει αυτή η ανταγωνιστική αρένα, Ρουσό εναντίον Χομπς, Δημοκρατικοί εναντίον Ρεπουμπλικάνων, μητέρες που γκρινιάζουν εναντίον κορών που τις μισούν, αλλά τίποτα δεν λύνεται με αυτό τον τρόπο. Πιστεύουμε πως η αλήθεια αναδύεται μέσω αντιπαράθεσης, μα το αποτέλεσμα είναι πολύ συχνά σύγχυση. Οι αντιπαραθέσεις είναι καλές γιατί φέρνουν σημαντικές ιδέες στην επιφάνεια, μα ο κόσμος δεν είναι μόνο άσπρος και μαύρος.

Η ιδέα του Χέγκελ, της διαλεκτικής, βοηθάει το σκοπό μας να ξεφύγουμε από τον τρόπο σκέψης που βλέπει μόνο άσπρο και μαύρο στον κόσμο. Ο Χέγκελ, αντίθετα, πίστευε ότι κάποιος έπρεπε να παρουσιάζει μια θέση και μια αντίθεση και να τις συμφιλιώνει με τη σύνθεση. Η σύνθεση απαιτεί το να δει κανείς το σωστό και το λάθος σε κάθε άποψη, με σκοπό να καταλήξει σε κάτι καλύτερο και από τα δύο. Προτού σκεφτείτε ότι αυτό ακούγεται πολύ απλό, αφήστε με να προσθέσω ότι ο Χέγκελ πίστευε ότι θα πρέπει να προτείνουμε ακολούθως τη σύνθεση στην οποία θα φτάσουμε σαν μια νέα θέση, να την αντιμετωπίσουμε με μια νέα αντίθεση και να εμφανίσουμε μια νέα σύνθεση και ούτω καθεξής, μέχρι να φτάσουμε στην τελειωτική σύνθεση, στην Απόλυτη Ιδέα, στην αλήθεια. Ακόμη και να μη θέλεις να συνεχίσεις επ' άπειρον, αυτό το είδος της διαρκούς βελτίωσης είναι μια χρήσιμη προσέγγιση για την προσωπική σας φιλοσοφία στη ζωή.

Άλλη μια από τις κληρονομιές που άφησε ο Χέγκελ στη φιλοσοφική συμβουλευτική είναι η ιδέα της υπέρβασης. Για τον Χέγκελ, το να *υπερβαίνεις* σημαίνει και να ακυρώνεις αλλά και να διατηρείς ταυτόχρονα. Η ταυτότητα του ατόμου είναι σαν μια σειρά ομόκεντρων κύκλων. Ο εσώτερος κύκλος είναι η προσωπική ύπαρξη, μετά ακολουθεί η οικογένεια, μετά η κοινότητα, η πόλη, ο νομός ή η πολιτεία, η χώρα, μετά ο πλανήτης και ούτω καθεξής. Οι ενέργειές σας προωθούν τον αποκλεισμό ή τη συμπερίληψη σε κάθε επίπεδο. Εάν υπηρετείτε την κοινότητά σας, τότε υπηρετείτε και την οικογένειά σας, οπότε έχετε διατηρήσει τη συμπερίληψη σε αυτό το επίπεδο. Έχετε υπερβεί την οικογένειά σας, παρ' όλα αυτά την έχετε υπηρετήσει, και τον εαυτό σας επίσης. Ομοίως υπερβαίνετε την πόλη σας, όταν υπηρετείτε τη χώρα σας, και υπερβαίνετε τη χώρα σας, όταν υπηρετείτε την ανθρωπότητα.

ΟΙ ΩΦΕΛΙΜΙΣΤΕΣ

Στον δέκατο ένατο αιώνα, από την πεποίθηση ότι η βιομηχανική επανάσταση απέτυχε, γεννήθηκε ο ωφελιμισμός. Ενώ οι τρομακτικές αντικειμενικές εξελίξεις της επιστήμης και της τεχνολογίας δεν μπορούσαν να μη ληφθούν υπόψη, οι ωφελιμιστές υποστήριζαν ότι απέτυχαν ούτως ή άλλως διότι δεν βελτίωσαν την ποιότητα ζωής για τους περισσότερους ανθρώπους. Τα αναμνηστικά μπλουζάκια από μια συγκέντρωση ωφελιμιστών θα έγραφαν: «Η μεγαλύτερη ευτυχία του μεγαλύτερου αριθμού». Η φράση αυτή ανήκει στον Τζέρεμι Μπένθαμ, τον ιδρυτή του University College London, του πρώτου αγγλικού πανεπιστημίου που δέχτηκε γυναίκες, Εβραίους, καθολικούς αποστάτες και άλλους «κοινωνικά ανεπιθύμητους» της εποχής. (Με περηφάνια αναφέρω ότι δέχτηκε και εμένα, εκεί πήρα το πτυχίο μου.) Η πολιτική ίσων ευκαιριών ήταν ένα αποτέλεσμα της ωφελιμιστικής δέσμευσης για κοινωνική δικαιοσύνη. Για τους ωφελιμιστές, η ευτυχία δεν ήταν ατομική κατάσταση, αλλά μια κατάσταση που γινόταν εφικτή από μια αμερόληπτη και χρήσιμη κοινωνική δομή. Οραματίστηκαν την ιδανική κοινωνία σαν ένα ωοειδές σχήμα, με ένα μεγάλο και ακμάζον κέντρο, παρά σαν μια πυραμίδα με μια μικρή ομάδα ακμαζόντων μελών στην κορυφή που υποστηρίζονται από μια τεράστια βάση λιγότερο ευκατάστατων. Ο ωφελιμισμός είναι παραπάνω από ένας χρήσιμος τρόπος για να βλέπει κανείς την κοινωνική πολιτική, αν και αυτό βρισκόταν κυρίως στο μυαλό των υποστηρικτών του. Είναι επίσης καθοδηγητικός για τη ζωή μέσα στην οικογένεια ή σε μια μικρότερη κοινωνία ή μέσα σε μια ομάδα φίλων, που είναι και ο τρόπος με τον οποίο εμφανίζεται στη φιλοσοφική συμβουλευτική.

«Η φύση έχει θέσει την ανθρωπότητα υπό τη διακυβέρνηση δύο ηγεμονικών αρχόντων, του πόνου και της ηδονής. Αυτοί και μόνο αυτοί θα υποδείξουν τι έπρεπε να έχουμε κάνει, καθώς και θα καθορίσουν τι θα κάνουμε».

ΤΖΕΡΕΜΙ ΜΠΕΝΘΑΜ

Ο Τζον Στιούαρτ Μιλ είναι η ηγετική φυσιογνωμία του ωφελιμισμού. Σπούδασε δίπλα στον Μπένθαμ και τελικά τον ξεπέρασε με τη δική του συνεισφορά. Αν και δεν θα χώραγε σε ένα αυτοκόλλητο προφυλακτήρα αυτοκινήτου όπως η αντίστοιχη του Μπένθαμ, η διατύπωση του Μιλ για τον ωφελιμισμό, ή η αρχή της μέγιστης ευτυχίας, είναι κάπως πιο συγκεκριμένη: «Οι ενέργειες είναι σωστές κατ' αναλογία της τάσης τους να προωθούν την ευτυχία και λάθος κατ' αναλογία της τάσης τους να παράγουν το αντίθετό της. Με την ευτυχία επιδιώκεται η ευχαρίστηση και η απουσία του πόνου, ενώ με τη δυστυχία ο πόνος και η στέρηση της ευχαρίστησης». Αυτή η επικέντρωση στις ενέργειες και τα αποτελέσματά τους –αγνοώντας τα κίνητρα– είναι προβληματική, αλλά και ασκεί μεγάλη επιρροή.

Ελεύθερος στοχαστής και ελευθεριακός στις πεποιθήσεις, εκτός από ωφελιμιστής, ο Μιλ ήταν και υπέρμαχος της ισότητας και δημοσίευσε ένα δοκίμιο που σχολίαζε την υποδούλωση των γυναικών. Και σε αυτό ήταν μπροστά από την εποχή του, αν και το έργο του ήταν μεταγενέστερο εκείνου της Μαίρης Γούλστενκραφτ, *Vindication of the Rights of Women* (*Υπεράσπιση των Δικαιωμάτων των Γυναικών*). Ο Μιλ ήταν μεγάλος υπερασπιστής και των ατομικών ελευθεριών γενικότερα, και ένα από τα πιο διάσημα έργα του είναι το *Για την Ελευθερία*, όπου παρουσιάζει την αρχή του περί βλάβης. Θυμηθείτε, πίστευε ότι η μόνη δικαιολογία που έχουμε για να περιορίσουμε κάποιον είναι για να τον αποτρέψουμε από το να βλάψει κάποιους άλλους. Είχε φτάσει μέχρι και στο σημείο να πει ότι έχουμε και το δικαίωμα να προκαλούμε βλάβες στον εαυτό μας αρκεί να μη βλάπτουμε άλλους. Μπορείς να μεθάς μέχρι αναισθησίας κάθε βράδυ αν θέλεις, θα έλεγε ο Μιλ, αρκεί να μην οδηγείς μεθυσμένος, να μη χρησιμοποιείς τα χρήματα της διατροφής των παιδιών σου για να αγοράζεις ποτά ή να χτυπάς ή να παραμελείς τη γυναίκα σου. Αυτό έχει συνέπειες στην προσωπική σας ζωή καθώς και στην κυβέρνηση και επηρεάζει επίσης τις ηθικές αρχές της φιλοσοφικής συμβουλευτικής με ένα σημαντικό τρόπο. Εάν ένας πελάτης ερχόταν και μου έλεγε ότι σκοπεύει να βλάψει κάποιον, θα του αρνιόμουν τη βοήθειά μου και πιθανόν να παρενέβαινα για να προλάβω τη βλάβη πριν αυτή συμβεί. Μερικοί σύμβουλοι μπορεί να τηρούσαν διαφορετική στάση χάριν του απορρήτου ιατρού-πελάτη. Αντίθετα, εγώ αναγνωρίζω μια δευτερεύουσα ευθύνη στην κοινότητα κυρίως, όπως επίσης μια πρωτεύουσα στον πελάτη μου.

ΟΙ ΠΡΑΓΜΑΤΙΣΤΕΣ

Η μόνη σχολή νεωτερικής φιλοσοφίας που είναι καθαρά αμερικανική, ο πραγματισμός, αναπτύχθηκε σαν αντίδραση στην αυταρέσκεια του ορθολογισμού και την αφέλεια του ρομαντισμού. Οι τρεις ιδρυτές της ήταν οι Τσαρλς Σάντερς Πιρς, Ουίλιαμ Τζέιμς και Τζον Ντιούι. Παρόλο που από τη φύση τους διέφεραν μεταξύ τους σε αρκετά σημεία (ποια ομάδα φιλοσόφων δεν έχει διαφορές;), η κεντρική τους ιδέα ήταν ότι η αλήθεια μιας θεωρίας, η ορθότητα μιας πράξης ή η αξία μιας πρακτικής φαίνεται από τη χρησιμότητά της. Με άλλα λόγια, το καλύτερο εργαλείο είναι αυτό που κάνει τη δουλειά. Αυτή η άποψη είναι τυπικά αμερικανική: ανθεκτική, φορητή και πρακτική. Αν κάτι είναι καλό για εσάς, τότε είναι καλό γενικά. Θα ήθελα να πιστεύω πως οι αυθεντικοί πραγματιστές θα ενέκριναν τη φιλοσοφική συμβουλευτική. Βοηθάει τους ανθρώπους, οπότε είναι πραγματιστικά πολύτιμη.

> «Πρέπει να βρούμε μια θεωρία που να λειτουργεί... Η θεωρία μας πρέπει να κυμαίνεται μεταξύ όλων των προηγούμενων αληθειών και μερικών νέων εμπειριών. Πρέπει να αναστατώνει τον κοινό νου και τα προηγούμενα πιστεύω όσο λιγότερο γίνεται και πρέπει να οδηγεί σε κάποιο λογικό στόχο ή κάπου που να μπορεί να επιβεβαιωθεί επακριβώς. Το να "λειτουργεί" σημαίνει και τα δύο προηγούμενα.....»
>
> ΟΥΙΛΙΑΜ ΤΖΕΪΜΣ

ΟΙ ΥΠΑΡΞΙΣΤΕΣ

Ο υπαρξισμός εμφανίστηκε στα τέλη του δεκάτου ενάτου αιώνα, όταν σημειώθηκε μια γενική πνευματική κατάρρευση. Πολλοί πίστευαν ότι οι άνθρωποι ήταν έτοιμοι να αποκτήσουν όλη τη γνώση που υπάρχει. Η γραμμή της αιτιολόγησης ήταν πως υπήρχαν ένα δυο προβλήματα στη φυσική και τα μαθηματικά που όταν επιλύονταν, η γνώση για τον θεωρητικό και τον φυσικό κόσμο θα ήταν πλήρης. Αυτό το επίτευγμα θα μεταδιδόταν στον κοινωνικό κόσμο και θα βρισκόμαστε ξανά στον παράδεισο. Οι αρχαίοι Έλληνες είχαν μια λέξη για αυτού του είδους την υπερβολική αυτοπεποίθηση: *ύβρις*. Και συνήθως ήταν προάγγελος μιας πτώσης πιο σημαντικής από την ταπείνωση.

Βέβαια, ενώ φαινόταν ότι είχαμε βρει τη λύση για τα πάντα, όχι μόνο εμφανίστηκαν καινούρια αναπάντητα ερωτήματα, αλλά ήρθαν απότομα στην επιφάνεια και ερωτήματα που δεν μπορούσαν να απαντηθούν. Η θεωρία της σχετικότητας του Αϊνστάιν μάς έδειξε ότι η απόσταση, η μάζα και ο χρόνος δεν είναι απόλυτα, αλλά μετριούνται σε σχέση με άλλα πράγματα και μόνο η ταχύτητα του φωτός φαίνεται να είναι αμετάβλητη. Η κβαντική θεωρία και η αρχή της αβεβαιότητας του Χάιζενμπεργκ μας έδειξαν ότι παρ' όλο τον εξειδικευμένο εξοπλισμό, η υφή του υπομικροσκοπικού κόσμου περιλαμβάνει ζεύγη αντικειμένων που δεν μπορούμε να τα μετρήσουμε επακριβώς σε ένα δεδομένο χρόνο. Το θεώρημα της μη πληρότητας του Γκέντελ έδειξε ότι υπάρχουν θεωρήματα που δεν θα μπορέσουμε ποτέ να αποδείξουμε ή να απορρίψουμε, καθώς και μερικά ερωτήματα στα μαθηματικά που θα παραμείνουν αναπάντητα. Καθώς λοιπόν βρεθήκαμε αντιμέτωποι με την ξαφνική απώλεια του απολύτου, είμαστε δηλαδή καταδικασμένοι σε ατελή γνώση στη λογική, στα μαθηματικά και τη φυσική, αντιμετωπίσαμε ακόμη μεγαλύτερα κενά γνώσης στα βιολογικά, ψυχολογικά και κοινωνικά πεδία. Δεν μπορούσαμε πια να προσβλέπουμε στο συνολικό ποσό γνώσης για να γίνουμε σοφοί. Η επιστημονική και τεχνολογική πρόοδος έπρεπε να συντονιστεί με καινούριες φιλοσοφικές ενοράσεις.

Οι υπαρξιστές ήρθαν να καλύψουν αυτό ακριβώς το κενό. Απέρριψαν την πλατωνική ουσιοκρατία (και την ιδέα της τέλειας γνώσης) που κυριαρχούσε στη φιλοσοφία μέχρι αυτό το σημείο. Πίστευαν ότι δεν υπήρχε αρχική ουσία, μόνο ύπαρξη. Αυτό που βλέπεις είναι αυτό που υπάρχει. Εάν δεν υπάρχει η ουσία, όπως εκφράζεται το επιχείρημα, είμαστε όλοι κενοί. Υπό αυτή την οπτική γωνία, ο Νίτσε δήλωσε: «Ο Θεός είναι νεκρός!» (Και συμπλήρωσε αλλού, λες και δεν ήταν αρκετά αποκαρδιωτική η προηγούμενη δήλωση: «Και τον σκοτώσαμε εμείς».)

Η σκέψη ενός σύμπαντος τυχαιότητας και αδιαφορίας οδηγεί πολλούς στα βάθη της απελπισίας. Στερούμαστε τον πλούσιο και πυκνοϋφασμένο ιστό που μας συνδέει. Είναι μια άψυχη κοσμοθεωρία αποξένωσης και απομόνωσης από πρώτη άποψη. Το συναίσθημα που δημιουργείται είναι: «Γιατί να σηκωθώ από το κρεβάτι το πρωί;» Ο Σέρεν Κίρκεγκορ, που θεωρείται ο πρώτος υπαρξιστής, αν και είχε χριστιανική κλίση σε έντονη αντίθεση με τους υπόλοιπους υπαρξιστές που ήταν κατά κανόνα άθεοι, καλούσε την αντίδραση σε αυτή την κοσμοθεωρία «τρόμο». Ο Σαρτρ την έλεγε «ναυτία»: «Τα πάντα είναι μάταια, αυτός ο κήπος, αυτή η πόλη και ο εαυτός μου. Όταν ξαφνικά το διαπιστώνεις, αισθάνεσαι άρρωστος και τα πάντα αρχίζουν να παρασύρονται... Αυτό είναι ναυτία». Είναι γεγονός ότι μερικοί αντιμετωπίζουν τον υπαρξισμό σαν διάθεση και όχι σαν φιλοσοφία και μερικά από τα κυριότερα έργα του είναι στην ουσία μυθιστορήματα (κυρίως από τον Σαρτρ και τον Καμί) παρά φιλοσοφικές πραγματείες.

Όμως το σημείο-κλειδί συχνά το παραβλέπουμε. Οι υπαρξιστές επιδίδονταν σε μια ηθική αναζήτηση του ορθού εν απουσία κάποιας ουσιαστικής ιδέας για το καλό και χωρίς την καταφυγή στη θεϊκή αυθεντία. Υποστήριζαν ότι πρέπει να κάνουμε το σωστό ακόμη και όταν δεν υπάρχει λόγος και ότι το αληθινό κουράγιο και η ακεραιότητα σημαίνει να κάνεις το σωστό μόνο και μόνο για αυτό. Αυτή είναι μια αναζωογονητική άποψη: Να κάνουμε το σωστό, όχι επειδή φοβόμαστε την τιμωρία, ούτε γιατί επιθυμούμε απονομές τιμών, ούτε επειδή το βρίσκουμε προσοδοφόρο, ούτε για να αποφύγουμε την αμαρτία, απλά επειδή είναι το σωστό. Τα άσχημα πράγματα, από την άλλη, συμβαίνουν επειδή συμβαίνουν, όχι απαραίτητα σαν κάποιο είδος τιμωρίας, απαλλάσσοντάς μας έτσι από την ενοχή. Πρέπει να αναγνωρίζουμε το σωστό και το λάθος. Για την ακρίβεια έχουμε περισσότερους λόγους από ποτέ να βρούμε την ηθική οδό. Αυτή είναι η πεμπτουσία της ελπίδας και της καλοσύνης στον πυρήνα του υπαρξισμού, συχνά σκεπασμένη από καταθλιπτική ρητορική την οποία είναι εύκολο να παραβλέψουμε. Οι υπαρξιστές για την ακρίβεια ανακάλυψαν ξανά την ηθική. Για τον δικό τους τρόπο σκέψης, μπορεί να είναι τα πάντα.

Ο Κίρκεγκορ συνειδητοποίησε τη δυσκολία της αντιμετώπισης της καθαρής ύπαρξης, χωρίς ουσία, μυστήριο, νόημα, σκοπό και αξία. Μια άβυσσος ξεπροβάλλει, όπου η ελπίδα, η πρόοδος και τα ιδεώδη φαντάζουν σαν ψευδαισθήσεις. Η ύπαρξη γίνεται πολύ ισχνή και μια εύκολη παγίδα για να πέσει κανείς είναι να αναρωτηθεί γιατί είναι ζωντανός. Τα θρησκευτικά πιστεύω μπορεί να προσφέρουν ανακούφιση, είτε είναι αληθινά είτε όχι, και όταν ο υπαρξισμός ή οτιδήποτε άλλο τα θέτει εκτός μάχης, μπορεί να ακολουθήσει η αγωνία. Δεν χρησιμοποιώ τον Κίρκεγκορ τόσο πολύ όσο άλλοι συνάδελφοί μου στη φιλοσοφική συμβουλευτική, αλλά απλά το να αναγνωρίζει κανείς την πηγή του άγχους είναι πολύ χρήσιμο. Για τους ανθρώπους που νιώθουν αγωνία αλλά δεν γνωρίζουν το λόγο, αξίζει τον κόπο να ξεδιαλύνουν αν η αγωνία οφείλεται σε κάποια συγκεκριμένη περίσταση (αναμονή των αποτελεσμάτων μιας ιατρικής εξέτασης ή αναμονή της ζωής μετά από διαζύγιο) ή σε κάποια πιο αφηρημένη υπαρξιακή ανησυχία. Πολλοί άνθρωποι περνούν από κάποια υπαρξιακή κρίση και περιοδικά επαναφέρουν το νόημα και το σκοπό στη ζωή τους, αφήνοντας κάποια στιγμή πίσω τους το άγχος. Εάν ο υπαρξισμός σάς «έριξε», θεωρήστε το απλώς σαν μια φάση και δείτε τι μπορείτε να κάνετε για να το ξεπεράσετε. Αφού έχετε ξεπεράσει μια υπαρξιακή κρίση, μπορεί να νιώσετε πιο ήρεμοι. Είναι ένας τρόπος για να ξεφορτωθείτε πολλά περιττά βάρη.

Τον Φρίντριχ Νίτσε τον θυμόμαστε περισσότερο για την ιδέα του του ανθρώπου και του υπερανθρώπου. Είχε την άποψη ότι κάθε άνθρωπος έπρεπε να προσπαθήσει και να εξελιχθεί σε υπεράνθρωπο. Μια άποψη περί αυτού του θέματος είναι σαν ένα κάλεσμα για να γίνει κανείς όσο καλύτερος μπορεί ή να υπερβεί τον κοινό μέσο όρο. Ο ίδιος ο Νίτσε είχε μια αρρωστημένη απέχθεια για τον μέσο άνθρωπο. Πίστευε ότι για να ξεπεράσει κανείς τον μέσο όρο έπρεπε να απορρίψει τη συμβατική ηθική και οι ιδέες του αυτές έγιναν αντικείμενο μεγάλης κατάχρησης από τους Ναζί. Για να χρησιμοποιήσει κανείς τις ιδέες του πρέπει να λιχνίσει τον καρπό της σοφίας από τα σκύβαλα του δηλητηρίου. Όμως η πεποίθηση που οδηγεί στο να ότι ικανοποιούμαστε εύκολα με τον μέσο όρο και το ότι οι πιο πολλοί από μας δεν κάνουμε καν προσπάθεια να γίνουμε όλα όσα μπορούμε να γίνουμε είναι μια προειδοποίηση που αξίζει την προσοχή μας.

Ο Ζαν-Πολ Σαρτρ διερεύνησε μια άλλη λογική προέκταση του υπαρξισμού: Αν το σύμπαν είναι ακαθόριστο, τότε είμαστε ελεύθεροι να διαλέξουμε τη δική μας πορεία. Ενώ η διαρκής πιθανότητα –με την υπευθυνότητα των ενεργειών πάντα να βαρύνει το υποκείμενο– μπορεί να είναι μια αποκαρδιωτική πρόταση, επίσης απελευθερώνει. Άσχετα με τις περασμένες εμπειρίες καθενός, η μελλοντική του κατεύθυνση είναι ελεγχόμενη. Ο Σαρτρ χαρακτήριζε ως «κακή πίστη» οποιεσδήποτε προσπάθειες να αποποιηθούμε την ευθύνη των πράξεών μας και έβλεπε τη θρησκεία ή τη θρησκευτική πίστη σαν έναν από τους κύριους ενόχους. Καλώντας το υπαρξιακό άγχος ναυτία, ο Σαρτρ συνέδεσε το νου με το σώμα σε κάποιο επίπεδο, αναγνωρίζοντας ότι οι αποπροσανατολιστικές επιπτώσεις του υπαρξισμού μπορεί να προκαλέσουν σωματικές ενοχλήσεις.

> «Ο άνθρωπος δεν είναι τίποτα περισσότερο από αυτό που γίνεται μόνος του. Αυτή είναι η πρώτη αρχή του υπαρξισμού».
>
> ΖΑΝ-ΠΟΛ ΣΑΡΤΡ

Στα μυθιστορήματα του Αλμπέρ Καμί, συμπεριλαμβανόμενων της *Πανούκλας* και του *Ξένου*, καθώς και στο μυθιστόρημα του Σαρτρ *Ναυτία* και το θεατρικό *Αδιέξοδο*, οι ήρωες πάντα προσπαθούν να κάνουν το σωστό, ακόμη και όταν τα πάντα τριγύρω τους καταρρέουν. Είναι καλοί άνθρωποι, αν και υποφέρουν πολύ, είναι μουδιασμένοι και πάλι όμως παλεύουν να κάνουν το σωστό. Ο Καμί, που το 1957 κέρδισε το βραβείο Νόμπελ λογοτεχνίας, ενδιαφερόταν ιδιαίτερα για το παράλογο, το οποίο χρησιμοποιούσε για να περιγράψει την αίσθηση της ανούσιας ύπαρξης. Ανεξαρτήτως του πώς παρουσιάζεται το σύμπτωμα, είτε ως παραλογισμός είτε ως ναυτία ή τρόμος, οι υπαρξιακές κρίσεις είναι πολύ συνηθισμένες και αντιμετωπίζονται με τη φιλοσοφική συμβουλευτική.

ΑΝΑΛΥΤΙΚΗ ΦΙΛΟΣΟΦΙΑ

Η αναλυτική φιλοσοφία εμφανίστηκε περίπου τον ίδιο καιρό με τον υπαρξισμό, στη στροφή του αιώνα. Ανάλυση, στη φιλοσοφική διάλεκτο, σημαίνει την κατάτμηση μιας έννοιας στα απλούστερα δυνατά τμήματα για να αποκαλυφθεί η λογική της διάρθρωση. Αυτός ο τομέας στόχευε στην ερμηνεία των πραγμάτων υπό τους όρους των λογικών δομών και ιδιοτήτων της επίσημης γλώσσας. Θαυμάζω τους πρωτοπόρους αυτού του φιλοσοφικού κλάδου, τον Μπέρτραντ Ράσελ, τον Γκότλοπ Φρέγκε, τον Άλφρεντ Άγιερ και τον Τζ. Ε. Μουρ για την αυστηρή προσήλωσή τους στη λογική. Μα στην προσήλωσή τους αυτή παρέλειψαν οτιδήποτε συναισθηματικό, μη απτό ή ουσιώδες, δηλαδή οτιδήποτε άλλο. Αν και ο Ράσελ έγραψε παραπάνω από εβδομήντα βιβλία αγγίζοντας κάθε δυνατό ανθρώπινο θέμα και ενεπλάκη με πάθος (αν όχι απρόσεκτα) σε κοινωνικούς αγώνες, η σχολή σκέψης, που βοήθησε στην ίδρυσή της, περιοδικά απομακρύνθηκε από τον ανθρώπινο κόσμο. Η φιλοσοφία, με την οποία ασχολούνταν μόνο ακαδημαϊκά από αυτό το σημείο και πέρα, τελικά έγινε τόσο απομονωμένη, εξειδικευμένη και αδιαπέραστη που είχε όλο και μικρότερη σχέση με την καθημερινή ζωή και γινόταν απροσπέλαστη για τους συνηθισμένους ανθρώπους.

Η φιλοσοφία συνήθιζε να απευθύνεται στον φυσικό κόσμο και να ερευνά τις εσωτερικές λειτουργίες της ανθρώπινης φύσης. Όμως η επιστήμη κατέλαβε αυτές τις περιοχές, οπότε τι έμενε για τη φιλοσοφία; Η απάντησή μου είναι: λιγότερα ή περισσότερα, ανάλογα με την προσέγγιση. Πώς να σκεφτεί κανείς κριτικά και πώς να ζήσει μια καλή ζωή ήταν κύριες ενασχολήσεις της φιλοσοφίας από τα αρχαία χρόνια, που κάθε άλλο παρά έχουν εξαλειφθεί από τη δημόσια ημερήσια διάταξη τις τελευταίες δεκαετίες. Παράλληλα, η παράδοση της αναλυτικής φιλοσοφίας συνεχίστηκε σε τρεις τουλάχιστον κύριες κατευθύνσεις: τη φιλοσοφία της γλώσσας, τη φιλοσοφία της επιστήμης και τη φιλοσοφία της νόησης. Καθεμία αναπτύσσεται παραγωγικά ή όχι, ανάλογα με τους ίδιους τους φιλόσοφους.

Στις καλύτερές της στιγμές, η φιλοσοφία της γλώσσας αποκαλύπτει και εξερευνά σημαντικές δομές και ιδιότητες αυτής της θαυμαστής ανθρώπινης ικανότητας. Στις χειρότερές της, επιμένει ότι το αίσθημα του νοήματος προέρχεται μόνο από τέτοιες δομές και ιδιότητες (μα αποτυγχάνει να μας δείξει πώς). Στις καλύτερές της στιγμές, η φιλοσοφία της επιστήμης εξηγεί πώς λειτουργεί η επιστήμη και ερευνά τις φιλοσοφικές υποθέσεις που πρέπει να κάνουν οι επιστήμονες για να εκτελέσουν πειράματα και να ερμηνεύσουν τα αποτελέσματά τους. Στις χειρότερές της, όταν ασκείται από φιλόσοφους που δεν γνωρίζουν καμία επιστήμη, εκφυλίζεται σε κενή θεωρητικολογία περί δυσνόητων θεωριών. Στις καλύτερές της στιγμές, η φιλοσοφία της νόησης προσπαθεί να κατανοήσει τις διαφορές μεταξύ νου και εγκεφάλου, μεταξύ εγκεφάλου και ηλεκτρονικού υπολογιστή και μεταξύ υπολογιστικής ικανότητας και συνείδησης. Στις χειρότερές της, περνάει τον καιρό της υποστηρίζοντας ότι μπορεί να κάνουμε λάθος όταν πιστεύουμε ότι έχουμε πεποιθήσεις ή ότι δεν μπορούμε να είμαστε σίγουροι ότι σκεφτόμαστε απλώς επειδή σκεφτόμαστε ότι σκεφτόμαστε. Στα καλύτερά της, η αναλυτική φιλοσοφία παραμένει στην πρωτοπορία της ανθρώπινης κατανόησης, επειδή οι φιλόσοφοι είναι πάντα σε εγρήγορση για να εντοπίσουν τυχόν ανθρώπινη παρανόηση, κάτι που αφθονεί σε κάθε εποχή. Στα χειρότερά της, η αναλυτική φιλοσοφία είναι ένα άκακο πάρεργο, το οποίο είναι και πάλι πολύ καλύτερο από τα περισσότερα άλλα πράγματα στα χειρότερά τους.

Σε περίπτωση που νομίζετε ότι συκοφαντώ την αναλυτική

φιλοσοφία, μπορείτε να τα ακούσετε και από την ίδια την πηγή. Ο Γουίλαρντ Κουίν, πιθανότατα ο πιο διάσημος και σεβαστός αναλυτικός φιλόσοφος της Αμερικής, είναι ακόμη λιγότερο διπλωματικός από εμένα, και δεν είμαι γνωστός για τη διπλωματία μου!

> «Είναι δεδομένο ότι πολλά γραπτά που παράχθηκαν υπό την επιρροή της φιλοσοφίας της γλώσσας είναι φιλοσοφικά ασήμαντα. Μερικά κομμάτια... είναι απλά αδέξια, γιατί ο ποιοτικός έλεγχος είναι ανομοιογενής στον αναπτυσσόμενο φιλοσοφικό Τύπο».
>
> ΟΥΙΛΑΡΝΤ ΚΟΥΙΝ

ΕΦΑΡΜΟΣΜΕΝΗ ΗΘΙΚΗ ΚΑΙ ΦΙΛΟΣΟΦΙΚΗ ΣΥΜΒΟΥΛΕΥΤΙΚΗ

Ο τροχός της αλλαγής περιστράφηκε ξανά με την εμφάνιση της εφαρμοσμένης ηθικής στα μέσα της δεκαετίας του 1980. Η βιοϊατρική, η επιχειρηματική, η υπολογιστική και η περιβαλλοντική ηθική είναι προς το παρόν οι πιο κοινοί τρόποι χρήσης φιλοσοφικών εργαλείων για την ανάλυση προβλημάτων στον πραγματικό κόσμο. Η ακόμη αναπτυσσόμενη βιομηχανία χρησιμοποιεί τη φιλοσοφία σε μερικά σημαντικά θέματα του καιρού μας. Αυτά τα προβλήματα βγαίνουν στην επιφάνεια γιατί επιστημονικές και τεχνολογικές αλλαγές μάς επιβάλλουν να ξανασκεφτούμε και να συντάξουμε ξανά τους υπάρχοντες νόμους, είτε αυτοί είναι περί ευθανασίας, περί προσφοράς εργασίας σε λαθρομετανάστες, περί απαγόρευσης ή όχι ρατσιστικών λόγων στο Ίντερνετ ή περί της διαχείρισης των τοξικών αποβλήτων. Προτού δημιουργήσουμε ή τροποποιήσουμε τη νομοθεσία, πρέπει να ξεκαθαρίσουμε τη φιλοσοφική μας θέση. Υπάρχουν εγχειρίδια ακόμη και για τη νομική ηθική ή την ηθική της δημοσιογραφίας, αλλά από ό,τι φαίνεται δεν διαβάζονται ευρέως.

Τελευταίο μα όχι και λιγότερο σημαντικό, κατά τη διάρκεια των τελευταίων είκοσι ετών στην Ευρώπη και της τελευταίας δεκαετίας στην Αμερική, η φιλοσοφική συμβουλευτική έχει αρχίσει να επεκτείνει το νόημα της πρακτικής φιλοσοφίας.

Η εφαρμοσμένη ηθική επεκτείνεται πέρα από τα επαγγέλματα και μερικές φορές εμπλέκεται με θέματα σημαντικά και για τα άτομα. Ορισμένοι από αυτούς που χρησιμοποιούν την εφαρμοσμένη ηθική είναι επίσης σύμβουλοι και θεραπευτές, οπότε είναι και φιλοσοφικοί εφαρμοστές επίσης. Η εφαρμοσμένη ηθική όμως συνήθως ασχολείται με μεγάλα θέματα περισσότερο παρά με προσωπικά.

Αντίθετα, οι φιλοσοφικοί σύμβουλοι δουλεύουν με άτομα ως πελάτες. Ο Γκερτ Άχενμπαχ άναψε το φιτίλι το 1981, όταν ξεκίνησε την εφαρμογή της φιλοσοφικής συμβουλευτικής στη Γερμανία. Το «κίνημα» της φιλοσοφικής πρακτικής τώρα αναπτύσσεται εκρηκτικά αποκτώντας ερείσματα στην κοινή συνείδηση παγκοσμίως. Οι συνάδελφοί μου και εγώ αντλούμε από τη συνολική γνώση των αιώνων για να οδηγήσουμε τους πελάτες μας σε φιλοσοφικές κατευθύνσεις που τους βοηθούν να επιλύσουν ή να χειριστούν τα προβλήματά τους. Ασχολούμαστε με όλα τα θέματα της μοντέρνας (και της μεταμοντέρνας) ζωής που κάνουν τη διαβίωση τόσο προκλητική, περίπλοκη και τελικά κάτι που να αξίζει και που ανταμείβει. Βοηθούμε τους ανθρώπους να ζήσουν μια ζωή με διαρκή εξέταση.

Ελπίζω αυτή η συγκεκριμένη υποσημείωση στον Πλάτωνα

να βοηθήσει στην επαναφορά της φιλοσοφίας ως δυναμικής παράδοσης και όχι ως δυσνόητου αντικειμένου. Εμείς οι επαγγελματίες σκοπεύουμε να χτίσουμε γέφυρες μεταξύ της συσσωρευμένης σοφίας των περασμένων δυόμισι χιλιετιών και της έντονης ανάγκης για νέες πρακτικές εφαρμογές της στην καινούρια χιλιετία. Η φιλοσοφική πρακτική είναι μια αρχαία ιδέα, ίσως το δεύτερο αρχαιότερο επάγγελμα του κόσμου που ο καιρός του ήρθε ξανά.

ΜΕΡΟΣ ΔΕΥΤΕΡΟ

ΑΝΤΙΜΕΤΩΠΙΣΗ ΤΩΝ ΚΑΘΗΜΕΡΙΝΩΝ ΠΡΟΒΛΗΜΑΤΩΝ

5

ΑΝΑΖΗΤΗΣΗ ΜΙΑΣ ΣΧΕΣΗΣ

«Ωστόσο, αν κάθε επιθυμία πραγματοποιούνταν με το που εμφανιζόταν, πώς θα απασχολούνταν οι άνθρωποι, πώς θα περνούσαν τον καιρό τους; Φανταστείτε μια φυλή που έχει μεταφερθεί σε μια ουτοπική χώρα όπου τα πάντα γίνονται από μόνα τους και οι γαλοπούλες πετούν τριγύρω ήδη ψημένες, όπου οι εραστές βρίσκουν ο ένας τον άλλο χωρίς καθυστέρηση και κρατούν ο ένας τον άλλο χωρίς δυσκολία: Σε ένα τέτοιο μέρος μερικοί άνθρωποι θα πέθαιναν από ανία ή θα αυτοκτονούσαν, μερικοί θα πολεμούσαν και θα σκότωναν ο ένας τον άλλο, και έτσι θα δημιουργούσαν για τον εαυτό τους περισσότερη οδύνη από αυτή που τους επιφέρει η φύση στην παρούσα κατάστασή της».

ΑΡΘΟΥΡ ΣΟΠΕΝΧΑΟΥΕΡ

«Για να ζει κάποιος μόνος, πρέπει να είναι ή ζώο ή θεός».

ΦΡΙΝΤΡΙΧ ΝΙΤΣΕ

Παρόλο που κάθε είδους σχέση, οικογενειακή, φιλική, γειτονική ή συναδελφική, μερικώς ικανοποιεί την από καταβολής ανάγκη του ανθρώπου για κοινωνική επαφή, αυτή η ανάγκη συχνότερα αποκαλύπτεται στην αναζήτηση για μια ερωτική σχέση. Δεν χρειάζονται ούτε θέλουν όλοι μια παρατεταμένη ερωτική σχέση, και μερικοί άνθρωποι συνεχώς αναζητούν να διευρύνουν την κλίμακα των κοινωνικών επαφών τους. Όμως ο δεσμός ενός ζευγαριού είναι η κυρίαρχη σχέση των ενηλίκων. Οι άνθρωποι που έχουν ερωτικές σχέσεις χρειάζεται να ξοδεύουν πολλή ενέργεια για να διατηρούν αυτές τις σχέσεις, όπως θα πραγματευτούμε στο Κεφάλαιο 6. Πολλοί άνθρωποι που δεν έχουν τρέχουσες ερωτικές σχέσεις επενδύουν αντίστοιχα ποσά ενέργειας προσπαθώντας να αποκτήσουν. Εάν είστε ένας από αυτούς, καλό θα είναι να βρείτε τη σωστή σχέση για να αποφύγετε τη συντριβή που προκαλείται από σχέσεις που τελειώνουν (δείτε το Κεφάλαιο 7). Η κινέζικη φιλοσοφία διδάσκει ότι το τέλος εμπεριέχεται στην αρχή· μια βίαιη θύελλα εξελίσσεται ραγδαία, αλλά δεν μπορεί να κρατήσει πολύ. Και η χριστιανική και η ινδουιστική φιλοσοφία διδάσκουν πως θερίζουμε ό,τι σπέρνουμε. Η φροντίδα από την αρχή μιας πιθανής σχέσης ώστε να έχουμε ένα δυνατό και λειτουργικό ταίριασμα μπορεί να σημαίνει πάρα πολλά για την επιβεβαίωση κοινών ικανοποιητικών αποτελεσμάτων στο μέλλον. Άσχετα αν το οριστικό τέλος μιας σχέσης είναι θάνατος, διαζύγιο ή κάποια από τις πολυάριθμες άλλες πιθανότητες, οι σπόροι σπέρνονται στην αρχή της σχέσης. Το να προχωρεί κανείς συνειδητά, παρά τον ανεμοστρόβιλο συναισθημάτων που ακολουθεί κάθε καινούρια σχέση, δεν εγγυάται μια ομαλή πορεία. Άλλωστε όλες οι σχέσεις έχουν τις συγκρούσεις και τις δύσκολες στιγμές τους. Το να προχωρείς όμως συνειδητά από την αρχή, τελικά θα δώσει την καλύτερη απόδοση για την επένδυσή σου. Αυτό το κεφάλαιο παρέχει φιλοσοφική καθοδήγηση στο πώς και το γιατί της αναζήτησης σχέσεων.

Το να βρει κανείς το ταίρι του στην προηγμένη τεχνολογική κοινωνία είναι δυσκολότερο από ό,τι ήταν να το βρει σε ένα πρωτόγονο χωριό, όπου όλοι γνωρίζονταν μεταξύ τους και κάποιος μπορούσε να διαλέξει σύζυγο από τους σχετικά λίγους διαθέσιμους ανθρώπους. Αυτό δεν είχε απαραίτητα καλά αποτελέσματα, βέβαια, αλλά η οικειότητα παρείχε υποστήριξη σ' αυτούς που δεν ταίριαζαν με κανένα ή σ' αυτούς που δεν τους άρεσε το ταίριασμα που είχαν κάνει. Τώρα, οι ορίζοντες είναι πολύ λιγότερο περιορισμένοι, αλλά το αντιστάθμισμα είναι η απώλεια της κοινότητας και μια εξασθένηση της κοινωνικής υποστήριξης που κρατάει ενωμένες τις ομάδες των ανθρώπων.

Ο Μάρσαλ ΜακΛούαν ήταν ο πρώτος που έγραψε για το «παγκόσμιο χωριό» στη δεκαετία του 1960· από τότε ο κόσμος έχει γίνει ακόμα μικρότερος και πιο καλά συνδεδεμένος, με το Ίντερνετ, με τα φθηνά και συχνά αεροπορικά ταξίδια, με το ότι δεν μετρούν οι ρίζες του καθενός και με την παγκοσμιοποίηση που φέρνει τους ανθρώπους της γης όλο και πιο κοντά τον έναν στον άλλο. Ο ΜακΛούαν μιλούσε μόνο για τον φυσικό χώρο και όχι για τον κυβερνοχώρο και ούτε μπορούσε να προβλέψει τα κοινωνικά αποτελέσματα της παγκοσμιοποίησης. Με τόσες πολλές ανθρώπινες αλληλεπιδράσεις, που διαμεσολαβούνται σήμερα από ένα είδος τεχνολογικής διασύνδεσης, είτε είναι ένα τηλέφωνο είτε ένας ηλεκτρονικός υπολογιστής, η επαφή μεταξύ των ανθρώπων χάνει την απαραίτητη οικειότητα για τη δημιουργία διαπροσωπικών σχέσεων και κατ' επέκταση κοινοτήτων.

Ο Γάλλος φιλόσοφος Ανρί Μπερξόν έκανε την πρόγνωση και προειδοποίησε για τη μηχανοποίηση του πνεύματος που ακολουθεί την τεχνολογική πρόοδο και πώς μπορεί να παρεμποδίσει την εξέλιξή μας ως κοινωνικών όντων.

«Τι είδους κόσμος θα υπήρχε αν αυτός ο μηχανισμός καταλάμβανε την ανθρώπινη φυλή τελείως και αν οι λαοί, αντί να εξυψώνονται σε μια πλουσιότερη και πιο αρμονική ποικιλομορφία, όπως κάνουν τα άτομα, κατέληγαν στην ομοιομορφία των πραγμάτων;»

ΑΝΡΙ ΜΠΕΡΞΟΝ

Στην κοινωνία μας με τις επιταχυνόμενες τεχνολογικές αλλαγές, παγιδευόμαστε όλο και περισσότερο στις ανησυχίες για το πώς λειτουργούν τα πράγματα και δεν μπορούμε να απολαύσουμε μια πνευματική σχέση με τον κόσμο μας ή με άλλους ανθρώπους. Έτσι η αναζήτηση κάποιου για να μοιραστούμε τον εαυτό μας και τη ζωή μας αποκτά καινούρια σημασία.

ΝΤΑΓΚ

Ο Νταγκ ήταν παραγωγός ενός ραδιοφωνικού προγράμματος που εκπεμπόταν τις πρώτες πρωινές ώρες. Αγαπούσε τη δουλειά του, ακόμη και τις ιδιαιτερότητες της νυχτερινής βάρδιας, και την έβρισκε ικανοποιητική. Όμως ήταν λιγότερο ευτυχισμένος σε έναν άλλο σημαντικό τομέα. Επιθυμούσε μια σοβαρή ερωτική σχέση. Οι περίεργες ώρες που δούλευε έκαναν δύσκολο το να γνωρίσει ανθρώπους και ακόμη πιο δύσκολο να κανονίσει ένα ραντεβού με κάποια κοπέλα. Δεν ερχόταν καν σε επαφή με τους ανθρώπους στη δουλειά του (ας μην αναφερθούμε προς το παρόν στα μυριάδες προβλήματα μιας σχέσης στον ίδιο εργασιακό χώρο), καθώς ο σταθμός λειτουργούσε με το ελάχιστο απαραίτητο προσωπικό τις ώρες που αυτός ήταν εκεί. Και όταν τελείωνε τη βάρδιά του, έτοιμος και αυτός να χαλαρώσει, ο υπόλοιπος κόσμος έτρωγε πρωινό και ετοιμαζόταν να πάει για δουλειά.

Η ειρωνεία, βέβαια, ήταν ότι κάθε βράδυ επικοινωνούσε με ένα μεγάλο αριθμό ατόμων, το ραδιοφωνικό του κοινό. Είχε πιστούς ακροατές και οι τηλεφωνικές του γραμμές ήταν πάντα πλημμυρισμένες από κλήσεις. Έκανε εκπομπή σε εκατομμύρια ανθρώπους που ένιωθαν ότι τον ήξεραν, ακούγοντάς τον στα σπίτια τους και στα αυτοκίνητά τους. Κι όμως αυτός ένιωθε πως δεν γνώριζε κανένα.

Ο Νταγκ χρησιμεύει σαν παράδειγμα της αλλοτριωτικής δύναμης της τεχνολογίας και έτσι αποτελεί και σύμβολο της μοντέρνας ζωής. Το πρόβλημά του απέρρεε από τη γενική τάση της κοινωνίας προς τεχνητές κοινότητες που συγκρατούνται από ένα λεπτό τεχνολογικό ιστό, αλλά στερούνται τελείως την πραγματική κοινωνική ουσία. Η τεχνολογία έχει αναμφίβολα βελτιώσει αισθητά την ανθρώπινη ζωή. Ένα όφελος είναι η επέκταση του κύκλου των πιθανών μας σχέσεων. Μα το κόστος αυτού του ευρύτερου κύκλου είναι ότι χανόμαστε σε μια ατέρμονη θάλασσα επιλογών και πιθανοτήτων. Χωρίς τα όρια που επιβάλλονταν κάποτε, δεν γνωρίζουμε πλέον πώς να εντοπίσουμε ή να αξιολογήσουμε πιθανούς συντρόφους.

Φτάνοντας το θέμα στα άκρα, και όπως αντιμετωπίζουμε τα πράγματα, η τεχνολογία μάς ληστεύει από το αυθεντικό είδος κοινότητας που είναι κρίσιμο για μας, ως εγγενώς κοινωνικών όντων. Δεν είναι απαραίτητο να είναι κανείς συνδεδεμένος συγκεκριμένα με τα μέσα μαζικής ενημέρωσης όπως ο Νταγκ για να νιώσει αυτή την επίδραση στη ζωή του. Στοιχηματίζω ότι μπορείτε να βρείτε τουλάχιστον μια ομάδα συζήτησης στο Ίντερνετ αφιερωμένη στο να ανταλλάσσει παράπονα για την απομόνωση της μοντέρνας ζωής, ενώ τα μέλη της παρατείνουν την απομόνωσή τους αρκούμενα στην εικονική αντί της πραγματικής αλληλεπίδρασης. Άσχετα με το ποια είναι η κατάστασή μας, ζούμε σε έναν θυελλώδη κόσμο. Οι σχέσεις παρέχουν ένα είδος ασφαλούς λιμανιού.

Για τον Νταγκ, όλα αυτά σήμαιναν ότι το τεχνολογικό σύστημα που τον έκανε γνωστό σε κάθε σπίτι απαιτούσε ένα ειρωνικό τίμημα: τη μοναξιά. Όταν ήρθε να με δει, είχε ήδη δουλέψει πολύ πάνω στο πρόβλημά του. Βάσει της διαδικασίας PEACE, είχε ήδη προχωρήσει στα τρία πρώτα στάδια. Είχε αναγνωρίσει το πρόβλημά του: το εκτός φάσης πρόγραμμά του λόγω της δουλειάς του, η επιπολαιότητα των κοινωνικών επαφών του μέσω των ακροατών του και η έλλειψη μιας τρυφερής σχέσης. Συναισθηματικά, γνώριζε ότι ήταν δυστυχισμένος εξαιτίας της απομόνωσής του και της ανεκπλήρωτης επιθυμίας του για μια σοβαρότερη ερωτική σχέση. Αναλύοντας την κατάσταση, ο Νταγκ διαπίστωσε ότι οι διαθέσιμες επιλογές του ήταν απαράδεκτες: Να αφήσει τη δουλειά του ή να παραμείνει εργένης επ' αόριστον. Ήταν πολύ ευχαριστημένος με τη δουλειά του και δεν ένιωθε ανάγκη να την αλλάξει. Δεν ήταν πρόθυμος να θυσιάσει σημαντικούς τομείς της καριέρας του για να αναζητήσει μια σχέση, αν και μια σχέση είχε υψηλή προτεραιότητα για αυτόν.

Ο Νταγκ είχε φτάσει στο σημείο που χρειαζόταν διάλογο για να αξιολογήσει πάλι την κατάσταση, συμπεριλαμβάνοντας όλα τα στοιχεία που είχε εξετάσει για να βρει την καλύτερη φιλοσοφική στάση. Είχε φτάσει στη φάση της περισυλλογής της διαδικασίας PEACE. Κατά το πέρασμα των αιώνων, οι φιλόσοφοι ζητούσαν από τους ανθρώπους να επανεξετάσουν τις πεποιθήσεις τους. Αυτή είναι η ουσία της ζωής με διαρκή εξέταση για την οποία ακούσατε τόσα πολλά. Έτσι δούλεψα με τον Νταγκ για να δούμε εάν υπήρχαν άλλοι τρόποι για να διαμορφώσει τις έννοιες της κατάστασης την οποία περνούσε. Η δουλειά μου ως φιλοσοφικού συμβούλου ήταν να τον πείσω να αξιολογήσει ξανά την ιστορία του.

Ο Νταγκ πίστευε ότι οι ώρες που περνούσε εργαζόμενος στη δουλειά που αγαπούσε τον εμπόδιζαν να έχει τη σχέση την οποία επιθυμούσε. Ήταν πεπεισμένος ότι αυτές οι ώρες τον εμπόδιζαν να γνωρίσει κάποια κοπέλα, πόσο μάλλον να βγει μαζί της. Μαζί αναρωτηθήκαμε αν όντως αυτή ήταν όλη η αλήθεια και συμφωνήσαμε ότι στην πραγματικότητα υπήρχαν αμέτρητοι άνθρωποι οι οποίοι εργάζονταν συνηθισμένες ώρες και παρ' όλα αυτά πάλευαν ενάντια σε παρόμοιες απογοητεύσεις σχετικές με την εξεύρεση μιας ικανοποιητικής σχέσης. Και βέβαια, υπήρχαν εκατομμύρια άνθρωποι που δούλευαν όλων των ειδών τα περίεργα ωράρια, αλλά δεν τους έλειπαν οι σχέσεις. Ήταν μια ασήμαντη μα καθησυχαστική άποψη. Μπορεί να ήταν κάτι παραπάνω από το ωράριο που δημιουργούσε το πρόβλημα του Νταγκ. Απλά η γνώση ότι υπήρχαν και άλλοι στην κατάστασή του έδωσε στον Νταγκ νέα ελπίδα ότι θα έβρισκε τη σχέση που έψαχνε και νέα ενέργεια για να επιτεθεί στο πρόβλημα. Οι επιστήμονες καλούν αυτό το είδος επανεξέτασης έλεγχο των παραδοχών και είναι βασικό εργαλείο για την επίλυση επιστημονικών προβλημάτων. Δεν είναι λιγότερο χρήσιμο για την επίλυση προσωπικών ή φιλοσοφικών προβλημάτων.

Για να μπει στο δρόμο της περισυλλογής, ο Νταγκ έπρεπε να μελετήσει εναλλακτικές ερμηνείες του προβλήματός του. Έπρεπε στ' αλήθεια να γνωρίσει καινούριους ανθρώπους για να βρει τον έρωτα ή μήπως είχε παραβλέψει κάποια κοπέλα που ήδη γνώριζε; Μήπως αντέστρεφε αίτιο και αποτέλεσμα;

Ήταν δηλαδή πιθανό να έχει διαλέξει αυτό το επάγγελμα για να παρακάμψει τις σχέσεις; Μήπως συνέβαινε κάτι στον ίδιο, για παράδειγμα μήπως ήταν ντροπαλός, ώστε απέφευγε να γνωρίζει ανθρώπους πρόσωπο με πρόσωπο (σε αντίθεση με την απρόσωπη γνωριμία μέσω των ραδιοκυμάτων) ή απέφευγε να κάνει μια σχέση μόλις τους γνώριζε; Για να βρει έναν τρόπο να χειριστεί την κατάσταση, ο Νταγκ έπρεπε να μη θεωρήσει τίποτα δεδομένο. Το να ζει κανείς μια τέτοιου είδους ζωή με διαρκή εξέταση μπορεί να είναι άβολο αρχικά, επειδή μπορεί να μην του αρέσει ό,τι ανακαλύπτει για τον εαυτό του, μα είναι καλύτερο μακροπρόθεσμα να γνωρίζει αυτά τα πράγματα, όποια και να είναι, ακόμη και αν προσωρινά τον εκπλήσσουν. Μόνο αν καταλαβαίνει κανείς πραγματικά τον εαυτό του μπορεί να αναγνωρίσει τα κίνητρά του, να αναμορφώσει τα πιστεύω του, να ενεργήσει για να πετύχει τους σκοπούς του και να βρει διαρκή ψυχική ηρεμία.

Μπορεί να εκπλαγείτε με το πόσοι άνθρωποι βρίσκονται στην κατάσταση του Νταγκ. Εμφανίσιμοι, έξυπνοι, πνευματώδεις, ευφραδείς, καθιερωμένοι και παρ' όλα αυτά χωρίς συναισθηματικό σύντροφο στη ζωή τους. Στην περίπτωση του Νταγκ, συζητήσαμε μερικές πιθανότητες οι οποίες μπορεί να ευθύνονται για την κατάστασή του. Μπορεί η μοίρα να παίζει κάποιο ρόλο; Ίσως, μα στον Νταγκ δεν άρεσε η ιδέα να βρίσκεται στο έλεος αγνώστων δυνάμεων. Μήπως ήταν έλλειψη θέλησης; Ο Νταγκ ένιωθε σίγουρος πως αν ήθελε να παραγγείλει πίτσα, θα μπορούσε να το πετύχει και με τη γεύση που του άρεσε με ένα απλό τηλεφώνημα. Θα έπρεπε να είναι τόσο εύκολο το να βρει σύντροφο; Ο Νταγκ δεν συμφωνούσε. Η σύντροφος της ζωής του θα έπρεπε να είναι κάτι πιο ξεχωριστό από ένα κομμάτι πίτσα. Αυτό όμως δεν σημαίνει ότι δεν μπορεί να βρεθεί. Μήπως έφταιγε το ότι ίσως ο Νταγκ δεν ένιωθε άξιος να προσελκύσει το είδος της γυναίκας που πραγματικά ήθελε; Ή μήπως έκανε σχεδόν τα πάντα σωστά; Ίσως η σύντροφός του να ήταν στο δρόμο και ο Νταγκ απλά ανησυχούσε για την καθυστέρηση. Όταν νομίζεις ότι η πίτσα σου άργησε, παίρνεις τηλέφωνο για να επιβεβαιώσεις την παραγγελία. Σε ποιον όμως μπορείς να τηλεφωνήσεις για να σου πει αν η μία και πραγματική σου αγάπη καθυστερεί; Και πώς θα ξέρεις πόσος χρόνος πρέπει να περάσει για θεωρηθεί ότι έχει καθυστερήσει;

Παρουσίασα στον Νταγκ δυο σχετικές αντιλήψεις, μία από τον ταοϊσμό και μία από το βουδισμό. Στην πρώτη άποψη, ο Λάο Τσου συμβουλεύει ότι όταν επιθυμούμε κάτι πολύ από τη μία και από την άλλη το θεωρούμε πέρα από τις δυνατότητές μας, αυτό μπορεί να έχει καταστροφικά αποτελέσματα στη νοητική μας κατάσταση. Αν κάποιος σταθεί κάτω από μια μηλιά την άνοιξη δεν θα δει ούτε ένα μήλο και ούτε θα αποκτήσει κανένα ταρακουνώντας το δέντρο ή σκαρφαλώνοντας επάνω του. Αν σταθεί κάτω από το ίδιο δέντρο το φθινόπωρο, τα ώριμα μήλα θα πέφτουν μέσα στα χέρια του. Υπάρχει όντως αυτό που λένε προσπάθεια πέραν του δέοντος καθώς και η προσπάθεια σε λάθος χρόνο να αποκτήσει κανείς αυτό που επιθυμεί η καρδιά του. Προσπάθησε με λιγότερη επιθυμία και περισσότερο συγχρονισμό. Στα πλαίσια των γνωριμιών με τους ανθρώπους, ο συγχρονισμός είναι συνήθως καλύτερος όταν κάποιος δεν προσπαθεί καθόλου. Σταμάτα να ψάχνεις και θα βρεις. Και αν δεν βρεις δεν θα σε πειράξει, γιατί δεν θα ψάχνεις. Αυτή είναι η τέχνη του να αναζητείς χωρίς να αναζητείς. Ακούγεται σαν λογικό παράδοξο, μα το Τάο δεν απασχολείται με τέτοια πράγματα, απλά έτσι λειτουργεί.

«Τα πέντε χρώματα θα τυφλώσουν την όραση ενός ανθρώπου.
Οι πέντε ήχοι θα νεκρώσουν την ακοή ενός ανθρώπου.
Οι πέντε γεύσεις θα χαλάσουν την απόλαυση ενός ανθρώπου.
Το κυνήγι και η καταδίωξη θα κάνουν έναν άνθρωπο άγριο.
Πράγματα δύσκολα να αποκτηθούν θα επιδράσουν άσχημα στη συμπεριφορά ενός ανθρώπου».

ΛΑΟ ΤΣΟΥ

Η δεύτερη αντίληψη ανήκει στον Βούδα: Αυτά που βιώνουμε είναι αυτά που έχουμε θελήσει στη ζωή. Όχι ό,τι ευχόμαστε, επιθυμούμε ή φανταζόμαστε, μα ό,τι έχουμε θελήσει. Το νόημα είναι: Ό,τι ζούμε στο παρόν είναι παράγωγο προηγούμενης βούλησής μας, αυτό που θέλαμε στο παρελθόν. Μπορεί να επηρεάσει κανείς τις μελλοντικές του εμπειρίες, αναλογιζόμενος τι θέλει στο παρόν, μα αυτή η μέθοδος δεν είναι στιγμιαία. Παίρνει χρόνο. Πόσο; Δοκιμάστε το για να διαπιστώσετε από μόνοι σας. Με τη σωστή πρακτική θα αρχίσετε να ζείτε πληρέστερα στο παρόν, που σημαίνει ότι δεν θα σας λείπει σχεδόν τίποτα. Παίρνετε αυτό που θέλετε, όχι αυτό που επιθυμείτε. Και απωθείτε αυτό που επιθυμείτε πάρα πολύ.

«Όλα τα φαινόμενα της ύπαρξης έχουν νόηση σαν τον προάγγελό τους, νόηση σαν τον υπέρτατο αρχηγό τους και από νόηση αποτελούνται».

ΒΟΥΔΑΣ

Πρακτικά, η ερωτική σας σύντροφος είναι μια εκδήλωση του νου σας, όπως είστε και εσείς του δικού της. Όταν θελήσετε να έρθει, θα ξεκινήσει να έρχεται.

Καθώς ο Νταγκ θαύμαζε τη χρησιμότητα αυτών των θέσεων, άρχισε να μη θλίβεται για όλα τα μέρη κοινωνικής επαφής που ήταν κλειστά όταν αυτός τελείωνε από τη δουλειά του. Αντίθετα άρχισε να ρωτάει τι ήταν ανοιχτό εκείνη την ώρα. Τώρα πια θα πρέπει να είναι σταθερός πελάτης στο πιο δημοφιλές μαγαζί που σερβίρει πρωινό στην πόλη, έχοντας τα μάτια του ανοιχτά για κάποιο άλλο άτομο εκεί που μπορεί να σκέφτεται: «Δεν θα ήταν όμορφο να γνωρίζεις ανθρώπους με πολιτισμένο τρόπο, όπως για παράδειγμα στο πρωινό, όπου μπορείς να τους δεις και να τους ακούσεις, παρά σε κάποια σκοτεινή, εκκωφαντική, υπόγεια ντισκοτέκ;»

Τώρα πια, αφού είχε καταλάβει ότι το πρόβλημά του είχε λύση (δεν ερχόταν πια σε σύγκρουση με τη δουλειά του), ο Νταγκ ήταν έτοιμος να αναλάβει δράση, οπότε μιλήσαμε για μερικές άλλες πρακτικές προσεγγίσεις στο να δημιουργήσει κανείς μια ερωτική σχέση, από το να μπει σε κάποια ομάδα με το ίδιο χόμπι για να γνωρίσει μια κοπέλα με κοινά ενδιαφέροντα μέχρι και να βάλει προσωπική αγγελία ζητώντας κάποια με περίεργο ωράριο. Ανεξάρτητα από ποιες συγκεκριμένες ενέργειες έκανε ο Νταγκ, το σημαντικό για αυτόν ήταν να αποφύγει κάποια φιλοσοφική προκατάληψη που θα περιόριζε τις επιλογές του.

Η φιλοσοφική συμβουλευτική βοήθησε τον Νταγκ στη φάση της περισυλλογής, στο σημείο που ήταν έτοιμος να κάνει κάτι για τον εαυτό του: Να αναλάβει δράση για να γνωρίσει κάποια κοπέλα. Η προδιάθεσή του εξελίχθηκε από την προβληματική άποψη («Το πρόγραμμά μου με εμποδίζει να γνωρίσω κάποια») στην ουσιώδη άποψη («Χρησιμοποιούσα το πρόγραμμά μου σαν δικαιολογία για να μη γνωρίσω κάποια»). Έχοντας επιφέρει μια ριζική αλλαγή στην προδιάθεσή του με την περισυλλογή, ήταν έτοιμος να ξεκινήσει για την περιπέτεια που αναζητούσε. Σε αυτό το ουσιώδες στάδιο, δεν είχε πλέον πρόβλημα. Ήταν έτοιμος να ακολουθήσει την καρδιά του.

Με αυτό τον τρόπο, μπορείτε να διαμορφώσετε το πεπρωμένο σας αναλογιζόμενοι το τι θέλετε. Μπορείτε να χαθείτε σε ένα λαβύρινθο επιθυμιών και να μην το καταλάβετε ποτέ, γιατί δεν γνωρίζετε τι σκέφτεστε. Ένας σκοπός της διαδικασίας PEACE είναι να αποκαλύψει οποιοδήποτε πρόγραμμα «τρέχει» στο μυαλό σας και να σας επιτρέψει να αποφασίσετε αν θέλετε να αλλάξετε τη ρουτίνα. Οι άνθρωποι της νέας εποχής το παρακάνουν με αυτή την άποψη, θεωρώντας ότι αυτό που επιθυμούν θα γίνει. Και θα ήταν όντως διασκεδαστικό αν σκεφτόμενοι ότι θα κερδίζατε το λαχείο το κάνατε πραγματικά να συμβεί. Πρέπει να ξεχωρίζετε τι μπορείτε να επηρεάσετε με ενσυνείδητες ενέργειες, όπως η προδιάθεσή σας για τη γνωριμία με καινούριους ανθρώπους και ακολούθως η ετοιμότητα σας να τους γνωρίσετε, και τι δεν μπορείτε να επηρεάσετε με ενσυνείδητες ενέργειες, όπως ο καιρός.

ΣΟΥΖΑΝ

Εάν ο Νταγκ γνώριζε τη Σούζαν, μπορεί να θεωρούσε την εμπειρία της απόδειξη ότι το να γνωρίζει κανείς πολλούς ανθρώπους δεν είναι απαραίτητα ο δρόμος προς μια ικανοποιητική σχέση. Επιτυχημένο διοικητικό στέλεχος σε μια μεγάλη χρηματοπιστωτική εταιρία, η Σούζαν ήταν μια αθλητική, ελκυστική, ευκατάστατη γυναίκα στα τριάντα της, σαν κι αυτές που συνηθίζουμε να βλέπουμε να ποζάρουν σε διαφημίσεις πολυτελών αυτοκινήτων. Ζούσε μια πλήρη κοινωνική ζωή, με ένα θαυμάσιο κύκλο φίλων και ποτέ δεν της έλειπαν τα ραντεβού. Κι όμως παρ' όλη την επαγγελματική, οικονομική και κοινωνική της επιτυχία, ένιωθε πως κάτι έλειπε από τη ζωή της. Ήθελε να δεσμευθεί με ένα μακροχρόνιο δεσμό και να κάνει παιδιά με τον σωστό σύντροφο, μα κανείς από όσους έβγαινε δεν έδειχνε ποτέ να ικανοποιεί τις απαιτήσεις της. Με τους περισσότερους δεν έβγαινε καν για δεύτερη φορά, πόσο μάλλον να τους σκεφτεί σε μια θέση στο τραπέζι της οικογένειας που ονειρευόταν.

Η Σούζαν ενοχλούνταν από τη σκέψη ότι θα έπρεπε ήδη να έχει καταλάξει με κάποιον σε αυτό το σημείο της ζωής της. Είχε πάει σε αμέτρητους αρραβώνες και γάμους φίλων τα τελευταία χρόνια και τώρα πια είχε αρχίσει ο κύκλος των βαπτίσεων και η απόδοση ονομασιών στα μωρά. Η γιαγιά της είχε πρόσφατα αναφέρει ότι σκόπευε να ζήσει αρκετά για να χορέψει στο γάμο της μεγαλύτερης εγγονής της. Το να βρει κάποιον φαινόταν σαν το πιο φυσικό πράγμα που μπορούσε να κάνει. Μα η Σούζαν παραδεχόταν ότι ήταν τελειομανής και πίστευε σταθερά πως θα μπορούσε να βρει κάποιον χωρίς να πρέπει να συμβιβαστεί με τίποτα λιγότερο από κάποιον που θα ικανοποιούσε τις προδιαγραφές της, όλες της τις προδιαγραφές.

Η Σούζαν, όπως και ο Νταγκ, ωφελήθηκε αμφισβητώντας την ίδια της την υπόθεση. Αντίθετα από τον Νταγκ, καθώς ανέλυε και ενσωμάτωνε τις διάφορες απόψεις της εμπειρίας της, συνέχιζε να επιστρέφει στα ίδια συναισθήματα: Παρά την έντονη επιθυμία της για μια ερωτική σχέση, θα προτιμούσε να μην εμπλακεί καθόλου, παρά να εμπλακεί με λάθος άτομο. Καθώς την άκουγα, συμφώνησα με την αξιολόγηση που είχε κάνει για την υπόθεσή της και δεν είδα την ανάγκη να συνεχίσει να την αμφισβητεί, εφόσον την είχε διερευνήσει διεξοδικά. Είναι καλό να έχει κανείς υψηλές απαιτήσεις και η Σούζαν δεν έπρεπε να συγκρίνει τον εαυτό της με κάποιο στατιστικό μέσο όρο. Μεταξύ των ωφελημάτων της φιλοσοφικής συμβουλευτικής είναι και τεχνικές που βοηθούν στο να βρει κανείς την ουσία του εαυτού του και το κουράγιο να ζήσει με αυτήν.

Η Σούζαν εκτιμούσε την αρετή στον εαυτό της και στους άλλους. Ενθάρρυνα τη Σούζαν να τηρήσει αυτή τη στάση (η οποία είναι αρκετά σπάνια στην εποχή μας), μα και να καταλάβει το τι είναι ρεαλιστικό. Καμία σχέση δεν είναι τέλεια. Έτσι, ακόμη και αν βρει κανείς ένα απολύτως υπέροχο άτομο, δεν υπάρχει ποτέ ένα τέλειο «και έζησαν αυτοί καλά και εμείς καλύτερα» μετά. Επίσης, δεν μπορεί κανείς να γνωρίζει προκαταβολικά ποιος είναι ενάρετος, οπότε αν η Σούζαν ήθελε να βρει ένα τέτοιο άτομο, θα έπρεπε να επενδύσει χρόνο στο να γνωρίσει καλύτερα τους ανθρώπους προτού τους κρίνει. Και για να γίνει αυτό χρειάζεται παραπάνω από ένα ραντεβού.

Συζητήσαμε την πιθανότητα ενός μακροχρόνιου φλερτ σαν έναν τρόπο να παραμείνει η Σούζαν πιστή στην αναζήτησή της για τον κατάλληλο σύντροφο, χωρίς να απορρίπτει όλους τους υποψήφιους προτού τους δώσει τη δυνατότητα να δείξουν τον πραγματικό τους εαυτό. Η Σούζαν είχε ένα είδος συντηρητισμού που είναι λιγότερο συνηθισμένο από ό,τι ήταν κάποτε. Το να διερευνά κανείς μια σχέση, με αργούς ρυθμούς, μπορεί να δημιουργήσει τη βάση για κάτι πιο μόνιμο ή τουλάχιστον να αποκαλύψει ένα σοβαρό λόγο για τον τερματισμό της σχέσης. Η Σούζαν σχεδίαζε να είναι ειλικρινής με τους πιθανούς συντρόφους της σχετικά με το ότι είχε ανάγκη κάποιον σύντροφο υπομονετικό σε αυτό το θέμα. Σαν κοινωνία, έχουμε γίνει τόσο ανεκτικοί που έχουμε καταργήσει τα όρια στους περισσότερους τομείς, συμπεριλαμβανόμενων και των σχέσεων. Τα πάντα κινούνται με γρήγορο και ενστικτώδη ρυθμό. Όποια και να είναι τα οφέλη του Ίντερνετ ή των αεροπορικών ταξιδιών, η υπερβολική ταχύτητα κάνει κακό στο φλερτάρισμα. Αν ψάχνετε για κάποιον να θεμελιώσετε ένα σπίτι, θέλετε αυτόν που θα κάνει την πιο γερή, πιο στέρεα δουλειά, όχι αυτόν που θα την κάνει σε μια νύχτα.

Το σκεπτικό της Σούζαν για την αρετή παραλληλίζεται με αυτό του Αριστοτέλη, που πίστευε ότι η ευτυχία είναι παραπάνω από μια ηδονή, ευχαρίστηση ή διασκέδαση. Έγραψε ότι αυτά τα πράγματα είναι προσωρινά, όχι ανθεκτικά στο χρόνο, και είναι εξωτερικά ως προς τον εαυτό μας, ενώ η ολοκλήρωση προέρχεται από μέσα μας. Καλούσε αυτή την ευτυχία «υπεροχή χαρακτήρα», επειδή έβλεπε ότι πηγάζει από την επίτευξη των κλασικών αρετών της σοφίας, της εγκράτειας, του θάρρους και της δικαιοσύνης. (Οι χριστιανικές αρετές, πίστη, ελπίδα και ελεημοσύνη, αναπτύχθηκαν αιώνες αργότερα.) Για τη Σούζαν, όπως και για τον Αριστοτέλη, ολοκλήρωση σήμαινε να αξιοποιήσεις το δυναμικό σου στο έπακρο. Ο Αριστοτέλης θα είχε προσθέσει ότι εφαρμόζοντας αυτές τις αρετές σημαίνει ότι κάποιος ακολουθεί τη μέση οδό. Εάν η Σούζαν είχε τη δυνατότητα να εμπιστευτεί το πρόβλημά της στον Αριστοτέλη, αυτός μπορεί να την είχε παροτρύνει να μη συμβιβαστεί σε ζητήματα αρχών, μα και συνάμα να σιγουρευτεί ότι αυτές οι αρχές δεν είναι ακραίες.

> «Εάν η ευδαιμονία τυγχάνη μία προς την αρετήν ανταποκρινόμενη ενέργεια, φυσικόν είναι η ενέργεια αύτη να συμφωνή προς την τελειοτέραν αρετήν, αύτη δε είναι πάλιν η του υπεροχωτέρου μέρους του ανθρώπου.
>
> »...Όθεν η ευδαιμονία δεν έχει άλλα όρια παρά τα του δια-

νοείσθαι, ες όσα δε όντα υφίσταται εις μεγάλον βαθμόν η δύναμις του να ερευνούν αφηρημένως και βάσει γενικών κανόνων τα πράγματα, υπάρχει και ευδαιμονία, και τούτο όχι τυχαίως, αλλά λόγω αυτού τούτου του διανοείσθαι, το οποίον έχει αυτό καθ' εαυτό την αξίαν του και το μεγαλείον του. Όθεν ευδαιμονία είναι ποιά τις θεωρητική εποπτεία».

ΑΡΙΣΤΟΤΕΛΗΣ*

Η Σούζαν ανταποκρινόταν επίσης στις ιδέες των Στωικών. Παρά την κοινή αντίληψη ότι στωικότητα σημαίνει να σφίγγεις τα δόντια μπροστά στην ταλαιπωρία, να αντιμετωπίζεις δηλαδή τα πράγματα «φιλοσοφικά», όπως συνηθίζεται να λέγεται, η κεντρική ιδέα των Στωικών είναι το να δίνεις αξία μόνο στα πράγματα που κανείς δεν μπορεί να σου αφαιρέσει. Η αξία, λοιπόν, βρίσκεται σε πράγματα όπως η αρετή, σε αντίθεση με την καινούρια σας γούνα ή την πλατινένια πιστωτική σας κάρτα. Για τους Στωικούς, ο σκοπός είναι να διατηρήσει κανείς τη δύναμη πάνω στον εαυτό του. Εάν δίνει κάποιος αξία σε κάτι που μπορεί να του αφαιρεθεί, τότε υποτάσσει τον εαυτό του στη δύναμη αυτού που μπορεί να του το αφαιρέσει. Σκεφτείτε πόση δύναμη έχει σε εκείνους που δεν έχουν τελειοποιήσει τη στωική τους στάση ένας κλέφτης αυτοκινήτων. Αγοράζουμε ακριβούς και ενοχλητικούς συναγερμούς, παλεύουμε να τοποθετήσουμε το «μπαστούνι» κάθε φορά που βγαίνουμε από το αυτοκίνητο και σπαταλάμε περιουσίες σε ασφάλειες και ιδιωτικά γκαράζ, και όλα αυτά πριν καν συμβεί οτιδήποτε. Και αν το αυτοκίνητο κλαπεί, η συναισθηματική μας αγωνία δεν μπορεί να μετρηθεί, μα βρίσκεται σίγουρα πολύ ψηλά στην κλίμακα

* *Ηθικά Νικομάχεια,* μτφρ. Ανδρέας Δαλέζιος, εκδ. Πάπυρος, Αθήνα, 1975. (Σ.τ.Μ.)

Ρίχτερ. Τα αυτοκίνητα είναι άφθονα σε κάθε δρόμο. Οι αρετές είναι πιο σπάνιες στους ανθρώπους. Η Σούζαν σωστά δίνει αξία στα κριτήρια και τις προσδοκίες της και οι Στωικοί θα της έδιναν τις ευλογίες τους στο να αντισταθεί στις δυνάμεις που την ωθούν να υποτιμήσει τον εαυτό της.

> «Η πρόθεση της φύσης ήταν να μη χρειαζόμαστε ιδιαίτερο εξοπλισμό για να ζούμε ευτυχισμένα. Ο καθένας μας είναι ικανός να φτιάξει τη δικιά του ευτυχία. Τα εξωτερικά αντικείμενα έχουν μικρή σημασία... Ό,τι είναι το καλύτερο για έναν άνθρωπο βρίσκεται πέρα από την επιρροή άλλων ανθρώπων».
>
> ΣΕΝΕΚΑΣ

Η Σούζαν είχε και μια μοιρολατρική πλευρά, οπότε της ήταν προσφιλής και ο Τολστόι. Ο Τολστόι πίστευε στο ανθρώπινο πεπρωμένο. Και η Σούζαν, επίσης, ένιωθε ότι η μοίρα θα έπαιζε τον κύριο ρόλο σε κάθε σχέση, αναρωτιόταν όμως πόση επιρροή είχε η ίδια στην όλη υπόθεση. Θα μπορούσε να βρει τον έρωτα που έψαχνε και να τον φέρει στη ζωή της; Ή ήταν θέμα πεπρωμένου;

Όπως και με όλα τα φιλοσοφικά θέματα, δεν υπάρχει τρόπος να απαντήσει κανείς οριστικά σε αυτά τα ερωτήματα. Ο μόνος τρόπος να μάθει κανείς είναι να ζήσει και ακόμη και τότε βέβαια μπορεί να μη μάθει. Οι φιλοσοφικές θεωρίες δεν μπορούν να αποδειχθούν όπως τα μαθηματικά θεωρήματα. Εφόσον δεν γνωρίζουμε τις απόλυτες απαντήσεις, αυτό που μπορεί να έχει σημασία είναι ποιες πιστεύουμε ότι είναι οι απαντήσεις και γιατί πιστεύουμε αυτό που πιστεύουμε.

> «Η αναγνώριση της ελεύθερης βούλησης του ανθρώπου ως ικανής να επηρεάσει ιστορικά γεγονότα, δηλαδή ως μη υποκείμενης σε νόμους, όσον αφορά την ιστορία αντιστοιχεί με την αναγνώριση από την αστρονομία μιας ανεξάρτητης δύναμης που θα κινούσε τα ουράνια σώματα».
>
> ΛΕΩΝ ΤΟΛΣΤΟΪ

Η κατάληξη για τη Σούζαν ήταν, λοιπόν, ή να περιμένει για τη σχέση που ήθελε ή να συμβιβαστεί. Εάν είχε αποφασίσει να περιμένει μέχρι να βρει κάποιον που πληρούσε τις υψηλές προσδοκίες της, μπορεί να τον έβρισκε αύριο ή ποτέ. Δεν μπορούσε να καθορίσει το μέγεθος της αναμονής. Μπορούσε μόνο να αποφασίσει πόσο θα περιμένει χωρίς να συμβιβαστεί και ποια θα ήταν η φύση του συμβιβασμού.

Και ο Αριστοτέλης και ο Κομφούκιος, που ήταν σύγχρονοι αν και ζούσαν σε χωριστούς κόσμους, πίστευαν ότι η αρετή, όπως και η ανηθικότητα ήταν συνήθειες. Η αρετή δεν είναι απρόσιτος στόχος, αντίθετα είναι εντός των δυνατοτήτων μας. Η κοινωνία μάς διαμορφώνει, μα σε κάποιο σημείο πρέπει να αναλάβουμε την ευθύνη για το ποιες συνήθειες αποκτούμε. Η Σούζαν ήταν περήφανη γιατί διατηρούσε την αρετή και προσδοκούσε από το σύντροφό της να προσπαθεί για το ίδιο πράγμα. Ένας ψυχολόγος μπορεί να έθετε στο επίκεντρο στην τελειομανία της σαν ελάττωμα ή σαν κάλυψη βαθύτερων συναισθημάτων, εκεί όπου ένας φιλόσοφος θα εξέταζε πιο προσεκτικά την αντίληψή της περί αρετής και πώς την αξιολογούσε στους άλλους. Για την ώρα, η Σούζαν μπορούσε να είναι σίγουρη ότι η προσκόλλησή της στα υψηλά της ιδανικά θα της παρείχε ένα δρόμο προς την ολοκλήρωση.

Βλέπουμε τους εαυτούς μας να αντανακλώνται σε άλλους ανθρώπους, οπότε οι σχέσεις μπορούν να μας βοηθήσουν να κατανοήσουμε καλύτερα τους εαυτούς μας. Μια καθαρή εικόνα του εαυτού μας είναι στόχος και της φιλοσοφικής πρακτικής, πράγμα το οποίο εξηγεί γιατί αυτό το βιβλίο έχει τρία κεφάλαια αφιερωμένα στις σχέσεις. Για να είναι κανείς ανθρώπινος, πρέπει να συναναστρέφεται με ανθρώπους. Αυτή είναι η κινητήρια δύναμη πίσω από την αναζήτηση σχέσεων, όπως είδαμε σε αυτό το κεφάλαιο, και ο λόγος που χρειάζεται να καταβάλουμε κόπο για να τις διατηρούμε όταν τις βρούμε, όπως θα δούμε παρακάτω.

6

ΣΥΝΤΗΡΗΣΗ ΜΙΑΣ ΣΧΕΣΗΣ

«Πάντα ῥεῖ».

ΗΡΑΚΛΕΙΤΟΣ

«Όλος ο κόσμος είναι ένας πύρινος κρατήρας. Με βάση ποιο τρόπο σκέψης μπορεί κανείς να αποφύγει να καεί;»

ΚΑΟ ΦΕΝΓΚ

Όλες οι δομές, από μηχανές και οργανισμούς μέχρι και συστήματα, χρειάζονται συντήρηση. Σαν μια ιδιαίτερα περίπλοκη, εύπλαστη κατασκευή, μια σχέση απαιτεί διαρκή επισκευή και προληπτικά μέτρα για να συνεχίσει να λειτουργεί ομαλά. Η ισορροπία που απαιτείται για να συνεχίσει ένας ζων οργανισμός να είναι λειτουργικός μεταβάλλεται συνεχώς, απαιτώντας μικρές ρυθμίσεις όλη την ώρα. Συνδυάστε δυο ζωντανούς οργανισμούς τόσο εκλεπτυσμένους και περίπλοκους όπως οι άνθρωποι και το έργο για να συντηρηθεί η δομή, η σχέση, υπερδιπλασιάζεται. Και τα δυο άτομα έχουν τις ανάγκες και τις επιθυμίες τους, ενώ η ίδια η σχέση εμφανίζει επιπλέον απαιτήσεις.

Μπορεί να είναι απαραίτητη τόσο εσωτερική όσο και εξωτερική συντήρηση. Το να συντηρεί κανείς μια σχέση είναι σκληρή δουλειά, όμως πολλή από αυτή επιτελείται ακούσια, ακολουθώντας τη φυσική ροή των πραγμάτων, χωρίς καν να χρειαστεί να το σκεφτούμε. Το σώμα μας κάνει πολλές διαδικασίες για να παραμείνει υγιές, τις οποίες συνήθως δεν αντιλαμβανόμαστε, τη ρύθμιση της θερμοκρασίας και της αναπνοής, για παράδειγμα. Σε κάποιο σημείο βέβαια χρειάζεται εξωτερική παρέμβαση, είτε είναι αυτό ένα εμβόλιο για τη γρίπη είτε μια θεραπεία αντιβιοτικών ή μια επίσκεψη σε ένα φυσικοθεραπευτή. Για να διατηρηθεί μια σχέση υγιής μπορεί να απαιτηθεί εξωτερική βοήθεια, όπως ένα πάρτι επετείου ή συμβουλές. Το μεγαλύτερο μέρος από το γράσο και την κόλλα που συντηρεί μια σχέση πηγάζει από την καθημερινή αλληλεπίδραση, όπως το να αποφασίζει το ζευγάρι από κοινού για το γεύμα, το να παίρνεις από το καθαριστήριο τα ρούχα του συντρόφου σου ή από ένα γρήγορο φιλί το πρωί πριν φύγει ο καθένας για τη δουλειά του. Μεταξύ αυτών βρίσκεται το κοινό έδαφος στο οποίο βρίσκονται όλα τα κύρια θέματα σε μία σχέση και όπου χρειάζεται η περισσότερη δουλειά.

ΔΥΝΑΜΗ ΚΑΙ ΕΥΔΑΙΜΟΝΙΑ

Αναζητούμε τη δύναμη, όσο περισσότερη μπορούμε να αποκτήσουμε. Ο Τόμας Χομπς όρισε τη δύναμη ως τη δυνατότητα να παίρνει κάποιος αυτό που του αρέσει ή ό,τι νομίζει πως είναι καλό για αυτόν. Αντίθετα με τον Πλάτωνα, ο οποίος έβλεπε κάτι ως καλό εάν είχε την ιδεώδη Μορφή, ο Χομπς πίστευε ότι το κάθε άτομο αποφασίζει τον ορισμό του καλού. Πίστευε ότι θεωρούμε κάτι καλό επειδή μας αρέσει και κάτι κακό επειδή μας δυσαρεστεί. Για τον Χομπς το καλύτερο που μπορούμε να ελπίζουμε στη ζωή είναι η «ευδαιμονία», την οποία έβλεπε σαν μια ακολουθία από ευτυχισμένες στιγμές ή σαν τη δυνατότητα να κάνει κάποιος τον εαυτό του ευτυχισμένο τακτικά, αποκτώντας αυτό που θεωρεί καλό για τον ίδιο. Καμία ευτυχία τέτοιου είδους δεν διαρκεί πολύ. (Αργότερα με τον Φρόιντ ανακαλύπτουμε ξανά ότι αυτή η ευτυχία είναι περαστική.) Για τον Χομπς, η δυνατότητα να διατηρεί κανείς την ευδαιμονία του είναι η υπέρτατη δύναμη.

> «... θέτω ως γενική ροπή όλης της ανθρωπότητας μια αέναη και ακατάπαυστη επιθυμία για όλο και περισσότερη δύναμη, που τελειώνει μόνο με το θάνατο».
>
> ΤΟΜΑΣ ΧΟΜΠΣ

Μία καλά συντηρημένη σχέση είναι ένα είδος ευδαιμονίας και μια πηγή δύναμης. Σχεδόν όλοι συμφωνούν ότι θέλουν τις σχέσεις τους να τους κάνουν ευτυχισμένους ή να τους παρέχουν ολοκλήρωση. Σχεδόν όλοι είναι ξεκάθαροι για το τι πρόκειται να συμπεριλάβουν σε μία σχέση. Αυτό το δίλημμα περιπλέκεται από αυτό που οι οικονομολόγοι καλούν νόμο της φθίνουσας απόδοσης, δηλαδή όσο πιο συχνά συμβαίνει κάτι, τόσο λιγότερο αξίζει. Το πρώτο φιλί και τα πρώτα «Σε αγαπώ» σας είχαν κάνει να βλέπετε αστεράκια. Τώρα περνούν μέρες χωρίς να κάνετε τίποτα από τα παραπάνω με το σύντροφό σας. Ένα κομπλιμέντο στο/στη σύντροφό σας μια ημέρα που ήταν όμορφα τα μαλλιά του/της πιθανόν να σας ανέβαζε πολύ στα μάτια του/της στις αρχές μιας σχέσης, μα έχει γίνει λιγότερο αποτελεσματικό με το πέρασμα του χρόνου.

Είναι τμήμα της ανθρώπινης φύσης να αποζητά την πρωτιά. Οι άνθρωποι είναι εγωκεντρικοί. Ακόμη και όταν υπηρετούμε άλλους, το κάνουμε είτε γιατί μας φέρνει διάφορα ωφελήματα είτε για να αποφύγουμε τιμωρίες. Ενώ οι άνθρωποι θυσιάζουν τη ζωή τους ο ένας για τον άλλο σε καιρό πολέμου και σε άλλες ακραίες καταστάσεις, αυτό απέχει πολύ από το σύνηθες. Συνήθως, το να είναι κάποιος αλτρουιστής εξυπηρετεί και τις δικές του ανάγκες επίσης, αν όχι κατά κύριο λόγο. Σαν ένα εγωιστικό πλάσμα, όταν τα πράγματα σοβαρέψουν, η ευτυχία σας μπορεί να αποβεί εις βάρος της ευτυχίας του/της συζύγου σας. Αυτή είναι η αφετηρία του αγώνα για την απόκτηση δύναμης και ο Χομπς θα έβλεπε κάθε σχέση σαν ένα είδος αγώνα για δύναμη. Η αναζήτηση κοινού εδάφους, ισορροπίας δύναμης, είναι αυτό που εννοώ όταν μιλώ για συντήρηση της σχέσης.

Εάν η συντήρηση απαιτεί τόση πολλή δουλειά, γιατί να απασχολούμαστε ψάχνοντας για κοινό έδαφος; Το υπέροχο με τις σχέσεις είναι ότι με την κατάλληλη συντήρηση το σύνολο είναι μεγαλύτερο από το άθροισμα των επιμέρους τμημάτων. Σε ιδανικές συνθήκες, και τα δύο μέλη δέχονται υποστήριξη για να αντιληφθούν τις δυνατότητές τους ο καθένας ξεχωριστά, καθώς και για να αντιληφθούν τις δυνατότητες της ομάδας. Εάν τα πράγματα χαλάσουν, η τεράστια απορρόφηση ενέργειας μιας ανεπανόρθωτα τραυματισμένης σχέσης μπορεί επίσης να σημάνει ότι το σύνολο είναι μικρότερο από το άθροισμα των επιμέρους τμημάτων. (Αυτός ο τομέας είναι το αντικείμενο του επόμενου κεφαλαίου.) Η συνένωση πόρων, όπως ένας κοινός αποταμιευτικός λογαριασμός, κάνει τους πόρους ουσιαστικά πολυάριθμους. Μα εάν το ένα άτομο κάνει μόνο καταθέσεις και το άλλο μόνο αναλήψεις, σύντομα θα δημιουργηθεί έλλειμμα. Ομοίως, αν το ένα άτομο σε μια σχέση ασχολείται με τη συντήρηση ενώ το άλλο είναι αδιάφορο, ο κοινός τους λογαριασμός σύντομα θα καταλήξει με ανεπαρκή κεφάλαια. Προστασία από αναλήψεις ποσών μεγαλύτερων του οφειλομένου μπορεί να καλύψει τις καθημερινές ανάγκες, αλλά δεν θα βοηθήσει όταν κάποιο σοβαρό θέμα προκύψει.

ΣΑΡΑ ΚΑΙ ΚΕΝ

Για τα τέσσερα χρόνια που ήταν μαζί, η Σάρα και ο Κεν είχαν βρει ευδαιμονία στη σχέση τους. Οι φίλες της Σάρας της έλεγαν ότι τη ζήλευαν για την «τέλεια» σχέση της. Η Σάρα και ο Κεν είχαν περάσει μαζί τη γεμάτη άγχος τελευταία χρονιά των σπουδών τους και τώρα απολάμβαναν τους καρπούς των κόπων τους, ανεβαίνοντας γρήγορα τη σκάλα της ιεραρχίας στις αντίστοιχες εταιρείες που εργάζονταν. Και οι δύο δούλευαν πολλές ώρες, αλλά τους άρεσε να κάνουν περιπάτους στη φύση και σκι παρέα, όταν είχαν ελεύθερα σαββατοκύριακα. Όταν ο Κεν δεν προήχθη στη δουλειά του, η Σάρα μπόρεσε να τον παρηγορήσει και να τον προετοιμάσει για την επόμενη ευκαιρία και όταν διαγνώστηκε καρκίνος στη μητέρα της Σάρας, ο Κεν πετούσε στο πατρικό της κάθε λίγες εβδομάδες μέχρι που ολοκληρώθηκε επιτυχώς η χημειοθεραπεία.

Η Σάρα και ο Κεν συζούσαν για τρία χρόνια όταν η Σάρα ήρθε να με δει. Είχε τερματίσει ένα προηγούμενο δεσμό της όταν ο άνδρας με τον οποίο σχετιζόταν ήθελε να παντρευτούν και να ξεκινήσουν οικογένεια και αυτή δεν ένιωθε έτοιμη για κάτι τέτοιο. Τώρα πια ήταν τριάντα δύο ετών και καθιερωμένη επαγγελματίας και ήθελε παιδιά. Όμως ανησυχούσε σχετικά με την εξισορρόπηση καριέρας και μητρότητας και ήταν πεπεισμένη ότι ένας σταθερός γάμος θα ήταν το απαραίτητο υπόστρωμα για την υπόθεση αυτή.

Το πρόβλημα ήταν ότι ο Κεν δεν ήταν έτοιμος για αυτό το επόμενο βήμα. Ήθελε βέβαια να γίνει πατέρας κάποια στιγμή, μα όχι τώρα, όπως έλεγε (θυμίζοντας στη Σάρα την προσευχή του Αγίου Αυγουστίνου «Κάνε με ενάρετο... μα όχι ακόμη»). Ήταν πολύ ευτυχισμένος με τη σχέση του με τη Σάρα όπως ήταν τώρα και έβλεπε το γάμο σαν πρελούδιο για την πατρότητα – κάτι που ούτως ή άλλως θα γινόταν. Η Σάρα ήξερε πως για να γίνει μητέρα με τον τρόπο που ήθελε, θα έπρεπε να αλλάξει τη σχέση της. Μα ήθελε να την αλλάξει φέρνοντάς την σε μια καινούρια φάση, όχι αλλάζοντας σύντροφο.

Η Σάρα αναρωτιόταν εάν έπρεπε να πιέσει τον Κεν. Θα μπορούσε κάποιος συνειδητά να προετοιμαστεί για παιδιά; Ή αν τον πίεζε να γίνει πατέρας θα ήταν ένα μεγάλο λάθος; Σκέφτηκε να μείνει έγκυος ελπίζοντας ότι ο Κεν θα αναλάβει τις ευθύνες του. Ήθελε όμως να αρχίσει την οικογενειακή της ζωή με μεγαλύτερη περίσκεψη και δεν ήθελε να ρισκάρει να χάσει το σύντροφό της, ούτε να γίνει ανύπαντρη μητέρα.

Η Σάρα αναγνώριζε και ένα οικονομικό κίνητρο πίσω από το δίλημμά της. Όπως είχαν τα πράγματα, αυτή είχε τη δική της συμβολή στη σχέση με τον Κεν όταν μετρούσαν πράγματα όπως ο μισθός. Ήθελε όμως να μπορεί να μείνει στο σπίτι ενώ τα παιδιά της ήταν πολύ μικρά και φοβόταν τι θα σήμαινε αυτό και για την ίδια και για τον Κεν. Μήπως τα άνισα εισοδήματα δημιουργούσαν ανισορροπία στη σχέση τους; Θα δεχόταν ο Κεν ένα χαμηλότερο επίπεδο διαβίωσης, ακόμη και αν ήταν προσωρινό; Θα το δεχόταν η ίδια;

Η Σάρα αντιμετώπιζε ένα δίλημμα χωρίς διέξοδο εξαιτίας

των αλληλοσυγκρουόμενων καταστάσεων. Το να συντηρήσει τη σχέση της μπορεί να σήμαινε ότι έπρεπε να παραιτηθεί από έναν από τους κύριους λόγους για τον οποίο ήθελε να συντηρήσει τη σχέση, το να κάνει παιδιά. Και κάνοντας ένα παιδί μπορεί να έθετε σε κίνδυνο τη σχέση που ήθελε να συντηρήσει. Διάλεξε να αξιολογήσει την κατάστασή της φιλοσοφικά προτού πάρει αποφάσεις. Συνειδητοποίησε ότι μπορεί να μην έβρισκε λύσεις, αλλά δίνοντας το χρόνο που χρειαζόταν για να εξετάσει τον εαυτό της και να επανεξετάσει τα θέματα, έλπιζε να βρει ένα βιώσιμο συμβιβασμό ή απλά να συμβιβαστεί με τις περιστάσεις μέχρι το θέμα να τακτοποιηθεί από μόνο του. Μερικές φορές το να μην κάνεις τίποτα είναι ο σωστός τρόπος δράσης. Μπορεί ο Κεν να χρειαζόταν λίγο χρόνο μόνο και μετά θα ήθελε να γίνει πατέρας όσο και η Σάρα ήθελε να γίνει μητέρα. Δεχόταν κάποιες πιέσεις από τους γονείς της για εγγόνια και γνώριζε πως όσο περισσότερο περίμενε, τόσο μεγαλύτερη θα ήταν η πιθανότητα να δυσκολευτεί να συλλάβει. Δεν ένιωθε όμως κάποια πίεση να επιλύσει το θέμα και τη συμβούλευσα να βρει παρηγοριά στη διαδικασία της φιλοσοφικής έρευνας. Πρότεινα επίσης να προσπαθήσει να εμπλέξει τον Κεν στη διαδικασία, για να δει αν θα μπορούσαν να βρουν κοινό έδαφος.

Η φιλοσοφική συμβουλευτική λειτουργεί με το να βοηθά στην εξωτερίκευση των σκέψεων σε όλες τις σοβαρές προκλήσεις της ζωής και στην οργάνωση των αρχών στις οποίες πιστεύετε, έτσι ώστε να μπορείτε να δράσετε βάσει αυτών. Εάν μοιράζεστε ένα φιλοσοφικό πλαίσιο ή μπορείτε να βρείτε ένα κοινό φιλοσοφικό πλαίσιο, είτε αυτό είναι θρησκεία είτε μία σειρά κανόνων δικής σας επινόησης είτε κάποιος συνδυασμός υπαρχόντων συστημάτων, αυτό θα λειτουργήσει σαν ένας αποτελεσματικός απορροφητήρας κραδασμών για τη σχέση σας. Οι περισσότεροι άνθρωποι έχουν τηρήσει πιστά προσωπικές φιλοσοφίες και βαθιές διαισθήσεις για το πώς και το γιατί είναι τα πράγματα ως έχουν, μα δεν έχουν διατυπώσει αυτή τη γνώση συστηματικά οπότε και δεν μπορούν να δράσουν σε συμφωνία με αυτήν. Η Σάρα προσπαθούσε να το αλλάξει αυτό στον εαυτό της και πίστευε ότι μπορεί να έπειθε και τον Κεν να κάνει το ίδιο.

Βιβλιοθεραπεία

Στην περίπτωση της Σάρας πίστευα πως η βιβλιοθεραπεία μπορεί να τη βοηθούσε. Για μερικούς πελάτες μου, η συνταγή μου είναι ένα βιβλίο που νομίζω ότι μπορεί να τους βοηθήσει. Δεν αρέσει σε όλους να εργάζονται με αυτόν τον τρόπο, μα όταν ταιριάζει, η βιβλιοθεραπεία μπορεί να βοηθήσει πολύ. Για τη Σάρα πρότεινα το *Ι Τσινγκ* (χρησιμοποιώ τη μετάφραση των Wilhelm-Baynes). Συζητήσαμε την κεντρική ιδέα του βιβλίου, ότι υπάρχει δηλαδή καλύτερος και χειρότερος τρόπος να συμπεριφερθείς σε κάθε κατάσταση, και αν είσαι γνωστικός, θα ανακαλύψεις και θα επιλέξεις τον καλύτερο τρόπο. Το *Ι Τσινγκ* δεν είναι, όπως μερικοί θεωρούν λανθασμένα, μια γυάλινη σφαίρα που λέει τη μοίρα. Είναι μια αποθήκη μεγάλης σοφίας και αντανακλά τις εσωτερικές λειτουργίες του ίδιου σας του νου. Αυτό ήταν ακριβώς ό,τι έψαχνε η Σάρα και πίστευα ότι θα μπορούσε να συνδεθεί με τη διαισθητική προσέγγιση του *Ι Τσινγκ*.

Το *Ι Τσινγκ* δεν είναι φτιαγμένο για να διαβάζεται μονοκόμματα. Αντίθετα, το χρησιμοποιείτε κάνοντάς του μια ερώτηση την οποία θέλετε να απαντήσετε. Για την ακρίβεια ρωτάτε τον εαυτό σας και το *Ι Τσινγκ* απλά σας βοηθά να βρείτε την απάντηση μέσα σας. Ένα απλό σύστημα, κατά το οποίο στρίβετε κέρματα (περιγράφεται λεπτομερώς στο Παράρτημα Ε) σας κατευθύνει σε ένα συγκεκριμένο τμήμα του κειμένου. Το κείμενο αποτελείται από εξήντα τέσσερα τμήματα, καθένα από τα οποία αντιστοιχεί σε ένα από εξήντα τέσσερα πιθανά εξάγραμμα, τα οποία επιλέγονται στρίβοντας το νόμισμα. Η Σάρα επέλεξε το εξάγραμμο 37, «Η οικογένεια», όπου διάβασε μεταξύ άλλων:

> «Το θεμέλιο της οικογένειας είναι η σχέση μεταξύ άνδρα και γυναίκας. Ο δεσμός που κρατάει την οικογένεια ενωμένη είναι η πίστη και η επιμονή της συζύγου...»

Ένα άλλο τμήμα συμβούλευε:

> «Η γυναίκα δεν πρέπει να ακολουθεί τα καπρίτσια της. Πρέπει να προσέχει το φαγητό. Η επιμονή φέρνει καλή τύχη».

Το κείμενο συνέχιζε εξηγώντας:

> «...με αυτό τον τρόπο η γυναίκα γίνεται το κέντρο της κοινωνικής και θρησκευτικής ζωής της οικογένειας και η παραμονή της σε αυτή τη θέση φέρνει καλή τύχη σε όλο το σπίτι. Σε σχέση με τις γενικές καταστάσεις, η συμβουλή που δίδεται εδώ είναι να μην προσπαθεί να αποκτήσει τίποτα με τη βία κάποιος, αλλά ήσυχα να περιορίζεται στα τρέχοντα καθήκοντα».

Μαζί, εγώ και η Σάρα συζητήσαμε πιθανές εξηγήσεις αυτού του εξαγράμμου. Η Σάρα βρήκε τα τμήματα που ανέφερα γεμάτα νόημα και τελικά συμπέρανε ότι δεν μπορούσε να επιβάλει την πατρότητα στο σύζυγό της. Υπέθεσε ότι εάν επέμενε σαν καλή και γεμάτη αγάπη σύζυγος, ο Κεν θα καταλάβαινε ότι θα γινόταν καλή και γεμάτη αγάπη μητέρα. Τότε θα γίνονταν γονείς φυσικά, όχι επειδή το είχε προκαλέσει η ίδια.

Έτσι το *Ι Τσινγκ* βοήθησε τη Σάρα να βοηθήσει τον εαυτό της με την περισυλλογή, δίνοντάς της μία φιλοσοφική προδιάθεση που θα της έφερνε ό,τι ήθελε, αλλά μέσω μιας μη σχεδιασμένης σειράς ενεργειών που δεν θα προκαλούσε καταστροφές στο πέρασμά της.

Η ομορφιά του γραπτού του λόγου και η πρακτική φύση της σοφίας του είναι αρκετά καλός λόγος για να δοκιμάσει κανείς το *Ι Τσινγκ*, μα ένας άλλος λόγος που της το συνέστησα αντανακλάται στο άλλο κοινό όνομα αυτού του αρχαίου κινέζικου κειμένου: *Το Βιβλίο των Αλλαγών*. Όπως ο Ηράκλειτος παρατήρησε και η Σάρα βίωνε «Πάντα ῥεῖ». Η φύση μιας σχέσης είναι το να συντηρείς κάτι εν όψει της αλλαγής. Αυτό δεν σημαίνει ότι η σχέση δεν αλλάζει, γιατί πρέπει. Ένας γάμος δεν είναι ο ίδιος στη χρυσή επέτειο όπως ήταν πενήντα χρόνια νωρίτερα. Έχουν περάσει διάφορες φάσεις, κύκλοι, κρίσεις και επιλύσεις όλο αυτό τον καιρό. Η ελαστικότητα είναι το κλειδί για την επιβίωση της σχέσης.

Το να βρίσκεσαι πάνω σε ένα τρενάκι λούνα παρκ σημαίνει ότι βιώνεις αλλαγές κάθε δευτερόλεπτο. Τα ανεβάσματα και τα κατεβάσματα είναι δύο πολύ διαφορετικές αισθήσεις, ακόμη και όταν βρίσκεσαι στο ίδιο τρενάκι. Η Σάρα ήξερε ότι το τρενάκι στο οποίο επέβαινε μαζί με τον Κεν κατευθυνόταν προς το υψηλότερο σημείο της διαδρομής, αλλά δεν ήταν σίγουρη τι θα επακολουθούσε. Μια οικογένεια, μια σχέση χωρίς παιδιά ή το τέλος της σχέσης; Σε οποιαδήποτε περίπτωση η αλλαγή ήταν καθ' οδόν και ήθελε να βρει τον καλύτερο τρόπο να την αντιμετωπίσει.

Η κινέζικη φιλοσοφία διδάσκει ότι μπορεί να μην είσαι καθ' όλα υπεύθυνος για μια κατάσταση, μα έχεις την υποχρέωση να βρεις την καλύτερη δυνατή αντιμετώπιση μόλις βρεθείς στην εν λόγω κατάσταση. Σύμφωνα με το *Ι Τσινγκ*, εάν επιλέξεις τον χειρότερο τρόπο για να πετύχεις αυτό που προσπαθείς, θα υπάρξουν προβλήματα παρακάτω στο δρόμο σου (όπως φοβόταν η Σάρα, όταν σκεφτόταν την κατά λάθος εγκυμοσύνη). Η αναζήτηση πάντα του καλύτερου τρόπου δεν θα σου επιτρέψει μόνο να εκμεταλλευτείς στο έπακρο μία καλή κατάσταση αλλά και μία κακή.

Ο Ηγεμόνας

Ο Μακιαβέλι δεν είναι γενικά ο φιλόσοφος που θα εμπιστευόταν κανείς για καθοδήγηση σε ερωτικά θέματα. Μα στο βιβλίο του *Ο Ηγεμόνας* έθεσε μια χρήσιμη θεωρία για την αλλαγή. Πίστευε ότι οτιδήποτε μας συμβαίνει οφείλεται είτε στο πεπρωμένο είτε στην ικανότητα μας, με πιθανότητα περίπου πενήντα τοις εκατό όσον αφορά την επίδραση του καθενός.

> «Είμαι διατεθειμένος να δεχτώ ότι η τύχη είναι ο ρυθμιστής των μισών ενεργειών μας, μα μας επιτρέπει να ελέγξουμε περίπου τις άλλες μισές».
>
> ΝΙΚΟΛΟ ΜΑΚΙΑΒΕΛΙ

Σε κάθε περίπτωση, πρέπει να έχετε εμπιστοσύνη στον εαυτό σας για το τι μπορείτε να κάνετε, εφόσον η επινοητικότητά σας θεωρείται δεδομένη. Πρέπει όμως επίσης να αναγνωρίσουμε τις δυνάμεις του σύμπαντος πάνω στις οποίες δεν έχουμε κανένα έλεγχο. Η Σάρα δεν χρειαζόταν να αρκεστεί στην αδράνεια εξαιτίας μιας μοιρολατρικής άποψης. Πρέπει όμως και να υποκύπτει σε πράγματα που είναι πέραν της δυνατότητάς της να επηρεάσει. Το πώς ακριβώς θα έπρεπε να συνδυαστεί το πεπρωμένο και η ικανότητα (*fortuna et virtù*) του Μακιαβέλι για να αλλάξει την άποψη του Κεν περί πατρότητας ήταν εκείνο που έπρεπε να εντοπίσει η Σάρα. Η κινέζικη φιλοσοφία υποστηρίζει ότι πρέπει να εξακριβώσεις σε τι είδους κατάσταση βρίσκεσαι και να διαλέξεις την πορεία σου ανάλογα. Σε περίπτωση θύελλας, φράζεις με μουσαμά τις μπουκαπόρτες περιμένοντας να ξεθυμάνει. Με ευνοϊκό άνεμο ξετυλίγεις όλα τα πανιά. Η Σάρα ένιωθε ότι ανεξάρτητα από το ποιος θα ήταν ο τελικός προορισμός, το ταξίδι θα ήταν καλύτερο με δύο πλοηγούς (που μελετούν χάρτες φτιαγμένους από παγκόσμιας κλάσης χαρτογράφους) παρά με ένα μοναχικό καπετάνιο.

ΤΟΝΙΑ

Ο συνάδελφος μου Κρίστοφερ ΜακΚάλαχ είχε μια πελάτισσα που πήγε σε αυτόν ανησυχώντας ότι είχε παντρευτεί λάθος άνδρα. Όμως, όπως η Τόνια βιάστηκε να προσθέσει, πάντα άρχιζε να νιώθει δυσαρεστημένη μετά από δύο ή τρία χρόνια σχέσης. Ο γάμος της ήταν η πρώτη φορά που ένιωθε αφιερωμένη σε μια σχέση μακροχρόνια, μα ακόμη ένιωθε αυτά τα περίεργα συναισθήματα. Μήπως είχε κάνει κάποιο φρικτό λάθος;

Παρά τις αμφιβολίες της, έλεγε ότι αγαπούσε τον άνδρα της πάρα πολύ. Ήθελε να μείνει δεσμευμένη στο γάμο της και παρ' όλα αυτά ένιωθε παγιδευμένη από αυτόν. Θα εξετάσουμε την υπόθεση στα πλαίσια της διαδικασίας PEACE, για να πάρουμε μια εικόνα τού πώς ο φιλοσοφικός σύμβουλος βοήθησε την Τόνια.

Το πρόβλημά της ήταν ξεκάθαρο. Φοβόταν πως η σχέση της ήταν αποτυχημένη. Μεγαλοποιώντας αυτή την κύρια ανησυχία, η Τόνια είχε και άλλους φόβους. Ότι ήταν ανίκανη να έχει μία διαρκή σχέση και ότι μία διαρκής σχέση σήμαινε ότι θα ένιωθε παγιδευμένη. Ήταν αντίστοιχα ξεκάθαρη και για τα επακόλουθα συναισθήματα, γιατί εκτός του φόβου ένιωθε ενοχές, θλίψη, ανασφάλεια, άγχος και απομάκρυνση.

Ήταν κατά τη διάρκεια της ανάλυσής της που η Τόνια αντιμετώπισε προβλήματα. Περιέγραψε με επιδεξιότητα την ψυχολογική της ιστορία, διαλέγοντας διάφορα θέματα τόσο καλά που ήταν εμφανές ότι είχε κάνει ξανά θεραπεία. (Επαναλαμβάνω, η ψυχολογική θεραπεία μπορεί να βοηθήσει με αυτόν τον τρόπο: βοηθώντας κάποιον να μάθει τον εαυτό του.) Μα φτάνοντας στις επιλογές της για δράση, έβλεπε λίγες πιθανότητες: Να παραμείνει παντρεμένη είτε της άρεσε είτε όχι (ο δρόμος που διάλεξαν οι γονείς της) ή να αποδεχτεί ότι δεν ήταν προορισμένη για μακροχρόνια σχέση, να διαλύσει το γάμο της και να εγκαταλείψει την ιδέα ότι θα μείνει με κάποιον μόνιμα. Η επιλογή που είχε παραβλέψει ήταν το να μείνει παντρεμένη και ευτυχισμένη μαζί.

Ο σύμβουλός της την οδήγησε στη φάση της περισυλλογής. Όταν της ζήτησε να καθορίσει τι εννοούσε λέγοντας ότι αισθάνεται δεσμευμένη στη σχέση της, αυτή απάντησε ότι σήμαινε ότι είχε αναλάβει μία υποχρέωση και ζούσε σύμφωνα με τις προσδοκίες της οικογένειάς της και της κοινωνίας. Αυτό αντανακλούσε μια φιλοσοφική προδιάθεση –ο γάμος ως υποχρέωση προς άλλους– η οποία δεν την εξυπηρετούσε και πολύ καλά.

Όταν της παρουσιάστηκε ένας εναλλακτικός τρόπος θεώρησης του γάμου, η Τόνια συμφώνησε ότι ο γάμος θα μπορούσε επίσης να είναι μια δέσμευση την οποία έκανε γιατί ήθελε να έχει μία σοβαρή, αποκλειστική σχέση καθώς επίσης και για να καλύψει τις ανάγκες και τις επιθυμίες κάποιου άλλου. Συνειδητοποίησε ότι παραμένοντας ή μη όντας πιστή στο σύζυγο της ήταν δική της απόφαση και όχι μία κατάσταση που της επιβαλλόταν. Είπε ότι ένιωθε ότι ο μόνος λόγος που δεν απατούσε το σύζυγο της, καθώς είχε μπει στον πειρασμό, ήταν ότι δεν ήθελε να τον πληγώσει. Στο μυαλό της, αυτό φαινόταν σαν να την υποχρέωνε να κάνει κάτι που δεν ήθελε στην πραγματικότητα να κάνει. Τώρα όμως κατάλαβε ότι απορρίπτοντας την πιθανότητα να βρεθεί με άλλους άνδρες, αυτή η ίδια έκανε μια επιλογή. Ενεργώντας από μόνη της, θεωρούσε ως πρώτη προτεραιότητα το να μην πληγώσει τον άνθρωπο που αγαπούσε. Στην πραγματικότητα δεν ήθελε να τον πληγώσει.

Η Τόνια συμπέρανε ότι τελικά η δέσμευση δεν ήταν απώλεια ελευθερίας αλλά άσκηση της ελευθερίας. Η Τόνια αναδόμησε τη φιλοσοφία της περί σχέσεων γύρω από αυτή τη θεμελιακή επίγνωση και αυτή η αλλαγή διαφοροποίησε την κατάσταση. Κατανοώντας ότι η επιλογή της φυγής υπήρχε πάντα και ότι διαρκώς αποφάσιζε να μείνει καθησύχασε τους φόβους της Τόνιας. Δεν ένιωθε παγιδευμένη πλέον, γιατί γνώριζε ότι υπήρχε έξοδος την οποία διάλεγε να μη χρησιμοποιήσει.

Σύμφωνα με τον Πυθαγόρα, κανείς άνθρωπος που δεν μπορεί να αυτοκυριαρχηθεί δεν είναι ελεύθερος.

Η Τόνια και ο άνδρας της είχαν ακόμη μπροστά τους όλη τη

δουλειά που πρέπει να κάνουν τα ζευγάρια για να συντηρήσουν μια ευτυχισμένη σχέση. Όμως χωρίς την αναγνώριση της θεμελιώδους δέσμευσης, δεν υπάρχει τίποτα πάνω στο οποίο να χτίσει κανείς. Αυτό το πρώτο βήμα ήταν το κρίσιμο για την Τόνια.

Στην περίπτωση της Τόνιας, αυτό που έμαθε για το πρόβλημα της σχέσης της επεκτάθηκε και σε άλλους τομείς της ζωής της καθώς πέτυχε την εξισορρόπηση. Ακόμη σημαντικότερο ήταν ότι αφιερώθηκε πλήρως στη δουλειά της, η οποία επί χρόνια δεν πήγαινε καλά. Απελευθερωμένη από τους φόβους της ότι είναι παγιδευμένη από την επιτυχία και από τους φόβους της ότι είναι παγιδευμένη στη σχέση της, αφιέρωσε τον εαυτό της στη δουλειά της η οποία άνθησε απότομα. Το σπουδαίο παράδειγμα της Τόνιας, δηλαδή η δύσκολη και μερικές φορές επίπονη δουλειά για να δημιουργήσετε μια φιλοσοφία που θα σας βοηθήσει σε κάποια συγκεκριμένη περίσταση, μπορεί συχνά να σας στηρίξει και σε άλλους τομείς της ζωής σας.

ΕΞΩΤΕΡΙΚΗ ΕΞΟΥΣΙΑ

Ο Χομπς έγραψε ότι εάν οι άνθρωποι αναγνωρίζουν μια κοινή ισχυρή εξουσία, τότε υπακούουν σε αυτήν και τα πηγαίνουν καλά μεταξύ τους. Τα όρια που όλοι σέβονται περιορίζουν τις προστριβές. Από την άλλη, όταν λείπει τέτοια εξουσία, και χωρίς προσυμφωνημένα όρια, οι προστριβές πάντα κλιμακώνονται. Ο Χομπς έγραφε για τον εμφύλιο πόλεμο, αλλά οι ιδέες εφαρμόζονται και σε προσωπικά πεδία μαχών, επίσης. Η εξωτερική εξουσία που περιορίζει τις προστριβές σε μία σχέση μπορεί να είναι εκκλησιαστική, κοινωνική ή φιλοσοφική.

Σε περασμένους καιρούς, υπήρχε μια δυνατότερη κοσμική εξουσία που κρατούσε τα ζευγάρια παντρεμένα, το κοινωνικό στίγμα του διαζυγίου. Δεν ήταν όλοι οι γάμοι ευτυχισμένοι, βέβαια, αλλά ακόμη και στις δύσκολες σχέσεις υπήρχε ένα σοβαρό κίνητρο να τα πάνε καλά, επειδή ήταν αδιανόητες άλλες λύσεις. Μερικές θρησκείες, όπως ο καθολικισμός, συντηρούν αυτό το είδος εξουσίας στους πιστούς τους, αν και μπορεί κανείς να δει από τις δημόσιες διαμάχες για την ακύρωση γάμων και από τον αριθμό των παρεκκλινόντων καθολικών ότι είναι όλο και πιο δύσκολο να υπακούει κανείς στους κανόνες του καθολικισμού όσον αφορά το θέμα αυτό.

Τώρα πια έχουμε ανεξαρτησία από τέτοιου είδους εξωτερική εξουσία, κατά το μεγαλύτερο μέρος. Ο ατομισμός που προκύπτει είναι δώρο κατά κάποιο τρόπο, προκαλεί όμως και κάποια κοινωνική αναρχία. Χωρίς ένα βιβλίο κανόνων, για να βασιστούν, οι άνθρωποι δεν γνωρίζουν πώς να είναι ο ένας με τον άλλο πια. Οι φιλοσοφικές ιδέες, είτε προωθούνται από την ακαδημαϊκή μελέτη είτε ερευνούνται με τη φιλοσοφική θεραπεία είτε τις διαμορφώνουν οι άνθρωποι από μόνοι τους, μπορούν να λειτουργήσουν ως εξωτερική εξουσία, και όταν αυτές τις ιδέες τις σέβονται όλοι οι εμπλεκόμενοι, μπορούν να διατηρήσουν την ειρήνη.

> «Κατά τη διάρκεια της περιόδου που οι άνθρωποι ζουν χωρίς δημόσια εξουσία για να τους εμπνέει δέος, τότε βρίσκονται στην κατάσταση η οποία καλείται πόλεμος».
>
> ΤΟΜΑΣ ΧΟΜΠΣ

Χωρίς κοινούς περιορισμούς στις σχέσεις, επικεντρωνόμαστε πια όχι στη συντήρηση μιας σχέσης, αλλά στο αν η σχέση λειτουργεί καθόλου. Αν δούμε τη σχέση με αρνητικό φως, το επόμενο βήμα είναι συχνά να τη διακόψουμε παρά να προσπαθήσουμε να τη βελτιώσουμε. Καθώς όλο και περισσότεροι άνθρωποι νοικιάζουν αυτοκίνητα αντί να δεχτούν τη μακροχρόνια δέσμευση και να αγοράσουν, φαίνεται να βρίσκουν κάποιο νόημα και στο να νοικιάζουν σχέσεις. Η ενοικίαση είναι καλή όταν σημαίνει ένα γυαλιστερό καινούριο αυτοκίνητο στο γκαράζ κάθε τριάντα έξι μήνες, μα δεν θα καλλιεργήσει τη διαρκή φροντίδα και συνεχή συντήρηση που απαιτεί μια μακροχρόνια σχέση. Γιατί να αλλάξεις λάδια, αφού έχεις μόνο άλλο ένα χρόνο στο συμβόλαιο; Γιατί να βγεις από τη βολή σου για να ικανοποιήσεις μία απαιτητική ή έναν απαιτητικό σύζυγο, αφού μπορείς να πάρεις διαζύγιο; Αυτή η «για το καλύτερο, αλλά όχι για το χειρότερο» προσέγγιση των σχέσεων ποτέ δεν καλλιεργεί την τρυφερότητα ή τη βαθιά σύνδεση. Το άλλο πρόβλημα είναι ότι χωρίς ισχυρή δέσμευση έχεις λιγότερους λόγους να είσαι κόσμιος κατά τη διάρκεια της προστριβής. Αυτό δημιουργεί προοπτικές για πραγματικά κακές εξελίξεις. Ξέρεις ποια είναι τα ευαίσθητα σημεία του συντρόφου σου και δεν φοβάσαι να τα πατήσεις. Όταν όλα επιτρέπονται στον έρωτα (και τον πόλεμο), τότε κάποιος μπορεί να πληγωθεί σοβαρά.

Στην υγεία λοιπόν της ύφεσης. Το τίμημα για σχετική ειρήνη μπορεί να είναι η έλλειψη απόλυτης ελευθερίας, μα τα κέρδη κάνουν την επένδυση συμφέρουσα. Ο Χομπς θα συμφωνούσε ότι η σοφή πορεία θα ήταν να θυσιάσει κανείς λίγη από τη δική του δύναμη με αντάλλαγμα την ασφάλεια που προκύπτει από τη συνεργασία με τους άλλους. Ως κοινωνικά ζώα, είμαστε ισχυρότεροι κατά ομάδες και όταν εργαζόμαστε με κοινό σκοπό. Οτιδήποτε χρειάζεται να ξέρεις το έμαθες στο νηπιαγωγείο: Να περιμένεις τη σειρά σου και να μοιράζεσαι.

ΣΟΝ

Ο συνάδελφός μου Ρίτσαρντ Ντανς παρακολουθούσε τον Σον, ο οποίος είχε σχέση με την Πατρίσια σχεδόν οχτώ χρόνια. Είχαν χωρίσει και ξαναβρεθεί σε αυτό το διάστημα παραπάνω από μία φορά και πρόσφατα είχαν αρραβωνιαστεί. Ο Σον ένιωθε πως επιτέλους είχε βρει την κατάλληλη σύντροφο στο πρόσωπο της Πατρίσια, μα επίσης ένιωθε ότι έπρεπε να ρυθμίσει ορισμένα θέματα τα οποία θα ήταν καλύτερο να επιλυθούν προτού παντρευτεί, έτσι αναζήτησε φιλοσοφική βοήθεια.

Το μεγαλύτερο παράπονό του από την Πατρίσια, την οποία περιέγραφε ως ελκυστική, πνευματώδη, έξυπνη και αυτάρκη, ήταν ότι δεν δεχόταν τις συμβουλές του. Για παράδειγμα, είχε μόλις αποφοιτήσει από τη νομική και επικέντρωνε τις προσπάθειές της σε μία συγκεκριμένη θέση. Αυτός ένιωθε πως ήταν λάθος να έχει τόσο στενούς ορίζοντες και ήθελε να την πείσει να επεκτείνει τις προσπάθειές της και σε άλλες πιθανές θέσεις. Όταν η κατάσταση έφτασε στο θέμα της σχέσης τους, ένιωθε ότι δεν δεχόταν την κριτική του ούτε εκεί επίσης.

Καθώς ο Σον και ο σύμβουλός του περιέγραφαν τα θέματα που τον απασχολούσαν, ξεκαθαρίστηκε το γεγονός ότι ο Σον ήταν κατά βάση ισχυρογνώμων, ότι έβλεπε τον κόσμο άσπρο μαύρο μόνο και ότι επιζητούσε τον έλεγχο. Είχε επίσης την τάση να αναλύει εξαντλητικά τα πράγματα, ενώ παράλληλα δεν εμπιστευόταν και ο ίδιος τη γνώμη του (αφού του χρειάστηκαν, για παράδειγμα, οχτώ χρόνια δοκιμαστικής περιόδου για να καταλάβει ότι η Πατρίσια ήταν η κατάλληλη γυναίκα για αυτόν).

Στη φιλοσοφική συμβουλευτική ο Σον έμαθε μια τεχνική διαλογισμού από την ινδουιστική παράδοση, στην οποία ο αντικειμενικός σκοπός ήταν να ξαναζήσει κάποιος νοητά ένα πρόσφατο γεγονός κατά το οποίο ήρθαν στην επιφάνεια ισχυρά συναισθήματα, μα να το κάνει αντικειμενικά, χωρίς συναίσθημα, ανάλυση ή κρίση. Κατά τις επόμενες εβδομάδες, ο Σον εφάρμοσε αυτή την επανεξέταση των προστριβών με την αρραβωνιαστικιά του χωρίς όμως να τις ξαναζεί, βάζοντας τον εαυτό του στη θέση ενός τρίτου, αδιάφορου παρατηρητή σε σχέση με τη συμπεριφορά του ίδιου και της Πατρίσια. Σύντομα παρατήρησε ότι κάθε φορά που θα εμφανιζόταν μία νέα κατάσταση για την οποία θα είχε, ως συνήθως, εκφέρει τη γνώμη του, προλάβαινε τον εαυτό του πριν μιλήσει. Μπορούσε τότε ήρεμα να αποφασίσει να μην την κριτικάρει και να συνειδητοποιήσει ότι έπαιρνε η ίδια τις αποφάσεις της.

Καθώς η νέα επίγνωση του Σον άλλαξε τον τρόπο που αλληλεπιδρούσε με την Πατρίσια, ο σύμβουλός του του ανέθεσε και άλλη μία αποστολή: Να αξιολογήσει εάν οι εμπειρίες του εμπεριείχαν τη σοφία του Λάο Τσου και του Ηράκλειτου για τη σύμπτωση των αντιθέτων. Ο Ηράκλειτος έγραψε: «Η αρρώστια την υγεία έκανε ευχάριστο και αγαθό»* το οποίο μπορεί κάλλιστα να προερχόταν και από την πένα του Λάο Τσου: «Η ευκολία και η δυσκολία καθορίζουν η μία την άλλη». Τόσο οι αρχαίοι Έλληνες όσο και οι αρχαίοι Κινέζοι στοχαστές είχαν σαν κεντρική άποψη ότι τα αντίθετα είναι αλληλένδετα και βασίζονται το ένα στο άλλο για να ολοκληρώσουν την κοινή τους ύπαρξη. Αυτό έριχνε καινούριο φως στο θέμα της ύπαρξης αλληλοσυγκρουόμενων απόψεων. Καθώς αναγνώριζε παραδείγματα αυτού του φαινομένου στη ζωή του, ο Σον έφτασε στο συμπέρασμα ότι μερικές από τις απόψεις του είχαν σημασία για αυτόν μόνο και μόνο επειδή ήταν αντίθετες από

---

* Εγκυκλοπαίδεια *Πάπυρος-Λαρούς-Μπριτάνικα,* μτφρ. Ν. Ν. Μπουγάς. (Σ.τ.Μ.)

κάποιες άλλες απόψεις, πολύ συχνά της Πατρίσια! Όπως παρατήρησε ο Σον η αντίθεση των χρωμάτων είναι αυτή που κάνει την τέχνη ορατή. Μα οι αλληλοσυγκρουόμενες απόψεις δεν κάνουν τις σχέσεις βιώσιμες.

Επανεξετάζοντας τις διαφορές του με την αρραβωνιαστικιά του με αυτό τον τρόπο και κάνοντας ένα βήμα πίσω από βιαστικές αποφάσεις (και την επιθυμία να τις επιβάλει σε άλλους) εμφανίστηκε αμέσως η διαφορά στη σχέση του Σον. Αυτός και η Πατρίσια δεν διαφωνούσαν τόσο όσο διαφωνούσαν αρχικά, και όταν το έκαναν έτειναν προς μια ουσιαστική συζήτηση, που τελικά ενίσχυε τα θεμέλια της σχέσης τους, και όχι προς μια απότομη έκρηξη που κινδύνευε να βρεθεί εκτός ελέγχου. Περνούσαν πολύ όμορφα σχεδιάζοντας μαζί το γάμο τους και μπορούσαν να απολαμβάνουν τη βεβαιότητα ότι η δέσμευση του γάμου ήταν ό,τι καλύτερο και για τους δυο τους.

Ο Σον πήρε τη σοφή απόφαση να διευθετήσει εκκρεμή θέματα πριν δεσμευθεί οριστικά στη σχέση του. Οι φιλοσοφικές προδιαθέσεις που δημιούργησε με τη συμβουλευτική θα τον υπηρετήσουν καλά, μα την πιο σπουδαία προδιάθεση, τη θέληση να επενδύσει ενέργεια στο να κάνει μια σχέση, που θέλει να κρατήσει, λειτουργική, την είχε ήδη.

> «Συνάφειες όλα και όχι όλα, το εναρμονισμένο με το αναρμόνιστο, το ταιριαστό με το αταίριαστο· από ένα τα πάντα και από τα πάντα ένα».
>
> ΗΡΑΚΛΕΙΤΟΣ*

* Εγκυκλοπαίδεια *Πάπυρος-Λαρούς-Μπριτάνικα*, μτφρ. Ν. Ν. Μπουγάς. (Σ.τ.Μ.)

ΝΟΡΑ ΚΑΙ ΤΟΜ

Η Νόρα και ο Τομ είχαν το είδος της σχέσης που θα ήταν επιτυχημένη σε μία άλλη εποχή, όπου κατά πάσα πιθανότητα και οι δύο θα μοιράζονταν την ίδια άποψη για το πώς πρέπει να είναι μία σχέση. Μετά από πολλά χρόνια όμως στο παραδοσιακό σκηνικό, ο άνδρας να εργάζεται και η γυναίκα να βρίσκεται στο σπίτι, η Νόρα και ο Τομ είχαν αντίθετες απόψεις για το τι έπρεπε να περιμένουν από το γάμο τους.

Η Νόρα είχε παρατήσει το κολέγιο για να γεννήσει το γιο τους, Νίκι. Τώρα που ο Νίκι πήγαινε σχολείο, ήθελε να ολοκληρώσει τις σπουδές της και να δουλέψει πλήρες ωράριο. Είχε απολαύσει το να βρίσκεται στο σπίτι για να μεγαλώσει τον Νίκι, μα δεν της άρεσε να είναι τελείως εξαρτημένη οικονομικά από τον άνδρα της.

Ο Τομ αντιδρούσε στην ιδέα να δουλεύει η Νόρα εκτός σπιτιού. Για την ακρίβεια, ήθελε να κάνει κι άλλα παιδιά και να μείνει σπίτι με αυτά. Έβγαζε αρκετά χρήματα ως λογιστής, έτσι δεν χρειάζονταν κι άλλο εισόδημα.

Η Νόρα ένιωσε να κυριαρχείται από τον Τομ και μου είπε ότι αυτός φαινόταν να νιώθει πως απειλείται από το γεγονός ότι αυτή ήθελε να αποφοιτήσει και να εργαστεί. Επιπλέον, άσχετα με το πόση δουλειά έκανε στο σπίτι ο Τομ δεν φαινόταν ποτέ ικανοποιημένος με αυτή. Αν και μπορούσαν να πληρώνουν καθαρίστρια, δεν επέτρεπε στη Νόρα να το κάνει και επέμενε να καθαρίζει το σπίτι μόνη της. Η ανάλυσή της Νόρας ήταν πως ο Τομ ήθελε να καθαρίζει αυτή το σπίτι, περισσότερο από όσο ήθελε το σπίτι να είναι καθαρό. Ο Τομ δεν ασχολούταν και πολύ με τα πατρικά του καθήκοντα, παρόλο που ήθελε να κάνει κι άλλα παιδιά.

Όταν η Νόρα ζήτησε από τον Τομ να επιβλέψει τη μελέτη του Νίκι στο σπίτι, έτσι ώστε η ίδια να μπορέσει να μελετήσει προετοιμαζόμενη να επιστρέψει στη σχολή της, αυτός άφηνε τον Νίκι να βλέπει τηλεόραση αντί να μελετάει.

Παρά την έλλειψη αναγνώρισης που είχε από τον Τομ, η Νόρα ήθελε να συντηρήσει τη σχέση της. Είχαν περάσει υπέροχα μαζί σαν ζευγάρι και σαν οικογένεια, καθώς και απολαυστικές διακοπές. Και για τη Νόρα, η εναλλακτική λύση στη διατήρηση του γάμου της, δηλαδή μονογονεϊκή οικογένεια και συμβίωση με τη δική της μητέρα, ήταν εξαιρετικά δυσάρεστη. Το τίμημα της διατήρησης της σχέσης φαινόταν υψηλό, μα η Νόρα ένιωθε πως επέλεγε το μικρότερο από δύο κακά στη «γαμήλια δουλεία». Σκοπός της ήταν να μείνει μαζί του τόσο όσο ήταν αναγκαίο για να βελτιώσει την οικονομική της κατάσταση έτσι ώστε να μείνει, ή να φύγει, με τους δικούς της όρους.

> «Διότι το μικρότερο κακό είναι προτιμότερο του μεγαλυτέρου».
> ΑΡΙΣΤΟΤΕΛΗΣ*

Πάλη ισχύος

Η Νόρα και ο Τομ είχαν εμπλακεί σε έναν κλασικό αγώνα δύναμης. Η συμβουλή του Χομπς θα ήταν να προσπαθήσουν να βρουν μια ισορροπία ισχύος, αλλά ο Τομ προς το παρόν δεν ήταν διατεθειμένος να κάνει αλλαγές. Εφόσον η επιλογή τής Νόρας ήταν να ζήσει με τον Τομ ως τον κυρίαρχο σύντροφο, η αποστολή της ήταν να υιοθετήσει την καλύτερη δυνατή φι-

---

* *Ηθικά Νικομάχεια,* μτφρ. Ανδρέας Δαλέζιος, εκδ. Πάπυρος, Αθήνα, 1975. (Σ.τ.Μ.)

λοσοφική προδιάθεση για την υπόθεσή της, τον πιο ωφέλιμο τρόπο να βλέπει και να σκέφτεται την κατάσταση. Σε ένα βασικό επίπεδο αυτό σημαίνει να σκεφτεί εάν θα συνεχίσει να ασχολείται με τις δουλειές του σπιτιού, εφόσον οι προσπάθειές της στον τομέα αυτό δεν έχαιραν της εκτίμησης του Τομ ούτε προκαλούσαν την υποστήριξή του σε άλλες της δραστηριότητες. Όσο καιρό θα έκανε η Νόρα να τελειώσει το κολέγιο και να βρει μία αξιοπρεπή δουλειά, θα αντιμετώπιζε την αντίδραση του άνδρα της. Έτσι θα έπρεπε να βρει το μονοπάτι μέσα από το ναρκοπέδιο, που θα την έκανε να αισθάνεται λιγότερο πιεσμένη, σε κίνδυνο ή δυστυχισμένη.

Για αυτό το σκοπό, συμβούλεψα τη Νόρα να ερευνήσει το ρόλο της στη σχέση. Για να κάνει την πορεία της όσο πιο ομαλή γινόταν, έπρεπε να εντοπίσει τι ήταν αυτό που έκανε και προκαλούσε τον Τομ, ανεξάρτητα αν η αντίδρασή του ήταν δικαιολογημένη ή όχι. Η κριτική σκέψη δείχνει ότι μπορείς να είσαι φυσικά υπεύθυνος για κάτι χωρίς να είσαι ηθικά υπεύθυνος. Μπορεί να προκαλείς κάτι χωρίς να το ξέρεις και χωρίς να έχεις πρόθεση να το κάνεις. Το να βρει τις αιτίες της αντιπαράθεσής της με τον Τομ μπορεί να βοηθούσε τη Νόρα να τη διατηρήσει σε χαμηλά επίπεδα. Ακόμη και να μην έφερε ευθύνη, καλύτερη αντίληψη του αιτίου και του αποτελέσματος μπορεί να ελαχιστοποιούσε την αλληλουχία τους.

Όταν η Νόρα θα καταλάβαινε τα αποτελέσματα των πράξεών της, θα μπορούσε να αποφασίσει αν ήταν διατεθειμένη ή όχι να τα αλλάξει. Όπως έγραψε και ο Λάιμπνιτς, τα πάντα συμβαίνουν για κάποιο λόγο. Εάν θέλει κάποιος να ασκήσει έλεγχο σε αυτά που του συμβαίνουν, πρέπει να καταλάβει τα αίτιά τους.

«Δεν μπορεί να βρεθεί γεγονός αληθινό ή υπαρκτό... χωρίς να υπάρχει επαρκής λόγος για την ύπαρξή του με αυτό τον τρόπο και όχι με άλλο......»

ΓΚΟΤΦΡΙΝΤ ΛΑΪΜΠΝΙΤΣ

Αφέντης και σκλάβος

Η Νόρα άντλησε επίσης γνώση από τη θεωρία του Χέγκελ για τη σχέση αφέντη-σκλάβου. Σε όλες τις εξωτερικευμένες μορφές, είναι ο αφέντης εκείνος που καταπιέζει το δούλο. Αλλά ο Χέγκελ διαπίστωσε ότι και ο αφέντης ήταν εξαρτημένος από το σκλάβο, όχι μόνο οικονομικά αλλά και συναισθηματικά. Αυτή η δυναμική δίνει στο σκλάβο ένα σημαντικό μερίδιο δύναμης στη σχέση. Ο Χέγκελ βλέπει τη δύναμη σαν να έχει δύο όψεις: Για να είναι κάποιος δυνατός, κάποιος άλλος πρέπει να είναι αδύνατος. Λαμβάνοντας υπόψη ότι ο Χέγκελ έβλεπε κάθε σχέση σαν μια παραλλαγή της σχέσης αφέντη-σκλάβου, δεν είναι τελικά και τόσο αρεστός ως φιλόσοφος όταν φτάνουμε στην ανθρώπινη αλληλεπίδραση. Αλλά η επίγνωση του τι συμβαίνει όταν υπάρχει ανισορροπία ισχύος είναι επιμορφωτική.

Οι αφέντες αποκτούν την αίσθηση της προσωπικής τους αξίας καταπιέζοντας κάποιον άλλο. Ο μόνος τρόπος να περιορίσουν το φόβο τους για υποδούλωση είναι το να υποδουλώνουν ένα άλλο άτομο. Αυτή ήταν η εξήγηση του Χέγκελ όσον αφορά το γιατί οι αφέντες είναι απρόθυμοι να ελευθερώσουν τους σκλάβους τους. Στην παρούσα περίπτωση, η ασφάλεια του Τομ βασιζόταν στην ανασφάλεια της Νόρας. Ήταν εξαρτημένος από την εξάρτησή της. Η Νόρα μπορεί να ήταν ικανή να αντλήσει δύναμη από την απλή αναγνώριση της δύναμής της στη σχέση.

Εντούτοις, έπρεπε να ασκήσει αυτή τη δύναμη με φρόνηση, επειδή η δύναμη διαφθείρει. Εάν αντέστρεφε την κατάσταση και γινόταν ο αφέντης (για παράδειγμα, απειλώντας να χωρίσει τον Τομ, εάν δεν της έδινε πιο πολλή ελευθερία), θα γινόταν αυτή που θα αποκτούσε την επισφαλή δύναμη του αφέντη.

Εάν ο Τομ ήταν διατεθειμένος να εμπλακεί στη φιλοσοφική συμβουλευτική, θα μπορούσε και ο ίδιος να μάθει από τον Χέγκελ. Οποιοσδήποτε έχει καταληφθεί από φόβους μήπως ανατραπεί από την εξουσία βρίσκεται σε ασταθή θέση. Με την κατανομή της ισχύος, μπορείς να αντλήσεις δύναμη από μια σχέση παρά να εξαντλείς όλη σου την ενέργεια συντηρώντας την κυριαρχία. Οι φυσικοί καθορίζουν τη δύναμη σαν το ποσό της ενέργειας που ξοδεύεται σε μία δεδομένη χρονική στιγμή. Η ενέργεια έχει πολλές μορφές όπως πυρηνική, χημική, βιολογική, συναισθηματική και διανοητική μεταξύ άλλων. Εάν είναι καλά διατηρημένη, μία σχέση αποτελεί και αυτή μια γεννήτρια ενέργειας, μία πηγή καθαρής, ασφαλούς και άφθονης ενέργειας.

ΜΟΝΟ ΕΓΩ ΚΑΙ ΕΣΥ

Ο Εβραίος φιλόσοφος και θεολόγος Μάρτιν Μπάμπερ διαχωρίζει τις σχέσεις σε δύο τύπους: Εγώ-Εσύ και Εγώ-Αυτό. Η πρώτη αντιπροσωπεύει μία αμοιβαία ανταλλαγή μεταξύ ίσων, ενώ η δεύτερη έχει το χαρακτήρα ιδιοκτησίας και χειρισμού, όπως μεταξύ ενός ανθρώπου και ενός αντικειμένου. Μια υγιής σχέση χρειάζεται κυρίως αλληλεπιδράσεις του τύπου Εγώ-Εσύ, μα συχνά κάνουμε το λάθος να φερόμαστε σε άλλους ανθρώπους σαν να είναι αντικείμενα, δημιουργώντας δυναμική του τύπου

Εγώ-Αυτό. Αυτός είναι άλλος ένας τρόπος δημιουργίας ανισορροπίας ισχύος που θα οδηγήσει στην καταστροφή.

Ο Καντ κάλυψε έναν παρόμοιο τομέα καλώντας μας να φερόμαστε στους άλλους ανθρώπους σαν να είναι αυτοτελείς και όχι σαν να είναι τα μέσα για τους δικούς μας σκοπούς. Αντί να ελέγχουμε άλλους για τους δικούς μας σκοπούς, θα πρέπει να τους εκτιμούμε σαν ανθρώπους με τους δικούς τους σκοπούς. Για να αναγνωρίσετε κάτι από το αντίστροφό του, λάβετε υπόψη σας πόσο αδίστακτος φαινόταν ο Μακιαβέλι στον *Ηγεμόνα*, που ο Μπέρτραντ Ράσελ το αποκάλεσε εγχειρίδιο για κακοποιούς. Οι τεχνικές του Μακιαβέλι περιγράφουν τη σχέση Εγώ-Αυτό τέλεια, εφόσον διδάσκουν πώς να διοικείς ανθρώπους κάνοντάς τους να σε φοβούνται, πώς να πλουτίσεις εις βάρος άλλων και πώς να κρατήσεις όποια δύναμη αποκτάς. Εάν ο τίτλος της δουλειάς που ζητάτε είναι Δικτάτορας, ο Μακιαβέλι μπορεί να σας εξυπηρετήσει μια χαρά. Μα αν οι διαπροσωπικές σας σχέσεις βρίσκονται περισσότερο στον κόσμο του «έζησαν αυτοί καλά κι εμείς καλύτερα», καλύτερα θα τα καταφέρετε με τον Μπάμπερ και τον Καντ. Και οι δύο συμφωνούν με τον Χομπς ότι το κλειδί για μια επιτυχημένη και ειρηνική σχέση είναι η ισορροπία δύναμης.

ΕΜΦΥΛΙΟΣ ΠΟΛΕΜΟΣ

Ο Χομπς υποστήριζε ότι εάν γνωρίζαμε από πριν τις επιπτώσεις του πολέμου, η γνώση αυτή και μόνο θα ήταν αποτελεσματικά αποτρεπτική. Έγραφε συγκεκριμένα για τον εμφύλιο πόλεμο, σε αντίθεση με τον διεθνή, γιατί ένιωθε ότι η εγγύτητα δίνει μεγαλύτερες δυνατότητες καταστροφών. Λάβετε υπόψη τις εποικοδομητικές σχέσεις που ανέπτυξαν οι Ηνωμένες Πολιτείες με τη Γερμανία και την Ιαπωνία, ξεκινώντας αμέσως μετά το τέλος των τρομακτικών γεγονότων του Δευτέρου Παγκοσμίου πολέμου. Μετά συγκρίνετέ τις με την έντονη συναισθηματική αντίδραση που θα επιφέρει οποιαδήποτε αναφορά του αμερικανικού Εμφυλίου σε οποιοδήποτε μέρος του αμερικανικού Νότου. Ο πόλεμος μεταξύ των Πολιτειών συνεχίζεται σε πολλά επίπεδα, μετά από ενάμιση περίπου αιώνα, ενώ οι προ πεντηκονταετίας εξωτερικοί εχθροί μας είναι τώρα πια φίλοι μας. Παρομοίως και οι οικογενειακές διαμάχες είναι πολύ πιο πικρές και παρατεταμένες από τις αντιδικίες με τους γείτονες.

Μπορεί να είστε ο χειρότερος εχθρός του εαυτού σας, μα επόμενο στη σειρά είναι το άτομο με το οποίο μοιράζεστε μια τρυφερή σχέση. Το να ζεις με κάποιον σου δίνει πολλές πληροφορίες για το πώς να κάνεις αυτό το άτομο δυστυχισμένο. Ο σύντροφός σας ξέρει ακριβώς σε ποιο σημείο είναι εκτεθειμένο το μαλακό υπογάστριό σας. Εάν οι άνθρωποι γνώριζαν τη συναισθηματική, νομική και οικονομική καταστροφή που επιφέρει ένα διαζύγιο προτού το σκεφτούν, μπορεί να δικαίωναν τη θεωρία του Χομπς για αποτροπή, παραμένοντας παντρεμένοι. Η επίπονη αναστάτωση που ακολουθεί το τέλος των περισσότερων ερωτικών σχέσεων είναι ίσως ο καλύτερος λόγος για να δουλέψει κανείς σκληρά για να συντηρήσει μια ευτυχισμένη και υγιή σχέση. Μερικές φορές αυτές οι προσπάθειες αποτυγχάνουν ανεξάρτητα από το πόσο ειλικρινά και επίμονα προσπαθούμε, έτσι θα συζητήσουμε για τον τερματισμό σχέσεων στο επόμενο κεφάλαιο.

Ο Σωκράτης μπορεί να λάμβανε υπόψη τη δυνατότητα των πιο κοντινών μας προσώπων να μας βλάψουν περισσότερο, όπως και να μας αγαπήσουν καλύτερα, όταν διατύπωνε τη θεωρία του για τη συμμετρία: Έχεις τη δυνατότητα να κάνεις το καλό, που πάντα συνοδεύεται από τη δυνατότητα να κάνεις το κακό με τον ακριβώς αντίστοιχο τρόπο. Όσο περισσότερο πάθος έχουν οι άνθρωποι, τόσο περισσότερο ελκύουν ή απωθούν τους άλλους. Σκεφτείτε την Ελίζαμπεθ Τέιλορ και τον Ρίτσαρντ Μπάρτον. Παντρεύτηκαν δύο φορές και χώρισαν τρεις, και εναλλάσσονταν συνεχώς μεταξύ των ακραίων καταστάσεων έλξης και απώθησης. Όταν ταξίδευαν μαζί, έπρεπε να νοικιάζουν επιπλέον δωμάτια γύρω από αυτό που έμεναν και να τα κρατούν κενά, διότι οι καβγάδες τους ακούγονταν και μέσα από τους τοίχους. Δεν μπορούσαν να απεμπλακούν από τη σχέση τους ακόμη και όταν προσπαθούσαν. Μπορεί να ήταν φτιαγμένοι «ο ένας για τον άλλο», μα η έλξη τους περιπλεκόταν με την απώθηση. Το αντίθετο του παθιασμένου έρωτα δεν είναι το μίσος, είναι η αδιαφορία. Ακόμη και όταν είσαι πραγματικά ερωτευμένος, ακόμη και όταν το συναίσθημα είναι αμοιβαίο, και πάλι δεν είναι εγγυημένη η ευτυχία. Εάν θες να αποφύγεις τον επίπονο τερματισμό της σχέσης, πρέπει να χρησιμοποιείς τη δύναμή σου σε μία σχέση με σύνεση και να κάνεις την απαραίτητη συντήρηση.

> «Μακάρι, Κρίτωνα, να ήταν ικανοί οι πολλοί να κάνουν τα πιο μεγάλα κακά, γιατί έτσι θα ήταν ικανοί και για τα πιο μεγάλα καλά, και τότε καλά θα ήταν».
>
> ΣΩΚΡΑΤΗΣ*

* Πλάτωνας, *Κρίτων*, μτφρ. Φιλολογική Ομάδα Κάκτου, εκδ. Κάκτος, Αθήνα, 1994. (Σ.τ.Μ.)

7

ΤΟ ΤΕΛΟΣ ΜΙΑΣ ΣΧΕΣΗΣ

«Να είσαι εγωιστής με σύνεση».

ΔΑΛΑΪ ΛΑΜΑ

«Φρόντιζε το τέλος όπως και την αρχή, και δεν θα αποτύχεις».

ΛΑΟ ΤΣΟΥ

Καμία σχέση δεν είναι τέλεια, γιατί οι άνθρωποι δεν είναι τέλειοι. Η επιμελής συντήρηση είναι το κλειδί για μια διαρκή σχέση, όπως είδαμε στο προηγούμενο κεφάλαιο. Οι ταλαιπωρίες του τέλους ενός γάμου ή μιας καθιερωμένης σχέσης θα πρέπει να παρέχουν κίνητρο σε όλους για να κάνουν μία σχέση να λειτουργήσει, προτού την εγκαταλείψουν. Σε αρκετές σχέσεις όμως, η συντήρηση αποτυγχάνει ή είναι πολύ μονομερής και οι δεσμοί σπάνε. Καθορίζοντας τα όρια της συντήρησης είναι ένα από τα καθήκοντα του να έχεις μία σχέση, μα όταν βρίσκεσαι στα όρια ή τα έχεις ξεπεράσει, οι φιλόσοφοι έχουν πολλά να πουν για το πώς θα συνεχίσεις.

ΤΖΑΝΕΤ

Όταν με επισκέφθηκε η Τζάνετ, βρισκόταν σε κρίση, προσωπικά, συναισθηματικά και φιλοσοφικά. Αυτή και ο άνδρας της, ο Μπομπ, βρίσκονταν σε «ελικοειδή, καθοδική, δυσάρεστη τροχιά προς το διαζύγιο», και όπως είπε προσπαθούσε να αποφασίσει αν θα γύριζε σπίτι το βράδυ ή αν θα περνούσε το σαββατοκύριακο σε ένα ξενοδοχείο σκεφτόμενη αν τελικά θα έπρεπε να τον εγκαταλείψει μόνιμα. Ήταν και οι δύο επιτυχημένοι επαγγελματίες και μετά από κοινή συμφωνία δεν είχαν κάνει παιδιά. Ζούσαν σε ένα όμορφο σπίτι κοντά στην ακτή και με τους συνολικούς μισθούς τους ζούσαν μία πολύ άνετη ζωή.

Ο Μπομπ, όπως μου είπε η Τζάνετ, ήταν πολύ δύσκολο να ικανοποιηθεί. Μα ήταν αποφασισμένη να του παρέχει οτιδήποτε απαιτούσε από αυτήν. Είχε αναλάβει την ευθύνη της φροντίδας του σπιτιού, παρά τις πολλές ώρες που δούλευε. Φρόντιζε σχολαστικά την εμφάνισή της, κάνοντας γυμναστική σχεδόν καθημερινά και διαλέγοντας προσεκτικά κομψά ρούχα που να τονίζουν το λεπτό της σώμα. Υποχωρούσε από τις προτιμήσεις τις όταν υπήρχε προστριβή, ανεξάρτητα αν ήταν σοβαρό ή όχι το θέμα. Όταν επιθυμούσε να κάνει διακοπές στην Ιταλία, αυτός διάλεξε δύο εβδομάδες στα νησιά Μπαρμπάντος και αυτή κανόνισε όλες τις εκκρεμότητες για το ταξίδι. Όταν είχε την ευκαιρία για προαγωγή που απαιτούσε να μεταφερθεί σε μια άλλη πόλη, την απέρριψε επειδή ο Μπομπ δεν ήταν πρόθυμος να μετακομίσουν. Εάν είχε όρεξη για γιαπωνέζικο φαγητό, αυτός προτιμούσε ιταλικό, και έτρωγαν ιταλικό.

Μα όσα περισσότερα έδινε η Τζάνετ, όλο και πιο επικριτικός γινόταν ο Μπομπ. Όσα περισσότερα έκανε για αυτόν, όλο και λιγότερη αναγνώριση της έδειχνε και αυτή ένιωθε το γάμο τους να διαλύεται. Παραπονιόταν ότι δεν είχε τίποτα να κάνει στα Μπαρμπάντος, την κριτικάρισε ότι είχε έλλειψη φιλοδοξίας στην καριέρα της, δεν του άρεσε το καινούριο της κούρεμα και πίστευε πως η οικιακή βοηθός που είχε προσλάβει η Τζάνετ δεν δίπλωνε σωστά τα πουκάμισά του. Φαινόταν ότι η Τζάνετ δεν έκανε τίποτα σωστά.

Παρ' όλα αυτά, η Τζάνετ ήταν αβέβαιη για το επόμενο βήμα της. Θα έπρεπε να εγκαταλείψει τον Μπομπ; Καθώς πλησίαζε το τέλος της ιστορίας της, μου είπε πως ο πρώτος της γάμος είχε αποτύχει και ανησυχούσε μήπως δεν είχε προσπαθήσει αρκετά να σώσει τη σχέση εκείνη. Τώρα βρισκόταν σε άλλη μία δυσάρεστη σχέση, φοβούμενη το στίγμα του δεύτερου αποτυχημένου γάμου. Δεν ήθελε να χάσει δεύτερη φορά και ορκίστηκε να μην ξανακάνει το ίδιο λάθος.

Η Τζάνετ είχε κάνει θεραπεία την εποχή του πρώτου της διαζυγίου, καθώς και όταν τα πράγματα είχαν αρχίσει να καταρρέουν με τον Μπομπ. Και παρόλο που τώρα καταλάβαινε το ρόλο που η σχέση της με τον πατέρα της είχε παίξει στη σχέση της με τον πρώτο της άνδρα, δεν ήξερε τι να κάνει με τον Μπομπ. Ο τελευταίος ψυχίατρος με τον οποίο είχε μιλήσει της είχε γράψει μια συνταγή για αντικαταθλιπτικά, μα όταν φάνηκε πως δεν βελτίωναν το κέφι της, δεν την ανανέωσε όταν η αρχική ποσότητα τελείωσε.

Αυτή και ο Μπομπ είχαν πάει σε σύμβουλο γάμου, για σύντομο χρονικό διάστημα. Ο σύμβουλος είχε προτείνει μερικές καινούριες τεχνικές επικοινωνίας και διαπραγματεύσεων, μα ο Μπομπ χλεύασε την ιδέα με το που βγήκαν από το γραφείο. Η Τζάνετ δεν πίστευε ότι είχαν κάποιο πρόβλημα ακατανοησίας, μα ήταν πρόθυμη να δοκιμάσει σχεδόν τα πάντα. Ο Μπομπ δεν ήταν διατεθειμένος να πάει ξανά μετά τις πρώτες επισκέψεις, λέγοντας πως ήταν χάσιμο χρόνου και χρήματος.

Η Τζάνετ ένιωθε πως οι παραδοσιακές ψυχολογικές προσεγγίσεις δεν τη βοήθησαν ενόψει του διαζυγίου της. Ούτε έβρισκε βοήθεια σε αυτές στην παρούσα κατάστασή της. Έτσι ακούγοντάς με στο ραδιόφωνο να συζητάω για τη φιλοσοφική συμβουλευτική, με κάλεσε αμέσως από το τηλέφωνο του αυτοκινήτου της για να κλείσει ραντεβού. Είχαμε την πρώτη μας συζήτηση το ίδιο απόγευμα, την ημέρα που θα αποφάσιζε αν θα αφήσει ή όχι τον Μπομπ. Ήξερε ότι βρισκόταν σε κατάσταση κρίσης, αλλά δεν μπορούσε να βρει τρόπο να την ξεπεράσει.

Πριν συμφωνήσω να δουλέψω με κάποιον, αξιολογώ πρώτα αν είναι καλός υποψήφιος για θεραπεία μαζί μου. Η περίπτωση της Τζάνετ ήταν μια υπόθεση για την οποία η φιλοσοφική συμβουλευτική ήταν κατάλληλη. Ήταν αναστατωμένη μα είχε ακόμη τον έλεγχο. Λειτουργούσε σωστά στη δουλειά της, κοιμόταν καλά τα βράδια και κατάφερνε να ολοκληρώνει τα πολλά πράγματα που είχε να κάνει στη ζωή της σε καθημερινό επίπεδο. Οι άνθρωποι που αντιμετωπίζουν έντονη θλίψη ή δυσλειτουργίες στην καθημερινή τους ρουτίνα μπορεί να χρειαστεί να δουν γιατρό ή ψυχίατρο και να λάβουν κάποια προσωρινή βοήθεια με φάρμακα, προτού δουν ένα φιλοσοφικό σύμβουλο.

Ο εγωισμός ως αρετή

Τα πρώτα πράγματα που συζήτησα με την Τζάνετ ήταν οι ιδέες της Άιν Ραντ πάνω στις αρετές του ατομικού συμφέροντος. Αν και η Τζάνετ δεν είχε διαβάσει τα *The Fountainhead* (*Το Κεφαλάρι*) και *Atlas Shrugged* (*Ο Άτλας που Σηκώνει Αδιάφορα τους Ώμους*), συμφώνησε ότι ήταν τώρα ανιδιοτελής εις βάρος του εαυτού της. Και παρόλο που ήταν περήφανη για την αλτρουιστική της φύση, ανταποκρινόταν στην ιδέα της Ραντ που έλεγε ότι δεν μπορείς να βοηθήσεις άλλους εάν δεν είσαι ο ίδιος ασφαλής. Εάν η Τζάνετ αποφάσιζε ότι είχε δώσει όλα όσα μπορούσε στο γάμο, αλλά ο Μπομπ δεν είχε ανταποκριθεί και ούτε ήταν αναμενόμενο να το κάνει, η Ραντ θα έλεγε πως έχει υποχρέωση να διατηρήσει και να προστατεύσει τον εαυτό της, αφήνοντας αυτή τη σχέση. Όταν μία συναισθηματική επένδυση δεν αποδίδει, και για την ακρίβεια απαιτεί συνεχώς αυξανόμενες εισφορές, η Ραντ θα συμβούλευε να περιορίσει κάποιος τις απώλειές του όσο υπάρχει ακόμη καιρός να επενδύσει κάτι κάπου άλλου.

> «Ορκίζομαι, στη ζωή μου και στην αγάπη που έχω για αυτήν, ότι δεν θα ζήσω ποτέ προς όφελος κάποιου άλλου, ούτε και θα ζητήσω από κανένα να ζήσει προς όφελός μου».
>
> ΑΪΝ ΡΑΝΤ

Η Ραντ συχνά σχετίζεται με τους ελευθεριακούς και είναι γνωστή για την αξία που δίνει στην ορθολογικότητα και τη διανόηση. Δεν είναι η μόνη που υποστηρίζει την αξία και την ηθική της ιδιοτέλειας. Όπως λέει και ο Δαλάι Λάμα «Να είσαι εγωιστής με σύνεση». Η παράδοση Μαχαγιάνα του βουδισμού υποστηρίζει ότι όλοι πρέπει να πετύχουν τη φώτιση και μόλις τη φτάσει κανείς πρέπει να γυρίζει πίσω για να βοηθήσει και άλλους να πετύχουν τον ίδιο στόχο. Μα πρέπει να είσαι σε κατάσταση διαύγειας ο ίδιος προτού βοηθήσεις τους άλλους να γίνουν διαυγέστεροι. Όταν ο εγωισμός πηγάζει από φωτισμένη ιδιοτέλεια είναι μία εποικοδομητική δύναμη. Όταν πηγάζει από ματαιοδοξία, εγωπάθεια ή ναρκισσισμό είναι καταστροφικός.

Και αυτές οι σκέψεις βρήκαν ανταπόκριση στην Τζάνετ. Ως επιχειρηματίας, γνώριζε καλά την αξία της λογικής και της ευθυκρισίας, μα και την ισχύ της διαίσθησης. Αντιλήφθηκε ότι μπορούσε να ανταποκριθεί στα προβλήματα του γάμου της και διανοητικά και διαισθητικά, πιθανότατα φτάνοντας στο ίδιο συμπέρασμα και με τις δύο μεθόδους. Ενώ δεν επιβάλλω τις απόψεις μου στους πελάτες μου, είναι δουλειά μου να υπερασπιστώ την ιδιοτέλειά τους. Για την Τζάνετ αυτό ήταν ένα στοιχείο που έλειπε από όλες τις προηγούμενες θεραπευτικές της εμπειρίες. Δεν ήθελε να της πουν τι να κάνει, ήθελε όμως καθοδήγηση στο να αναλάβει ορισμένες ενέργειες. Ούτε κενή πλάκα γραφής, ούτε έναν τοίχο από αποκρίσεις του τύπου «Πολύ ενδιαφέρον... συνεχίστε».

Ως υποστηρικτής της λοιπόν, της συνέστησα περαιτέρω φιλοσοφική εργασία για να λύσει τα θέματα με τον πατέρα της και τον πρώτο της γάμο. Ένιωθα πως μπορεί να ρίσκαρε να ακολουθήσει το ίδιο πρότυπο και σε κάποια μελλοντική σχέση, εάν δεν κατάφερνε να ξεφορτωθεί τις ψυχολογικές αποσκευές που κουβαλούσε. Ζώντας μια ζωή με διαρκή εξέταση (ή δουλεύοντας με ένα φιλοσοφικό σύμβουλο), θα έπρεπε να ελέγχει κανείς και τι λείπει, όχι μόνο ό,τι υπάρχει. Για την Τζάνετ αυτό σήμαινε ότι της έλειπε η αποφασιστικότητα στις διαπροσωπικές σχέσεις σε μερικούς τομείς της ζωής της και χρειαζόταν να ξεκαθαρίσει παλιές μη καρποφόρες σχέσεις στο μυαλό της. Τότε θα απελευθερωνόταν για να ανακαλύψει ποια ήταν, και αυτό το αυθεντικό άτομο θα μπορούσε να διεκδικήσει μία μελλοντική καρποφόρα σχέση. Χρειαζόταν να ζήσει ένα επιτυχημένο παρόν στην αναζήτησή της για ολοκλήρωση, παρά να ξαναζήσει ένα αποτυχημένο παρελθόν.

Όπως και με πολλούς από τους πελάτες μου, η Τζάνετ βρήκε ανακούφιση μαθαίνοντας ότι δεν ήταν η μόνη που σκεφτόταν κατ' αυτό τον τρόπο. Είχε αρχίσει να νιώθει άβολα δίνοντας τόσα πολλά στο γάμο της και παίρνοντας ως αντάλλαγμα όλο και λιγότερα, εκτός από κριτική και δυστυχία. Αν και δεν ήταν ακόμη σίγουρη ότι είχε φτάσει στο όριο, συμφωνούσε ότι σε κάποιο σημείο υπήρχε μία γραμμή στην άμμο που ξεχώριζε την εποικοδομητική ιδιοτέλεια από την καταστροφική ανιδιοτέλεια, και της άρεσε το γεγονός ότι μερικοί από τους μεγαλύτερους στοχαστές της εποχής μας είχαν φτάσει σε παρόμοια συμπεράσματα.

Συμβούλεψα την Τζάνετ μόνο μία φορά. Ενώ αυτό δεν είναι πρωτάκουστο, οι φιλοσοφικοί σύμβουλοι βλέπουν τους πελάτες τους μερικές φορές τουλάχιστον. Οι περισσότεροι πελάτες μου κάνουν βραχυχρόνια θεραπεία, συνήθως όχι παραπάνω από τρεις έως έξι μήνες. Μερικοί άνθρωποι όπως η Τζάνετ χρειάστηκαν βοήθεια σε μια συγκεκριμένη κρίση και επίσης χρειάστηκαν να ασχοληθούν με προβλήματα που υπήρχαν επί περισσότερο χρόνο.

Η διαδικασία PEACE

Να πώς παρουσιάζεται η υπόθεση της Τζάνετ στα πλαίσια της διαδικασίας PEACE.

Βήμα πρώτο, το πρόβλημα: Αντιμετωπίζοντας ένα γάμο που διαλυόταν, η Τζάνετ έπρεπε να αποφασίσει αν θα πάει στο σπίτι το βράδυ και θα προσπαθήσει να διορθώσει τα πράγματα με τον υπερβολικά απαιτητικό σύζυγο της ή αν θα έμενε σε ένα ξενοδοχείο το σαββατοκύριακο για να σκεφτεί μόνη της την κατάσταση.

Βήμα δεύτερο, συναισθήματα: Η Τζάνετ ένιωθε απογοήτευση, απελπισία και θυμό στην προοπτική να γυρίσει στο σπίτι. Ήξερε πως δεν μπορούσε στην πραγματικότητα να ικανοποιήσει τον Μπομπ, ακόμη και αν προσπαθούσε ειλικρινά, και της ήταν δύσκολο να συμφιλιώσει την επαγγελματική της επιτυχία με την αποτυχία του γάμου της. Μα η Τζάνετ ένιωθε επίσης φόβο και απελπισία στην προοπτική να μείνει σε ένα ξενοδοχείο. Αυτό μπορεί να σηματοδοτούσε την αρχή του τέλους του δεύτερου γάμου της. Ο πρώτος είχε ήδη αποτύχει για παρόμοιους λόγους. Δεν ήθελε να φέρει το στίγμα ότι δεν είναι ικανή να διατηρήσει ένα γάμο.

Βήμα τρίτο, ανάλυση: Συζητώντας μαζί μου, η Τζάνετ μου εξήγησε ότι την είχαν υποτιμήσει και οι δύο γονείς της και συγκεκριμένα ο πατέρας της δεν της είχε δείξει ποτέ επιδοκιμασία ή αναγνώριση. Ως αποτέλεσμα, ένιωθε πως δεν της άξιζε η αγάπη του πατέρα της και θεώρησε, σαν μικρό παιδί που ήταν, ότι αυτή η έλλειψη αγάπης οφειλόταν σε κάποια εμφανή ανεπάρκεια της ίδιας. Ο συνάδελφός μου Πιερ Γκράιμς καλεί αυτή τη λανθασμένη εντύπωση που μπορεί να έχει κάποιος για τον εαυτό του «παθολόγο»: Μεταθέτει την ικανότητα κάποιου να επιτύχει και αντίθετα κάνει την αποτυχία του να φαίνεται ικανοποιητική. Ο «παθολόγος» της Τζάνετ, «δεν μου αξίζει η αγάπη του πατέρα μου», έγινε στους επακόλουθους γάμους της «δεν μου αξίζει η αγάπη του άνδρα μου»· της εξασφάλισε ότι θα παντρευτεί λάθος τύπο άνδρα και, ακόμη χειρότερα, ότι θα κατηγορούσε τον εαυτό της όταν ο γάμος αποτύγχανε. Πιάστηκε σε μια παγίδα δικής της κατασκευής. Και οι δύο αιχμές του διλήμματος της Τζάνετ, είτε να επιστρέψει στο σπίτι είτε να πάει σε ένα ξενοδοχείο, λειτουργούσαν έτσι ώστε να ενισχύσουν τον «παθολόγο» της. Είτε με τον έναν είτε με τον άλλο τρόπο δεν μπορούσε να λάβει την αγάπη του άνδρα της και έτσι θα κήρυττε τον εαυτό της ανάξιο της αγάπης αυτής.

Ο ρόλος του Σωκράτη, όπως παρουσιάστηκε από τον Πλάτωνα στο διάλογο *Θεαίτητος*, είναι αυτός μιας φιλοσοφικής μαίας. Εγκυμονούμε όλοι ιδέες και χρειαζόμαστε μια μαία να μας βοηθήσει να τις φέρουμε στο φως της ημέρας. Μα η φιλοσοφική μαία μάς βοηθά επίσης να κάνουμε τη διάκριση μεταξύ των ιδεών που συλλάβαμε και άλλων, όπως «ο παθολόγος», που είναι μεταμφιεσμένες σαν ιδέες μας, αλλά στην πραγματικότητα είναι ζημιογόνοι ψεύτικοι τύποι.

> «Το σημαντικότερο στοιχείο της δικής μου τέχνης είναι ότι μπορεί με κάθε τρόπο να εξετάζει ποιο από τα δύο συμβαίνει, δηλαδή γεννάει η διάνοια του νέου φάντασμα και ψέμα ή πλάσμα ζωντανό και αληθινό».
>
> ΠΛΑΤΩΝΑΣ*

Βήμα τέταρτο, περισυλλογή: Η αναγνώριση ότι έχεις λανθασμένη και καταστροφική αντίληψη για τον εαυτό σου είναι ένα πράγμα. Η αντικατάστασή της με μία αληθινή και εποικοδομητική είναι κάτι άλλο. Γενικά, δεν αντιστρέφεις βαθιά χαραγμένες πεποιθήσεις απλά αναδιαμορφώνοντάς τες. Ο «παθολόγος» ενισχύεται από την εμπειρία. Ο μόνος τρόπος να τον

* *Θεαίτητος*, μτφρ. Φιλολογική Ομάδα Κάκτου, εκδ. Κάκτος, Αθήνα, 1993. (Σ.τ.Μ.)

αντιστρέψεις είναι να συγκεντρώσεις διαφορετικού είδους εμπειρία, που να καθοδηγείται από εποικοδομητικές αντιλήψεις για τον εαυτό σου και να αντικαταστήσεις το κατασκεύασμα της αυτοκαταστροφής, πέτρα πέτρα, με ένα άλλο αυτοεπιβεβαίωσης. Αυτό επιτυγχάνεται κυριολεκτικά κάποια ημέρα –ακόμη και σε μία ώρα ή σε ένα λεπτό–, σε κάποια στιγμή. Ο «παθολόγος» της Τζάνετ χρειαζόταν να αντικατασταθεί με μία πεποίθηση του είδους: «Μου άξιζε η αγάπη του πατέρα μου, μα αυτός δεν ήταν ικανός να με αγαπήσει εξαιτίας των δικών του προβλημάτων», η οποία θα οδηγούσε την Τζάνετ στο να πιστεύει: «Αξίζω την αγάπη ενός άνδρα, έτσι πρέπει να βρω έναν άνδρα που να μπορεί να με αγαπήσει».

Εφαρμόζοντας αυτή την καινούρια ιδέα, η Τζάνετ θα μπορούσε να προσελκύσει έναν άνδρα που θα μπορούσε να την αγαπήσει και θα την αγαπούσε. Μα το πρώτο βήμα είναι πάντα το πιο δύσκολο και απαιτεί κουράγιο. Ο «παθολόγος» είναι μεταμφιεσμένος σαν παλιός φίλος, και το να τον αφήσεις πίσω μπορεί να μοιάζει με εγκατάλειψη. Για την ακρίβεια, είναι ο χειρότερος εχθρός του καθενός και πρέπει να τον εγκαταλείψουμε για να ζήσουμε μια ολοκληρωμένη ζωή.

Βήμα πέμπτο, εξισορρόπηση: Τώρα η Τζάνετ καταλάβαινε ότι η τάση που ένιωθε να μείνει σε ξενοδοχείο οφειλόταν στο ένστικτο της αυτοσυντήρησης και ότι είχε έναν εαυτό που άξιζε να τον συντηρήσει. Περνώντας λίγο χρόνο μόνη της, χωρίς να έχει τριγύρω της κανένα να φουσκώνει τον εγωισμό της και κανένα να την υποβιβάζει, θα μπορούσε να απολαύσει την εξισορρόπηση της θαυμάσιας μοναξιάς που ήταν απαραίτητη για να αναγνωρίσει την αξία της και τελικά να προσελκύσει και άλλους που θα αναγνώριζαν την αξία της επίσης.

Στο τέλος της συνάντησής μας, η Τζάνετ μου είπε ότι της είχα δώσει πολλά πράγματα για να σκεφτεί και ότι είχε πια εμπιστοσύνη στην ικανότητα της να κάνει τη σωστή επιλογή. Αν μη τι άλλο, ήξερα ότι τώρα θα μπορούσε να σταματήσει την «ελικοειδή, καθοδική δυσάρεστη τροχιά προς το διαζύγιο». Μπορεί κάλλιστα να ξεκινούσε μία ελικοειδή, ευχάριστη τροχιά προς αυτό! Ενώ ένας διαρκής γάμος είναι ό,τι καλύτερο για όλους τους ενδιαφερόμενους, μερικές φορές είναι προτιμότερο να χωρίζεις για τους σωστούς λόγους παρά να παραμένεις παντρεμένος για λάθος λόγους. Εάν ξεκινήσεις να ανακαλύπτεις τον εαυτό σου φιλοσοφικά, η ζωή σου μπορεί να αλλάξει. Μερικές φορές αυτή η αλλαγή μπορεί να είναι άβολη, και χρειάζεσαι κουράγιο και αποφασιστικότητα για να την ολοκληρώσεις. Μα τέτοια φιλοσοφική ανάπτυξη οδηγεί και στη φιλοσοφική αυτάρκεια, και αυτό σου επιτρέπει να είσαι αληθινός με τον εαυτό σου. Αυτό ήθελε η Τζάνετ και πιστεύω ότι θα το καταφέρει.

Η ιστορία της Τζάνετ παρέχει μία ενδιαφέρουσα αντίθεση με αυτή της Νόρας, της γυναίκας που ήθελε να πάρει το πτυχίο της παρά τις αντιρρήσεις του συζύγου της, στο Κεφάλαιο 6. Και οι δύο γυναίκες πάλευαν με επικριτικούς, απαιτητικούς άνδρες οι οποίοι παρέμεναν δυσαρεστημένοι, ανεξάρτητα με τις προσπάθειες που κατέβαλλαν οι γυναίκες τους. Μα τα διαφορετικά αποτελέσματα τονίζουν πώς διαφορετικές φιλοσοφικές λύσεις μπορούν να εφαρμοστούν σε παρόμοια προβλήματα, ανάλογα με τους ανθρώπους που εμπλέκονται. Όλοι μας έχουμε τη δική μας ιδιαίτερη φιλοσοφική άποψη, και δεν υπάρχουν δύο άνθρωποι που να ανταποκρίνονται ακριβώς με τον ίδιο τρόπο για τους ίδιους λόγους, ακόμη και αν βρεθούν σε παρόμοιες καταστάσεις.

ΛΑΡΙ

Ο Λάρι πάλευε επίσης με το πιθανό τέλος της σχέσης του. Ήταν παντρεμένος με την Κάρολ για είκοσι πέντε χρόνια περίπου και είχε δύο νεαρά ενήλικα παιδιά. Ήταν πιστός στη γυναίκα του όλα αυτά τα χρόνια και ήταν και οι δυο τους περήφανοι για τη συνεργασία τους στην ανατροφή των παιδιών και στην παροχή όλων όσα χρειάστηκαν αυτά. Και οι δύο είχαν καριέρες με προοπτικές, αν και η Κάρολ δούλευε από το σπίτι και για πολλά χρόνια δούλευε λίγες ώρες για να μπορεί να περνά περισσότερο χρόνο με τα παιδιά. Ο Λάρι σεβόταν τη γυναίκα του, μα τώρα που είχαν μία άδεια φωλιά, διαπίστωσαν ότι δεν είχαν πολλά κοινά σημεία πια.

Όπως αφηγήθηκε ο Λάρι, όταν πλησίασε την Κάρολ για να μιλήσουν σοβαρά για τη δέσμευση του ενός στον άλλο, αυτή του είπε ότι δεν ήθελε να τον ακούσει να αναμασά το θέμα άλλο πια και του πρότεινε να πληρώσει κάποιον άλλο για να τον ακούσει. Ένας από τους λόγους που έχουμε μία ερωτική σχέση είναι για να συμμετέχουμε σε ένα διαρκή διάλογο, έτσι η αντίδραση της Κάρολ έδειξε ότι αυτό το ουσιαστικό στοιχείο της σχέσης είχε καταστραφεί. Σπίτι δεν είναι μόνο εκεί που είναι η καρδιά σου και εκεί που πρέπει να σε δέχονται, αλλά επίσης εκεί που οι άνθρωποι ενδιαφέρονται για το τι έχεις να πεις. Εκεί που ενδιαφέρονται για σένα σαν ανθρώπινο πλάσμα, χωρίς κρυφά κίνητρα, εκτιμώντας σε για αυτό που είσαι.

Ο Λάρι δεν είχε πάει ποτέ σε ψυχίατρο ή σε ψυχολόγο και θα τον απωθούσε η ιδέα και μόνο μιας παρατεταμένης θεραπείας. Ήρθε σε μένα, μετά την πρόταση της γυναίκας του, απλά ψάχνοντας για κάποιον να μιλήσει, καθώς σκεφτόταν αν θα έπρεπε να την αφήσει. Σίγουρα δεν ήθελε να συζητήσει για τα συναισθήματά του, πόσο μάλλον για τα παιδικά του χρόνια ή για τα πρότυπα συμπεριφοράς του. Όπως και οι περισσότεροι πελάτες μου, έψαχνε για κάποιον να τον βοηθήσει να εκφράσει την κοσμοθεωρία του (δηλαδή, την προσωπική του φιλοσοφία) και να εξετάσει τις επιλογές του για να βεβαιωθεί ότι οι ενέργειές του ήταν σύμφωνες με τα πιστεύω και τις αξίες του. Αυτό το έργο δεν είναι πάντα τόσο εύκολο όσο ακούγεται.

Ο Λάρι και η Κάρολ ήταν άνθρωποι με αρχές και πίστη και αντιλαμβάνονταν τους εαυτούς τους ότι λειτουργούσαν μέσα σε ένα σοβαρό ηθικό πλαίσιο. Δεν ήταν θρησκευόμενοι, αλλά είχαν διατυπώσει τους δικούς τους ηθικούς κανόνες τους οποίους και υπάκουαν. Τώρα, καθώς ο Λάρι σκεφτόταν να επιλέξει ένα τέλος (διαζύγιο) όχι απαραίτητα σε συμφωνία με τις αρχές του (ο γάμος ως δέσμευση για όλη του τη ζωή), αναρωτιόταν πότε ήταν η στιγμή να αλλάξει τους κανόνες που θεωρούσε απόλυτους. Όταν η τυφλή υπακοή σ' έναν κανόνα προξενεί ζημιά, ίσως είναι καιρός να αλλάξει ο κανόνας.

Οι γαμήλιοι όρκοι είναι συνήθως «μέχρι να μας χωρίσει ο θάνατος», δηλαδή εφ' όρου ζωής. Αν υποθέσουμε όμως ότι λίγο μετά το μήνα του μέλιτος ανακαλύπτετε ότι έχετε παντρευτεί έναν ψυχοπαθή ή ένα σαδιστή που σας εξαπάτησε έξυπνα και που τώρα μπορεί να σας κάνει κακό ή να σας καταστρέψει τη ζωή; Σε αυτή την επικίνδυνη κατάσταση, το να διατηρήσετε τους γαμήλιους όρκους σας πιθανότατα θα σας κάνει πιο πολύ κακό από το να τους αθετήσετε. Τώρα λάβετε υπόψη σας μια πιο συνηθισμένη υπόθεση, όταν, για παράδειγμα, διαπληκτίζεστε με ένα από τα αδέρφια σας ή με κάποιο στενό σας φίλο και ορκίζεστε: «Δεν θα σου ξαναμιλήσω ποτέ για όσο ζω!» Μετά από λίγο, το άτομο αυτό αρχίζει να σας λείπει και του λείπετε και εσείς. Κρατώντας τον όρκο σας να μην του ξαναμιλήσετε πιθανότατα θα σας προξενήσει πολύ περισσότερο κακό από το να σπάσετε τον όρκο, οπότε και κάνετε το τηλεφώνημα.

Η περίπτωση του Λάρι βρίσκεται κάπου στη μέση μεταξύ αυτών των άκρων. Δύο άνθρωποι μπορεί να μοιραστούν έναν υπέροχο γάμο για αρκετά χρόνια, ενώ παράλληλα ωριμάζουν ως άτομα και σκοπεύουν να τηρήσουν τους όρκους τους. Και όμως, μπορεί να φτάσει η ημέρα που και οι δύο θα το έχουν ξεπεράσει, οπότε σε αυτή την περίπτωση η διατήρηση του γάμου θα προξενήσει περισσότερο κακό από τη διάλυσή του. Εάν μόνο ένας από τους συζύγους νιώθει έτσι, τότε και οι δύο θα περάσουν δύσκολες στιγμές. Μα εάν νιώθουν και οι δύο έτσι, που είναι λιγότερο συνηθισμένο, μπορούν να συντηρήσουν την αγάπη τους διαλύοντας το γάμο. Αυτό, πιστεύω, είναι που ο Λάρι και η γυναίκα του, κατάφεραν να πετύχουν.

Καθήκον

Ο Καντ πίστευε ότι το ηθικό καθήκον πρέπει να τελείται ως αυτοσκοπός και ότι η ηθική προέρχεται από τη λογική. Όπως ο Καντ, έτσι και ο Λάρι ήταν ηθικολόγος, έτσι η προσέγγιση του Καντ ταιριάζει απόλυτα με τη δική του. Ο Καντ έγραψε για διάφορα «τέλεια καθήκοντα» που έχουν οι άνθρωποι, και ο κατάλογος πραγμάτων που δεν πρέπει να κάνουν ποτέ, τον οποίο συνέταξε (π.χ., ψέμα, φόνος), ακούγεται λίγο πολύ σαν τις Δέκα Εντολές. Σημειώνει επίσης και τα ατελή καθήκοντα που έχουμε, ένα από τα οποία είναι να βελτιώνουμε τους εαυτούς μας. Αντίθετα με τα τέλεια καθήκοντα που είναι γενικότερα, τα ατελή είναι περιστασιακά. Εφαρμόζοντάς τα στην περίπτωση του Λάρι, μπορεί να σήμαινε ότι αν και ο γάμος (μια κοινή υποχρέωση) είναι μία σοβαρή δέσμευση που δεν θα έπρεπε να παραβιάζεται, αν αυτή η κοινή αίσθηση υποχρέωσης έπαυε, τότε μπορεί η παραμονή στο γάμο να μην ωφελούσε ούτε τον Λάρι ούτε και τη γυναίκα του, παραβιάζοντας έτσι το «ατελές καθήκον» που και οι δύο έχουν να βελτιώσουν τους εαυτούς τους.

> «Το να εξασφαλίζει κάποιος την ευτυχία του είναι ένα καθήκον, τουλάχιστον έμμεσο, διότι η δυσαρέσκεια κάποιου με την κατάστασή του, υπό την πίεση πολλών αγχών και μεταξύ ανεκπλήρωτων επιθυμιών, μπορεί εύκολα να γίνει ένας μεγάλος πειρασμός για παραβίαση καθήκοντος».
>
> ΙΜΑΝΟΥΕΛ ΚΑΝΤ

Η θεωρία του Ουίλιαμ Ρος των «εκ πρώτης όψεως» (prima facie) καθηκόντων μπορεί να οδηγούσε τον Λάρι σε παρόμοια συμπεράσματα. Ο Ρος έγραψε ότι όλοι έχουμε μία λίστα δεσμεύσεων οι οποίες «εκ πρώτης όψεως» είναι το ίδιο δεσμευτικές, μα πρακτικά αυτές οι δεσμεύσεις μερικές φορές αλληλοσυγκρούονται. Υποστηρίζει ότι διαφορετικές περιπτώσεις απαιτούν διαφορετικές προτεραιότητες και σε κάθε περίπτωση πρέπει να λαμβάνεται απόφαση βάσει των μειονεκτημάτων και πλεονεκτημάτων της. Έτσι καθώς τα παιδιά του ήταν μικρά, η πρωταρχική δέσμευση του Λάρι μπορεί να ήταν σε αυτά και μπορεί να συντήρησε το γάμο του για να τα υποστηρίξει συναισθηματικά. Μα τώρα που η κατάσταση είχε αλλάξει (τα παιδιά του είχαν μεγαλώσει), πρώτη του υποχρέωση ήταν να υποστηρίξει τη δική του συναισθηματική ανάπτυξη, αφήνοντας το γάμο του.

«Όταν βρίσκομαι σε μία κατάσταση, όπως μάλλον συνήθως είμαι, στην οποία παραπάνω από ένα από αυτά τα "εκ πρώτης όψεως" καθήκοντα με βαραίνει, αυτό που πρέπει να κάνω είναι να μελετήσω την κατάσταση όσο πληρέστερα μπορώ μέχρι να σχηματίσω μια συνειδητή άποψη (δεν είναι ποτέ περισσότερες) ότι στις συγκεκριμένες συνθήκες το ένα καθήκον με βαραίνει περισσότερο από οποιοδήποτε άλλο....»

ΟΥΙΛΙΑΜ ΡΟΣ

Αλλαγή

Εάν ο Λάρι ήταν πιο διαισθητικός τύπος, μπορεί να είχα συζητήσει το *Τάο Τε Κινγκ* μαζί του. Όπως το *Ι Τσινγκ*, αυτό το αρχαίο κινέζικο κείμενο θεωρεί ως βάση ότι τα πάντα αλλάζουν και για να κατανοήσεις την αλλαγή, πρέπει να κατανοήσεις τη φύση των νόμων –το Δρόμο– που διέπουν την αλλαγή. Άλλη μία από τις υποκείμενες αρχές είναι ότι πάντα υπάρχει ένας καλύτερος και ένας χειρότερος τρόπος για να κάνεις τα πράγματα. Στην ιδανικότερη περίπτωση, η καλύτερη επιλογή θα σε αφήσει χωρίς καμία κατάκριση. Η κατάκριση είναι κρίσιμη αντίληψη στην κινέζικη φιλοσοφία, παίζοντας παρόμοιο ρόλο με την ενοχή στην ψυχολογία και την αμαρτία στη θεολογία. Εάν δρας χωρίς να σε κατακρίνουν, δεν κάνεις εχθρούς και δεν χρειάζεται να σπαταλάς χρόνο επικρίνοντας τον εαυτό σου.

Αν είχε αναζητήσει καθοδήγηση μέσω του *Τάο Τε Κινγκ*, ο Λάρι μπορεί να είχε αποφασίσει ότι αυτός και η γυναίκα του θα μπορούσαν να συμφωνήσουν να χωρίσουν, αλλάζοντας τη δέσμευση που είχαν κρατήσει έναντι του γάμου τους, αλλά χωρίς κατακρίσεις. Οι δυνάμεις που κρατούσαν το γάμο –κυρίως κοινές ευθύνες ανατροφής των παιδιών και μοιρασμένες υποχρεώσεις του ενός προς τον άλλο– έχουν αλλάξει. Για όσο καιρό το μεγαλύτερο καλό της κοινής ανατροφής των παιδιών τούς δέσμευε, ανέχονταν τις λιγότερο ικανοποιητικές πλευρές της σχέσης. Η κατανόηση του μηχανισμού αυτών των αλλαγών βοηθάει στο να αποκαλυφθεί η είσοδος για το καλύτερο μονοπάτι.

> «Όταν τα πράγματα φτάνουν στο αποκορύφωμα της ακμής τους, αρχίζουν να φθίνουν. Αυτό είναι ενάντια στο Τάο. Ό,τι είναι ενάντια στο Τάο σύντομα θα φτάσει σε ένα τέλος».
>
> ΛΑΟ ΤΣΟΥ

Ήξερα ότι ο Λάρι ήταν πολύ πεπειραμένος σε αυστηρά λογικές προσεγγίσεις για να συμφωνήσει με το Τάο. Μα είτε έδινε μεγάλη προσοχή στον Καντ είτε στον Λάο Τσου, πιθανόν να έφτανε στο ίδιο συμπέρασμα. Σύμφωνα με το δικό του ισχυρό αίσθημα του καθήκοντος, ο Λάρι ένιωθε ότι είχε ακόμη υποχρέωση στη γυναίκα και το γάμο του. Μα με τα παιδιά του μεγαλωμένα, ένιωθε ότι είχε μια υποχρέωση και στον εαυτό του επίσης και αποφάσισε να αφήσει αυτόν τον τελματωμένο γάμο για να αναζητήσει την προσωπική του ανάπτυξη. Οι ηθικές των Καντ και Ρος δικαιολογούσαν αυτή του την επιλογή. Ο Λάρι ένιωσε άνετα με την απόφασή του, μόλις ξεκαθάρισε ότι ενεργούσε σύμφωνα με τις αρχές του.

ΚΑΡΜΕΝ

Η Κάρμεν δεν είχε ποτέ την ευκαιρία να κάνει την επιλογή αν θα παραμείνει στο γάμο της ή όχι. Μετά από είκοσι πέντε χρόνια μαζί, και μεγαλώνοντας τέσσερα παιδιά, ο άνδρας της την είχε μόλις αφήσει για μια άλλη γυναίκα. Η Κάρμεν έψαξε και βρήκε μια φεμινιστική ομάδα φιλοσοφικής συμβουλευτικής στην οποία επικεφαλής ήταν η συνάδελφος μου Βογκάνα Φίρι. Με σύνθημα για τη βοήθεια των πελατών της «να εξαφανίσουμε το αβάσταχτο, να ελαττώσουμε τον πόνο, να καλύψουμε την ανάγκη και να πραγματοποιήσουμε το όνειρο» (με τα λόγια της φιλοσόφου Νελ Νόντινγκς), η Φίρι διαχωρίζει τη φιλοσοφική δουλειά σε τέσσερις φάσεις, στην πρώτη από τις οποίες η πελάτισσα αφηγείται με δικά της λόγια την ιστορία της και η σύμβουλος αξιολογεί εάν είναι απαραίτητο η πελάτισσα να λάβει άλλου είδους φροντίδα.

Η Κάρμεν, λοιπόν, ξεδίπλωσε την ιστορία της. Όταν ο άνδρας της έφυγε, ανακάλυψε ότι ήταν μπλεγμένος σε μια μακροχρόνια σχέση με μια άλλη γυναίκα. Είχε πάρει τη θλιβερή απόφαση, όχι πολύ καιρό πριν, να βάλει τον ανάπηρο γιο της σε ίδρυμα ομαδικής θεραπείας. Αυτές οι δύο συνταρακτικές αλλαγές την έκαναν να νιώθει αποτυχημένη ως σύζυγος και ως μητέρα, σε δύο κλίσεις της στις οποίες είχε αφιερώσει τη ζωή της. Έκλαιγε για μια εβδομάδα, όπως είπε, και δεν πήγε καν στην εκκλησία. Δεν είχε συμβουλευτεί δικηγόρο, παρόλο που ο άνδρας της το είχε κάνει, μα υπέθεσε πως ο άνδρας της σίγουρα θα παρείχε τα αναγκαία.

Πριν μπει στην ομάδα, η Κάρμεν είχε συμβουλευτεί έναν ψυχίατρο, ο οποίος διέγνωσε χημική κατάθλιψη και της έγραψε Πρόζακ. Με την παρότρυνση της φιλοσοφικής συμβούλου της, η Κάρμεν άρχισε να δουλεύει με ένα δικηγόρο πάνω στην υπόθεσή της. Έτσι ήταν πια έτοιμη να μπει στην ομάδα και να ξεκινήσει τη δεύτερη φάση, καθορίζοντας τις θεμελιώδεις πεποιθήσεις της γύρω από την καλή ζωή, τη θηλυκότητα και τις θηλυκές αρετές. Στην προσωπική φιλοσοφία τής Κάρμεν, οι καλές γυναίκες θυσίαζαν τα πάντα για την οικογένειά τους.

Όντας ικανή να σκεφτεί πιο ξεκάθαρα μόλις το Πρόζακ ελάττωσε την κατάθλιψή της και εμπνευσμένη από το πρώτο έργο της με το δικηγόρο, τον υπολογισμό της οικονομικής αξίας της δουλειάς της ως νοσοκόμας, νταντάς, μαγείρισσας και οικονόμου (δηλαδή νοικοκυράς) τα τελευταία είκοσι πέντε χρόνια, η Κάρμεν προχώρησε εύκολα στην τρίτη φάση της Φίρι, που περιλάμβανε την εξέταση της βασικής της φιλοσοφίας για ανακολουθίες και παράλογες πεποιθήσεις. Η Κάρμεν διαπίστωσε ότι η δουλειά της ανατροφής, η δουλειά στην οποία είχε αφιερώσει τον εαυτό της εξαιρώντας όλα τα άλλα, είχε υποτιμηθεί από το σύζυγό της. Με λύπη της διαπίστωσε ότι η εμπιστοσύνη της στο ότι ο άνδρας της δεν θα την άφηνε σε άσχημη οικονομική κατάσταση δεν ήταν λογική, ειδικά λαμβάνοντας υπόψη πόσο καιρό την εξαπατούσε τηρώντας σχέση με μια άλλη γυναίκα. Αποφάσισε να παλέψει για τα δικαιώματά της στο διαζύγιο, αφού το τέλος της σχέσης της έμοιαζε αναπόφευκτο. Συνειδητοποίησε ότι, αν και η αυτοθυσία είναι αρετή, δεν έφτανε για να δημιουργήσει μια καλή ζωή για αυτήν. Ξεκίνησε για να μάθει ποια ήταν τα απαραίτητα υπόλοιπα συστατικά.

Η τέταρτη φάση της Φίρι περιλάμβανε την έκφραση της επεξεργασμένης φιλοσοφίας της. Μαζί με την αυτοθυσία, η Κάρμεν περιλάμβανε και την αυτονομία σαν απαραίτητη αρετή. Βρήκε περαιτέρω αποδείξεις επί του θέματος στην αυξανόμενη αυτονομία του γιου της στο ίδρυμα, κάτι που ήταν αδύνατο στο σπίτι. Έφτασε επίσης στο σημείο να δει ότι κάθε άτομο είχε τις δικές του απόψεις για την καλή ζωή, για τον έρωτα και την ευτυχία. Δέχτηκε τότε ότι, αν και πίστευε ότι αυτό που έκανε ο άνδρας της ήταν ηθικά λανθασμένο, μπορεί ο ίδιος να πίστευε στην ορθότητα της αναζήτησης της ευτυχίας του σε μία άλλη σχέση. Αυτή της η επίγνωση της επέτρεψε να επανασυνδεθεί με τα υπόλοιπα παιδιά της, τα οποία αδυνατούσε να αντικρίσει από τότε που ο άνδρας της την άφησε και αντιστάθηκε στο να τους ζητήσει να διαλέξουν στρατόπεδο. Το κυριότερο, η αναγνώριση της ορθότητας μιας ποικιλίας απόψεων επέτρεψε στην Κάρμεν να αλλάξει γνώμη ότι η ζωή της ήταν αποτυχημένη.

> «Η αρχή απαιτεί ελευθερία γεύσεων και επιδιώξεων, ελευθερία πλαισίωσης του σχεδίου της ζωής μας έτσι ώστε να ταιριάζει στο χαρακτήρα μας, να κάνουμε ό,τι μας αρέσει, υποκείμενοι σε όποιες επιπτώσεις ακολουθήσουν, χωρίς να μας παρεμποδίζουν τα πλάσματα γύρω μας, αρκεί ό,τι κάνουμε να μην τα βλάπτει, ακόμη και αν θεωρούν τη συμπεριφορά μας ανόητη, διεστραμμένη ή λανθασμένη».
>
> ΤΖΟΝ ΣΤΙΟΥΑΡΤ ΜΙΛ

Εξοπλισμένη, λοιπόν, η Κάρμεν, εξασφάλισε ευνοϊκό διακανονισμό της περιουσίας και διατροφή που αντανακλούσε τη χρηματική αξία της οικιακής της εργασίας. Αν και είχε ως ένα βαθμό οικονομική ασφάλεια, άσκησε την αυτονομία της πιάνοντας δουλειά σε μια εταιρεία ασφαλειών υγείας η οποία της επέτρεπε να εφαρμόσει όλα όσα έμαθε φροντίζοντας τον ανάπηρο γιο της, βοηθώντας οικογένειες με παρόμοιες καταστάσεις. Τελικά ξαναπήγε σχολείο και πήρε πτυχίο κοινωνικής λειτουργού διευρύνοντας την ικανότητά της να βοηθά αυτές τις οικογένειες. Ακόμη διατηρούσε, ως πυρήνα των πεποιθήσεών της, τις παραδοσιακές γυναικείες αρετές της κατανόησης, της ανατροφής και της φροντίδας για τους άλλους, μα τώρα είχε μια ευρύτερη αντίληψη για το πώς να τις εφαρμόσει, χωρίς να χάσει ή να παραμελήσει τον εαυτό της στη διαδικασία. Ένιωσε δικαιολογημένη απογοήτευση και θυμό για το τέλος του γάμου της, που τον θεωρούσε ιερό. Συνειδητοποίησε όμως πως αν και το τέλος της σχέσης της δεν ήταν δική της επιλογή, η κατεύθυνση της υπόλοιπης ζωής της ήταν. Αρνήθηκε να βυθιστεί σε συναισθήματα που προκλήθηκαν από μία κατάσταση που δεν μπορούσε να αλλάξει, και αντί για αυτό επικεντρώθηκε στο παρόν και στο πώς θα το αξιοποιήσει στο έπακρο.

ΤΖΟΑΝ

Η Τζόαν πήγε να δει τη συνάδελφό μου Χάριετ Τσάμπερλεν λέγοντας ότι ο γάμος της είχε τελειώσει, όμως ένιωθε παγιδευμένη σε αυτόν επειδή ήταν οικονομικά εξαρτημένη από το σύζυγό της. Είπε πως ήταν αποφασισμένη να ξαναπιάσει δουλειά, καθώς είχε εγκαταλείψει μια επιτυχημένη καριέρα πριν μερικά χρόνια για να μείνει σπίτι με τα παιδιά, ανοίγοντας έτσι μια ρεαλιστική έξοδο από τη σχέση.

Μα καθώς δούλευε με τη σύμβουλό της για να εντοπίσει τις επιλογές της (να επιστρέψει στη δουλειά, με μερική ή πλήρη απασχόληση, να επιστρέψει στο σχολείο, να προετοιμαστεί για δουλειά σε διαφορετικό τομέα από αυτόν που εργαζόταν στο παρελθόν) η Τζόαν τις απέρριψε όλες. Δεν είχε την αυτοπεποίθηση να ξεκινήσει μια καινούρια δουλειά τώρα, δεν είχε χρόνο να πάει σχολείο, η οικιακή της βοηθός θα μπορούσε να παραιτηθεί, δεν είχε πρόσφατη προϋπηρεσία για να γράψει στο βιογραφικό της και δεν θα μπορούσε ποτέ να βρει μια δουλειά που θα ήθελε να κάνει. Δεν ήταν να απορεί κανείς γιατί ένιωθε παγιδευμένη! Έβρισκε λόγους για τους οποίους κάθε διαδρομή ήταν απροσπέλαστη, άσχετα με το τι λάμβανε υπόψη. Η φιλοσοφική της σύμβουλος της είπε πως όντως ήταν παγιδευμένη στο γάμο της, όχι όμως από τον άνδρα της ή από την οικονομική εξάρτηση. Ήταν κλεισμένη σε ένα κλουβί που είχε κατασκευάσει μόνη της.

> «Το να απελευθερωθεί κανείς από την αντίληψη ότι δεν υπάρχει ελευθερία σημαίνει να είναι πραγματικά ελεύθερος».
>
> ΜΑΡΤΙΝ ΜΠΑΜΠΕΡ

Η σύμβουλος διάλεξε τον υπαρξισμό για την Τζόαν, γιατί τονίζει την αναγνώριση και πραγματοποίηση της προσωπικής ελευθερίας του ατόμου και την ευθύνη για τη δημιουργία μιας ζωής ολοκληρωμένης και με νόημα. Σύμφωνα με τον Ζαν-Πολ Σαρτρ, ερχόμενος κανείς αντιμέτωπος με την υπαρξιακή του ελευθερία μπορεί να νιώσει άγχος και για να την εφαρμόσει στην πράξη απαιτείται επίγνωση των εμποδίων στο δρόμο του, καθώς επίσης και η κατανόηση ότι ο ίδιος τα τοποθετεί στο δρόμο του. Οι περιορισμοί στην ελευθερία μας που τοποθετούμε εμείς οι ίδιοι καλούνται «κακή πίστη» από τον Σαρτρ.

> «Ο άνθρωπος δεν θα μπορεί να κάνει τίποτα εκτός και αν έχει πρώτα κατανοήσει ότι δεν πρέπει να βασίζεται σε κανέναν άλλο εκτός από τον εαυτό του, ότι είναι μόνος του, παρατημένος στη γη μεταξύ ατελείωτων ευθυνών, χωρίς βοήθεια, χωρίς σκοπό άλλο από αυτόν που θέτει ο ίδιος στον εαυτό του και

χωρίς πεπρωμένο άλλο από αυτό που σφυρηλατεί ο ίδιος για τον εαυτό του σε αυτή τη γη».

ΖΑΝ-ΠΟΛ ΣΑΡΤΡ

Η Τζόαν θα μπορούσε να είναι το κλασικό παράδειγμα κακής πίστης. Μα όταν της υποδείχθηκε ότι η ίδια συνεργεί στο να βρίσκεται σ' αυτή τη δυσάρεστη θέση, γρήγορα βρήκε το κουράγιο να αποδεχθεί τις ευθύνες της και την ελευθερία της. Με κριτική σκέψη, ξεκίνησε να γκρεμίζει τα τείχη που είχε χτίσει για να κρατήσει τον εαυτό της σε μια ζωή που τη δυσαρεστούσε. Καθώς η κατεδάφιση συνεχιζόταν, συνειδητοποίησε πως το γεγονός ότι κανόνισε να πάει πάλι για δουλειά και μετά αρνήθηκε κάθε πιθανή οδό επίτευξης αυτού του σχεδίου χρησίμευσε στο να τη βοηθήσει να σκεφτεί ότι η εμμονή της στο γάμο της ήταν αναγκαίο κακό παρά επιλογή. Αυτό με τη σειρά του την οδήγησε να αρνηθεί την ευθύνη της για το ότι θα συνέχιζε να είναι δυστυχισμένη.

Στη συνέχεια, η Τζόαν παραδέχθηκε ότι στην πραγματικότητα δεν ήθελε να επιστρέψει στη δουλειά της και ότι για αυτό το λόγο ήθελε να παραμείνει στο γάμο της. Όταν διαπίστωσε ότι το να μείνει ήταν δική της επιλογή, απέκτησε μια ανανεωμένη αίσθηση ελέγχου πάνω στη ζωή της. Αυτό της επέτρεψε να δει πως η αυτοεκτίμηση και η αυτοπεποίθηση, για την έλλειψη των οποίων παραπονιόταν στη σύμβουλό της, δεν της είχαν αφαιρεθεί. Τις είχε εγκαταλείψει και μπορούσε πάλι να τις περιμαζέψει.

Η Τζόαν άρχισε να παίρνει πιο ενεργά μέρος στη σχέση, αναγνωρίζοντας ευθύνες σε αυτήν εκτός από υποχρεώσεις. Αναλαμβάνοντας το δικό της τμήμα, αφαίρεσε κάποιο από το βάρος το οποίο είχε αποδώσει στον άνδρα της και τώρα ένιωθε ότι έπαιρνε πολύ περισσότερα πράγματα από αυτήν. Όχι μόνο είχε συμφιλιωθεί με την ιδέα ότι είχε παραμείνει σε έναν ατελή γάμο επειδή αποφάσισε να το κάνει με τη θέλησή της, αλλά και ο γάμος βελτιώθηκε στο σημείο που να τον εκτιμά ξανά.

Περιέλαβα αυτή την υπόθεση στο κεφάλαιο των σχέσεων που τελειώνουν, παρόλο που ο γάμος δεν διαλύθηκε στο τέλος, για να δείξω ότι μία σχέση που είναι προφανές ότι πεθαίνει μπορεί να ανακάμψει. Τα πράγματα βέβαια μπορεί να πάνε τόσο άσχημα ώστε να μην υπάρχει επιστροφή (ή καμία επιθυμία για επιστροφή), μα μερικές φορές παραείμαστε πρόθυμοι να πούμε ότι ξεπεράσαμε το σημείο χωρίς επιστροφή.

Ο Καρλ φον Κλάουζεβιτς, ο πιο διάσημος Δυτικός φιλόσοφος του πολέμου, κάτι σαν το δυτικό αντίστοιχο του Σουν Τσου, έγραψε το περίφημο: «Ο πόλεμος είναι η συνέχεια της πολιτικής με άλλα μέσα». Θα κάνετε καλά να θυμάστε, καθώς σκέφτεστε τον τερματισμό μιας σχέσης, ότι το διαζύγιο είναι απλά η συνέχεια του γάμου με άλλα μέσα. Σπάνια υπάρχει μια γρήγορη, καθαρή διακοπή. Σκεφτείτε προσεκτικά εάν ο τερματισμός μιας σχέσης θα λύσει ή τουλάχιστον θα καλυτερεύσει το τρέχον πρόβλημα. Και αν το τέλος είναι ο μόνος τρόπος να βρεθεί λύση, ή εάν είναι το τέλος πέραν των δικών σας επιθυμιών, βρείτε τον καλύτερο δυνατό δρόμο. Όταν βεβαιωθείτε ότι τον βρήκατε, προχωρήστε με όσο το δυνατό λιγότερη επίκριση στον εαυτό σας μπορείτε.

8

ΟΙΚΟΓΕΝΕΙΑΚΗ ΖΩΗ ΚΑΙ ΣΥΓΚΡΟΥΣΕΙΣ

«Όταν η οικογένεια βρίσκεται σε τάξη, όλες οι κοινωνικές σχέσεις της ανθρωπότητας είναι σε τάξη».

Ι ΤΣΙΝΓΚ

«Ένα μεγάλο μέρος της δυστυχίας που πλανάται, σε φρικτές μορφές, σ' όλο τον κόσμο προέρχεται από την αμέλεια των γονέων....»

ΜΑΙΡΗ ΓΟΥΛΣΤΕΝΚΡΑΦΤ

Το μόνο πιο περίπλοκο πράγμα από μια ερωτική σχέση είναι το περίπλοκο δίκτυο αλληλεπιδράσεων στην οικογένεια. Κάθε άτομο εκδηλώνει την προσωπικότητά του, τις προτιμήσεις, τα πρότυπα, τη συμπεριφορά, τις αξίες και τη φιλοσοφική του θεώρηση. Η φύση και η ανατροφή συμβάλλουν στη δημιουργία ενός φαινομένου αλληλοκάλυψης μεταξύ των μελών της οικογένειας, σε πολλούς από τους παραπάνω τομείς, μα ποτέ δεν υπάρχει τέλεια εφαρμογή. Εκεί αρχίζει η διαμάχη. Οι οικογενειακές σχέσεις απαιτούν προσεκτική σκέψη και συντήρηση, όπως και οι ερωτικές σχέσεις. Πιθανόν να έχουν ακόμη μεγαλύτερη ανάγκη, επειδή πολλές οικογενειακές σχέσεις είναι εγγενώς ασταθείς και επειδή οι οικογενειακές σχέσεις κατά το μεγαλύτερο μέρος τους επιβάλλονται, δεν επιλέγονται. Συνήθως διαλέγουμε το ταίρι μας μα όχι τους συγγενείς μας.

Για πολλά χρόνια, τα παιδιά διαμορφώνονται από τους ενήλικες από τους οποίους εξαρτιούνται. Αυτό δημιουργεί στους συγγενείς την υποχρέωση να ενθαρρύνουν και να εμφυσούν τα χαρακτηριστικά που θα οδηγήσουν τα παιδιά στο να ζήσουν μια καλή ζωή. Τα συγκεκριμένα συστατικά της καλής ζωής είναι ένα θέμα για το οποίο οι φιλόσοφοι διαφωνούν επί χιλιάδες χρόνια, οπότε δεν πρόκειται να βρείτε ένα και μοναδικό σχέδιο πάνω στο θέμα. Οι λεπτομέρειες ποικίλλουν από άτομο σε άτομο, από οικογένεια σε οικογένεια και από πολιτισμό σε πολιτισμό. Τα δύο κοινά στοιχεία που θα συναντήσετε όπου και να πάτε είναι σεβασμός για αυτούς που παλεύουν για την καλή ζωή και την εντολή στους γονείς να την εμφυσήσουν στα παιδιά τους, όπως και αν καθορίζεται αυτή. (Δεν υπάρχει επίσης ούτε προτυπωμένο σχέδιο μαθήματος για να διδαχθείτε το πώς να ζείτε την καλή ζωή, οπότε μην ψάξετε ούτε για αυτό εδώ.)

Από την πλευρά του φιλοσοφικού συμβούλου, το σημαντικό πράγμα για ένα γονιό είναι να αναγνωρίσει τα καθήκοντα και τις υποχρεώσεις του και να ερευνήσει το πώς να τα φέρει σε πέρας με τρόπο που να είναι σύμφωνος με τη φιλοσοφική του άποψη. Αν και ο γονεϊκός ρόλος είναι ο κύριος, όλοι οι συμμετέχοντες στην οικογενειακή δομή, συμπεριλαμβανόμενων και των παιδιών, έχουν τις δικές τους υποχρεώσεις στους εαυτούς τους και στα άλλα μέλη της οικογένειας. Θα ήταν ένας θαυμάσιος κόσμος, αν ο καθένας ανέλυε αυτές τις ευθύνες του και τις εκπλήρωνε όσο πιο συχνά ήταν δυνατό.

ΜΑΡΓΚΑΡΕΤ

Κατά τη διάρκεια μιας ζωντανής ραδιοφωνικής συνέντευξης, μίλησα με μια ακροάτρια που λεγόταν Μάργκαρετ και ασχολούνταν με αυτού του είδους την ανάλυση. Με ρώτησε εάν θα έπρεπε να ζητήσει από τα παιδιά της, στην αρχή της εφηβείας, να κάνουν βασικές δουλειές του σπιτιού για να κερδίσουν το χαρτζιλίκι τους. Ήθελε να τους διδάξει ένα είδος υπευθυνότητας και στη διαχείριση των χρημάτων και στη συμμετοχή και συντήρηση της οικογενειακής ζωής. Εξήγησε ότι η οικογένειά της μπορούσε άνετα να προσλάβει κάποιον να κουρεύει το γρασίδι ή να μαζεύει τα φύλλα από την αυλή και τα παιδιά της παραπονιούνταν ότι κανένας από τους φίλους τους δεν δούλευε για το χαρτζιλίκι του. Δεν αμφισβητούσε την απόφασή της, μα ήθελε να είναι σίγουρη ότι υπήρχε φιλοσοφική αιτιολόγηση για τον κανόνα που είχε θεσπίσει. Δεν ήθελε να εκμεταλλεύεται τα παιδιά της, μα δεν ήθελε κιόλας να θεωρούν τα χρήματα δεδομένα. Όταν η Μάργκαρετ μεγάλωνε, έπρεπε να δουλεύει για το χαρτζιλίκι που χρειαζόταν (πέρα από τις δουλειές του σπιτιού), και παρόλο που δεν ήταν οικονομικά απαραίτητο για τα παιδιά της να κάνουν το ίδιο, ήθελε να τους ενσταλάξει την ίδια εργασιακή ηθική που είχε μάθει και αυτή κατά τη διάρκεια της ανατροφής της.

Για να απαντήσει στα παράπονα των παιδιών της για τη δουλειά, η Μάργκαρετ παράφραζε τον Νίτσε: λίγο δηλητήριο μπορεί να είναι ωφέλιμο. Αν και ο Νίτσε απεχθανόταν συμβατικά ήθη όπως η προτεσταντική εργασιακή ηθική, σκέφτηκα πως αυτή ήταν μία εποικοδομητική εφαρμογή των ιδεών του. Το να κάνουν τις δουλειές του σπιτιού σίγουρα δεν θα έβλαπτε τα παιδιά, πόσο μάλλον θα τα σκότωνε, παρά τις πυρετώδεις ιστορίες θλίψης τους. Και το πιθανότερο ήταν πως θα ενίσχυε τον ηθικό ιστό τους διδάσκοντάς τα ένα σημαντικό κοινωνικοοικονομικό μάθημα: Δεν αποκτάς τίποτα χωρίς αντάλλαγμα. Ή, αν προτιμάτε, δεν υπάρχει γεύμα δωρεάν. Αυτό είναι για την ακρίβεια μία προέκταση ενός από τους νόμους της φυσικής του Νεύτωνα στον τομέα των οικονομικών. Ο νόμος του Νεύτωνα λέει ότι για κάθε δράση υπάρχει μία ίση και αντίθετη αντίδραση. Η έκδοση των οικονομικών λέει ότι κάθε γεύμα το ακολουθεί και ο λογαριασμός του. Οι ερωτήσεις-κλειδιά είναι: «Ποιος τρώει;» και «Ποιος πληρώνει;». Στα οικονομικά, όπως και στη φυσική, τίποτα δεν προέρχεται από το τίποτα. Με την ίδια λογική, δεν παίρνεις τίποτα, εάν δεν δώσεις κάτι – είναι οδός διπλής κατεύθυνσης.

> «Ό,τι δεν με σκοτώνει αμέσως με κάνει πιο δυνατό».
>
> ΦΡΙΝΤΡΙΧ ΝΙΤΣΕ

Η Μάργκαρετ έφτασε στη φιλοσοφική υποστήριξη των ενεργειών της από μόνη της, μα εγώ πρόσφερα λίγη παραπάνω επιβεβαίωση. Όπως βλέπουμε στο Κεφάλαιο 11 (περί ηθικής), και ο Αριστοτέλης και ο Κομφούκιος έβλεπαν την αρετή σαν θέμα καλών συνηθειών. Έτσι, στην περίπτωση της Μάργκαρετ, δημιουργώντας τη συνήθεια σε κάποιον να πληρώνει για το γεύμα του ή να τραγουδάει για το δείπνο του, βοηθούσε τα παιδιά της να ασκήσουν μια αρετή: την εκτίμηση της αξίας της δουλειάς. Ο Αριστοτέλης και ο Κομφούκιος θα συμφωνούσαν ότι εφόσον η αρετή είναι θέμα συνήθειας, δεν μπορεί να τη μάθει κανείς απλώς μιλώντας για αυτήν, πρέπει να εφαρμόζεται κιόλας. Εδώ πάλι, η Μάργκαρετ ήταν στον σωστό δρόμο.

ΡΙΤΑ

Η συνάδελφός μου Αλίσια Χουαρέρο δούλεψε με μία πελάτισσα που πάλευε με τις ευθύνες της έναντι των μελών της οικογένειάς της, αλλά με πολύ διαφορετικό τρόπο. Η Ρίτα πήγε στην Αλίσια επειδή η έφηβη αδερφή της είχε βιαστεί από ένα αγόρι που γνώριζε από το μαγαζί που δούλευε τα σαββατοκύριακα. Αυτή η πράξη βίας είχε δημιουργήσει μεγάλη αναταραχή στην οικογένεια, η οποία προσπαθούσε να ανταποκριθεί και στα συναισθηματικά επακόλουθα και σε πιο πρακτικά θέματα, όπως να αρχίσει το κορίτσι θεραπεία, να μηνύσουν τον νεαρό και ούτω καθεξής. Η ίδια η Ρίτα δεν παρακολουθούσε τα μαθήματά της, παραμελούσε τις εργασίες της, και γενικά ένιωθε να έχει παραλύσει από αυτή τη φοβερή κατάσταση. Δεν ήξερε τι να κάνει για να βοηθήσει την αδερφή της, ή τους άλλους συγγενείς, όπως προσπαθούσαν να βοηθήσουν οι ίδιοι.

Η Ρίτα ακολουθούσε τα καλύτερα ένστικτά της με το να αγαπά και να υποστηρίζει αυτούς που ήταν κοντά της. Κινδύνευε όμως να χάσει τον εαυτό της κατά τη διαδικασία αυτή. Αυτή η ισορροπία είναι συχνά το θέμα σε ερωτικές σχέσεις, είναι όμως σημαντικό και μέσα σε οικογένειες. Και τα οικογενειακά αισθήματα και η ατομικότητα είναι ο καλύτερος τρόπος για να σχηματίσει κανείς μια υγιή ενήλικη ζωή. Η σύμβουλός της κατεύθυνε τη Ρίτα στον στωικό φιλόσοφο Επίκτητο για να ρίξει φως στην υπόθεσή της. Αυτός έγραψε: «Όταν δεις κάποιον να θρηνεί από στεναχώρια... Μη διστάσεις να του συμπαρασταθείς... μόνο πρόσεχε να μην κλάψεις και μέσα σου». Η Ρίτα δεν βοηθούσε κανένα εκτροχιάζοντας τη δική της ζωή. Με τη δική της ζωή κομμάτια, δεν είχε τίποτα να προσφέρει στην αδερφή της. Η Ρίτα αποφάσισε να μην προσθέσει και το δικό της άγχος σε αυτό της αδερφής της. Θα ασχολούνταν με το να επαναφέρει τον εαυτό της σαν το πρώτο βήμα για να βοηθήσει την αδερφή της και την υπόλοιπη οικογένεια να κάνουν το ίδιο.

> «Αν ποτέ σού τύχει να στραφείς προς τα εξωτερικά πράγματα με την επιθυμία να γίνεις αρεστός σε κάποιον, να ξέρεις πως έχασες το σχέδιο της ζωής σου».
>
> ΕΠΙΚΤΗΤΟΣ*

Η Ρίτα προσκολλήθηκε σε άλλη μία αντίληψη του Επίκτητου για το καλό και για το κακό: «Να μην επιζητείς να γίνονται τα γεγονότα όπως θέλεις εσύ, αλλά να θέλεις τα γεγονότα όπως πραγματικά γίνονται, και τότε θα είσαι ευτυχισμένος».** Κάτι που έχει ήδη γίνει δεν γίνεται να αναιρεθεί, οπότε είναι άσκοπο να σπαταλά κανείς χρόνο ευχόμενος τα πράγματα να ήταν διαφορετικά. Καλύτερα να αντιμετωπίσει κανείς τις συγκυρίες, όσο ανησυχητικές και αν είναι αυτές, από το να παραπαίει στο παρελθόν. Το να προχωρεί κανείς μπροστά παρέχει τις μόνες πιθανότητες για βελτίωση.

Θυμηθείτε το κεντρικό θέμα των Στωικών, ότι τα μόνα πράγματα που έχουν αξία είναι αυτά που δεν μπορεί να μας αφαιρέσει κανείς. Εκτός από τα συγκεκριμένα κομμάτια που είδε η Ρίτα από τον Επίκτητο, θα μπορούσε να διδαχθεί και από τους Στωικούς γενικότερα. Λίγα πράγματα είναι πιο πολύ-

---

* Και τα δύο αποσπάσματα (σελ. 210, 211) από: Επίκτητος, *Εγχειρίδιον*, μτφρ. Φιλολογική Ομάδα Κάκτου, εκδ. Κάκτος, Αθήνα, 1994. (Σ.τ.Μ.)

** Ό.π.

τιμα από την οικογενειακή αγάπη, τα οποία δεν μπορεί να τα πάρει κανένας άλλος. Ακόμη και ένας βιαστής δεν έχει αυτή τη δύναμη, εκτός και αν του τη δώσουμε εμείς. Η Ρίτα είχε δίκιο να θέλει να βρει έναν τρόπο να διατηρήσει την οικογενειακή δομή αγάπης μέσα στην καταιγίδα. Ήταν κάτι παραπάνω από το ασημένιο περίγραμμα του σύννεφου κάτω από το οποίο βρίσκονταν. Θα ήταν ο ήλιος που θα ξαναφώτιζε όλο τον ουρανό, όταν περνούσε η καταιγίδα.

ΣΟΝΙΑ

Η Μάργκαρετ αναζητούσε φιλοσοφική αιτιολόγηση μερικώς επειδή η αντίσταση των παιδιών της είχε σπείρει σπόρους αμφιβολίας μέσα της. Αν και είμαι σίγουρος ότι τα παιδιά θα έχαναν τη συγκεκριμένη μάχη, ταυτόχρονα εμπλέκονταν στον μεγαλύτερο πόλεμο που περνούν οι περισσότερες οικογένειες, καθώς τα παιδιά παλεύουν να καθιερώσουν τις ταυτότητές τους ανεξάρτητα από την οικογένεια. Είδα μια πολύ πιο σοβαρή εκδοχή του θέματος στη Σόνια.

Η Σόνια ήταν στις αρχές της τρίτης δεκαετίας της ζωής της όταν αναζήτησε φιλοσοφική συμβουλή. Κατά τη διάρκεια των εφηβικών και πρώιμων ενήλικων χρόνων της, η μητέρα της Ίζαμπελ την τραβολογούσε σε μία ατελείωτη ακολουθία ψυχολόγων, ψυχιάτρων και άλλων θεραπευτών, συμπεριλαμβάνοντας και έναν εφημέριο θεραπευτή. Αυτή ήταν η πρώτη φορά που η Σόνια είχε αρχίσει από μόνη της θεραπεία και παρακολουθούσε με τη θέλησή της. Μου είπε, με έμφαση, ότι ποτέ δεν της είχαν διαγνώσει τίποτα. Όντως, αυτό που μου περιέγραψε η Σόνια ήταν μία διαμάχη μητέρας-κόρης που είχε βγει εκτός ορίων. Η Ίζαμπελ, που ήταν συντηρητική και θρησκευόμενη, ήταν σίγουρη ότι η ελεύθερη και δημιουργική φύση της Σόνιας ήταν ανώμαλη και μπορούσε να αλλάξει εάν έβρισκε τον σωστό θεραπευτή. Η Σόνια είχε πειστεί ότι κανείς από τους επαγγελματίες που έβλεπε δεν την είχε βοηθήσει καθόλου και δεν πίστευε ότι η μητέρα της ήταν ευχαριστημένη με τα αποτελέσματα επίσης.

Η Σόνια ήταν μία επαναστατημένη έφηβη που πίστευε από παιδί πως δεν ταίριαζε στο σχολείο ή στο σπίτι. Η Ίζαμπελ είχε από καιρό αντιμετωπίσει κάθε παράδειγμα υπέρβασης της θέλησής της από τη Σόνια σαν επιτηδευμένη κακή συμπεριφορά και σαν δείγμα ότι κάτι δεν πήγαινε καθόλου καλά με τη Σόνια. Με τον καιρό, και η ίδια η Σόνια άρχισε να φοβάται ότι κάπου δεν ήταν φυσιολογική.

Η Σόνια δούλευε ως μοντέλο, πήγαινε στο κολέγιο στον ελεύθερο χρόνο της και ζούσε με τους γονείς της (η μόνη επιλογή που είχε από οικονομική άποψη). Η Ίζαμπελ έφερνε αντιρρήσεις για τη δουλειά και τις σπουδές της Σόνιας. Το να είναι μοντέλο ήταν αμαρτία, σύμφωνα με τις θρησκευτικές αντιλήψεις της Ίζαμπελ, και δεν πίστευε επίσης πως ένα πτυχίο στην ιστορία της τέχνης ήταν άξια επένδυση χρόνου και χρήματος. Ο πατέρας της Σόνιας παρέμενε στο περιθώριο, σκιασμένος από τις γυναίκες της οικογένειας, και ούτε υποστήριζε ούτε και αντιδρούσε στις ενέργειες της Σόνιας ή της Ίζαμπελ.

Η Σόνια με αναζήτησε γιατί ήθελε να ξεδιαλύνει από μόνη της εάν κάτι δεν πήγαινε καλά με αυτήν και αν οι επιλογές της για το πώς να ζήσει τη ζωή της ήταν ανήθικες, όπως έλεγε η Ίζαμπελ. Μέσα της, η Σόνια δεν τα πίστευε όλα αυτά, μα η προστριβή με τη μητέρα της ήταν τόσο μακροχρόνια που είχε ενοχλητικές αμφιβολίες. Επιδίωκε πραγματικά να καθιερώσει την ταυτότητα της. Τι είδους άτομο ήταν; Ποια ήταν τα δεδομένα της; Ήταν το ίδιο καλά με αυτά όλων των άλλων;

Η Σόνια και η Ίζαμπελ είχαν εμπλακεί σε μία από τις παλαιότερες παραδοσιακές διαμάχες: σχετικισμός έναντι απολυταρχισμού. Οι σχετικιστές υποστήριζαν ότι οι αρχές και οι ενέργειες δεν είναι εγγενώς σωστές ή λάθος, μα οι πολιτισμοί και τα άτομα τους αποδίδουν αξίες (π.χ. η ομορφιά βρίσκεται στο μάτι του παρατηρητή). Με αυτό τον τρόπο σκέψης, τίποτα δεν είναι εξαρχής καλύτερο ή χειρότερο από κάτι άλλο. Οι αισθητικές και ηθικές μας αντιλήψεις εξαρτιούνται από εμάς και δεν υπάρχει αντικειμενικός τρόπος να τις κρίνουμε. Για τη Σόνια, αυτός ο τρόπος να βλέπει τον κόσμο είχε την περισσότερη λογική. Σεβόταν τις θρησκευτικές πεποιθήσεις της μητέρας της, αν και επέλεξε να μην τις ακολουθήσει η ίδια, ενώ δεν ζήτησε και από τη μητέρα της να τις εγκαταλείψει. Η Ίζαμπελ από την άλλη ήταν απολυταρχική, με πιο ξεκάθαρη, ασπρόμαυρη κοσμοθεωρία. Για αυτήν, μερικά πράγματα ήταν σωστά και μερικά άλλα ήταν λάθος, χωρίς εάν και αλλά.

> «...το μεν μη μεταβαλλόμενον εκ φύσεως έχει την αυτήν δύναμιν πανταχού –το πυρ, επί παραδείγματι, καίει τόσον εδώ όσον και εις την χώραν των Περσών– ενώ το δίκαιον μεταβάλλεται».
>
> ΑΡΙΣΤΟΤΕΛΗΣ*

> «Πάντων χρημάτων μέτρον εἶναι ἄνθρωπον».
>
> ΠΡΩΤΑΓΟΡΑΣ

* *Ηθικά Νικομάχεια*, μτφρ. Ανδρέας Δαλέζιος, εκδ. Πάπυρος, Αθήνα, 1975. (Σ.τ.Μ.)

Θεωρητικά, ένας σχετικιστής θα μπορούσε να συνυπάρξει με έναν οπαδό του απολύτου αναγνωρίζοντας ότι ο απολυταρχισμός είναι ένας τόσο έγκυρος τρόπος να βλέπεις τον κόσμο όσο οποιοσδήποτε άλλος. Ένας οπαδός του απολύτου θα έχει μεγαλύτερο πρόβλημα με ένα σχετικιστή, και αυτή φαίνεται πως ήταν η κατάσταση στην οποία ήταν μπλεγμένες η Σόνια και η Ίζαμπελ. Η Σόνια ήταν ανεκτική με τη μητέρα της και δεν ήθελε τίποτα παραπάνω από την Ίζαμπελ εκτός από την ίδια την αποδοχή των επιλογών της.

Τα τελευταία τριάντα χρόνια, ο σχετικισμός έχει κυριαρχήσει στη δυτική σκέψη. Όπως και οτιδήποτε άλλο που εφαρμόζεται απόλυτα, ο σχετικισμός έχει τα προβλήματά του, λογικά και πρακτικά. Εάν νομίζετε ότι ο σχετικισμός είναι σίγουρα ο καλύτερος τρόπος για να βλέπουμε τα πράγματα, τότε ήδη κινείστε στα όρια του απολύτου ή τουλάχιστον του απόλυτου σχετικισμού. Δοκιμάστε να ρωτήσετε σχετικιστές εάν ο φόνος, ο βιασμός, η υποδούλωση ή η γενοκτονία είναι ηθικά αποδεκτές πράξεις. Οι περισσότεροι θα πουν όχι, και τότε τους έχετε πιάσει να αποδίδουν σε κάτι απόλυτη ηθική αξία. (Μετά μπορείτε να επαναφέρετε την τάξη στον κόσμο τους συζητώντας για την αυτοάμυνα, την έκτρωση ή την εσχάτη των ποινών και τη σχετική ηθική διαφόρων τύπων ανηθικότητας υπό διάφορες συνθήκες.)

Δεν χρειάζεται πολλά ο σχετικισμός για να αρχίσει να αντικρούει τον εαυτό του. Υπάρχει μια διάσημη ιστορία στους ακαδημαϊκούς κύκλους για έναν καθηγητή που αντιμετώπισε μια τάξη γεμάτη από άτομα που είχαν αυτοανακηρυχθεί σχετικιστές. Ακολουθώντας μερικές ένθερμες περιόδους μαθημάτων στις οποίες οι μαθητές αποκήρυξαν τα κάθε είδους απόλυτα, ο καθηγητής τούς βαθμολόγησε όλους με τον χειρότερο δυνατό βαθμό στις τελικές τους εργασίες. Όταν ξέσπασαν διαμαρτυρίες, εξήγησε ότι τον είχαν πείσει ότι τα πάντα ήταν σχετικά, άρα υποκειμενικά, οπότε στην υποκειμενική του γνώμη, οι εργασίες τους ήταν χωρίς αξία. Σύντομα, οι ώρες που δεχόταν στο γραφείο του ήταν κλεισμένες από πρώην σχετικιστές που υποστήριζαν ότι οι εργασίες τους ήταν αντικειμενικά ορθές και καλύτερες από αυτές άλλων και απαιτούσαν βελτιωμένους βαθμούς. Ο σχετικισμός είναι καλός μέχρι να σου κοστίσει περισσότερα από όσα είσαι απολύτως πρόθυμος να πληρώσεις.

Στην πραγματική ζωή, ο θεωρητικός σχετικισμός δεν λειτουργεί. Για να αποτρέψει την αναρχία, η κοινωνία πρέπει να καθορίσει την αποδεκτή συμπεριφορά μέχρι ενός σημείου. Οι περισσότεροι άνθρωποι στις αποδεκτές κοινωνίες συμφωνούν σε μια λίστα απαγορευμένων πραγμάτων, στην οποία συμπεριλαμβάνονται ο φόνος, ο βιασμός, η αιμομιξία και η κλοπή. Εάν επιτραπεί ένα περιορισμένο σύνολο αντικειμενικών αξιών, τότε μία υποκειμενική άποψη μπορεί ακόμη να λειτουργήσει σε πολλά άλλα θέματα. Από τη δική μου θέση, η οποία είναι κοντά σε αυτή του Μιλ, μερικά πράγματα θα έπρεπε να είναι σχετικά, όσο όμως δεν επιφέρουν βλάβες σε άλλους ανθρώπους και δεν παραβιάζουν τις ελευθερίες τους. Σαφώς και σε αυτή την περίπτωση συμφωνώ πως η Σόνια είχε το δικαίωμα να περιμένει από τη μητέρα της να σεβαστεί την ατομική της ακεραιότητα ως ενήλικης και να της επιτρέψει να παίρνει μόνη τις αποφάσεις της. Η καθεμιά τους είχε το δικαίωμα να σκέφτεται ό,τι της αρέσει, μα όχι να επιβάλλει και τη συμμόρφωση της άλλης.

Για να μπορέσει να απολαύσει τη σχέση μητέρας-κόρης, ή τουλάχιστον να την εξομαλύνει εφόσον έμεναν στο ίδιο σπίτι, η Σόνια και η Ίζαμπελ έπρεπε να έρθουν σε συμβιβασμό η μία με την άλλη. Αφού η Ίζαμπελ δεν αναζητούσε συμβουλές και φαινόταν μάλλον απίθανο να αλλάξει τον τρόπο σκέψης της, η Σόνια συγκεντρώθηκε στο τι μπορούσε να κάνει από μόνη της. Καθώς αποδέχθηκε τη διάθεσή της να είναι ο εαυτός της, γνωρίζοντας ότι είναι φυσιολογική, η Σόνια έπαψε να νιώθει υπό επίθεση όταν οι άλλοι της έλεγαν ότι ήταν διαφορετική και της ζητούσαν να αλλάξει. Αρχίζοντας να νιώθει άνετα με τον εαυτό της και βλέποντας ότι τα δεδομένα και οι αξίες της ήταν έγκυρα, έπαψε να επαναστατεί από συνήθεια, χωρίς την παρότρυνση της μητέρας ή του συμβούλου της ή οποιουδήποτε άλλου. Υπήρχαν λιγότερες εκρήξεις στο σπίτι και οι βαθμοί της στο κολέγιο βελτιώθηκαν. Βεβαίως, όταν άλλαξε η συμπεριφορά της Σόνιας, η μητέρα της σταμάτησε να της κάνει τη ζωή δύσκολη. Η Ίζαμπελ συνειδητοποίησε πως το ότι είχε διαφορετικές αξίες δεν σήμαινε απαραίτητα ότι είχε κάποια «διανοητική ασθένεια».

Μέσα σε μια πιο ξεκάθαρη ατμόσφαιρα, η Σόνια μπόρεσε να πει στην Ίζαμπελ: «Είμαι αυτή που είμαι. Εάν με γνωρίσεις, μπορεί και να σου αρέσει αυτό που είμαι ή τουλάχιστον κάποια κομμάτια από αυτό που είμαι». Η φιλοσοφική θεραπεία τής επέτρεψε να πιστέψει στον εαυτό της με τους δικούς της όρους και ενθάρρυνε τη μητέρα της να κάνει το ίδιο. Η Σόνια ήταν προετοιμασμένη για την άρνηση της μητέρας της να κάνει κάτι τέτοιο. Κατά τη διάρκεια του ενός περίπου χρόνου που παρακολουθούσα τη Σόνια, αυτή και η μητέρα της έφτασαν στο σημείο να συμφωνήσουν ότι μπορούσε η μία να περάσει το σαββατόβραδο στον εσπερινό ενώ η άλλη σε κάποιο νυχτερινό κέντρο διασκέδασης και να σέβονται η μία την άλλη το πρωί.

Αν και ήταν η Σόνια που ζήτησε φιλοσοφική υποστήριξη, αυτό το θέμα, όπως και τα περισσότερα προβλήματα σε μία σχέση, ήταν το αποτέλεσμα των δράσεων παραπάνω του ενός ατόμων. Εάν ήταν η Ίζαμπελ που είχε το εβδομαδιαίο ραντεβού μαζί μου, θα είχα συζητήσει μαζί της ένα αλληλοκαλυπτόμενο σύνολο φιλοσοφικών ιδεών. Τη σημασία να ζεις σε συμφωνία με την κοσμοθεωρία σου και βεβαίως θέματα που θα περιλάμβαναν και το σχετικισμό. Μα για ένα γονιό υπάρχουν επιπλέον ευθύνες σε σχέση με ένα παιδί. Όσο πιο μικρό το παιδί, τόσο μεγαλύτερο το βάρος στον ενήλικα, μα το φορτίο εξισορροπείται κάπως καθώς τα παιδιά γίνονται ενήλικες. (Αργότερα στη ζωή, οι ρόλοι μπορεί να αντιστραφούν, όπως θα δούμε στην περίπτωση του Τζον αργότερα στο κεφάλαιο αυτό, και το μεγάλο πια παιδί αναλαμβάνει μεγάλο μέρος της ευθύνης για τον ηλικιωμένο γονιό του.)

Οι άνθρωποι χρειάζονται την αγάπη της οικογένειάς τους, βιολογικής ή άλλης, για να μεγαλώσουν νιώθοντας άξιοι και ασφαλείς. Οι γονείς, καθώς και άλλοι ενήλικες που φροντίζουν τα παιδιά, έχουν ευθύνη έναντι αυτών και της κοινωνίας να παρέχουν αυτή την αγάπη. Μέρος της δουλειάς ενός γονιού είναι να εμφυσήσει αρετές (καλές συνήθειες, σύμφωνα με τον Αριστοτέλη). Μα όλοι φτάνουν σε ένα σημείο όπου χρειάζεται να ενισχύσουν τη δική τους αυτοεκτίμηση, να ζήσουν σύμφωνα με τις δικές τους αξίες και να πάρουν τη δική τους ανεξάρτητη θέση ενηλίκου στην κοινωνία. Οι γονείς έχουν το καθήκον να προετοιμάσουν τα παιδιά βοηθώντας τα να ζήσουν μια ζωή ακεραιότητας. Μα όταν το καθήκον σου επιτελεστεί, τότε μπορείς να σταματήσεις να το κάνεις. Μέρος του καθήκοντος είναι να σταματήσεις πριν η γονεϊκή αυθεντία γίνει γονεϊκή παρενόχληση. Η ολοκλήρωση προέρχεται από μέσα μας, μία αριστοτελική ιδέα που παρουσιάζεται στο Κεφάλαιο 5. Κανείς άλλος, ούτε καν ένας γονιός δεν μπορεί να σας τη δώσει. Το καλύτερο που μπορούν οι γονείς να κάνουν για να ενθαρρύνουν απόλυτη ολοκλήρωση για τα παιδιά τους είναι να τους παρέχουν το χώρο να γίνουν αυτάρκη καθώς μεγαλώνουν.

Τα παιδιά είναι προεκτάσεις των γονιών τους βιολογικά μα όχι πάντα πολιτισμικά. Οι γονείς έχουν μία γενετική επίδραση και τη νομική επίβλεψη των παιδιών τους, μα δεν είναι ιδιοκτήτες τους. Ο Καντ περιγράφει το θέμα υπό τους όρους της συμπεριφοράς έναντι των ανθρώπων και των παιδιών ως σκοπούς καθ' εαυτούς και όχι σαν εργαλεία για να πετύχεις τους δικούς σου σκοπούς, όπως συζητήσαμε σε προηγούμενα κεφάλαια. Ο Λιβανέζος ποιητής και φιλόσοφος Χαλίλ Γκιμπράν αφιερώνει ένα όμορφο απόσπασμα στην ανατροφή των παιδιών, το οποίο επικεντρώνεται στην ιδέα ότι οι γονείς έχουν προσωρινή επιστασία και όχι ιδιοκτησία.

> «Τα παιδιά σας δεν είναι παιδιά σας. Είναι οι γιοι και οι κόρες της επιθυμίας της Ζωής για τον εαυτό της. Έρχονται με μέσο εσάς αλλά όχι από εσάς και παρόλο που είναι μαζί σας δεν σας ανήκουν. Μπορείτε να τους δώσετε την αγάπη σας, μα όχι και τις σκέψεις σας, γιατί έχουν τις δικές τους. Μπορείτε να στεγάσετε τα σώματά τους, μα όχι και τις ψυχές τους, γιατί οι ψυχές τους κατοικούν στο σπίτι του αύριο, το οποίο δεν μπορείτε να επισκεφθείτε, ούτε καν στα όνειρα σας. Μπορείτε να παλέψετε να γίνετε σαν και αυτά, μα μην προσπαθείτε να τα κάνετε σαν και εσάς».
>
> ΧΑΛΙΛ ΓΚΙΜΠΡΑΝ

Τα παιδιά ξεκινούν να φτιάχνουν τις ατομικές τους ταυτότητες στο χωνευτήρι της οικογένειας. Όσο πιο αποκλίνουσες είναι αυτές οι ιαυτότητες από των γονιών ή της οικογένειας σαν σύνολο, τόσο μεγαλύτερη η προοπτική για προστριβή, όπως έγινε με τη Σόνια και την Ίζαμπελ. Εμείς οι άνθρωποι βασιζόμαστε στους γονείς μας για πολύ μεγαλύτερο χρονικό διάστημα από οποιοδήποτε άλλο θηλαστικό, επειδή ωριμάζουμε αργά, κάνοντας πολλά χρόνια να μάθουμε ό,τι χρειαζόμαστε για να αναλάβουμε τον πλήρη ρόλο του ενήλικα στην κοινωνία. Ωριμάζουμε βαθμηδόν, κάτι που αντανακλάται στο νόμο από την κλιμάκωση των ηλικιών στις οποίες δίνουμε τη συγκατάθεσή μας, ψηφίζουμε, οδηγούμε, πίνουμε αλκοόλ, παντρευόμαστε, πάμε στο στρατό και ούτω καθεξής. Όσο περισσότερα μαθαίνει ένα παιδί, τόσο ελαττώνεται ο έλεγχος των γονιών.

Η μεγαλύτερη δυναμική για προστριβή παρουσιάζεται τη στιγμή που η γνώμη του παιδιού μετράει εξίσου με τη γνώμη του γονιού. Αυτή η πλήρης αυτονομία έρχεται με την ενηλικίωση, και ο μακρύς και γεμάτος στροφές δρόμος που οδηγεί σε αυτήν εξηγεί πολύ από το χάος της εφηβείας: Το παιδί που διψάει για αυτονομία, οι γονείς που βρίσκονται σε διαρκή αγώνα με τη χειραφέτησή του και η πραγματικότητα όχι ακόμη (ή όχι πια) πρόσωπο με πρόσωπο με τις επιθυμίες της μιας ή της άλλης πλευράς.

Η Σόνια και η Ίζαμπελ έφτασαν στην ειρήνη σε μία πολύ σημαντική στιγμή και για τις δυο τους. Λίγο αργότερα στην Ίζαμπελ διαγνώστηκε καρκίνος. Μητέρα και κόρη βρέθηκαν αντιμέτωπες με μία νέου είδους φιλοσοφική πάλη, την οποία πραγματευόμαστε περισσότερο στο Κεφάλαιο 13. Μέρος αυτών που συνέβησαν μετά τη διάγνωση (και που δεν θα συνέβαιναν εάν οι δύο γυναίκες βρίσκονταν ακόμη σε εμπόλεμη κατάσταση) ήταν ότι η Σόνια, κυρίως, ανέλαβε τα καθήκοντα της φροντίδας της μητέρας της και τα επιτέλεσε με αγάπη. Αυτού του είδους η αντιστροφή των ρόλων μεταξύ γονιού και παιδιών γίνεται όλο και πιο συνηθισμένη και παρουσιάζει ένα νέο σύνολο φιλοσοφικών θεμάτων, όπως θα δούμε στην υπόθεση του Τζον.

ΤΖΟΝ

Η μητέρα του Τζον, η Σελέστ, υπέφερε από μία φθίνουσα νευρολογική ανωμαλία και ήταν περιορισμένη σε αναπηρικό καροτσάκι. Ο Τζον ζούσε μαζί της, επειδή είχε χαμηλό εισόδημα ως τελειόφοιτος φοιτητής και επειδή η Σελέστ χρειαζόταν φροντίδα για να μπορεί να ζει στο σπίτι της. Κατά τη διάρκεια του περασμένου χρόνου, οι κρίσεις αποπροσανατολισμού και άγχους της Σελέστ είχαν αυξηθεί σε συχνότητα, έτσι ο Τζον ανησυχούσε κάθε φορά που την άφηνε μόνη για να πάει στο σχολείο ή για δουλειά. Επειδή δεν ήταν πια πάντα ψυχικά υγιής, η Σελέστ είχε αναθέσει την ιατρική και νομική της επιστασία στον Τζον.

Τότε συνέβη αυτό που φοβόταν ο Τζον. Επιστρέφοντας από μία έξοδό του, βρήκε τη μητέρα του στη βάση της σκάλας, αναίσθητη και αιμόφυρτη, καθώς προσπάθησε να ανεβεί τα σκαλοπάτια με το αναπηρικό της καροτσάκι. Στο νοσοκομείο, οι γιατροί δεν διαπίστωσαν σοβαρούς τραυματισμούς, της έκαναν όμως εισαγωγή για παρακολούθηση και παρότρυναν τον Τζον να τη βάλει σε ιδιωτική κλινική. Ένιωθαν ότι παρά την προσεκτική φροντίδα του Τζον, η Σελέστ είχε φτάσει σε ένα σημείο όπου χρειαζόταν διαρκή παρακολούθηση. Η ομάδα των θεραπόντων ιατρών, καθώς και ο κοινωνικός λειτουργός του νοσοκομείου πρότειναν, παρά την έλλειψη τραυμάτων, να μείνει η Σελέστ στο νοσοκομείο μέχρι να βρεθεί κατάλληλη κλινική, κάτι που μπορεί να κρατούσε για μήνες.

Ο Τζον αποδέχθηκε το γεγονός ότι η Σελέστ θα χρειαζόταν

μελλοντικά περισσότερη φροντίδα από όση μπορούσε να της προσφέρει στο σπίτι, φοβόταν όμως ότι και η διανοητική της κατάσταση και η γενική φυσική της κατάσταση θα έφθιναν στο νοσοκομείο, αφού δεν χρειαζόταν ουσιαστική ιατρική φροντίδα και θα είχε πολύ λίγα ερεθίσματα σε ένα ιατρικό θάλαμο. Η Σελέστ, όταν ήταν διαυγής, έλεγε πως ήθελε να πάει στο σπίτι. Ο Τζον ήταν πρόθυμος να κάνει ό,τι μπορούσε για να επιτρέψει στη μητέρα του να ζει στο σπίτι, τουλάχιστον μέχρι να γίνει διαθέσιμη μία θέση σε μία καλή ιδιωτική κλινική, μα θα υπήρχαν και πάλι χρονικές περίοδοι όπου θα έπρεπε να είναι μακριά της και δεν είχε αρκετά χρήματα να προσλάβει κάποιον να την προσέχει. Ονειρευόταν να περάσει ένα τελευταίο καλοκαίρι στο σπίτι μαζί με τη μητέρα του, πριν αυτή φύγει. Ήθελε να εκπληρώσει την επιθυμία της να πάει στο σπίτι, μα ένιωθε επίσης ότι θα ήταν πιο εύκολο να της μιλήσει για μια ιδιωτική κλινική –για την οποία χωρίς αμφιβολία θα έφερνε αντιρρήσεις– εάν το συζητούσαν στον κατάλληλο γι' αυτούς χρόνο και μέσα στο ίδιο τους το σπίτι.

Ο Τζον έφερε το δίλημμά του, αν δηλαδή θα αφήσει τη μητέρα του στο νοσοκομείο ενώ θα περιμένει να βρεθεί ιδιωτική κλινική, σε εμένα γιατί δεν ένιωθε ικανοποιημένος με καμία από τις εναλλακτικές λύσεις και ήθελε να ξεδιαλύνει τις ηθικές επιπλοκές και των δύο. Στην πραγματικότητα, χρειαζόταν να απευθυνθεί σε δύο διαφορετικές απόψεις της φιλοσοφίας, την ηθική και τη λήψη αποφάσεων. Αντιμετώπιζε το ηθικό ερώτημα του τι σημαίνει το να είσαι υπεύθυνος για την καλή κατάσταση κάποιου άλλου και βάσει ποίου το συμφέρον πρέπει να δρας, το δικό σου ή του άλλου, και πότε. Ο Τζον αντιμετώπιζε την ερώτηση σαν παιδί που φρόντιζε το γονιό του, μα αυτού του είδους η ερώτηση πολύ πιο συχνά εφαρμόζεται σε γονείς που φροντίζουν νεαρά παιδιά. Κατά δεύτερο λόγο, ο Τζον χρειαζόταν να ερευνήσει τρόπους για να παίρνει αποφάσεις και πώς να διαλέξει ανάμεσα σε δύο δύσκολες εναλλακτικές, έτσι ώστε να νιώθει ηθικά δικαιολογημένος για την πορεία που διάλεξε.

Όπως και πολλοί άλλοι πελάτες, ο Τζον είχε δουλέψει τα τρία πρώτα βήματα της διαδικασίας PEACE. Προφανώς καταλάβαινε το πρόβλημα, λάμβανε υπόψη και τα δικά του αλλά και τα συναισθήματα της μητέρας του και είχε κάνει κάποια χρήσιμη ανάλυση στο να αναγνωρίσει τις δύο επιλογές του και τις πιθανές επιπτώσεις της καθεμιάς. Μα αυτό δεν ήταν αρκετό για τον Τζον. Χρειαζόταν περισυλλογή για να καλλιεργήσει μία προδιάθεση που θα του επέτρεπε να πάρει μία δύσκολη απόφαση με τον έναν ή τον άλλο τρόπο.

Χρησιμοποίησα τη θεωρία αποφάσεων για να βοηθήσω τον Τζον κατά τη φάση της περισυλλογής. Η θεωρία των αποφάσεων είναι μια φιλοσοφική ονομασία για τη μαθηματική θεωρία των παιγνίων που επινοήθηκε από τους Τζον φον Νόιμαν και Όσκαρ Μόργκενστερν. Αυτή η θεωρία χρησιμοποιεί παιχνίδια μεταφορικά για να συμπεριλάβει πολλές ανθρώπινες δραστηριότητες, στα οποία οι συμμετέχοντες αποφασίζουν ποια είναι η καλύτερη κίνηση να κάνουν υπό ένα συγκεκριμένο σύνολο κανόνων, συνήθως όμως χωρίς όλα τα απαραίτητα στοιχεία διαθέσιμα. Η θεωρία των αποφάσεων, όπως χρησιμοποιείται από τους φιλόσοφους, συλλαμβάνει την κύρια ιδέα της θεωρίας των παιγνίων, μα συνήθως αποφεύγει ακραίες μαθηματικές πολυπλοκότητες.

Μόνο σε μια μικρή υποομάδα των παιγνίων υπάρχει στην πραγματικότητα η καλύτερη κίνηση σε κάθε δεδομένη φάση. Σε τέτοια παίγνια είναι λογικό να κάνεις την καλύτερη κίνηση εάν μπορείς να τη συλλάβεις. Στα περισσότερα δεν υπάρχουν οι καλύτερες κινήσεις καθόλου, απλά διαφορετικές στρατηγικές οδηγούν σε διαφορετικές επιλογές. Τότε η ερώτηση δεν είναι «Ποια κίνηση είναι λογικό να κάνω;» αλλά μάλλον «Ποια στρατηγική προτιμώ να υιοθετήσω;».

> «Η σημασία των κοινωνικών φαινομένων, ο πλούτος και η πολλαπλότητα των εκδηλώσεών τους και το πόσο περίπλοκες είναι οι δομές τους είναι τουλάχιστον αντίστοιχα με αυτά των φυσικών φαινομένων... Μα μπορεί να αναφερθεί με ασφάλεια ότι δεν υπάρχει, προς το παρόν, ικανοποιητική αντιμετώπιση του ζητήματος της ορθολογικής συμπεριφοράς».
>
> ΤΖΟΝ ΦΟΝ ΝΟΪΜΑΝ ΚΑΙ ΟΣΚΑΡ ΜΟΡΓΚΕΝΣΤΕΡΝ

Εάν ο Τζον έπαιζε σκάκι ή τρίλιζα, θα έψαχνε για την καλύτερη δυνατή του κίνηση σε κάθε γύρο. Αυτά τα παιχνίδια εμπίπτουν στην περιορισμένη κατηγορία των αυστηρά καθορισμένων παιχνιδιών, που ορίζονται ως παιχνίδια δύο παικτών, είναι παιχνίδια μηδενικού αθροίσματος (τα κέρδη εξισορροπούν τις απώλειες) και είναι παιχνίδια τέλειας πληροφόρησης (τίποτα δεν κρύβεται, όλες οι κινήσεις γίνονται πάνω από το τραπέζι). Σε ένα αυστηρά καθορισμένο παιχνίδι, υπάρχει πάντα η καλύτερη κίνηση, και το μόνο που έχει κανείς να κάνει είναι να τη βρει. Εάν τη βρίσκει σε κάθε γύρο του παιχνιδιού, δεν μπορεί να χάσει, και το χειρότερο που μπορεί να συμβεί είναι ισοπαλία. Η καλύτερη κίνηση είναι ευκολότερο να βρεθεί στην τρίλιζα από ό,τι στο σκάκι βέβαια, μα η αρχή είναι ακριβώς η ίδια. Τα παιδιά βαριούνται την τρίλιζα όταν ανακαλύψουν ότι πάντα μπορούν να πετύχουν τουλάχιστον ισοπαλία, και οι δάσκαλοι στο σκάκι συχνά συμφωνούν να αποκαλέσουν ένα παιχνίδι ισόπαλο μετά από λίγες μόλις κινήσεις. Αν και σε μερικά αυστηρά καθορισμένα παιχνίδια μπορεί να είναι εξαιρετικά δύσκολο να καθορίσεις πια είναι η καλύτερη κίνηση, τουλάχιστον ξέρεις ότι υπάρχει.

Η ζωή, από την άλλη, δεν είναι αυστηρά καθορισμένο παιχνίδι. Δυστυχώς για τον Τζον, το δίλημμά του με τη Σελέστ ήταν ένα πιο κοινό, και λιγότερο καθορισμένο, είδος παιχνιδιού. Υπάρχουν παραπάνω από δύο παίκτες αν λάβει κανείς υπόψη τους γιατρούς, τις νοσοκόμες, τον κοινωνικό λειτουργό, και άλλους που μπορεί να εμπλέκονται στην υπόθεση. Δεν είναι ένα παιχνίδι μηδενικού αθροίσματος, αφού οι πιθανές απώλειες (τραυματισμός ή θάνατος) δεν είναι αντίστοιχες με τα πιθανά κέρδη (κοινός χρόνος στο σπίτι). Δεν είναι ξεκάθαρο σαν το πόκερ, όπου εάν χάσεις ένα ποσό θα το κερδίσουν ένας ή παραπάνω άλλοι παίκτες. Και σίγουρα δεν είναι ένα παιχνίδι τέλειας πληροφόρησης, γιατί κανείς δεν ήξερε πώς ή πότε θα εκδηλωθεί η ασθένεια της Σελέστ την επόμενη φορά. Μα η θεωρία των αποφάσεων μπορεί ακόμη να φανεί χρήσιμη, αναπαριστώντας ένα τέτοιο παιχνίδι σε σχέση με τις επιλογές ενός ατόμου και τις πιθανές τους επιπτώσεις, για να του δώσει μια πιο καθαρή εικόνα της κατάστασης. Ο πίνακας αποφάσεων του Τζον έμοιαζε με κάτι σαν αυτό:

ΠΙΝΑΚΑΣ 8.1

	Πιθανές επιπτώσεις	
Επιλογές του Τζον	*Καλύτερη κατάληξη*	*Χειρότερη κατάληξη*
Επιστροφή της μητέρας του στο σπίτι	Θαυμάσιο καλοκαίρι μαζί	Σοβαρό ή θανατηφόρο ατύχημα
Παραμονή της μητέρας του στο νοσοκομείο	Ιατρική επίβλεψη	Ψυχολογική επιδείνωση

Ο πίνακας αποφάσεων επεξηγεί ότι δεν υπάρχουν καλύτερες επιλογές σύμφωνα και με τα δύο πιθανά αποτελέσματα. Ενώ το να περάσουν ένα θαυμάσιο τελευταίο καλοκαίρι μαζί στο σπίτι θα ήταν πολύ καλύτερο από την απλή ιατρική επίβλεψη σε ένα δωμάτιο νοσοκομείου, ένα σοβαρό ή θανατηφόρο ατύχημα στο σπίτι θα ήταν πολύ χειρότερο από το να κατάληγε κατάκοιτη και να κατέρρεε ψυχολογικά σε ένα θάλαμο νοσοκομείου.

Η θεωρία των αποφάσεων δεν σου λέει πώς να παίξεις, μα μπορεί να βοηθήσει στο να καθιερώσεις το τι είδους κριτήρια πρέπει να χρησιμοποιείς για να αποφασίσεις τις κινήσεις σου. Πρέπει να καταλάβεις τη φύση του παιχνιδιού για να κάνεις την επιλογή σου. Εάν ξέρεις ότι υπάρχει η καλύτερη κίνηση, πρέπει να προσπαθήσεις να τη βρεις. Σε άλλες περιπτώσεις, όπως του Τζον, πρέπει να αναρωτηθείς: Τι θέλω να κερδίσω; Τι θέλω να αποφύγω; Τι είμαι διατεθειμένος να ρισκάρω; Τι σκοπεύουν να κερδίσουν οι άλλοι παίκτες και τι θα ρισκάρουν; Πέρα από το γεγονός ότι επιβεβαιώνει την ύπαρξη μιας καλύτερης κίνησης, το να ακολουθεί κανείς τη θεωρία των αποφάσεων μπορεί να σημαίνει να υπολογίζει τις πιθανότητες για να συμβεί κάθε πιθανό αποτέλεσμα, να αξιολογεί τα επακόλουθα οφέλη και μειονεκτήματα και να διαλέγει το μονοπάτι που πιθανόν να επιφέρει τα πιο πολλά οφέλη.

Έτσι εάν ο Τζον επιλέξει να φέρει τη μητέρα του στο σπίτι, ουσιαστικά παίζει ένα παιχνίδι τύχης, χωρίς να ξέρει τις πιθανότητες. Όταν παίζεις ένα παιχνίδι στο καζίνο, τουλάχιστον μπορείς να υπολογίσεις τις πιθανότητες. Εάν όντως προσπαθήσεις να θέσεις πιθανότητες, προσπάθησε να αποφύγεις δύο από τις παραλλαγές του «σφάλματος του τζογαδόρου». Η πρώτη παραλλαγή λέει ότι το ρίσκο για το μεγαλύτερο κέρδος είναι το καλύτερο. Αυτή η εκδοχή αδιαφορεί τελείως για τις πιθανότητες, οπότε συχνά δεν είναι ασφαλές στοίχημα. Στην περίπτωση του Τζον, αυτή η παραλλαγή του «σφάλματος του τζογαδόρου» θα όριζε να φέρει τη μητέρα του στο σπίτι, εφόσον αυτή η επιλογή συμπεριλάμβανε και το μεγαλύτερο κέρδος. Επίσης όμως συμπεριλάμβανε και την πιθανότητα του χειρότερου!

Η δεύτερη παραλλαγή του «σφάλματος του τζογαδόρου» δηλώνει ότι οτιδήποτε συμβεί είναι δύσκολο να ξανασυμβεί. Εάν ρίξεις ένα κέρμα πέντε φορές στη σειρά και έρθει κορόνα και τις πέντε, το «σφάλμα» δηλώνει ότι τα γράμματα γίνονται πιθανότερα με κάθε επόμενο στρίψιμο του νομίσματος. Αυτό είναι λάθος, γιατί το νόμισμα δεν έχει μνήμη και κάθε στρίψιμο είναι ανεξάρτητο γεγονός. Δεν γίνεται αυτό που λένε «το κόκκινο είναι τυχερό» στη ρουλέτα, γιατί η ρουλέτα δεν έχει μνήμη, και (εκτός και αν βρίσκεστε σε καζίνο που κλέβει) κάθε φορά που πέφτει το μπαλάκι στο δίσκο έχει την ίδια πιθανότητα για οποιοδήποτε αποτέλεσμα. Το να φέρεις άσους στα ζάρια δύο φορές στη σειρά δεν κάνει λιγότερο ή περισσότερο πιθανό το να είναι ή να μην είναι η επόμενη ζαριά άσοι.

Η μητέρα του Τζον έπασχε από μια ασθένεια που της προκαλούσε περιοδικό αποπροσανατολισμό. Δεν μπορούμε να υπολογίσουμε τις πιθανότητες να αποπροσανατολιστεί ξανά μέσα στην επόμενη ώρα, ημέρα ή εβδομάδα, και ούτε μπορούμε να ξέρουμε την ακριβή θέση στην οποία θα είναι (π.χ., έτοιμη να κατέβει στο κάτω πάτωμα) την επόμενη φορά που θα αποπροσανατολιστεί. Έτσι ο Τζον δεν μπορούσε να υποθέσει ούτε ότι επειδή η μητέρα του έπεσε θα τραυματιζόταν ξανά στο σπίτι ούτε ότι επειδή μόλις είχε τραυματιστεί είχε πάρει το μερίδιο ατυχίας της και θα παρέμενε ασφαλής στο σπίτι.

Συμφώνησα με τον Τζον ότι βρισκόταν σε πολύ δύσκολη θέση, αφού και οι δύο επιλογές του περιλάμβαναν και πλεονεκτήματα και μειονεκτήματα, και για τον ίδιο και για τη μητέρα του. Ο Τζον και εγώ καταστρώσαμε τα σενάρια της καλύτερης και της χειρότερης περίπτωσης. Φαντάστηκε τον μεγαλύτερο πόνο και ενοχή του και το πόσο παραπάνω θα υπέφερε η μητέρα του, εάν τραυματιζόταν σοβαρά ή και θανάσιμα ενώ ήταν μόνη της στο σπίτι. Στο νοσοκομείο, ο Τζον τη φαντάστηκε να αντιμετωπίζει φυσική και ψυχολογική κατάρρευση, κάτι που θα έκανε τη μετάβασή της σε ιδιωτική κλινική ακόμη δυσκολότερη. Από αυτή την ανάλυση της χειρότερης περίπτωσης, ο Τζον συμπέρανε ότι και αυτός και η μητέρα του θα ήταν καλύτερα εάν αυτή παρέμενε στο νοσοκομείο. Μία ανάλυση της καλύτερης περίπτωσης όμως οδηγούσε σε αντίθετα συμπεράσματα. Στο σπίτι, η μητέρα και ο γιος θα απολάμβαναν ένα καλοκαίρι μαζί και θα ετοιμάζονταν για το επόμενο στάδιο. Στην καλύτερη περίπτωση λοιπόν, και ο Τζον και η Σελέστ θα ήταν καλύτερα στο σπίτι.

Δεν ήταν δική μου δουλειά να προτείνω μία επιλογή μεταξύ του να τη φέρει στο σπίτι ή να την αφήσει στο νοσοκομείο. Μα υπογράμμισα τη φύση της ηθικής ευθύνης, όταν κάποιος παίρνει αποφάσεις στη θέση ενός άλλου ατόμου. Ο υπεύθυνος δρόμος είναι να αποφασίζεις τι είναι καλύτερο συνολικά για το άλλο άτομο, όχι τι είναι καλύτερο μόνο για σένα. Έχουμε αυτού του είδους την ευθύνη για τα παιδιά μας και επίσης για τους αδύναμους γονείς μας.

Πρέπει επίσης να επιτρέπουμε στους άλλους να διαλέγουν, μέσα στα όρια της αυτονομίας τους. Εάν αποφασίσεις ότι το παιδί σου κάνει να φάει ένα παγωτό, τότε το ίδιο μπορεί να διαλέξει τη γεύση. Ακόμη και κάποιος που πρόκειται να εκτελεστεί από το κράτος μπορεί να διαλέξει ένα τελευταίο γεύμα. Αφού ο Τζον είχε ήδη αποφασίσει να βάλει τη μητέρα του σε ιδιωτική κλινική, ίσως μπορούσε η ίδια να διαλέξει πώς να περάσει τους τελευταίους μήνες της εκτός κλινικής, ανεξάρτητα από το ρίσκο.

Το καλύτερο μπορεί να είναι αυτό που βοηθάει το άτομο να αποφύγει το χειρότερο, μα μπορεί επίσης να είναι και αυτό που βοηθάει το άτομο να αποκτήσει τα περισσότερα. Το κλειδί για να αποφασίσεις για κάποιον άλλο είναι να βάλεις τα προσωπικά σου οφέλη και απώλειες στην άκρη.

Μετά από δύο συνεδρίες, ο Τζον μου είπε ότι μπορούσε πια να διακρίνει τη θεωρία των αποφάσεων και τα ηθικά όρια μέσα στα οποία επιχειρούσε. Είπε πως θα μπορούσε να φτάσει σε μία απόφαση που θα ήταν δικαιολογημένη για αυτόν. Ο Τζον είχε πλησιάσει το τέλος της φάσης περισυλλογής και μπορούσε να πάρει την απόφασή του στα πλαίσια της εξισορρόπησης. Δεν γνωρίζω, ούτε χρειάζεται να γνωρίζω, τι απόφαση πήρε ο Τζον. Ως φιλοσοφικός σύμβουλος, η ευθύνη μου είναι να βοηθάω τους πελάτες μου να αποκτούν φιλοσοφική αυτάρκεια, όχι εξάρτηση. Αντί να ταλαιπωρείται πάνω από μια δύσκολη απόφαση ή να βυθίζεται άσκοπα σε ένα συναισθηματικό τέλμα ή να του διαγνώσουν κάποια ψευδή ανωμαλία προσωπικότητας, ο Τζον μπορούσε να κατέχει μια φιλοσοφική θέση τακτικού πλεονεκτήματος. Μπορούσε να νιώσει τη θλίψη που γεννούσε η ίδια η κατάσταση, αλλά μπορούσε και να ξεπεράσει την αναποφασιστικότητα. Μερικές φορές θα έπρεπε να νιώθουμε θλιμμένοι, και υπάρχει μέχρι και ένα είδος μοναχικής ικανοποίησης κρυμμένης σε αυτό, μα δεν πρέπει ποτέ να νιώθουμε εξουδετερωμένοι επ' αόριστον από τη θλίψη.

> «Το καλύτερο πράγμα όταν είσαι θλιμμένος είναι να μαθαίνεις κάτι... Μάθε γιατί ο κόσμος κινείται και τι τον κινεί».
>
> Τ. Χ. ΟΥΑΪΤ

9

ΟΤΑΝ Η ΔΟΥΛΕΙΑ ΔΕΝ ΑΝΤΑΠΟΔΙΔΕΙ

«Η ανταπόδοση από τη δουλειά πρέπει να είναι η ικανοποίηση που σας δίνει η δουλειά καθώς και η ανάγκη του κόσμου για τη δουλειά αυτή. Σ' αυτή την περίπτωση, ο κόσμος είναι παράδεισος, ή όσο πιο κοντά στον παράδεισο μπορεί να φτάσει κανείς. Σε αντίθετη περίπτωση, έχοντας μια δουλειά που απεχθάνεστε, που σας κάνει και βαριέστε και που ο κόσμος δεν τη χρειάζεται, η ζωή είναι κόλαση».

ΟΥ. Ε. ΜΠ. ΝΤΙ ΜΠΟΥΑ

«Η δουλειά μάς κρατάει μακριά από τρία κακά: ανία, ανηθικότητα και φτώχεια».

ΒΟΛΤΑΙΡΟΣ

Η δουλειά είναι ένα μεγάλο τμήμα της ζωής γενικότερα, οπότε πολλά θέματα που προκύπτουν στους χώρους εργασίας συμπίπτουν με άλλα θέματα αυτού του βιβλίου. Πολλά από τα εργασιακά θέματα που μου φέρνουν οι πελάτες μου είναι διαπροσωπικά θέματα κατά βάθος και κάποιο μέρος του Κεφαλαίου 6, σχετικά με τη συντήρηση των σχέσεων, εφαρμόζεται. Όσον αφορά αυτό το θέμα, το ίδιο εφαρμόζονται και μερικές σκέψεις από τα κεφάλαια περί αναζήτησης και τερματισμού σχέσεων, καθώς και από αυτό περί οικογενειακής ζωής. Μερικοί πελάτες προσπαθούν να επιλύσουν ηθικές προστριβές που παρουσιάζονται στη δουλειά ή προσπαθούν να ερευνήσουν τις ηθικές επιπλοκές τού να διευθύνουν άλλους. Θα δούμε την ηθική και τη δεοντολογία στο Κεφάλαιο 11. Μερικοί παλεύουν με ερωτήματα που αφορούν το νόημα ή το σκοπό της δουλειάς τους (δείτε επίσης Κεφάλαιο 12), με το να κάνουν μια δουλειά που τους ικανοποιεί και με το να καθιερώσουν μια ισορροπία μεταξύ της εργασίας και της υπόλοιπης ζωής τους. Εφόσον όμως οι περισσότεροι από εμάς περνάμε περισσότερο χρόνο δουλεύοντας παρά κάνοντας οτιδήποτε άλλο, είναι σημαντικό να αντιμετωπίσουμε τα εργασιακά θέματα σαν ανεξάρτητη ενότητα.

Όταν κάνουμε μια δουλειά, μας δίνεται μια αίσθηση πληρότητας, ανεξάρτητα με το ποια είναι η δουλειά. Οι περισσότεροι άνθρωποι θέλουν να κάνουν μια καλή δουλειά και θέλουν να επαινούνται επειδή κάνουν καλή δουλειά. Εάν είστε το αφεντικό σημειώστε ότι το να αναγνωρίζετε τα επιτεύγματα των υφισταμένων σας είναι πραγματικό κίνητρο. Ακόμη και αν περιμένατε πολύ καιρό για έναν έπαινο που δικαιούστε, προσπαθήστε να πάρετε ικανοποίηση από τη γνώση ότι κάνατε καλή δουλειά. Η επιθυμία για έπαινο είναι φυσική, μα αν ο έπαινος δεν έρχεται, δεν έχετε τίποτα να κερδίσετε με το να εμμένετε σε αυτόν, εκτός από δυστυχία. Το *Μπαγκαβάντ Γκίτα* υπογραμμίζει τη σημασία τού να κάνει κανείς καλή δουλειά απλώς και μόνο για να την κάνει.

«Μην αφήνεις λοιπόν ο καρπός των ενεργειών σου να είναι το κίνητρό σου, ούτε και να είσαι προσκολλημένος στην αδράνεια».

ΜΠΑΓΚΑΒΑΝΤ ΓΚΙΤΑ

Το *Μπαγκαβάντ Γκίτα* είναι ένα ευρέως μεταφρασμένο σανσκριτικό ποίημα το οποίο μεταφέρει το διάλογο ενός πολεμιστή πρίγκιπα (Αρτζούνα) και της ανθρώπινης μετενσάρκωσης (Κρίσνα) του θεού Βισνού. Την παραμονή της μάχης, συζητούν την ηθική τού να πολεμάς και να σκοτώνεις (ή να σκοτώνεσαι) και τη φύση του καθήκοντος. Το ότι περιέχει στρατιωτικές συμβουλές μπορεί να δείχνει ότι δανείζει την εμφανή ομοιότητά του στο μοντέρνο επιχειρηματικό πεδίο μάχης, και το υπέρτατο μήνυμα της ανιοδιοτελούς αφοσίωσης σε μία ανώτερη δύναμη μπορεί να ευχαριστήσει στρατηγούς, τόσο πολίτες όσο και στρατιωτικούς. Μα αυτό το βιβλίο δεν διαβαζόταν ευρέως επί σχεδόν τρεις χιλιάδες χρόνια επειδή παρακινεί στην επιχειρηματική αφοσίωση. Η παροτρυντική του δύναμη έγκειται στην αξία τού να εκτελείς ένα καθήκον για το ίδιο το καθήκον και στην υπηρεσία μίας ανώτερης αρχής, παρά να δουλεύεις απλά για επιταγές και επιδόματα.

Όλοι έχουμε συναντήσει εργαζόμενους, είτε σε δημόσιες υπηρεσίες είτε στον ιδιωτικό τομέα, οι οποίοι φαίνονται ότι ενδιαφέρονται κυρίως να κοιτούν το ρολόι, να νοσταλγούν την Παρασκευή ή να περιμένουν τη ημέρα της πληρωμής. Δεν ενδιαφέρονται για τη δουλειά τους, μόνο για τους καρπούς της. Όντας προσκολλημένοι στους καρπούς, φτωχαίνουν τους κόπους τους. Φτωχαίνοντας τους κόπους τους, δυσαρεστούν αυτούς τους οποίους υπηρετούν, εργοδότες και πελάτες μαζί, κάτι το οποίο φτωχαίνει περαιτέρω τους κόπους τους. Αυτός ο φαύλος κύκλος ελαττώνει και τους καρπούς της εργασίας αυτούς καθ' εαυτούς. Αντίθετα, έχουμε όλοι συναντήσει εργαζόμενους που εκτελούν τα καθήκοντά τους κυρίως με πνεύμα εξυπηρέτησης και που φαίνονται επιπλέον να αγαπούν αυτό που κάνουν. Αυτή η αφοσίωση πλουτίζει τους κόπους τους, κάτι το οποίο ευχαριστεί αυτούς τους οποίους υπηρετούν, και τους εργοδότες και τους πελάτες, κάτι που με τη σειρά του εμπλουτίζει ακόμη περισσότερο τους κόπους τους. Με αυτό τον ενάρετο κύκλο, αυξάνουν τους καρπούς των κόπων τους. Και το κάνουν με το να μην επικεντρώνονται κυρίως στους καρπούς αυτούς καθ' εαυτούς.

Οι περισσότεροι από εμάς εκτιμούμε έργα τέχνης όπως την ποίηση, τη ζωγραφική και τη μουσική, και οι μεγάλοι καλλιτέχνες χαίρουν μεγάλης εκτίμησης στις πολιτισμένες κοινωνίες. Στην πράξη της δημιουργίας, οι ποιητές, οι ζωγράφοι και οι συνθέτες είναι πλήρως απορροφημένοι στο να εκφράσουν την τέχνη τους, όχι τους καρπούς της. Εάν όντως δουλεύεις σωστά, οι καρποί ωριμάζουν μόνοι τους. Εάν κάποιος, αντί να δουλεύει καλά, φαντάζεται συνέχεια ότι δοκιμάζει τους καρπούς, τότε αυτοί δεν ωριμάζουν ποτέ. Και εσείς έχετε τη δυνατότητα να κάνετε την εργασία σας έργο τέχνης. Ορκιστείτε να είστε όπως ένας μεγάλος καλλιτέχνης σε καθετί που κάνετε.

> «Εάν εργάζεστε σε αυτό το οποίο βρίσκεται ενώπιόν σας, ακολουθώντας τη σωστή λογική με σοβαρότητα, σθεναρά, ήρεμα, χωρίς να επιτρέπετε σε τίποτα άλλο να σας αποσπάσει την προσοχή, αλλά κρατώντας το θεϊκό σας τμήμα αγνό, σαν να ήσαστε υποχρεωμένοι να το επιστρέψετε αμέσως· εάν τηρήσετε αυτά, μην περιμένοντας τίποτα αλλά όντας ικανοποιημένοι να ζείτε σύμφωνα με τη φύση και λέγοντας ηρωικές α-

λήθειες σε κάθε λέξη που εκστομίζετε, τότε θα ζήσετε ευτυχισμένα. Και δεν υπάρχει άνθρωπος που να μπορεί να το αποτρέψει αυτό».

ΜΑΡΚΟΣ ΑΥΡΗΛΙΟΣ

ΑΝΤΑΓΩΝΙΣΜΟΣ

Κάνοντας κάποιος μια δουλειά καλά, από φιλοσοφικής απόψεως, δεν σημαίνει απαραίτητα να την κάνει τέλεια ή καλύτερα από οποιονδήποτε άλλο. Δεν υπάρχει ηθική σημασία στο να κερδίσει ή να χάσει κανείς ένα δρόμο ταχύτητας. Ο νικητής μπορεί να είναι ο γρηγορότερος δρομέας, μα αυτό δεν έχει επίπτωση στο πόσο καλός άνθρωπος είναι. Η αξία βρίσκεται στο να δουλεύει κανείς σκληρά και να κάνει ό,τι καλύτερο μπορεί. Μπορεί να μην είναι αρκετό αυτό για να περάσει κανείς τη γραμμή του τερματισμού πρώτος, μα εάν προσπάθησε να κάνει τόσα όσα ήταν ικανός να κάνει, τότε κέρδισε την προσωπική ικανοποίηση. Οι Στωικοί τόνιζαν ότι η ικανοποίηση είναι το πολύτιμο πράγμα που προκύπτει από τη δουλειά, το αποτέλεσμα που κανένα άλλο άτομο δεν μπορεί να μας αφαιρέσει, το τμήμα πάνω στο οποίο δεν έχει κανείς άλλος ισχύ εκτός από εμάς τους ίδιους.

Το κλειδί είναι πώς μετρά κανείς την καλύτερη επίδοσή του. Ο πολιτισμός μας είναι ανταγωνιστικός και οι άνθρωποι είμαστε ανταγωνιστικοί από τη φύση μας. Το να χρησιμοποιεί κάποιος την επίδοση άλλων σαν το μόνο σημείο αναφοράς του είναι λάθος. Το να μην τη χρησιμοποιεί καθόλου είναι επίσης λάθος. Ο ανταγωνισμός φέρνει στην επιφάνεια τον καλύτερο εαυτό μας, αλλά και τον χειρότερο. Πηγαίνετε για τρέξιμο με τον γρηγορότερο γείτονά σας και δείτε πως θα βελτιωθεί ο χρόνος και η αντοχή σας. Στην άλλη πλευρά της ζυγαριάς, ανταγωνιζόμενοι τελειόφοιτοι φοιτητές έχει τύχει να σκίζουν σελίδες από εβδομαδιαία επιστημονικά φυλλάδια για να κάνουν πιο δύσκολο στους ομοίους τους να μάθουν για τις τελευταίες εξελίξεις. Ο ανταγωνισμός δεν είναι εξ ορισμού κακός, μα μπορεί να γίνει καταστροφική δύναμη.

Όσο και να ανταμείβει η κοινωνία μας την εξαιρετικά επιθετική ανταγωνιστική συμπεριφορά (όπως στα επαγγελματικά αθλήματα), σε μερικούς τομείς οι άνθρωποι τρομοκρατούνται ακόμη και από τις ηπιότερες μορφές της. Εάν το σχολείο του παιδιού σας διοργανώσει μία ημέρα αγώνων ακόμη, στοιχηματίζω πως είναι κανονισμένη έτσι ώστε κάθε παιδί να κερδίσει έναν έπαινο. Μπορεί ακόμη και κάθε παιδί που συμμετέχει σε ένα αγώνισμα να παίρνει βραβείο. Εάν η ιδέα βασίζεται στο να ενισχυθεί η αυτοεκτίμηση των παιδιών, αυτή η στρατηγική κενών χειρονομιών έχει το αντίθετο αποτέλεσμα. Εάν όλοι παίρνουν έπαινο, γιατί να κάνει τον κόπο κάποιος να τρέξει;

Είναι φυσικό το ότι μερικοί δρομείς είναι γρηγορότεροι και άλλοι είναι πιο αργοί. Οφείλουμε να αναγνωρίσουμε τον γρηγορότερο δρομέα, εάν εκτιμούμε την ταχύτητα. Μα δεν πρέπει να συγχέουμε τη σβελτάδα των ποδιών με την υπεροχή του χαρακτήρα. Ο Τζον μπορεί να είναι καλύτερος δρομέας από τον Τζακ, μα αυτό δεν τον κάνει και καλύτερό του. Ο δημιουργικός, εποικοδομητικός ανταγωνισμός σάς επιτρέπει να ανακαλύψετε και να εκφράσετε τις ικανότητές σας. Στη δουλειά, το κόλπο είναι να βρεθεί μία ισορροπία μεταξύ ανταγωνισμού και συνεργασίας.

ΕΡΓΑΣΙΑ ΜΕ ΝΟΗΜΑ

Η δουλειά είναι ένα ταξίδι για τους περισσότερους ανθρώπους. Μερικοί από εμάς γεννιούνται για να κάνουν ένα συγκεκριμένο πράγμα. Ο τρόπος που επιτυγχάνει κανείς το μεγαλείο στη ζωή του είναι συγκεκριμένος για τον καθένα. Δεν υπάρχει γενικός κανόνας. Οι περισσότεροι άνθρωποι δεν νιώθουν κλίση προς τη δουλειά τους, μα η εύρεση της κατάλληλης δουλειάς είναι ένας από τους σιγουρότερους δρόμους για την επίτευξη της ολοκλήρωσης. Όλοι μας έχουμε συγκεκριμένα ταλέντα, μα οι περισσότεροι από εμάς πρέπει να ψάξουμε λίγο για να τα βρούμε. Η εύρεσή τους, και ο καθορισμός της χρήσης τους, προσφέρει μια αίσθηση νοήματος ή σκοπού στην καθημερινή ζωή. Δεν έχει σημασία πόσο υψηλές ή ταπεινές είναι οι προσδοκίες σας. Η αρχή παραμένει η ίδια είτε είσαι διευθυντικό στέλεχος σε μια μεγάλη πολυεθνική επιχείρηση είτε γονιός που μένει σπίτι είτε εθελοντής στον οργανισμό της Μητέρας Τερέζας στην Καλκούτα, επιστάτης, γλύπτης ή γραμματέας σε δικηγορική εταιρεία. Η εργασία με νόημα είναι ουσιώδης για μια ζωή με νόημα. Η απόλυση είναι τόσο οδυνηρή λόγω της προσκόλλησης στη θέση, στο γόητρο, στα προνόμια και την ασφάλεια μιας εργασίας, όχι απλά λόγω οικονομικής στενότητας. Η συνταξιοδότηση είναι συχνά το ίδιο δύσκολη για τους ίδιους λόγους.

> «Κάθε εργασία, ακόμη και το γνέσιμο του βαμβακιού, είναι ευγενής. Η δουλειά από μόνη της είναι ευγενής... Μία ζωή χαλαρότητας δεν ταιριάζει σε κανένα άνθρωπο, ούτε σε κανένα θεό».
>
> ΤΟΜΑΣ ΚΑΡΛΑΪΛ

Τα διλήμματα που συνεπάγεται η ολοκλήρωση είναι διαφορετικό θέμα. Για παράδειγμα, η ολοκλήρωση μπορεί να προκύψει από το μεγάλωμα ενός παιδιού ή από μια καριέρα. Είναι προκλητικό, μα είναι δύσκολο να τα εξισορροπήσει κανείς και τα δύο. Πολλοί γονείς διχάζονται μεταξύ της δουλειάς εκτός του σπιτιού και της φροντίδας των παιδιών τους όλη την ημέρα. Μερικοί βρίσκουν ότι η πλήρης ενασχόληση με την ανατροφή των παιδιών τους τους παρέχει ολοκλήρωση, ενώ άλλοι επιθυμούν να κάνουν καριέρα. Πολλοί περισσότεροι βρίσκουν την ολοκλήρωση και στα δύο, μα δυσκολεύονται να κάνουν και τις δύο δουλειές σωστά.

Πώς θα μάθεις εάν δεν δοκιμάσεις;

Οι περισσότεροι άνθρωποι ασχολούνται με μία πληθώρα εργασιών κατά τη διάρκεια της παραγωγικής ζωής τους, και όλο και πιο συχνά συμβαίνει αυτές οι εργασίες να μην ανήκουν καν στον ίδιο τομέα. Έχουμε προχωρήσει πολύ από τον καιρό του ανθρώπου της εταιρείας, ο οποίος υπέγραφε συμβόλαιο με μια εταιρεία με το που τελείωνε το σχολείο και έφευγε από αυτήν σαράντα χρόνια αργότερα με ένα χρυσό ρολόι και μια χειραψία να επιβεβαιώνουν την πιστή του υπηρεσία. Μερικοί άνθρωποι αλλάζουν πορεία, γιατί απολύονται από τις εταιρείες τους. Μερικοί μετακινούνται, γιατί βρίσκουν πιο πρόσφορο έδαφος και δεν νιώθουν περισσότερη πίστη για την εταιρεία από όση γνωρίζουν ότι νιώθει η εταιρεία για αυτούς. Άλλοι παθαίνουν υπερκόπωση ή απλά θέλουν να αλλάξουν ρυθμούς. Αρκετοί ψάχνουν για το μονοπάτι που θα τους οδηγήσει στην ολοκλήρωση. Δοκιμάζουν διαφορετικές δουλειές και τομείς για να βρουν αυτή που τους κάνει.

Το να κάνει κάποιος μια δουλειά που δεν του είναι αρεστή δεν είναι απαραίτητα κακό. Μερικές φορές πρέπει να κάνεις μια δουλειά για να ανακαλύψεις ότι δεν σου ταιριάζει. Δεν μπορεί κανείς να γνωρίζει τα πάντα μόνο μέσω της λογικής, όπως θα ήθελαν οι ορθολογιστές. Μερικά πράγματα χρειάζεται να τα μάθει κανείς εμπειρικά. Η εμπειρία, παρ' όλα αυτά, δεν είναι ο μόνος δάσκαλος. Χρειάζεται επίσης να εκλογικεύουμε τις εμπειρίες μας. Εκεί, στη χρυσή τομή, μεταξύ αυστηρού ορθολογισμού και αυστηρού εμπειρισμού, βρίσκεται ένα λογικό μονοπάτι για να ζει κανείς τη ζωή του και να μαθαίνει από αυτή καθώς προχωρεί. Μπορεί κανείς να πάρει πολύτιμα μαθήματα ακόμη και από μια άσχημη εμπειρία. Εάν σκέφτεστε σοβαρά αν κάποια ευκαιρία για δουλειά είναι η κατάλληλη για εσάς, υπάρχει μόνο ένας τρόπος να το διαπιστώσετε με βεβαιότητα, και αυτός είναι να τη δοκιμάσετε.

> «Ο μόνος τρόπος με τον οποίο κάποιος μπορεί να αναγνωρίσει και να αποφύγει τις παγίδες του στοχασμού είναι να τις γνωρίσει στην πράξη, ακόμη και ρισκάροντας να αποκτήσει γνώση μέσω θλιβερής εμπειρίας. Είναι άχρηστο να προλογίζεται ο κατάλληλος τρόπος του φιλοσοφείν με ένα προκαταρκτικό τμήμα αφιερωμένο στη λογική, με την ελπίδα ότι έτσι σώζεται ο αρχάριος από τον κίνδυνο να ακολουθήσει λανθασμένο μονοπάτι».
>
> ΛΕΟΝΑΡΝΤ ΝΕΛΣΟΝ

Ο μεγάλος φιλόσοφος για παιδιά, ο Δρ. Σόος, ερμηνεύει αυτό το θέμα στη διάσημη πραγματεία του *Green Eggs and Ham* (*Πράσινα Αβγά και Χοιρομέρι*). Η εισαγωγική εμπειρική ερώτηση «Σας αρέσουν τα πράσινα αβγά με χοιρομέρι;» παραμένει αναπάντητη μέχρι τις τελευταίες σελίδες, επειδή ο ήρωάς μας αρνείται να τα δοκιμάσει. Όταν τελικά συμφωνεί να δοκιμάσει, αντιστρέφει την προηγούμενη άκαμπτη στάση του στο θέμα και δηλώνει: «Κι όμως μου αρέσουν τα πράσινα αβγά με χοιρομέρι!» Αυτό βέβαια είναι δίκοπο μαχαίρι. Μετά από μια νυχτερινή έξοδο με τους φίλους του, μερικούς πολύ πεπειραμένους γλεντζέδες, ζητήθηκε από τον Βολταίρο να τους ακολουθήσει και το επόμενο βράδυ. Αυτός αρνήθηκε εξηγώντας: «Με τη μία φορά, είμαι φιλόσοφος, με τη δεύτερη, διεστραμμένος».

Μπορεί να μη μάθετε ποτέ αν δεν δοκιμάσετε. Μα εάν δεν στοχαστείτε τις εμπειρίες σας, δεν θα μπορέσετε να τις θέσετε στην υπηρεσία της προόδου σας. Μπορείτε να γλιτώσετε χρόνο και ταλαιπωρία χρησιμοποιώντας τη λογική και τις εμπειρίες σας για να διαλέξετε μια πιθανή διαδρομή για σας. Μα εάν οι καλύτερες προσπάθειές σας συνεχίζουν να οδηγούν σε μια απογοητευτική, μη ικανοποιητική, χωρίς πρόκληση, αδύνατη ή με κάποιο τρόπο δυστυχή απόφαση καριέρας, μάθετε ότι δεν έχετε απαραίτητα σπαταλήσει τον καιρό σας, αρκεί να αρχειοθετήσατε ό,τι μάθατε και να το χρησιμοποιήσετε την επόμενη φορά.

Σύγκρουση

Οποιαδήποτε στιγμή βρεθούν μαζί άνθρωποι, θα υπάρξουν προσωπικές διαφορές και διαμάχες. Αυτό αληθεύει για αθλητικές ομάδες, πολιτικά κόμματα, ακαδημαϊκές επιτροπές, θρησκευτικά τάγματα και προσωπικό γραφείων. Για την ακρίβεια, αφού συνήθως δεν διαλέγεις τους ανθρώπους με τους οποίους δουλεύεις, μπορεί να απαιτηθεί ιδιαίτερη προσπάθεια για να λειτουργήσει κάποιος σωστά, όπως και με την οικογένεια. Στη θετική πλευρά, ο κοινός σκοπός που προκύπτει από το γεγονός ότι όλοι δουλεύουν για τους ίδιους στόχους θα πρέπει να συντηρεί τα πράγματα σε λειτουργία. Όπως μάθαμε από τον Χομπς στο Κεφάλαιο 6 (σχετικά με τη διατήρηση των σχέσεων), το να υπάρχει μία εξωτερική Αρχή στην οποία όλοι έχουν συμφωνήσει να πειθαρχούν είναι ζωτικός παράγοντας για τη διατήρηση της ειρήνης. Αυτό θα μπορούσε απλά να σημαίνει ότι αναφέρονται όλοι μέσω της ίδιας αλυσίδας ιεραρχίας, μα για καλύτερα αποτελέσματα απαιτείται ένα αίσθημα ανώτερου καθήκοντος. Όλοι όσοι έχουν να αναφέρουν στο ίδιο άτομο για κάθε ενέργεια, μοιράζονται ένα είδος δεσμού, όμως η ισχυρότερη σύνδεση προέρχεται από το να έχουν τα άτομα κοινή αποστολή, όπως να χτίσουν ένα σπίτι ή να μορφώσουν ένα παιδί ή να διασώσουν τους υδροβιότοπους ή να επιτύχουν το προκαθορισμένο ποσοστό πωλήσεων. Με το είδος της εξωτερικής ισχύος που προκαλεί δέος, για την οποία έγραψε ο Χομπς, μπορεί να αποφευχθεί ο πόλεμος. Μα μην υπολογίζετε στην ύπαρξη αρμονίας. Η υιοθέτηση ρεαλιστικών και όχι ιδεαλιστικών απαιτήσεων βοηθάει να διατηρήσουμε μία φιλοσοφική άποψη όταν εμφανίζονται προβλήματα.

Ο Ζαν-Ζακ Ρουσό υποστήριζε ότι οι άνθρωποι είναι βασικά καλοί μα διεφθαρμένοι (ως πολιτικές οντότητες, εκτός άλλων) από τον πολιτισμό. Σε μια φυσική κατάσταση, λέει, δεν θα είχαμε αυτή την προδιάθεση. Αυτή είναι η ιδέα του για τον «ευγενή άγριο». Ο Ρουσό και οι συνάδελφοί του ρομαντικοί επαναστατούσαν ενάντια σε μια απολυταρχική κοινωνία, και μπορεί να είναι δελεαστικό να πιστεύουμε ότι θα ήμαστε καλύτεροι άνθρωποι εάν δεν ήμαστε υποχρεωμένοι να ζούμε σε έναν πολιτισμένο κόσμο. Οι Αμερικανοί εφαρμόζουν το πείραμα του Ρουσό σε ευρεία κλίμακα αυτές τις ημέρες: Έχουμε γίνει εξαιρετικά αγενείς. Κάνει αυτό τους ανθρώπους καλύτερους; Εάν οι μεταμοντέρνοι απόγονοι του Ρουσό επιτύχουν να κάνουν τους Αμερικανούς αναλφάβητους, απολίτιστους βάρβαρους, και έχουν κάνει ήδη σημαντικά βήματα, θα διαπιστώσουμε πόσο παραπλανημένος ήταν ο Ρουσό. Αυτός ο δρόμος δεν οδηγεί στον κήπο της Εδέμ μα στην αναρχία.

Ο Αριστοτέλης πίστευε ότι οι άνθρωποι είναι κατ' εξοχήν πολιτικά ζώα, και αν έχει δίκιο, όπως πιστεύω πως έχει, θα υπάρχει πάντα πολιτική, συμπεριλαμβάνοντας και την εργασιακή πολιτική, η οποία κατά πάσα πιθανότητα ήταν κάποτε πολιτική της σπηλιάς. Η επωφελής συζήτηση δεν είναι αν είμαστε ή όχι πολιτικά ζώα. Είναι ποιο είδος πολιτισμού προσφέρει στους πολίτες του καλύτερες ζωές. Ο μη πολιτισμός παίρνει την ψήφο του Ρουσό, μα υπάρχουν και άλλοι υποψήφιοι.

«Ο άνθρωπος γεννιέται ελεύθερος, μα παντού φοράει αλυσίδες».

ΖΑΝ-ΖΑΚ ΡΟΥΣΟ

«...αφού ο άνθρωπος είναι εκ φύσεως πολιτικό ον».

ΑΡΙΣΤΟΤΕΛΗΣ*

ΒΕΡΟΝΙΚΑ

Η Βερόνικα είχε το είδος της δουλειάς για την οποία πρόσφατοι απόφοιτοι σπουδών δημοσιογραφίας θα σκότωναν. Διε-

* *Ηθικά Νικομάχεια*, μτφρ. Ανδρέας Δαλέζιος, εκδ. Πάπυρος, Αθήνα, 1975. (Σ.τ.Μ.)

ρευνούσε, παρήγε και έγραφε ιστορίες που εκπέμπονταν σε εθνικό επίπεδο. Η παγίδα; Οι ιστορίες της έβγαιναν στον αέρα από ένα μεγάλο δημοσιογραφικό όνομα για το οποίο δούλευε. Αυτός ο μεγάλος αστέρας είχε διάσημο όνομα, πολλούς οπαδούς, μεγάλο μισθό και πιθανότατα όλα τα άλλα πράγματα που συνήθως ακολουθούν μία τέτοια καριέρα, συμπεριλαμβάνοντας και μερικούς σοβαρούς πονοκεφάλους. Επίσης είχε μία βοηθό πρώτης τάξεως που τα έκανε όλα αυτά δυνατά.

Μα η Βερόνικα ένιωθε αόρατη. Κανείς δεν ήξερε το όνομά της, δεν είχε καν σύντροφο, πόσο μάλλον κλαμπ θαυμαστών, και ο μισθός της, αν και αρκετά καλός, ήταν πενιχρός σε σύγκριση με αυτόν που έγραφαν οι σκανδαλοθηρικές εφημερίδες ότι πήρε το αφεντικό της υπογράφοντας ξανά συμβόλαιο. Η Βερόνικα ένιωθε πως της άξιζε πολύ περισσότερη εκτίμηση για την προσφορά της.

Ας δούμε την περίπτωση της Βερόνικας μέσα από τη διαδικασία PEACE. Το πρόβλημα, είπε, ήταν πως όσο σκληρά και να εργαζόταν δεν ένιωθε ικανοποιημένη. Τα συναισθήματά της ήταν ξεκάθαρα επίσης. Ένιωθε αναστάτωση, θυμό, έλλειψη ικανοποίησης, ζήλια και μοναξιά. Και όσο είχε προχωρήσει από μόνη της με την ανάλυση, έβλεπε λίγες επιλογές. Συχνά φανταζόταν να επιπλήττει το μεγάλο αστέρι καθώς θα του έδινε το γράμμα της παραίτησής της, λίγο πριν χτυπήσει με δύναμη την πόρτα, μα είχε το είδος της επιθυμητής θέσης από την οποία κανείς με σοβαρή βλέψη για καριέρα στη δημοσιογραφία δεν έφευγε τόσο εύκολα.

Στη φάση της περισυλλογής, ζήτησα από τη Βερόνικα να σκεφτεί αν η δυστυχία της προερχόταν όχι από την έλλειψη ολοκλήρωσης, αλλά από την προσκόλληση, όχι στους καρπούς των δικών της κόπων αλλά στους καρπούς των κόπων κάποιου άλλου. Ήταν περήφανη για τη δουλειά της, για αυτό και ήθελε περισσότερη αναγνώριση για αυτήν και αγαπούσε αυτή τη διαδικασία. Από τις περισσότερες απόψεις έβρισκε τη δουλειά της ικανοποιητική, όχι ακριβώς το υπόδειγμα μη ολοκλήρωσης. Όμως, το ότι αποτελούσε ένα προσάρτημα στις συνθήκες εργασίας του αφεντικού της παρεμπόδιζε τη δική της αίσθηση ολοκλήρωσης, η οποία πρέπει να προέρχεται από μέσα, όχι από έξω. Αν μπορούσε να απαλλάξει τον εαυτό της από την εξάρτησή της αυτή, θα μπορούσε να απαλλαγεί και από τη δυστυχία της. Υποστηρίζοντας πως κάτι ανέφικτο ήταν εκείνο για το οποίο αξίζει «να πεθάνει κανείς», ήταν ήδη νεκρή. Έτσι, δεν έβλεπε το μεγαλείο αυτού που είχε τώρα, ποια ήταν ήδη και όλα αυτά για τα οποία έπρεπε να ζήσει.

> «Αρνήσου την επιθυμία για το παρελθόν, αρνήσου την επιθυμία για το μέλλον, αρνήσου την επιθυμία για αυτό που υπάρχει ενδιάμεσα και πέρασε στην απέναντι όχθη».
>
> ΒΟΥΔΑΣ

> «Είναι καλύτερα να κάνει κάποιος το καθήκον του, όσο μειονεκτικό και να είναι αυτό, παρά να ακολουθεί το καθήκον κάποιου άλλου, όσο καλά και να μπορεί να αποδώσει σε αυτό».
>
> *ΜΠΑΓΚΑΒΑΝΤ ΓΚΙΤΑ*

Η ινδουιστική και βουδιστική σκέψη είχαν νόημα για τη Βερόνικα και καθώς τις ενσωμάτωνε στη φιλοσοφία της, αναθεώρησε την ανάλυση της κατάστασής της. Μπορεί να ήταν αλήθεια ότι ο μεγάλος αστέρας δεν εκτιμούσε τη Βερόνικα τόσο όσο αυτή θα ήθελε. Μα αυτό δεν θα έπρεπε να την καθιστά ανίκανη να αξιολογεί τον εαυτό της. Εάν δεν μπορούσε να την ευχαριστεί προσωπικά κάπου κάπου ή να βρίσκει κάποιο τρόπο να δείχνει την εκτίμησή του, τότε αυτός είχε πρόβλημα. Ήταν ή τυφλός ή αχάριστος. Μα αυτό ήταν δικό του πρόβλημα, όχι της Βερόνικας. Ακόμη η Βερόνικα έπρεπε να συνειδητοποιήσει ότι ήταν ουσιώδης στην επιτυχία του μεγάλου αστέρα, μα όχι αναντικατάστατη. Θυμηθείτε τους χιλιάδες νέους απόφοιτους οι οποίοι θα επιθυμούσαν διακαώς τη θέση της.

Εφόσον η Βερόνικα ήδη γνώριζε πως ήταν τυχερή που είχε αυτή τη δουλειά, ήθελε να νιώθει και την επιθυμία να την κρατήσει. Η καινούρια της προδιάθεση –μη προσκόλληση στα «παραφερνάλια» μιας δουλειάς υψηλών προδιαγραφών και εύρεση προσωπικής αξίας στο να κάνει καλά τη δουλειά της– τη βοήθησε να φτάσει την εξισορρόπηση. Η βουδιστική φιλοσοφία ισχυρίζεται ότι εξωτερικές διαμάχες (μεταξύ ατόμων) είναι σχεδόν πάντα παράγωγα εσωτερικών διαμαχών (εντός των ατόμων). Εφόσον η Βερόνικα επέλυσε τα εσωτερικά της θέματα περί κύρους και αναγνώρισης, η διαμάχη μεταξύ αυτής και του αφεντικού της διαλύθηκε και αυτή ξαναβρήκε τον αρχικό της ενθουσιασμό για τη σημασία και τη συγκίνηση της δουλειάς της.

ΟΜΑΔΙΚΗ ΕΡΓΑΣΙΑ

Η Βερόνικα ήταν μέλος μιας ομάδας. Μα δεν ήταν σαν το βοηθό στο μπέιζμπολ, που δίνει το μπαστούνι στον μεγάλο αθλητή (αυτό δεν έχει σημασία, μπορεί κάλλιστα να πάρει το μπαστούνι μόνος του). Μοιάζει μάλλον με αυτόν που αποκρούει την μπάλα πίσω από τον παίκτη που χειρίζεται το μπαστούνι (αυτό είναι σημαντικό γιατί η κρίση του πασαδόρου δεν είναι τόσο δυνατή για να είναι αρκετή). Η ομάδα είναι πάντα πιο σημαντική από τους παίκτες ξεχωριστά. Οι παίκτες πάνε και έρχονται, ενώ η ομάδα παραμένει. Εάν πραγματικά κάποιος αγαπάει το παιχνίδι και το υπηρετεί ειλικρινά, παίζει με ευχαρίστηση στη θέση του, όποια και αν είναι αυτή. Εάν κάποιος αγαπάει το παιχνίδι και νομίζει πως παίζει σε λάθος θέση, πρέπει να μιλήσει με τον προπονητή ή να δοκιμάσει να παίξει σε άλλη ομάδα.

Πολύ λίγα επιτυγχάνονται χωρίς ομαδική εργασία και σε κάθε ομάδα υπάρχουν φυσικοί ηγέτες και ακόλουθοι. Αυτό είναι καλό. Φανταστείτε μια ορχήστρα χωρίς διευθυντή ή μια ποδοσφαιρική ομάδα χωρίς προπονητή ή οργανωτή-παίκτη. Ή ακόμη χειρότερα φανταστείτε μια ομάδα μόνο με οργανωτές παίκτες ή μία ορχήστρα που σε κάθε καρέκλα θα υπήρχε και μπαγκέτα εκτός από όργανο. Ο Χομπς ήταν οπαδός της αναγνωρισμένης Αρχής, καθώς αυτή εξυπηρετεί και στη διατήρηση της τάξης και στην επίτευξη των στόχων.

Από εξελικτική άποψη, οι άνθρωποι είναι γενετικά προγραμματισμένοι να κυνηγούν και να συλλέγουν. Για να συλλέξεις, πρέπει να ψάξεις επίμονα σε ένα κατάλληλο μέρος, χωρίς κύριο σχέδιο ούτε και πολύ συντονισμό. Η συλλογή δεν απαιτεί ούτε υψηλή συνεργασία ούτε εμπεριέχει υψηλό ανταγωνισμό. Το κυνήγι όμως είναι διαφορετικό. Για να κυνηγήσει κανείς σωστά, ένα ενωτικό σχέδιο είναι το κλειδί για να γίνει η δουλειά. Το κυνήγι ήταν αρχικά μια προσπάθεια που απαιτούσε συνεργασία, κάτι που γινόταν σε ομάδες για να αυξηθεί η πιθανότητα επιτυχίας σε καιρούς που το επιτυχές κυνήγι ήταν απαραίτητο για την επιβίωση. Τα αποτελέσματα μοιράζονταν μεταξύ των συμμετεχόντων. Ακόμη και σε αυτό το κοινοτικό περιβάλλον, παρ' όλα αυτά, ένα άτομο ή μία υποομάδα είχαν την ευθύνη να οργανώσουν την ομάδα, να χαρτογραφήσουν μία διαδρομή, να ορίσουν ανιχνευτές και οτιδήποτε άλλο έπρεπε να γίνει για να αυξηθούν οι πιθανότητες να αναπληρωθεί το διαθέσιμο απόθεμα τροφής. Ακόμη και αν κάποιοι με λιγότερο ταλέντο κρατούσαν θέσεις ισχύος, η επιτυχία του κυνηγιού θα εξαρτιόταν από το πόσο θα ακολουθούσαν την καθοδήγηση αυτού που όλοι θα αποφάσιζαν ότι ήταν υπεύθυνος. Διαφορετικά όλοι θα έτρεχαν προς κάθε κατεύθυνση στο δάσος, τρομάζοντας τα θηράματα και ανησυχώντας μήπως χτυπήσουν κάποιον από τους διεσπαρμένους συντρόφους τους αντί να σκοπεύουν με αυτοπεποίθηση. Μπορεί να προτιμήσει κάποιος να κυνηγήσει μόνος του, μα σε περίπτωση που δεν θα είχε επιτυχία, δεν μπορούσε πάντα να περιμένει ένα μερίδιο από το δείπνο των άλλων.

ΔΥΣΚΟΛΑ ΑΦΕΝΤΙΚΑ

Ένα από τα εργασιακά παράπονα που ακούω πιο συχνά αφορά δύσκολα αφεντικά. Είμαι σίγουρος ότι το παράδειγμα έχει αρκετό παρελθόν, και υπήρχαν πάντα πολλά παράπονα για το ότι κάποιοι είναι υποχρεωμένοι να υπακούουν σε έναν τύπο ο οποίος δεν θα μπορούσε να βρει ένα ελάφι ακόμη και αν το ίδιο ερχόταν να του συστηθεί, ή να ακούν επιπλήξεις κάθε φορά που αστοχούσαν, αλλά και όταν η βολή πετύχαινε το στόχο, μα δεν ήταν στο κέντρο. Εάν δουλεύεις σε ένα αφεντικό που δεν αντέχεις, μία επιλογή είναι να βρεις διαφορετική δουλειά. Βέβαια δεν υπάρχουν εγγυήσεις ότι το καινούριο σου αφεντικό θα είναι καλύτερο, ούτε ότι θα μπορέσεις να συνεχίσεις να δουλεύεις για το ίδιο αφεντικό, ακόμη και αν ήταν κάποιος που σου άρεσε.

Εάν το μόνο ελάττωμα στην παρούσα κατάστασή σας είναι το άτομο στο οποίο αναφερόσαστε, σκεφτείτε καλύτερα για όλες τις πλευρές της δουλειάς σας πριν αποφασίσετε να μετακινηθείτε. Μία πιο προσαρμόσιμη επιλογή θα ήταν να λάβετε τέτοια φιλοσοφική στάση για το ότι δουλεύετε με ένα τέτοιο άτομο που θα σας επιτρέψει να αρθείτε πάνω από τα προβλήματα. Μπορεί να χρειαστεί να απορροφήσετε αδικία και αναπτύσσοντας τις δικές σας εσωτερικές πηγές θα σας βοηθήσει να γίνετε πιο «χοντρόπετσος». Βρείτε κάποιον άλλο στην εταιρεία ή στον τομέα σας για να σας καθοδηγήσει και να σας παρέχει θετικές πληροφορίες, για να εξισορροπήσετε το γεγονός ότι εργάζεστε για ένα δύσκολο άτομο. Θυμηθείτε να θέσετε στον εαυτό σας ερωτήματα: «Τι μπορώ να μάθω εγώ από αυτό;» Η απάντηση μπορεί να κάνει την εμπειρία να αξίζει τον κόπο.

Όσο δύσκολο και αν φαίνεται, αυτός είναι ίσως ο καλύτερος τρόπος που συνιστά το Τάο. Εάν έχετε βρει αυτό το μονοπάτι, το Τάο διδάσκει ότι κανείς δεν μπορεί να σας βλάψει. Δεν έχει να κάνει με το να είσαστε καλός, έτσι ώστε κανείς να μη θέλει να σας μαχαιρώσει πισώπλατα. Στο υψηλότερο μονοπάτι, απλά η πλάτη σας δεν είναι διαθέσιμη.

> «Γιατί έχω ακούσει πως αυτός που γνωρίζει καλά το πώς να προστατεύει τη ζωή του, όταν ταξιδεύει στη στεριά, δεν συναντά το ρινόκερο ή την τίγρη. Όταν πάει σε μία μάχη, δεν δέχεται επιθέσεις ούτε από χέρια ούτε από όπλα. Ο ρινόκερος δεν βρίσκει τίποτα να καρφώσει το κέρατό του, η τίγρη δεν βρίσκει πουθενά να βάλει τα νύχια της και τα όπλα δεν μπορούν να βρουν τίποτα για να καρφώσουν τις λεπίδες τους».
>
> ΛΑΟ ΤΣΟΥ

Όπως είδαμε στο Κεφάλαιο 6 περί συντήρησης των σχέσεων, η θεωρία του Χέγκελ για τη σχέση αφέντη-σκλάβου εξηγεί ότι στην ουσία και οι σκλάβοι έχουν κάποια ισχύ πάνω στους αφέντες τους. Οι αφέντες εξαρτιούνται από τους σκλάβους συναισθηματικά όσο και οικονομικά. Στο προηγούμενο κεφάλαιο, χρησιμοποίησα τις ιδέες του Χέγκελ για να υπερασπίσω μία ισορροπία δύναμης σε μια ρομαντική σχέση, προκειμένου να αποφευχθεί η διεστραμμένη δυναμική του τύπου αφέντης-σκλάβος. Μα το αφεντικό και ο υφιστάμενος βρίσκονται, εξ ορισμού, σε ιεραρχική σχέση, οπότε η ισορροπία δύναμης δεν θα έπρεπε να είναι ο στόχος σας σε ένα εργασιακό περιβάλλον. Αντίθετα, σε αυτό το πλαίσιο, οι ιδέες του Χέγκελ θα έπρεπε να σας βοηθήσουν να κατανοήσετε τη δική σας ισχύ σε αυτή την κατάσταση. Αυτό μπορεί να μην την εδραιώσει, μα θα έπρεπε να σας κάνει να νιώθετε καλύτερα.

Απλά επειδή το αφεντικό σας λέει πως δεν κάνετε καλή δουλειά δεν σημαίνει ότι αυτό ισχύει και πιθανότατα δεν πρέπει να φοβάστε για τη θέση σας. Το αφεντικό σας σας χρειάζεται. Αν μη τι άλλο, η ακολουθία των ενοχλήσεων απαιτεί να υπάρχει κάποιος για να ενοχληθεί. Μπορεί το αφεντικό σας να σας φωνάζει, επειδή το αφεντικό του μόλις του έβαλε τις φωνές. Οπότε μην του βάλετε και εσείς τις φωνές, μην το πάρετε προσωπικά και μην πάτε σπίτι και ξεσπάσετε στο σκύλο σας. Κάντε τη δουλειά σας όσο καλύτερα σας επιτρέπουν οι ικανότητές σας και διαλέξτε την υψηλή οδό κάνοντας τον φαύλο κύκλο να τελειώσει σε εσάς.

Εάν είστε αφεντικό και θέλετε να γνωρίζετε ότι οι υφιστάμενοί σας κάνουν την καλύτερη δουλειά για σας και δεν καίνε ομοιώματα σας πίσω από την πλάτη σας, η φιλοσοφία έχει μαθήματα και για εσάς επίσης. (Εάν απλά θέλετε συμμόρφωση χωρίς ερωτηματικά, υπάρχει επίσης κάποια φιλοσοφία να σας καθοδηγήσει. Δείτε τον Μακιαβέλι: «Αφού αγάπη και φόβος δύσκολα συνυπάρχουν, εάν πρέπει να διαλέξουμε μεταξύ τους, είναι πολύ ασφαλέστερο να σε φοβούνται παρά να σε αγαπούν».) Ο Καντ διατύπωσε την κεντρική ιδέα: Να φέρεσαι στους άλλους σαν σκοπούς καθ' εαυτούς, όχι σαν μέσα για να εκπληρώσεις τους δικούς σου σκοπούς. Μπορείτε ακόμη να βρείτε κάποιον να γράψει την αναφορά που χρειάζεστε, μα πρέπει να αναγνωρίσετε ότι αυτός που τη γράφει είναι ανθρώπινο ον και όχι μία μηχανή συγγραφής αναφορών. Αυτή είναι η διάκριση που έκανε ο Μπάμπερ μεταξύ των Εγώ-Αυτό και Εγώ-Εσύ σχέσεων. Πρέπει να έχετε διαφορετική σχέση με μία μηχανή που γράφει αναφορές (Αυτό) από αυτή που έχετε με ένα άτομο που γράφει αναφορές (Εσύ).

Ο Λάο Τσου συμβούλευε τους ηγέτες να επιδεικνύουν ανθρωπιά, συμπόνια και έλεος σαν σημάδια δύναμης και συμβούλευε: «Κυβερνήστε ένα μεγάλο έθνος όπως θα μαγειρεύατε ένα μικρό ψάρι». Για αυτούς που δεν γνωρίζουν περί μαγειρικής, αυτό σημαίνει να το κάνετε τρυφερά. Στη Δύση είμαστε εκπαιδευμένοι να φερόμαστε σκληρά και αποφασιστικά και να βλέπουμε την τρυφερότητα σαν το μαλακό υπογάστριο, το μέρος που κάποιος είναι ευάλωτος. Το Τάο, από την άλλη, διδάσκει ότι το αληθινό σημάδι ισχύος είναι ότι έχει κάποιος τη δυνατότητα να είναι τρυφερός. Ο Χρυσός Κανόνας (για τον οποίο σχεδόν κάθε θρησκεία έχει τη δικιά της εκδοχή) εφαρμόζεται επίσης: Μην κάνεις στους άλλους... Για να είσαστε σεβαστός σαν αφεντικό, πρέπει να σέβεστε τους υπαλλήλους σας.

«Ο καλύτερος εργοδότης ανθρώπων κρατάει τον εαυτό του κάτω από αυτούς».

ΛΑΟ ΤΣΟΥ

ΕΝΑΣ ΚΑΛΟΣ ΙΔΙΟΚΤΗΤΗΣ ΣΙΔΗΡΟΔΡΟΜΟΥ ΓΝΩΡΙΖΕΙ ΠΩΣ ΝΑ ΟΔΗΓΗΣΕΙ ΕΝΑ ΤΡΕΝΟ

Επειδή βλέπει τον κόσμο μέσα από ένα καπιταλιστικό πρίσμα, η Άιν Ραντ έχει γράψει περισσότερα για κάθε πλευρά της δουλειάς από οποιονδήποτε άλλο φιλόσοφο. Το όραμά της για το ιδανικό αφεντικό αντανακλάται στους χαρακτήρες της. Οι ήρωες και οι ηρωίδες της ξεκινούν από χαμηλά και φέρνουν τη γνώση από εκεί που ήταν στα υψηλότερα κλιμάκια μαζί τους. Σε ένα μυθιστόρημα της Ραντ, ακόμη και ο γιος του ιδιοκτήτη δουλεύει στο χυτήριο ατσαλιού μαθαίνοντας να κάνει όλες τις δουλειές εκεί προετοιμαζόμενος να αναλάβει τα ηνία. Ένας άλλος χαρακτήρας, μία γυναίκα που είναι ιδιοκτήτρια σιδηροδρόμου, γνωρίζει επίσης πώς να οδηγεί ένα τρένο. Έχει μάθει καλά όλα τα τμήματα της δουλειάς και ξέρει πώς να τα συνδέσει σωστά. Η Ραντ αναγνωρίζει πως δεν γίνεται ο καθένας που μπορεί να οδηγήσει τρένο να είναι επίσης ικανός να διευθύνει όλο το σιδηρόδρομο. Μα για να διευθύνει κάποιος το σιδηρόδρομο, πιστεύει πως πρέπει να γνωρίζει πώς να οδηγεί το τρένο. Για τη Ραντ το αφεντικό δεν είναι υπεράνω του σφουγγαρίσματος των πατωμάτων. Δεν υπάρχει τίποτα δουλικό σε καμία εργασία και καμία δουλειά που πρέπει να γίνει δεν είναι χαμηλότερα από την αξιοπρέπεια κάποιου.

Η Ραντ τονίζει ότι η πιο αποτελεσματική ηγεσία είναι η ηγεσία διά του παραδείγματος. Οι γερουσιαστές που είναι στην πρωτεύουσα πολύ καιρό χάνουν την επιρροή τους στις πολιτείες από όπου εκλέγονται. Εμπνέει κάποιος σεβασμό όχι μόνο από τον τίτλο τού αξιώματος, αλλά και γνωρίζοντας τι πρέπει να γίνει και έχοντας τη θέληση να βοηθήσει και ο ίδιος. Η πιο σφοδρή κριτική προς αυτούς που ανέβηκαν ιεραρχικά είναι ότι ξέχασαν από πού προέρχονταν. Το να ξεχάσει κανείς είναι σημαντικό λάθος: Όχι μόνο μπορεί να χρησιμοποιήσει τη γνώση για να κάνει την παρούσα δουλειά του καλύτερα, μα και να κερδίσει τον αυθεντικό σεβασμό των υφισταμένων του. Και το πιο σημαντικό, αυτή η γνώση δεν θα τον αφήσει ποτέ να ξεχάσει ότι είμαστε όλοι μαζί σε μια δουλειά σαν ανθρώπινα όντα, ανεξάρτητα με το ποιος τίτλος εμφανίζεται στην κάρτα εργασίας του καθενός.

Οι περισσότεροι από εμάς έχουμε χάσει την επαφή με κάθε άλλη δουλειά εκτός από το δικό μας μικρό κομμάτι του επιλεγμένου τομέα μας. Δεν γνωρίζουμε για τις εργασίες των άλλων ανθρώπων, ούτε και για το μόχθο τους. Παρ' όλα αυτά εξαρτιόμαστε από τη δουλειά των άλλων για όλες μας τις ανάγκες. Έχετε ποτέ σταθεί να αναρωτηθείτε από πού προέρχονται αυτές οι ντομάτες που βρίσκετε στο σούπερ μάρκετ τον Φεβρουάριο; Αυτή η αποσύνδεση είναι αναμενόμενη σε μία υψηλά τεχνολογική παγκόσμια κοινωνία, αρχίζοντας από ένα πολύ βασικό σημείο: Ό,τι καταναλώνουμε είναι όλο και περισσότερο άσχετο με το τι παράγουμε.

Ο βουδισμός Ζεν προσφέρει άλλη μία άποψη για τη τέλεση των βασικών εργασιών. Το Ζεν διδάσκει ότι οι εργασίες ρουτίνας είναι πολύτιμες και σαν σύνολο και από μόνες τους. Το να ταπεινώνεις τον εαυτό σου είναι ένα μονοπάτι αυτοβελτίωσης στη βουδιστική παράδοση. Κάθε εργασία η οποία αναλαμβάνεται με επιμέλεια μπορεί να αποτελέσει μια σημαντική μορφή διαλογισμού. Για αυτό το λόγο και τα ησυχαστήρια του Ζεν περιλαμβάνουν και εργασία εκτός από διαλογισμό. Καμία δουλειά δεν είναι ταπεινή. Αυτό που κάνουμε δεν είναι αυτό που είμαστε.

> «....ο Μπάσο έμεινε στο ίδιο βουνό μην κάνοντας τίποτα άλλο εκτός από το να διαλογίζεται στη στάση του Λωτού μέρα και νύχτα. Μία ημέρα ο δάσκαλος Ναγκάκου ρώτησε τον Μπάσο: "Κύριε, τι κάνετε εδώ;" "Διαλογίζομαι", απάντησε ο Μπάσο. "Και τι ελπίζετε να επιτύχετε διαλογιζόμενος στη στάση του Λωτού;" ρώτησε ο Ναγκάκου. "Απλά προσπαθώ να γίνω ένας Βούδας", απάντησε ο Μπάσο. Ακούγοντας αυτό ο Ναγκάκου πήρε από κάτω ένα τούβλο και άρχισε να το γυαλίζει. Ο Μπάσο εξεπλάγη από αυτό και ρώτησε τον Ναγκάκου: "Γιατί γυαλίζεις αυτό το τούβλο;" Και ο Ναγκάκου απάντησε: "Προσπαθώ να το γυαλίσω μέχρι να γίνει καθρέφτης". Ο Μπάσο ρώτησε ξανά: "Πώς μπορείς να γυαλίσεις ένα τούβλο ώστε να γίνει καθρέφτης;" Και ο Ναγκάκου ανταπάντησε: "Πώς μπορείς εσύ να κάθεσαι μέχρι να γίνεις Βούδας;"»
>
> ΣΙΜΠΑΓΙΑΜΑ

Ο Γκάντι παρέχει ένα συναρπαστικό παράδειγμα των παραπάνω. Φόραγε μόνο ύφασμα φτιαγμένο στο σπίτι. Έγνεθε μόνος του τη βαμβακερή κλωστή και μάθαινε και σε άλλους να κάνουν το ίδιο. Το να κάνει το βαμβάκι κλωστή ήταν σε ένα επίπεδο ένας τρόπος να σπάσει το βρετανικό μονοπώλιο (οι Βρετανοί μάζευαν το βαμβάκι που παρήγαγε η Ινδία, το έστελναν στην Αγγλία όπου το έγνεθαν και το ύφαιναν και μετά έστελναν το ύφασμα πίσω στην Ινδία όπου και το πουλούσαν με αρκετό κέρδος). Ήταν όμως και απόδειξη της κατανόησης εκ μέρους του των θεμελιωδών πραγμάτων και άσκηση μεγαλείου μέσα από την απλότητα και εύρεση αξιοπρέπειας μέσω της εργασίας. Φανταστείτε τον πιο ισχυρό ηγέτη ενός μεγάλου έθνους να γνέθει κλωστή στον ελεύθερο χρόνο του. Φαίνεται πραγματικά ανόητο ή υποτιμητικό; Τότε ρωτήστε τον εαυτό σας το εξής: Είναι σκανδαλώδες; Υπάρχει ανάγκη να το αρνηθεί δημοσίως; Υπάρχουν πιθανότατα πολύ χειρότερα πράγματα που μπορούν να κάνουν οι ηγέτες στον ελεύθερο χρόνο τους.

Δεν μπορεί ο καθένας να είναι Γκάντι, μα εάν είσαστε το αφεντικό μπορείτε να θεωρήσετε ότι έχετε κάτι κοινό με αυτόν: Θα πληρώσετε κάποιο τίμημα όντας μια προσωπικότητα της εξουσίας. Η «μοναξιά της διοίκησης» συμβαδίζει με την κυριαρχία. Για να κρατήσει κανείς το βάρος της εξουσίας, χρειάζεται λίγη απόσταση από τους υφισταμένους του. Δεν μπορεί να συναναστρέφεται με τον ίδιο τρόπο. Μία αθλητική ομάδα με μέλη εργαζόμενους στο ίδιο γραφείο ή ένα ραντεβού για ποτό μετά τη δουλειά βοηθάει στη δημιουργία κοινωνικών δεσμών, επαναφέροντας κάποια από την ανθρωπιά την οποία τείνουν να αφαιρούν τα γραφεία, μα όταν είναι κάποιος το αφεντικό πρέπει να είναι και λίγο υπεράνω, τόσο ώστε να μην περνά τη γραμμή της υπεροψίας. Ταυτόχρονα, πρέπει να αποφεύγει την απομόνωση, ώστε να μη χάσει την επαφή. Ακόμη πιο σημαντικό είναι πως δεν έχει και πολλούς άλλους πάνω στους οποίους να μπορεί να στηριχθεί όταν κρατά το πηδάλιο. Και οι πιέσεις επάνω του είναι πολύ μεγαλύτερες, όταν δεν έχει κανέναν να τις μοιραστεί. Το βάρος της ηγεσίας δεν είναι για όλους.

ΗΘΙΚΗ

Άλλο ένα κοινό εργασιακό θέμα είναι η αντιμετώπιση ενός ηθικού διλήμματος. Θα διαβάσετε περί δεοντολογίας και ηθικότητας πιο περιεκτικά στο Κεφάλαιο 11, μα εδώ θα δούμε μερικούς παράγοντες συγκεκριμένους που αφορούν την εργασία. Στο πιο βασικό επίπεδο, για να ζήσετε μια ηθική ζωή χρειάζεται να βεβαιωθείτε ότι και η δουλειά σας είναι ηθική. Μία από τις πελάτισσές μου παραιτήθηκε από τη δουλειά της ως δημοσιογράφος επειδή, όπως μου είπε, είχε βαρεθεί να φτιάχνει ιστορίες. Η Σέιλα είχε ασχοληθεί με τη δημοσιογραφία εκπαιδευμένη στα ιδεώδη της αντικειμενικής πληροφόρησης. Μα στη δουλειά της οι συντάκτες δεν της ανέθεταν απλά μια ιστορία. Της έλεγαν και ποιο θα έπρεπε να ήταν το περιεχόμενο της ιστορίας. Τα ρεπορτάζ της ήταν η επιβεβαίωση μιας εκ των προτέρων σχηματισμένης ιδέας, κάτι που ήταν αντίθετο με όλα της τα ιδεώδη. Ένιωθε πως η κατευθυντήρια δύναμη πίσω από τον οργανισμό για τον οποίο εργαζόταν (και δεν μιλάμε για μια εφημερίδα κίτρινου Τύπου) ήταν το μάρκετινγκ, και η αναφορά γεγονότων ή η ανακάλυψη της αλήθειας δεν υπήρχε πουθενά στην οθόνη του ραντάρ.

Τα ηθικά προειδοποιητικά φώτα του καθενός ανάβουν σε διαφορετικά επίπεδα, και η Σέιλα ένιωθε ότι της ζητούσαν να διακυβεύσει πάρα πολλά. Αν και η εργασία πάντα περιλαμβάνει συμβιβασμούς, είναι σημαντικό να γνωρίζει κανείς πότε αυτές οι ρυθμίσεις τον οδηγούν πέρα από ένα όριο το οποίο δεν επιθυμεί να διασχίσει και πότε να αναλάβει δράση ώστε να παραμείνει στη σωστή πλευρά του ορίου αυτού.

Στον επιχειρηματικό κόσμο, η ηθική έχει πολύ συχνά γίνει η αρμοδιότητα του νομικού τομέα. Μα το να είναι κάτι νόμιμο δεν σημαίνει ότι είναι και ηθικό, και όσον αφορά αυτό το θέμα, το να είναι κάτι ηθικό δεν σημαίνει απαραίτητα πως είναι και νόμιμο. Η νομιμότητα περιλαμβάνει οτιδήποτε επιτρέπει ο νόμος ή δεν απαγορεύει συγκεκριμένα. Η ηθικότητα είναι μια πολύ παλαιότερη ιδέα, η οποία προϋπάρχει –και υποτίθεται πως διαποτίζει– τη νομοθεσία. Οι νόμοι μας είναι αντανάκλαση των ηθικών αρχών μας, οι οποίες συχνά αντλούν από την προγενέστερη κωδικοποίηση της ηθικότητάς μας σε πνευματικούς νόμους, δηλαδή από τις οργανωμένες θρησκείες.

Μα όταν κάτι νομιμοποιείται δεν γίνεται αυτόματα και σωστό. Ακολουθήστε κατά γράμμα και με μεγάλη προσοχή τις οδηγίες που σας δίνουν τα μέλη του νομικού τμήματος. Μα αν κάτι σας κάνει να αισθάνεστε ηθική ναυτία, μην αφήσετε απλά τη νομιμότητα να σας ικανοποιήσει. Οι δικηγόροι θα είναι ευχαριστημένοι με οτιδήποτε δεν εκθέτει την εταιρεία σε ευθύνες. Τα προσωπικά σας πρότυπα πρέπει να είναι διαφορετικά. Αξιολογήστε την ηθική της υπόθεσης, λαμβάνοντας υπόψη την υποχρέωση στον εργοδότη σας, τις προσωπικές σας ευθύνες, τον επαγγελματικό κώδικα συμπεριφοράς σας και τη δέσμευσή σας να κάνετε καλή δουλειά. (Θα διαβάσετε περισσότερα για το πώς να το κάνετε αυτό στο Κεφάλαιο 11.) Μετά αναλάβετε την απαραίτητη δράση, εάν υπάρχει, με τους μεγάλους φιλόσοφους για οδηγούς σας.

Το επιχείρημα του πιστού πράκτορα («Εγώ απλά ακολουθούσα εντολές») δεν θα σας απαλλάξει αν κάνετε κάποια παρατυπία, οπότε περπατάτε σε μία λεπτή γραμμή μεταξύ της αξιολόγησης του τι θεωρείτε σωστό και της εκπλήρωσης της υποχρέωσής σας στον εργοδότη σας, όταν αυτός σας ζητά να παραβλέψετε τις ηθικές επιπλοκές μίας υπόθεσης. Δεν είναι εύκολο να σκοτώσετε ή να ξεπουλήσετε τη συνείδησή σας. Αλλά όλοι έχουν την τιμή τους. Και εάν πουλήσετε την ψυχή σας, την αρετή σας, δεν μπορείτε να την ξαναγοράσετε.

Η κινέζικη φιλοσοφία διδάσκει πως ένα σημάδι της σωστής πράξης είναι το ότι όταν την κάνεις, παραμένεις άμεμπτος. Εάν ικανοποιείς αυτό το κριτήριο, βρίσκεσαι σε ηθικό κόσμο. Άλλη μία φιλοσοφική πρώτη αρχή είναι από την τζαϊνιστική και ινδουιστική σκέψη και λέγεται *ahimsa*. Αυτό μεταφράζεται ουσιαστικά ως «μη βλάβη σε έλλογα όντα». Είναι η βάση κάθε επαγγελματικού κώδικα ηθικής. Εάν οι πράξεις σας προκαλούν κακό στους άλλους, είναι ανήθικες. Τα συστήματα ηθικών αξιών γίνονται όλο και πιο περίπλοκα, μα εάν ικανοποιείτε αυτή τη βασική προϋπόθεση, βρίσκεστε σε καλό δρόμο.

ΑΜΠΡΑ

Η Άμπρα είχε άμεση και γρήγορη επιτυχία στην επαγγελματική της καριέρα πριν απογοητευθεί από το όλο σύστημα. Άρχισε να υποπτεύεται πως η βάση για όλες τις δουλειές ήταν το κέρδος, ανεξάρτητα από το κόστος, και το να μένει κανείς στον ανταγωνισμό με οποιοδήποτε μέσο ήταν απαραίτητο. Για πολλούς εργαζόμενους αυτό σήμαινε άλογη συμμόρφωση στα διατάγματα των υψηλά ιστάμενων στο οργανόγραμμα και παντελή έλλειψη ουσίας και αξίας στη δουλειά που έκαναν καθημερινά. Οι διευθυντές υψηλότερων κλιμακίων μπορεί να έβρισκαν κάποια προσωπική ικανοποίηση, μα αυτή θα είχε κυρίως τη μορφή ενός τεράστιου μισθού. Όσον αφορούσε την Άμπρα, αυτά που έπρεπε να κάνει για να φτάσει μέχρι την ημέρα της πληρωμής δεν μπορούσαν να θεωρηθούν ούτε υγιή ούτε ανθρώπινα.

Καθώς βρισκόταν σε άδεια εγκυμοσύνης, η Άμπρα άρχισε να συνειδητοποιεί πως η αυξανόμενη αφθονία δημιουργούσε μία ασφυκτική παγίδα για την ίδια. Αν και ήταν εμφανώς επιτυχημένη στη δουλειά της, η ακριβή ζωή και η ατελείωτη αναζήτηση επιφανειακού κύρους τής έφτιαχναν ένα κλουβί (αν και με χρυσά κάγκελα), κλειδώνοντάς τη σε μια δουλειά που πλήρωνε για την υποθήκη του σπιτιού, το αυτοκίνητο, τον προσωπικό εκπαιδευτή και την πλήρη ανακαίνιση του σπιτιού της, αλλά της επέτρεπε να περνάει όλο και λιγότερο χρόνο εκεί. Η δουλειά της πληρωνόταν καλά, αλλά της κόστιζε κιόλας. Και το τίμημα ήταν η δική της ικανοποίηση. Η σύντομη απουσία της Άμπρα από την καθημερινή ρουτίνα τής έδωσε μια καινούρια προοπτική και γρήγορα αποφάσισε ότι δεν θα γύριζε πίσω μετά τις προγραμματισμένες έξι εβδομάδες τελικά. Για την ακρίβεια δεν ήθελε να γυρίσει ποτέ πίσω.

Το αφεντικό και οι συνάδελφοί της δεν μπορούσαν να πιστέψουν ότι θα έφευγε από το γωνιακό της γραφείο, μα για την Άμπρα η επιλογή ήταν ξαφνικά ξεκάθαρη. Δεν είχε καμία αμφιβολία ότι έκανε το σωστό και για τον εαυτό της και για την οικογένειά της, μα αναζήτησε φιλοσοφική συμβουλή από το συνάδελφο μου Στέφεν Χέαρ, επειδή ένιωθε έρμαιο χωρίς σκοπούς ζωής να αντικαταστήσουν την προηγούμενη φιλοδοξία της, το να γίνει δηλαδή πρόεδρος της εταιρείας για την οποία δούλευε. Ένιωθε ότι υπήρχε κάτι πέρα από τις οικογενειακές της ευθύνες που την οδηγούσε, μα δεν μπορούσε να το ανακαλύψει από μόνη της και μη γνωρίζοντας τους στόχους της δεν ήξερε πώς να τους επιδιώξει. Ένιωθε γενικώς αποπροσανατολισμένη στο παρόν και μπερδεμένη για το μέλλον.

Το πρώτο καθήκον της Άμπρα ήταν να εξετάσει τις υποθέσεις της για τον επαγγελματικό κόσμο και για την ανάγκη της για μια άλλη απασχόληση πέραν της μητρότητας. Είχε ήδη καταφύγει σε ορισμένα φιλοσοφικά κείμενα αναζητώντας απαντήσεις (μία αναδρομή στην προπτυχιακή μόρφωσή της σε ελεύθερες σπουδές, τις οποίες και παραμέρισε για το διδακτορικό της σε θεωρητικές επιστήμες), οπότε ήταν μία καλή υποψήφια για βιβλιοθεραπεία. Διάβαζε δηλαδή από μόνη της τους φιλόσοφους και μετά συζητούσε τις ιδέες τους με το σύμβουλό της. (Αυτό δεν κάνει για όλους και σίγουρα δεν είναι απαραίτητο για να ωφεληθεί κανείς από τις φιλοσοφικές ενοράσεις στη ζωή του.)

Ξεκίνησε με το *Ουόλντεν* του Χένρι Ντέιβιντ Θορό και το *Small Is Beautiful: Economics as if People Mattered* του Ε. Φ. Σούμαχερ, τα οποία εξετάζουν κριτικά οικονομικές υποθέσεις που αποτελούν τη βάση της κοινωνίας μας. Αυτά τα βιβλία ενίσχυσαν τις πεποιθήσεις της για τις άψυχες σύγχρονες πλευρές του καπιταλισμού, τη βοήθησαν να βελτιώσει τη δική της κριτική, και παρείχαν ελπιδοφόρες περιγραφές εναλλακτικών ρυθμίσεων. Βέβαια, εάν είχε απευθυνθεί, για παράδειγμα, στην Άιν Ραντ, η Άμπρα θα διάβαζε κριτικές των δικών της κριτικών, μα για αυτό το λόγο είναι σημαντικό να βρίσκεις φιλόσοφους που συνεργάζονται αρμονικά με τις δικές σου προοπτικές. Ο ίδιος ο Θορό έγραψε για τη δύναμη των βιβλίων να αλλάζουν ζωές («Πόσοι και πόσοι άνθρωποι έχουν αρχίσει να μετρούν μία νέα εποχή στη ζωή τους, διαβάζοντας ένα βιβλίο») και για το ότι πρέπει κανείς να βαδίζει με τον δικό του ρυθμό, οπότε, και πριν ακόμη αναφερθεί σε οικονομικές και κοινωνικές δομές, ταίριαζε στη Άμπρα.

«Η μάζα των ανθρώπων ζει με σιωπηλή απελπισία. Αυτό που καλείται παραίτηση είναι επιβεβαιωμένη απελπισία... Είναι χαρακτηριστικό της σοφίας να μη δρα κανείς απελπισμένα».

ΧΕΝΡΙ ΝΤΕΪΒΙΝΤ ΘΟΡΟ

Έχοντας επιβεβαιωθεί για τις ιδέες της για τα αρνητικά της εργασίας και εμπνευσμένη από τις ουτοπίες που σκιαγραφούνταν στα βιβλία που διάβασε, η Άμπρα άρχισε να σκέφτεται για τον τρόπο που πίστευε ότι θα έπρεπε να λειτουργεί η κοινωνία στο ιδεώδες κράτος. Όσο καλύτερα θα μπορούσε να το καθορίσει, τόσο καλύτερα προετοιμασμένη θα ήταν να το ζήσει. Κάνοντας αυτό, επικαλούνταν το δικό της σύστημα δεοντολογίας και ηθικής (μία διαδικασία που περιγράφεται στο Κεφάλαιο 11 λεπτομερώς). Ταυτόχρονα, η Άμπρα ξανασκέφτηκε αν στην πραγματικότητα χρειαζόταν κάποιου είδους ασχολία στη ζωή της ή ήταν απλά περιττές αποσκευές που κουβαλούσε μαζί της φεύγοντας από τον επιχειρηματικό κόσμο.

Θυμηθείτε ότι ο Αριστοτέλης πρότεινε το στοχασμό ως τη μεγαλύτερη ευτυχία, κάτι που φαινόταν λογικό στην Άμπρα. Πολλοί άλλοι φιλόσοφοι έκαναν το ίδιο επίσης. Η Άμπρα αποφάσισε να γραφτεί σε τμήματα φιλοσοφίας στο τοπικό πανεπιστήμιο, κυρίως όμως για προσωπική χρήση, όχι με βλέψεις προς ένα πτυχίο ή επαγγελματικούς στόχους. Άρχισε επίσης να συνεισφέρει σαν εθελόντρια σε οργανισμούς που εργάζονταν για να κάνουν τον κόσμο ένα καλύτερο μέρος, ένα μέρος πιο πολύ σαν και αυτό που ονειρευόταν να ζήσει η Άμπρα. Αν και ο άμεσος στόχος της ήταν να γίνει μητέρα, χρησιμοποιούσε την εμπειρία της ως εθελόντριας έτσι ώστε, όταν θα ήταν έτοιμη να ξαναρχίσει να δουλεύει κανονικά, να διαλέξει μία ανάλογη εταιρεία, δηλαδή μία η οποία δεν θα λειτουργούσε καθαρά με μόνο κίνητρο το κέρδος.

Παρά τις επιφυλάξεις της για το καπιταλιστικό σύστημα στο οποίο ζούμε, η Άμπρα συνειδητοποίησε ότι ακόμη παρείχε ευκαιρίες για να εμπλακεί πλήρως κάποιος σε επαγγελματικό επίπεδο, χωρίς να νιώθει ότι έχει πουλήσει την ψυχή του στο διάβολο. Επίσης συνειδητοποίησε ότι το σύστημα θα άλλαζε μόνο προς την κατεύθυνση στην οποία οι άνθρωποι θα εργάζονταν για να το αλλάξουν. Η υποστήριξη άλλων φιλοσόφων της έδωσε αυτοπεποίθηση ως προς τη δική της στάση, για να αντιμετωπίσει αυτή την πρόκληση. Το πρώτο βήμα ήταν να καθορίσει την πορεία της με τους δικούς της αστερισμούς.

> «...κατ' εμέ καμία τύχη δεν φαινόταν ευνοϊκή εάν δεν πρόσφερε την ευχέρεια να αφιερωθεί κάποιος στη φιλοσοφία, που λέει ότι η ζωή δεν είναι ευτυχισμένη εκτός και αν κάποιος τη ζει φιλοσοφώντας».
>
> ΑΥΓΟΥΣΤΙΝΟΣ

10

ΜΕΣΗ ΗΛΙΚΙΑ ΧΩΡΙΣ ΚΡΙΣΗ

«Χρόνος εἶναι εἰς πάντα, καί καιρός παντί πράγματι ὑπό τόν οὐρανόν».

ΕΚΚΛΗΣΙΑΣΤΗΣ (κεφ. γ: 1)

«Ο χρόνος δεν είναι παρά το ρυάκι στο οποίο πάω για ψάρεμα».

ΧΕΝΡΙ ΝΤΕΪΒΙΝΤ ΘΟΡΟ

ΣΤΕΛΛΑ

Μόλις η Στέλλα έγινε πενήντα ετών, έκανε απογραφή. Είδε μία μακροχρόνια καριέρα ως γραμματέας σε νομική εταιρεία, μία θέση ασφαλή και πολύτιμη για την εταιρεία. Είδε έναν πολυετή γάμο και μετά ένα μακρύ χρονικό διάστημα μοναξιάς μετά το θάνατο του άνδρα της. Είδε τα ενήλικα παιδιά της να ξεκινούν τη δική τους ζωή. Γενικά της άρεσε αυτό που έβλεπε. Αποφάσισε επίσης να κάνει μερικές αλλαγές.

Η Στέλλα διαπίστωσε ότι πάντα ήταν επιθετική και απαιτούσε τον έλεγχο στις σχέσεις της και από τότε που έχασε τον άνδρα της χρησιμοποιούσε τις σχέσεις κυρίως για το σεξ. Ήξερε ότι οι περισσότεροι άνθρωποι, εκτός από τα παιδιά της, τη θεωρούσαν συναισθηματικά ψυχρή. Γνώριζε πόσο σημαντικές ήταν οι λίγες μακροχρόνιες, στενές φιλίες για αυτήν και επίσης ότι μπορούσε να συνάψει στενές σχέσεις εάν είχε τον απαραίτητο καιρό να γνωρίσει κάποιον. Τώρα ένιωθε έτοιμη να καθιερώσει μια πιο διαρκή και αισθηματική σχέση με έναν άνδρα. Ήξερε πως θα ήταν μια χαρά και μόνη της, όπως και ήταν για δέκα περίπου χρόνια, μα αποφάσισε να ανοιχτεί προς έναν από τους άνδρες με τους οποίους έβγαινε περιστασιακά, για να διαπιστώσει αν θα μπορούσαν να φτιάξουν κάτι πιο σταθερό και ικανοποιητικό.

Ταυτόχρονα, μετά από τριάντα χρόνια εργασίας για μια εταιρεία, η Στέλλα αποφάσισε ότι ήθελε να εργαστεί μόνη της. Είχε μελετήσει θεραπεία με καλλιτεχνική έκφραση, σαν μία μορφή έκφρασης και ελάττωσης του άγχους, στο παρελθόν, και τώρα ολοκλήρωνε την εκπαίδευσή της για να γίνει καλλιτεχνική θεραπεύτρια. Άφησε τη διοικητική της εργασία και άρχισε να διευθύνει εργαστήρια καλλιτεχνικής θεραπείας σε δημόσια πολιτιστικά κέντρα, σε κέντρα ατόμων με ειδικές ανάγκες και σε κοινωνικά κέντρα για ηλικιωμένους. Πέρασε πολλές αγχώδεις εβδομάδες περιμένοντας την ουσιαστική αυτή μετάβαση, μα είχε εμπιστοσύνη στον εαυτό της και τις ικανότητες της. Σύντομα το πρόγραμμά της ήταν πλήρες και ήταν κλεισμένη για αρκετούς μήνες μπροστά. Αν και δεν κέρδιζε τόσα όσα κέρδιζε στο δικηγορικό γραφείο και εργαζόταν περίπου τις ίδιες ώρες, το απολάμβανε πάρα πολύ και ένιωθε πως βοηθούσε τους μαθητές της και την κοινότητα.

Αυτό δεν είναι κρίση μέσης ηλικίας! Σοβαρή ενδοσκόπηση, εμφανής αλλαγή, μα ούτε ίχνος πανικού. Η φράση «κρίση μέσης ηλικίας» συνήθως θυμίζει έναν άνδρα με αραιωμένα μαλλιά που αγοράζει ένα μικρό κόκκινο διθέσιο αυτοκίνητο και αφήνει τη σύζυγό του για μια πολύ νεότερη γυναίκα, ενώ παραμένει δυστυχώντας σε οποιαδήποτε καλά αμειβόμενη μα γεμάτη άγχος ή χωρίς καθόλου πρόκληση καριέρα, την οποία ακολουθεί όλη του τη ζωή. Αν και οι περισσότεροι άνθρωποι περνούν μία αναταραχή κατά τη μέση ηλικία, περιλαμβανόμενης της περίπτωσης που σε κάνει να ανταλλάξεις οτιδήποτε έχεις για ένα υποθετικά πιο σέξι μοντέλο, η λέξη *κρίση* είναι ακατάλληλη ως όρος. Η αλλαγή είναι φυσικό κομμάτι του κύκλου της ζωής, αλλά δεν υπάρχει τίποτα στο ορισμό της αλλαγής που να καθιστά αναγκαία την κρίση.

Όταν προσεγγίζεται με μία ανάλογη φιλοσοφική προδιάθεση, η μέση ηλικία θα πρέπει να παρουσιάσει μια ευκαιρία για προσωπική ωρίμανση και για βελτίωση τμημάτων της ζωής τα οποία μπορεί να έχει κάποιος παραβλέψει με άσχημα αποτελέσματα. Η ιστορία της Στέλλας δείχνει ότι ακόμη και οι πιο κοσμογονικές αλλαγές μπορεί να αντιμετωπιστούν με ηρεμία. Η Στέλλα για την ακρίβεια ήρθε να με συμβουλευτεί όχι μόνο για τις αλλαγές που έκανε στη ζωή της, αφού προφανώς τις είχε υπό έλεγχο, μα και για έναν τρόπο να αντιμετωπίσει το γεγονός της θνησιμότητάς της. (Αυτό το θέμα καλύπτεται στο Κεφάλαιο 13.)

ΑΛΛΑΓΗ, ΟΧΙ ΚΡΙΣΗ

Αυτή είναι η θέση μου, η αντικατάσταση δηλαδή της *κρίσης μέσης ηλικίας* με *αλλαγή μέσης ηλικίας* στο κοινό μας λεξιλόγιο. Η Γκέιλ Σίχι έφερε το θέμα στην επιφάνεια με το *Passages*, το

1970. Αν και το βιβλίο αυτό ακολουθεί ψυχολογική αντί για φιλοσοφική προσέγγιση, ο τίτλος έχει το θετικό υπονοούμενο που νομίζω είναι ταιριαστό. Όπου και να σε πηγαίνει το ταξίδι, δεν υπάρχει ανάγκη να το δεις σαν κατάσταση έκτακτης ανάγκης ή καταστροφή. Δεν μπορείς να μπεις στο ίδιο ποτάμι δύο φορές, όπως μάθαμε από τον Ηράκλειτο. (Ένας από τους πιο παρατηρητικούς μαθητές λέγεται ότι σχολίασε λέγοντας ότι δεν μπορείς καν να μπεις μία φορά! Γιατί το ποτάμι αλλάζει σε κάθε σου βήμα.) Μα δεν θα προτιμούσατε να ξεδιψάσετε από τρεχούμενο ρυάκι παρά από μια στάσιμη νερολακκούβα; Σίγουρα θα ήταν πιο υγιές και πιθανόν και πιο εύγευστο. Για να μείνει καθαρό και φρέσκο το νερό πρέπει να συνεχίζει να κινείται. Το ίδιο και εσείς.

Στη Δύση, έχουμε σκεφτεί συγκριτικά λίγο για τις ηλικιακές φάσεις. Είμαστε αρκετά ικανοποιημένοι με τις κατηγορίες της παιδικής ηλικίας και της ενηλικίωσης, με την ενηλικίωση να αντιπροσωπεύει μία αχανή έκταση μη διαφοροποιημένης περιοχής, με μία ίσως υποκατηγορία για τους ηλικιωμένους πολίτες. Οι γυναίκες έχουν την ευλογία και κατάρα μαζί των αναγνωρίσιμων φάσεων της βιολογικής ύπαρξης: πρώτη έμμηνος ρήση, εγκυμοσύνη, μητρότητα και εμμηνόπαυση. Η αποδοχή των περιόδων της ζωής στις οποίες η ενέργεια είναι διαφορετικά επικεντρωμένη βοηθάει στην αποφυγή νοοτροπίας κρίσης, η οποία μπορεί να κυριαρχήσει αν η αλλαγή προσεγγίσει απρόσμενα. Από την άλλη, ο μονοδιάστατος δεσμός με τον αναπαραγωγικό κύκλο δεν λαμβάνει υπόψη τις πολλές πλευρές της ζωής του κάθε ατόμου. Και πολλές από τις φάσεις έχουν ένα έντονο επακόλουθο, όπως η δυσφορία της εμμηνόρροιας, οι πόνοι της γέννας και το ανεπιθύμητο της γήρανσης.

Οι στοχαστές της Ανατολής έχουν την παράδοση να βλέπουν τη ζωή σε φάσεις για όλους τους ανθρώπους και να παίρνουν μια ολική, πιο θετική άποψη της κάθε φάσης. Ο Κομφούκιος, για παράδειγμα, αναγνώριζε ότι οι διαφορετικές περίοδοι της ζωής εστιάζουν διαφορετικά την ενέργεια του καθενός.

> «Στα δεκαπέντε, επιθυμούσα να μαθαίνω. Στα τριάντα, είχα στηρίξει γερά τα πόδια μου στο έδαφος. Στα σαράντα, είχα πάψει πλέον να υποφέρω από αβεβαιότητες. Στα πενήντα, γνώριζα ποιες είναι οι εντολές του Παραδείσου. Στα εξήντα, τις άκουγα με ευήκοο αφτί. Στα εβδομήντα, μπορούσα να ακολουθήσω τα προστάγματα της καρδιάς μου, γιατί αυτό που επιθυμούσα δεν ξεπερνούσε πια τα όρια του σωστού».
>
> ΚΟΜΦΟΥΚΙΟΣ

Η παραδοσιακή ινδουιστική σκέψη καθορίζει τέσσερις περιόδους ζωής: τη φάση του μαθητή, τη φάση του σπιτονοικοκύρη, τη φάση της απόσυρσης από τα εγκόσμια και τη φάση της τέλειας αποκοπής από τα εγκόσμια.

Χωρίς ένα οικείο πλαίσιο να χαρτογραφεί τις φάσεις της ζωής, βρισκόμαστε σε κατάσταση κρίσης όταν αντιμετωπίζουμε την αλλαγή της μέσης ηλικίας. Αναγνωρίζοντας ότι όλοι περνάμε από φάσεις μάς επιτρέπει να βάλουμε σημάδια στο μακρύ δρόμο της ενηλικίωσης, χωρίς να συντριβόμαστε όταν διανύουμε την έκταση μιας καινούριας περιοχής. Έχουμε ήδη περάσει στενά καθορισμένες φάσεις στα προηγούμενα τμήματα της ζωής μας. Ένα από τα πιο δημοφιλή βιβλία βρεφικής φροντίδας αναλύει τη ζωή ενός παιδιού μήνα με το μήνα, καθορίζοντας τι μπορεί να περιμένει ένας γονιός σχεδόν από εβδομάδα σε εβδομάδα. Καθώς τα παιδιά μεγαλώνουν, η κοινωνία αναγνωρίζει μία μετάβαση κάθε χρόνο, τις τάξεις του σχολείου, ενώ χρησιμοποιούμε ακόμη και χαρακτηρισμούς τόσο συγκεκριμένους όπως νεοεισαχθείς ή τελειόφοιτος. Ο πολιτισμός μας ψάχνει για λίγα άλλα σημάδια, όπως ο γάμος ή η τεκνοποίηση, μα πέραν αυτών υπάρχει μόνο ανοιχτός δρόμος. Δεν υπάρχει χαρακτηρισμός για κάποιον σαράντα δύο ετών, με είκοσι ένα χρόνια στην ίδια καριέρα και δεκαεφτά χρόνια στην ίδια σχέση, με παιδιά σε εφηβική ηλικία και μια γενικότερη αίσθηση δυσφορίας.

Δεν υπάρχει ορισμός της μέσης ηλικίας και σίγουρα δεν υπάρχει συγκεκριμένο είδος αλλαγής που έρχεται με βεβαιότητα καθώς κινούμαστε στην ενήλικη ζωή. Το εστιακό σημείο θα μπορούσε να ήταν στα τριάντα πέντε ή στα σαράντα ένα ή στα πενήντα εφτά ή ποτέ. Για πολλούς ανθρώπους δεν θα υπάρχει μόνο μία κύρια μετάβαση. Μπορεί να υπάρξουν αρκετές μεγάλες μεταβάσεις ή μία ακολουθία μικρότερων προσαρμογών. Μα με τον μέσο όρο ζωής μεγαλύτερο από ποτέ στην ανθρώπινη ιστορία και με τους ανθρώπους να παραμένουν υγιείς και ενεργοί σε όλο και μεγαλύτερη ηλικία, μεγάλες αλλαγές περιμένουν τους περισσότερους ανθρώπους. Η προετοιμασία για αυτές ή η αντιμετώπισή τους, με τη διασαφήνιση της φιλοσοφίας του καθενός είναι το κλειδί για να εκμεταλλευτούμε στο έπακρο οτιδήποτε βρεθεί στο δρόμο μας.

ΓΚΑΡΙ

Ο δρόμος του Γκάρι ήταν πιο κακοτράχαλος από της Στέλλας. Μετά από μια μακροχρόνια και επιτυχημένη καριέρα ως φυσικοθεραπευτής, ο Γκάρι έβλεπε την εξάντληση στον ορίζοντα. Είχε κουραστεί από το άγχος, τα νοσοκομεία και την ένταση της δουλειάς. Ήξερε ότι ήθελε και χρειαζόταν μια αλλαγή. Ήρθε όμως να μου μιλήσει επειδή δεν ήξερε ως προς τι να αλλάξει. Εάν σταματούσε να εργάζεται ως φυσικοθεραπευτής, δεν γνώριζε τι άλλο θα μπορούσε να κάνει. Το ότι δεν είχε άλλες προοπτικές δεν τον τρόμαζε, όπως θα έκανε σε πολλούς ανθρώπους, μα τον μπέρδευε. Δεν μπορούσε να κλονίσει την πεποίθηση ότι *θα έπρεπε* να γνωρίζει το τι θα επακολουθούσε για αυτόν. Αναζήτησε τη φιλοσοφική συμβουλή όχι τόσο για να καταλάβει τι θα κάνει μετά, όσο για να καταλάβει γιατί δεν μπορούσε να καταλάβει τι θα κάνει μετά.

Αυτό μπορεί να φαίνεται περίπλοκο, μα για τον Γκάρι το μονοπάτι για την κατανόηση ήταν εύκολο. Αυτή είναι άλλη μια περίσταση κατά την οποία ζήτησα από τον πελάτη μου να επαναξιολογήσει την ιστορία την οποία έλεγε. Ζήτησα από τον Γκάρι να ελέγξει τις παραδοχές του. Γιατί θα έπρεπε να γνωρίζει τι του επιφυλάσσει η επόμενη φάση; Κανείς δεν έχει τέλεια γνώση σαν και αυτή, εκτός από το Θεό ή τη Μοίρα, εάν πιστεύει κάποιος σε αυτά. Ποιος ήταν ο Γκάρι για να παριστάνει το Θεό;

Όσο ο Γκάρι σκεφτόταν αυστηρά ορθολογιστικά, ένιωθε άβολα με την κατάστασή του. Ο αυστηρός ορθολογισμός επιτάσσει ότι μπορούμε να καταλάβουμε τα πάντα χρησιμοποιώντας τη λογική μας. Για έναν ορθολογιστή, το σύμπαν είναι «κόσμος» (μία αρχαία ελληνική λέξη που σημαίνει «τάξη») και όχι χάος. Ο κόσμος έχει νόημα. Εφόσον ο Γκάρι υπέθετε ότι θα έπρεπε να μπορεί να βρει ακριβώς τι θα κάνει μετά και τελικά δεν μπορούσε, πίστεψε ότι κάτι δεν πήγαινε καλά με αυτόν. Παρ' όλα αυτά, το είδος του ορθολογισμού του Λάιμπνιτς φαινόταν πιο εφαρμόσιμο στην περίπτωση του Γκάρι. Ο Λάιμπνιτς υποστήριζε ότι ενώ κάθε κατάσταση προερχόταν από κάποιο «επαρκή λόγο» (δηλαδή δεν συμβαίνει τυχαία), δεν μπορούμε να γνωρίζουμε ακριβώς ποιος είναι αυτός ο λόγος. Οι άνθρωποι δεν μπορούν πάντα να τα καταλαβαίνουν όλα. Ο κόσμος είναι απλά πολύ περίπλοκος για εμάς.

> «... κανένα γεγονός δεν μπορεί να είναι αληθές και υπαρκτό και καμία δήλωση αληθής χωρίς έναν επαρκή λόγο για να είναι έτσι και όχι διαφορετικά, μολονότι αυτοί οι λόγοι πολύ συχνά πρέπει να παραμείνουν άγνωστοι σε μας».
>
> ΓΚΟΤΦΡΙΝΤ ΛΑΪΜΠΝΙΤΣ

Δεν νομίζω ότι μια αυστηρή ορθολογιστική άποψη μπορεί να βοηθήσει κάποιον πια. Οι άνθρωποι είναι πολύ καλοί στο να σκέφτονται ερωτήσεις που δεν μπορούν να απαντηθούν, ακόμη και ενώ ανακαλύπτουμε όλο και περισσότερα για το σύμπαν και πώς αυτό λειτουργεί. Ζήτησα από τον Γκάρι να λάβει υπόψη τους περιορισμούς αυτού του τρόπου σκέψης, αρχίζοντας με την ερώτηση: «Είναι λογικό να παραμένει κανείς αόριστα σε μια δουλειά που μισεί;» Μάλλον όχι. Μα αυτό δεν σημαίνει ότι υπάρχει άμεση απάντηση στην επόμενη ερώτηση: «Τότε, τι πρέπει να κάνω αντί για αυτήν;» Τουλάχιστον δεν υπάρχει μια απάντηση προσβάσιμη μόνο με τη νόηση. Ίσως αυτό που οφείλει να κάνει κανείς είναι να μη γνωρίζει τι θα κάνει στο κοντινό μέλλον.

Όλα αυτά προσέλκυσαν το ενδιαφέρον του Γκάρι και παρέφρασε το διάσημο εδάφιο του *Εκκλησιαστή* «καί καιρός παντί πράγματι ὑπό τόν οὐρανόν» σε εμένα ως εξής: Υπάρχει καιρός να γνωρίζεις τι κάνεις και καιρός να μη γνωρίζεις. Υπενθύμισα στον Γκάρι ένα άλλο εδάφιο από τον *Εκκλησιαστή*, επαναλαμβανόμενο σε κάθε ευκαιρία από τον ίδιο τον Εκκλησιαστή: «Ματαιότης ματαιοτήτων τά πάντα ματαιότης». Το να νομίζει κανείς ότι γνωρίζει ακριβώς τι κάνει είναι ένα είδος ματαιοδοξίας, ενώ το να γνωρίζει ότι δεν γνωρίζει και να νομίζει ότι θα έπρεπε να γνωρίζει είναι ένα άλλο είδος ματαιοδοξίας.

Ο Γκάρι ένιωθε πιο άνετα με τον αναθεωρημένο ορθολογισμό. Τα πράγματα έχουν μια εξήγηση, ακόμη και αν δεν τη βλέπουμε για την ώρα.

Εάν βιώνει κανείς αλλαγή ή αβεβαιότητα ή δυστυχία και δεν γνωρίζει γιατί, ο στόχος του είναι να ανακαλύψει το σκοπό του, αποφεύγοντας τον εγωισμό να υποθέτει ότι τον γνωρίζει ήδη ή ότι θα έπρεπε να τον γνωρίζει.

«Χρόνος εἶναι εἰς πάντα, καί καιρός παντί πράγματι ὑπό τόν οὐρανόν.

»Καιρός τοῦ γεννᾶσθαι, καί καιρός τοῦ ἀποθνήσκειν·

»καιρός τοῦ φυτεύειν, καί καιρός τοῦ ἐκριζόνειν τό πεφυτευμένον·

»καιρός τοῦ ἀποκτείνειν, καί καιρός τοῦ ἰατρεύειν·

»καιρός τοῦ καταστρέφειν, καί καιρός τοῦ οἰκοδομεῖν·

»καιρός τοῦ κλαίειν, καί καιρός τοῦ γελᾶν·

»καιρός τοῦ πενθεῖν, καί καιρός τοῦ χορεύειν·

»καιρός τοῦ διασκορπίζειν λίθους, καί καιρός τοῦ συνάγειν λίθους·

»καιρός τοῦ ἐναγκαλίζεσθαι, καί καιρός τοῦ ἀπομακρύνεσθαι ἀπό τοῦ ἐναγκαλισμοῦ·

»καιρός τοῦ ἀποκτῆσαι, καί καιρὸς τοῦ ἀπολέσαι·

»καιρός τοῦ φυλάττειν, καί καιρός τοῦ ῥίπτειν·

»καιρός τοῦ σχίζειν, καί καιρός τοῦ ῥάπτειν·
»καιρός τοῦ σιγᾷν, καί καιρός τοῦ λαλεῖν·
»καιρός τοῦ ἀγαπῆσαι, καί καιρός τοῦ μισῆσαι·
»καιρός πολέμου, καί καιρός εἰρήνης».

ΕΚΚΛΗΣΙΑΣΤΗΣ (κεφ. γ: 1-8)

Υπήρξε ακόμη και ο κατάλληλος καιρός για το συγκρότημα The Byrds να κάνουν έναν επιτυχημένο δίσκο («Turn, Turn, Turn») με βάση αυτούς τους στίχους. Με αυτή την προοπτική, ο Γκάρι άρχισε να βλέπει ότι το να ζήσει μια χρονική περίοδο, για πρώτη φορά, χωρίς ξεκάθαρη κατεύθυνση μπορεί να ήταν κάτι μεγάλης αξίας. Μέχρι αυτό το σημείο, το ένα πράγμα οδηγούσε απευθείας στο άλλο για το μεγαλύτερο μέρος της ζωής του Γκάρι, από το κολέγιο σε μεταπτυχιακό, μετά στην πρώτη δουλειά, μετά στην ειδίκευση, στις προαγωγές και ούτω καθεξής.

Μίλησα στον Γκάρι για την ιστορία επιστημονικής φαντασίας του Νόρμαν Σπίνραντ «The Weed of Time», στην οποία ένας άνθρωπος τρώει ένα βότανο που του δίνει τη δυνατότητα να βλέπει και ό,τι έχει γίνει και ό,τι θα γίνει. Η ζωή του γίνεται μαρτύριο. Εάν ο καθηγητής φιλολογίας στο κολέγιο σας είχε ζητήσει μια εργασία πάνω σε αυτή την ιστορία, η κύρια πρόταση και το συμπέρασμά σας (εάν θέλατε να βαθμολογηθείτε με άριστα) θα έμοιαζε με κάτι σαν αυτό: Η ανακάλυψη είναι μέρος της χαράς της ζωής.

Ο Γκάρι διαπίστωσε πως μπαίνοντας σε ένα δρόμο χωρίς ξεκάθαρη χαρτογράφηση της διαδρομής ήταν μια διαδικασία γεμάτη άγχος αλλά και αναζωογονητική. Μπορεί ο βηματισμός του να μην ήταν πολύ σίγουρος, μα είχε μια υπέροχα διευρυμένη προοπτική. Ο Γκάρι διάλεξε να δει την αβεβαιότητά του σαν ένα μεγάλο δώρο και ήταν αποφασισμένος να τη χρησιμοποιήσει καλά. Άφησε τελικά τη δουλειά του στο νοσοκομείο χωρίς να έχει κάποιο συγκεκριμένο σχέδιο. Αυτό που είχε ήταν οι ευλογίες της συζύγου του, Μαίρης, η οποία είχε μια καλή δουλειά με την οποία ήταν ευτυχισμένη. Η ευτυχία του Γκάρι ήταν σημαντική για τη Μαίρη όσο και για τον Γκάρι. Δεν ήθελε ο άνδρας της να πιάσει μια δουλειά μόνο και μόνο για να έχει δουλειά, τόσο όσο δεν ήθελε και ο ίδιος. Η Μαίρη κέρδιζε αρκετά για να καλύψει τις ανάγκες τους, έτσι ο Γκάρι είχε τη ευκαιρία να βρει το σωστό μονοπάτι σχετικά ελεύθερος από οικονομικές πιέσεις.

Βλέποντας αυτή την κατάσταση μέσα από τη διαδικασία PEACE, ο Γκάρι είχε ήδη δουλέψει τις τρεις πρώτες φάσεις μέχρι τη στιγμή που ζήτησε φιλοσοφική συμβουλή. Είχε ξεκάθαρα εντοπίσει το πρόβλημά του: Είχε την ανάγκη να αλλάξει καριέρα. Βίωνε τα ανάλογα συναισθήματα, άγχος μεταξύ άλλων, χωρίς να είναι ιδιαίτερα καταβεβλημένος από αυτά. Είχε αναλύσει τις προφανείς επιλογές του, μα δεν μπορούσε να απαντήσει σε δύο θεμελιώδεις ερωτήσεις: «Τι πρόκειται να κάνω μετά;» και «Γιατί δεν μπορώ να σκεφτώ το τι πρόκειται να κάνω μετά;».

Έκανε το αποφασιστικό βήμα κατά τη φάση της περισυλλογής, όπου άρχισε να αντιμετωπίζει το ακαθόριστο μέλλον σαν μια ευκαιρία παρά σαν εμπόδιο. Η φιλοσοφική του προδιάθεση άλλαξε από «Κάτι δεν πρέπει να πηγαίνει καλά μαζί μου επειδή δεν μπορώ να βρω απαντήσεις» σε «Είμαι τυχερός που μπαίνω σε μία φάση της ζωής μου που δεν χρειάζομαι απαντήσεις». Με τον κατάλληλο χρόνο για περισυλλογή, θα ήταν ικανός να βελτιώσει τη φιλοσοφία του και να σκεφτεί επιλογές εργασίας που να συμφωνούσαν με αυτή. Μα θα το έκανε αυτό με ηρεμία αντί για άγχος. Με τον Λάιμπνιτς, όχι με χάπι Λίμπριουμ!

Ξεκινώντας με την ιδέα ότι η σοφία δεν είναι το ίδιο με τη γνώση και το ότι δεν γνωρίζει κανείς τι κάνει δεν σημαίνει ότι δεν κάνει το σωστό, ο Γκάρι ήταν στο μονοπάτι να βρει απαντήσεις με το να μην ψάχνει για αυτές. Μερικές φορές ο σκοπός μπορεί να εξυπηρετείται καλύτερα με την άγνοια. Εάν μπορούσαμε να εξηγήσουμε τον κόσμο μόνο και μόνο με τη λογική, δεν θα υπήρχε ανάγκη για επιστημονικά πειράματα. Μα όταν η απόλυτη λογική αποτυγχάνει, πρέπει να κάνουμε πειράματα, χωρίς τα οποία μερικές από τις μεγαλύτερες ανακαλύψεις όλων των εποχών, από τον ηλεκτρισμό μέχρι το εμβόλιο για την πολιομυελίτιδα, δεν θα είχαν δει ποτέ το φως. Μερικές φορές οι απαντήσεις δεν είναι άμεσα διαθέσιμες και στη ζωή μας επίσης, κάτι που σημαίνει ότι μπορεί να αποκομίσουμε οφέλη πειραματιζόμενοι.

Ο ΓΚΟΓΚΕΝ ΚΑΙ ΕΣΕΙΣ

Για μερικούς ανθρώπους, όπως ο Γκάρι, η κρίση έρχεται όταν δεν γνωρίζουν τι επακολουθεί. Για άλλους ανθρώπους, η γνώση τού τι επακολουθεί μπορεί να προκαλέσει την κρίση. Για αυτούς που παραπονιούνται ότι ο κόσμος είναι πολύ προβλέψιμος, το να έχουν προγραμματισμένη ζωή φαίνεται μη αυθεντικό και δυσβάσταχτο. Εάν είστε ένας από αυτούς, θα ανταλλάσσατε την ασφάλεια και την ευημερία με ένα μονοπάτι ρίσκου και ανακαλύψεων. Δεν θέλετε να ζήσετε τη ζωή σας βάσει μίας μεγάλης λίστας προκαθορισμένων κανόνων. Εάν ανήκετε σε αυτή την κατηγορία ανθρώπων, θα πρέπει να προσέχετε για το «πρόβλημα Γκογκέν», καθώς σχεδιάζετε την πορεία σας.

Ο Πολ Γκογκέν εγκατέλειψε την επιτυχημένη τραπεζική του καριέρα, τη σύζυγό του που τον αγαπούσε και τα παιδιά του, όταν έφυγε για το Παρίσι για να σπουδάσει ζωγραφική, και μετά εγκαταστάθηκε στην Ταϊτή για να ασκήσει αυτό το επάγγελμα. Εμείς, που λατρεύουμε τα έργα του Γκογκέν, είμαστε ευγνώμονες για το μεγάλο δώρο τέχνης που άφησε στον κόσμο. Μα η συμπεριφορά του Γκογκέν ήταν ηθική ως προς την οικογένειά του και την εργασία του; Πότε, εάν συμβαίνει καν, γίνονται η ηθική και οι υποχρεώσεις στοιχεία δευτερεύοντα εν όψει μεγαλύτερων δημιουργικών στόχων; Πρέπει να καθορίσετε από μόνοι σας αυτό το όριο, μα πρέπει να γνωρίζετε πού βρίσκεται, καθώς εξισορροπείτε τη σταθερότητα με την εξερεύνηση.

Ένας από τους ανθρώπους που θαυμάζω πολύ είναι σαν κάτι αντίστροφο του Γκογκέν. Μετά από μια καριέρα ως φιλόσοφος και λογικιστής, ο Στέφαν Μένγκλεμπεργκ εργάστηκε ως βοηθός διευθυντή ορχήστρας του Λέοναρντ Μπερνστάιν στη Φιλαρμονική της Νέας Υόρκης για μερικά χρόνια. Εκτός της θέσης του Λέοναρντ Μπερνστάιν, αυτή ήταν μια από τις καλύτερες θέσεις στην κλασική μουσική. Μα στα πενήντα του, άκουσε τη μικρή φωνούλα μέσα στο κεφάλι του να μουρμουρίζει και να τον καλεί στο έδρανο. Έγινε λοιπόν δικηγόρος και εργάστηκε ευτυχισμένα και επιτυχημένα για την υπόλοιπη ζωή του. Συνέχισε να διδάσκει μουσική, μα είχε το κουράγιο να είναι αληθινός με τον εαυτό του, ανεξάρτητα από την ηλικία του, ακόμη και όταν αυτό σήμαινε δραματική αλλαγή πορείας. Ο Στέφαν, από ό,τι γνωρίζω, ήταν ο μεγαλύτερος σε ηλικία άνθρωπος που μπήκε ποτέ στο δικηγορικό σύλλογο της Πολιτείας της Νέας Υόρκης, σε ηλικία πενήντα εννέα ετών.

Γνώριζα επίσης μία γυναίκα την οποία έλεγαν Τζούντι, η οποία αφού συνταξιοδοτήθηκε από τη δημόσια υπηρεσία που εργαζόταν, ξαναγύρισε στο σχολείο και πήρε B.A. (Bachelor of Arts) στην ιστορία, ένα αντικείμενο που πάντα απολάμβανε, αλλά ποτέ δεν ακολούθησε, αποφοιτώντας στα ογδόντα πέντε! Δεν υπάρχει λόγος να επιτρέπουμε αυθαίρετα φράγματα ηλικίας ή φάσεις της ζωής να μας εμποδίζουν να κάνουμε αυτό που επιθυμούμε.

ΑΝ

Η Αν αντιμετώπιζε μια επιλογή σαν του Γκογκέν, για μια πιο ανέμελη, δημιουργική ζωή, μα φοβόταν την απώλεια της ασφάλειας που μπορεί να επέφερε. Όπως και ο Γκάρι, ήταν πολύ καλή σε μια δουλειά που δεν ανεχόταν πλέον. Βαριόταν μέχρι δακρύων ως διοικητικό στέλεχος ενός κέντρου υγείας και είχε και επανειλημμένες προστριβές με ένα από τα αφεντικά της. Τώρα μια νέα, προκλητική πρόταση για δουλειά είχε βρεθεί μπροστά της, μα και πάλι ήταν αναποφάσιστη αν θα τη δεχτεί. Έτσι αναζήτησε φιλοσοφική συμβουλή για να αποφασίσει εάν θα έπρεπε να δεχτεί την πρόταση για καινούρια δουλειά και να κατανοήσει τι την έκανε διστακτική. Αν και ήταν νεότερη από τους περισσότερους ανθρώπους όταν αντιμετωπίζουν την αλλαγή της μέσης ηλικίας, οι υπερέχουσες ερωτήσεις οι σχετικές με το άμεσο δίλημμά της την έβαζαν στην ίδια κατάσταση με όλους αυτούς, τους μερικά χρόνια μεγαλύτερους, που πάλευαν με παρόμοια θέματα. Το πρόβλημά της προερχόταν από την καριέρα της, αλλά διαπλεκόταν με όλους τους τομείς της ζωής της.

Όλο τον περασμένο χρόνο, η Αν περνούσε ένα απόγευμα την εβδομάδα διδάσκοντας σε ένα πρόγραμμα εκτός ωρών σχολείου στη γειτονιά της. Είχε δημιουργήσει ένα στενό δεσμό με μία από τις μαθήτριές της, και οι γονείς του κοριτσιού ήθελαν να προσλάβουν την Αν για να διδάσκει την κόρη τους στο σπίτι σε πλήρες πρόγραμμα. Αυτό σήμαινε ότι θα εργαζόταν έξι ώρες την ημέρα και κατά τη διάρκεια της σχολικής χρονιάς μόνο, με τον ίδιο μισθό που κέρδιζε στο ιατρικό κέντρο. Πέραν της προοπτικής του πολύ περισσότερου ελεύθερου χρόνου από όσο είχε ποτέ εργαζόμενη από τις εννέα το πρωί ως τις πέντε το απόγευμα, συν τις υπερωρίες, και χωρίς τη μετακίνηση στο κυκλοφοριακό χάος, η Αν ένιωθε έλξη προς τη διδαχή ως τρόπο για να χρησιμοποιεί όλες τις ικανότητές της και να βοηθάει έναν άνθρωπο ταυτόχρονα.

Μα η Αν ήταν ανήσυχη. Οι γονείς της μαθήτριάς της της είχαν προσφέρει δουλειά για ένα χρόνο, και η Αν ανησυχούσε για το τι θα γινόταν στο τέλους του χρονικού αυτού διαστήματος. Θα την ξαναπροσλάμβαναν; Θα τη χρειαζόταν ακόμη το κορίτσι; Θα ήταν οι γονείς ικανοποιημένοι με την πρόοδό της; Ακόμη και υπό τις καλύτερες συνθήκες, το κορίτσι θα πήγαινε στο κολέγιο σε μερικά χρόνια. Η Αν απολάμβανε μια ευτυχισμένη σχέση, που της παρείχε υποστήριξη, με τον άνδρα που συζούσε, μα δεν ήθελε να είναι οικονομικά εξαρτημένη από αυτόν. Μεγαλωμένη με αυστηρή εργασιακή ηθική, ένιωθε αμυδρά ότι ήταν αμαρτία να μην έχει συνεχή εργασιακή απασχόληση. Ένιωθε ασφαλής, αν και όχι πλήρης, στην παρούσα δουλειά της και δεν ήταν σίγουρη εάν θα μπορούσε να ρισκάρει για αυτό το καινούριο εγχείρημα.

Οι άνθρωποι, όπως και οι περισσότεροι οργανισμοί που προσπαθούν απλά να επιβιώσουν, φοβούνται το άγνωστο. Μπορεί να αποδειχθεί χρήσιμος φόβος. Εάν δεν αναγνωρίζεις κάτι και δεν ξέρεις αν είναι ασφαλές, θα είσαι πολύ καλύτερα κάπου αλλού που γνωρίζεις ότι έχεις ασφάλεια. Βέβαια, δεν γνωρίζεις αν αυτό που αποφεύγεις είναι τελικά πολύ πιο ασφαλές. Και αν δεν είσαι ασφαλής εκεί που είσαι τώρα; Το ένστικτο της επιβίωσης φτάνει μέχρι εκεί. Το να κυβερνάται κάποιος από τόσο συντηρητικές προσεγγίσεις είναι αρκετό να τον κρατήσει ζωντανό, μα δεν προσφέρει εγγυήσεις για ικανοποίηση ούτε υπάρχει η ολοκλήρωση σε μια προστατευμένη ζωή. Μάλλον αυτός είναι ο λόγος που οι άνθρωποι επιθυμούν το άγνωστο επίσης. Η υπόσχεση της ανακάλυψης μας κάνει και αισθανόμαστε ζωντανοί. Αναζητούμε ασφάλεια, μα με το που την αποκτούμε, τη ρισκάρουμε. Παρατηρήστε ένα βρέφος που αναζητά με το βλέμμα τη μητέρα του με το που απομακρύνεται μερικά βήματα μακριά της και μετά συνεχίζει να απομακρύνεται με το που τη βλέπει και θα καταλάβετε τι εννοώ. Ζούμε με μια διαρκή τάση μεταξύ της άνεσης της ασφάλειας και της συγκίνησης νέων εμπειριών.

Η Αν ήταν από τη φύση της συντηρητική, μα ακόμη και αυτή ένιωθε την έλξη του ανοιχτού ορίζοντα. Ένιωθε ότι της έλειπε η πρόκληση στη ζωή της και ότι η εταιρική ρουτίνα έπνιγε την ικανότητά της να είναι πλήρως ο εαυτός της. Λιγότερη ατομική έκφραση είναι το τίμημα της ασφάλειας που παρέχουν οι οργανισμοί. Είχε αρχίσει να πιστεύει πως το τίμημα ήταν πολύ βαρύ μα προσπαθούσε να καθιερώσει και την αξία της ασφάλειας, αλλά και της ατομικής της έκφρασης. Στη μία πλευρά της ζυγαριάς βρισκόταν η προοπτική και η ελευθερία, ενώ στην άλλη η προβλεψιμότητα και η μονιμότητα. Ήθελε να τη βοηθήσω να τα ζυγίσει.

Η ινδουιστική και η βουδιστική φιλοσοφία υποστηρίζουν ότι η μονιμότητα και η ασφάλεια είναι ψευδαισθήσεις. Τέτοιες ψευδαισθήσεις δημιουργούν την έλξη στον σκεπτόμενο νου. Η έλξη υποκινεί επιθυμίες. Οι επιθυμίες προκαλούν την εξάρτηση και η εξάρτηση προκαλεί βάσανα. Οι Στωικοί, όπως είδαμε, θα συμφωνούσαν πως η ηδονή μπορεί πολύ γρήγορα να μετατραπεί σε πόνο όταν η ηδονή προέρχεται από την εξάρτηση. Εξαρτιόμαστε από πράγματα, ακόμη και αρνητικά, όπως η Αν εξαρτήθηκε από την αποπνικτική της δουλειά. Διαλέγουμε το κακό που γνωρίζουμε από το κακό που δεν γνωρίζουμε. Είναι ένα βόλεμα που μας δηλητηριάζει αργά, μα το συνηθίζουμε και έτσι δεν νιώθουμε καν τη γεύση του δηλητήριου. Μετά από μεγάλες περιόδους αποκλεισμού από οτιδήποτε άλλο, οι φυλακισμένοι αρχίζουν να φοβούνται τον κόσμο μακριά από τα κελιά τους. Αν οι πόρτες όλων των φυλακών άνοιγαν ξαφνικά μια ημέρα, πολλοί θα έμεναν ακριβώς εκεί που ήταν.

> «Αυτές οι εξωτερικές σχέσεις που επιφέρουν κρύο και ζέστη, πόνο και ευτυχία έρχονται και παρέρχονται, δεν είναι μόνιμες. Υπομείνετέ τες με γενναιότητα....»
>
> *ΜΠΑΓΚΑΒΑΝΤ ΓΚΙΤΑ*

> «Αυτοί που είναι γεμάτοι φόβο όταν δεν υπάρχει αιτία για φόβο και δεν φοβούνται όταν θα έπρεπε, τέτοιοι άνθρωποι, που υιοθετούν λανθασμένες απόψεις, μπαίνουν στο μονοπάτι της δυστυχίας».
>
> ΒΟΥΔΑΣ

Η πόρτα της ήταν ανοιχτή, μα η Αν δίσταζε στο κατώφλι. Η ινδουιστική και βουδιστική διδασκαλία είχε νόημα για αυτήν και ένιωθε πως έπρεπε να εφαρμοστούν επειγόντως στον ταχύρρυθμο κόσμο μας. Τα πράγματα εξελίσσονται με τέτοια ταχύτητα τώρα, που και η ίδια η αλλαγή αντιμετωπίζεται σαν αρετή. Καλούμαστε να αντιμετωπίσουμε τους εσωτερικούς μας φόβους και να μάθουμε να ενστερνιζόμαστε την αλλαγή. Εάν ο Αριστοτέλης χρησιμοποιούσε ως λειτουργικό σύστημα τη χρυσή τομή, όπως το έθεσε ένα πρόσφατο βιβλίο, τότε θα έβλεπε τη θετική αλλαγή σαν χρυσή τομή. Θα ενθάρρυνε την Αν να αποδεχτεί τη νέα ευκαιρία, αφού αυτή ήταν η μέση οδός μεταξύ των άκρων της υποταγής στη δουλειά της και του να την παρατήσει χωρίς κανένα σχέδιο για το μέλλον.

Φιλοσοφικά, η Αν βάδιζε πάνω στη λεπτή γραμμή μεταξύ ελεύθερης βούλησης και αιτιοκρατίας. Δεν είχε κάνει συγκεκριμένα βήματα να βρει καινούρια δουλειά ή κάποιον άλλο τρόπο για να διαφύγει από την παρούσα δυσάρεστη καριέρα της. Μα είχε βάλει τον εαυτό της στο μονοπάτι της ευκαιρίας που τώρα βρισκόταν μπροστά της. Το ότι έγινε εθελόντρια ήταν ένας τρόπος τον οποίο είχε για να είναι αληθινή με τον εαυτό της και να ακολουθήσει το εσωτερικό της κάλεσμα. Φαινόταν να ακολουθεί, ως δεδομένη, μια μοιρολατρική άποψη, με το να μην αναλαμβάνει δράση για να βελτιώσει την κατάστασή της, σαν να ήταν κάθε αντίδραση μάταια. Μα είχε σωστά αποτελέσματα όταν έδρασε με ελεύθερη βούληση (συνεισφέροντας ως εθελόντρια), αν και δεν είχε προβλέψει ούτε και περίμενε αυτά τα αποτελέσματα. Η διευθέτηση αυτής της εσωτερικής διαμάχης για το πόσο επιρροή είχε η ίδια στα γεγονότα της ζωής της θα βοηθούσε την Αν να προχωρήσει ανάλογα στο μέλλον.

Όπως είδαμε, ο Μακιαβέλι χειριζόταν τη διαμάχη μεταξύ ελεύθερης βούλησης και μοιρολατρίας, υποστηρίζοντας πως οι δύο ιδέες ήταν ομότιμοι συνέταιροι στο να επιτύχει κανείς στη ζωή του. Συμβούλευε, τότε, να μη σπαταλά κανείς χρόνο προσπαθώντας να αλλάξει αυτό που δεν μπορεί (αυτό που είναι προκαθορισμένο), μα να εργάζεται πάνω σε αυτό που μπορεί να επηρεάσει. Εάν δεν ήταν τόσο απασχολημένος με το να καθιερώσει τη φήμη του ως ο ηγεμόνας των κακών τύπων, ο Μακιαβέλι μπορεί να είχε επιβεβαιώσει την προσευχή της Γαλήνης: «Θεέ μου, δώσε μου τη γαλήνη να αποδεχτώ τα πράγματα που δεν μπορώ να αλλάξω, το κουράγιο να αλλάξω αυτά που μπορώ και τη σοφία να γνωρίζω τη διαφορά τους».

Εμείς οι άνθρωποι είμαστε πλάσματα που ασκούμε επιρροή. Μα δεν μπορούμε να επηρεάσουμε όλο τον κόσμο και δεν χρειάζεται να κάνουμε κάτι τέτοιο. Οι καλλιτέχνες συχνά έχουν ένα είδος πίστης στον εαυτό τους από το οποίο όλοι θα μπορούσαμε να ωφεληθούμε: Έχουν το κουράγιο να πλοηγούν με βάση τα δικά τους άστρα. Η απάντηση στην ερώτηση: «Τι θα έπρεπε να κάνω τώρα;» συνήθως προέρχεται από την ενδοσκόπηση και όχι κοιτάζοντας έξω. Η απάντηση στο κάλεσμα, οποιοδήποτε και να είναι αυτό, θα φέρει τελικά την ευκαιρία, όπως έκανε και για την Αν. Η ευκαιρία δεν χτυπάει την πόρτα μόνο μία φορά, χτυπάει συνέχεια. Μα συχνά δεν ακούμε το χτύπημά της ή υποκρινόμαστε πως δεν το ακούμε ή φοβόμαστε να απαντήσουμε.

Η Αν βρήκε ανακούφιση στην αντίληψη ότι και η επιτυχία και η αποτυχία είναι, όπως έγραψε ο Κίπλινγκ, «δολίως μεταμφιεσμένες». Με το σενάριο της χειρότερης περίπτωσης, ότι δηλαδή θα μπορούσε να μάθει κάτι χρήσιμο για την υπόλοιπη ζωή της ακόμη και αν η δουλειά της ως δασκάλας δεν απέδιδε μακροχρόνια, η Αν αποφάσισε να παραιτηθεί από τη δουλειά της και να ασχοληθεί με τη διδασκαλία. Αν και ήταν πολύ νευρική όσο πλησίαζε η αλλαγή, μετά από ένα δύο μήνες της άρεσε πολύ η καινούρια της δουλειά και η καινούρια της ζωή.

Εκμεταλλευτείτε στο έπακρο τις αλλαγές και θα πάρετε ό,τι καλύτερο υπάρχει από τη ζωή. Ξεχάστε την κρίση της μέσης ηλικίας. Μπορεί να βιώνετε μία κρίση κάθε πέντε λεπτά ή μπορείτε να ζήσετε πέντε ζωές πριν καν φτάσετε τη μέση ηλικία. Η επιλογή είναι δική σας.

11

ΓΙΑΤΙ ΝΑ ΕΙΝΑΙ ΚΑΝΕΙΣ ΑΓΝΟΣ ΚΑΙ ΗΘΙΚΟΣ;

> «Με το καλό κατανοώ κάθε είδους απόλαυση και οτιδήποτε συντελεί σε αυτό... Με το κακό κατανοώ κάθε είδους θλίψη».
>
> ΜΠΑΡΟΥΧ ΣΠΙΝΟΖΑ

> «Τίποτα δεν είναι δυνατό να γίνει αντιληπτό στον κόσμο, ούτε και έξω από αυτόν, που να μπορεί να χαρακτηριστεί καλό χωρίς επιφύλαξη, εκτός από την καλή θέληση...»
>
> ΙΜΑΝΟΥΕΛ ΚΑΝΤ

Πρόσφατα εμφανίστηκε στις ειδήσεις ένας αξιωματικός της αστυνομίας της Νέας Υόρκης, ο οποίος έκανε την εξής εντυπωσιακή πράξη: Καθώς βρισκόταν σε περιπολία μόνος, βρήκε 35.000 δολάρια ξεπλυμένο χρήμα από ναρκωτικά, τα μάζεψε γρήγορα και... τα παρέδωσε ως πειστήρια! Τα μέσα μαζικής επικοινωνίας έπεσαν πάνω σε αυτή την αναπάντεχη ιστορία. Οι δημοσιογράφοι πατούσαν ο ένας τον άλλο για το ποιος θα προλάβει να επαινέσει την τιμιότητα του αστυνομικού. Ο δήμαρχος του απένειμε μετάλλιο για την ακεραιότητά του.

Με χαροποίησε και εμένα αυτή η ιστορία, έχοντας ακούσει τόσο πολλά τελευταία για αστυνομικούς που χρηματίζονται, μέχρι που άκουσα τον αστυνομικό να εξηγεί γιατί έκανε αυτό που έκανε. Σκέφτηκε να κρατήσει τα χρήματα, όπως ο ίδιος ομολόγησε, μα μετά συνειδητοποίησε ότι η σύνταξή του άξιζε πολλά περισσότερα. Είπε πως δεν ήθελε να διακινδυνεύσει τη σύνταξή του, σε περίπτωση που τον έπιαναν. «Γιατί να διακινδυνεύσω την οικονομική μου ασφάλεια για τριάντα πέντε χιλιάδες δολάρια;» σκέφτηκε. Αυτό με έβαλε σε σκέψεις. Αναρωτιέμαι τι θα έκανε ο ίδιος αστυνομικός εάν έβρισκε ένα ποσό που θα άξιζε περισσότερα από τη σύνταξή του. Εάν ακολουθούσε τη δική του λογική, θα τα είχε αρπάξει χωρίς δεύτερη σκέψη.

Εάν ο δήμαρχος ήθελε να μοιράσει μετάλλια, θα έπρεπε να έχει χαράξει «ειλικρίνεια» και όχι ακεραιότητα στο μετάλλιο του συγκεκριμένου αξιωματικού. Ο αστυνομικός αυτός είχε τουλάχιστον το θάρρος να πει την αλήθεια. Μα αυτός ο ηθικός τρόπος σκέψης δεν είναι κάτι που θα κρατούσα για τα παιδιά μου. Γιατί στην ουσία έλεγε: «Θα υπακούω στο νόμο όσο κερδίζω περισσότερα υπακούοντάς τον από όσα θα κέρδιζα εάν δεν τον υπάκουα».

Κατά τη γνώμη μου, αυτό δεν είναι καν το ανησυχητικό μέρος της ιστορίας. Αυτό που με ανησύχησε ήταν ότι κανείς άλλος δεν φάνηκε να αντιλαμβάνεται το λάθος στα λόγια του αστυνομικού. Φάνηκα να είμαι ο μόνος που το κατάλαβε και ο μόνος που τον απασχόλησε το γεγονός ότι το να κάνεις τη σωστή πράξη για λάθος λόγο δεν φανερώνει άτομο με ακεραιότητα. Τόσο τα κίνητρα όσο και οι πράξεις πρέπει να είναι τίμια. Η ακεραιότητα περιλαμβάνει απεριόριστη αφοσίωση και προσήλωση στις αρχές, όχι ψυχρό υπολογισμό και σκοπιμότητα. Το να πάρει κανείς χρήματα που ανήκουν σε κάποιον άλλο είναι λάθος ανεξάρτητα από το ποσό. Αυτή η ιστορία αφορούσε ένα μελλοντικά διεφθαρμένο αστυνομικό του οποίου απλά δεν είχε βρεθεί η τιμή του.

Δεν θέλω να τον δυσφημήσω τελείως αφού τελικά παρέδωσε τα χρήματα. Με πιο επιεική διάθεση, θα έλεγα ότι ίσως έδωσε μία αδέξια εξήγηση στον Τύπο. Μα θα πρέπει να μας απωθούν τα χαμηλά ηθικά κριτήρια που έχουμε φτάσει να αποδεχόμαστε. Ο κανόνας που αναφέρεται εδώ –ου κλέψεις– είναι βασικός και θα έπρεπε να είναι ευρύτερα κατανοητός στην κοινωνία γενικότερα, συμπεριλαμβάνοντας και τους αστυνομικούς και τα μέσα μαζικής επικοινωνίας. Παρ' όλα αυτά τα μέσα μαζικής επικοινωνίας ήταν περισσότερο από έτοιμα να τον προβάλουν χωρίς καν να λάβουν υπόψη την ουσία αυτών που είπε και έκανε.

Ο σκοπός αυτού του κεφαλαίου είναι να σας βοηθήσει να κατανοήσετε και να εφαρμόσετε το δικό σας σύστημα δεοντολογίας. Όταν θα έχετε τα δεκαπέντε λεπτά δόξας σας, θέλω να είστε ικανοί να δώσετε μία ακαταμάχητη απάντηση στην ερώτηση: «Τι περνούσε από το μυαλό σας όταν αποφασίσατε να το κάνετε αυτό;» Με πολλούς τρόπους αυτό είναι το κλειδί για τις περισσότερες καταστάσεις που περιγράφονται στο δεύτερο μέρος του βιβλίου. Ανεξαρτήτως της συγκεκριμένης σας κατάστασης, η προσπάθειά σας είναι να αναγνωρίσετε και να κατακτήσετε το ηθικό ύψωμα, να κάνετε το σωστό και να είστε ικανοί να εξηγήσετε σε οποιονδήποτε και όλους τους ερχόμενους (μαζί και στον εαυτό σας) το γιατί κάνατε την επιλογή που κάνατε. Όπως είδαμε, υπάρχουν συγκεκριμένες φιλοσοφικές απόψεις για να λάβετε υπόψη καθώς συλλογίζεστε την αρχή ή το τέλος μίας σχέσης, την αλλαγή καριέρας ή την αντιμετώπιση της περίπλοκης οικογενειακής ζωής. Μα φτάνοντας στα άκρα, η υποκείμενη ερώτηση παραμένει: Πώς μπορώ να αντιδράσω στη συγκεκριμένη περίπτωση σε σύμπνοια με την προσπάθειά μου να ζήσω μία καλή ζωή;

Αυτό το κεφάλαιο σας βοηθάει να το πετύχετε αυτό. Έχω περιλάβει, ως συνήθως, και μερικές μελέτες περιπτώσεων, για να σας δώσω μία ιδέα συγκεκριμένων ηθικών ή δεοντολογικών προβλημάτων και πώς να τα αντιμετωπίσετε. Μα όλα όσα παρουσιάζονται σε αυτό το κεφάλαιο θα μπορούσαν να απευθύνονται σε πολλά από τα θέματα αυτού του βιβλίου.

ΕΝΑΡΕΤΗ ΣΥΜΠΕΡΙΦΟΡΑ ΚΑΙ ΗΘΙΚΟΣ ΚΩΔΙΚΑΣ

Όλοι χρησιμοποιούν τους χαρακτηρισμούς *ενάρετο* και *ηθικό*, συχνά χωρίς λόγο και για να δώσουν απλά έμφαση στα λεγόμενά τους (π.χ., «Αυτός συμπεριφέρθηκε και ηθικά και ενάρετα»). Εάν ρωτήσετε τους ανθρώπους, οι περισσότεροι δεν έχουν ιδέα. Απλά επαναλαμβάνουν το ίδιο πράγμα επειδή ακούγεται καλά. Μα μπορούμε να κάνουμε μια διάκριση μεταξύ των δύο, η οποία νομίζω μπορεί να φανεί χρήσιμη. Η ηθική αναφέρεται σε μια θεωρία ή σύστημα που περιγράφει τι είναι καλό και τι, κατ' επέκταση, είναι κακό. Η μυθολογία και η θεολογία είναι οι παλαιότερες πηγές των ηθικών κωδίκων, αν και τα φιλοσοφικά συστήματα συζητιούνται περισσότερο σήμερα. Η ενάρετη συμπεριφορά αναφέρεται στους κανόνες που μας λένε τι είναι σωστό να κάνουμε και τι όχι. Αυτή χωρίζει τις πράξεις σε σωστές και λάθος.

Η ενάρετη συμπεριφορά έχει να κάνει με την προσωπική σας ζωή. Ποια είναι η κατάλληλη συμπεριφορά στο πρώτο ραντεβού; Το να πάρεις ένα πακέτο χαρτί από την εταιρεία στο σπίτι για τα παιδιά σου είναι έγκλημα; Η ηθική επικεντρώνεται σε πιο θεωρητικά θέματα. Πώς κρίνουμε ένα οικονομικό έγκλημα σε σχέση με ένα βίαιο έγκλημα; Πώς κατανέμουμε τη μεταμόσχευση οργάνων, αφού απαιτούμε μεγαλύτερο απόθεμα από αυτά; Η ενάρετη συμπεριφορά αφορά κανόνες με τους οποίους ζει κανείς, ενώ η ηθική είναι το σύστημα που δημιουργεί αυτούς τους κανόνες.

Η ηθική αναφέρεται στη θεωρία ενώ η ενάρετη συμπεριφορά στην εφαρμογή. Η προσωπική σας φιλοσοφική στάση θα είναι ισχυρότερη όταν τις συνδέσετε και τις δύο με επιτυχία. Εάν γνωρίζετε τι είναι καλό και τι κακό, θα μπορείτε να καταλάβετε τι είναι σωστό ή λάθος. Πρέπει να γνωρίζετε τις επιλογές σας, να ζυγίζετε τα υπέρ και τα κατά και να βρείτε έναν τρόπο να σκέφτεστε ηθικά για ό,τι αντιμετωπίζετε, έτσι ώστε να νιώθετε δικαιολογημένα σωστοί για την αντίδρασή σας. Εάν δεν νιώθετε σωστοί, ίσως δεν θα έπρεπε να προχωρήσετε σε οτιδήποτε συλλογίζεστε να κάνετε. Εάν είναι το σωστό, θα υπάρχει πάντα τρόπος να το δικαιολογήσετε. Σημειώστε ότι η εκλογίκευση είναι κάτι το τελείως διαφορετικό. Μπορείτε να εκλογικεύσετε οτιδήποτε, διαμορφώνοντας και παραφράζοντας οποιαδήποτε άποψη, έτσι ώστε να ταιριάζει στα σχέδιά σας (δεν θα το καταλάβει κανείς, κανείς δεν είναι τέλειος, ο διάβολος με έβαλε να το κάνω, ο Θεός θα με συγχωρέσει, είμαι ο πρόεδρος). Η *δικαίωση*, παρ' όλα αυτά, μοιράζεται την ίδια ρίζα με τις λέξεις *δικαιοσύνη* και *δίκαιος*. Απαιτεί βαθύτερη σκέψη και σε αντάλλαγμα παρέχει μεγαλύτερη σιγουριά.

Η πρόκληση είναι το να έχει κανείς ένα προσωπικό ηθικό

σύστημα σε λειτουργία έτσι ώστε να μπορεί να βασιστεί σε αυτό για ηθικές κατευθύνσεις. Πρέπει να ξεκινήσει κανείς συλλογιζόμενος τι είναι καλό και τι κακό. Το πρόβλημα αυτό έχει καταβάλει φιλόσοφους κατά το πέρασμα των αιώνων, οπότε μην περιμένετε να έχετε μία πλήρη και αλάνθαστη απάντηση στο τέλος του κεφαλαίου. Στην *Πολιτεία*, ο Πλάτωνας παραθέτει ένα διάλογο στον οποίο ζητείται από τον Σωκράτη να ορίσει το καλό. Είναι η γνώση, η ηδονή ή κάτι άλλο; Είχε ήδη καθορίσει αρκετές αρετές, όπως η εγκράτεια και η δικαιοσύνη, μα αντιμετωπίζοντας αυτή την πρόκληση, ο Σωκράτης απαντά: «Φοβούμαι μήπως αυτό υπερβαίνη τας δυνάμεις μου...».*

Αιώνες αργότερα, η άποψη δεν είχε ξεκαθαρίσει και πολύ. «Το καλό, λοιπόν,... δεν είναι δυνατό να καθοριστεί, τουλάχιστον με το σημαντικότερο νόημα της λέξης», έγραψε ο Τζ. Ε. Μουρ. Ο Νίτσε παραπονιόταν για «την αρχαία ψευδαίσθηση που λεγόταν καλό και κακό». Όπως άλλοι που είχαν δοκιμάσει πριν από εσάς, μπορεί να μην μπορέσετε να δώσετε ακριβή απάντηση στο γρίφο. Ανεξάρτητα από αυτό, είναι κρίσιμο να «βρέξετε τα πόδια σας» προσπαθώντας. Είναι ο μόνος τρόπος να δημιουργήσετε ένα γερό θεμέλιο.

Ο Πλάτωνας πίστευε ότι οι άνθρωποι έχουν μία αυθεντική αντίληψη του καλού, αν και έχουμε μόνο κακά αντίγραφα του ιδεώδους στον πραγματικό μας κόσμο.

> «Εις τον κόσμον της νοήσεως την τελευταίαν και ανωτάτην θέσιν κατέχει η ιδέα του αγαθού, η οποία ένεκα τούτου μετά δυσκολίας καθοράται· όταν όμως την ίδη κανείς, δεν ημπορεί

---

* Πλάτωνας, *Πολιτεία*, μτφρ. Ι. Ν. Γρυπάρης, εκδ. Βιβλιοθήκη Αρχαίων Ελλήνων Κλασικών, Αθήνα, χ.χ. (Σ.τ.Μ.)

να μη συμπεράνει ότι αυτή είναι η αιτία παντός εν γένει εν τω σύμπαντι καλού και ωραίου.

ΠΛΑΤΩΝΑΣ*

Όπως είδαμε, παρ' όλα αυτά, ο Πλάτωνας ποτέ δεν έφτασε τον υψηλότερο στόχο του και ποτέ δεν κατάφερε να καταλήξει σε έναν ορισμό.

Ο Χομπς είχε διαφορετική άποψη: «Οτιδήποτε είναι το αντικείμενο της όρεξης ή της επιθυμίας του ανθρώπου, αυτό είναι κατά την άποψή του το καλό. Και το αντικείμενο του μίσους και της απέχθειας είναι το κακό». Με άλλα λόγια, ο Χομπς αντιτίθεται στον Πλάτωνα και λέει πως δεν υπάρχει γενική ουσία του καλού. Το *καλό* και το *κακό* είναι μόνο ταμπέλες που χρησιμοποιούμε για να περιγράφουμε ό,τι μας αρέσει ή δεν μας αρέσει.

Το Τάο διδάσκει ότι μπορούμε να αναγνωρίσουμε το καλό σε σύγκριση με το κακό, μα δεν παρέχει κανένα λειτουργικό προσδιορισμό.

«... αυτές οι λέξεις, του καλού και του κακού... χρησιμοποιούνται πάντα σε σχέση με το άτομο που τις χρησιμοποιεί. Δεν υπάρχει τίποτα έτσι απλά και απόλυτα».

ΤΟΜΑΣ ΧΟΜΠΣ

Γιατί να είναι κάποιος καλός, ηθικός και να ακολουθεί τη δεοντολογία του; Γιατί να απασχολείται με το καλό και το κακό; Τι κερδίζει από αυτό; Όλα αυτά είναι ευκολότερα εάν ακολουθεί μια θρησκεία που καθορίζει το καλό και το κακό,

---

* *Πολιτεία*, μιφρ. Ι. Ν. Γρυπάρης, εκδ. Βιβλιοθήκη Αρχαίων Ελλήνων Κλασικών, Αθήνα, χ.χ. (Σ.τ.Μ.)

στο όνομα της αυθεντίας του Θεού. Οι μεγάλες θρησκείες δίνουν ηθική καθοδήγηση που προέρχεται από μια θεία δύναμη. Με το να αποδίδουμε τους νόμους στο Θεό, πετυχαίνουμε μ' ένα σμπάρο δυο τρυγόνια. Έχουμε και πολύ συγκεκριμένες ηθικές αξίες να οδηγούν τις πράξεις μας και ένα απόλυτο σύστημα ηθικής για να τις καθορίσει. Το να είναι κάποιος καλός σημαίνει να υπακούει στις εντολές του Θεού. Οι κανόνες προέρχονται από το Θεό και ο Θεός είναι καλός.

Εάν αυτό λειτουργεί για εσάς, τότε είστε μπροστά στο παιχνίδι. Ακόμη και αν δεν πιστεύετε σε μία θρησκεία, μπορείτε και πάλι να χρησιμοποιήσετε τη σοφία που παρουσίασαν οι αρχαίοι θεολόγοι, χωρίς να οφείλετε υποταγή σε καμία θεότητα. Οι γραφές όλων των μεγάλων θρησκειών περιέχουν καταφανέστατες σκέψεις για την ηθικότητα από τις οποίες μπορεί να ωφεληθεί ο οποιοσδήποτε. Μα για να αποκτήσετε φιλοσοφικές αναλύσεις πάνω στα θέματα της ζωής, με ή χωρίς πίστη, πρέπει να αναζητήσετε και να κατανοήσετε τις σημαντικές αντιλήψεις και να τις εφαρμόσετε στην προσωπική σας κοσμοθεωρία. Έχετε σίγουρα ακούσει από πριν ότι πρέπει να κάνετε το «σωστό», όπως επίσης και να λέτε το «σωστό». Ενώ αυτό είναι καλή συμβουλή, εγώ είμαι υπερασπιστής τού να λέτε το σωστό όπως επίσης και να κάνετε το σωστό. Η σκέψη και η εκλογίκευση πίσω από τις πράξεις σας είναι το κλειδί για να αντιμετωπίσετε και να επιλύσετε οτιδήποτε βρίσκεται στο δρόμο σας.

ΕΠΙΣΤΗΜΗ

Η θρησκεία είναι απλά ο ένας τρόπος για να βρείτε τους ηθικούς και δεοντολογικούς κανόνες της διαδρομής. Αρκετοί άνθρωποι προτιμούν τον υποκατάστατο θεό Επιστήμη. Ένας επιστήμονας όπως ο Ε. Ο. Ουίλσον, ο οποίος καλούσε «να αφαιρεθεί η ηθική προσωρινά από τα χέρια των φιλοσόφων και να αναλυθεί βιολογικά», μπορεί να αποκτήσει πολλούς οπαδούς, ιδιαίτερα σε ένα πανεπιστήμιο. Η ιδέα είναι να αναζητήσουμε εξελικτικές εξηγήσεις για τη συμπεριφορά μας, να δείξουμε δηλαδή πώς η καλή συμπεριφορά ευνοείται υποθετικά από τη φυσική επιλογή, ενώ η κακή συμπεριφορά δεν ευνοείται. Θα είμαστε ικανοί να ξεχωρίζουμε Κουακέρους από Ναζί απλά κοιτώντας το DNA τους.

Ενώ πιστεύω ότι μπορούμε να μάθουμε πολλά από την εξελικτική θεωρία, δεν πιστεύω πως μπορούμε να βρούμε κάτι στα γονίδιά μας και μόνο που να μας ωθεί να είμαστε καλοί ή κακοί, ή, μάλλον, να κάνουμε το σωστό ή το λάθος, διαφωτίζοντας έτσι τι είναι καλό και τι κακό. Κανόνες όπως «Μην παντρεύεσαι τον ξάδερφό σου / την ξαδέρφη σου» μπορούν να αποδειχθούν βιολογικά, διότι ανακατεύοντας συγγενή γονίδια αυξάνεται δραματικά ο ρυθμός των γενετικών ανωμαλιών στους απογόνους. Μα ενώ η κοινωνιοβιολογία μας λέει ότι αυξάνουμε τις πιθανότητες να περάσουμε με τα γονίδιά μας ορισμένες αλτρουιστικές πράξεις, μπορούμε επίσης να τις περάσουμε με το να είμαστε πολυγαμικοί. Ο Ηρώδης υποτίθεται πως είχε εφτακόσιες γυναίκες και ένας Θεός ξέρει πόσα παιδιά. Ενώ αυτό θα του έδινε ένα υψηλό βαθμό καταλληλότητας στον κοινωνιοβιολογικό δείκτη –εκτός της κλίμακας, θα έλεγα–, στοιχηματίζω ότι δεν θα ήταν και ο στυλοβάτης της κοινότητας του Ε. Ο. Ουίλσον (ή και οποιουδήποτε άλλου).

Υπάρχει διαφορά στο τι είναι καλό για εμάς και τι είναι καλό με μια γενικότερη ή ιδεώδη έννοια. Δεν νομίζω πως η επιστήμη μπορεί να μας φτάσει μέχρι εκεί. Για την ακρίβεια, η φυσική προέλευση της απαγόρευσης της αιμομιξίας είναι το μόνο πραγματικά εφαρμόσιμο παράδειγμα ηθικού κανόνα προερχόμενου από την επιστήμη. (Και εδώ τίθεται το ερώτημα, γιατί παρατηρείται τόση αιμομιξία, παρά την απαγόρευση.) Έχουμε και χρειαζόμαστε πολύ περισσότερους ηθικούς κανόνες για να διαμορφώσουμε τους εαυτούς μας και την κοινωνία μας. Οι καταβολές της ηθικότητας δεν είναι ξεκάθαρες και σίγουρα δεν εξηγούνται με τη εξελικτική θεωρία.

ΤΙ ΕΙΝΑΙ ΚΑΛΟ;

Η επιστήμη και η θρησκεία περιέχουν ψήγματα ηθικής αλήθειας, ανεξάρτητα από το αν κανείς είναι πιστός οπαδός τους. Μα εάν δεν σας ικανοποιούν από μόνες τους, ένας άλλος τρόπος προσέγγισης της ηθικής και της ενάρετης συμπεριφοράς είναι η κοσμική φιλοσοφία. «Τι είναι καλό;» είναι ίσως το πιο παλαιό ερώτημα στη φιλοσοφία. Η δυτική φιλοσοφία προσφέρει τρεις τουλάχιστον κύριους τρόπους σκέψης για την εύρεση της απάντησης. Το νατουραλισμό τον αντι-νατουραλισμό, και την ηθική της αρετής. Το καθένα εμφανίζει διάφορες παραλλαγές.

Ο κυριότερος νατουραλιστής είναι ο Πλάτωνας. Ίδρυσε την παράδοση του εσενσιαλισμού που υποστηρίζει ότι υπάρχει μια καθολική Μορφή, δηλαδή η Αρετή. Για τον Πλάτωνα, η Μορφή είναι μια ιδέα, όχι κάτι υλικό, μα αληθινό αν μη τι άλλο. Διαχωρίζει τον κόσμο των εμφανίσεων, τα συγκεκριμένα πράγματα όπως τα παρατηρούμε, από τον κόσμο των ιδεών, των Μορφών. Όλα τα πράγματα στη γη είναι αντίγραφα των Μορφών, και ενώ οι ίδιες οι Μορφές είναι τέλειες (δηλαδή ιδεώδεις), τα αντίγραφα έχουν απαραιτήτως ελαττώματα. Υπάρχει, σύμφωνα με τον Πλάτωνα και τους οπαδούς του, ένα ιδεώδες Αρετής. Για να είμαστε ηθικά πλάσματα, πρέπει να αντιγράψουμε το ιδεώδες όσο καλύτερα μπορούμε. Καθώς περνά ο καιρός και αποκτούμε κατανόηση, θα πρέπει να είμαστε ικανοί να κάνουμε όλο και καλύτερα αντίγραφα, πλησιάζοντας όλο και περισσότερο το ιδεώδες. Στον κόσμο των ιδεών, η Αρετή παίζει το ρόλο του ήλιου: Η ακτινοβολία της φωτίζει όλες τις άλλες Ιδέες.

Ο Πλάτωνας, από την άλλη, δεν παρέχει, και λέει πως δεν μπορεί να παρέχει συγκεκριμένο ορισμό της Αρετής. Πιστεύει πως το μυαλό μπορεί να συλλάβει την ουσία αν και δεν μπορεί να την εκφράσει με λέξεις. Αυτό είναι δε κυκλικό, δηλαδή ένα καλό άτομο είναι ένα άτομο γεμάτο (ακαθόριστη) ουσία, ενώ ένα άτομο γεμάτο (ακαθόριστη) ουσία είναι ένα καλό άτομο, οπότε για να το συλλάβετε πρέπει να συμφιλιωθείτε με τη διαισθητική, παρά με την αυστηρά καθορισμένη γνώση της Αρετής.

Ο Πλάτωνας πίστευε ότι η ηθική εκπαίδευση ήταν κρίσιμη για την ηθική συμπεριφορά. Επέμενε ότι οι ικανότητες κριτικής σκέψης (που στις ημέρες του σήμαινε την Ευκλείδειο γεωμετρία) ήταν απαραίτητοι προάγγελοι της ηθικής λογικής. Θα τον απωθούσε ο τρόπος με τον οποίο διδάσκουμε την ηθική στα παιδιά μας, εάν τη διδάσκουμε καθόλου. Εάν ο Πλάτωνας μπορούσε να αξιολογήσει τη σύγχρονη αμερικανική εκπαίδευση σαν σύνολο, θα την έβρισκε ηθικά φτωχή και δεοντολογικά χρεοκοπημένη όσον αφορά τη διάκριση σωστού-λάθους.

Θα κάναμε καλά να ακολουθήσουμε τη συμβουλή του Πλάτωνα και να θέσουμε ένα θεμέλιο στην κριτική σκέψη και τα μαθηματικά προτού βουτήξουμε στην ηθική. Τουλάχιστον, θα έπρεπε να διδάσκουμε τη λογική περί αιτίου και αποτελέσματος. Εάν είστε γονιός ενός μικρού παιδιού, απλά σκεφτείτε πόσες φορές την ημέρα ακούτε τον εαυτό σας να λέει: «Δεν κάνουμε αυτό...», ή «Να είσαι καλό κοριτσάκι και να ...» ή «Αυτό είναι κακό!». Είναι αλήθεια πως δεν μπορείς να εξηγήσεις σε ένα παιδί δύο ετών όλους τους λόγους. Μα καθώς τα παιδιά μεγαλώνουν, πρέπει να τους παρέχετε όλο και περισσότερα από τα γιατί και τα διότι και να τα βοηθήσετε να αναπτύξουν τις δικές τους ικανότητες στην ηθική εκλογίκευση των πράξεων τους, ή διαφορετικά οι κανόνες σας θα αποτελούν μία λίστα φαινομενικά τυχαίων κανονισμών. Τα σχολεία δεν το κάνουν αυτό για σας πια, και χωρίς αυτό τα παιδιά σας δεν έχουν τη δυνατότητα να χειριστούν ηθικά τους εαυτούς τους, κάτι που απαιτείται από την προσωπική και κοινωνική ωριμότητά τους. Ούτε καν συμμόρφωση δεν θα πετύχετε!

Εφόσον και οι κοινωνιοβιολόγοι όπως ο Ουίλσον πιστεύουν ότι η ηθική προέρχεται από τη φύση, είναι και αυτοί νατουραλιστές, αν και δεν χρειάζεται να μοιράζονται τις ιδέες του Πλάτωνα περί ουσίας. Και οι θρησκείες, επίσης, θεωρούνται νατουραλιστικές, γιατί αποδίδουν την Αρετή στο Θεό, ο οποίος υποτίθεται ότι τη μεταφέρει στους ανθρώπους.

Μία δεύτερη μεγάλη δυτική σχολή σκέψης πάνω στο «Τι είναι καλό;» είναι ο αντι-νατουραλισμός, ο οποίος και αυτός με τη σειρά του παρουσιάζει αρκετές παραλλαγές. Ο αντι-νατουραλισμός γενικά δηλώνει ότι τίποτα στη φύση δεν είναι ούτε καλό ούτε κακό. Δηλαδή, το φυσικό και το ηθικό διαχωρίζονται. Ο Χομπς, ένας νομιναλιστής, είναι σημαντικός υπερασπιστής αυτής της σχολής. Όπως είδαμε, οι νομιναλιστές θεωρούν ότι δεν υπάρχουν καθολικές έννοιες και ότι το καλό και το κακό είναι απλά ονόματα που δίνουμε σε πράγματα. Δεν υπάρχει καλό και κακό, θα σας έλεγε, μόνο πράγματα που αρέσουν και δεν αρέσουν στους ανθρώπους. Η ηθικότητα, στην πράξη, είναι στενή, προσωπική και υποκειμενική. Δεν υπάρχουν δύο άνθρωποι που να συμφωνούν επακριβώς στους βασικούς κανόνες το οποίο και εξηγεί γιατί ερχόμαστε σε αντιπαράθεση τόσο εύκολα.

Ο Τζ. Ε. Μουρ, άλλος ένας σημαντικός αντι-νατουραλιστής, πίστευε ότι ενώ υπάρχουν πολλά πράγματα που μπορούν να μετρηθούν με όργανα, το καλό δεν είναι ένα από αυτά. Αντίθετα, το καλό είναι απροσδιόριστο και πέραν αναλύσεως. Όταν προσπαθούμε να το αξιολογήσουμε, διαπράττουμε «νατουραλιστικό σφάλμα». Ο Μουρ δεν αναγνωρίζει κάποια ευδιάκριτη ουσία της Αρετής. Κανείς δεν μπορεί να πει τι σημαίνει το καλό, υποστηρίζει, και σίγουρα δεν είναι θέμα κατάταξης των πραγμάτων (για να διαφοροποιήσει τη θέση του από τον Χομπς). Ο Μουρ πίστευε ότι υπάρχουν σωστές και λάθος πράξεις μα δεν μπορεί να καθοριστεί ότι προέρχονται από οποιαδήποτε συγκεκριμένη αντίληψη του καλού.

> «Το "καλό" λοιπόν, εάν με αυτό εννοούμε αυτή την ιδιότητα η οποία υποστηρίζουμε ότι ανήκει σε κάποιο πράγμα, όταν λέμε ότι αυτό το πράγμα είναι καλό, είναι αδύνατο να οριστεί, με την πιο σημαντική έννοια της λέξης».
>
> ΤΖ. Ε. ΜΟΥΡ

Ο Χιουμ είχε προβλέψει τον τρόπο σκέψης του Μουρ. Υποστήριζε ότι δεν μπορείς ποτέ να «σχηματίσεις το θα όφειλε από το είναι», εννοώντας ότι δεν μπορείς να βγάλεις λογικά συμπεράσματα για το τι θα έπρεπε να έχει γίνει απλά βασιζόμενος στο τι έγινε. Για παράδειγμα, επειδή ο Χ βλάπτει τον Υ, δεν είναι επακόλουθο ότι ο Χ έκανε λάθος να βλάψει τον Υ. Αυτό θα προέκυπτε μόνο από την επιπλέον υπόθεση ότι το να βλάπτει κάποιος κάποιον άλλο είναι κακό. Μα έτσι απλά υποθέτουμε την ισχύ μιας ηθικής αρχής, δεν την αποδεικνύουμε. Ο Χιουμ έδινε έμφαση στο ότι αν και κάνουμε αξιολογικές κρίσεις, πρέπει να αναγνωρίσουμε ότι δεν βασίζονται σε αδιάσειστα στοιχεία.

Ένας τρίτος τρόπος να σκεφτόμαστε για το καλό είναι η λεγόμενη ηθική της αρετής του Αριστοτέλη, την οποία έχουμε δει σε αρκετές περιπτώσεις μέχρι τώρα. Οι οπαδοί αυτής της θεωρίας πρεσβεύουν ότι η χρηστότητα είναι ένα παράγωγο των αρετών. Εάν καλλιεργήσουμε αρετές στους ανθρώπους, τότε θα είναι καλοί. Αυτή η άποψη αναπτύχθηκε επίσης από τους κομφουκιανιστές και από πολλούς θρησκευτικούς ηθικολόγους.

> «Λόγου χάριν τα συναισθήματα του φόβου, του θάρρους, του πόθου, της οργής, του οίκτου και εν γένει τα της ηδονής και της οδύνης, δυνατόν να μας θίγουν ή υπερβαλλόντως πολύ ή παρά πολύ ολίγον, δηλαδή και εις τας δύο περιπτώσεις κακώς. Αλλ' εάν δοκιμάσωμεν τα συναισθήματα ταύτα εις μίαν κατάλληλον στιγμήν, δι' ικανοποιητικούς λόγους, έναντι προσώπων, τα οποία τους αξίζουν και δι' αξιοπρεπείς σκοπούς, θα μείνωμεν εις μίαν αρίστην μεσότητα, εις το σημείον δε αυτό έγκειται η κυριωτέρα ιδιότης της αρετής».
>
> ΑΡΙΣΤΟΤΕΛΗΣ*

Λαμβάνοντας υπόψη τους εγγενείς περιορισμούς σε όλες τις προσεγγίσεις που αναφέρθηκαν παραπάνω, μπορείτε να δείτε πως έχετε αρκετή δουλειά να κάνετε. Μα προτού ασχο-

* *Ηθικά Νικομάχεια*, μτφρ. Ανδρέας Δαλέζιος, εκδ. Πάπυρος, Αθήνα, 1975. (Σ.τ.Μ.)

ληθείτε με αυτήν, θα ήθελα να συμπεριλάβω δύο τελευταίες απόψεις από την ανατολική φιλοσοφία. Φτάσατε μέχρι αυτό το σημείο σε μια προσπάθεια να ξεκαθαρίσετε τον δικό σας τρόπο σκέψης για το τι σημαίνει αρετή, και ως ανταμοιβή για τους κόπους σας, αντιμετωπίσατε πολλή θεωρία σε μικρό χρονικό διάστημα. Εδώ είναι μία θεωρία που μπορείτε να εφαρμόσετε άμεσα. Το δόγμα της *ahimsa* ή της μη βλάβης. Μια βασική αρχή της ινδουιστικής φιλοσοφίας, δανεισμένη από τον τζαϊνισμό, η εφαρμογή της *ahimsa* σημαίνει να δρα κανείς εξασφαλίζοντας ότι δεν προκαλεί βλάβη σε έλλογα όντα. Αυτό είναι ένα πολύ απλό μέτρο του καλού. Το πόσο καλός είναι κανείς είναι αντιστρόφως ανάλογο από το πόση βλάβη προκαλεί σε έλλογα όντα. Αυτό που βλάπτει τους άλλους είναι κακό και αυτό που είναι κακό βλάπτει τους άλλους. Ό,τι βοηθά τους άλλους είναι καλό και καλό είναι ό,τι βοηθά τους άλλους.

Εάν προσέξατε, θα παρατηρήσατε ότι η *ahimsa* δεν ασχολείται μόνο με άλλους ανθρώπους, μα με όλα τα έλλογα όντα. Ο ιουδαιο-χριστιανικός προσανατολισμός δεν εκτείνεται γενικότερα και στα ζώα, άλλωστε στη *Γένεση*, οι άνθρωποι έχουν ρητά την κυριαρχία πάνω στα ζώα, και δεν χάσαμε καιρό στο να εφαρμόσουμε αυτή μας την ισχύ. Θεωρώ ότι μπορούμε να εφαρμόσουμε αυτή την αρχή με χρησιμότητα, εκτείνοντάς την πρώτα σε ανθρώπινα όντα. Και είστε ασφαλείς αν συμπεράνετε ότι όσο πιο έλλογη η μορφή ζωής, τόσο μεγαλύτερη βλάβη μπορούμε να της προκαλέσουμε. Είναι τροφή για σκέψη και ένα σημείο που δεν πρέπει να παραβλέψετε, καθώς φτιάχνετε το δικό σας σύστημα. Πρέπει να γνωρίζετε πού αρχίζουν τα όρια σας και γιατί.

Οι ινδουιστές αναγνωρίζουν ότι όλα τα πράγματα είναι αλληλένδετα, για αυτό και δεν περιορίζουν την εφαρμογή της *ahimsa* μόνο στους συνανθρώπους τους. Αντιθέτως θεωρούν ότι η *avidya*, η τυφλή άγνοια, ή το να κάνει κάποιος κακό χωρίς να το γνωρίζει, δεν απαλλάσσει κάποιον από τις επιπτώσεις τού να προξενεί βλάβες (κάτι στο οποίο θα φτάσουμε σε λίγο). Η κατανόηση της δυνατότητας να προξενεί βλάβη κανείς είναι σημαντική επίγνωση και η κατανόηση του πώς να μην προξενεί βλάβη θα πρέπει να είναι η προσωπική αποστολή. Αυτό σημαίνει να προσέχει κανείς τι σκέφτεται, τι λέει και τι κάνει.

Η *ahimsa* είναι μια τόσο ισχυρή ιδέα που ακούγεται μέσα από το χρόνο και σε όλο τον κόσμο. Θα την ξανακούσετε στη όρκο του Ιπποκράτη «διαιτήμασί τε χρήσομαι, ἐπ' ὠφελείῃ καμνόντων κατά δύναμιν καί κρίσιν ἐμήν, ἐπί δηλήσει δέ καί ἀδικίῃ εἴρξειν». (Θα χρησιμοποιώ τη θεραπεία για να βοηθήσω τους ασθενείς κατά τη δύναμη και την κρίση μου αλλά ποτέ για να βλάψω ή να αδικήσω».) Και ξανά, ανεπιφύλακτα, στον Χρυσό Κανόνα: «Μην κάνετε στους άλλους αυτό που δεν θα θέλατε να κάνουν σε εσάς». Παρουσιάζεται στο *Κατά Ματθαίον*, 7: 12: «Λοιπόν πάντα ὅσα ἄν θέλητε νά κάμνωσιν εἰς ἐσᾶς οἱ ἄνθρωποι, οὕτω καί σεῖς κάμνετε εἰς αὐτούς· διότι οὗτος εἶναι ὁ νόμος καί οἱ προφῆται». Παρομοίως και ο Χιλέλ έγραψε: «Ό,τι είναι δυσάρεστο σε σένα μην το κάνεις στον πλησίον σου. Αυτή είναι όλη και όλη η Τορά. Τα υπόλοιπα είναι σχόλια». Και σύμφωνα με τον Αριστοτέλη, θα πρέπει να συμπεριφερόμαστε στους φίλους μας όπως επιθυμούμε να συμπεριφέρονται και αυτοί σε εμάς. Και ο Κομφούκιος: «Ό,τι δεν θέλεις να γίνεται στον εαυτό σου μην το κάνεις στους άλλους». Εάν η δυτική φιλοσοφία μπορεί να συγκεντρωθεί σαν μια υποσημείωση στον Πλάτωνα, πιθανόν και όλες οι περιπλοκότητες της ηθικής είναι υποσημειώσεις αυτών των διατυπώσεων και ο Χιλέλ έχει δίκιο όταν λέει ότι όλα τα υπόλοιπα είναι απλά σχόλια.

Η ινδουιστική και η βουδιστική παράδοση περιγράφουν τις επιπτώσεις τού να προξενεί κανείς βλάβες με το *κάρμα*, έναν ηθικό νόμο αιτίου και αποτελέσματος. Κυριολεκτικά, κάρμα σημαίνει «οι ώριμοι καρποί της δράσης». Όπως λέει και το πασίγνωστο ρητό, «ό,τι κάνεις θα το βρεις μπροστά σου». Ή όπως είπε και ο Απόστολος Παύλος (στην *Προς Γαλάτες*, 6: 7): «... ἐπειδή ὅ,τι ἄν σπείρῃ ὁ ἄνθρωπος, τοῦτο καί θέλει θερίσει». Κάνε το καλό και καλό θα σου επιστραφεί, κάνε κακό και κακό θα σου επιστραφεί. Το μυστήριο είναι με ποια μορφή θα επιστρέψει η επίδραση και πόσο χρόνο θα χρειαστεί. Συνηθίζουμε να ξεχνάμε τι κάναμε για να αρχίσουμε μια διαδικασία (προς το καλύτερο ή προς το χειρότερο), μα αυτό δεν σημαίνει πως δεν υπάρχει σύνδεση. Μπορεί να μάθουμε βρίσκοντας τις συνδέσεις, για το πού ή πώς να τοποθετηθούμε καθώς προχωράμε. Μα ακόμη και αν δεν μαντέψουμε τη διαδικασία, πιστεύοντας απλά πως υπάρχει, είναι ένα ισχυρό κίνητρο για να κάνουμε το σωστό. Το ηθικό δίδαγμα είναι πως ό,τι σκεπτόμαστε, λέμε ή κάνουμε έχει επιπτώσεις. Πολύ συχνά στη σύγχρονη αμερικανική κοινωνία, δρούμε σαν να μη γνωρίζουμε την ύπαρξη τέτοιου είδους ευθύνης.

> «Εάν ένας άνθρωπος κάνει μία αξιέπαινη πράξη, αφήστε τον να την κάνει ξανά και ξανά. Αφήστε τον να αναπτύξει μια επιθυμία για να κάνει το καλό. Η ευτυχία είναι το αποτέλεσμα της συγκέντρωσης επαίνων. Ακόμη και αυτός που κάνει λάθος βρίσκει κάποια ευτυχία όσο δεν ωριμάζει ο καρπός της κακής πράξης. Μα όταν ωριμάζει, τότε βλέπει τα κακά αποτελέσματα. Ακόμη και αυτός που κάνει το καλό έχει κακές ημέρες όσο το προσόν του δεν έχει ωριμάσει. Μα όταν ωριμάσει πλήρως, τότε βλέπει τα ευτυχή αποτελέσματα των αξιέπαινων πράξεών του».
>
> ΒΟΥΔΑΣ

Εάν όλος αυτός ο λόγος περί μη βλάβης σάς έχει κάνει να αναρωτιέστε αν είστε φτιαγμένοι από το κατάλληλο υλικό, σημειώστε ότι όταν λαμβάνετε υπόψη το κάρμα, η *ahimsa* αποκτά μια ιδιότητα αυτοσυντήρησης, και από εκεί προέρχεται και η συμβουλή τού Δαλάι Λάμα να είστε «εγωιστές με σύνεση».

Η κινέζικη φιλοσοφία έχει μια πιο πρακτική προσέγγιση περί της αρετής και της ηθικής στον καθορισμό του καλού. Ο Κομφούκιος το κάνει αυτό πιο αυστηρά. Ασχολείται κυρίως με τις παραδόσεις, τις δομές, το καθήκον, την οικογένεια, την κυβέρνηση και τη διατήρηση της κοινωνίας. Για αυτόν, το καλό είναι απλά οτιδήποτε συντηρεί και υπερασπίζει αυτές τις αξίες.

Στο δόγμα των αντιθέτων, το Τάο διδάσκει ότι το αγνό καλό δεν υπάρχει. Ο Λάο Τσου πιστεύει ότι μπορείς να αναγνωρίσεις το καλό μόνο σε σύγκριση με το κακό. Ο Καντ έθεσε αυτή την ιδέα με έναν άλλο τρόπο: Εάν υπήρχε μόνο ένα χέρι στο σύμπαν, πώς θα αναγνωρίζαμε αν είναι δεξί ή αριστερό; Οι διάσημες περιστροφές του συμβόλου του γιν και του γιανγκ το απεικονίζουν αυτό, περιλαμβάνοντας ένα μικρό κύκλο του αντίθετου χρώματος και στη λευκή και στη μαύρη πλευρά. Αυτό είναι μία υπενθύμιση ότι το καλό δεν είναι το αντίθετο αλλά το συμπλήρωμα του κακού και ότι το καθετί περιλαμβάνει ένα τμήμα από το συμπλήρωμά του. Σε καλούς καιρούς, βεβαιωθείτε ότι τάσσεστε με το καλό και αποφεύγετε το κακό. Σε κακούς καιρούς, δουλειά σας είναι να ψάξετε μέσα στο σκοτάδι για το δρόμο προς το φως.

> «Όταν όλοι στον κόσμο κατανοούν την ομορφιά ως όμορφη, τότε υπάρχει και η ασχήμια. Όταν όλοι κατανοούν την καλοσύνη ως καλή, τότε υπάρχει και η κακία».
>
> ΛΑΟ ΤΣΟΥ

Μέχρι τώρα θα έχετε παρατηρήσει ότι δεν έχουμε ακόμη απαντήσει την ερώτηση: «Τι είναι καλό;» Αυτό είναι επειδή δεν υπάρχει, όπως βλέπετε, μόνο μία απάντηση. Και ανάλογα με τον ποιον ακούτε, η ερώτηση μπορεί να μην έχει καθόλου απάντηση ή τουλάχιστον όχι ρητή. Εκτός και αν είστε έτοιμοι να συνταχθείτε με όλη σας την καρδιά με ένα τουλάχιστον πλαίσιο ερμηνειών, δεν υπάρχει ένα καθολικό σύστημα ηθικής που να μπορείτε να υπερασπίσετε και να χρησιμοποιήσετε για να αποκομίσετε διαρκή λειτουργικά ήθη. Δεν υπάρχουν κοινώς αποδεκτά, περιεκτικά επιχειρήματα που να υποστηρίζουν οποιαδήποτε ηθική θεωρία απορρίπτοντας όλες τις άλλες. Αντιλήψεις του καλού σχηματίζονται διαφορετικά σε διαφορετικούς ανθρώπους. Παρ' όλα αυτά δεν γινόμαστε ηθικοί σχετικιστές: Παρά την ποικιλομορφία των ηθικών συστημάτων, οι περισσότεροι άνθρωποι ακόμη πιστεύουν ότι ο βιασμός, ο φόνος και η κλοπή (μεταξύ άλλων) είναι λάθος.

ΤΙ ΕΙΝΑΙ ΣΩΣΤΟ;

Έτσι, χωρίς να ξέρουμε τελικά τι είναι καλό, πώς μπορούμε να ξέρουμε τι είναι σωστό; Όχι πολύ εύκολα. Ακόμη και να γνωρίζατε τι είναι καλό και πάλι θα αντιμετωπίζατε ένα δίλημμα: Την επιλογή ενός από δύο βασικούς τρόπους για να κατανοήσετε τι είναι σωστό. Αυτοί οι δύο τρόποι ονομάζονται δεοντολογία και τελεολογία.

Οι οπαδοί της δεοντολογίας πιστεύουν πως το σωστό ή το λάθος μιας πράξης δεν έχει να κάνει με το αν το αποτέλεσμά της προκαλεί το καλό ή το κακό: Οι πράξεις είναι σωστές ή λάθος αφ' εαυτών. Έτσι αν συμφωνείτε με τις Δέκα Εντολές, έχετε ένα σύνολο κανόνων που σας λέει τι είναι λάθος και τι σωστό. Τα κανονιστικά βιβλία είναι βοηθητικά λόγω του γεγονότος ότι μπορείς να ελέγξεις το σωστό ή το λάθος μιας πράξης από την αρχή. Μα τα κανονιστικά βιβλία δεν είναι επίσης βοηθητικά λόγω του γεγονότος ότι όλοι οι κανόνες έχουν εξαιρέσεις. Ενώ οι περισσότεροι άνθρωποι μπορούν να συμφωνήσουν σε βασικούς κανόνες (π.χ., Ου φονεύσεις), οι περισσότεροι θέλουν επίσης και ορισμένες εξαιρέσεις (π.χ., σε περίπτωση αυτοάμυνας, στον πόλεμο, στην έκτρωση ή στην ευθανασία). Έτσι οι οπαδοί της δεοντολογίας καταλήγουν να σκοτώνουν ο ένας τον άλλο λόγω διαφωνιών όσον αφορά τις εξαιρέσεις του κανόνα «Ου φονεύσεις». Η δύναμη της δεοντολογίας είναι ότι έχει ηθικούς κανόνες, ενώ η αδυναμία της βρίσκεται στο γεγονός ότι είναι δύσκολο να καθοριστούν πρακτικά οι εξαιρέσεις.

Οι οπαδοί της τελεολογίας πιστεύουν ότι η ορθότητα ή το εσφαλμένο μιας πράξης εξαρτάται μερικώς ή ολικώς από το αν το αποτέλεσμά της είναι καλό ή κακό. Εάν, για παράδειγμα, συμφωνείτε με τον ωφελιμισμό («το μεγαλύτερο καλό για τους περισσότερους»), είστε ένας οπαδός της τελεολογίας. Ενώ ένας οπαδός της δεοντολογίας μπορεί να κατηγορήσει τον Ρομπέν των Δασών (επειδή η κλοπή είναι λάθος), ένας οπαδός της τελεολογίας θα περίμενε να δει τι έκανε με τα κλοπιμαία. Εάν άνοιγε λογαριασμό σε μια ελβετική τράπεζα, θα έλεγε πως είχε λάθος γιατί έκλεβε για δικό του κέρδος, ενώ αν τα έδινε στους φτωχούς, θα έλεγε πως είχε δίκιο γιατί βοηθούσε άλλους. Μα η τελεολογία μπορεί παρουσιάσει προβλήματα επίσης. Ας υποθέσουμε ότι γίνεται ένα έγκλημα και ενενήντα εννέα γείτονες αποφασίζουν να πιάσουν τον πρώτο τυχόντα που βλέπουν, να τον καταδικάσουν επί τόπου και να τον λιντσάρουν. Το κάνουν αυτό και όλοι κοιμούνται ήσυχοι το βράδυ. Η μεγαλύτερη ευτυχία για τους περισσότερους μπορεί να καταλήξει στη μεγαλύτερη δυστυχία για τους λιγότερους. Η δύναμη της τελεολογίας είναι το πόσο ανοιχτόμυαλη είναι, ενώ η αδυναμία της είναι η πιθανή παράβλεψη ατομικών δικαιωμάτων και κατάλληλης διαδικασίας.

Οπότε τώρα πού βρίσκεστε στην αναζήτηση του δικού σας τρόπου σας για να ζείτε σωστά; Στον μετα-ηθικό σχετικισμό, εάν θέλετε τον τεχνικό όρο. Όπως είδαμε στο Κεφάλαιο 8, ο σχετικισμός είναι η αντίληψη σύμφωνα με την οποία δεν υπάρχει απόλυτα σωστό και ότι μερικές πράξεις είναι πιο κατάλληλες για ορισμένες καταστάσεις από ό,τι για κάποιες άλλες. Η μετα-ηθική είναι η σύγκριση ανταγωνιζόμενων συστημάτων ηθικής: Μερικά είναι πιο κατάλληλα σε ορισμένες περιστάσεις από κάποια άλλα. Εάν φαντάζεστε ότι η δεοντολογία λειτουργεί καλύτερα σε ορισμένες περιπτώσεις από την τελεολογία και το αντίθετο σε κάποιες άλλες περιπτώσεις, τότε είστε ένας μετα-ηθικός σχετικιστής. Απλά προσευχηθείτε να μη σας ζητήσει κανείς να γίνετε *πιο συγκεκριμένος*.

Εάν αντιμετωπίζετε κάποια συγκεκριμένη διαμάχη στο παρόν, χρησιμοποιήστε τη σαν δοκιμαστική περίπτωση στην ανάπτυξη ενός προσωπικού συστήματος ηθικής. Απλά βεβαιωθείτε ότι οποιοδήποτε συγκεκριμένο αποτέλεσμα πετύχετε είναι γενικότερα αποδοτικό. Εάν δεν έχετε ένα άμεσο ηθικό ή δεοντολογικό πρόβλημα, θα κάνετε καλά να ετοιμάσετε τη θεωρία σας έτσι ώστε να είναι έτοιμη όταν τη χρειαστείτε στην πράξη. Όλα αυτά μπορεί να είναι κάτι που θα κάνετε με ένα φίλο ή σύντροφο. Η επαγγελματική βοήθεια είναι πάντα μια επιλογή, εάν χρειάζεστε τη βοήθεια κάποιου ειδικού ή εάν κολλήσετε κάπου.

Άσχετα με το πώς κάνετε τη δουλειά, το κλειδί για ένα διαρκή και χρήσιμο τρόπο σκέψης πάνω στην ηθική είναι η σταθερότητα. Πρέπει να βρείτε ένα σύστημα με το οποίο να μπορείτε να ζείτε αρμονικά και κανόνες τους οποίους να μπορείτε να εξηγήσετε στον εαυτό σας και σε άλλους.

ΗΘΙΚΗ ΣΕ ΚΙΝΔΥΝΟ

Το συνολικό σύστημα των πιστεύω σας αποτελείται από πολλά σύνολα πεποιθήσεων σε μια ποικιλία κατηγοριών: θρησκεία, πολιτική, αισθητική, πιστεύω των γονιών, απόψεις των συνομηλίκων και ούτω καθεξής. Κάθε σύνολο είναι μία συλλογή ιδεών που θεωρείτε πως είναι αληθινές και επιχειρημάτων που θεωρείτε πως είναι σωστά, αν και η εμπειρία ή η λογική μπορεί να μετατρέψει κάποιο από αυτά τα στοιχεία οποιαδήποτε στιγμή. Αυτά τα πλαίσια συχνά συνυπάρχουν με δυσκολία και συνειδησιακές συγκρούσεις εμφανίζονται όταν μία από τις προκείμενες που θωρείτε αληθή σε ένα σύνολο πεποιθήσεων αντιφάσκει με μία προκείμενη που θεωρείτε αληθή σε κάποιο άλλο σύνολο πεποιθήσεων. Για παράδειγμα, μπορεί να έρθετε αντιμέτωπος με την ιδέα «το διαζύγιο είναι αμαρτία». Από την άλλη λέτε στον εαυτό σας: «Οι γονείς μου είναι διαζευγμένοι και είναι καλοί άνθρωποι». Αναρωτιέστε αν και οι δύο προκείμενες μπορεί να είναι αληθείς, μα δεν είστε βέβαιοι ότι μπορείτε να θεωρήσετε μη έγκυρη τη θρησκευτική σας ανατροφή ή τη σοφία που έχετε λάβει από την οικογένειά σας. Νιώθετε συγκρουόμενα συναισθήματα. Έχετε αυτό που οι ψυχολόγοι αναφέρουν ως «γνωστική ασυμφωνία». Οι φιλοσοφικοί σύμβουλοι το αποκαλούν «υπαρξιακή ασυμφωνία». Και οι κανονικοί άνθρωποι το αποκαλούν «ανάκατα συναισθήματα».

Εάν δεν έχετε ποτέ επεξεργαστεί, προς δική σας ικανοποίηση, ένα σύστημα προσωπικής ηθικής, αυτό είναι ένα σημάδι ότι χρειάζεται να το κάνετε. Εάν το έχετε κάνει, τότε μην αφήνετε μια φαινομενική σύγκρουση να σας πανικοβάλει ή να σας κάνει να χάσετε την πίστη στο σύστημά σας. Αφήστε το να σας ωθήσει στη διερεύνηση, κάνοντας τελειοποιήσεις. Μπορεί να θέλετε να απορρίψετε ένα από τα δύο πιστεύω που συγκρούονται, μα και αυτό δεν είναι απαραίτητο. Μπορείτε να κρίνετε μια προβληματική κατάσταση σε μια βάση βήμα προς βήμα. Μπορεί επίσης να υπάρχουν τρόποι να εναρμονίσουν την ασυμφωνία διά της πράξης αντί (ή σε συνδυασμό) με τη λογική. Μιλήστε με τον πνευματικό σας. Ζητήστε από τους γονείς σας την άποψή τους για το χωρισμό τους. Διαλέξτε προσεκτικά το σύντροφο της ζωής σας και καταβάλετε τον απαραίτητο κόπο για να συντηρήσετε τη σχέση.

> «Κανείς δεν διατηρεί ένα πιστεύω σε απόλυτη ανεξαρτησία από όλα τα άλλα πιστεύω. Οι πεποιθήσεις πάντα εμφανίζονται σε σύνολα ή σε ομάδες. Παίρνουν πάντα τη θέση τους σε συστήματα πεποιθήσεων, ποτέ απομονωμένα».
>
> ΤΟΜΑΣ ΓΚΡΙΝ

ΤΕΝΤ

Για να πάρετε μια ιδέα για το πώς να βάζετε τις αρχές σας σε εφαρμογή, ορίστε η υπόθεση του Τεντ, ενός διευθυντή λυκείου. Αν και το δίλημμα για το οποίο θα διαβάσετε είναι πολύ συγκεκριμένο, αρχίζω με αυτό γιατί τα θέματα και οι λύσεις είναι σχετικά ξεκάθαρα, μία πολυτέλεια σε σχέση με τις περισσότερες καταστάσεις της πραγματικής ζωής. Επειδή μπορούν να απομονωθούν σε αυτή την περίπτωση, η διαδικασία είναι πιο προσιτή.

Στο λύκειο του Τεντ, οι μαθητές είχαν οργανώσει έναν έρανο για μια τοπική αγαθοεργία. Σαν κίνητρο για τους συμμετέχοντες μαθητές, ο Τεντ είχε οργανώσει μία κλήρωση με αρκετά βραβεία. Οι μαθητές έπαιρναν από ένα λαχνό για κάθε 10 δολάρια προσφορών που συγκέντρωναν. Στην αίθουσα υποδοχής του γραφείου του Τεντ, οι μαθητές είχαν τοποθετήσει μία σειρά κουτιά που το καθένα αντιστοιχούσε σε κάποιο από τα δώρα της κλήρωσης. Οι μαθητές μοίραζαν τους λαχνούς τους στα κουτιά σύμφωνα με τις προτιμήσεις τους για κάθε δώρο.

Στο τέλος της καμπάνιας, οι μαθητές συγκεντρώθηκαν στο αμφιθέατρο για την κλήρωση που περίμεναν ανυπόμονα. Ο Τεντ έκανε τις τιμητικές κληρώσεις, τραβώντας έναν κλήρο από το κάθε κουτί. Ένας ένας, οι μαθητές ανέβηκαν για να παραλάβουν τα βραβεία τους. Μουσικά σιντί, δωρεάν εισιτήρια για το σινεμά, μία δωροεπιταγή για ένα δημοφιλές τοπικό κατάστημα με ρούχα και το μεγάλο βραβείο, ένα ποδήλατο ορεινών διαδρομών, που τα παραλάμβαναν υπό τους πανηγυρισμούς των συμμαθητών τους. Στην αποκορύφωση της αναστάτωσης, ο Τεντ ανακοίνωσε το εντυπωσιακό τελικό σύνολο των χρημάτων που συγκεντρώθηκαν. Ένιωσε πως αυτή η συγκέντρωση, ήταν ένα υψηλό σημείο και όσον αφορά το σχολικό πνεύμα και το πνεύμα του εθελοντισμού.

Την επόμενη ημέρα όμως, ένας μαθητής πήγε να τον δει για να του αναφέρει ότι η νικήτρια του ποδηλάτου δεν είχε προσκομίσει καμία προσφορά για τον έρανο. Αντίθετα, στην Τιουάνα ο λαχνός δόθηκε από την Κλάραμπελ, που είχε συγκεντρώσει σημαντικό ποσό, σαν δείγμα φιλίας. Το παράπονο του μαθητή έθεσε ένα ηθικό δίλημμα στον Τεντ. Θα έπρεπε η Τιουάνα να δικαιούται το ποδήλατο επειδή είχε τον νικητήριο λαχνό; Ή είχε χάσει το δικαίωμά της να συμμετάσχει στην κλήρωση, επειδή δεν είχε συμμετάσχει στο μάζεμα των χρημάτων; Τα νέα κυκλοφόρησαν στο σχολείο γρήγορα και σύντομα γονείς τηλεφωνούσαν για να ρωτήσουν για την υπόθεση.

Ο Τεντ ένιωσε αμηχανία. Δεν μπορούσε να βρει ένα δίκαιο τρόπο να λύσει αυτό το μπέρδεμα χωρίς να χαλάσει τα θετικά συναισθήματα που δημιουργήθηκαν αρχικά από τον έρανο και την απονομή των δώρων, τα οποία ούτως ή άλλως φθείρονταν από την πίεση που ασκούσε η αποκάλυψη. Ένιωθε τόσο αγχωμένος με το θέμα, που είχε αρχίσει να έχει αϋπνίες, οπότε και με πήρε τηλέφωνο για να τον βοηθήσω να βρει μια λύση αποδεκτή για τον ίδιο και που θα μπορούσε να την υπερασπιστεί μπροστά στους άλλους. Σημείωσε τις επιλογές που έβλεπε: Η Τιουάνα κρατάει το ποδήλατο, η Κλάραμπελ, παίρνει το ποδήλατο, κάνει μία νέα κλήρωση για το ποδήλατο, με το λαχνό της Τιουάνα να έχει επιστραφεί στην Κλάραμπελ ή η Τιουάνα και η Κλάραμπελ ξεδιαλύνουν μεταξύ τους σε ποια ανήκει το ποδήλατο και αγοράζετε ένα δεύτερο ποδήλατο που απονέμεται στον επόμενο λαχνό που βγαίνει από το κουτί.

Ο Τεντ δεν ήθελε να κάνει μια καινούρια κλήρωση (άλλωστε η κλήρωση ήταν δίκαια) ούτε να αγοράσει ένα ακόμη ποδήλατο (ελαττώνοντας έτσι τα χρήματα που θα πήγαιναν στην αγαθοεργία). Μου είπε ότι είχε μιλήσει και στα δύο κορίτσια και τους γονείς τους και όλοι ήταν ανοιχτοί σε διάφορους τρόπους διευθέτησης της κατάστασης, πλην ενός. Ο πατέρας της Κλάραμπελ, από την άλλη, ήταν αποφασισμένος ότι το ποδήλατο θα έπρεπε να πάει στην Κλάραμπελ. Ακόμη και έτσι, ο Τεντ ένιωθε ενστικτωδώς δυστυχής με όλες τις παραπάνω επιλογές. Ήθελε να πάρει τη σωστή απόφαση, μα έψαχνε για κάποια ηθική συμβουλή για να τον βοηθήσει να την πάρει. Μαζί λύσαμε το πρόβλημα.

Όπως πολλοί πελάτες, ο Τεντ είχε οδηγήσει τον εαυτό του μέσα από τα τρία πρώτα βήματα της διαδικασίας PEACE (αναγνωρίζοντας το πρόβλημα, εκφράζοντας τα συναισθήματα του και αναλύοντας τις επιλογές του), αλλά μετά κόλλησε. Χρειαζόταν μία φιλοσοφική συνδρομή για να σκεφτεί το καλύτερο μονοπάτι πάνω από όλα και να κατανοήσει τους λόγους πίσω από αυτό.

Συμφώνησα με την αξιολόγηση του Τεντ για το μη επιθυμητό της επανάληψης της κλήρωσης, οπότε συγκεντρωθήκαμε στο αν η Τιουάνα θα έπρεπε να κρατήσει το ποδήλατο ή αν θα έπρεπε να το παραλάβει η Κλάραμπελ. Μιλήσαμε για τις φιλοσοφικές ιδέες που ήταν σχετικές με κάθε πιθανότητα. Η βασική προσέγγιση ήταν να διαχωριστούν οι ηθικές απαιτήσεις από τις νομικές. Μιλώντας νομικά, ο λαχνός (άρα και το ποδήλατο) ήταν της Τιουάνα, αφού η Κλάραμπελ της τον έδωσε ελεύθερα. Η κατοχή, όπως θα έλεγαν, είναι τα εννέα δέκατα της νομοθεσίας. (Βέβαια αν η κατοχή είχε γίνει με λάθος τρόπο, εάν δηλαδή η Τιουάνα είχε κλέψει το λαχνό από την Κλάραμπελ, ο νόμος θα αναγνώριζε την πραγματική ιδιοκτησία της Κλάραμπελ.)

Η νομιμότητα, από την άλλη, δεν είναι το ίδιο με την ηθική. Σε αυτή την περίπτωση, οι λαχνοί κερδήθηκαν μόνο από μαθητές που είχαν προσκομίσει ποσά για τον έρανο. Δεν ήταν σαν να υπήρχε ένα κρατικό λαχείο που αγοράστηκε από κάποιον και δόθηκε σε κάποιον άλλο σαν δώρο. Στη συγκεκριμένη περίπτωση, πρέπει προσωπικά να προβεί κανείς σε συγκεκριμένες ενέργειες, να μαζέψει δηλαδή χρήματα για τον έρανο, για να έχει το ηθικό δικαίωμα για ένα λαχνό. Ένας δικηγόρος θα έλεγε ότι αφού η Κλάραμπελ είχε αποκτήσει το λαχνό νόμιμα και τον έδωσε οικειοθελώς στην Τιουάνα, τότε ο λαχνός (άρα και το δώρο) ανήκε στην Τιουάνα. Ένας δικηγόρος δεν θα νοιαζόταν για την ηθική προσβολή προς τους άλλους μαθητές που εργάστηκαν για να συγκεντρώσουν χρήματα για τον έρανο, οπότε και κέρδισαν το δικαίωμα στα δώρα, και που έτσι ένιωθαν πως ήταν λάθος κάποιος που δεν είχε μαζέψει τίποτα για τον έρανο να φύγει με το μεγάλο δώρο. Λάβετε υπόψη πως θα μπορούσε να διδαχθεί και ένα μάθημα για τις πράξεις αγαθοεργίας από όλους τους μαθητές (και τους γονείς τους) που παραπονέθηκαν. Ποιο είναι το μεγαλύτερο επίπεδο φιλανθρωπίας; Το να βοηθάς αυτούς που έχουν ανάγκη λόγω φιλευσπλαχνίας ή για να κερδίσεις δώρα; (Μη ρωτήσετε το δικηγόρο σας ούτε γι' αυτό.)

Ξεκαθαρίζοντας το ηθικό ζήτημα, το ότι δηλαδή η Τιουάνα δεν είχε δικαίωμα για λαχνό, ο Τεντ μπόρεσε να δει ξεκάθαρα το δρόμο που ήθελε να ακολουθήσει. Ένιωθε σίγουρος πως μπορούσε να αποκτήσει το ηθικό πλεονέκτημα και να εξηγήσει τη λογική του σε έναν ή όλους, εκτονώνοντας έτσι μία κατάσταση που γινόταν εκρηκτική με μεγάλη ταχύτητα για πολλούς ανθρώπους. Έβγαλε μία ανακοίνωση ότι οι λαχνοί δεν μπορούσαν να δοθούν από τον έναν στον άλλο και περιέλαβε και μία απολογία που δεν το ξεκαθάρισε από την αρχή. Εξήγησε τη λογική του περί σωστής ιδιοκτησίας ενός λαχνού. Μετά ανακοίνωσε πως ο λαχνός που κέρδιζε το ποδήλατο (άρα και το ίδιο το ποδήλατο) δικαιωματικά ανήκαν στην Κλάραμπελ. Η Κλάραμπελ θα ήταν βέβαια ελεύθερη να κρατήσει το ποδήλατο ή να το δωρίσει στη φίλη της. Σημειώστε ότι κανείς δεν θα μπορούσε να παραπονεθεί για το ότι κέρδισε η

Κλάραμπελ το ποδήλατο, αφού είχε κερδίσει το λαχνό της. Από την άλλη, κανείς δεν θα μπορούσε να παραπονεθεί εάν έδινε το ποδήλατο στην Τιουάνα, διότι ήταν δικό της και το χάριζε. Εάν η Τιουάνα τελικά θα έπαιρνε το ποδήλατο δεν θα ήταν ηθικά ασυνεπές. Το πώς το πήρε είναι που μετράει.

Στην κοινωνία μας, πολλοί, λανθασμένα, πιστεύουν ότι ο νόμος θέτει ηθικά δεδομένα. Οτιδήποτε νόμιμο πολλοί θεωρούν πως είναι και ηθικό. Οι κοινωνίες αντανακλούν την ηθική στους νόμους τους (για παράδειγμα, θεωρώντας έγκλημα την κακοποίηση ανηλίκου, επειδή είναι επιβλαβές, άρα λάθος), μα οι κοινωνίες δεν γίνονται απαραίτητα ηθικές μέσω της νομοθεσίας. Σκεφτείτε πως η γενοκτονία ήταν νόμιμη στη ναζιστική Γερμανία, όπως και οι εκκαθαρίσεις του Στάλιν (η δολοφονία δεκάδων εκατομμυρίων αθώων) στη Σοβιετική Ένωση. Ή σκεφτείτε για την έκτρωση και τη θανατική καταδίκη στην Αμερική. Και οι δύο είναι νόμιμες, μα και οι δύο έχουν παθιασμένους αντιπάλους που τις κρίνουν ανήθικες. Οι καπνοβιομηχανίες λειτουργούν νόμιμα, μα πολλοί βλέπουν την όλη λειτουργία τους ως ανήθικη. Από την άλλη, πολλοί άνθρωποι πιστεύουν ιδιαιτέρως στην ηθικότητα της ευθανασίας και όμως είναι παράνομη. Αν υπάρχει κάτι διδακτικό από αυτά τα επιχειρήματα είναι ότι διεξοδικά μελετημένα ηθικά συστήματα, εφαρμοσμένα από λογικούς ανθρώπους, μπορούν και πάλι να προκαλέσουν συγκρούσεις, επειδή η ηθικότητα δεν είναι ένα αντικείμενο όπως τα μαθηματικά. Δεν είναι όλες οι απαντήσεις αντικειμενικά σωστές ή λάθος.

Το άλλο σημείο που υπογραμμίζεται από την υπόθεση του Τεντ είναι ότι οι καλές προθέσεις δεν είναι αρκετές για να επιβεβαιώσουν ότι τηρούνται τα ηθικά δεδομένα. Θυμηθείτε το ρητό που λέει πως ο δρόμος προς την κόλαση είναι στρωμένος με αυτές (τις καλές προθέσεις, όχι τα ηθικά δεδομένα!). Όλοι όσοι ενεπλάκησαν στον έρανο και την κλήρωση είχαν καλό σκοπό. Μα η σύγκρουση για τα βραβεία δεν μπορούσε να προβλεφθεί και η επίλυσή της απαίτησε περισσότερη δουλειά και νύχτες χωρίς ύπνο από ό,τι θα μπορούσε να μαντέψει κανείς. Παρ' όλα αυτά, μόλις ο στοχασμός του Τεντ συνέλαβε τη διάκριση μεταξύ νομικού και ηθικού δικαιώματος, ήταν ικανός να πάρει την απόφασή του και να ανακτήσει την ισορροπία του ως διευθυντής.

Έχετε δίκιο να νιώθετε δέος για την αποστολή που έχετε μπροστά σας. Μα το άλλο μάθημα που έχετε να διδαχθείτε από τον Τεντ είναι ότι μπορείτε να βρείτε μια ηθική λύση στο πρόβλημά σας. Η Παλαιά Διαθήκη μάς λέει ότι ο Θεός έσωσε τον Νώε από τον κατακλυσμό, όχι επειδή ήταν υπόδειγμα αρετής αλλά επειδή «ἦτο ἄνθρωπος δίκαιος, τέλειος μεταξὺ τῶν συγχρόνων αὐτοῦ» και «σὲ εἶδον δίκαιον ἐνώπιόν μου ἐν τῇ γενεᾷ ταύτῃ» (*Γένεση*, 6: 9 και 7: 1). Ο Νώε είχε τα ελαττώματά του, μα προφανώς ζούσε σε μία τελείως διεφθαρμένη κοινωνία. Οι προσπάθειές του για μια καλή ζωή ήταν αρκετές για να του εξασφαλίσουν μία θέση στην Κιβωτό. Δεν χρειάζεται κανείς να είναι τέλειος για να είναι καλός.

ΤΖΑΚΙ ΚΑΙ ΝΤΕΪΒΙΝΤ

Δείτε άλλη μία περίπτωση κάποιου που προσπαθεί να διευθετήσει ένα περίπλοκο ηθικό δίλημμα, για να καταλάβετε πώς μπορείτε να αντιμετωπίσετε αντικρουόμενα προσωπικά συμφέροντα.

Η Τζάκι και ο Ντέιβιντ μετακόμισαν στο κέντρο της Νέας

Υόρκης από τα προάστια της Καλιφόρνιας δύο χρόνια προτού γεννηθεί η κόρη τους. Ο Ντέιβιντ είχε κλείσει μια δουλειά υψηλού προφίλ στη Γουόλ Στριτ και η Τζάκι ήταν παραπάνω από πρόθυμη να αφήσει την επιχείρηση που εργαζόταν και να μπει στην ελεύθερη αγορά με σκοπό να νιώσει την εμπειρία της ζωής στη μεγαλούπολη. Και τους άρεσε κάθε λεπτό που περνούσαν στο Μανχάταν, αφού ξεπέρασαν το αρχικό τους σοκ για τις τιμές των διαμερισμάτων, απολαμβάνοντας τις επαγγελματικές τους επιτυχίες, που αυξάνονταν με πρόοδο που θα ήταν αδύνατη στην πόλη που γεννήθηκαν, και τα πολλά πολιτιστικά πλεονεκτήματα της Νέας Υόρκης.

Μα τώρα που είχαν ένα παιδί, την Ταμάρα, και ήταν δύο ετών, η Τζάκι είχε αρχίσει να ανησυχεί για το αν θα έπρεπε να παραμείνουν στην πόλη. Την απασχολούσε η ασφάλεια και η μόρφωση της κόρης της. Όσο και να εκτιμούσε η Τζάκι τις ευκαιρίες της πόλης, αναρωτιόταν εάν η μικρή πόλη της Καλιφόρνιας που μεγάλωσε και παντρεύτηκε θα παρείχε μια πιο ολοκληρωμένη παιδική ηλικία για την κόρη της. Γνώριζε τα εξαιρετικά δημόσια σχολεία εκεί και έβρισκε τον έντονο ανταγωνισμό για τις θέσεις στα κορυφαία ιδιωτικά σχολεία του Μανχάταν και την αγριότητα του ανταγωνισμού μέσα στα σχολεία αποκαρδιωτικά και όχι τελείως υγιή φαινόμενα. Και το τίμημα! Φοβόταν πως δεν θα μπορούσε ποτέ να αφήσει την Ταμάρα να πάει μόνη της στο σχολείο –ή στο μαγαζί στη γωνία ακόμη– στη Νέα Υόρκη και θεωρούσε πολύτιμες τις αναμνήσεις της για τις απογευματινές ανέμελες εξόδους στο ύπαιθρο με τους φίλους της παιδικής της ηλικίας. Όσον αφορούσε τον εαυτό της, την Τζάκι δεν την ενοχλούσε η ανελέητη αφοσίωση των κατοίκων της Νέας Υόρκης στο κυνηγητό της επιτυχίας, μα της προκαλούσε άγχος ο αντίκτυπος που θα είχε σε ένα κοριτσάκι η μοναδική προσήλωση στο τι δουλειά κάνει κανείς και πόσα βγάζει, σε αντίθεση με το ποιος πραγματικά είναι.

Από την άλλη πλευρά, όπως ήξερε από τη δική της εμπειρία, οι πολιτιστικές και οι μελλοντικές ευκαιρίες για καριέρα στο Μανχάταν ξεπερνούσαν κατά πολύ αυτές της επαρχίας. Στα ιδιωτικά σχολεία της Νέας Υόρκης μάθαιναν κομπιούτερ και σκάκι από το νηπιαγωγείο. Πολλοί από τους αποφοιτήσαντες γίνονται δεκτοί στα κορυφαία κολέγια και εκπαιδεύονται από κορυφαίους ερευνητές επιστήμονες. Η Τζάκι οραματιζόταν να πηγαίνει την Ταμάρα σε διαφορετικό μουσείο τέχνης κάθε Σάββατο, να τη γράφει σε μαθήματα ορθοφωνίας με κάποιο τραγουδιστή του Μπρόντγουεϊ και να της κάνει δώρο εισιτήρια διαρκείας για το μπαλέτο στα γενέθλιά της. Ή στην επαρχιακή Καλιφόρνια... να κάνει θελήματα στο εμπορικό κέντρο; Να κάνει μαθήματα κλακέτας στο κέντρο νεότητας; Λοιπόν, όλα αυτά ήταν αρκετά για την ίδια. Από την άλλη, είχε και πολλά ζωηρά σαββατοκύριακα ως έφηβη.

Οι γονείς και της Τζάκι και του Ντέιβιντ καθώς και οι οικογένειές τους ζούσαν στη Δυτική Ακτή. Το ότι τους επισκέπτονταν μια δυο φορές το χρόνο ήταν αρκετά καλά όταν μετακόμισαν, μα τώρα οι θείες και οι θείοι παραπονιούνταν πως η Ταμάρα ήταν ένας τελείως διαφορετικός άνθρωπος κάθε φορά που την έβλεπαν και ότι αναπτυσσόταν και άλλαζε τόσο γρήγορα. Η Τζάκι και ο Ντέιβιντ άφησαν ένα μεγάλο και καθιερωμένο κύκλο φίλων στην Καλιφόρνια, και πολλοί από αυτούς τους φίλους ήταν επίσης γονείς. Στη Νέα Υόρκη είχαν πολλούς γνωστούς με τους οποίους συναναστρέφονταν, μα οι βαθιές φιλίες αναπτύσσονται αργά. Η Τζάκι αναρωτιόταν αν τα πλεονεκτήματα της Νέας Υόρκης θα μπορούσαν να αντισταθμίσουν την απόσταση από την οικογένεια και τους φίλους. Ένα πράγμα γνώριζε με σιγουριά: Εάν ήταν να επιστρέψει στα προάστια, θα πήγαινε κοντά στην οικογένεια και τους φίλους. Δεν θα πήγαινε στα προάστια της Νέας Υόρκης.

Από τη μεριά του, ο Ντέιβιντ ήταν ικανοποιημένος με την παραμονή στη Νέα Υόρκη. Μα και αυτός επίσης ήθελε να κάνει το σωστό για την κόρη του και είπε στην Τζάκι ότι θα επέστρεφε στην Καλιφόρνια, εάν αυτή πειθόταν πως ήταν απαραίτητο. Και οι δύο θα πλήρωναν ένα προσωπικό τίμημα, το γνώριζε, όσον αφορά την πρόοδο της καριέρας τους και το εισόδημά τους, αν και δεν θα τον πείραζε να ελαττώσει τις πληρωμές της υποθήκης τους και να έχει ξανά αυλή.

Η ανισότητα του επιπέδου της ανησυχίας τους πάνω στο θέμα δημιουργούσε ένταση στο γάμο της Τζάκι και του Ντέιβιντ, αν και συμφωνούσαν πως έπρεπε να κάνουν το σωστό ως γονείς. Ο Ντέιβιντ ήθελε να ξεπεράσει η Τζάκι το άγχος της, να ηρεμήσει και να απολαύσει την οικογενειακή της ζωή, τις εξελισσόμενες καριέρες τους και τους τραπεζικούς λογαριασμούς. Η Τζάκι ήθελε να μοιραστεί ο Ντέιβιντ την ανησυχία της και να δουλέψει μαζί της έτσι ώστε να βρουν τη λύση, όχι απλά να λέει ότι θα έκανε ό,τι η ίδια αποφάσιζε.

Η Τζάκι είχε μία μεγάλη λίστα θετικών και αρνητικών στοιχείων για κάθε περίπτωση στο μυαλό της, μα δεν φαινόταν να μπορεί να τις επεξεργαστεί από μόνη της. Ο Ντέιβιντ είχε χάσει την υπομονή του με αυτό τον ατελείωτο κύκλο αμφιβολιών. Η καλύτερή της φίλη ζούσε στην Καλιφόρνια, οπότε συζητώντας το θέμα μαζί της έφερε την αναμενόμενη απάντηση: Γύρνα σπίτι! Τότε η Τζάκι ήρθε να με δει.

Αντιμετώπιζε ένα πραγματικό δίλημμα. Δύο επιλογές, καμία από τις οποίες δεν ήταν τελείως καλή. Είχε μια δυνατή παρόρμηση να βρει και να ακολουθήσει το ηθικό μονοπάτι μέσα στη στενωπό αυτή, επιθυμώντας να είναι και ηθικό άτομο και καλή μητέρα. Γνώριζε από ένστικτο ότι οι σχέσεις είναι και ηθικές εκτός από συναισθηματικές και ήθελε να κάνει το καλύτερο για το παιδί της. Ήταν αποφασισμένη να το κάνει αυτό, ακόμη και εάν σήμαινε ότι θα έκανε κάτι λιγότερο επιθυμητό για την ίδια προσωπικά. Ήταν έτοιμη να παραμερίσει υλικά πράγματα και ευκαιρίες καριέρας. Προσπαθούσε, με λίγα λόγια, να κάνει μια καλή ζωή. Μα βρισκόταν αντιμέτωπη με την αναπόφευκτη ερώτηση: Τι σημαίνει αυτό; Τι είναι η καλή ζωή; Να κάνει κανείς το καλό; Και το καλό για ποιον;

Ακόμη και αν μπορούσαμε όλοι να συμφωνήσουμε στο τι σημαίνει το καλό (κάτι το οποίο, όπως βλέπουμε, δεν μπορούμε να το κάνουμε), θα έπρεπε και πάλι να αναλογιστούμε προσεκτικά αυτές τις ερωτήσεις επειδή οι απαντήσεις εφαρμόζονται διαφορετικά σε διαφορετικές περιπτώσεις. Μία καλή μπανάνα, για παράδειγμα, δεν είναι το ίδιο με ένα καλό μήλο. Οι ιδιότητες που καθορίζουν το καλό μπορεί να διαφέρουν, ανάλογα με το τι σκεφτόμαστε. Έτσι, μπορεί να είναι διαφορετικό το να είσαι καλός γονιός από το να είσαι καλός σύζυγος και από το να είσαι καλός υπάλληλος. Αυτά τα ενδιαφέροντα συχνά ευθυγραμμίζονται, μα όταν δεν συνδυάζονται, η σύγκρουση μπορεί να είναι σπαραξικάρδια, όπως διαπίστωνε η Τζάκι.

Αυτό που τελικά την ώθησε να συμβουλευτεί ένα τρίτο πρόσωπο δεν ήταν η ανικανότητά της να πάρει την απόφαση μεταξύ Νέας Υόρκης και Καλιφόρνιας, μα ο φόβος της ότι μπορεί αυτή η απόφασή της να κάνει κακό στο γάμο της. Τι και αν ήταν το καλύτερο για την Ταμάρα να μετακομίσουν στην Καλιφόρνια, αν το καλύτερο για τη σχέση μεταξύ της Τζάκι και του Ντέιβιντ ήταν να μείνουν στη Νέα Υόρκη; Και αν λάμβαναν μία απόφαση βασισμένη στις ανάγκες της Ταμάρας και εις βάρος του γάμου τους, θα ήταν αυτό το καλύτερο για την κόρη τους;

Δεν υπήρχε αμφιβολία ότι η Τζάκι έπρεπε να πάρει κάποια απόφαση, έτσι το πρώτο πράγμα που της ζήτησα να κάνει ήταν να γράψει μία λίστα με τα υπέρ και τα κατά και να τα βάλει σε κατηγορίες. Σπάνια μπορείς να αξιολογήσεις τις στήλες και να βγάλεις την απόφασή σου βασισμένος στο αποτέλεσμα, μα το να έχεις κάτι απτό για να εργαστείς μπορεί να σε βοηθήσει να ξεκαθαρίσεις τις προτιμήσεις και να σου δώσει μία βάση για να τις συγκρίνεις. Για την Τζάκι, ήταν ένα χρήσιμο πρώτο βήμα στο να αρθρώσει τις επιθυμίες της.

Το ερώτημα που παρέμενε ήταν το βασικότερο: Πώς συγκρίνει κανείς όλους αυτούς τους αντικρουόμενους παράγοντες; Η επόμενη φάση ήταν η Τζάκι να ελέγξει τις υποθέσεις της, έτσι ώστε να έχει μία ξεκάθαρη και αληθινή εικόνα των επιλογών της. Για παράδειγμα, η Τζάκι είπε πως φοβόταν να εκθέσει την κόρη της στη βία της Νέας Υόρκης. Μα η πραγματικότητα της βίας στη Νέα Υόρκη δεν αντιστοιχεί στο μύθο των άθλιων δρόμων. Οι επικεφαλίδες δεν είναι η όλη ιστορία, μα ακόμη και εκεί είχε παραλείψει τις επικεφαλίδες για την πτωτική τάση της εγκληματικότητας, ενώ συγκέντρωνε την προσοχή της στις επικεφαλίδες για τις διάφορες παράλογες τραγωδίες που έφταναν στα μέσα μαζικής ενημέρωσης. Άσχημα πράγματα συμβαίνουν παντού, έπρεπε να το κατανοήσει, και η μετακίνηση στα προάστια δεν ήταν καθόλου εγγύηση πως θα προστάτευε την Ταμάρα από κακό. Πάνω σε αυτό το θέμα, η Τζάκι είχε επίσης να συγκρίνει μεταξύ της Ταμάρας στα δεκαέξι της, μόνης στο μετρό, και της Ταμάρας στα δεκαέξι της πίσω από το τιμόνι ενός αυτοκινήτου, για την τελειωτική αντιπαράθεση Νέας Υόρκης και Καλιφόρνιας. Η Τζάκι και ο Ντέιβιντ θα προστάτευαν το παιδί τους όσο ήταν δυνατό, ανεξάρτητα με το πού έμεναν, δίνοντάς του μια εξίσου καλή ευκαιρία με οποιονδήποτε να ζήσει μια ασφαλή παιδική ηλικία.

Με το φάσμα των επιλογών ξεκαθαρισμένο, η Τζάκι μπορούσε να δει ότι δεν υπήρχε μια φανερά σωστή απάντηση, και ακόμη και η επαγγελματική βοήθεια δεν θα το άλλαζε αυτό. Η θετική πλευρά ήταν πως καμία κατάσταση δεν ήταν τελείως κακή. Θα είχε και υπέρ και κατά, ανεξάρτητα με το τι θα έκανε. Βρήκε ανακούφιση στη διδαχή του Τάο, ότι δεν μπορείς να αναγνωρίσεις το θετικό χωρίς κάποιο αρνητικό για να το αντιπαραβάλεις. Οι επιπλοκές που αντιμετώπιζε έριχναν σε δεύτερη μοίρα τις εξαιρετικές πλευρές κάθε επιλογής που της ήταν διαθέσιμη. Παρομοίως, στη Χρυσή Εποχή της αμερικανικής οικονομίας, η τεράστια ευημερία επί προεδρίας Αϊζενχάουερ και Κένεντι βιωνόταν στη σκιά του Ψυχρού Πολέμου. Γνωρίζαμε τι θα μπορούσαμε να χάσουμε και κοπιάζαμε να το συντηρήσουμε.

Η Τζάκι τελικά συνειδητοποίησε ότι με την τρυφερή φροντίδα των γονιών της η Ταμάρα θα ευημερούσε σε οποιαδήποτε από της δύο ακτές, οπότε η απόφαση έπρεπε να ληφθεί βασισμένη σε παράγοντες άλλους από τις δικές της ανάγκες μόνο. Η Τζάκι γνώριζε επίσης πως έπρεπε να πάρει την απόφασή της και να προσαρμοστεί σε αυτή, κατευνάζοντας την εσωτερική της διαμάχη για το τι θα έπρεπε ή δεν θα έπρεπε, για να έχει μια μεστή ζωή σε οποιαδήποτε κατάσταση θα επέλεγε. Βλέποντας με ανακούφιση ότι η απόφαση δεν ήταν τόσο κρίσιμη όσο φανταζόταν, ένιωσε ελεύθερη να διαλέξει μεταξύ των πλεονεκτημάτων και των μειονεκτημάτων, δεδομένου ότι όπου και να ζούσε, δεν θα ήταν σε έναν τέλειο κόσμο. Δεν υπήρχε μία απολύτως σωστή και μία απολύτως λάθος επιλογή. Ο φόβος ότι υπήρχε μία μόνο επιλογή και δεν μπορούσε να βρει ποια ήταν την έτρωγε. Τελικά, συνειδητοποίησε ότι οτιδήποτε και να αποφάσιζε δεν θα ήταν, βέβαια, αμετάκλητο. Έπρεπε να δώσει μια ευκαιρία στην επιλογή της, μα εάν τελικά ένιωθε πως τα μειονεκτήματα ήταν τελικά πολύ μεγάλα για να αντισταθμιστούν από τα πλεονεκτήματα, θα άλλαζε γνώμη.

Δεδομένου ότι όλα αλλάζουν, η σωστή απάντηση τώρα, με ένα νήπιο, μπορεί να μην είναι η σωστή απάντηση για την ίδια οικογένεια με έναν έφηβο ή με αδέρφια ή με μία νέα καριέρα για τον Ντέιβιντ. Όσον αφορά στο μακροπρόθεσμο μέλλον, η φιλοσοφία δεν είναι μέσο για προγνώσεις. Είναι πολύ πιο χρήσιμη στο παρόν. Και στο παρόν, η Τζάκι κατανοούσε πως δεν βρισκόταν σε επικίνδυνη στενωπό. Θα μπορούσε να είναι μία καλή γονέας και να δώσει στο παιδί της την κατάλληλη ανατροφή και στις δύο ακτές. Καταλάβαινε επίσης ότι ενώ υπάρχουν πολύ περισσότερα σε μια ηθική επιλογή από το στρίψιμο ενός νομίσματος, δεν υπάρχει εγγύηση ότι η μία επιλογή είναι απολύτως καλύτερη από την άλλη. Το σωστό είναι, τότε, να πάρεις το καλύτερο και να αποφύγεις το χειρότερο από την επιλογή που κάνεις.

Η Τζάκι, ο Ντέιβιντ και η Ταμάρα έμειναν στη Νέα Υόρκη. Τους άρεσε εκεί, και οι λόγοι που έφυγαν από την Καλιφόρνια υπήρχαν ακόμη. Το άγχος της Τζάκι για τη ζωή στο Μανχάταν με ένα παιδί εξατμίστηκε μόλις βεβαιώθηκε ότι ήταν ένα ηθικό μονοπάτι και δεν απογοήτευε με κάποιο τρόπο το παιδί της ικανοποιώντας τον εαυτό της και το σύζυγό της. Η αποκατάσταση της ηρεμίας της εξισορρόπησε ξανά το γάμο της, έτσι η Τζάκι και ο Ντέιβιντ μπορούσαν να συγκεντρωθούν στη συνεργασία τους για να προσφέρουν ένα ζεστό και σταθερό σπίτι για την Ταμάρα.

ΜΑΪΚΛ

Ένας συνάδελφός μου, ο Κιθ Μπέρκαμ, μου μίλησε για μία από τις περιπτώσεις ασθενή του που τονίζει μία άλλη πλευρά της ηθικής λήψης αποφάσεων και της ενάρετης διαβίωσης. Ο Μάικλ ήταν δήμαρχος μιας μικρής πόλης (σαν μερική απασχόληση). Μία θρησκευτική ομάδα σχεδίαζε να ιδρύσει έναν ξενώνα για ανθρώπους με AIDS, μα πολύ σύντομα βρέθηκε μπροστά σε έντονες τοπικές διαφωνίες. Αν και πληρούσαν όλες τις νομικές προδιαγραφές, οι ιδρυτές του ξενώνα δεν είχαν ζητήσει τη συνδρομή της κοινότητας ή την κοινή αποδοχή του σχεδίου. Οι διαμαρτυρόμενοι, οι οποίοι φαίνονταν να δρουν μόνο βάσει φόβων προερχόμενων από άγνοια και παραλογισμό για τον ιό της ανθρώπινης ανοσοανεπάρκειας, απαίτησαν να κάνει ο Μάικλ δημόσιες συγκεντρώσεις για να συζητηθεί το θέμα, με σκοπό να ανασταλεί η λειτουργία του ξενώνα.

Υπήρχαν ηθικά και στρατηγικά προβλήματα και από τις δύο πλευρές του θέματος, μα εδώ θα επικεντρωθούμε στο δίλημμα του Μάικλ. Είχε εμπλακεί μεταξύ των ευθυνών του προς αυτούς που τον είχαν εκλέξει και της έντονης προσωπικής υποστήριξής του για την ίδρυση του ξενώνα. Πίστευε ότι η θρησκευτική ομάδα δρούσε στην πραγματικότητα για το καλό της κοινότητας που ήθελε να την εμποδίσει, την ίδια κοινότητα που τον είχε εκλέξει και τώρα του ζητούσε να θέσει ένα τέρμα στο καινούριο αυτό σχέδιο.

Όταν ο Μάικλ διηγήθηκε την ιστορία του σε φιλοσοφικό σύμβουλο, συζήτησαν τις ιδέες της αλληλεπίδρασης της πολιτικής με την ηθική του Αριστοτέλη, τις οποίες τείνουμε να θεωρούμε τελείως διαφορετικές σφαίρες, τη μία ιδιωτική και την άλλη δημόσια. Για τον Αριστοτέλη, η καλή ζωή δεν είναι απλά θέμα συμμόρφωσης με ένα σύνολο κανόνων. Η ηθική της αρετής σημαίνει την ανάπτυξη χαρακτηριστικών ιδιοτήτων που θα βοηθήσουν κάποιον να ζήσει ενάρετη ζωή. Και σημαίνει να λαμβάνει υπόψη όχι μόνο ό,τι είναι καλό για τον ίδιο, μα επίσης και τι είναι καλύτερο για τον ευρύτερο κόσμο στον οποίο ζει. Αναφέρει μία λίστα διαφόρων αρετών που είναι απαραίτητες για να ζει κανείς μια καλή ζωή, συμπεριλαμβάνοντας το κουράγιο, τη δικαιοσύνη, την εγκράτεια ακόμη και την αίσθηση του χιούμορ.

Ο Μάικλ εστίασε στη δικαιοσύνη. Ο Αριστοτέλης έγραψε ότι για αυτούς που καταλαμβάνουν ηγετικές θέσεις, η ισότητα είναι κρίσιμο συστατικό της δικαιοσύνης, για να την επικαλούνται όταν μία κατάσταση δεν εμπίπτει στους καθιερωμένους κανόνες και νόμους, όπως η εν λόγω κατάσταση. Ο Μάικλ συμφωνούσε με τον Αριστοτέλη πως οι πολιτικοί είναι υπεύθυνοι για το γενικό ηθικό καλό της κοινότητάς τους, όπως και για τα συγκεκριμένα θέματα που απασχολούν την επικράτειά τους. Οπλισμένος με αυτά, ο Μάικλ άρχισε να διερευνά μια δίκαιη λύση στο πρόβλημα που αντιμετώπιζε η πόλη του. Παρακίνησε την ομάδα του ξενώνα, που αποτελούνταν επίσης από μέλη της κοινότητας, να πληροφορήσει πιο άμεσα και πιο ευθέως για το πρόγραμμά της. Εξήγησε στους αντιρρησίες ότι δεν υπήρχε κίνδυνος για την υγεία τους που να έχει να κάνει με τον ξενώνα και τους παρακίνησε να εξετάσουν τα σχέδια που παρουσιάστηκαν αντικειμενικά, εγκαταλείποντας τους αβάσιμους φόβους, προς όφελος μιας ιδέας που θα βοηθούσε τόσους ανθρώπους.

«Επειδή ο άδικος καταπατεί την ισότητα, και επειδή το άδικον είναι αυτό τούτο ανισότης, είναι προφανές, ότι υφίσταται και κάποια μεσότης εν σχέσει προς την ανισότητα. Η μεσότης αύτη είναι η ισότης... Εάν λοιπόν το άδικον είναι ανισότης, το δίκαιον θα είναι ισότης...».

ΑΡΙΣΤΟΤΕΛΗΣ*

Ο Μάικλ ένιωθε πως αυτό το μονοπάτι ακολουθούσε τη λεπτή γραμμή πάνω στην οποία ήθελε να κινηθεί: Να δεσμευτεί με σοβαρότητα στις επιθυμίες των ανθρώπων που αντιπροσώπευε και στο ευρύτερο καλό της κοινότητας (εκεί που αυτά τα δύο πράγματα δεν επικαλύπτονταν) καθώς και στις επιταγές της ίδιας του της συνείδησης. Εάν το σχέδιό του είχε καταλαγιάσει την καταιγίδα, θα ήταν ικανοποιημένος διότι έδρασε βασιζόμενος στην ισότητα. Μα ήταν δήμαρχος στον πραγματικό κόσμο, και μερικές φορές ο πραγματικός κόσμος δεν συμπεριφέρεται όπως οι φιλόσοφοι πιστεύουν ότι θα έπρεπε.

Ενώ η θρησκευτική ομάδα προσπάθησε επανειλημμένα να προσεγγίσει την κοινότητα γενικότερα και τους αντιρρησίες συγκεκριμένα, οι προσπάθειές της δεν ευοδώθηκαν. Οι διαμαρτυρίες έφτασαν σε τέτοιο επίπεδο που, φοβούμενος για το πολιτικό του μέλλον, ο Μάικλ ένιωσε πως έπρεπε να επιτρέψει την απαιτούμενη νομική δράση. Η προσφυγή για το κλείσιμο του ξενώνα ηττήθηκε τελικά στο δικαστήριο, οπότε στο τέλος η πόλη απέκτησε τον ξενώνα.

Ο Μάικλ ήταν αισιόδοξος για το ότι θα μπορούσε να επανεκλεγεί, μα ήταν επίσης και τόσο αποκαρδιωμένος για το ρόλο της αρετής σε μια δημοκρατία που ήταν αβέβαιος αν πραγ-

---

* *Ηθικά Νικομάχεια*, μτφρ. Ανδρέας Δαλέζιος, εκδ. Πάπυρος, Αθήνα, 1975. (Σ.τ.Μ.)

ματικά ήθελε το αξίωμα για άλλη μία περίοδο. Αν και ήταν ευχαριστημένος με το τελικό αποτέλεσμα, ένιωθε πως είχε θέσει σε κίνδυνο τις αρχές του επιτρέποντας τη μήνυση. Από την άλλη, ακόμη και εκ των υστέρων, δεν μπορούσε να βρει κάποιον άλλο, πιο ικανοποιητικό τρόπο αντιμετώπισης της διαμάχης.

Χρειάζονται εύσημα στον Μάικλ που εργάστηκε τόσο σκληρά για να ενεργήσει ηθικά σε έναν κόσμο συχνά εχθρικό προς αυτούς που προσπαθούν να το κάνουν αυτό. Μπορεί να βρει τελεολογική ηρεμία στο γεγονός ότι το αποτέλεσμα ήταν το σωστό, αν και η διαδικασία που ακολουθήθηκε για να φτάσει η κατάσταση εκεί δεν ήταν ακριβώς η καλύτερη. Η προσπάθεια να ξεκαθαρίσει κανείς κάτι βρόμικο, ενώ συνάμα προσπαθεί να παραμείνει και ο ίδιος καθαρός, δεν είναι ποτέ εύκολη και πολύ συχνά είναι αδύνατη, όπως διαπίστωσε ο Μάικλ. Μα σε τι κατάσταση θα βρισκόμαστε αν κανείς δεν προσπαθούσε ποτέ;

Ο ΜΥΘΟΣ ΤΟΥ ΔΑΧΤΥΛΙΔΙΟΥ ΤΟΥ ΓΥΓΗ

Θα ήθελα να σας αφήσω με μία πιθανή απάντηση σε ένα αίνιγμα 2.500 χρόνων, που περιγράφει πόσο δύσκολο είναι να χαρακτηρίσει κανείς κάτι καλό ή κακό. Ο Πλάτωνας επαναλαμβάνει το μύθο του δαχτυλιδιού του Γύγη για να θέσει τα θεμέλια για το βιβλίο του *Πολιτεία*. Σε ένα διάλογο μεταξύ του Γλαύκωνα και του Σωκράτη, ο Γλαύκωνας αφηγείται την ιστορία: Ένας βοσκός βρίσκει τυχαία ένα μαγικό δαχτυλίδι το οποίο ήταν πασίγνωστο πως έκανε τον ιδιοκτήτη του αόρατο κατά βούληση. Δεν χάνει καιρό να ανακαλύψει όλα τα πράγματα που του επιτρέπει αυτή η ιδιότητα να κάνει: Να κρυφακούει, να κλέβει και να καταπατά ξένη περιουσία, και έτσι αρκετά γρήγορα συγκεντρώνει περιουσία, σαγηνεύει τη βασίλισσα, σκοτώνει το βασιλιά και έτσι γίνεται κυρίαρχος της χώρας. Δεν μπορεί να τον εντοπίσει κανείς όταν αυτός δεν θέλει να εντοπιστεί, οπότε γλιτώνει από τις επιπτώσεις όλων των πράξεών του και, επιπλέον, απολαμβάνει πια τη βασιλική ασυλία.

Θα μπορούσε αυτή να είναι μία περίπτωση που τελικά το έγκλημα αποδίδει; Δεν νομίζω, γιατί οι ηθικές ατασθαλίες έχουν τη δική τους ζωή. Εάν οι βουδιστές έχουν δίκιο (όχι ότι ο βουδισμός ήταν στο θεματολόγιο του Πλάτωνα), ο βοσκός-βασιλιάς θα έπρεπε να προσέχει να μην κάθεται με την πλάτη του στην πόρτα. Μπορεί να έφτασε στην κορφή του βουνού, μα τώρα πια δεν είχε άλλη διέξοδο από το να ξανακυλήσει προς τα κάτω.

Μα ο Πλάτωνας δεν τελειώνει εδώ με την ιστορία του. Ο Γλαύκωνας ρωτάει τον Σωκράτη πώς μπορούμε να πούμε πως ό,τι έκανε ο βοσκός ήταν κακό. Όλοι θα παίρναμε το δαχτυλίδι εάν μας δινόταν η ευκαιρία και εάν είχαμε το δαχτυλίδι, δεν θα κάναμε όλοι τα ίδια πράγματα; Σκεφτείτε το: Να κάνετε ό,τι θέλετε, χωρίς κίνδυνο τιμωρίας. Η απάντηση του Σωκράτη (ή του Πλάτωνα) είναι η *Πολιτεία*, στην οποία περιγράφει μια κοινωνία τόσο τέλεια που αν ένας αγωγιάτης έφτανε στην πόλη με ένα καρότσι γεμάτο τέτοια δαχτυλίδια, κανείς δεν θα αγόραζε ούτε ένα από αυτά. Εάν όλοι είχαν ό,τι ήθελαν, ήταν όλοι ικανοποιημένοι και πλήρεις, τι χρησιμότητα θα είχε ένα τέτοιο δαχτυλίδι για οποιονδήποτε; Η μόνη του χρησιμότητα είναι το να αποκτήσεις αυτό που θέλεις, αλλά δεν έχεις άλλο τρόπο να το αποκτήσεις.

Η αισιόδοξη άποψη του Πλάτωνα είναι ότι θα πρέπει να προσπαθούμε να δημιουργήσουμε αυτό τον τέλειο κόσμο, αντί να αφιερώνουμε την ενέργειά μας για να βρίσκουμε τρόπο να αποφεύγουμε τις επιπτώσεις των πράξεών μας. Ο Πλάτωνας είχε ένα συγκεκριμένο πολιτικό όραμα στο μυαλό του για αυτή την ουτοπία. Μα πιστεύω πως προσωπικές ενέργειες και ατομική υπευθυνότητα είναι οι πρώτες σανίδες που αποτελούν αυτή την πλατφόρμα. Βάζετε τα θεμέλια ακόμη και τώρα, όταν δεσμεύεστε να εργαστείτε για να δημιουργήσετε ένα ηθικό πλαίσιο στη ζωή σας.

> «Κατ᾽ ανάγκην λοιπόν η κακή ψυχή και κακώς θα σκέπτεται και κακώς θα κυβερνά, ενώ απεναντίας η καλή ψυχή όλα αυτά θα εκτελή καλώς... –Η δικαία λοιπόν ψυχή και ο δίκαιος άνθρωπος θα ζη καλά, το εναντίον δε ο άδικος... – Λοιπόν ο μεν δίκαιος είναι ευτυχής, ο δε άδικος άθλιος και δυστυχής».
>
> ΠΛΑΤΩΝΑΣ*

Προσωπικά θα μου άρεσε να ζω σε έναν κόσμο που οι άνθρωποι αποφεύγουν να κάνουν πράγματα επειδή είναι λάθος, όχι απλά επειδή φοβούνται ότι θα συλληφθούν. Προσδοκώ την ημέρα που θα δω τον αστυνομικό στην τηλεόραση να δείχνει απορημένος όταν ο δημοσιογράφος τον ρωτήσει τι του πέρασε από το μυαλό όταν παρέδωσε τις 35.000 δολάρια, αντί να τα κρατήσει. Τα χρήματα δεν του ανήκαν. Η δουλειά του είναι η επιβολή του νόμου. Τι άλλο θα μπορούσε να κάνει με τα χρήματα από το να τα παραδώσει ως αποδεικτικά στοιχεία;

---

* *Πολιτεία*, μτφρ. Ι. Ν. Γρυπάρης, εκδ. Βιβλιοθήκη Αρχαίων Ελλήνων Κλασικών. (Σ.τ.Μ.)

12

ΒΡΙΣΚΟΝΤΑΣ ΝΟΗΜΑ ΚΑΙ ΣΚΟΠΟ

«Ο ισχυρισμός ότι η ύπαρξη είναι παράλογη ισοδυναμεί με την άρνηση ότι μπορεί ποτέ να της δοθεί νόημα. Το να λες πως είναι ασαφής ισοδυναμεί με το να υποθέτεις πως το νόημά της δεν είναι σταθερό ποτέ, ότι πρέπει διαρκώς να κερδίζεται».

ΣΙΜΟΝ ΝΤΕ ΜΠΟΒΟΥΑΡ

«Τίποτα δεν συμβάλλει τόσο πολύ στην ηρεμία του νου όσο ένας σταθερός σκοπός, ένα σημείο πάνω στο οποίο η ψυχή μπορεί να εστιάσει το νοητικό της μάτι».

ΜΑΙΡΗ ΓΟΥΛΣΤΕΝΚΡΑΦΤ

Μια μεγάλη φιλοσοφική πανώλη του εικοστού αιώνα, που σίγουρα θα μας ακολουθήσει και στο τέλος της χιλιετίας, είναι το γενικευμένο αίσθημα της προσωπικής έλλειψης νοήματος. Τόσοι πολλοί άνθρωποι βρίσκονται χωρίς σταθερή αίσθηση σκοπού ή νοήματος στη ζωή τους, έτσι ώστε η έλλειψη αυτή έχει αρχίσει να θεωρείται φυσιολογική. Μα λίγοι ζουν ευτυχισμένα με αυτό τον τρόπο. Γενικά δεν είμαστε ικανοποιημένοι με την ιδέα ότι η ζωή μας και ο κόσμος μας είναι τελείως συμπτωματικά και χωρίς ρίμα ή λογική. Όσο πιο πολύ κοιτάμε προς αυτή την κατεύθυνση χωρίς να βρίσκουμε εξήγηση, τόσο δυσκολότερο γίνεται να το αντέξουμε.

Οι υπαρξιστές φέρουν μόνο μερική ευθύνη. Ήταν τόσο άνετοι, συχνάζοντας στην Αριστερή Όχθη, καπνίζοντας τσιγάρα, σκεπτόμενοι βαθιές σκέψεις και γράφοντας φιλοσοφία και ποιήματα σε χαρτοπετσέτες και τραπεζομάντιλα. Οι υπαρξιστές πραγματικά διέπρεψαν κάνοντας να φαίνεται ρομαντικό το να σκοτώνεις το Θεό και να προχωρείς στην άβυσσο.

ΙΣΩΣ ΕΙΝΑΙ ΑΠΛΑ ΜΙΑ ΦΑΣΗ

Το να θέσουμε αποκλειστικά στο επίκεντρο μόνο τη σκοτεινή πλευρά των υπαρξιστών είναι δικό μας λάθος, γιατί απλά ξύσαμε την επιφάνεια του έργου τους. Κατά βάθος, ο υπαρξισμός δεν αναφέρεται απλώς και μόνο στο άγχος και το φόβο ή στην πλήξη. Όταν συμβαίνει αυτό, δεν είναι καλός για εσάς, γιατί σας ληστεύει πολλά από τα πλούτη της ζωής. Για αυτό το λόγο θεωρώ πως ο υπαρξισμός είναι μία φάση, κάτι που σε επηρεάζει αλλά το ξεπερνάς. Οι πιο επιτυχημένοι υπαρξιστές διέσωσαν μια αιώνια αίσθηση νοήματος και καθήκοντος από τις στάχτες ενός κόσμου που μέχρι πρόσφατα θεωρούσαμε πως είχε σχεδιαστεί και δημιουργηθεί από μια ανώτερη δύναμη. Ο υπαρξισμός ερωτά: «Χωρίς Θεό, χωρίς ένα ανώτερο σχέδιο, τι πρέπει να κάνουμε;» Μόνο ακολουθώντας το δρόμο τους μέχρι τέλους προς το σκοπό αυτό, μπορείτε να αποκαταστήσετε την αίσθησή σας του σκοπού. Όσο εργάζεστε με την παραδοχή ότι υπάρχει το σωστό, ο σκοπός σας γίνεται η ανακάλυψή του και η συντέλεσή του.

Ο υπαρξισμός επίσης υπερτιμά την αυθεντικότητα, την ατομική ευθύνη και την ελεύθερη θέληση. Έτσι, τα καλά νέα είναι ότι έχετε την επιλογή για το πώς θα προσεγγίσετε το κενό που δημιουργείται από την εξαγγελία ότι ο Θεός είναι νεκρός. Πολλοί άνθρωποι βυθίζονται στον υπαρξισμό, συμπεραίνουν πως η ζωή είναι μάταιη και αναρωτιούνται γιατί, εφόσον ισχύει αυτό, θα έπρεπε να τους απασχολεί οτιδήποτε. Εδώ έρχεται το αγαπημένο μου επιχείρημα, προκειμένου να σταματήσει η ολίσθηση στην υπαρξιστική κατάθλιψη: Αν η ζωή όπως τη γνωρίζουμε είναι στην πραγματικότητα ένα φανταστικά απίθανο συμβάν, τόσο περισσότεροι λόγοι υπάρχουν για να την εκτιμήσουμε. Εάν προερχόμαστε από το τίποτα και θα επιστρέψουμε στο τίποτα, λέω να περάσουμε το χρόνο που έχουμε γιορτάζοντας αυτό το ελάχιστο κάτι της ζωής. Ο χρόνος μας είναι πολύτιμος, ουσιαστικά αναντικατάστατος. Ζήστε αυθεντικά λοιπόν. Το τέχνασμα εδώ είναι ότι πρέπει να βρείτε τι σημαίνει για εσάς να ζείτε αυθεντικά, μα ένα πράγμα που σίγουρα υπονοείται είναι η εμπλοκή, και όχι η απόσυρση, από τη ζωή καθ' εαυτή. Χρησιμοποιήστε την ελεύθερη θέλησή σας για να επιλέξετε την ανανεωμένη εκτίμηση της κάθε στιγμής αντί της απελπισίας.

Αυτές οι απόψεις του υπαρξισμού είναι καινούριες στους περισσότερους ανθρώπους, εντούτοις, και πολλοί έχουν μείνει προσκολλημένοι στην ασαφή έννοια του Θεού που είναι νεκρός, της κόλασης που είναι οι άλλοι άνθρωποι, της ναυτίας του τίποτα και του παραλογισμού της ζωής. Μην ανησυχείτε. Ο φιλικός φιλόσοφος της γειτονιάς σας είναι εδώ για να σας βοηθήσει να δείτε μέσα στο σκοτάδι. Και αφού γνωρίζω ότι θα με ρωτήσετε: Όχι, δεν έχω την τελική απάντηση στο ερώτημα «Ποιο είναι το νόημα της ζωής;». Ακόμη και αν τη γνώριζα, μπορεί να μην ήταν η ίδια για εσάς. Αφού όμως αυτή ήταν μια κλασική πορεία έρευνας για φιλόσοφους στο πέρασμα των αιώνων, ωστόσο, έχω κάποια εργαλεία που μπορείτε να χρησιμοποιήσετε για να απαντήσετε στην ερώτηση από μόνοι σας.

ΝΟΗΜΑ ΚΑΙ ΣΚΟΠΟΣ

Το πρώτο βήμα είναι να διαχωρίσετε το νόημα από το σκοπό. Αυτές οι λέξεις γενικά χρησιμοποιούνται αλληλένδετες, μα θα ήθελα να τονίσω τη μεταξύ τους διάκριση, για να σας βοηθήσω να τις επαναφέρετε και τις δύο στη ζωή σας. Ο σκοπός είναι ένα τελειωτικό αποτέλεσμα ή αντικείμενο προς επίτευξη. Είναι ένας στόχος. Το νόημα έχει να κάνει με το πώς κατανοείτε τη ζωή σας σε διαρκή βάση. Το νόημα υπάρχει στον τρόπο με τον οποίο γίνονται τα πράγματα, όχι απαραίτητα στο τελικό αποτέλεσμα. Η κατανόηση εξαρτάται από την εμπειρία, και το νόημα, όπως η εμπειρία, είναι πολύ προσωπικό.

Ας υποθέσουμε πως κάθεστε σε ένα εστιατόριο, διαβάζοντας τον κατάλογο. Ποιος είναι ο σκοπός του καταλόγου; Να σας βοηθήσει να διαλέξετε κάτι για να φάτε. Ποιο είναι το νόημα του καταλόγου; Να σας πληροφορήσει για τις επιλογές σας. Εάν βρίσκεστε σε ένα εστιατόριο στη Γαλλία και δεν γνωρίζετε ούτε λέξη γαλλικά, τότε ο κατάλογος δεν έχει νόημα για εσάς, ακόμη και αν γνωρίζετε το σκοπό του. Άρα, μπορείτε να βρείτε σκοπό χωρίς νόημα. Από την άλλη, εάν πάτε σε ένα εστιατόριο και καταλαβαίνετε τον κατάλογο μια χαρά, μα βρίσκετε τις τιμές τόσο εξωφρενικές ώστε να μη θέλετε ή να μην μπορείτε να παραγγείλετε φαγητό, τότε ο κατάλογος έχει νόημα για εσάς, αλλά δεν εξυπηρετεί κανένα σκοπό. Άρα μπορείτε να βρείτε και νόημα χωρίς σκοπό. Τώρα πάλι, φανταστείτε κάποιον που δεν έχει ξαναπάει ποτέ του σε εστιατόριο και επιπλέον δεν γνωρίζει να διαβάζει. Ο κατάλογος δεν θα έχει νόημα και δεν θα εξυπηρετεί κανένα σκοπό για αυτόν. Τέλος, φανταστείτε ότι ο κατάλογος περιέχει λαχταριστές φωτογραφίες των κυρίως πιάτων, και φανταστείτε κάποιον που, αντί να παραγγείλει φαγητό, αρχίζει να τρώει τις φωτογραφίες. Αυτό το πρόσωπο θα είχε μπλέξει το νόημα με το σκοπό.

Το ίδιο ισχύει όταν ταξιδεύετε με το αυτοκίνητό σας και συμβουλεύεστε τον οδικό χάρτη. Το νόημα του χάρτη είναι η αναπαράσταση της περιοχής, ενώ ο σκοπός του είναι να σας οδηγήσει στον προορισμό σας. Συνήθως δεν υποθέτει κανείς πως αν χαράξει τη διαδρομή που θέλει να ακολουθήσει, τελειώνει και το πραγματικό ταξίδι. Ξανά, έτσι θα μπερδεύαμε το νόημα με το σκοπό. Αυτή είναι ουσιαστικά η φιλοσοφική συμβουλή του Άλφρεντ Κορζίμπσκι (και αργότερα του Άλαν Ουάτς), που προειδοποίησαν ότι ο κατάλογος δεν είναι το γεύμα και ο χάρτης δεν είναι η περιοχή. Ομοίως, το νόημα δεν είναι ο σκοπός.

> «Ένας χάρτης δεν είναι η περιοχή που απεικονίζει, μα, εάν είναι σωστός, έχει παρόμοια δομή με την περιοχή, κάτι το οποίο αποτελεί και τη χρησιμότητά του».
>
> ΑΛΦΡΕΝΤ ΚΟΡΖΙΜΠΣΚΙ

Έτσι, εάν ήδη έχετε κάποιο σκοπό, τότε η κατανόηση του νοήματος των πραγμάτων μπορεί να σας βοηθήσει να τον επιτύχετε. Μα εάν δεν έχετε σκοπό, ή δεν μπορείτε να ανακαλύψετε κάποιον, τότε τα νοήματα είναι λιγότερο χρήσιμα για εσάς. Ο πιο ακριβής χάρτης στον κόσμο είναι άχρηστος, εάν δεν πάτε πουθενά. Και πάλι, δεν θέλετε πάντα ένα χάρτη ή την ανάγκη να ξέρετε πού πηγαίνετε. Τα ψώνια σε μία ξένη πόλη χωρίς ταξιδιωτικό οδηγό ή η εξερεύνηση της άγριας φύσης χωρίς χάρτη μπορεί να είναι τολμηρά διαβήματα αλλά και να περιέχουν ανταμοιβές. Ο σκοπός μπορεί να είναι απλά η εξερεύνηση και μπορείτε να τοποθετήσετε ένα νόημα σε οτιδήποτε συναντήσετε στο ταξίδι σας. Έτσι επιστρέφουμε στην ατομική φιλοσοφική προδιάθεση: Το νόημα και ο σκοπός εξαρτιούνται κατά πολύ από εσάς. Απλά πράγματα μπορεί να έχουν νόημα· ανεξήγητα πράγματα μπορεί να ενσωματώνουν υψηλούς σκοπούς.

> «Ασπάζομαι το συνηθισμένο, ερευνώ και προσκυνώ το γνωστό, το ταπεινό. Δώστε μου επίγνωση για το σήμερα και μπορείτε να κρατήσετε τους κόσμους του παρελθόντος και του μέλλοντος. Τίνος πράγματος το νόημα θα ξέραμε πραγματικά; Της τροφής που είναι μέσα στο δοχείο· του γάλακτος στην κατσαρόλα· της μπαλάντας που ακούγεται στο δρόμο· των νέων που φέρνει το καράβι».
>
> ΡΑΛΦ ΟΥΑΛΝΤΟ ΕΜΕΡΣΟΝ

Είμαστε πολύ πιο χαρούμενοι εάν πιστεύουμε ότι έχουμε ένα σκοπό, ανεξάρτητα από τη γνώση του ποιος είναι ο σκοπός ή ποιος θα είναι. Μα είμαστε πιο χαρούμενοι ακόμη, εάν ξέρουμε ποιος είναι ο σκοπός, γιατί αυτό μας βοηθά να βρούμε νόημα. Πολλά πράγματα με νόημα δεν είναι μέρος του σκοπού μας, αν και αυτό δεν τα κάνει να έχουν λιγότερη σημασία. Μπορούμε επίσης να βρούμε νόημα τριγύρω μας χωρίς να γνωρίζουμε ποιος είναι ο σκοπός μας (και επίσης χωρίς να γνωρίζουμε τι ταιριάζει στο σκοπό μας). Μπορεί επίσης να είσαστε βέβαιοι για τον κυρίαρχο σκοπό σας, μα να μάχεστε ενάντια στην έλλειψη νοήματος κάθε ημέρα. Έτσι ο σκοπός δεν είναι κανενός είδους εγγύηση για να νιώσετε πως η ζωή σας έχει νόημα, σε περίπτωση που σκέφτεστε απλά να συνταχθείτε με κάποιον που σας προσφέρει έναν ήδη έτοιμο σκοπό.

Μπορεί να έχετε ένα σκοπό που χαρακτηρίζει όλη σας τη ζωή ή, το πιθανότερο, μία εναλλασσόμενη ακολουθία σκοπών σε διαφορετικές στιγμές της ζωής σας. Μπορεί να βρείτε στην πατρότητα/μητρότητα τον υψηλότερο σκοπό για μεγάλο χρονικό διάστημα. Μα τη στιγμή που τα παιδιά σας θα έχουν μεγαλώσει, μπορεί να μεταφέρετε την έμφαση προς την καριέρα σας ή την προσωπική σας ανάπτυξη. Ή, για να σας δώσω ένα άλλο παράδειγμα, μπορεί να νιώσετε κλίση προς την οδοντιατρική, μα εάν θέλετε να κάνετε περισσότερα από το να υπομείνετε τη συνταξιοδότηση, θα ήταν καλύτερα να έχετε κάποια άλλη προτεραιότητα μέχρι τον καιρό που θα πάψετε να βλέπετε ασθενείς κάθε ημέρα. Ο παρών σκοπός θα μπορούσε επίσης να ήταν η εύρεση του επόμενου σκοπού ή του κυριότερου σκοπού σας, όπως ο φυσικοθεραπευτής στο Κεφάλαιο 10 που άφησε την εργασία του χωρίς να γνωρίζει τι θα έκανε μετά για να κερδίσει τα προς το ζην. Αξίζει εδώ να επαναλάβουμε τον *Εκκλησιαστή*: «Χρόνος εἶναι εἰς πάντα, καί καιρός παντί πράγματι ὑπό τόν οὐρανόν».

Ο σκοπός είναι πολύ πιο πεισματικός από ό,τι φαντάζεστε, ακόμη και αν δεν τον αναγνωρίζετε. Θα πρέπει να το θυμάστε αυτό εάν ποτέ σκεφτείτε να υιοθετήσετε το όνειρο κάποιου άλλου για δικό σας. Δεν έχει σημασία πόσο πολύ καιρό είχε η θεία σας το όνειρο να σας δει νευροχειρούργο, εάν το παίξιμο του όμποε είναι το μόνο πράγμα που σας συγκινεί, προχωρήστε και πιάστε την μερικής απασχόλησης εργασία στη συμφωνική και μία ημερήσια δουλειά για να πληρώνετε το νοίκι. Οι ιατρικές σχολές θα υπάρχουν πάντα σε περίπτωση που αλλάξετε γνώμη και δεν θα ηρεμήσετε ποτέ εάν αγνοείτε τις επιθυμίες σας. Ο σκοπός σας δεν θα αποτραπεί εύκολα.

Διευθύνω μία μηνιαία συνάντηση φιλοσόφων σε ένα τοπικό βιβλιοπωλείο, και ένας από τους μονίμως παρόντες είναι κάποιος αυτοανακηρυγμένος μηδενιστής, που δεν πιστεύει σε τίποτα, δεν έχει ιδεώδη, πίστη ή σκοπό. Μα είναι εκεί κάθε μήνα, πάντα στο κέντρο μιας ομάδας ανθρώπων, προσπαθώντας να επιλύσει κάποιο θέμα, ξεκάθαρα απολαμβάνοντας τις αντιδράσεις που προκαλεί με την ακραία στάση του. Μήπως ο σκοπός του είναι να λέει σε όλους πως δεν υπάρχει σκοπός; Η άρνηση του νοήματος έχει νόημα για αυτόν.

Χωρίς την ευελιξία της επιδίωξης διαφορετικών σκοπών κατά τη διάρκεια της ζωής σας, μπορεί να καταλήξετε σαν την πιο δημοφιλή βασίλισσα του χορού που ζει σε περασμένα μεγαλεία, είκοσι χρόνια αργότερα, χωρίς κανένα καινούριο όραμα για τον εαυτό της. Δεν είμαστε φτιαγμένοι για να κάνουμε μόνο ένα πράγμα. Είμαστε φτιαγμένοι για να κάνουμε ένα πράγμα κάθε φορά. Μην κολλάτε μόνο σε ένα πράγμα, εκτείνοντάς το πέρα από τον καιρό του. Αν έχετε εκπληρώσει ένα σκοπό, κανείς δεν μπορεί να το πάρει αυτό από εσάς. Μα δεν θα κρατήσει αυτό για πάντα. Τίποτα δεν κρατάει για πάντα. Μπορείτε να το χαρείτε και να το ξαναζήσετε, μα πρέπει να είστε πρόθυμοι και να το εγκαταλείψετε. Μπορεί να μη βρείτε κάποιον άλλο αν δεν μπορείτε να ξεπεράσετε το σκοπό που έχετε. Δεν είναι κάτι εύκολο, γι' αυτό και αναγνωρίζετε την εικόνα της βασίλισσας του χορού που δεν μπορεί να πάει παρακάτω. Είναι μια συνηθισμένη κατάσταση. Στο «To An Athlete Dying Young», ο Α. Ε. Χάουζμαν γράφει: «Έξυπνος νεαρός, ξεγλιστρά μερικές φορές μακριά / Από αθλοπαιδιές που η δόξα δεν μένει /.../ Τώρα κανείς δεν θα ασθμαίνει στη διαδρομή / Νέων που οι δόξες τους είναι άχρηστες...» Εάν θα προτιμούσατε να μην πεθάνετε νέοι απλά για να αποφύγετε μία σημαντική αλλαγή σκοπού, η άλλη επιλογή σας θα ήταν να επιτρέψετε σε άλλους σκοπούς να εμφανιστούν καθώς τελειώνετε με τους παλιούς. Χρειάζεται κουράγιο, μα πρέπει να συνεχίσετε.

Ο σκοπός δεν είναι κάτι που μπορείτε να αποκτήσετε απλά επειδή έχετε όρεξη να βρείτε έναν. Κανένας και τίποτα δεν μπορεί να σας δώσει σκοπό. Μπορεί να χρειαστεί να τον βρείτε από μόνοι σας. Οι αληθινοί σκοποί μπορεί να μην είναι εμφανείς και μπορεί να κάνουν αρκετό καιρό να αναπτυχθούν, μα αυτό δεν σημαίνει ότι δεν υπάρχουν. Όσο καιρό βρίσκετε νόημα στη διαδρομή, αυτός ο καιρός δεν πάει χαμένος.

Επίσης είναι ευκολότερο να πιστέψετε σε έναν άγνωστο σκοπό από το να αποκρυπτογραφήσετε ένα άγνωστο νόημα. Το να βρίσκετε νόημα μπορεί να είναι μία διαρκής πρόκληση. Ταυτόχρονα, πρέπει να κρατάτε τα πράγματα σε συσχετισμό. Ενώ είστε κολλημένοι σε ένα τερατώδες μποτιλιάρισμα, ο εκνευρισμός σας και τα χαμένα λεπτά μπορούν να εξαφανίσουν νόημα και σκοπό. Αντί να αναπτύξετε οδικό μένος, θα ήταν καλύτερο να αναλογιστείτε το αναπόφευκτο πέρασμα του χρόνου και την καλύτερη χρήση του.

> «Κρατήστε γερά το χρόνο! Φρουρήστε τον, προστατεύστε τον, κάθε ώρα, κάθε λεπτό! Γλιστρά απαρατήρητος... Κρατήστε κάθε λεπτό σαν να είναι ιερό. Δώστε σε κάθε λεπτό σαφήνεια και νόημα, στο καθένα το βάρος της επίγνωσής σας, στο καθένα την αληθινή και πρέπουσα ολοκλήρωσή του».
>
> ΤΟΜΑΣ ΜΑΝ

Αντί να κορνάρετε ή να βρίσετε τον ανόητο που μόλις σας έκλεισε το δρόμο ή να αρχίσετε την ανταλλαγή πυροβολισμών μαζί του, πάρτε μία βαθιά ανάσα. Αντί να κάνετε άσεμνες χειρονομίες σε κάποιον που σας κορνάρει, σκεφτείτε πόσο τυχεροί είστε που αναπνέετε. Δεν μπορείτε να εξαϋλώσετε το μποτιλιάρισμα, μα μπορείτε να εξαϋλώσετε το άγχος που σας προκαλεί το ότι έχετε παγιδευτεί σε αυτό.

Στο ποίημα «Αν», η πρόταση του Κίπλινγκ για επιτυχή διαβίωση είναι να «γεμίσουμε το αχάριστο λεπτό με αγώνα δρόμου αξίας εξήντα δευτερολέπτων». Οδηγούσε στην ανεύρεση νοήματος στις μικρές στιγμές της συνηθισμένης ζωής, αντί να τις σπαταλάμε, και στην εμφάνιση σκοπών από την αφομοίωση αυτών των στιγμών. Αυτός ο δρόμος είναι στρωμένος με νόημα και οδηγεί στο σκοπό.

> «Αν το μπορείς την ώρα
> που ο θυμός σου θέλει να ξεσπάσει
> να κρατηθείς νηφάλιος
> και τη γαλήνη σου την πρώτη
> να ξανάβρεις,
> δικιά σου τότε θα 'ναι η Γη
> κι όλα εκείνα που κατέχει
> και –ό,τι αξίζει πιο πολύ–
> Άντρας σωστός
> τότε θε να 'σαι, γιε μου!»
>
> ΡΑΝΤΓΙΑΡΝΤ ΚΙΠΛΙΝΓΚ*

Αντίστοιχα, θα γίνεις Γυναίκα, κόρη μου (μόνο που αυτό δεν εμφανίζεται και δεν έχει ομοιοκαταληξία).

---

* *Αν*, μτφρ. Δημήτρης Χουλιαράκης, εκδ. Καστανιώτη, Αθήνα, 1993. (Σ.τ.Μ.)

Μπορεί να γίνει πολύ δύσκολο να κατανοήσουμε τη ζωή μας μερικές φορές. Θα θέλαμε να βρούμε ένα προϋπάρχον σχέδιο, κάτι περισσότερο από μία συλλογή συνηθειών ή μία τάση για αναπαραγωγή. Θα θέλαμε αυτό το σχέδιο να μας ωθεί προς καλύτερα πράγματα. Μία τέτοια αισιόδοξη άποψη είναι το πιο καταπραϋντικό παυσίπονο όταν κάτι μας πονά. Άσχημα πράγματα μπορεί να συμβούν, μα τουλάχιστον το να τα βιώσουμε μπορεί να μας κάνει να γίνουμε καλύτεροι άνθρωποι. Φιλόσοφοι από τον Ηράκλειτο έως τον Λάο Τσου συμφωνούν ότι η αλλαγή είναι το μόνο σταθερό στη ζωή και όλοι έχουμε τις ανόδους και τις καθόδους μας. Θα θέλαμε να πιστεύουμε πως ό,τι περνάμε (κυρίως τα άσχημα) έχει σκοπό να μας διδάξει ένα μάθημα και να μας επιτρέψει να γίνουμε κάτι περισσότερο από όσα θα μπορούσαμε να γίνουμε σε άλλες περιστάσεις. Δεν μπορώ να σας πω αν κάποιος ή κάτι μας έχει δώσει αυτές τις εμπειρίες με κάποιο σκοπό, αν θα μάθουμε κάτι ή τίποτα από αυτές. Μα ως άτομα με ελεύθερη βούληση, μπορούμε σίγουρα να διαλέξουμε να χρησιμοποιήσουμε οτιδήποτε παρεμβάλλεται στο δρόμο μας σαν υλικό για την προσωπική μας εξέλιξη.

Η ΕΚ ΤΩΝ ΥΣΤΕΡΩΝ ΑΝΤΙΛΗΨΗ ΕΙΝΑΙ ΟΞΥΤΑΤΗ

Πολλοί από τους πελάτες μου θεωρούν χρήσιμο να μιλούν και να σκέπτονται για το νόημα και το σκοπό. Αυτοί που νιώθουν χαμένοι συχνά συνειδητοποιούν πως στην πραγματικότητα είναι δεμένοι στο ένα, που αποτελεί το έρμα τους, ενώ ανακαλύπτουν το άλλο. Καταλάβετε πως δεν είναι ανάγκη να έχετε κάθε στιγμή και τα δυο για να ζήσετε μια ικανοποιητική ζωή.

Η προσωρινή αβεβαιότητα για το σκοπό δεν είναι το ίδιο με το να ζείτε μια άσκοπη ζωή. Επιπλέον, είναι λάθος να υποθέτετε ότι κάποια εμπειρία σας δεν έχει νόημα απλά επειδή δεν βλέπετε αμέσως το νόημά της. Θα σας το αποδείξω αυτό.

Λάβετε υπόψη σας έναν άνδρα ο οποίος, αναπολώντας τη ζωή του μετά από εξήντα έξι χρόνια, πίστευε πως ήταν αξιοθρήνητα αποτυχημένος: τον Ουίνστον Τσόρτσιλ. Υπήρξε στρατιώτης, δημοσιογράφος, βουλευτής και συγγραφέας, δημοσιεύοντας το πρώτο του βιβλίο πριν κλείσει τα είκοσι πέντε. Υπηρέτησε ως αρχηγός του Γενικού Επιτελείου του Βασιλικού Ναυτικού. Εξελέγη βουλευτής ενώ ήταν ακόμη νεαρός και στη συνέχεια υπηρέτησε σε ευρύ φάσμα ισχυρών κυβερνητικών θέσεων. Μα ήταν πεπεισμένος ότι ο αληθινός σκοπός της ζωής του ήταν να γίνει πρωθυπουργός και, αποτυγχάνοντας μέχρι τότε να αποκτήσει τη θέση, ένιωθε ανάξιος παρά τα πολλά του επιτεύγματα. Ο καιρός του ήρθε, βέβαια, και η ιστορία έχει για αυτό τον άνθρωπο άποψη τελείως αντίθετη από την άποψη που είχε για τον εαυτό του σε ηλικία εξήντα έξι ετών.

Έχοντας την εκ των υστέρων αντίληψη οξύτατη, μπορούμε να δούμε ότι όλες οι προηγούμενες εμπειρίες του ήταν απαραίτητη προετοιμασία για το υψηλότερο αξίωμα της κυβέρνησης και ότι δεν θα γινόταν ο μεγάλος παγκόσμιος ηγέτης που ήταν, εάν είχε πάει στη Ντάουνινγκ Στριτ 10 πολύ σύντομα. Οι μοιρολάτρες θα έλεγαν ότι η ιστορία τού είχε διαφυλάξει τον υπέρτατο σκοπό του, να αντισταθεί στον Χίτλερ και να κερδίσει τη Μάχη της Αγγλίας, αν και δεν θα μπορούσε να το γνωρίζει αυτό ενώ προετοιμαζόταν να τον εκπληρώσει.

Δεν κάνετε απλά το άλμα από το πουθενά στο κάπου. Πάντα είστε κάπου. Ακόμη και αν δεν θέλετε να βρίσκεστε εκεί που είσαστε τώρα, ή δεν ξέρετε πού είσαστε, και αυτό είναι ένα μέρος του δρόμου σας. Ο Τσόρτσιλ νόμιζε πως είχε χάσει την ευκαιρία του, χωρίς να συνειδητοποιεί ότι ήταν στο σωστό μονοπάτι, αλλά δεν είχε ακόμη φτάσει στον προορισμό του. Εάν και εσείς, όπως και ο Τσόρτσιλ (απολαύστε το τώρα, δεν σας δίνεται κάθε ημέρα η ευκαιρία να πείτε: «Α, ναι, είμαι ακριβώς σαν τον Ουίνστον Τσόρτσιλ»), νομίζετε πως έχετε χαθεί, μπορεί απλά να μην καταλαβαίνετε ακόμη το σχέδιο. Μπορεί να κατευθύνεστε προς κάτι, ή έχετε ήδη εμπλακεί σε κάτι, σημαντικό για εσάς, χωρίς να το ξέρετε.

Μία ζωή με νόημα έχει πάντα περίπλοκο σχέδιο και εάν είναι περίπλοκο, τότε έχει στοιχεία που δεν κατανοούμε καθώς αυτά συμβαίνουν. Μόνο αργότερα θα καταλάβουμε πού ταιριάζουν με το σχέδιο. Η Γιουντόρα Ουέλτι συνιστά «διαρκή σεβασμό για το άγνωστο στη διάρκεια της ζωής ενός ανθρώπου και μία αίσθηση για το πού να ψάξουμε για το μίτο, πώς να τον ακολουθήσουμε, πώς να τον συνδέσουμε και πώς να βρούμε, όταν μπερδευτούμε, ποια είναι η ξεκάθαρη διαδρομή. Ο μίτος είναι εκεί: για τη μνήμη τίποτα δεν χάνεται πραγματικά».

Ο ΘΕΟΣ ΣΑΣ ΧΡΕΙΑΖΕΤΑΙ

Οι πρώτοι Έλληνες έβλεπαν τον κόσμο σαν έναν τόπο με τάξη, με τα πάντα να εκτυλίσσονται για κάποιο συγκεκριμένο σκοπό, ή «απώτερο σκοπό», το επονομαζόμενο «τέλος». Η φιλοσοφία τους για το σκοπό λέγεται «τελεολογία». Υπέθεταν ότι και οι άνθρωποι, επίσης, είχαν ένα σκοπό, όπως είχαν όλα τα πράγματα στη φύση. Αυτός ο τρόπος σκέψης έγινε αντικείμενο στοχασμού από Εβραίους λόγιους και ενσωματώθηκε από χριστιανούς διανοητές. Θεολογικά, ο σκοπός της επίγειας ζωής είναι η προετοιμασία για τον παράδεισο ή για το Μεσσία ή για την Ημέρα της Κρίσεως ή για τη λύτρωση της ψυχής σας ή για κάτι σχετικό (ανάλογα με τη συγκεκριμένη θεολογία σας). Η θρησκεία έχει επιτύχει κατά το πέρασμα των αιώνων, εν μέρει επειδή παρέχει νόημα και σκοπό στα άτομα. Αυτά τα πράγματα γίνονται πιο δυσεύρετα σε μια κοινωνία που οδηγείται από τον καταναλωτισμό, καθώς δεν μπορείτε να βρείτε σκοπό σε έναν κατάλογο πολυκαταστήματος ή να τον παραγγείλετε από το κανάλι τηλεοπτικών αγορών, έτσι το ξεκάθαρο μονοπάτι μιας οργανωμένης θρησκείας μπορεί να είναι πολύ ελκυστικό.

> «Πώς θα μπορούσε να υπάρχει ο άνθρωπος εάν ο Θεός δεν τον χρειαζόταν, και πώς θα μπορούσατε να υπάρχετε; Χρειάζεστε το Θεό για να υπάρχετε, και ο Θεός σάς χρειάζεται, γιατί αυτό είναι το νόημα της ζωής σας».
>
> ΜΑΡΤΙΝ ΜΠΑΜΠΕΡ

Οι ιουδαιο-χριστιανικές παραδόσεις υποθέτουν ότι υπάρχει ένα ανώτερο νόημα στη ζωή. Μα καθώς η κοινωνία μας απομακρύνεται όλο και περισσότερο από αυτές τις ρίζες, ποιο ακριβώς είναι αυτό το νόημα έχει γίνει ασαφές. Αν ακόμη αντλείτε τροφή από αυτές τις ρίζες, βρίσκεστε στην πρώτη γραμμή του παιχνιδιού, όταν μιλάμε για τη γνώση του σκοπού σας. Όλοι οι υψηλά δομημένοι θεσμοί –όπως οι θρησκείες ή ο στρατός ή οι μεγάλες εταιρείες– σας παρέχουν νόημα και σκοπό σε αντάλλαγμα για ό,τι απαιτούν από εσάς και την τάξη που επιβάλλουν στη ζωή σας. Μα κανένας, ούτε ο Θεός ούτε ένας στρατηγός ούτε ο γενικός διευθυντής σας, σας παρέχει πλήρες, έτοιμο νόημα ή σκοπό, υπογεγραμμένο, σφραγισμένο και ετοιμοπαράδοτο. Περισσότερο σας παρέχουν τον πηλό με τον οποίο πρέπει να πλάσετε. Τουλάχιστον δεν ψάχνετε να βρείτε πώς να φτιάξετε τον πηλό. Για αυτούς που ψάχνουν, αυτό το κεφάλαιο είναι ό,τι πιο κοντινό στη συνταγή που πιθανώς μπορείτε να βρείτε.

Ο ΜΟΝΑΧΟΣ

Σε περίπτωση που εύχεστε να είχατε μία θρησκεία για να κάνει τη μισή από τη δουλειά για λογαριασμό σας, δείτε μία υπόθεση για να επιβεβαιωθείτε ότι η θρησκεία δεν προσφέρει καθόλου διαρκείς εγγυήσεις. Ένας συνάδελφος φιλοσοφικός σύμβουλος, ο Μπεν Μιγιούσκοβιτς, είχε έναν πελάτη, τον Φρεντ, που ήταν μοναχός για δέκα περίπου χρόνια. Ο Φρεντ πάλευε με τα συμπτώματα της κατάθλιψης, κούραση, αϋπνία, απελπισία, ακόμη και με σκέψεις αυτοκτονίας, για κάποιο διάστημα. Όταν οι συμβουλές ενός πάστορα δεν απάλυναν τον πόνο του, τότε επισκέφθηκε έναν ψυχολόγο. Είχε χαρούμενα και ασφαλή παιδικά χρόνια και είχε με χαρά αφοσιωθεί στο τάγμα των μοναχών για το μεγαλύτερο μέρος της ενήλικης ζωής του, έτσι η διερεύνηση του παρελθόντος του δεν έφερε καθόλου ανακούφιση. Τελικά χρησιμοποίησε φαρμακευτική αγωγή, αλλά χωρίς αποτέλεσμα. Αφού μίλησε με ένα φιλοσοφικό σύμβουλο, κατάλαβε το γιατί.

Ο Φρεντ εξήγησε ότι το πιο επίπονο στοιχείο της κατάθλιψής του ήταν ότι η πίστη του δεν είχε πια νόημα για αυτόν. Καθώς συνέχιζε, παραπονέθηκε επίσης ότι οι όρκοι του του είχαν κοστίσει: Δεν είχε βιολογική οικογένεια, καμία σεξουαλική επαφή και καμία συμμετοχή στον καθημερινό κόσμο. Για σχεδόν όλα τα χρόνια του στο μοναστήρι, είχε με ευγνωμοσύνη δεχτεί τα οφέλη που του επέφεραν αυτές οι θυσίες: Τη βαθιά πνευματικότητα, την προσωπική σχέση με το Θεό και την ικανότητα να μοιράζεται την ανεκτική ειρήνη και τη χαρά που του έδιναν αυτά μαζί με άλλους. Μισούσε την κατάθλιψή του που του λήστεψε την ικανοποίηση που του έδινε κάποτε η μοναστική ζωή του.

Ο Μπεν τού ζήτησε να σκεφτεί αν ήταν δυνατό η απώλεια του νοήματος να προκαλούσε τα συναισθήματα της κατάθλιψης, αντί για το αντίστροφο. Οι Αμερικανοί έχουν βομβαρδιστεί με τόση πολλή προπαγάνδα για τις καταθλίψεις τις οποίες προκαλούν διάφορες χημικές ανισορροπίες, ώστε έχουμε χάσει την επαφή με το γεγονός ότι η διανοητική μας κατάσταση μπορεί να παίζει σημαντικό ρόλο στη χημεία του εγκεφάλου μας επίσης. Δεν έχουν όλες οι καταθλίψεις αυστηρά φυσικά αίτια. Ο Μπεν αναρωτιόταν μήπως η κατάθλιψη του Φρεντ ήταν φιλοσοφική. Άλλωστε, είχε ήδη δοκιμάσει μία ιατρική προσέγγιση χωρίς επιτυχία, που υποδείκνυε ότι κάτι περισσότερο από μια χημική ανισορροπία συνέβαινε.

Ο Φρεντ σκέφτηκε ελάχιστα πριν απαντήσει. Μόλις άκουσε την ερώτηση, συνειδητοποίησε ότι απλά κοίταζε προς λάθος πλευρά του τηλεσκοπίου. Ήταν τόσο ολοκληρωτικά (και, μέχρι πρόσφατα, ευτυχισμένα) ταμπουρωμένος στο ότι ήταν μοναχός που δεν αναγνώρισε την αλλαγή στα πιστεύω του μόλις αυτή ξεκίνησε. Καθώς οι συναντήσεις συνεχίζονταν και ο Φρεντ είχε το χρόνο να αφομοιώσει την καινούρια του αυτογνωσία, παραδέχτηκε ότι δεν τον ικανοποιούσε πια η ζωή τού μοναχού. Είχε μεγαλώσει, ωριμάσει, αλλάξει. Φοβόταν ότι το μονοπάτι στο οποίο βρισκόταν δεν ήταν πια ο δρόμος για τον αληθινό του εαυτό. Είχε χάσει την αίσθηση του σκοπού και μαζί με αυτή την αίσθηση του νοήματος στην καθημερινή ζωή.

Ο Φρεντ δεν είχε ποτέ βιώσει την ενήλικη ζωή χωρίς συγκεκριμένο σκοπό. Δεν ήταν περίεργο λοιπόν που ένιωθε κατάθλιψη!

Τελικά, ο Φρεντ αποφάσισε να αφήσει το μοναστήρι. Η απάρνηση των θρησκευτικών όρκων δεν είναι κάτι που γίνεται αψήφιστα, βέβαια, και ήταν μια επίπονη απόφαση. Και καθώς πάλευε να χτίσει μια καινούρια ζωή στην ευρύτερη κοινωνία, η κατάθλιψη του Φρεντ εξατμίστηκε. Περιέγραφε μια πολύ ισχυρή αίσθηση απελευθέρωσης και ανανέωσης. Παρέμεινε ένα βαθιά θρησκευόμενο πρόσωπο και επίσης έφερε μερικές από της τελετουργίες του μοναστηριού μαζί του στην καινούρια του ζωή. Ήταν αβέβαιος για το ποιος νέος σκοπός, ή καινούρια φάση του ίδιου γενικού σκοπού, θα φώτιζε τη ζωή του, μα ήταν πρόθυμος να περιμένει να εξελιχθεί.

Η εύρεση σκοπού και νοήματος μπορεί να συνεπάγεται κόπο, ακόμη και όταν υπάρχει θρησκευτική πίστη. Η ιστορία του Φρεντ δείχνει επίσης ότι οποιοσδήποτε μπορεί να φτάσει σε μία φιλοσοφική κρίση και να την ξεπεράσει με επιτυχία, ανεξαρτήτως του πόσο βαθιά ή περίπλοκη είναι. Όπως με τον Φρεντ, η φιλοσοφική αλήθεια που σας στρέφει σε άλλη κατεύθυνση μπορεί να είναι μικρή. Η δύναμη προέρχεται από την ενασχόλησή σας για την απορρόφηση του πλήρους αντίκτυπού της.

Ο ΘΕΟΣ ΜΕ ΛΗΣΤΕΨΕ

Ένας άλλος συνεργάτης μου, ο Πίτερ Ράαμπε, είχε έναν πελάτη με μια πολύ διαφορετική πνευματική σύγκρουση, ο οποίος επίσης έλυσε το πρόβλημα πνευματικά. Ο Σέρμαν ήταν ένας πρόσφατα απεξαρτημένος αλκοολικός και ναρκομανής που είχε περάσει τα εφηβικά του χρόνια ληστεύοντας και κλέβοντας για να πληρώνει για τις έξεις του. Αρκετά χρόνια πριν, μια ξαφνική αποκάλυψη για το πόσο χαμένη και μάταιη είναι μια τέτοια ζωή τον παρακίνησε να ορθοποδήσει, να γραφτεί στο κολέγιο και να αρχίσει ταυτόχρονα να δουλεύει στον ελεύθερο χρόνο του.

Ο Σέρμαν ήταν ιθαγενής Αμερικανός που τον είχε υιοθετήσει από μωρό ένα λευκό ζευγάρι χριστιανών. Ένα ακέραιο τμήμα της πλήρους αλλαγής της ζωής του ήταν η αναζήτηση μιας πνευματικότητας που εφαρμοζόταν κυρίως από τους βιολογικούς του προγόνους. Έμαθε για ένα υπέρτατο πνεύμα το οποίο τιμούσαν στη φυλή του και συνδύασε αυτές τις πεποιθήσεις με τις προϋπάρχουσες ιδέες για το Θεό της Νέας Εποχής. Η προσωπική του πίστη σε έναν καλοκάγαθο Θεό αγάπης, υπεύθυνο για οτιδήποτε, επέτρεψε στον Σέρμαν να συγχωρήσει τον εαυτό για την περασμένη του ζωή και να νιώσει ότι τον είχε συγχωρήσει και η χάρη του Θεού. Πίστευε ότι τα πάντα ήταν μέρος του θεϊκού σχεδίου και καταλάβαινε οτιδήποτε του συνέβαινε σαν να ήταν αποτέλεσμα της αγάπης του Θεού.

Μα ο Σέρμαν περιέπεσε σε κρίση πίστης όταν τον λήστεψαν κάποιοι οπλισμένοι με μαχαίρια ένα βράδυ που επέστρεφε στο σπίτι του από τον κινηματογράφο, παρέα με ένα φίλο του. Πώς μπόρεσε ο Θεός να το επιτρέψει αυτό; Ειδικά τώρα, αφού πέτυχε μετά από τόσες δυσκολίες να αποκαθαρθεί; Ήταν κάποιο είδος θεϊκής ανταπόδοσης για τις αμαρτίες του; Ή τιμωρία για πιο πρόσφατες αμαρτίες του, αν και δεν είχε κάνει τίποτα πρόσφατα που θα μπορούσε να συγκριθεί με το παρελθόν του. Θύμωσε με το Θεό που πρόδωσε την εμπιστοσύνη του και άρχισε να αναρωτιέται εάν είχε κάνει λάθος με τον

Θεό από την αρχή. Μετά ένιωσε ένοχος για το ότι είχε θυμώσει με το Θεό και για το ότι αμφέβαλλε για την πίστη του. Μετά θύμωσε ακόμη περισσότερο για το ότι κάτι τον έκανε να νιώσει ένοχος. Για τον Σέρμαν, η ληστεία η ίδια δεν του έκανε τόσο κακό όσο ο τρόπος με τον οποίο κλόνισε τα θεμέλια της πίστης του. Γιατί εάν αυτά τα θεμέλια κατέρρεαν, θα έχανε την ιδιότητά του του παιδιού ενός καλοκάγαθου Θεού. Ποιος θα ήταν ο σκοπός του εάν δεν ήταν το να υπηρετεί το σκοπό του Θεού του; Δεν θα είχε μείνει τίποτα ανάμεσα σε αυτόν και σε μια ζωή εγκλήματος.

Ο Σέρμαν βίωνε μια σύγκρουση των παραδοχών του (ένας καλοκάγαθος Θεός ελέγχει οτιδήποτε μας συμβαίνει) και της εμπειρίας του (με λήστεψαν). Αφού η εμπειρία η ίδια ήταν αδιάψευστη, και δεν μπορούσε απλά να ξεχάσει τα πιστεύω του, αναζήτησε φιλοσοφική συμβουλή.

Ο Σέρμαν ήταν παγιδευμένος στην ίδια του τη λογική. Όσο δύσκολο και αν είναι για κάποιον που είναι γεμάτος πίστη, ο Σέρμαν άρχισε να ελέγχει τις υποθέσεις του. Με τον φιλοσοφικό του σύμβουλο βρήκαν ορισμένες εναλλακτικές εξηγήσεις: Ο Θεός δεν σχεδιάζει τα πάντα. Δοκιμάζομαι, όπως ο Θεός δοκίμασε των Ιώβ. Ο Θεός είναι μερικές φορές γεμάτος οργή. Ο Θεός δεν υπάρχει. Δεν έκανα τίποτα κακό. Δεν ήμουν αρκετά προσεκτικός όσον αφορά την προσωπική μου ασφάλεια. Ο Θεός δεν ελέγχει τα πάντα. Αυτό είχε σκοπό να αυξήσει την προσωπική μου συμπόνια για όλους όσοι υποφέρουν στον κόσμο. Έχω αφήσει πάρα πολλά στα χέρια του Θεού και δεν έχω αναλάβει αρκετή προσωπική ευθύνη. Η ληστεία ήταν απλά ένα ατύχημα, τίποτα προσωπικό. Οι μόνοι που είναι υπεύθυνοι για τη ληστεία είναι οι ίδιοι οι ληστές.

Ήταν η τελευταία ιδέα που απελευθέρωσε τον Σέρμαν.

Ήξερε από την εποχή που ο ίδιος κρατούσε μαχαίρι ότι ο Θεός δεν έπαιζε ρόλο στα σχέδια των ληστών. Βεβαίως ενδιαφέρονταν να βρίσκουν θύματα με την κατάλληλη εμφάνιση (μικρό ανάστημα, απομονωμένα και με καλή εμφάνιση) και όχι για το τι ήθελε ο Θεός να κάνουν. Ο Σέρμαν γνώριζε ότι μια καλοκάγαθη πατρική φιγούρα, ο Θεός, δεν θα κρατούσε τρέχοντα αρχεία με περασμένες αμαρτίες και δεν θα σχεδίαζε ανταπόδοση, ειδικά όταν το εν λόγω άτομο είχε κάνει τέτοιες ενέργειες. Αυτό που ο Σέρμαν δεν μπόρεσε να δει, ενώ είχε προσηλωθεί στην ιδέα ότι η ληστεία ήταν μέρος του σχεδίου του Θεού, ήταν η πιθανότητα ούτε αυτός ούτε ο Θεός να φέρουν ευθύνη. Εάν κάποιος έπρεπε να κληθεί να λογοδοτήσει, αυτοί θα έπρεπε να ήταν οι ίδιοι οι ληστές.

Ο φόβος του Σέρμαν αποδείχθηκε πως ήταν χρήσιμος γιατί τον ώθησε να εξετάσει πιο προσεκτικά τον εαυτό του και να επιδιώξει κάποια ανάλυση του προβλήματός του. Συνειδητοποίησε πως ήταν άσκοπο να είναι θυμωμένος με το Θεό. Αν και θα ήταν φυσικό να είναι θυμωμένος με τους ληστές, αυτό δεν θα τον οδηγούσε πουθενά επίσης. Είχε διαλέξει να κατευθύνει το φόβο του εναντίον του εαυτού του, επειδή είχε υποθέσει ότι όλα θα ήταν πάντα καλά και επειδή είχε αποφύγει κάποια προσωπική ευθύνη με τη δικαιολογία ότι άφηνε τα πάντα στα χέρια του Θεού. Μα αρνήθηκε να αναλωθεί σε αυτό το θυμό και έψαξε τρόπο να τον χρησιμοποιήσει σαν εισαγωγή σε εποικοδομητική σκέψη και αλλαγή.

Το θάρρος που είχε να σκεφτεί ότι μερικά πιστεύω που καθοδηγούσαν τη ζωή του μπορεί να ήταν λανθασμένα έδωσε στον Σέρμαν την αυτοπεποίθηση να τα διεκδικήσει ξανά, βέβαια σε πιο βελτιωμένη μορφή. Η φιλοσοφική συζήτηση τον βοήθησε να φτάσει σε ένα σημείο που τα πιστεύω και οι εμπειρίες του ήταν συμβατές μεταξύ τους. Μετέτρεψε την κοσμοθεωρία του για να συμπεριλάβει το γεγονός ότι μερικές φορές μας συμβαίνουν άσχημα πράγματα και δεν μας συμβαίνουν απαραίτητα επειδή είμαστε κακοί. Ο Σέρμαν απάλλαξε το Θεό από μικρά διαχειριστικά καθήκοντα, χωρίς να εγκαταλείπει την πίστη του σαν κατευθυντήρια δύναμη ουσιαστικής αρετής. Χρησιμοποιούσε την κρίση του για να εξετάζει και να εμβαθύνει την πνευματική του δέσμευση.

ΧΩΡΙΣ ΤΟ ΘΕΟ, ΥΠΑΡΧΕΙ ΣΚΟΠΟΣ;

Δεν είναι απαραίτητα σωστό το ότι όταν δεν υπάρχει Θεός δεν υπάρχει και σκοπός. Δεν χρειάζεται να απελπίζεστε απλά επειδή δεν είσαστε σίγουροι για την ύπαρξη του Θεού. Εάν η *Γένεση* δεν σας ικανοποιεί με την εξήγηση της ζωής όπως τη γνωρίζουμε, δεν σημαίνει ότι δεν υπάρχει και εξήγηση. Πολλές αληθοφανείς θεωρίες υπάρχουν, όπως μπορείτε να δείτε στη λίστα που κατασκεύασε ο Σέρμαν για να προσεγγίσει την περίπτωσή του. Ακόμη και αν όλα ήταν ένα τυχαίο συμβάν, δεν θα υπήρχε λόγος να πιστεύετε πως η ζωή σας είναι χωρίς σκοπό. Εάν κερδίσατε το λαχείο τυχαία, θα μπορούσατε να βρείτε ένα σωρό σκοπούς για αυτή την περίπτωση. Ένα τυχαίο γεγονός μπορεί να κληροδοτήσει σημαντικά πράγματα, με το μεγάλο δώρο της ζωής όπως γνωρίζουμε ότι υπάρχει, πιθανώς, να είναι το μεγαλύτερο. Ο μόνος τρόπος να του φερθούμε σωστά είναι το να ζήσουμε όσο πιο ολοκληρωμένα μπορούμε. Πολύ συχνά δεν το κάνουμε.

Δοκιμασίες και τραγωδίες συχνά μας βάζουν σε μια διαδρομή ανακαλύψεων, ή επανακαλύψεων, του σκοπού μας. Αυτός είναι ένας τρόπος να βρει κανείς το νόημα στους πιο δύσκολους καιρούς. Χρειαζόμαστε ένα πιστεύω στην τάξη των πραγμάτων για να κατανοήσουμε τον κόσμο μας και να φτάσουμε στο είδος της κατανόησης που χρειάζεται για να υπάρχει νόημα. Κάθε πολιτισμός έχει συνδέσει τις κουκκίδες των αστεριών στον ουρανό σε διαφορετικούς αστερισμούς, εφαρμόζοντας τάξη στο τυχαίο σαν έναν τρόπο για να το κατανοήσει. Όταν μπορούμε να αντιληφθούμε ένα σχέδιο, τότε υπάρχει νόημα. Όταν υπάρχει νόημα, μπορούμε να βρούμε σκοπό.

Έχουμε την τάση να απορρίπτουμε δυσάρεστα πράγματα σαν να μην έχουν θέση στο σχέδιο, μα μερικές φιλοσοφίες, όπως το Τάο, πάντα λαμβάνουν υπόψη τους την αλληλοδιαδοχή των αντιθέτων. Εάν ψάχνεις το καλό, θα συναντήσεις επίσης και το κακό. Εάν ψάχνεις για νόημα, κάποια ανεξήγητα πράγματα θα σου συμβούν. Είναι πιθανό ότι αν δεν μπορείτε να αντιληφθείτε τη θέση ενός γεγονότος στο σχέδιο, είναι γιατί δεν έχετε δει την όλη σχεδίαση ακόμη.

ΜΑΡΤΙΝ

Η Μαρτίν πάλευε και αυτή να συντονίσει το σκοπό της με την εμπειρία της. Έκανε οποιαδήποτε δουλειά μπορούσε να βρει που να σχετίζεται με την παραγωγή ταινιών, μα αυτό που την έκανε να συνεχίζει κατά τη διάρκεια των περιπλανήσεων και την ανακάλυψη σημείων για κινηματογράφηση ήταν το όραμα που είχε για τη δική της ταινία. Θα ήταν οικολογική. Επείγουσα. Για τη σωτηρία του πλανήτη. Θα απεικόνιζε το μέλλον προς το οποίο βαδίζουμε τόσο γρήγορα που οποιοσδήποτε θα έπρεπε να σημειώσει και να επανεξετάσει την επίδραση που ασκεί στον πλανήτη. Στην αγαπημένη της φαντασίωση, θεατές σε όλο τον πλανήτη θα ενώνονταν για να βρουν λύσεις. Κατέστρωσε τα σχέδιά της και ταυτόχρονα πάλευε στην αχάριστη σκληρή δουλειά των πλατό. (Διαβάζοντας προσεκτικά, μπορείτε να δείτε ότι η Μαρτίν είχε καθαρή εικόνα του σκοπού της, μα έβρισκε τις περισσότερες από τις καθημερινές της εμπειρίες ανούσιες.) Στον ελεύθερο χρόνο της ήταν εθελόντρια σε μία ριζοσπαστική οικολογική οργάνωση, και ενώ αυτή η δουλειά ήταν πολύ σημαντική για αυτήν, όσα περισσότερα μάθαινε για τον υπερπληθυσμό, το φαινόμενο του θερμοκηπίου, τη διαβρωτική μόλυνση, τόσο πιο πολύ απελπιζόταν.

Τα χρόνια περνούσαν και παρόλο που η Μαρτίν είχε μέχρι τώρα δημιουργήσει μια εκτενή βάση γνώσης και στη δημιουργία των ταινιών και στην οικολογία, η δική της ταινία κατά κάποιο τρόπο δεν έφευγε ποτέ από τη φάση της σχεδίασης. Είχε αρχίσει να της γίνεται ξεκάθαρο πως οι άνθρωποι κατά πάσα πιθανότητα θα είχαν εκλείψει σε τριάντα περίπου χρόνια, οπότε ποιος ο λόγος της γιγάντιας προσπάθειας που χρειάζεται για τη δημιουργία μιας ταινίας; Αυτή η υποβάθμιση του ονείρου της την άφησε να αισθάνεται πως η ζωή της δεν είχε σκοπό. Αποθαρρύνθηκε και έγινε δυσλειτουργική. Η πιο σημαντική δουλειά της, βάσει της δικής της παραδοχής, έμενε ατελείωτη. Η παράλυση που ένιωθε την απασχολούσε, έτσι βρέθηκε στο γραφείο μου.

Ο ταοϊστής σοφός Τσουάνγκ Τσου έγραψε ότι το σοφό άτομο αποφεύγει την καταστροφή λαμβάνοντας υπόψη αυτά που εμφανίζονται ως αναπόφευκτα, ως αποτρέψιμα. Η επίγνωση που τον συνόδευε είναι ότι το μη σοφό άτομο φλερτάρει με την καταστροφή θεωρώντας αυτό που είναι αποτρέψιμο ως αναπόφευκτο. Το συζήτησα αυτό με τη Μαρτίν και την προκάλεσα να λάβει υπόψη της πώς μπορούσε να γνωρίζει αν το μέλλον που έβλεπε θα ήταν πραγματικά αναπόφευκτο.

> «Ο σοφός βλέπει το αναπόφευκτο και αποφασίζει ότι δεν είναι αναπόφευκτο. ... Ο κοινός άνθρωπος βλέπει αυτό που δεν είναι αναπόφευκτο και αποφασίζει ότι είναι αναπόφευκτο...»
>
> ΤΣΟΥΑΝΓΚ ΤΣΟΥ

Της ζήτησα επίσης να θέσει την κατάσταση σε ευρύτερη προοπτική. Σε αυτό τον τομέα, της υπογράμμισα πως σε μερικά δισεκατομμύρια χρόνια ο ήλιος μας θα γίνει ένα σουπερνόβα και η εκτεινόμενη πύρινη αύρα του θα κατακάψει τη γη. Θα έπρεπε αυτή η επικείμενη καταστροφή να μας κάνει να βυθιστούμε στη θλίψη, θρηνώντας τον χαμένο μεγάλο πλανήτη Γη; Όχι, μου είπε, αυτό ήταν πολύ μακριά για να μας ανησυχήσει τώρα. Υπέδειξα πως αν δεν αποκαρδιωνόταν από αυτή τη συγκεκριμένη καταστροφή του πλανήτη στο μακρινό μέλλον, δεν θα έπρεπε να νιώθει κατάθλιψη για την πιθανή εξαφάνιση του είδους μας στο κοντινό μέλλον. Ποιος γνωρίζει τι μπορεί να συμβεί στις επερχόμενες δεκαετίες; Μου απάντησε πως οι τάσεις που την ανησυχούσαν ήταν ήδη εκτός ελέγχου και ένιωθε πως ήταν πολύ αργά για να κάνει κάτι ουσιαστικό.

Σε αυτή την περίπτωση, της είπα, θα μπορούσε να πάρει μία συμβουλή από τη λογική του Τσουάνγκ Τσου. Εάν ακατανίκητες δυνάμεις έχουν ήδη αποφασίσει το αποτέλεσμα της κούρσας του ανθρώπινου γένους προς την έκλειψη, τότε δεν υπάρχει τίποτα που θα μπορούσατε εσείς ή οποιοσδήποτε άλλος να κάνετε. Οπότε θα έπρεπε να προχωρήσει και να κάνει την ταινία της, της είπα. Θα σου δώσει μία αίσθηση σκοπού και σίγουρα δεν θα σε βλάψει. (Δεν φαινόταν να έχει άλλα μεγάλα σχέδια για τα επόμενα τριάντα χρόνια.) Μα σκεφτείτε τουλάχιστον την πιθανότητα ότι η μοίρα μας δεν έχει ακόμη αποφασιστεί και ότι έχουμε τα μέσα να προλάβουμε την ίδια μας την εξαφάνιση. Εάν αυτό ισχύει, θα έπρεπε να κάνεις την ταινία σου, της είπα, γιατί μπορεί να βοηθήσει. Ούτως ή άλλως: Κάνε την ταινία.

Επίσης συμβούλεψα τη Μαρτίν σε καθαρά πρακτικό επίπεδο, προτείνοντας την κατάτμηση της παραγωγής της ταινίας σε μία σειρά απτών στόχων. Οποιοσδήποτε μπορεί να τρόμαζε εάν αντιμετώπιζε μονομιάς την ανάγκη να συγκεντρώσει όλα τα απαραίτητα μετρητά, να μαζέψει όλους τους απαραίτητους ανθρώπους και να συμπληρώσει το χρόνο των γυρισμάτων. Κάνοντας ένα βήμα κάθε φορά, σε μια πρακτική τελείως βάση, θα τη βοηθούσε να ξεκινήσει και να συνεχίσει. Ήταν ξεκάθαρο ότι η δημιουργία της ταινίας ήταν κεντρική στη συντήρηση μιας αίσθησης νοήματος και σκοπού στη ζωή της, οπότε είχε νόημα να κανονίσει τη σχεδίαση και υποστήριξη για να διευκολύνει τη διαδικασία όσο το δυνατό περισσότερο.

Ένα μεγάλο πράγμα μπορεί να είναι το άθροισμα μικρότερων πραγμάτων. Μια ζωή με σκοπό φτιάχνεται βήμα βήμα. Μια ζωή χωρίς νόημα δεν γεμίζει συνήθως με νόημα σε μια στιγμή, αστραπιαία. Ελάχιστοι βιώνουν τέτοιου είδους εμπειρίες. Μπορείτε να την κατασκευάσετε για τον εαυτό σας, μα σε μικρά κομμάτια που τα συνδέετε σταδιακά. Μην περιμένετε εξωτερικές δυνάμεις να το κάνουν για λογαριασμό σας, γιατί αυτή η ημέρα μπορεί να μην έρθει ποτέ.

Η ολοκλήρωση του μεγαλύτερου σκοπού σας μπορεί να βρίσκεται στο μέλλον, μα οι πρακτικές που σας οδηγούν εκεί συμβαίνουν σήμερα. Οι σκίουροι περνούν το φθινόπωρο μαζεύοντας βελανίδια για το χειμώνα. Αν και δεν θα τα χρειαστούν ακόμη για μήνες, κάθε βελανίδι μετράει. Δοκιμάστε το εξής πείραμα: Θέστε ένα μέτριας δυσκολίας στόχο και ολοκληρώστε τον. Δείτε αν η αίσθηση του επιτεύγματός σας σας κάνει να αισθάνεστε καλύτερα. Καθαρίστε το σπίτι ή μία μόνο ντουλάπα. Παρακολουθήστε ένα σεμινάριο. Μάθετε αυτοάμυνα. Αρχίστε να παίζετε μπριτζ. Οτιδήποτε μέσα στις δυνατότητές σας κάνει. Μπορεί να μην είναι πάντα τόσο καθορισμένο, μα η διαδοχή βραχυπρόθεσμων σκοπών μπορεί να οδηγήσει σε ένα μακροπρόθεσμο σκοπό. Ο σκοπός, όπως το νόημα, πολλές φορές εμφανίζεται αναδρομικά.

Η άποψη της Μαρτίν για το μέλλον την έκανε ανίκανη να αντιμετωπίσει το παρόν. Δημιουργούσε μια ικανοποιητική για τον εαυτό της προφητεία επιτρέποντας στους φόβους της να την παραλύσουν. Έκανε το λογικό λάθος να υποθέσει ότι επειδή δεν υπήρχε μέλλον δεν υπήρχε και παρόν. Το ότι στεκόμαστε εκεί συζητώντας ήταν η απόδειξη ότι υπήρχε ένα παρόν, και αφού υπήρχε αναμφίβολα, έπρεπε να ληφθεί υπόψη. Είναι σημαντικό να μη στεκόμαστε πολύ στο παρελθόν ή το μέλλον, επειδή το μόνο που κάνουν είναι να καθιστούν το παρόν δυσδιάκριτο, το οποίο πρέπει να σας ικανοποιεί σε κάθε περίπτωση. Για τη Μαρτίν, το να αποδεχθεί το παρόν της ήταν αρκετό για να επαναφέρει την αίσθηση του καθημερινού νοήματος και να ανανεώσει το σκοπό της να κάνει την ταινία της πραγματικότητα.

ΜΑΡΘΑ

Οι περιπτώσεις που σας παρουσίασα μέχρι στιγμής είχαν να κάνουν με κρίσεις σκοπού. Μα και μια κρίση νοήματος μπορεί επίσης να προσεγγιστεί με φιλοσοφική θεραπεία. Η Βρετανή συνάδελφός μου Σιμόν ντι Πλοκ συμβούλεψε μία νεαρή κοπέλα που σπούδαζε στο εξωτερικό για ένα χρόνο. Μετά από μία εξαιρετική ακαδημαϊκή απόδοση στο πρώτο εξάμηνο, η Μάρθα άρχισε να χάνει μαθήματα και να παραμένει σιωπηλή και απομακρυσμένη όταν παρακολουθούσε τα μαθήματα. Εξομολογήθηκε ότι ένιωθε πως δεν μπορούσε πια να αντέξει τη δουλειά και φοβόταν τρομερά ότι θα αποτύγχανε στις τελικές εξετάσεις.

Το θέμα στο σημείο καμπής της γρήγορης πτώσης της Μάρθας δεν ήταν απόλυτα εμφανές. Μα κατά τη θεραπεία αποκάλυψε το κύριο πρόβλημά της. Είχε επιλέξει να μοιραστεί ένα σπίτι εκτός πανεπιστημίου αντί να ζήσει σε φοιτητική εστία και ένιωθε πως οι συγκάτοικοί της την εκμεταλλεύονταν οικονομικά. Ένιωθε πως της φέρονταν σαν να ήταν μία τιμημένη ξένη και αρνούνταν να σχετιστούν μαζί της προσωπικά. Είχε ονειρευτεί να ζήσει το πραγματικό Λονδίνο, ζώντας με Λονδρέζους, και ένιωθε πολύ στερημένη λόγω της αποτυχίας της να γίνει φίλη με αυτούς, εξαιτίας του τείχους που ύψωναν μεταξύ τους και αυτής.

Ας συνεχίσουμε να βλέπουμε τις περιπτώσεις με τη μεθοδολογία της διαδικασίας PEACE. Τα συναισθήματα της Μάρθας περιλάμβαναν θυμό, φόβο, απογοήτευση και απόρριψη. Επίσης ένιωθε αδικία και έλλειψη εμπιστοσύνης στον εαυτό της. Όπως οι περισσότεροι πελάτες, είχε καταλάβει τα συναισθήματά της πριν αρχίσει τη φιλοσοφική συζήτηση. Μα είχε κάνει λιγότερη ανάλυση από αυτή που είχαν κάνει οι περισσότεροι άνθρωποι από μόνοι τους. Έβλεπε τον εαυτό της σαν θύμα, αγαθό στόχο κακόβουλων ξένων, μόνη σε έναν κόσμο που δεν μπορούσε να καταλάβει, που δεν ανταποκρινόταν στις ενέργειές της με τον τρόπο που περίμενε. Μιλώντας με τη σύμβουλό της, συνέδεε τα επιφανειακά θέματα με την εμπειρία της ότι ήταν μακριά από το σπίτι της, ζώντας ανεξάρτητη από τους γονείς της και ταξιδεύοντας στο εξωτερικό για πρώτη φορά. Ο καθορισμός της πορείας της ζωής της για πρώτη φορά χωρίς τη βοήθεια άλλων είχε αποδειχθεί πιο περίπλοκος, πιο δύσκολος και λιγότερο επιτυχημένος από ό,τι είχε οραματιστεί.

Μια βαθιά φιλοσοφική αλήθεια στη φάση της περισυλλογής ηρέμησε τις ταραγμένες θάλασσες στις οποίες έπλεε η Μάρθα, και κατέληξε στο νόημα το οποίο πήρε η Μάρθα από τις εμπειρίες της, με τα λόγια της ντι Πλοκ: «η διασαφήνιση του νοήματος σμιλεμένη στη γλώσσα του πελάτη». Όταν ρωτήθηκε γιατί ήρθε στο Λονδίνο, η Μάρθα είπε ότι ήθελε να βελτιώσει τη μόρφωσή της. Όταν της ζητήθηκε να καθορίσει τη «μόρφωση», μίλησε για βαθμούς και διπλώματα και προσέγγιση ευκαιριών για καλοπληρωμένα επαγγέλματα, μια άποψη της εκπαίδευσης βασισμένη στο αποτέλεσμα ως αυτοσκοπό. Η φιλοσοφική της σύμβουλος της συνέστησε μια ευρύτερη άποψη της εκπαίδευσης ως εμπειρίας και αυτών που μάθαινε από την εμπειρία. Η θέαση υπό αυτή την προοπτική φώτισε αμέσως την άποψη της Μάρθας. Με αυτή την προοπτική, ένιωσε περήφανη για την αίσθηση της περιπέτειας που είχε, ακόμη και αν οι περιπέτειές της δεν είχαν το αποτέλεσμα που σχεδίαζε ή θα ήθελε. Άρχισε να βλέπει τις προσπάθειες να καθιερώσει μια ανεξάρτητη ζωή σαν μία σημαντική τελετή ενηλικίωσης. Ανέλαβε επίσης την ευθύνη της λήψης κακών αποφάσεων. Αυτό ήταν λιγότερο βολικό στο άμεσο παρόν από το να παίζει το αθώο θύμα, μα μακροχρόνια αποκατέστησε την εμπιστοσύνη της στη δική της δύναμη. Εάν μπορούσε να προκαλέσει μία αρνητική κατάσταση με μη δικαιολογημένη δράση, μπορούσε επίσης να επιφέρει μια θετική κατάσταση με πιο προσεκτικά μελετημένα σχέδια την επόμενη φορά.

Η εφαρμογή όσων έμαθε επανέφερε τη Μάρθα σε μια κατάσταση ισορροπίας. Κατέταξε την άβολη στεγαστική της κατάσταση σαν το κόστος για ένα μάθημα πάνω στη ζωή, κάτι για το οποίο ήταν εκεί άλλωστε, και έψαχνε την αλλαγή της διαδρομής για το δεύτερο εξάμηνό της. Με το μυαλό της ξεκάθαρο, συγκέντρωσε ξανά την ενέργειά της στις ακαδημαϊκές της μελέτες έγκαιρα για να εξασφαλίσει τις τελικές της εξετάσεις. Το ξεκαθάρισμα του νοήματος των εμπειριών της ζωής της και η σύνδεσή τους με ένα σκοπό που ήταν σύμφωνος με την ίδια έδωσαν στη Μάρθα την πνευματική ηρεμία που χρειαζόταν για να επιτύχει.

ΑΠΟΦΟΙΤΗΣΗ

Κατά τη διάρκεια των σχολικών μας χρόνων, είμαστε συνηθισμένοι σε μια προοδευτική ακολουθία βημάτων που μας οδηγούν προς ένα μεγαλύτερο στόχο. Κάθε χρόνο, μπαίνουμε σε ένα καινούριο επίπεδο, σκαρφαλώνοντας άλλο ένα σκαλί προς την αποφοίτηση. Ο σκοπός της τρίτης τάξης είναι να σε οδηγήσει στην τετάρτη, μα το νόημα της τρίτης προέρχεται από το τι κάνει κανείς και τι μαθαίνει κάθε ημέρα, συνήθως χωρίς να σκέφτεται την τετάρτη. Έτσι μαθαίνουμε πώς να διαβάζουμε βιβλία με πολλά θέματα και να κάνουμε μεγάλες διαιρέσεις, πώς να καθορίσουμε τους κανόνες ενός παιχνιδιού ποδοσφαίρου στο διάλειμμα, το τι συμβαίνει όταν γυρίζουμε στο σπίτι με μια καρτέλα με μέτριες βαθμολογίες και πώς να δημιουργούμε και να διατηρούμε τις φιλίες μας. Ωστόσο, αυτή η πρόοδος της τρίτης προς την τετάρτη ικανοποιεί ένα ακόμη σοβαρότερο σκοπό: την προετοιμασία για το γυμνάσιο, το λύκειο και ίσως για την ανώτερη εκπαίδευση.

Στη ζωή, όπως και στο σχολείο, όταν μαθαίνεις ό,τι χρειάζεται να ξέρεις για το ένα επίπεδο, προχωρείς στο επόμενο. Βέβαια η ζωή δεν είναι τόσο βολικά διαχωρισμένη όπως το σχολείο. Κανείς δεν μας δίνει καλοκαιρινές διακοπές ή πηλήκια και τηβέννους για να σηματοδοτήσει την αποφοίτηση. Πρέπει να αναγνωρίζουμε τις μεταβάσεις από μόνοι μας και η επιτυχία μας σ' αυτό είναι το κλειδί για διαρκή ολοκλήρωση. Διαφορετικά θα ήσαστε ακόμη στην τρίτη σχολική βαθμίδα, όταν οι άλλοι θα έβγαζαν διπλώματα οδήγησης και θα μετακόμιζαν στα δικά τους διαμερίσματα.

Εάν πιστεύετε στη μετενσάρκωση, η ζωή είναι σαν το σχολείο. Κάθε ζωή τη ζούμε προετοιμαζόμενοι για την επόμενη, μέχρι τελικά να αποφοιτήσουμε από το σχολείο της Ζωής και του Θανάτου. Μα ακόμη και αν η μετάβαση των ψυχών δεν είναι κάτι τετριμμένο για εσάς, αυτή η αίσθηση της εξέλιξης σε προοδευτικά προχωρημένα επίπεδα θα σας έδινε αρκετή σιγουριά και σταθερότητα.

Δεύτερη μητέρα

Μία από τις καθηγήτριές μου στο κολέγιο ήταν μια επιστήμονας που είχε επιτύχει την υψηλότερη βαθμίδα στους καθηγητές σε μια εποχή που πολύ λίγες γυναίκες προχωρούσαν περισσότερο από το να διδάσκουν βιολογία στο λύκειο. Σε ένα ανταγωνιστικό και κατά κύριο λόγο ανδροκρατούμενο κόσμο, η Ιρένε αφιέρωσε όλη της την ενέργεια στην καριέρα της και ανταμείφθηκε με αυξανόμενη αναγνώριση της έξοχης διατριβής της και της ιδιοφυούς έρευνάς της. Αυτό είχε προσωπικό κόστος. Αν και ο γάμος της ήταν επιτυχημένος πολύ, η Ιρένε δεν ένιωσε ποτέ ότι μπορούσε να απομακρυνθεί αρκετά από την επιστήμη για να κάνει και να μεγαλώσει παιδιά. Καθώς μεγάλωνε και η θέση της στον ακαδημαϊκό κόσμο γινόταν όλο και πιο σταθερή, συνειδητοποίησε ότι την πείραζε που είχε χάσει την εμπειρία της μητρότητας.

Έτσι, μετά από μακροχρόνια (και επιτυχημένη) αφιέρωση σε ένα σκοπό, ένας δεύτερος εμφανίστηκε αιφνίδια. Το να αρχίσει μια βιολογική οικογένεια δεν ήταν πλέον επιλογή για την Ιρένε, αλλά ούτε και το να βυθιστεί στις ενοχές ήταν. Αντί για αυτό, δημιούργησε ένα πρόγραμμα για να βοηθάει πολλά υποσχόμενους μαθητές, κυρίως νεαρές γυναίκες, στην επιστημονική τους καριέρα, ξεκινώντας από τον πρώτο χρόνο σπουδών. Δεν ήταν το είδος της δραστηριότητας με το οποίο ασχολούνται τα αρχαιότερα μέλη της συγκλήτου συνήθως, μα σύντομα σημείωσε μεγάλη επιτυχία και ένας αριθμός σημερινών επιστημόνων κοιτάζουν στο παρελθόν και αποδίδουν σε αυτήν την πυροδότηση και την ενθάρρυνση του ενδιαφέροντός τους για το αντικείμενό τους.

Η επιτυχία οποιασδήποτε προσπάθειας αναλάμβανε η Ιρένε δεν εξέπλησσε κανένα, μα το ρόλο της προστατευτικής μητέρας που υιοθέτησε με τους φοιτητές δεν μπορούσε κανείς να τον προβλέψει, ούτε καν η ίδια. Η Ιρένε βρήκε ένα νέο σκοπό ως μητέρα σε αυτές τις ομάδες νεαρών ανδρών και γυναικών, σε συνδυασμό με το να είναι και πνευματική τους δασκάλα. Αναγνωρίζοντας ατρόμητα τις αλλαγές στην αίσθηση του σκοπού της, η Ιρένε συνδύασε και ολοκλήρωσε δυο πολύ σημαντικές πλευρές της προσωπικότητάς της, χωρίς να χάσει ούτε στιγμή την αίσθηση του σκοπού, καθώς επέκτεινε τις πηγές του νοήματός της.

ΚΟΚΚΙΝΟ ΦΩΣ, ΠΡΑΣΙΝΟ ΦΩΣ

Μετά από όλα αυτά, μπορεί να είσαστε έτοιμοι να εγκαταλείψετε την εργασία πάνω στο σκοπό σας προς όφελος της μοίρας. Η μοιρολατρία μπορεί να γίνει καταστροφική, όπως είδαμε στις περιπτώσεις της Μαρτίν και του Σέρμαν, μα μπορεί να είναι και ελκυστική κατά το ότι παρέχει περάτωση κάποιου είδους. Μπορείτε να κάνετε τους αδιάφορους πάνω στο θέμα, μουρμουρίζοντας «Que Sera, Sera» (Ό,τι είναι να γίνει θα γίνει) και να κάνετε την καλύτερη δυνατή μίμηση της Ντόρις Ντέι. Μα τελικά, η μοιρολατρία ληστεύει το σκοπό σας. Απλά ενεργείτε πάνω στο σενάριο κάποιου άλλου. Γίνεστε παθητικός φορέας, χωρίς ευθύνη για τίποτα.

Ο Τολστόι ήταν μεγάλος μοιρολάτρης. Σύμφωνα με τον Τολστόι, ο Ναπολέων δεν ήταν καθόλου υπεύθυνος για την ωμότητα των Ναπολεόντειων πολέμων, ήταν απλά ένα πιόνι σε ένα κοσμικό παιχνίδι, που όλες του οι ενέργειες ήταν προκαθορισμένες από την απαρχή του σύμπαντος. Προσωπικά, δεν νομίζω ότι αυτό είναι υγιές. Δεν γνωρίζουμε τίποτα για τη μοίρα. Δεν ξέρουμε αν η ανθρώπινη ιστορία είναι το ξετύλιγμα του πεπρωμένου, θέμα τύχης ή ζήτημα θέλησης. Έχουμε λίγη σιγουριά για το αν ισχύει το ένα ή το άλλο και ελλείψει σιγουριάς εγώ προσυπογράφω ό,τι είναι καλύτερο για τους ηθικούς μας χαρακτήρες. Μπορεί να απαιτεί περισσότερη δουλειά από μέρους μας, μα πιστεύω στην ελεύθερη βούληση και στο να θεωρούμαι υπόλογος των πράξεών μου.

«Οι βασιλιάδες είναι οι σκλάβοι της ιστορίας».

ΛΕΩΝ ΤΟΛΣΤΟΪ

Ο Άιζακ Μπάσεβις Σίνγκερ είπε: «Όταν διασχίζω το δρόμο με ένα μοιρολάτρη, παρατηρώ κάτι περίεργο. Ο μοιρολάτρης συνήθως περιμένει το φανάρι να γίνει πράσινο». Σε περίπτωση που σας διέφυγε το νόημα στο φιλοσοφικό αστείο του Σίνγκερ, εάν πιστεύετε ότι τα πάντα είναι προκαθορισμένα, τότε επίσης πιστεύετε ότι ο ακριβής χρόνος και η αιτία του θανάτου σας είναι προκαθορισμένα. Αφού δεν μπορείτε να κάνετε τίποτα για να τα αλλάξετε, δεν μπορείτε και να σκοτωθείτε πριν την ώρα σας, ακόμη και αν περάσετε το δρόμο με κόκκινο στο Μανχάταν. Εκτός και αν, βέβαια, η μοίρα σας είναι να πεθάνετε περνώντας με κόκκινο ένα δρόμο στο Μανχάταν. (Η απάντηση του γρήγορα σκεπτόμενου μοιρολάτρη στον Σίνγκερ θα ήταν: «Ήταν η μοίρα μου να σταματήσω στο κόκκινο φως».)

ΚΑΤΑΘΛΙΨΗ

Υπάρχει χώρος για φιλοσοφική επεξεργασία ακόμη και σε περιπτώσεις που η κατάθλιψη έχει βιολογική προέλευση, όχι απλά υπαρξιακή. Η υπαρξιακή ασθένεια, ή θάνατος του πνεύματος, μπορεί να προστίθεται την περίπτωση σας, οπότε και η φιλοσοφική εργασία θα σας βοηθήσει τουλάχιστον μερικώς. Η έλλειψη σκοπού, κινήτρου και ενθουσιασμού για ζωή που χαρακτηρίζει την κατάθλιψη μπορεί να προσεγγιστεί από τη φιλοσοφία σε συνδυασμό με την ψυχολογία και τη φαρμακευτική αγωγή.

Εάν πάσχετε από κατάθλιψη, είτε υπάρχει βιολογική συνιστώσα είτε όχι, κατά πάσα πιθανότητα νιώθετε πως σας έχουν ληστέψει κάθε νόημα ή σκοπό. Λάβετε το εξής υπόψη σας: Μπορεί ο σκοπός σας να είναι να ξεπεράσετε την κατάθλιψη. Το ίδιο ισχύει για το άγχος, τη θλίψη ή τη γενική δυστυχία. Η ασθένειά σας δεν σας αποσπά μόνο από την ποιότητα της ζωής σας, μα σας παρέχει και μία πρόκληση για να αντιμετωπίσετε. Ακόμη και σε καταστάσεις που θεωρούνται καθαρά βιολογικές, όπως ο καρκίνος, η επιτυχής θεραπεία έχει αποδειχθεί ότι βασίζεται όχι μόνο στη σωστή αγωγή μα και στην κατάλληλη διάθεση. Η άποψη και η διάθεσή σας, η φιλοσοφία σας μπορεί να επηρεάσουν το αποτέλεσμα της μάχης. Αυτοί που ως σκοπό τους έχουν να κερδίσουν τη μάχη έχουν μια καλύτερη πιθανότητα να το πετύχουν.

ΑΝΙΑ

Ο πιο συχνός λόγος απώλειας του σκοπού είναι απλά η ανία. Η ανία εμφανίζεται σχεδόν αποκλειστικά στους ανθρώπους, αφού κανένα άλλο ζώο στο φυσικό του περιβάλλον δεν παρουσιάζει συμπτώματα ανίας. Βασικά είναι πολύ απασχολημένα για να παρουσιάσουν κάτι τέτοιο. Ψάχνουν για τροφή, προσπαθούν να μη γίνουν τροφή, προστατεύουν τις περιοχές τους, βρίσκουν το ταίρι τους, υποστηρίζουν τα μικρά τους και προετοιμάζονται για την επόμενη εποχή. Αυτό ισχύει για τα άγρια ζώα, ακόμη και για τα εξημερωμένα ζώα που βασίζονται σε ανθρώπους για την επιβίωσή τους. Ζώα σε αιχμαλωσία (για παράδειγμα, ζώα κλεισμένα σε κλουβιά σε ζωολογικούς κήπους) παρουσιάζουν ανία, σε συνδυασμό με αφύσικη ή παρανοϊκή συμπεριφορά, που είναι αξιοσημείωτη αφού είναι αποτέλεσμα της αιχμαλωσίας, όχι ευθύνη του ζώου.

Το ανθρώπινο ζώο εμπίπτει κάπως σε αυτές τις κατηγορίες. Μερικές φορές είμαστε άγριοι. Πιο συχνά είμαστε εξημερωμένοι (ή αν προτιμάτε πολιτισμένοι). Μπορεί να ακούσετε κάποιον να λέει: «Ο γάμος τον εξημέρωσε», αν και αυτό είναι συχνά παράπονο (το οποίο λέγεται πως διατύπωναν πρώην μέλη φοιτητικής αδελφότητας για ένα «χαμένο» συνάδελφο). Μπορεί να αντισταθούμε σε αυτό, μα χρειαζόμαστε εξημέρωση μέχρι ενός σημείου για να συνεχίσουμε, και ατομικά και κοινωνικά. Είμαστε επίσης αιχμάλωτα πλάσματα, αν και συνήθως όχι κυριολεκτικά. Η καλύτερη διατύπωση είναι πως είμαστε αιχμάλωτοι μέσα στα πλαίσια της γλώσσας μας, του πολιτισμού και των εμπειριών μας.

Κανείς, άνθρωπος ή άλλο ζώο, δεν μπορεί να βαρεθεί σε στιγμές κρίσης. Σε μια καταστροφή, όλοι έχουν ένα σκοπό: Να διαφυλάξουν τους εαυτούς τους. Τα μη ανθρώπινα ζώα ασκούν πολύ λιγότερο έλεγχο πάνω στο περιβάλλον τους από ό,τι οι άνθρωποι, οπότε και αντιμετωπίζουν πιο καθημερινές απειλές. Έχουμε μεγαλώσει και βρεθεί σε σχετικά εύκολους δρόμους, οπότε για τους περισσότερους ανθρώπους στις ανεπτυγμένες χώρες η ζωή δεν είναι μια μακροχρόνια ακολουθία από μάχες για το καθημερινό φαγητό. Μα υπάρχει κίνδυνος στο να έχεις όλα όσα χρειάζεσαι και ακόμη μεγαλύτερος στο να έχεις όλα όσα θέλεις. Εάν τα υλικά αγαθά είναι ο στόχος σας και έχετε πετύχει σε αυτό το επίπεδο, το αίσθημα ότι δεν έχετε άλλα όρη για να ανεβείτε μπορεί να σας ρίχνει ψυχολογικά. Ο Αλέξανδρος ο Μέγας λέγεται πως έκλαψε γιατί δεν υπήρχαν άλλες χώρες για να καταλάβει.

Δεν συνιστώ να δημιουργείτε καταστροφές απλώς και μόνο για να κρατάτε τους εαυτούς σας σε εγρήγορση. Ήπιες αναζητήσεις έξαρσης (όπως τρενάκια του λούνα παρκ) ή ακόμη ακραία αθλήματα είναι απολαυστικά επειδή προκαλούν το αίσθημα της αντιμετώπισης του κινδύνου σε συνθήκες που δεν απειλείται η ζωή μας. Πιο τολμηρές περιπέτειες καταπολεμούν την ανία, μα σας απομακρύνουν από τη «μέση οδό» που ο Βούδας και ο Αριστοτέλης συνιστούσαν. Αυτοί που αναρριχώνται στο Έβερεστ μπορεί να μη βαριούνται καθώς συγκεντρώνονται στον συγκεκριμένο σκοπό, βρισκόμενοι είκοσι οχτώ χιλιάδες πόδια πάνω από το επίπεδο της θάλασσας και πολεμώντας να συνεχίσουν να αναπνέουν. Μα καθώς η τραγωδία που παρατίθεται στο *Χωρίς Οξυγόνο* του Τζον Κρακάουερ εκδηλώνεται, όταν το χειρότερο πραγματικά συμβαίνει, τότε ο σκοπός που στην αρχή φαινόταν τόσο γλυκός γίνεται πικρός γρήγορα. Ακόμη και για αυτούς που επιστρέφουν, τι επακολουθεί; Για πάρα πολλούς φαίνεται πως η ζωή είναι μια μακροχρόνια ακολουθία αναρρίχησης κορυφών παρά τους συνεχώς αυξανόμενους κινδύνους. Είναι στα αλήθεια απαραίτητο το φλερτάρισμα με το θάνατο για να νιώσει κανείς ζωντανός; Όχι, για αυτούς που είναι διατεθειμένοι να ανεβούν σε εσωτερικές κορυφές με τη βοήθεια της φιλοσοφίας.

Υπάρχει μια πολύ απλή στρατηγική που μπορούμε να αναπτύξουμε από την κατανόηση της επίδρασης της ανίας πάνω στα αισθήματά μας της έλλειψης σκοπού. Μερικοί από εμάς χρειάζονται ένα ταξίδι πίσω στην άγρια φύση για να ανανεώσουν τις ευαισθησίες τους. Όταν η εξημέρωση και η αιχμαλωσία έχουν κάνει ό,τι χειρότερο μπορούν, λίγος καθαρός αέρας μπορεί να σας καθαρίσει το μυαλό. «Επιστροφή στη φύση» σημαίνει διαφορετικά πράγματα για διαφορετικούς ανθρώπους. Μην πιέζετε τον εαυτό σας κατασκηνώνοντας κάπου που δεν υπάρχει τρεχούμενο νερό, εάν είστε ο τύπος του ανθρώπου που είναι δυστυχισμένος εάν δεν κάνει ένα τουλάχιστον μπάνιο την ημέρα. Βρείτε τι είναι σωστό για εσάς: Ένας περίπατος γύρω από το τετράγωνο μια ηλιόλουστη ημέρα, το σκάλισμα του κήπου ή μια μηνιαία περιήγηση στο πιο άγριο σημείο ενός εθνικού πάρκου. Οτιδήποτε σας επανασυνδέει με τον φυσικό κόσμο είναι ο πιο σίγουρος τρόπος να επανακτήσετε την άποψη για τη ζωή σας ως ένα μέρος ενός ευρύτερου συνόλου: ούτε ένα μεμονωμένο, τυχαίο μέρος ενός τεράστιου κομματιού χάους ούτε ένα προβληματικό γρανάζι σε κάποια αδίστακτη μηχανή, μα ένα ουσιώδες κομμάτι ενός περίπλοκου και παλλόμενου συστήματος. Αυτό ανακάλυψε ο Θορό στη λίμνη Ουόλντεν.

> «Αναμφισβήτητα η ίδια η ανία και η πλήξη που υποτίθεται ότι έχουν εξαντλήσει την ποικιλία και τις χαρές τις ζωής είναι τόσο παλιές όσο και ο Αδάμ. Μα οι δυνατότητες του ανθρώπου δεν έχουν ποτέ μετρηθεί, ούτε μπορούμε εμείς να κρίνουμε τι μπορεί να κάνει σε οποιαδήποτε περίπτωση, τόσα λίγα έχει δοκιμάσει».
>
> ΧΕΝΡΙ ΝΤΕΪΒΙΝΤ ΘΟΡΟ

Η εμπειρία με τη φύση βοηθάει στην αναθέρμανση της εκτίμησης για τη ζωή την ίδια, είναι ένας από τους καλύτερους τρόπους να βρει κανείς νόημα και σκοπό. Η κατανόηση ότι η ζωή είναι ένα μεγάλο δώρο και το να απολαμβάνει κανείς ό,τι κάνει στην καθημερινή του ζωή είναι επίσης ισχυρά αντίδοτα στην έλλειψη σκοπού.

ΒΟΗΘΗΣΤΕ ΤΟΥΣ ΕΑΥΤΟΥΣ ΣΑΣ ΒΟΗΘΩΝΤΑΣ ΚΑΠΟΙΟΝ ΑΛΛΟ

Ο πιο σίγουρος τρόπος να αντικρούσετε αισθήματα κενού στη ζωή σας είναι το να βοηθάτε κάποιον άλλο. Σας δίνει νόημα και σκοπό που δεν μπορείτε να αρνηθείτε. Μπορεί να σας βοηθήσει να βρείτε ευκαιρίες στη ζωή σας τις οποίες δεν μπορούσατε πρώτα να αντιληφθείτε και κοιτάζοντας μέσα στον κόσμο κάποιου άλλου σας βοηθά να δραπετεύσετε από τη δικιά σας αιχμαλωσία. Το συναίσθημα ότι η ζωή δεν έχει νόημα είναι κατά κάποιο τρόπο πολυτέλεια. Εάν προσπαθείτε να κρατήσετε ψυχή και σώμα μαζί, δεν θα σταματήσετε ποτέ να αμφισβητείτε το νόημα των πράξεών σας. Έτσι εάν έχετε διαβάσει μέχρι εδώ, στοιχηματίζω πως είστε ένας από τους ευκατάστατους. Το να συνδεθείτε με κάποιον λιγότερο τυχερό από εσάς μπορεί να αποτελέσει ένα σοβαρό μάθημα για εσάς. Στη χειρότερη περίπτωση, θα νιώσετε ευγνώμονες για αυτό που έχετε.

> «Εάν συνεισφέρετε στην ευτυχία άλλων, θα βρείτε το πραγματικό καλό, το αληθινό νόημα της ζωής».
>
> ΔΑΛΑΪ ΛΑΜΑ

ΧΑΜΟΓΕΛΑΣΤΕ ΚΑΙ ΑΝΤΕΞΤΕ ΤΟ

Η τελευταία απλή επιλογή σας, όταν παλεύετε με την έλλειψη νοήματος ή σκοπού, είναι το να την αντιμετωπίσετε κατά μέτωπο: Σφίξτε τα δόντια σας και κάντε κουράγιο. Τα πράγματα αλλάζουν. Όταν έχετε φτάσει στον πάτο, τα πράγματα μπορούν μόνο να βελτιωθούν. (Εάν χειροτερέψουν, μάλλον δεν είχατε φτάσει στον πάτο ακόμη!) Ο Έρμαν Έσε κέρδισε το βραβείο Νόμπελ στη λογοτεχνία, μα νωρίτερα στη ζωή του σκεφτόταν σοβαρά την αυτοκτονία. Τόσο βαθιά ήταν η αίσθησή του ότι δεν υπήρχε λόγος να ζει. Το ταλέντο του ως συγγραφέα αναπτύχθηκε αργότερα στη ζωή του, μα στο ενδιάμεσο δεν μπορούσε να δει το σκοπό του, και χωρίς αυτόν δεν διέκρινε ούτε και το νόημα της καθημερινής του ζωής. Τα βιβλία του αργότερα ερευνούσαν προβλήματα προσωπικής ταυτότητας, εσωτερικών νοημάτων και κρυμμένων σκοπών ζωής και διαδρομές προς το μονοπάτι της φώτισης. Η δυσκολία του δικού του δρόμου φώτιζε τα γραπτά του, τα οποία με τη σειρά τους έδωσαν έμπνευση σε μια ολόκληρη γενιά, παρόλο που αυτός ήταν ένας σκοπός χαμένος για αυτόν καθώς πάλευε στα πρώιμά του χρόνια. Τελικά άντεξε μέχρι που τα πράγματα βελτιώθηκαν. Εξαρτάται από εσάς πόση παρηγοριά μπορείτε να βρείτε στην ιδέα να κάνετε υπομονή και κουράγιο, δύο κύριες αρετές – η αλλαγή θα έρθει. Είμαστε σχεδόν πάντα ικανοί να αντλήσουμε νόημα και σκοπό από γεγονότα, ακόμη και δραματικά, αλλά μερικές φορές χρειάζεται χρόνος.

13

ΚΕΡΔΙΖΟΝΤΑΣ ΑΠΟ ΤΗΝ ΑΠΩΛΕΙΑ

«Εάν ένας άνθρωπος το πρωί ακούσει το σωστό, μπορεί να πεθάνει το βράδυ χωρίς θλίψη».

ΚΟΜΦΟΥΚΙΟΣ

«Κάθε γέρος άνθρωπος γνωρίζει πως θα πεθάνει σύντομα. Μα τι σημαίνει η γνώση στην περίπτωση αυτή;... Η αλήθεια του θέματος είναι ότι η ιδέα του θανάτου που πλησιάζει είναι λανθασμένη. Ο θάνατος δεν είναι ούτε κοντά ούτε μακριά... Δεν είναι σωστό να μιλάμε για μια σχέση με το θάνατο. Το γεγονός είναι ότι ο γέρος άνθρωπος, όπως και όλοι οι άνθρωποι, έχει σχέση με τη ζωή και τίποτα άλλο».

ΣΙΜΟΝ ΝΤΕ ΜΠΟΒΟΥΑΡ

Λάβετε υπόψη σας τη βουδιστική παραβολή του σπόρου του σιναπιού. Μια αναστατωμένη νεαρή μητέρα που θρηνεί το θάνατο του βρέφους της ζητά τη συμβουλή του Βούδα. Του λέει ότι είναι τρομερά θλιμμένη και ανίκανη να ξεπεράσει την τρομερή της απώλεια. Ο Βούδας τής λέει να πάει σε κάθε σπίτι του χωριού της και να πάρει ένα σπόρο σιναπιού από κάθε σπίτι που δεν έχει γνωρίσει το θάνατο και να του επιστρέψει όλους τους σπόρους. Με αφοσίωση αυτή πάει από πόρτα σε πόρτα και καθώς φεύγει από όλα με άδεια χέρια, καταλαβαίνει πως δεν υπάρχει σπίτι που να μην το έχει αγγίξει ο θάνατος. Επιστρέφει στον Βούδα χωρίς σπόρους σιναπιού και του λέει τι έχει δει ως τώρα: Δεν είναι η μόνη. Ο θάνατος είναι κάτι που συμβαίνει σε όλους μας, σε κάθε οικογένεια. Είναι καθαρά θέμα χρόνου. Για το αναπόφευκτο, της είπε, δεν πρέπει να θρηνούμε με υπερβολή.

Αυτή η αντίληψη δεν φέρνει αυτόν για τον οποίο θρηνούμε πίσω, μα αυξάνει την επίγνωση ενός ανθρώπου για το θάνατο ως απαραίτητο κομμάτι της ζωής. Όταν έρχεται ο θάνατος δεν χρειάζεται να είναι μια καταστροφή που συνθλίβει τους ζωντανούς. Αυτό δεν θα εξαλείψει τη θλίψη σας ή την ανάγκη σας να θρηνήσετε, μα θα πρέπει να σας βοηθήσει να το αντιμετωπίσετε πιο στωικά, φιλοσοφικά ή τουλάχιστον χωρίς έκπληξη ή σοκ.

> «Γιατί είναι σίγουρος ο θάνατος για αυτούς που γεννιούνται
> Και σίγουρη η γέννηση για αυτούς που πεθαίνουν·
> Οπότε για το αναπόφευκτο
> Δεν θα πρέπει να θρηνείτε».
>
> *ΜΠΑΓΚΑΒΑΝΤ ΓΚΙΤΑ*

ΜΙΑ ΜΕΓΑΛΗ ΕΚΠΛΗΞΗ

Στη Δύση, πάντα αιφνιδιαζόμαστε από το θάνατο. Δεν τον αντιμετωπίζουμε σωστά. Για την ακρίβεια, τον αντιμετωπίζουμε ελάχιστα. Μας αρέσει αρκετά σαν διασκέδαση, να τον καταπίνουμε στη βίαιη τηλεόραση, στις ταινίες και τα ηλεκτρονικά παιχνίδια. Βγάλτε τον όμως από την οθόνη και φέρτε τον στην καθημερινή ζωή, και δεν αντέχουμε ούτε να κοιτάμε. Έτσι ταξιδεύουμε πάνω στο καλό πλοίο «Άρνηση», σκεπτόμενοι πως η ζωή συνεχίζεται για πάντα και ότι ο θάνατος δεν θα συμβεί ή δεν θα συμβεί σε εμάς. Αντιλαμβανόμαστε το θάνατο σαν το χειρότερο πράγμα και έτσι δεν θέλουμε να έχουμε τίποτα να κάνουμε με αυτόν. Έχουμε σχεδιάσει νοσοκομεία και νεκροτομεία να κάνουν τη βρόμικη δουλειά για εμάς, οπότε να μη χρειάζεται να τον αντιμετωπίσουμε, μέχρι που να καταλήξουμε στο κατώφλι ενός από τα μισητά αυτά ιδρύματα.

Η ικανότητα να αποστραφούμε από την πραγματικότητα του θανάτου είναι μια μοντέρνα πολυτέλεια. Δεν έχει περάσει πολύς καιρός που ο θάνατος είχε θέση στην καθημερινή ζωή. Γενεές μιας οικογένειας ζούσαν μαζί και οι άνθρωποι γεννιόνταν και πέθαιναν στο σπίτι. Συνθήκες που τώρα είναι σπάνια θανατηφόρες σκότωναν τους ανθρώπους πριν τα αντιβιοτικά και τις υπόλοιπες ιατρικές προόδους. Οι γονείς δεν περίμεναν να δουν όλα τους τα παιδιά να φτάνουν στην ενηλικίωση. Σχεδόν τα μισά παιδιά τους πέθαιναν στην παιδική ηλικία. Ο μέσος όρος ζωής ήταν σημαντικά μικρότερος. Όταν κάποιος πέθαινε, μπορεί να τον έβαζαν στο ίδιο του το σαλόνι. Ο θάνατος ήταν κοινότοπος, αναμενόμενος, απτός.

Τώρα, ο θάνατος ενός αγαπητού προσώπου, ή η πιθανότητα του δικού μας θανάτου, γίνεται ένα δυσβάστακτο βάρος επειδή είμαστε τελείως απροετοίμαστοι. Αν μη τι άλλο, ο θάνατος είναι ένα φυσικό κομμάτι του κύκλου της ζωής, μα οποιαδήποτε ενέργεια μας περισσεύει από την άρνηση του θανάτου την καταναλώνουμε προσπαθώντας να τον απομακρύνουμε. Οπότε μένει πολύ μικρό περιθώριο για την αποδοχή του θανάτου ως κάτι αναπόφευκτο. Ίσως επειδή είμαστε βιολογικοί οργανισμοί που θα κάνουν τα πάντα να παραμείνουν ζωντανοί. Όταν το πόδι τους πιάνεται σε μία παγίδα, οι λύκοι και άλλα ζώα είναι γνωστό ότι κόβουν με τα δόντια το πόδι τους για να παραμείνουν ζωντανά, αν και με τρία πόδια. Έχουμε το ένστικτο της αυτοσυντήρησης. Ο Φρόιντ το έλεγε Έρωτα, το ένστικτο (ή τη φυσική ορμή) για την ίδια τη ζωή.

Το να σκεφτόμαστε ότι ο θάνατος δεν θα συμβεί και μετά να συντριβόμαστε μόλις συμβεί δεν είναι παραγωγικό. Το πρώτο μεγάλο εμπόδιο που αντιμετωπίζετε με το χειρισμό του θανάτου ενός αγαπημένου προσώπου, ή αντιμετωπίζοντας το γεγονός ότι είστε θνητοί, είναι η αποδοχή του θανάτου ως μέρους της ζωής. Το να είστε προετοιμασμένοι για αυτό δεν σημαίνει ότι δεν θα σας προξενήσει πόνο. Μα από την αποδοχή του θανάτου ως φυσικού γεγονότος προέρχεται η ικανότητα να οχυρώσετε τον εαυτό σας φυσικά και να υιοθετήσετε μια φιλοσοφική στάση που να σας ανακουφίζει.

ΓΙΑΤΙ ΘΡΗΝΟΥΜΕ

Όταν πεθαίνουν άνθρωποι που αγαπάμε, ολόκληρα σύμπαντα πεθαίνουν μαζί τους. Όσοι από εμάς μένουμε πίσω δεν λυπόμαστε για αυτούς, λυπόμαστε για τους εαυτούς μας. Αυτοί οι άνθρωποι ήταν ενσωματωμένοι στην ύπαρξή μας. Οι ζωές τους ήταν λάμπες που φώτιζαν τις δικές μας. Τους αγαπούσαμε και μας αγαπούσαν και ξαφνικά νιώθουμε την αγάπη λιγότερο και νιώθουμε να μας αγαπούν λιγότερο. Αυτοί οι άνθρωποι ήταν ήλιοι των οποίων τη θέρμη απολαμβάναμε και δεν έχουμε πια τις ακτίνες τους να μας ζεσταίνουν. Μας λείπει κάτι που δεν μπορεί να αντικατασταθεί. Αυτό που έχει χαθεί δεν είναι μόνο το άτομο, μα και η σχέση μας με το άτομο αυτό. Έχουμε ακόμη τις αναμνήσεις μας, μα δεν έχουμε την άμεση συναισθηματική σύνδεση. Διαφορετικοί άνθρωποι φέρνουν στην επιφάνεια διαφορετικές πλευρές του χαρακτήρα μας. Μεγάλο μέρος του εαυτού μας είναι μια αντανάκλαση πάνω σε άλλους. Ο Ντεκάρτ παρέλειψε κάτι όταν συμπέρανε: «Σκέφτομαι, άρα υπάρχω». Παρέλειψε την κοινωνική άποψη της ανθρώπινης ύπαρξης: «Άλλοι με σκέφτονται, άρα υπάρχω». Όταν κάποιος πεθαίνει, χάνουμε το αντίστοιχο κομμάτι του εαυτού μας, όσο και αυτόν που πεθαίνει. Νιώθουμε ελαχιστοποιημένοι από την απουσία του ανθρώπου.

Ο Χομπς έβλεπε τους ανθρώπους κυρίως ως εγωκεντρικούς και αυτά τα συναισθήματα της απώλειας το επιβεβαιώνουν. Η θλίψη μας είναι για τους εαυτούς μας, πρώτα και κύρια. Αυτό δεν είναι κακό. Μην το συγχέετε με απλό εγωισμό, ο οποίος παραβλέπει αυτά που απασχολούν άλλους προς όφελος του εαυτού μας. Μετά το θάνατο, δεν γνωρίζουμε τι συμβαίνει σε αυτό το πρόσωπο. Έχουμε μια ποικιλία απόψεων για να μας παρέχουν απαντήσεις, μα κανείς δεν είναι σίγουρος. Έτσι, αυτό που χρειαζόμαστε όταν κάποιος πεθάνει είναι να απεξαρτηθούμε από το άτομο αυτό, να ηρεμήσουμε τους εαυτούς μας και να διαφυλάξουμε τις αναμνήσεις μας.

Το Τάο διδάσκει ότι καταλήγουμε να μαθαίνουμε τα πράγματα με τα συμπληρώματά τους, όπως με τη ζωή και το θάνατο. Αυτοί που έφτασαν πολύ κοντά, που επιβιώνουν από ένα σοβαρό ατύχημα ή από τον καρκίνο παρά τις αντίθετες προβλέψεις, μας λένε ότι απολαμβάνουν τη ζωή περισσότερο επειδή κοίταξαν το θάνατο καταπρόσωπο. Οι περισσότεροι από εμάς θεωρούμε τη ζωή δεδομένη. Εμπλεκόμαστε με την ικανοποίηση άμεσων αναγκών, την ολοκλήρωση μακροπρόθεσμων στόχων και με το να ονειροπολούμε στο ενδιάμεσο. Ακόμη και η Διακήρυξη της Ανεξαρτησίας καλεί στην αναζήτηση της ευτυχίας, αν όχι στην επίτευξή της. Όπως είδαμε στο προηγούμενο κεφάλαιο, ένας υπερκείμενος στόχος μπορεί να είναι το κλειδί για μια ικανοποιητική ζωή. Μα δεν είναι και το τέλος της ιστορίας. Η ενασχόληση με τη γενικότερη εικόνα της ζωής εξαφανίζει την αξία μιας απλής ημέρας ή έστω και μιας ώρας ζωής. Αυτοί που έχουν αντιμετωπίσει την άμεση προοπτική να μην έχουν άλλες απλές ημέρες ή ώρες καταλαβαίνουν αυτή την αξία με διαύγεια που λείπει από τους περισσότερους.

Ευτυχώς για εμάς, αυτή είναι μια συμπεριφορά που μπορούμε να καλλιεργήσουμε χωρίς να θέσουμε σε κίνδυνο τη ζωή μας. Δεν είναι απαραίτητο να γίνουμε ριψοκίνδυνοι. Μα πρέπει να κοιτάξουμε το θάνατο κατάματα. Όχι σε ένα καταστροφικό σκηνικό, με χαλασμένα φρένα ή με μια αναφορά εργαστηρίου που γράφει «κακοήθης» ή παίζοντας ρώσικη ρουλέτα, μα με προσεκτική περισυλλογή. Αυτή τη στιγμή οι περισσότεροι από εμάς απολαμβάνουν αυτή την πολυτέλεια. Εάν έχετε την επιλογή, μην περιμένετε μέχρι να αρχίσει η αντίστροφη μέτρηση.

ΠΙΣΤΗ

Κάθε θρησκεία παρέχει απαντήσεις για το νόημα του θανάτου. Έτσι, αν ακολουθείτε μια συγκεκριμένη θρησκεία, αρχίζετε με μερικούς χάρτες για να σας κατευθύνουν στο ταξίδι σας.

Μα δεν βρίσκεστε στο τέλος του δρόμου. Μήπως η πίστη στο θεϊκό και στην αιώνια ανταμοιβή κάνει το θάνατο λιγότερο οδυνηρό; Όχι. Η σκέψη ότι το αγαπημένο σας πρόσωπο μπορεί να φεύγει για ένα καλύτερο μέρος είναι ελαφρά ανακουφιστική στην καλύτερη περίπτωση. Εσείς είστε ακόμη εδώ, χωρίς καμιά ιδέα για το πότε ή αν θα βρεθείτε ποτέ μαζί με το πρόσωπο που πέθανε. Ακόμη και οι πάστορες παραδέχονται ότι το να λένε ότι ο νεκρός είναι «στα χέρια του Θεού» δεν είναι αρκετό, αν και, όπως οι υπόλοιποι από εμάς, συχνά δεν ξέρουν τι άλλο να πουν. (Το έχω μάθει αυτό από εκείνους που ζήτησαν φιλοσοφική βοήθεια για να εμπλουτίσουν τις συμβουλές που παρέχουν σε αυτούς που βοηθούν με τη σειρά τους.)

Ο Χομπς έγραψε ότι όλες οι θρησκείες προέρχονται από το φόβο. Από τον Φρόιντ και μετά, πολλοί ψυχολόγοι και ψυχίατροι συμφωνούν: Οι άνθρωποι είναι τρομοκρατημένοι από το θάνατο και έτσι εφευρίσκουν ιστορίες με χαρούμενο τέλος (θρησκείες) έτσι ώστε να αντισταθμίσουν τις ουσιαστικές, μα και τόσο παιδικές, ανησυχίες τους. Είτε σας αρέσει αυτή η εξήγηση είτε όχι, βοηθάει να θυμόμαστε ότι γενικότερα οι άνθρωποι φοβούνται το άγνωστο. Είναι στοιχείο προφύλαξης και υγιής αντίληψη να ανησυχείτε για το άγνωστο. Εφόσον δεν γνωρίζετε αν το φίδι στο μονοπάτι σας είναι δηλητηριώδες ή όχι, είναι ασφαλέστερο να το φοβάστε παρά να το χαϊδεύετε. Μα πέρα από την ενασχόληση με το φόβο του αγνώστου, η θρησκεία παρέχει επίσης και ελπίδα. Ελπίδα για κάτι πέρα από αυτό τον κόσμο. Η θρησκεία θα σας βοηθήσει να αντιμετωπίσετε το άγνωστο, ειδικά αν έχετε ισχυρή πίστη.

Ακόμη και αυτοί που δεν είναι βέβαιοι για το τι πιστεύουν βρίσκουν παρηγοριά εκεί. Συνειδητοποιώντας ότι έχουν, κατά πάσα πιθανότητα, περάσει το μέσο της ζωής τους, μερικοί άνθρωποι ανακαλύπτουν τη θρησκεία. Ή την ανακαλύπτουν ξανά. Ένας κυνικός θα έλεγε ότι απλά φοβούνται το θάνατο και ψάχνουν έτοιμες επιβεβαιώσεις. Και λοιπόν, τι το κακό έχει αυτό; Τίποτα δεν επιβεβαιώνει όσο η επιβεβαίωση και τα πιστεύω μπορεί να είναι ανακουφιστικά. Άλλοι δεν θέλουν να ανησυχούν για το τι θα τους συμβεί και τι όχι στον «άλλο κόσμο». Με τον έναν ή τον άλλο τρόπο, η ανατέλλουσα συνειδητοποίηση ότι είσαστε, στην πραγματικότητα, θνητοί θα έπρεπε να είναι αρκετή για να διπλασιάσει την προσπάθειά σας να πάρετε περισσότερα από τη ζωή και να επικεντρωθείτε σε μια ζωή αρετής και προσπάθειας. Αν μη τι άλλο, θα ξέρετε ότι έχετε κάνει ό,τι καλύτερο μπορείτε. Και αν υπάρχει κάτι άλλο, θα πρέπει να κριθείτε ευνοϊκά. Μπορεί έτσι να παίζετε με τις πιθανότητες, αλλά γιατί όχι;

Οι περισσότεροι πολιτισμοί και θρησκείες έχουν ένα σύνολο συμβάσεων για να αντιμετωπίζουν τα επακόλουθα του θανάτου, είτε με έναν ιουδαϊκό επταήμερο θρήνο, μια ιρλανδέζικη ολονυκτία ή με οποιοδήποτε άλλο από αναρίθμητα παραδείγματα. Οι περισσότεροι γιορτάζουν τη ζωή του ατόμου, συγκεντρώνοντας την οικογένεια και τους φίλους για να φάνε και να πιούνε μαζί και να μοιραστούν μνήμες. Μπορεί και να περάσετε καλά. Υπάρχει τουλάχιστον ένας κωμικός σε κάθε τέτοια συγκέντρωση. Όλα αυτά βοηθούν βέβαια, μα μόνο προσωρινά. Τελικά όλοι γυρίζουν στο σπίτι και μένετε μόνοι σας. Χρειαζόμαστε τις τελετές και τη συναισθηματική υποστήριξη άλλων και πιθανώς και την πνευματική καθοδήγηση. Μα αυτά τα πράγματα δεν είναι συνήθως αρκετά για να το ξεπεράσουμε. Όταν οι παραδοσιακές τελετές τελειώνουν, χρειαζόμαστε φιλοσοφική περισυλλογή για να συνεχίσουμε.

ΤΟ ΑΔΕΙΟ ΠΟΤΗΡΙ ΤΟΥ ΤΣΑΓΙΟΥ

Μια άλλη βουδιστική παραβολή μάς διδάσκει πώς να αντιμετωπίζουμε το θάνατο με ισορροπία. Ένας μοναχός είχε ένα φλιτζάνι του τσαγιού δίπλα στο κρεβάτι του και κάθε βράδυ πριν πάει για ύπνο το γύριζε ανάποδα. Κάθε πρωί το γύριζε στη σωστή θέση. Όταν ένας απορημένος μαθητευόμενος ρώτησε, ο μοναχός εξήγησε ότι άδειαζε συμβολικά το ποτήρι της ζωής κάθε βράδυ για να τονίσει την εξοικείωσή του με τη θνητότητα του. Η τελετουργία τού υπενθύμιζε ότι είχε κάνει τα πράγματα που χρειαζόταν να κάνει για τη συγκεκριμένη ημέρα και έτσι ήταν έτοιμος εάν θα ερχόταν ο θάνατος για αυτόν. Κάθε πρωί, λοιπόν, ξαναγύριζε το ποτήρι για να δεχτεί το δώρο μιας καινούριας ημέρας. Έπαιρνε τη ζωή ημέρα με την ημέρα, αναγνωρίζοντας το υπέροχο δώρο της ζωής κάθε αυγή, μα ήταν έτοιμος να το ξεχάσει στο τέλος κάθε ημέρας.

Το πρώτο βήμα στη δημιουργία της δικιάς σας φιλοσοφικής προδιάθεσης για το θάνατο, την απώλεια και το πένθος είναι να απολαμβάνετε τη ζωή. Ζώντας την κάθε στιγμή είναι ο καλύτερος τρόπος να το κάνετε αυτό. Χρειάζεστε την αντίληψη της προσωρινότητας για να κρατηθείτε σ' αυτή την πορεία. Γνωρίζουμε την αλήθεια, μα κοροϊδεύουμε τους εαυτούς μας σκεπτόμενοι ότι όταν κάτι διαρκεί πάρα πολύ είναι μόνιμο, και έτσι το τέλος σχεδόν πάντα εμφανίζεται σαν έκπληξη. Ποτέ δεν σκεφτόμαστε ότι μπορεί να συμβεί σε εμάς. Εάν οδηγείτε σε όλη σας τη ζωή χωρίς ατύχημα, είναι πολύ πιθανό να νομίζετε πως είστε άτρωτος παρά απλά τυχερός. Μα όσο πιο καλές ημέρες ζούμε σ' αυτόν τον πλανήτη, τόσο πιο ευγνώμονες πρέπει να είμαστε για κάθε τέτοια απρόβλεπτη γενναιοδωρία, χωρίς να πιστεύουμε ότι θα την έχουμε για πάντα.

Πολλοί άνθρωποι χρησιμοποιούν το παρόν για να ικανοποιήσουν το παρελθόν ή το μέλλον. Είναι απασχολημένοι είτε αναπολώντας το παρελθόν είτε σχεδιάζοντας το μέλλον. Δεν είναι ποτέ στο σήμερα. Η ιστορία είναι παρελθόν, δεν μπορείτε να την αλλάξετε. Το μέλλον είναι αβέβαιο, δεν μπορείτε να βασιστείτε σε αυτό. Αυτό που έχετε σίγουρα είναι το παρόν. Αγαπήστε το ότι ζείτε τώρα και θα ελαχιστοποιήσετε τις τύψεις όταν σας τελειώσουν οι στιγμές σας.

ΑΥΤΟ ΠΟΥ ΠΙΣΤΕΥΕΤΕ

Το επόμενο βήμα στο να σχεδιάσετε τη στάση σας είναι να αναθεωρήσετε τις απόψεις σας περί ζωής και θανάτου. Χρησιμοποιήστε τη φαντασία σας και ρωτήστε τον εαυτό σας: «Πού βρισκόμουν πριν γεννηθώ; Πού θα πάω μόλις πεθάνω;» Επισκεφθείτε ένα νεκροταφείο, για μια εμπειρία που θα σας επαναφέρει στην πραγματικότητα. Κοιτάξτε όλες αυτές τις ταφόπλακες, καθεμιά από τις οποίες μνημονεύει κάποιον που κάποτε ήταν ένα ζωντανό πλάσμα με σκοτούρες και φιλοδοξίες, εχθρούς και φίλους, με δεκαπέντε λεπτά δόξας και ντουζίνες από άσχημες ημέρες. Ρωτήστε τον εαυτό σας: «Πού βρίσκονται τώρα;» Σκεφτείτε πόσο πολύ, ή λίγο, έζησαν, και αν αυτοί που τους θυμούνται είναι ακόμη ζωντανοί. Τι είναι, λοιπόν, για σας αυτή τη στιγμή; Τι είναι σημαντικό για σας σήμερα; Και τι είναι κρίσιμο για σας τώρα;

Συνήθιζα να κολλάω σε ένα μποτιλιάρισμα μπροστά από ένα νεκροταφείο. Όταν σταματούσαμε, μπορούσα να κοιτάξω από το παράθυρό μου, να διαβάσω τις ταφόπλακες και να αναλογιστώ αυτά τα θέματα. Δεν ήμουν ποτέ τόσο ευτυχισμένος που ήμουν ζωντανός και κολλημένος σε μποτιλιάρισμα. Παρατήρησα ότι και οι άλλοι οδηγοί είχαν παρόμοια συμπεριφορά σε εκείνο το σημείο: Ούτε κόρνες ούτε φωνές ούτε καβγάδες συνέβησαν ποτέ εκεί. Φαντάζομαι πως ήταν όλοι χαρούμενοι που ήταν ζωντανοί και κολλημένοι στο μποτιλιάρισμα. Εσείς πού ακριβώς είστε κολλημένοι αυτή τη στιγμή; Δεν έχει και μεγάλη σημασία, όπως καταλαβαίνετε, αρκεί να είστε ευτυχισμένοι που είστε ζωντανοί.

Ο Πλάτωνας, ο Πυθαγόρας, ο Εμπεδοκλής και άλλοι αρχαίοι Έλληνες πίστευαν στη μετεμψύχωση (δηλαδή στη μετενσάρκωση), μια ιδέα πιθανότατα δανεισμένη από την Ανατολή. Πίστευαν ότι ένα σημαντικό τμήμα από την ύπαρξή μας επιβιώνει από το θάνατο και επιστρέφει σε άλλες μορφές, και έτσι μπορούσαν να αντιμετωπίσουν το θάνατο σαν κάτι όχι τόσο πιεστικά τελειωτικό. Η δυτική σκέψη για το θάνατο αργότερα βασίστηκε στο χριστιανισμό, αν και η πρώιμη εκκλησία διατήρησε το δόγμα της μετενσάρκωσης μέχρι και τον έκτο αιώνα.

Ο ινδουισμός και μερικές σχολές του βουδισμού υποστηρίζουν ότι το σώμα πεθαίνει, μα όχι το πνεύμα, σαν ένα μέρος ενός κύκλου γέννησης, θανάτου και αναγέννησης που αποτελεί το μονοπάτι της πνευματικής προόδου. Είτε αποδέχεστε το κομμάτι της μετενσάρκωσης αυτού του κύκλου είτε όχι, η ιδέα ότι η γέννηση, η ζωή και ο θάνατος είναι αλληλένδετα βοηθά να αντιμετωπίσουμε την άρνηση της θνητότητάς μας. Στην ινδουιστική σκέψη, κάθε ζωή σε βοηθάει να αποκτήσεις γνώσεις και εμπειρίες που θα μεταφέρεις και στην επόμενη, έτσι σταδιακά προσεγγίζεις την ένωση με το Θεό. Και πάλι, δεν είναι ανάγκη να πιστεύετε στη μετενσάρκωση για να ωφεληθείτε από την αντιμετώπιση της ζωής σαν μια ευκαιρία για απόκτηση γνώσης και εμπειρίας στην υπηρεσία της προόδου – και πέρα από αυτό, σαν μια ευκαιρία να καταγράφετε πρόοδο στην υπηρεσία της επιφώτησης.

ΚΑΝΕΙΣ ΔΕΝ ΠΕΘΑΙΝΕΙ

Ο κλασικός βουδισμός διδάσκει πως δεν υπάρχει θάνατος γιατί δεν υπάρχει εαυτός. Ο προσωπικός εαυτός ή το εγώ, με όλες τις αναμνήσεις, επιθυμίες, πόθους, άγχη, προσκολλήσεις και σχέδια, είναι μια μεθυστική οφθαλμαπάτη που μας τυφλώνει και μας αποσπά από την αδιάσειστη πραγματικότητα της καθαρής συνείδησης της «βουδιστικής μας φύσης». Αυτό που αντιλαμβάνεστε ως τον εαυτό σας είναι μια ψευδαίσθηση. Το να αφήσετε αυτή την ψευδαίσθηση να απαντάει στα τηλεφωνήματά σας, να πηγαίνει στις συναντήσεις σας και να καθορίζει τη ζωή σας προκαλεί πολλά προβλήματα. Το ερώτημα είναι: Ποιος αντιλαμβάνεται αυτή την ψευδαίσθηση του εαυτού σας; Η οφθαλμαπάτη γεννιέται, άρα και πεθαίνει. Αυτό που αντιλαμβάνεται είναι αγέννητο, άρα και αθάνατο. Η βουδιστική πρακτική συμπεριλαμβάνει την τοποθέτηση του εαυτού μας στη θέση του, που είναι το πουθενά. Βέβαια, στο εγώ δεν αρέσει αυτό, έτσι προσπαθεί να μας αποτρέψει από την πρακτική αυτή. Σκοπός του είναι να σας δελεάσει, όχι να σας κάνει καλύτερους. Εάν δεν έχετε αίσθηση του εαυτού σας, δεν μπορείτε να έχετε την εμπειρία του θανάτου του εαυτού σας. Και αυτό φοβόμαστε: τον τερματισμό της προσωπικής μας ύπαρξης. Ο Χιουμ το σκέφτηκε από μόνος του, και έτσι συμφώνησε χωρίς να το γνωρίζει με τον Βούδα, ότι ο εαυτός μας είναι μια ψευδαίσθηση. Δεν υπάρχει τίποτα εκεί στην πραγματικότητα, έτσι κανείς δεν χάνεται στην πραγματικότητα.

> «...όταν εισέρχομαι στο πιο ενδόμυχο τμήμα αυτού που καλώ εαυτό μου, πάντα σκοντάφτω πάνω στη μια ή στην άλλη συγκεκριμένη αίσθηση, ζέστης ή παγωνιάς, φωτός ή σκιάς, αγάπης ή μίσους, πόνου ή ηδονής. Δεν μπορώ ποτέ να βρω τον εαυτό μου χωρίς κάποια αίσθηση και ποτέ δεν μπορώ να παρατηρήσω τίποτα εκτός από αίσθηση».
>
> ΝΤΕΪΒΙΝΤ ΧΙΟΥΜ

Η βουδιστική φιλοσοφία εύκολα παρερμηνεύεται από πολλούς Δυτικούς, που βλέπουν κάτι πρωταρχικά αποκρουστικό στην προσδοκώμενη εξαΰλωση του εγώ. Για άλλη μια φορά είναι το εγώ που μιλάει. Βέβαια δεν μπορεί και δεν θα αφήσει την εξουσία του οικειοθελώς. Μόνο άνθρωποι που έχουν υποφέρει αρκετά (ή πάρα πολύ) συναισθηματικά συνειδητοποιούν ότι είναι ο εαυτός που διαιωνίζει τη συναισθηματική τους οδύνη. Εάν μπορείτε να κατανοήσετε βαθιά αυτό που εννοούσε ο Βούδας (και ο Χιουμ) για την πλασματικότητα του εαυτού και επιπλέον εξασκηθείτε στο να βάζετε τον εαυτό σας στη θέση του, τότε μπορείτε να χειριστείτε μέχρι και το θάνατο με αταραξία.

> «Εσείς οι ίδιοι πρέπει να κάνετε την προσπάθεια. Οι Βούδες μπορούν μόνο να σας δείξουν το δρόμο. Αυτοί που έχουν μπει στο δρόμο και έχουν αρχίσει να διαλογίζονται, ελευθερώνονται από τα δεσμά του πόνου... Οι άνθρωποι παγιδεύονται από τον κύκλο των επιθυμιών συνεχώς, όπως ένας λαγός παγιδεύεται από ένα δίχτυ... υπομένουν τον πόνο για πολύ καιρό».
>
> ΒΟΥΔΑΣ

Το *Θιβετιανό Βιβλίο του Θανάτου* περιγράφει πέντε φάσεις της μετά-θάνατον ύπαρξης, οι οποίες λέγονται *μπάρντος*, και παρέχει προχωρημένα γιόγκα (όχι τα βασικά χάθα γιόγκα που εφαρμόζετε σε μια σχολή γιόγκα) σχεδιασμένα να σας καθοδηγήσουν σε αυτή τη διαδικασία. Οι Θιβετιανοί είναι οι μόνοι, από όσους γνωρίζω, που υποστηρίζουν πως έχουν την εμπειρική γνώση της συνεχιζόμενης ύπαρξης μετά θάνατον και που διδάσκουν τεχνικές (στους πιο προχωρημένους, τους γιογκίνς) για να διαχειριστούν το ταξίδι από το θάνατο στην αναγέννηση. Αυτό είναι πολύ διαφορετικό από την πιο κοινή παθητική αντίληψη για τη μετενσάρκωση. Οι Θιβετιανοί διδάσκουν το πώς να διαλέξει κανείς τη μήτρα της αναγέννησής του. Όχι μόνο μπορείτε να έχετε τον έλεγχο της ζωής σας, αλλά μπορείτε πιθανότατα να αναλάβετε και τον έλεγχο του θανάτου σας.

Σε πολλούς πολιτισμούς, η εμπειρία του θανάτου παρομοιάζεται με την επίλυση του πρωταρχικού μυστηρίου ή γρίφου. Σε μερικές παραδόσεις των ιθαγενών της Αμερικής, ο θάνατος αποκαλείται «η διάβαση του μεγάλου νερού». Ο θάνατος αντιμετωπίζεται σαν μια διαδικασία ανακάλυψης ή σαν ένα σημαντικό ταξίδι. Μπορεί να χρειάζεται κουράγιο για να το αντιμετωπίσετε, μα δεν είναι απαραίτητα κάτι που να σας τρομάζει.

ΣΟΝΙΑ ΚΑΙ ΙΖΑΜΠΕΛ, ΜΕΡΟΣ ΔΕΥΤΕΡΟ

Στο Κεφάλαιο 8, με θέμα την οικογένεια, πραγματευτήκαμε την περίπτωση της Σόνιας, που επαναστατούσε ενάντια στη μητέρα της Ίζαμπελ. Όταν ήρθε να με δει, η νεαρή κοπέλα πάλευε έντονα ενάντια στους περιορισμούς και τις απαιτήσεις της μητέρας της. Μα καθώς δουλέψαμε μαζί και αυτά τα θέματα άρχισαν να επιλύονται, μια επιπλέον επιπλοκή εμφανίστηκε. Η Ίζαμπελ βρέθηκε να πάσχει από ανίατη περίπτωση καρκίνου.

Αυτή είναι μια δύσκολη περίπτωση ανεξάρτητα από άλλες παραμέτρους. Μα η Σόνια και η Ίζαμπελ την εκμεταλλεύτηκαν για να πάρουν κάτι πολύτιμο. Αν και η σχέση τους είχε ήδη αρχίσει να χαλαρώνει, χρησιμοποίησαν την ανίατη ασθένεια σαν ευκαιρία και πλησίαζαν τώρα στην τελική τους συμφιλίωση. Βρίσκονταν σε άσχημη κατάσταση, ωστόσο ο επερχόμενος θάνατος έθεσε τις διαμάχες τους υπό εξέταση και για τις δυο. Οι συγκεκριμένες αντιπαραθέσεις τους δεν είχαν πλέον τόση σημασία και έτσι έκαναν ειρήνη. Ο θάνατος μπορεί να αποκαλύψει την ανθρωπιά μας και τότε οι προσωπικές διαφορές μας τείνουν να έχουν όλο και λιγότερη σημασία.

Για τη Σόνια, η διάγνωση για τη μητέρα της σήμαινε ότι έπρεπε να ωριμάσει. Ο πατέρας της δεν ανταποκρινόταν επαρκώς στην κατάσταση, έτσι το μεγαλύτερο μέρος της ευθύνης έπεφτε πάνω στη Σόνια, καθώς η μητέρα της εξασθενούσε. Η αντιστροφή των ρόλων αυτού που φροντίζει και αυτού που είναι υπό φροντίδα απαιτούσε όλη τη δύναμη της Σόνιας. Της επέτρεψε να ξεπληρώσει το χρέος για τη φροντίδα που έλαβε από τη μητέρα της όλη της τη ζωή και επέτρεψε στην Ίζαμπελ να λάβει και φροντίδα από την κόρη της αντί να της δίνει συνέχεια. Η Σόνια ωρίμασε ανταποκρινόμενη στις ευθύνες της, όσο δύσκολες και αν ήταν αυτές.

Αυτό που μπορούμε να μάθουμε από την κατάσταση της Σόνιας και της Ίζαμπελ είναι ότι ο θάνατος φωτίζει τις ανθρώπινες σχέσεις, με τη συγκέντρωση της σκέψης όσο τίποτα άλλο. Πόσο συχνά ακούμε ανθρώπους να λένε: «Ποτέ δεν του είπα πώς ένιωθα για αυτόν και πόσα σήμαινε για μένα» ή «Ποτέ δεν της είπα πόσο την αγαπούσα», που το παραβλέπουμε σαν κάτι τετριμμένο όταν το συναντούμε σε κάποιο μυθιστόρημα. Ο θάνατος μπορεί να είναι αναπόφευκτος, μα η απώλεια κάποιου υπό συνθήκες που θα μπορούσε να ήταν διαφορετικές είναι ο πιο επίπονος τρόπος να το βιώσει κανείς. Το ότι ο θάνατος είναι αναπόφευκτος και απρόβλεπτος μας δίνει ισχυρότερους λόγους να συντηρούμε καλές σχέσεις ή να διορθώνουμε τις τραυματικές. Νιώθετε την απώλεια πιο έντονα εάν υπάρχει κάτι που θέλατε να πείτε ή να κάνετε, αλλά δεν το καταφέρατε ποτέ. Δεν υπάρχει τίποτα χειρότερο από το να μείνετε με την επιθυμία να γυρίσετε πίσω και να ξαναζήσετε, κάτι που βέβαια δεν μπορείτε να το κάνετε ποτέ.

Από την άλλη, όταν ο θάνατος διακόπτει μια υγιή σχέση, τότε ο πόνος που νιώθετε φτάνει πολύ βαθιά, επειδή χάνετε ένα τελείως καλό πράγμα. Μα μπορείτε να βρείτε ανακούφιση στο ότι γνωρίζετε πως η σχέση ήταν όσο καλύτερη μπορούσε.

Δεν έχετε πάντα εκ των προτέρων προειδοποίηση για το θάνατο. Κεραυνοί. Αεροπορικά δυστυχήματα. Η ζωή μπορεί να είναι περαστική. Οι περισσότεροι από εμάς δεν γνωρίζουμε πόσο μας έχει απομείνει και πιθανότατα αυτό να είναι καλύτερο. Μα μη χαραμίζετε αυτό που έχετε. Από αυτή την άποψη τουλάχιστον, η Σόνια και η Ίζαμπελ ήταν τυχερές. Μπόρεσαν να χρησιμοποιήσουν τον εναπομείναντα χρόνο για συναισθηματική ίαση, ακόμη και όταν η σωματική ίαση ήταν πλέον αδύνατη. Μπορεί να φαίνεται παράξενη η χρήση της λέξης «τύχη» για μια κόρη που αντιμετωπίζει το θάνατο της μητέρας της. Ωστόσο, μια παράμετρος της φιλοσοφικής στάσης είναι να βλέπει κανείς και τις θετικές απόψεις εκτός από τις αρνητικές. Δεν κερδίζουμε τίποτα με το να τις αγνοούμε και η αξιολόγησή τους μπορεί να απαλύνει τον πόνο.

ΣΤΕΛΛΑ

Γνωρίσαμε τη Στέλλα στο Κεφάλαιο 10, όπου τη χρησιμοποίησα ως θετικό παράδειγμα της αλλαγής στη μέση ηλικία σε αντίθεση με την κρίση στη μέση ηλικία. Αφού η μετάβασή της ήταν σχετικά ομαλή, ο λόγος που ζήτησε βοήθεια ήταν για να αντιμετωπίσει την ίδια της τη θνητότητα. Ήταν υγιής και σχετικά νέα, μα το ότι έφτασε στα πενήντα την παρακίνησε να ψάξει να βρει έναν τρόπο να αντιμετωπίζει το θάνατο έτσι ώστε να έχει νόημα για αυτήν. Η θρησκευτική πίστη με την οποία μεγάλωσε, και ακολούθησε μαζί με τον άνδρα της όταν τα παιδιά της ήταν ακόμη μικρά, δεν ήταν πια εναρμονισμένη με το πιστεύω της. Σε αυτό το στάδιο της ζωής της, ένιωθε χαμένη όταν έφτανε στο σημείο να αναλογιστεί το τέλος της ζωής –της δικής της και άλλων– και ένιωθε πως ήταν κάτι σημαντικό που έπρεπε να κάνει.

Όπως βλέπετε, ένα επιτυχημένο ταξίδι μέσα στο ναρκοπέδιο της μέσης ηλικίας δεν σήμαινε πως η Στέλλα είχε κυριαρχήσει πάνω σε κάθε άποψη της ζωής της. Μα καθώς είχε αντιμετωπίσει τα θέματα που αφορούσαν την αλλαγή στη μέση ηλικία, με τη βοήθεια της διαδικασίας PEACE, της δίδαξα τα συγκεκριμένα βήματα της διαδικασίας και τώρα πάλευε να ενσωματώσει αυτά που είχε μάθει για το χειρισμό άλλων καταστάσεων της ζωής, ώστε να τα χρησιμοποιήσει στην αντιμετώπιση του θανάτου. Σε αυτό το ουσιώδες επίπεδο, προσπαθούσε να βασιστεί στις προδιαθέσεις που την είχαν βοηθήσει σε προγενέστερες δύσκολες καταστάσεις, για να αντιμετωπίσει το υπέρτατο μυστήριο της ζωής.

Η Στέλλα ήταν ένα άτομο που είχε τον έλεγχο των καταστάσεων και είχε την τάση να ασκεί όσο μπορούσε περισσότερη επιρροή στους άλλους και στο περιβάλλον γύρω της. Είχε την ίδια αντιμετώπιση και έναντι της γήρανσης, κάνοντας ό,τι περνούσε από το χέρι της για να συντηρήσει το σώμα της και να μη γεράσει γρηγορότερα ή περισσότερο από όσο ήταν απαραίτητο. Μερικές φορές, η έλλειψη εμπιστοσύνης που είχε παρεμβαλλόταν στην απόλαυση της ζωής, μα τουλάχιστον στον τομέα της φυσικής υγείας είχε πετύχει μια ισορροπία. Έτρωγε καλά, έκανε γυμναστική, κοιμόταν αρκετά και είχε αρχίσει να εξετάζει και τεχνικές ελάττωσης του άγχους. Ωστόσο, συνειδητοποιούσε ότι ανεξάρτητα από το πόσο δραστήρια ήταν, ερχόταν ο καιρός που θα γινόταν λιγότερο δραστήρια και υπάρχει πάντα και ένας αριθμός παραγόντων γήρανσης και θανάτου που βρίσκονται εκτός ελέγχου.

Μου είπε ευθέως: «Φαντάζομαι ότι είτε μεγαλώνεις είτε γερνάς. Έχω σταματήσει να μεγαλώνω εδώ και πολύ καιρό». Ήταν αποφασισμένη τότε να πάρει όσα περισσότερα μπορούσε από τη ζωή, μα και να συναινέσει στη γήρανση και στο αναπόφευκτο του θανάτου. Για αυτήν εκεί δυσκόλευαν τα πράγματα. Ήξερε πως έπρεπε να το κάνει, μα δεν ήξερε πώς.

Ο μόνος τρόπος πένθους που αντιλαμβανόμαστε είναι για την απώλεια άλλων. Δεν είμαστε καλοί ούτε και σε αυτό, γενικότερα, μα βρισκόμαστε τελείως έξω από τα νερά μας όταν φτάνουμε στο να σκεφτόμαστε το δικό μας θάνατο. Η σκέψη του δικού μας θανάτου είναι πάντα αφηρημένη: Μπορούμε να βιώσουμε τους θανάτους άλλων μα όχι τον δικό μας (εκτός και αν οι Θιβετιανοί έχουν δίκιο). Είναι αδύνατο να συλλάβουμε τους εαυτούς μας ως ανύπαρκτους, γιατί απλά το ίδιο το γεγονός που προσπαθούμε να συλλάβουμε σημαίνει ότι υπάρχουμε. Σε κάθε περίπτωση, οι άνθρωποι είναι παραπάνω από αρκετά εγωκεντρικοί για να ενοχληθούν από τον προσωπικό τους αφανισμό. Και δεν θέλω να υπονοήσω ότι είμαστε ναρκισσιστές, αν και μερικοί θεραπευτές θα είχαν μια απολαυστική ημέρα εάν μπαίνατε στο γραφείο τους και τους λέγατε ότι το κύριο πρόβλημά σας είναι ότι δεν μπορείτε να αντέξετε τη σκέψη τού να μην τιμάτε πλέον τον κόσμο με την παρουσία σας. Κατά πάσα πιθανότητα θα βρίσκεστε σε θεραπεία μέχρι την ημέρα που θα πεθάνετε.

Είναι φυσικό να σκέφτεστε περισσότερο για τη θνητότητά σας καθώς μεγαλώνετε, αν και μερικοί άνθρωποι δεν το κάνουν ποτέ. Μα όταν οι άνθρωποι συνειδητοποιήσουν ότι έχουν ήδη ζήσει περισσότερο μέρος από τη ζωή τους από όσο τους μένει να ζήσουν, ο φόβος του θανάτου πλησιάζει εκτός και αν ήδη έχουν φιλοσοφική άμυνα. Μερικοί ψυχολόγοι θεωρούν το φόβο του θανάτου αιτία για όλες τις νευρώσεις. Πιστεύω πως ένα μέρος του φόβου είναι φυσιολογικός και υγιής επειδή, όπως έχω αναφέρει, ο φόβος μάς αποτρέπει από επικίνδυνες καταστάσεις. Μα ο παραλυτικός φόβος είναι παντελώς μη απαραίτητος, εάν κάποιος μπορεί να συμβιβαστεί με την ιδέα του θανάτου.

Η αταραξία σε αυτό τον τομέα είναι ιδιαίτερα δύσκολη για ανθρώπους που ζουν έντονα τη ζωή τους. Περνώντας από την παλλόμενη τοιχογραφία της ζωής σε, πιθανή, πλήρη ανυπαρξία μπορεί να φαίνεται κάτι δύσκολο να το αντιμετωπίσει κανείς. Αυτό αναφέρεται απλώς σαν μια αμερόληπτη προειδοποίηση, διότι αυτό το είδος αγάπης για τη ζωή προτρέπω να υιοθετήσετε. Μα δεν σκοπεύω να σας αφήσω με ένα πλήρες παράδοξο. Η πλήρης ζωή σάς δίνει καλύτερη δυνατότητα να συμβιβαστείτε με την ιδέα του θανάτου, μα θα κάνει και την όλη διαδικασία να φαίνεται πιο τρομακτική. Στο κατώφλι του θανάτου (ή αφού το δείτε μακριά στον ορίζοντα), εάν έχετε ζήσει μια ολοκληρωμένη ζωή και γεμάτη νόημα, θα ξέρετε ότι δεν έχετε ζήσει μάταια. Έχοντας ζήσει μια έντιμη ζωή, έχοντας αγαπήσει και αγαπηθεί, έχοντας δοκιμάσει ό,τι η ζωή έχει να προσφέρει και έχοντας γευθεί το νόημά της είναι ό,τι περισσότερο μπορεί να περιμένει κανείς.

«Εάν αυτό είναι ο θάνατος, δεν μου κάνει και μεγάλη εντύπωση».
ΛΙΤΟΝ ΣΤΡΑΤΣΕΪ

ΑΚΟΛΟΥΘΙΑ-Β Η ΟΧΙ ΑΚΟΛΟΥΘΙΑ-Β

Όπως ανέφερα, η δυτική φιλοσοφία είναι σχετικά περιορισμένη όσον αφορά τα θέματα του θανάτου. Συνήθως τείνει σε ένα από δύο άκρα: μια επανάληψη της ιουδαιο-χριστιανικής πίστης για τη μετά θάνατον ζωή ή μια σκεπτικιστική άρνησή της συνδυασμένη με μια υλιστική αναμονή του θανάτου. Με άλλα λόγια, όλα ή τίποτα. Μα για αυτούς από εσάς που δεν είναι ούτε θρήσκοι ούτε άθεοι, μια εναλλακτική λύση προέρχεται από μια απρόσμενη κατεύθυνση. Μια έξυπνη εφαρμογή της φιλοσοφίας του Τζον ΜακΤάγκαρτ για το χρόνο, από το συνάδελφό μου Στάνλεϊ Τσαν. Η εργασία του ΜακΤάγκαρτ πάνω στο χρόνο διδάσκεται κυρίως ως τμήμα της φιλοσοφίας της φυσικής, μα ο Τσαν έχει υιοθετήσει τις ιδέες του ΜακΤάγκαρτ για το χρόνο, για να συμβουλεύει ανθρώπους που αντιμετωπίζουν την απώλεια. Ο Τσαν είναι κοινωνικός λειτουργός στο Τορόντο και σ' αυτόν απευθύνονται ασθενείς με ανίατες περιπτώσεις καρκίνου, στις οποίες οι γιατροί δεν μπορούν να κάνουν τίποτα παραπάνω από το να απαλύνουν τον σωματικό πόνο.

Ο ΜακΤάγκαρτ υποστήριζε πως υπάρχουν δυο τρόποι να αντιληφθεί κανείς το χρόνο, η Ακολουθία-Α και η Ακολουθία-Β. Στην Ακολουθία-Α, κάθε στιγμή είναι ή παρελθόν ή παρόν ή μέλλον. Κάθε περασμένο λεπτό ήταν κάποτε μελλοντικό λεπτό και παρόν λεπτό. Οπότε κάθε στιγμή έχει τις ιδιότητες του να είναι παρελθόν, παρόν και μέλλον, μα σε διαφορετικές χρονικές στιγμές. Μα αυτό είναι προβληματικό γιατί οι όροι *παρελθόν*, *παρόν* και *μέλλον* ενσωματώνουν ήδη μια άποψη του χρόνου. Τώρα πρέπει να κατανοήσουμε πώς τα διαφορετικά σημεία «μέσα» στο χρόνο κινούνται «μέσω» του χρόνου. Εάν υποθέσουμε ότι οι περασμένες στιγμές έχουν τελειώσει, ενώ οι μελλοντικές δεν έχουν ακόμη αρχίσει, τότε ο χρόνος αναλύεται σε μια αεικίνητη παρούσα στιγμή. Όπως σημειώνει ο Τσαν, αυτό δεν είναι ιδιαίτερα χρήσιμο για να αντιμετωπίσει κανείς το θάνατο, διότι υπονοεί ότι το παρόν είναι το μόνο που υπάρχει, και πρέπει κανείς να είναι ζωντανός για να το βιώσει. Όταν είσαι νεκρός, το ρολόι σου δεν χτυπάει πια, οπότε δεν υπάρχει καθόλου χρόνος για σένα. .

Σε αντίθεση, η Ακολουθία-Β του ΜακΤάγκαρτ λαμβάνει μια σχετική άποψη του χρόνου. Υποθέτει πως κάθε στιγμή συμβαίνει πριν ή μετά από κάποια άλλη στιγμή. Όταν ένα πράγμα έχει συμβεί πριν από κάποιο άλλο, τότε τα πράγματα συμβαίνουν με αυτή την ακολουθία για πάντα και η σειρά των πραγμάτων δεν μπορεί να αλλοιωθεί από το πέρασμα του χρόνου. Έτσι όλα τα γεγονότα μιας Ακολουθίας-Β είναι για πάντα σταθερά σε σχέση με άλλα γεγονότα. Όπως σημειώνει ο Τσαν, αυτό υπονοεί μια αίσθηση αντοχής και μονιμότητας, ένα είδος καταγραφής που δεν μπορεί να παραγραφεί από επακόλουθα γεγονότα. Εάν η ζωή κάποιου αντιμετωπίζεται με αυτό τον τρόπο, γίνεται ένα νήμα στην ταπισερί της Ακολουθίας-Β. Ακόμη και αν η ζωή σας τελειώσει, δεν μπορεί ποτέ να θεωρηθεί ως μη γενόμενη. Όλα τα γεγονότα, ακόμη και αυτά της ζωής σας, συντηρούνται κατά κάποιο τρόπο στην Ακολουθία-Β του χρόνου. Έχετε ένα κομμάτι αθανασίας, ακόμη και ένα μικρό κομμάτι είναι καλύτερο από το τίποτα.

Ο Τσαν βρήκε αυτή την έννοια πολύ βολική για τους ανθρώπους που αντιμετωπίζουν το θάνατο, αλλά δεν πιστεύουν στη μετά θάνατον ζωή και οι οποίοι δεν μπορούν να αντιμετωπίσουν εύκολα την προοπτική της εξαφάνισης. Κανείς δεν ζει για πάντα, αλλά η ζωή του διατηρείται για πάντα στην Ακολουθία-Β. Παρόλο που κανείς δεν είναι τόσο φιλοσοφημένος ώστε να δει τη διαφορά, βάσει της εμπειρίας του Τσαν με ασθενείς που βρίσκονται προ του τέλους, αυτή η αντίληψη δημιουργεί μερικές φορές μια πολύ μεγάλη διαφορά. Οι άνθρωποι συμβιβάζονται καλύτερα με το θάνατο, όταν βλέπουν ότι αν και ο θάνατος τερματίζει τη ζωή, δεν διαγράφει τα γεγονότα των χρόνων που έζησαν. Και βεβαίως δεν πρέπει να είσαστε στο κατώφλι του θανάτου για να εκτιμήσετε ότι η ζωή σας είναι μια ακολουθία γεγονότων και ότι παρόλο που αυτή η ακολουθία θα έχει ένα τελικό συμβάν, το όλον δεν θα αφανιστεί από αυτό το συμβάν. Αυτός είναι ένας τρόπος να δημιουργήσουμε την έννοια του διαρκούς νοήματος και της επίδρασης της ζωής σας στον κόσμο, χωρίς να βασιστούμε στην πεποίθηση ότι υπάρχει μια ψυχή πέραν των βιολογικών ορίων του σώματος.

Η σκέψη της Ακολουθίας-Β βοήθησε τη Στέλλα να συμβιβαστεί και με τα γηρατειά. Μπορεί να είχε περάσει η νεότητά της, αλλά το γεγονός ότι κάποτε ήταν νέα –και έκανε όλα όσα νεανικά πράγματα θα μπορούσαν λογικά να αναμένονται από κάποιο νέο– δεν θα άλλαζε ποτέ. Αυτή η σκέψη τής επέτρεψε να ζει το παρόν χωρίς να θλίβεται για το παρελθόν ή να φοβάται για το μέλλον.

ΤΖΟΑΝ

Η σκέψη βάσει της Ακολουθίας-Β βοήθησε επίσης την Τζόαν να συμβιβαστεί με το θάνατο του παιδιού της. Μητέρα δύο μεγάλων παιδιών, η Τζόαν είχε πέντε εγγόνια. Είχε παντρευτεί, χηρέψει, ξαναπαντρευτεί και χωρίσει. Είχε επίσης και μια επιτυχημένη καριέρα. Τώρα κοντά στα εξήντα, ήταν πλήρης εμπειριών και επίγνωσης. Ήξερε τον εαυτό της αρκετά καλά, και τους άλλους επίσης, και είχε εμπειρία της ζωής. Το πρόβλημά της, ωστόσο, σχετιζόταν με το θάνατο: Το θάνατο του παιδιού της από καρκίνο πολλά χρόνια πριν. Η Τζόαν τα κατάφερε με τη ζωή της, αλλά δεν ξεπέρασε ποτέ αυτή την απώλεια. Ο θάνατος –και ιδιαίτερα ο θάνατος του παιδιού– είναι ίσως το πιο προκλητικό πρόβλημα ως προς τον φιλοσοφικό του χειρισμό.

Δεν χρησιμοποίησα την παραβολή του Βούδα για το σπόρο του σιναπιού με την Τζόαν, γιατί θρηνούσε τόσο πολλά χρόνια που της είχε γίνει βαθιά έξη. Ενώ οι βαθιές αντιλήψεις των παραβολών μπορούν να βοηθήσουν αποτρεπτικά ως προς το σχηματισμό συνηθειών, χρειάζονται άλλες αντιλήψεις για να σπάσουν αυτές οι συνήθειες. Για να δείξω πώς λειτούργησε η όλη διαδικασία, επιτρέψτε μου να θέσω την υπόθεσή της στο πλαίσιο της διαδικασίας PEACE.

Το πρόβλημα: Ο γιος της Τζόαν, Τζάστιν, είχε πεθάνει από καρκίνο σε ηλικία οχτώ ετών. Η Τζόαν αρνήθηκε να αποδεχτεί το θάνατό του. Συνέχισε να θρηνεί επί δεκαετίες και ποτέ δεν κατόρθωσε να ξεπεράσει τη θλίψη της. Κάθε επέτειος της γέννησης ή του θανάτου του ήταν μια τρομερή στιγμή γι' αυτήν.

Συναισθήματα: Η Τζόαν βίωνε συνεχώς θλίψη και θυμό που έκαναν την ιδιωτική της ζωή τρομερή και την αποσπούσαν από τις σχέσεις της με την οικογένεια και τους φίλους, αν και πάντα ήταν αποτελεσματική στη δουλειά της. Η ψυχοθεραπεία και τα φάρμακα δεν μετρίασαν τα δυσάρεστα συναισθήματά της.

Ανάλυση: Η Τζόαν ήθελε να είναι καλή μητέρα και ήταν καλή μητέρα για τα ζωντανά παιδιά της. Φαινόταν να το έχει πάρει προσωπικά το ότι ήταν ανίκανη να σώσει τον Τζάστιν από τον καρκίνο, ακόμη και αν είχε κάνει ό,τι ήταν δυνατό εκείνη την εποχή. Φαινόταν να εξηγεί το θάνατό του σαν απόδειξη ότι ήταν ακατάλληλη μητέρα, αν και δεν ίσχυε. Ο μόνος τρόπος που μπορούσε να είναι μητέρα για το νεκρό παιδί της ήταν να το κλαίει· ο μόνος τρόπος για να συνεχίσει να είναι η μητέρα του ήταν να συνεχίσει να το κλαίει – και αυτό έκανε επί τριάντα χρόνια.

Περισυλλογή: Σκεπτόμενη βάσει της Ακολουθίας-Β, η Τζόαν άρχισε να συνειδητοποιεί ότι τα οχτώ χρόνια της ζωής του Τζάστιν δεν παραγράφονται εξαιτίας του θανάτου του. Μπορούσε να κοιτά προς τα πίσω με χαρά, στα χρόνια που ο γιος της έζησε, και να εκτιμήσει το δώρο της ζωής του χωρίς να βυθίζεται στην άβυσσο της απελπισίας και αυτοκατηγορίας για το θάνατό του. Στην πραγματικότητα, ο καλύτερος τρόπος για να είναι μητέρα του Τζάστιν ήταν να τον θυμάται στα καλύτερά του και να συνειδητοποιεί, μέσω της Ακολουθίας-Β, ότι ο θάνατος δεν έκλεψε καμία από τις καλύτερες στιγμές τους.

Ισορροπία: Αυτή η νέα προδιάθεση έδειξε στην Τζόαν τον τρόπο να ξεπεράσει τις μακροχρόνιες συνήθειές της που την καθιστούσαν τόσο αδύναμη στην ιδιωτική και την κοινωνική της ζωή. Της επέτρεψε να απολαύσει σταδιακά τη ζωή. Ποτέ δεν ξέχασε τον Τζάστιν, αλλά τώρα άρχισε να βιώνει την ανάμνησή του σαν κάτι το ευχάριστο.

ΓΚΡΕΓΚΟΡΙ

Ο Καναδός συνάδελφός μου Στέφεν Χέαρ είχε έναν ιδιαίτερα αξιομνημόνευτο πελάτη που τον επισκέφθηκε για να ζητήσει έναν καλό λόγο ώστε να μην αποπειραθεί να αυτοκτονήσει. Ο Γκρέγκορι είχε ζήσει μια ευχάριστη ζωή και είχε στενές σχέσεις με τη μεγάλη του οικογένεια, αλλά τα τελευταία χρόνια (ήταν σχεδόν ογδόντα) η υγεία του σταδιακά κλονιζόταν. Είχε αναγκαστεί να εγκαταλείψει ένα αληθινό πάθος: το σκι. Η μνήμη του και η προσοχή του δεν ήταν πλέον ικανοποιητικές και φοβόταν ότι μπορεί να είχε ένα μη διαγνωσμένο εγκεφαλικό εκτός από τα προβλήματα της καρδιάς του με τα οποία πάλευε.

Ο μεγαλύτερος φόβος του ήταν μήπως πάθει εγκεφαλικό ή καρδιακή προσβολή, που δεν θα τον οδηγούσαν στο θάνατο, αλλά θα τον καθιστούσαν ανήμπορο. Δεν ήθελε να γίνει βάρος στη σύντροφό του ή στα παιδιά του και δεν ήθελε να χάσει την ικανότητα να χειρίζεται τη ζωή του, εφόσον αυτό επιθυμούσε. Οι γιατροί του του είχαν πει ότι κινδύνευε από εγκεφαλικό ή καρδιακή προσβολή, όπως το φοβόταν. Αλλά δεν μπορούσαν να αναφέρουν ποσοστά του κινδύνου ή να εκτιμήσουν το χρονικό πλαίσιο και του είπαν ότι η κατάστασή του ήταν πολύ αβέβαιη.

Μέχρι εκείνο το σημείο η επιδείνωση ήταν σαφής αλλά αργή. Τα προβλήματα της υγείας και οι φόβοι για μελλοντικές περιπλοκές τον οδήγησαν στην κατάθλιψη σε βαθμό επαρκή ώστε να βρει ενδιαφέρουσα τη σύσταση του γιατρού του να του γράψει αντικαταθλιπτικά, αν και ακόμη δεν τα είχε πάρει.

Παρ' όλα αυτά, ο Γκρέγκορι είπε ότι η τρέχουσα ποιότητα της ζωής του ήταν πολύ υψηλή. Πέρα από μια πολύ καλή σχέση με τη σύντροφό του, είχε ευρύ κοινωνικό κύκλο, παιδιά και εγγόνια που αγαπούσε και αρκετά χρήματα ώστε να μην ανησυχεί γι' αυτά. Πήγαινε συχνά για πεζοπορία και για γκολφ και παρακολουθούσε συναυλίες, θεατρικά έργα και εκθέσεις. Η ζωή του ήταν γεμάτη και παρόλο που λυπόταν γιατί δεν μπορούσε να κάνει όσα έκανε κάποτε, απολάμβανε την παρούσα κατάσταση. Παραδέχτηκε ότι οι αγαπημένοι του θα πληγώνονταν πολύ με το θάνατό του.

Ο σύμβουλός του αμφισβήτησε τον Γκρέγκορι βάσει της πιθανότητας να θέτει λάθος ερώτημα ή τουλάχιστον να το θέτει πρόωρα. Με δεδομένες τις πολλές θετικές πλευρές της ζωής του και το μη προβλέψιμο της μελλοντικής κατάστασης της υγείας του, ποιος τεκμηριωμένος λόγος υπήρχε ώστε να αποπειραθεί να αυτοκτονήσει; Η φυσική φθορά, ανεξάρτητα από το πόσο εξασθενίζει, δεν είναι αρκετή για να αρνηθεί κανείς την εγγενή αξία της ζωής, όταν αυτή η ζωή είναι γεμάτη από αγάπη και ζωτικότητα. Σε ακόμη πιο σκληρές περιστάσεις, ή σε περιστάσεις που υπάρχει απόδειξη της επικείμενης ανικανότητας, ίσως δεν έπρεπε να ρίξει την πλάστιγγα προς τη μεριά της αυτοκτονίας, αν και σε κάποιο σημείο η ισορροπία μπορεί να άλλαζε. Ο Γκρέγκορι συμφώνησε. Είχε ήδη παραδεχθεί, κατά βάση, ότι δεν είχε έρθει ακόμη η ώρα, γι' αυτό και δεν είχε κάνει τίποτα άλλο από το να αναζητήσει φιλοσοφική συμβουλή. Τελικά πίστευε ότι οι αγαπημένοι του θα αποδέχονταν τις αυξημένες ευθύνες της φροντίδας, αντί να τον χάσουν πρόωρα.

Αποφάσισε να πνίξει τους φόβους του κάνοντας μια εν ζωή διαθήκη που θα περιείχε όρους παθητικής εθελούσιας ευθανασίας, εάν έφτανε στο σημείο αυτό. Ήξερε ότι αυτοί οι όροι ήταν αρκετά αμφισβητούμενοι ώστε να παρακάμπτονται μερικές φορές, αλλά ήθελε να εξισορροπήσει αυτό το ρίσκο έναντι μιας ποιοτικής ζωής σήμερα. Το καθήκον που απέμενε προς εκπλήρωση ήταν να διευρύνει τη φιλοσοφική του προοπτική ώστε να συμπεριλάβει την προοδευτική αδυναμία σαν φυσιολογικό τμήμα των γηρατειών. Η αντιμετώπιση της φθοράς δίνει κουράγιο, αλλά ενός διαφορετικού είδους από αυτό που συνήθιζε να επιδεικνύει ο Γκρέγκορι – που ήταν συνηθισμένος να διακινδυνεύει σωματικά.

> «Εκεί που αρχίζει ο θάνατος. Σ' αυτήν την άγνωστη γη / που σε κανέναν ορίζοντα μακρυά κανείς. Ποτέ δεν είδε / Κι εκείνοι που ξεκίνησαν και φύγαν ποτέ / δεν ξαναφάνηκαν στην πύλη. Ο φόβος / ταράζει την θέληση και θέλεις / να είναι ο εχθρός σου γνώριμος παρά να δεις / να έρχεται καταπάνω σου το αγνώριστο. Η συνείδηση / μάς κάνει όλους δειλούς. Η φύση δεν της έδωσε / μια λειτουργία θανάτου δεν έχει όργανο για το άγνωστο / Άστραψε η απόφαση κι αμέσως την σβήνει την θαμπώνει / η υγρασία της σκέψης. Και τα έργα τα μεγάλα / που γι' αυτά γεννήθηκες. Μονάχα γι' αυτά γεννήθηκες / δεν τα τολμάς. Θρύβουν χάνονται / Ποτέ δεν θα ονομασθούν πράξεις».
>
> ΟΥΙΛΙΑΜ ΣΑΙΞΠΗΡ*

* *Άμλετ*, 3: 1, μτφρ. Γιώργος Χειμωνάς, εκδ. Κέδρος, Αθήνα, 1988. (Σ.τ.Μ.)

Στην πραγματικότητα, ο Γκρέγκορι έπρεπε να υποχωρήσει κάπως από τη φιλοσοφική του στάση έναντι του θανάτου και να τον αντικρίσει από μια προσωπική και συναισθηματική οπτική γωνία. Πρόκειται για κάτι που θα πρέπει να το ανακαλύψετε μέσα σας. Δεν θέλετε να γίνετε τόσο ασυγκίνητοι, ώστε να χάσετε τη θέαση της αξίας της ζωής σας, για εσάς και για τους άλλους.

ΜΕΙΝΕΤΕ ΑΝΟΙΧΤΟΜΥΑΛΟΙ

Εφόσον δεν έχουμε αποδεδειγμένες απαντήσεις για το τι συμβαίνει μετά θάνατον, εάν αναζητάτε απαντήσεις, πρέπει να μελετήσετε τις διαφορετικές πιθανότητες και μετά να υιοθετήσετε αυτή που έχει τη μεγαλύτερη αξία για εσάς. Κρατήστε το μυαλό σας ανοιχτό, αναγνωρίζοντας ότι πραγματικά δεν ξέρουμε τι σημαίνει το να είμαστε ζωντανοί ή νεκροί. Προσωπικά, έχω κάνει βίωμά μου το να είμαι ικανοποιημένος με την ιδέα τού θανάτου σαν την απόλυτη ανυπαρξία. Νομίζω ότι είναι πιθανό να υπάρχει κάτι περισσότερο, αλλά έχω αποδεχθεί ότι δεν γνωρίζουμε τον έναν ή τον άλλο τρόπο.

Γνωρίζουμε ότι ο θάνατος μπορεί να είναι ένας πολύ επώδυνος αποχωρισμός. Είτε υπάρχει είτε όχι κάτι μετά το θάνατο, το νεκρό άτομο συνεχίζει να ζει μέσα στην καρδιά μας. Τους ανθρώπους τους αγαπούμε, τους αγαπούμε για να τους θυμόμαστε. Θα έπρεπε να θυμόμαστε τις καλές στιγμές και να ξεχνούμε τις κακές – αν και, όπως γνώριζε ο Σαίξπηρ, συχνά συμβαίνει κάτι άλλο: Το κακό που προξενούν οι άνθρωποι ζει μετά από αυτούς, το καλό συχνά ενταφιάζεται μαζί με τα οστά τους.

Όσο πιο κοντά είσαστε σε κάποιο πρόσωπο, τόσο πιο οδυνηρός θα είναι για εσάς ο θάνατός του. Όταν δύο άνθρωποι γίνονται ένα, με μια έννοια είναι το έτερον ήμισυ του άλλου, ούτε νιώθουν μια αίσθηση μη πληρότητας όσο ο άλλος προσφέρει πληρότητα, αλλά ούτε μπορούν να αισθανθούν ολόκληροι μόνοι τους χωρίς τον άλλο.

Ο θάνατος μπορεί να δημιουργήσει μια χαίνουσα πληγή. Αν και αυτό το είδος της προσκόλλησης φέρει εγγενώς το τραυματικό δυναμικό της οδύνης, με κανέναν τρόπο δεν σας συνιστώ ότι δεν θα έπρεπε να έχετε τέτοια οικειότητα. Το μυστικό είναι να αγαπά κανείς χωρίς εγωιστική προσκόλληση. Οι άνθρωποι που πάσχουν από θλίψη για μια ολόκληρη ζωή όταν πεθαίνει κάποιος αγαπημένος τους πάσχουν εξαιτίας της προσκόλλησής τους και όχι εξαιτίας της αγάπης τους. Είναι δυνατό να αγαπάτε κάποιον με όλη σας την καρδιά όταν είναι ζωντανός και να αγαπάτε την ανάμνησή του όταν έχει πεθάνει και να γελάτε δυνατά καθώς θυμόσαστε μερικά αστεία που έλεγε ή έκανε και να δακρύζετε όταν αισθάνεστε θλίψη που δεν είναι πια εδώ. Αλλά δεν είναι ούτε επιθυμητό ούτε αναγκαίο να κλειστείτε μονίμως σ' ένα κουκούλι θλίψης. Εάν ένα μέρος σας έχει πεθάνει μαζί με το αγαπημένο πρόσωπο, αποκολληθείτε και θα είσαστε και πάλι ολόκληροι. Η ποιότητα της αγάπης σας για αυτόν που έφυγε πράγματι θα βελτιωθεί και δεν θα αισθάνεστε πλέον αδύναμοι.

Εάν χρειάζεστε βοήθεια για να αποκολληθείτε, υπάρχουν πολλές φιλοσοφικές θεωρίες και πρακτικές που μπορείτε να διερευνήσετε. Εγώ πρότεινα ελάχιστες σ' αυτό το κεφάλαιο. Εκ πείρας γνωρίζω ότι οι βουδιστικές θεωρίες και πρακτικές είναι τα πιο βάσιμα αποδοτικά μέσα για να ξεπεραστεί ο πόνος – είναι σχεδιασμένες γι' αυτό το σκοπό ακριβώς και έχουν τελειοποιηθεί μέσα σε δυόμισι χιλιετίες. Η βουδιστική φιλοσοφία σάς παρέχει την υγιέστερη προδιάθεση έναντι της οδύνης, οι πρακτικές της σας βοηθούν να βρείτε εποικοδομητικές συνήθειες ως υποκατάστατα των καταστροφικών.

Ο βουδισμός έφτασε στη Δύση μέσω πολλών διαφορετικών παραδόσεων – ανακαλύψτε αυτή που σας ταιριάζει. Όλες έχουν έναν κοινό παρονομαστή: τις Τέσσερις Ευγενείς Αλήθειες του Βούδα. Πρώτον, ζωή σημαίνει βάσανα. Δεύτερον, τα βάσανα έχουν εξακριβώσιμες αιτίες. Τρίτον, αυτές οι αιτίες μπορούν να απαλειφθούν. Τέταρτον, οι κατάλληλες πρακτικές απομακρύνουν αυτές τις αιτίες. Οι πρώτες τρεις αλήθειες είναι θεωρητικές και υπάρχει πληθώρα βιβλίων που πραγματεύονται τη θεωρία. Η τέταρτη αλήθεια συνεπάγεται πρακτική και υπάρχει πληθώρα τόπων που μπορείτε να διδαχθείτε να την ασκείτε. Δεν έχει καμιά σημασία εάν είσαστε θρησκευόμενος/η ή όχι – στο κάτω κάτω τόσο οι θρησκευόμενοι όσο και οι μη θρησκευόμενοι υποφέρουν το ίδιο. Ο βουδισμός δεν νοιάζεται για το ποιον Θεό λατρεύετε ή αρνείστε να λατρέψετε· νοιάζεται για το αν υποφέρετε. Όταν είσαστε έτοιμοι, μπορεί να σας βοηθήσει να απομακρύνετε τον πόνο σας.

Σε μια φυσική ασθένεια που προκαλεί βάσανα, όταν θεραπευτεί η ασθένεια τα βάσανα σταματούν. Αλλά αυτοί που δεν είναι φυσικά ασθενείς μερικές φορές υποφέρουν αχρείαστα ή υποφέρουν περισσότερο από όσο θα έπρεπε, εξαιτίας άλυτων προβλημάτων που προκύπτουν από τα καθημερινά προβλήματα της ζωής και του θανάτου. Τα αχρείαστα ή υπερβολικά βάσανα είναι αφ' εαυτών ένα είδος προβλήματος που αυτό το κεφάλαιο –και αυτό το βιβλίο– σας έδειξαν πώς να τα χειρίζεστε φιλοσοφικά. Μόνο όταν κουραστείτε από τα μη αναγκαία βάσανα θα κάνετε τις ενέργειες γιά να τα ξεπεράσετε. Απο εσάς εξαρτάται.

«Μόνο όταν κάποιος αρρωσταίνει με την αρρώστια του μπορεί να ελευθερωθεί από αυτή. Ο Σοφός δεν είναι ποτέ άρρωστος διότι είναι άρρωστος με την αρρώστια και γι' αυτό δεν αρρωσταίνει».

ΛΑΟ ΤΣΟΥ

ΜΕΡΟΣ ΤΡΙΤΟ

ΠΕΡΑ ΑΠΟ ΤΗ ΣΥΜΒΟΥΛΕΥΤΙΚΗ ΠΕΛΑΤΩΝ

14

ΕΦΑΡΜΟΓΗ ΤΗΣ ΦΙΛΟΣΟΦΙΑΣ ΣΕ ΟΜΑΔΕΣ ΚΑΙ ΟΡΓΑΝΙΣΜΟΥΣ

«Το πλήθος είναι αναληθές».

ΣΕΡΕΝ ΚΙΡΚΕΓΚΟΡ

«Οι περισσότεροι από εμάς αισθανόμαστε πότε πότε υποχρεωμένοι, ακόμη και αν η ώθηση είναι σύντομη, να συμμετέχουμε στην επίλυση των προβλημάτων της κοινωνίας, και οι περισσότεροι από εμάς γνωρίζουμε βαθιά στην καρδιά μας ότι είναι δική μας δουλειά να αφήσουμε έναν κόσμο καλύτερο από όσο τον βρήκαμε».

ΣΙΡΙΛ ΤΖΟΑΝΤ

Παρόλο που το κεντρικό ζήτημα αυτού του βιβλίου ήταν να διερευνήσει την εφαρμογή της φιλοσοφίας κατά μόνας ή μέσω μιας συμβουλευτικής σχέσης ενός προς έναν, η φιλοσοφική πρακτική έχει ευρύτερες εφαρμογές επίσης. Οι επαγγελματίες φιλοσοφικοί σύμβουλοι εργάζονται με ομάδες ως οργανωτές και με οργανισμούς ως σύμβουλοι. Η οργάνωση μιας ομάδας μπορεί να είναι επίσημη ή ανεπίσημη. Οι ανεπίσημες ομάδες συναντιούνται κανονικά στα φιλοσοφικά καφενεία για να συζητήσουν δημόσια. Οι επίσημες ομάδες συμμετέχουν σε μια διαδικασία που ονομάζεται Σωκρατικός Διάλογος, προκειμένου να δώσουν απαντήσεις σε συγκεκριμένα ερωτήματα. Όσον αφορά την παροχή συμβουλών, ο φιλόσοφος της εταιρείας θα γίνει αναπόσπαστο μέρος των οργανισμών του εικοστού πρώτου αιώνα, με μόνιμη θέση στο πάρκινγκ της εταιρείας. Αυτό το κεφάλαιο περιγράφει εν συντομία αυτές τις φιλοσοφικές δραστηριότητες και σας αφηγείται πώς μπορεί να ωφεληθεί από αυτές η ομάδα σας ή η οργανισμός σας.

ΦΙΛΟΣΟΦΙΚΑ ΚΑΦΕΝΕΙΑ

Η Ευρώπη είναι ήδη γεμάτη φιλοσοφικά καφενεία που ξεφυτρώνουν τώρα σαν τα μανιτάρια και στη Βόρεια Αμερική. Ελάχιστες είναι οι τεχνικές απαιτήσεις για αυτές τις φιλοσοφικές συγκεντρώσεις, το μόνο που απαιτείται είναι ένα φιλόσοφος πρόθυμος να οργανώσει το σεμινάριο για εβδομαδιαίες ή μηνιαίες ή όσο συχνά ζητούνται συζητήσεις. Στη δική μας κοινωνία της υψηλής τεχνολογίας και των γρήγορων ρυθμών, η πολυτέλεια της αργόσυρτης διερεύνησης του κόσμου των ιδεών αποτελεί μια μοναδική απόλαυση. Άνθρωποι όλων των κατηγοριών έχουν πάρει μέρος στις ομάδες που καθοδήγησα ή παρακολούθησα, αλλά ένα κοινό χαρακτηριστικό τους είναι μια αίσθηση αποξένωσης από τη μαζική κουλτούρα και η συνειδητοποίηση ότι, εφόσον υπάρχει φθίνουσα αγοραία αξία στο να σκέφτεται κανείς για τον εαυτό του, αυτή η διαδικασία μεταβάλλεται σε μια τέχνη που χάνεται.

Εάν αισθάνεστε ικανοποιημένοι με την κουλτούρα των ταμπλόιντ και μόνο –τους ομιλητές της τηλεόρασης, τις ανεγκέφαλες ταινίες, τα βιβλία τσέπης, τις ζωές μιας χρήσης– τότε έχετε μια μόνιμη τροφή για σκέψη που σας εξυπηρετεί καθημερινά. Αλλά εάν αναζητείτε κάτι περισσότερο, πρέπει να ψάξετε πιο επίπονα. Στον κόσμο μας των πενήντα εφτά καναλιών και τίποτε άλλο, αυτή η αναζήτηση για κάτι περισσότερο οδηγεί όλο και περισσότερο στις άτυπες ομάδες φιλοσοφικού διαλόγου. Η ανταλλαγή ιδεών είναι ένα πολύτιμο προϊόν –παρόλο που δεν εντάσσεται στη λίστα της Γουόλ Στριτ– και είναι ως επί το πλείστον ελεύθερη. Τα καφενεία των φιλοσόφων επαναφέρουν τη φιλοσοφία στην αρχική της πρόθεση της παροχής πνευματικής τροφής στους ανθρώπους για προβλήματα της καθημερινής ζωής και τους ενθαρρύνουν να ζουν πιο στοχαστικά. Ο Σωκράτης ασκούσε τη φιλοσοφία του στην αγορά, μιλώντας σε όλους τους ερχόμενους, πρόθυμος να συζητήσει οτιδήποτε με τον οποιονδήποτε, οποιαδήποτε στιγμή. Αυτή είναι η παράδοση των φιλοσοφικών καφενείων.

Προέδρευα σε ένα μηνιαίο Φιλοσοφικό Φόρουμ σε βιβλιοπωλείο του Μανχάταν και σ' άλλο ένα σε ένα διάσημο καφενείο στο Γκρίνουιτς Βίλατζ. Υπήρχαν πολλοί που τα παρακολουθούσαν σταθερά κάθε μήνα, αλλά κάθε φορά υπήρχαν και πολλά καινούρια πρόσωπα. Οι άνθρωποι που έρχονταν ήταν αντιπροσωπευτικό δείγμα της Νέας Υόρκης, και συνεπώς αντιπροσωπευτικό δείγμα της ανθρωπότητας. Ήταν κατά κύριο λόγο εργαζόμενοι και φοιτητές. Αν και είναι δυνατό να τεθεί ένα θέμα για μια ειδική συνεδρίαση, συνήθως άφηνα τους συγκεντρωμένους να θέτουν τα θέματα που είχαν κατά νου και την ομάδα να τα οδηγεί όπου θέλει.

Συζητιόνταν όλων των ειδών τα θέματα, συμπεριλαμβανόμενων και των πολύ σπουδαίων όπως του θέματος του νοήματος, της ηθικής, της πίστης και της δικαιοσύνης. Έχω επίσης οργανώσει φόρα για το πώς μπορεί να ξεπεραστεί η αποξένωση, τι σημαίνει η τεχνολογία για την ανθρωπότητα και πώς να ανταποκρινόμαστε στους ανθρώπους. Τα θέματα που καλύφθηκαν στο Δεύτερο Μέρος αυτού του βιβλίου συχνά αναδύονταν στις ομάδες, όπως ακριβώς στη συμβουλευτική διαδικασία ενός προς έναν. Μερικοί από τους τακτικούς συμμετέχοντες είχαν τα δικά τους ιδιαίτερα θέματα που τα έθεταν κάθε φορά, αλλά ανεξάρτητα από το πόσο τα εξετάζαμε, όλοι ωφελούνταν με το να ακούν τις απόψεις των άλλων. Δεν μπορείτε να περιμένετε καθολική ομοφωνία σε ένα δημόσιο φόρουμ. Αλλά αυτό που παίρνετε είναι εξίσου χρήσιμο: Μια ευκαιρία να αμφισβητήσετε τις απόψεις άλλων, να αμφισβητηθούν οι δικές σας απόψεις και να διδαχθείτε να συμβιβάζεστε ή να ανέχεστε αντίθετες γνώμες. Ανεξάρτητα από το εάν η αμφισβήτηση τελικά ενισχύει ή ανατρέπει τη δική σας θέση, η φιλοσοφική σας στάση θα ενισχυθεί.

Στις δικές μου ομάδες διαλόγου υπάρχει μόνο ένας βασικός κανόνας: η ευγένεια. Με την ευγένεια, τα μέλη της ομάδας ασκούν επίσης και άλλες αρετές ταυτόχρονα: υπομονή, προσήλωση, ανοχή. Ανεξάρτητα από το υπό συζήτηση θέμα, η άσκηση αυτών των αρετών αποτελεί αφ' εαυτής φιλοσοφικό μάθημα. Επίσης αποθάρρυνα το να αναφέρονται ονόματα, δηλαδή να αναφέρονται δημοσιευμένα φιλοσοφικά έργα. Η φιλοσοφική συζήτηση εκτός ακαδημαϊκών κύκλων αφορά αυτό που ο καθένας σκέφτεται και αυτό που σκέφτονται οι άλλοι της ομάδας και όχι αυτό που κάποιος άλλος έχει ως επαγγελματική απασχόληση. Εάν η ομάδα συζητά για τη δικαιοσύνη, η πρώτη ύλη της συζήτησης είναι οι ιδιαίτερες εμπειρίες των συμμετεχόντων σχετικά με τη δικαιοσύνη ή την αδικία και οι δικές τους γενικότερες σκέψεις για το θέμα. Δεν χρειάζεστε διδακτορικό στη φιλοσοφία για να έχετε εμπειρίες και να σκέφτεστε για τον εαυτό σας. Οι άνθρωποι που απλώς πετούν ονόματα ή επιχειρούν να εντυπωσιάσουν τους άλλους με την πολυμάθειά τους χάνουν την ουσία της ομαδικής συζήτησης.

> «Διότι ο άνθρωπος που σκέφτεται για τον εαυτό του γίνεται γνώστης των πηγών των απόψεών του μόνο αφού τις έχει διαμορφώσει και απλώς σαν μια επιβεβαίωσή τους, ενώ ένας φιλόσοφος που γράφει βιβλίο αρχίζει με τις πηγές του, καθόσον οικοδομεί τις απόψεις του συνδυάζοντας τις απόψεις άλλων: Στη συνέχεια, το μυαλό του συγκρίνεται με αυτό του πρώτου όπως ένα αυτόματο συγκρίνεται με έναν ζωντανό άνθρωπο».
>
> ΑΡΘΟΥΡ ΣΟΠΕΝΧΑΟΥΕΡ

Ο κανόνας της ευγένειας είναι κρίσιμος όταν πατούμε το κουμπί των πιο ευαίσθητων θεμάτων. Και πιστέψτε με, εισχωρούμε σε πιο παρακινδυνευμένα θέματα από αυτά που ακούτε στα πιο εξοργιστικά προγράμματα της τηλεόρασης ή του ραδιοφώνου. Δεν υπάρχουν ταμπού ούτε λογοκρισία στα φιλοσοφικά μου φόρα, όσο τηρούνται οι βασικοί κανόνες για να μας βοηθούν να φερόμαστε λογικά ταυτόχρονα με την παθιασμένη έκφραση. Δεν υπάρχουν πράγματα αδιανόητα – απλά προσπαθήστε να σκεφθείτε ό,τι μπορείτε! Εξετάζουμε θέματα φυλής, φύλου, δικαιοσύνης, θρησκείας, ελευθερίας, χρήματος, ναρκωτικών, εκπαίδευσης και άλλα που είναι δύσκολο αν όχι αδύνατο να εξεταστούν ανοιχτά και ειλικρινά στην κοινωνία μας στην οποία επικρατεί όλο και περισσότερο η πολιτική ορθότητα.

Ο καθοδηγητικός σκοπός αυτών των ομάδων είναι να συζητήσουν πράγματα που σε άλλη περίπτωση δεν συζητιούνται

– είτε διότι προκαλούν αμηχανία είτε διότι είναι περίπλοκα είτε και για τα δύο. Αυτή η απεριόριστη ανταλλαγή ιδεών αντιπροσωπεύει αυτό που υποτίθεται ότι είναι η Αμερική, έτσι χάρη σε μερικά βιβλιοπωλεία και καφενεία έχουμε κάθε μήνα το χώρο μας στον οποίο μπορούμε να παραμείνουμε αφοσιωμένοι στην ατομική ελευθερία και την ελευθερία της έκφρασης. Μέχρι τώρα, οι πολιτικοί κομισάριοι μας έχουν αφήσει ανενόχλητους, η αστυνομία της σκέψης δεν έχει κάνει συλλήψεις και οι υπερευαίσθητοι ιδεολόγοι δεν μας έχουν μηνύσει για προσβολή τους. Ίσως πρέπει να προσπαθήσουμε περισσότερο.

Ειδικά στα θέματα που προκαλούν συγκίνηση, μας κάνει καλό απλώς να ακούμε πώς τα χειρίζονται οι άλλοι άνθρωποι. Συνήθως συναναστρεφόμαστε ομοϊδεάτες μας· στοιχηματίζω ότι οι περισσότεροι από εσάς έχετε τις ίδιες απόψεις με τους φίλους σας. Είμαστε πάντα ευτυχείς να προσφέρουμε τον οβολό μας, αλλά γινόμαστε πλουσιότεροι όταν οι άλλοι μας τον προσφέρουν. Το να ακούτε άλλες απόψεις δεν σημαίνει ότι θα αλλάξετε τις δικές σας, αλλά τουλάχιστον θα έπρεπε να σας κάνει να τις σκεφθείτε δυο φορές. Το ανοιχτό μυαλό χρειάζεται καλλιέργεια – και θα χρειαστείτε ανοιχτό μυαλό όταν η φιλοσοφική σας προδιάθεση δεν σας εξυπηρετεί πλέον. Πρέπει να έχουμε γνώμη, αλλά δεν γνωρίζουμε πάντα εάν είναι σωστή ή λανθασμένη. Εάν θέλετε να διατηρήσετε μια φιλοσοφία που να είναι πολύ αποδοτική, πρέπει κατά περιόδους να κάνετε κάποιες ρυθμίσεις και να είσαστε πρόθυμοι να την αλλάξετε όταν το καλεί η περίσταση.

Εάν είσαστε μπερδεμένοι, ελπίζω να αναζητήσετε –ή να οργανώσετε– ένα φιλοσοφικό καφενείο στη γειτονιά σας. Φέρτε μαζί σας τα σοβαρά θέματα που σας απασχολούν: Υπάρχουν όρια στην κοινωνική ανεκτικότητα; Ποιος είναι ο σκοπός της εκπαίδευσης; Ποιος είναι ο καλύτερος τρόπος να ανατρέφεις παιδιά; Πρέπει τα μέσα ενημέρωσης να έχουν τόση δύναμη; Βρίσκεται η κουλτούρα μας σε παρακμή; Ποιες είναι οι άμεσες συνέπειες του γεγονότος ότι η γραπτή παράδοση αντικαθίσταται από την οπτική; Τι σημαίνει καλή ζωή; Πώς μπορούμε να εκφράσουμε τη διαφορά μεταξύ του σωστού και του λάθους; Υπάρχουν αντικειμενικοί τρόποι να κρίνουμε ποιο είναι το καλό και το κακό; Υπάρχουν νόημα και σκοπός; Υπάρχει Θεός; Είναι ο Θεός αρσενικός ή θηλυκός; Έχει αυτό σημασία; Ανάγεται η ηθικότητα στη βιολογία; Είναι η ηθικότητα ανθρώπινη επινόηση; Τι είναι η ομορφιά; Τι είναι η αλήθεια;

Εάν έχετε εργαστεί κατά μόνας ή ένας προς έναν με κάποιον άλλο, μπορεί να έχετε συζητήσει κάποια από αυτά τα θέματα, αλλά μάλλον θα έχετε εστιάσει σε πιο άμεσα, προσωπικά ενδιαφέροντα. Επίσης, τα μεγάλα και μικρά θέματα συχνά επικαλύπτονται. Η πραγμάτευση ευρύτερων ζητημάτων θα ενισχύσει την προσωπική σας φιλοσοφία, ενώ αυτό με τη σειρά του θα κάνει τη φιλοσοφία πιο πειστική και χρήσιμη στην καθημερινή σας ζωή. Τα μεγάλα ερωτήματα παραμένουν μεγάλα. Ό,τι συζητιόταν στην Αθήνα δυόμισι χιλιάδες χρόνια πριν εξακολουθεί να ενδιαφέρει και σήμερα. Το να είσαστε ικανοί να συζητάτε αυτά τα πράγματα αποτελεί μέρος του τι σημαίνει να είμαι ζωντανός και καλά.

ΣΩΚΡΑΤΙΚΟΣ ΔΙΑΛΟΓΟΣ

Καθώς η ανεπίσημη φιλοσοφική συζήτηση ανθεί στη Βόρεια Αμερική, μια πιο επίσημη μέθοδος γνωστή ως Σωκρατικός Διάλογος αρχίζει επίσης να ριζώνει. Χωρίς να συγχέεται με τη σωκρατική μέθοδο (με την οποία έχει κάποια σχέση), ο Σωκρατικός Διάλογος είναι ένας οργανωμένος τρόπος για να απαντηθούν μερικά μεγάλα ερωτήματα. Ο Λέοναρντ Νέλσον –Γερμανός φιλόσοφος με εγγλέζικο όνομα– περιέγραψε τη διαδικασία στις αρχές του εικοστού αιώνα. Ο διάλογος σταδιακά τελειοποιήθηκε από Γερμανούς, Ολλανδούς και τελευταία από Αμερικανούς επαγγελματίες φιλόσοφους.

Για να ξεκαθαρίσω τον δυνητικά συγκεχυμένο τίτλο αυτής της διαδικασίας, χρειάζεται να εξηγήσω γιατί γίνεται επίκληση του ονόματος του Σωκράτη σε διαφορετικά συμφραζόμενα.

Η θεωρία της γνώσης του Σωκράτη, όπως μεταφέρθηκε από τον Πλάτωνα, είναι ότι όλοι την έχουμε εντός μας. Εάν σας έθεταν μία δύσκολη ερώτηση όπως «Τι είναι δικαιοσύνη;» πιθανώς δεν θα μπορούσατε να δώσετε έναν σαφή ορισμό από μόνοι σας, αλλά πιθανώς θα μπορούσατε να αντεπεξέλθετε με μερικά παραδείγματα δικαιοσύνης από την εμπειρία σας. Αλλά εάν μπορείτε να δώσετε ένα παράδειγμα για κάτι, ο Σωκράτης θα επισήμαινε ότι πρέπει ήδη να γνωρίζετε τι είναι αυτό το κάτι – ασαφώς εάν όχι σαφώς. Αυτή είναι η βάση του Σωκρατικού Διαλόγου του Νέλσον: Μια σίγουρη διαδικασία που σας καθοδηγεί να προσδιορίσετε με σαφήνεια αυτό που ήδη γνωρίζετε ασαφώς.

Ο Σωκράτης ήταν επίσης πασίγνωστος για το ότι δοκίμαζε τους ανθρώπους μέσω μιας σειράς ερωτήσεων, μέχρι που εκμαίευε τις αντιφάσεις τους. Εάν δίνατε στον Σωκράτη έναν απρόσεκτο ορισμό της δικαιοσύνης και εάν αυτός, στη συνέχεια, σας οδηγούσε στο να παραδεχθείτε ότι ο ορισμός σας θα μπορούσε να γίνει αφορμή για αδικία, τότε θα αντιφάσκατε με τον εαυτό σας. Συνεπώς, ο ορισμός σας δεν θα ήταν σωστός.

Τεχνικά, αυτό καλείται ελεγκτική μέθοδος, αλλά είναι γνωστή ως σωκρατική μέθοδος. Σημειώστε ότι αυτή η μέθοδος αποκαλύπτει ό,τι δεν είναι κάτι και όχι ό,τι είναι. Στο τέλος, αυτή η μέθοδος θα αποκαλύψει έναν αριθμό ακατάλληλων ορισμών της δικαιοσύνης (ή όποιου άλλου θέματος έχει μπει στο τραπέζι), αλλά ούτε έναν κατάλληλο.

Αντίθετα, ο Σωκρατικός Διάλογος στοχεύει άμεσα στο τι είναι ένα πράγμα. Χρησιμοποιεί την προσωπική εμπειρία σαν βάση για την ανακάλυψη ενός γενικού ορισμού του εν λόγω πράγματος, που είναι ταυτοχρόνως σαφής και ακριβής. Αξιοποιεί την ατομική αμφιβολία και την επίπονη διαμόρφωση της συναίνεσης για να σας επιτρέψει να απαντήσετε σε ερωτήσεις του τύπου «Τι είναι ελευθερία» ή «Τι είναι ακεραιότητα;». Αυτό δεν είναι κάτι που μπορείτε να το κάνετε στο διάλειμμα της εργασίας σας, στην πράξη οι περισσότεροι Σωκρατικοί Διάλογοι διεξάγονται μέσα σε ένα ολόκληρο σαββατοκύριακο. Χρειάζονται δύο ημέρες για να υπάρξει ένα αποτέλεσμα σε μια ομάδα που καθοδηγείται από κάποιον εκπαιδευμένο οργανωτή. Στην πραγματικότητα, δύο ημέρες είναι ένα αρκετά μικρό διάστημα για να εξεταστούν τέτοιου είδους θέματα. Εννοώ ότι εύκολα θα μπορούσατε να ξοδέψετε μια ζωή και ποτέ να μη μάθετε τι είναι ακριβώς η δικαιοσύνη, η ελευθερία ή η ακεραιότητα, ακόμη και αν αυτές οι έννοιες είναι κρίσιμης σημασίας για εσάς. Αφιερώνοντας ένα σαββατοκύριακο για να ρίξετε μια πιο κοντινή ματιά σε μία από αυτές τις ασύλληπτες αλλά αιώνιες ιδέες, έχετε δαπανήσει το χρόνο σας με τρόπο εποικοδομητικό, κατά την άποψή μου. Είναι σαν να πηγαίνετε σ' ένα μεγάλο φιλοσοφικό σαφάρι στο μεγάλο πάρκο παιχνιδιών του μυαλού σας.

Η διαδικασία

Ο Σωκρατικός Διάλογος αποδίδει πολύ καλά εάν συμμετέχουν σ' αυτόν από πέντε έως δέκα άτομα. Αυτός ο αριθμός επιτρέπει να υπάρχει αρκετή ποικιλία εμπειριών, αρκετός χρόνος για να συμμετέχει ο καθένας και την πολύ μεγάλη πιθανότητα να καταλήξουν σε συμφωνία. Με πολύ λίγους ανθρώπους δεν υπάρχουν αρκετές απόψεις ώστε να είναι πλούσια η διαδικασία. Με πολλούς δεν θα έχετε ποτέ καλό συντονισμό.

Το πρώτο βήμα σε έναν Σωκρατικό Διάλογο είναι να αποφασιστεί το θέμα με το οποίο θα ασχοληθεί η ομάδα. Συνήθως αυτό προϋπάρχει, ακόμη και αν αυτό το μέρος της διαδικασίας μπορεί να είναι ένα ευρύ εκπαιδευτικό καθήκον. Οι καλύτερες ερωτήσεις παίρνουν τη μορφή τού «Τι είναι το Χ;» όπου Χ ισούται με την ελευθερία, την ακεραιότητα, την ευτυχία, την ολοκλήρωση, την ελπίδα, την αγάπη ή οποιαδήποτε άλλη μεγάλη αλλά ανείπωτη ιδέα. Και άλλες διατυπώσεις μπορεί να είναι αποδοτικές, αλλά δεν θα κάνετε λάθος εάν επιλέξετε την κλασική διατύπωση.

Το δεύτερο βήμα είναι να σκεφτεί ο καθένας/μία που συμμετέχει ένα παράδειγμα από την ίδια του/της την πείρα που ενσαρκώνει το Χ. Θα έπρεπε να είναι ένα απλό παράδειγμα που δεν βρίσκεται πλέον σε εξέλιξη ούτε είναι πολύ συναισθηματικό, ώστε να εξεταστεί αντικειμενικά και –εάν υπάρξει ανάγκη– πολύ λεπτομερειακά. Όλοι παρουσιάζουν σύντομα το παράδειγμά τους στην ομάδα.

Στη συνέχεια, η ομάδα διαλέγει, με κοινή συναίνεση, ένα παράδειγμα για να το εξετάσει σε βάθος. Αυτό θα είναι το πρωταρχικό όχημα για να φτάσετε σε έναν ορισμό, αλλά θα είσαστε σε θέση να βρείτε μια απάντηση ανεξάρτητα από το ποιο παράδειγμα διαλέξετε. Απλώς διαλέξτε ένα παράδειγμα με το οποίο όλοι μπορούν να ταυτιστούν σε κάποιο επίπεδο, ώστε να μεγιστοποιήσετε την επίγνωση όλων. Στη συνέχεια επαναλαμβάνεται το επιλεγμένο σενάριο με μεγαλύτερη λεπτομέρεια και η ομάδα θέτει τα διευκρινιστικά ερωτήματα που έχει. Δεν επιτρέπονται υποθετικές ερωτήσεις. Σ' αυτή τη φάση, και για το μεγαλύτερο μέρος της όλης διαδικασίας, εφαρμόζεται αυστηρά ο κανόνας «Μόνο γεγονότα».

Μετά, η ομάδα συλλογικά χωρίζει το θέμα στις μικρότερες δυνατές συνιστώσες του. Ακόμη και εάν κάτι συνέβη σε πραγματικό χρονικό διάστημα ενός ή δύο λεπτών μόνο, μπορεί να απαιτεί αρκετές δεκάδες βήματα για να εξεταστεί. Συνεπώς, σε κάποιο σημείο κατά τη διευθέτηση των λεπτομερειών, αυτό ακριβώς επιδιώκετε. Μπορεί να είναι σε ένα συγκεκριμένο βήμα ή μεταξύ βημάτων ή σε περισσότερα από ένα βήματα ή σε ένα συνδυασμό βημάτων. Ο εντοπισμός της θέσης τού Χ σας οδηγεί στην ένδειξη «μισά του δρόμου», διότι εφόσον όλοι συμφωνούν πού λαμβάνει χώρα το Χ, μπορείτε πια να αποφασίσετε τι είναι το Χ. Η όλη ιδέα είναι ότι εάν εσείς μπορείτε να συλλάβετε την πραγματική εμπειρία ενός πράγματος, μπορείτε να εξακριβώσετε τι είναι αυτό το πράγμα καθ' εαυτό. Θα αποκτήσετε μια ξεκάθαρη αντίληψη γι' αυτό, εφόσον εξετάσετε το παράδειγμα που ακολουθεί.

Στη συνέχεια, η ομάδα διατυπώνει έναν ορισμό –συνήθως με μία μόνο πρόταση– που ταιριάζει στο παράδειγμά της. Η εμπειρία στην οποία συγκεντρώνετε την προσοχή σας προσφέρει ένα συγκεκριμένο σημείο αναφοράς για να ελέγξετε κατά πόσο είσαστε ακριβείς. Εφόσον νιώσετε ικανοποίηση, επιστρέψτε στις άλλες προσωπικές εμπειρίες, εξετάστε εάν ταιριάζουν με τον ορισμό που έχετε δώσει και τροποποιήστε αναλόγως τον ορισμό. Ιδού! Έχετε αρθρώσει έναν καθολικά αποδεκτό ορισμό.

Το τελικό στάδιο συνίσταται στην προσπάθεια να αντικρουστεί ο ορισμός με αντιπαραδείγματα εκτός εκείνων που ήδη έχουν παρουσιαστεί. Αυτό είναι το μόνο σημείο στον Σωκρατικό Διάλογο που επιτρέπονται υποθετικές καταστάσεις. Εάν μπορείτε να αντικρούσετε τον ορισμό, τελειοποιήστε τον ανάλογα. Μπορεί να βρεθείτε προ εκπλήξεως για το πόσο καλά στέκεται ο τόσο προσεκτικά επεξεργασμένος ορισμός σας ακόμη και σε αυτή την άνευ περιορισμών φάση.

Τι είναι ελπίδα;

Ένα συγκεκριμένο παράδειγμα θα διευκολύνει την κατανόηση της διαδικασίας. Μια ομάδα που καθοδήγησα πρόσφατα επέλεξε το ερώτημα «Τι είναι ελπίδα;» ως θέμα για μια συνεδρίαση σαββατοκύριακου. Για να επιταχύνουμε, όλοι είχαν έρθει το Σάββατο το πρωί με τα προσωπικά τους παραδείγματα έτοιμα και έτσι αρχίσαμε με την παρουσίασή τους.

Μια γυναίκα μίλησε για την ελπίδα της να υπογράψει συμβόλαιο ενοικίασης ενός διαμερίσματος που αυτή και ο σύντροφός της το είχαν αγαπήσει με την πρώτη ματιά. Το συμβόλαιό τους για το διαμέρισμα που έμεναν έληγε και το καινούριο φαινόταν τέλειο, αλλά η συλλογή των απαραίτητων εγγράφων τούς έκανε να μη γνωρίζουν για μερικές ημέρες εάν θα μπορούσαν να το νοικιάσουν (το νοίκιασαν). Ένας άντρας μίλησε για την ελπίδα του καθώς περίμενε γράμμα από μια γυναίκα με την οποία είχε μια σύντομη αλλά έντονη ερωτική σχέση και η οποία είχε μετακομίσει πρόσφατα εκτός της πόλης.

Είχε πει ότι θα του έγραφε μόλις τακτοποιούνταν και αυτός έλεγχε με αγωνία το ταχυδρομείο του καθημερινά, αλλά το γράμμα δεν ήρθε ποτέ. Μια δημοσιογράφος είπε πως έλπιζε ότι το προφίλ ενός απ' τους προσωπικούς της ήρωες το οποίο είχε γράψει θα επιλεγόταν από το περιοδικό που θεωρούσε πως θα ήταν καλύτερο γι' αυτό – το οποίο τελικά πραγματοποιήθηκε. Ένας άντρας που έκανε πολλή εθελοντική δουλειά στην κοινότητά του είπε πως έλπιζε ότι αυτή του η δραστηριότητα θα οδηγούσε σε άλλες –αμειβόμενες– εργασίες. Τελικά το κατόρθωσε. Και τέλος, μια γυναίκα μετανάστρια στην Αμερική –κάτι που απαιτούσε σημαντικές προσωπικές και επαγγελματικές θυσίες– είπε πως έλπιζε ότι η κόρη της θα ήταν σε θέση να δρέψει τα οφέλη και τις ευκαιρίες που δεν ήταν διαθέσιμες στην πατρίδα της.

Από όλες αυτές τις επιλογές, η ομάδα διάλεξε να εργαστεί με την εμπειρία του άντρα που περίμενε το γράμμα. Ο Σαμ διηγήθηκε ξανά την ιστορία του με λεπτομέρειες και απάντησε σε πολλές ερωτήσεις. Όλη η ομάδα μαζί διαίρεσε την ιστορία σε είκοσι τρία βήματα (1. Στο σχολείο, συνάντησα δύο αδερφές. 2. Γίναμε φίλοι. 3. Συνόδεψα τη μία αδερφή στο χορό του σχολείου... 6. Χρόνια αργότερα, η μία αδερφή απροσδόκητα πέρασε από το σπίτι μου... 21. Έλεγχα το κουτί του ταχυδρομείου ψάχνοντας το γράμμα της και πόση ακριβώς ελπίδα περιείχε. Σ' αυτή την περίπτωση, βρήκαν ελπίδα σε πέντε ξεχωριστά βήματα, μεταξύ των οποίων τα υπ' αριθμόν 21, που αναφέρεται παραπάνω, και 11: «Σχεδιάζουμε να περάσουμε μαζί το επόμενο καλοκαίρι».

Αφού βρέθηκε η ελπίδα, στράφηκαν στο ερώτημα: «Τι συνιστά ελπίδα σ' αυτό το παράδειγμα;» Μετά από πολλή συζήτηση, η ομάδα έφτασε σ' αυτό τον ορισμό: «Η ελπίδα εκφράζεται στην προσδοκία για ένα επιθυμητό αποτέλεσμα που συνάδει με τον προσανατολισμό ζωής κάποιου στην τρέχουσα κατάσταση». Έτσι από ένα συγκεκριμένο παράδειγμα αναδείχθηκε ένας γενικευμένος ορισμός.

Στη συνέχεια, στραφήκαμε στα τέσσερα άλλα παραδείγματα που παρουσιάστηκαν και τροποποιήσαμε τον ορισμό μας έτσι που να εφαρμόζεται και σ' αυτά, όπως στο επιλεγμένο. Συνυπολογίζοντας τις επιπρόσθετες περιπλοκές, η ομάδα συμφώνησε στο εξής: «Η ελπίδα είναι να διατηρείς την προσδοκία για το επιθυμητό αποτέλεσμα που συνάδει με την τρέχουσα εμπειρία ζωής κάποιου» (αντικαθιστώντας το *εκφράζεται* με το *διατηρείς* και τον *προσανατολισμό* με την *εμπειρία*).

Η ομάδα διαπίστωσε με ικανοποίηση ότι αυτός ο ορισμός εφαρμοζόταν σε όλα τα παραδείγματα, εκτός από μία συμμετέχουσα: Η γυναίκα με την ελπίδα ότι η κόρη της θα είχε ευκαιρίες πίστευε ότι δεν εφαρμοζόταν στο παράδειγμά της. Συμφωνήσαμε ότι το να ελπίζεις για τον εαυτό σου και να ελπίζεις για κάποιον άλλον είναι εντελώς διαφορετικά πράγματα, αλλά βρήκαμε ότι στη δεύτερη περίπτωση μια ελαφριά αλλαγή στον ορισμό μας θα ήταν επαρκής: «... που συνάδει με την τρέχουσα εμπειρία ζωής του άλλου».

Στη συνέχεια, αμφισβητήσαμε αυτό τον ορισμό με υποθετικά παραδείγματα, αλλά αυτός άντεξε στη δοκιμασία μας. Ένα υποθετικό παράδειγμα που εξετάσαμε ήταν η ελπίδα της Σταχτοπούτας να τη βρει ο Ωραίος Πρίγκιπας. Η ομάδα συγκέντρωσε την προσοχή της στο εάν αυτό ήταν εντός της τρέχουσας εμπειρίας της ζωής της και συνεπώς εάν ήταν ελπίδα –δηλαδή κάτι μη φανταστικό– και εάν ήταν, ο ορισμός την κάλυπτε; Θεωρήσαμε ότι ήταν ελπίδα, εφόσον το σενάριο δεν ήταν κάτι αδύνατο γι' αυτή. Ίσως εάν αυτή η ίδια δεν πίστευε ότι μια πλύστρα θα κέρδιζε την εύνοια ενός πρίγκιπα, η ελπίδα της να είχε ξεπεράσει τα σύνορα προς το φανταστικό. Όμως, το σαββατοκύριακό μας βρισκόταν κοντά στο τέλος του, και στο βαθμό που τον εξετάσαμε, ο ορισμός μας αποδείχθηκε ανθεκτικός.

Πολλά παράπλευρα ζητήματα δεν μπορέσαμε να τα επιλύσουμε τη στιγμή που ανέκυπταν κατά τη διάρκεια του Διαλόγου μας, όπως θα λύνονταν στη διάρκεια κάθε επιτυχημένου Διαλόγου. Η όλη διαδικασία σάς κάνει να στοχάζεστε βαθιά τις εμπειρίες σας και συνεπώς είναι φυσικό να ανοίγουν και άλλες πόρτες. Στην περίπτωση αυτή, έπρεπε να είμαστε προσεκτικοί να μην παρασυρθούμε από ενδιαφέροντα ερωτήματα όπως: «Η κατανόηση της ελπίδας απαιτεί μια ιδιαίτερη έκβαση, προς το καλύτερο ή προς το χειρότερο;», «Μπορείς να κατανοείς την ελπίδα χωρίς να γνωρίζεις τι θα συμβεί τελικά;», «Το να γνωρίζουμε τις πιθανότητες να συμβεί κάτι είναι σημαντικό ως προς την αναγνώριση της ελπίδας;», «Μπορεί η ελπίδα να διαρκεί αιώνια ή είναι χρονικά περιορισμένη;», «Μπορεί η ελπίδα για κάποιον άλλο να αντανακλά αλτρουισμό ή πάντα συνεπάγεται ιδιοτέλεια;», «Ποια είναι η διαφορά ελπίδας και φαντασίας;». Συμβατικά, θέσαμε στο τραπέζι αυτά τα ζητήματα μέχρι το τέλος του κυρίως Διαλόγου και συμφωνήσαμε να τα εξετάσουμε μετά, εάν υπήρχε χρόνος. (Παρά την ελπίδα μας, εξαντλήσαμε το χρόνο.)

Είναι διδακτικό να συγκρίνουμε τον κοινό μας ορισμό της ελπίδας, που σχηματίστηκε από μια ομάδα απλών ανθρώπων –ένα συγγραφέα, έναν ψυχολόγο, έναν εκπαιδευτικό, ένα φοιτητή επί πτυχίω, ένα μάνατζερ– με ορισμούς μερικών φημισμένων φιλοσόφων. Ο Χομπς, για παράδειγμα, έγραψε: «Διότι η όρεξη για μια αντίληψη του εφικτού αποκαλείται ελπίδα».

Ο Σοπενχάουερ, ένα άλλο παράδειγμα, έγραψε: «Η ελπίδα είναι μια σύγχυση της επιθυμίας για κάτι με την πιθανότητά του». Θυμηθείτε, η ομάδα μας έγραψε: «Η ελπίδα είναι να διατηρείς την προσδοκία για ένα επιθυμητό αποτέλεσμα που να συνάδει με την τρέχουσα εμπειρία ζωής κάποιου». Νομίζω ότι η ομάδα μας τα κατάφερε εξίσου καλά, αν όχι καλύτερα από τον Χομπς, και τα κατάφερε πολύ καλύτερα από τον Σοπενχάουερ, ο οποίος προφανώς αρκέστηκε στο παράπλευρο ζήτημα που και η ομάδα μας είχε διαπιστώσει: «Το να γνωρίζουμε τις πιθανότητες να συμβεί κάτι είναι σημαντικό ως προς την αναγνώριση της ελπίδας;» Το ότι μια ομάδα στοχαστικών αλλά κατά τα άλλα συνηθισμένων ανθρώπων μπορεί να διατυπώσει έναν ορισμό παγκόσμιας κλάσης για την ελπίδα, μέσα σε ένα σαββατοκύριακο, αποτελεί μια μαρτυρία τόσο της φιλοσοφικής αντίληψης που λανθάνει στο ανθρώπινο μυαλό όσο και της δύναμης της μεθόδου του Νέλσον που την ξυπνά.

Ο Σωκρατικός Διάλογος είναι μια συνάντηση με τη ζώσα σοφία που θεωρώ ότι ο καθένας θα έπρεπε να βιώσει τουλάχιστον μια φορά. Δεν θα τον απολαύσετε, παρεκτός εάν είσαστε έτοιμος για το εγχείρημα, αλλά δεν υπάρχει καλύτερος τρόπος να καταπιαστείτε με μερικά από τα πιο σύνθετα ερωτήματα που αποτελούν τα στηρίγματα της ζωής σας. Η τάση αυτή μόλις αρχίζει να εμφανίζεται στην Αμερική (στη Γερμανία μπορεί κανείς να συμμετέχει σε Διαλόγους μιας εβδομάδας σε θέρετρα). Οραματίζομαι μια εποχή που κάθε φοιτητής θα αφιερώνει ένα σαββατοκύριακο –στα τέσσερα χρόνια των σπουδών του– στον Σωκρατικό Διάλογο. Ο Διάλογος μπορεί επίσης να οργανωθεί εάν έχετε πρόθυμες ομάδες ανθρώπων: σε κοινοτικά κέντρα, σε οίκους συνταξιούχων, σε σχολεία, σε λουτροπόλεις, σε κέντρα ανθρώπινης ανάπτυξης. Ένας συνάδελφός μου

–ο Μπέρναρντ Ρόι– προωθεί αυτούς τους Διαλόγους σε κρουαζιέρες. Ήλιος, θάλασσα και Σωκράτης. Δεχτείτε τη συμμετοχή μου.

Η δουλειά του οργανωτή είναι να οδηγεί την ομάδα μέσω των φάσεων του Διαλόγου και ειδικότερα να εξασφαλίζει ότι θα επιτευχθεί αυθεντική συναίνεση σε κάθε στάδιο, πριν προχωρήσει στο επόμενο. Αμφιβολίες που δεν αντιμετωπίζονται και δεν επιλύονται πάντα ξεφυτρώνουν στα επόμενα στάδια και μέχρι τότε η ομάδα μπορεί να έχει πάρει λάθος κατεύθυνση. Οι λειτουργίες του οργανωτή, όπως και αυτές του διευθυντή μιας ορχήστρας, δεν είναι εμφανείς στο τελικό αποτέλεσμα, αλλά εξασφαλίζουν ότι ο καθένας θα παίξει σωστά, όμορφα και ομόηχα.

Οι συμμετέχοντες σ' ένα Σωκρατικό Διάλογο ανακαλύπτουν κάτι σχεδόν άγνωστο στη Δύση, δηλαδή την απόφαση κατόπιν συμφωνίας. Έχουμε κληρονομήσει πολλά άλλα πρότυπα απάντησης σε ερωτήματα, αλλά πολλά από αυτά είναι βαθιά εσφαλμένα. Για παράδειγμα, η ιεραρχική αλυσίδα που προωθεί προς τα κάτω εντολές στις οποίες πρέπει ο άλλοι να υπακούουν ανεξάρτητα από εάν είναι λογικές ή όχι. Ή το πρότυπο της επιτροπής –η μέθοδος που ευνοείται από την ακαδημία– που αποφασίζει όλα τα σημαντικά ζητήματα που βασίζονται σε οτιδήποτε άλλο εκτός από λογικά κριτήρια (π.χ., διότι είναι η ώρα του γεύματος) ή καταλήγει σε μια συμβιβαστική απόφαση με την οποία δεν συμφωνεί κανείς, προκειμένου να αποφύγει μια απόφαση με την οποία μερικοί διαφωνούν σθεναρά. Ένα άλλο παράδειγμα: Η μεγάλη αδυναμία των εκλογών με κάλπη είναι ότι οι ψηφοφόροι αποφασίζουν για έναν υποψήφιο βάζοντας ένα σταυρό και όχι διερευνώντας τι σημαίνει να είναι κανείς ο καλύτερος υποψήφιος για την εν λόγω θέση. Πολλοί ψηφίζουν από συνήθεια ή υπό την επιρροή μιας συκοφαντικής εκστρατείας.

Σε έναν Σωκρατικό Διάλογο, όμως, η ομάδα φτάνει στον πυρήνα του ζητήματος: ακριβώς στην ουσία του. Οι αποφάσεις ζυγίζονται και εξισορροπούνται μεθοδικά. Υπάρχει συναίνεση, όχι συμβιβασμός. Είτε κατακτάτε την απροκάλυπτη αλήθεια είτε εξαντλείτε το χρόνο προσπαθώντας.

Ο ΦΙΛΟΣΟΦΟΣ ΤΗΣ ΕΤΑΙΡΕΙΑΣ

Το αποκορύφωμα της αμερικανικής βιομηχανίας, γνωστό ως Χρυσή Εποχή του καπιταλισμού, κάλυψε χονδρικά το διάστημα ανάμεσα στο τέλος του Δεύτερου Παγκόσμιου πολέμου και τις απαρχές της απατηλής ενεργειακής κρίσης του 1973. Τα παιδιά που γεννήθηκαν στο διάστημα αυτό ονομάζονται παιδιά της δημογραφικής έκρηξης· πολλοί από εμάς ενηλικιωθήκαμε κατά τη διάρκεια της δεκαετίας του 1960. Αυτή η περίοδος της πρωτοφανούς ευημερίας στην Αμερική υπήρξε επίσης μάρτυρας της εμφάνισης ενός απρόσμενου επαγγέλματος που συνέβαλε στην αφθονία της εποχής. Η συμπεριφοριστική ψυχολογία παντρεύτηκε με την κατασκευαστική βιομηχανία και παρήγαγε έναν υβριδικό απόγονο: τον βιομηχανικό ψυχολόγο. Ενώ η Βιομηχανική Επανάσταση είχε επικεντρωθεί στην ανάπτυξη όλο και πιο αποδοτικών μηχανισμών και γραμμών συναρμολόγησης, συχνά εκμεταλλεύτηκε και κακομεταχειρίστηκε ανελέητα τους ανθρώπινους πόρους της – όπως μας θυμίζουν με οξύ τρόπο ο Κάρολος Ντίκενς και ο Καρλ Μαρξ. Έτσι εισάγεται ο βιομηχανικός ψυχολόγος του εικοστού αιώνα, ο οποίος απαντά στα εξής ερωτήματα: Με δεδομένη την τεχνολογία αιχμής των βιομηχανικών διαδικασιών, πώς μπορούμε να παραγάγουμε εξίσου τεχνολογικά προηγμένους υπαλλήλους; Μπορούμε να φτιάξουμε αποδοτικές μηχανές και να σχεδιάσουμε παραγωγικές γραμμές συναρμολόγησης, αλλά πώς θα κινητοποιήσουμε τους αποδοτικούς από απόψεως κόστους εργάτες και διευθυντές να αποδώσουν όσο το δυνατό περισσότερο;

Μια εύκολη απάντηση ήταν, όπως αποδείχθηκε, κάτι σαν το «Βάψτε τους τοίχους πράσινους και παίξτε μουσικές». Ακόμη και αυτοί που απεχθάνονται το πράσινο χρώμα και μισούν την ηχογραφημένη μουσική συμφωνούν ότι ο βιομηχανικός ψυχολόγος πέτυχε όντως τη συμβίωση της ρώμης της βιομηχανίας και της επιστήμης των κινήτρων.

Εκ των υστέρων, αυτός φαίνεται να ήταν ένας απλοϊκός πρόαγγελος του φιλοσόφου της εταιρείας. Ανήκοντας στον πολυεθνικό και παγκόσμιο πολιτισμό, η αμερικανική οικονομία μετατοπίστηκε από μια βάση βιομηχανικών αγαθών σε μια βάση παροχής υπηρεσιών. Πρώτα ο ζωτικός δεσμός ήταν ανάμεσα στα ανθρώπινα σώματα και στις στέρεες μηχανές και το επιχειρησιακό ερώτημα ήταν: «Πώς θα εκμηχανίσουμε κατά τον καλύτερο τρόπο την ανθρώπινη επίδοση;» Απάντηση: «Προσλάβετε έναν ψυχολόγο της βιομηχανίας και θα σας πει πώς». Τώρα ο ζωτικός δεσμός έχει αλλάξει: Βρίσκεται ανάμεσα στα ανθρώπινα μυαλά και στις ρευστές, συχνά άμορφες δομές, όπως είναι ο κυβερνοχώρος. Συνεπώς το επιχειρησιακό ερώτημα γίνεται: «Πώς θα συστηματοποιήσουμε κατά τον καλύτερο τρόπο την ανθρώπινη επίδοση;» Απάντηση: «Προσλάβετε ένα φιλοσοφικό σύμβουλο και θα σας πει πώς». Αυτή είναι η γενική εικόνα.

Είναι κάτι σοβαρό, πραγματικό και εν εξελίξει. Στη Βόρεια

Αμερική, τη Βρετανία, την Ευρώπη και αλλού, οι φιλόσοφοι εργάζονται ως σύμβουλοι σε κυβερνήσεις, βιομηχανίες και διάφορους επαγγελματικούς κλάδους – όπως επίσης και σε όλα τα είδη των λειτουργιών. Το δίλημμα της κατάρτισης, το δίλημμα της ενσωμάτωσης και σύντομοι Σωκρατικοί Διάλογοι προωθούνται προς αγορά από κυβερνητικές υπηρεσίες, εταιρείες και επαγγελματικές οργανώσεις.

Μερικοί φιλοσοφικοί σύμβουλοι –όπως ο συνάδελφός μου Κένεθ Κίπνις– ειδικεύονται στη δημιουργία δηλώσεων αποστολής και ηθικών κωδίκων για οργανισμούς και στη συνέχεια σχεδιάζουν σεμινάρια για να τα εκπληρώσουν. Δεν μπορείτε απλά να στείλετε με φαξ (ή με ηλεκτρονικό ταχυδρομείο) έναν κώδικα ηθικής στο εργατικό σας δυναμικό και να περιμένετε να τον εφαρμόσει αυτομάτως. Οι σύμβουλοι διοίκησης το επιχειρούσαν επί χρόνια: Ποτέ δεν απέδωσε. (Και σε αυτή την περίπτωση πάλι, βοηθάει επίσης να γνωρίζετε κάτι για την ηθική, που οι περισσότεροι σύμβουλοι δεν γνωρίζουν.) Οι υπάλληλοι πρέπει να παίρνουν μέρος σε συγκεκριμένα ηθικά σεμινάρια για να κατανοούν την εφαρμογή αφηρημένων ηθικών αρχών και επίσης να προβλέπουν και να επιλύουν εν δυνάμει συγκρούσεις ανάμεσα στην ατομική τους ηθική και στους επαγγελματικούς κώδικες συμπεριφοράς. Οι φιλοσοφικοί σύμβουλοι παρέχουν αυτές τις υπηρεσίες και ακόμη περισσότερα.

Στην Αμερική, η ηθική συμμόρφωση είναι ένας τομέας αυξανόμενου ενδιαφέροντος για τις μεγάλες εταιρείες, εφόσον είναι αυτές κυρίως υπεύθυνες νομικά για τις πράξεις των υπαλλήλων. Υπάρχουν συγκεκριμένες ομοσπονδιακές καταδικαστικές κατευθυντήριες που χρησιμοποιούν τα δικαστήρια για να πάρουν αποφάσεις για τις ζημίες. Εάν ο οργανισμός σας συμμορφώνεται ηθικά (δηλαδή έχει εκπληρώσει την κατάρτιση όσον αφορά την ηθική του χώρου εργασίας) οι οικονομικές ζημίες μπορεί να μειωθούν σημαντικά. Εάν δεν έχει συμμορφωθεί, αυτές μπορούν να αυξηθούν σημαντικά. Το επόμενο ερώτημα είναι: «Ποιον θα έπρεπε να προσλάβετε για να αξιολογήσει, να σχεδιάσει, να εκπληρώσει και να κλιμακώσει το πρόγραμμά σας ηθικής συμμόρφωσης;» Η επιλογή είναι μεταξύ ενός συμβούλου διοίκησης, που δεν γνωρίζει τίποτα σχεδόν από ηθική, αλλά αναγνωρίζει μια επιχειρηματική ευκαιρία όταν τη βλέπει, και ενός φιλοσοφικού συμβούλου, που γνωρίζει περισσότερα από όσα θα χρειαστείτε εσείς ποτέ να ξέρετε για την ηθική και ο οποίος μπορεί να αξιολογήσει, να σχεδιάσει, να εκπληρώσει και να κλιμακώσει το πρόγραμμα που χρειάζεστε. Δεν είναι κάτι εγκεφαλικό.

Αν και οι κυνικοί μπορεί να αποκαλούν την ηθική συμμόρφωση φτηνή ασφάλιση, εγώ θα την αποκαλούσα ισχυρό κίνητρο για καλύτερες συνθήκες στο χώρο εργασίας. Φαίνεται αρκετά σαφές ότι οι ενάρετοι οργανισμοί είναι πιο λειτουργικοί από ό,τι οι φαύλοι. Βεβαίως μπορείτε να λειτουργείτε μια κερδοφόρα επιχείρηση με την ηθική του φιδιού: Όλων των ειδών οι εγκληματίες, οι απατεώνες και κατά περίσταση οι δικηγόροι λειτουργούν κατ' αυτό τον τρόπο. Μετά, αυτοί οι άνθρωποι πάντα πρέπει να φυλάνε τα νώτα τους, να ξεφεύγουν από την αστυνομία και άλλους που διεξάγουν έρευνες, να είναι έτοιμοι για αντίποινα και να μη γνωρίζουν ποτέ πώς και πότε θα τιμωρηθούν για τις κακές τους πράξεις. Αυτή δεν είναι μια καλή ούτε μια αξιοζήλευτη ζωή. Μπορείτε επίσης να έχετε μια κερδοφόρα επιχείρηση με μια ηθική ατζέντα μελετημένη, να απολαμβάνετε την καλή θέληση των πελατών σας, την αρμονία στο χώρο εργασία σας και να έχετε μια θετική δημόσια εικόνα που σας προσφέρει μια ηθική υπόσταση. Αυτή είναι μια πολύ πιο αξιοζήλευτη ζωή. Η ηθική κάνει καλό και σε εσάς και στις επιχειρήσεις. Ένας φιλοσοφικός σύμβουλος σας δημιουργεί μια σκάλα που σας επιτρέπει να αναρριχηθείτε έξω από το λάκκο του φιδιού.

Η φιλοσοφική πρακτική στο επίπεδο των οργανισμών ενσωματώνει όλα όσα πραγματευτήκαμε σ' αυτό το βιβλίο. Ένας πλήρως απασχολούμενος εταιρικός φιλόσοφος συμβουλεύει τους υπαλλήλους ατομικά για να επιλύουν προβλήματα που παρεμβάλλονται στην εκτέλεση της εργασίας τους, οργανώνει σεμινάρια με ομάδες εργαζομένων που παρέχουν υπηρεσίες ή με διευθυντές για να ενισχύσουν την επίδοσή τους και διαβουλεύεται με τους υψηλόβαθμους διευθυντές για να βελτιώσουν την ηθική και τη δυναμική της εταιρείας.

Για παράδειγμα, φωτισμένοι ανώτατοι διευθυντές αναρωτιούνται για την υπευθυνότητά τους στην παροχή φροντίδας όσον αφορά την υγεία των υπαλλήλων τους ή για το πώς θα προσεγγίσουν τις απολύσεις με τον πιο ανθρώπινο δυνατό τρόπο. Οι υπάλληλοι μπορούν να συμβουλευτούν ένα φιλόσοφο για να επιλύσουν μεταξύ τους συγκρούσεις – η φιλοσοφική παρέμβαση στο γραφείο ίσως βοήθησε τον Βίνσεντ και τη συνάδελφό του που είχε αντιρρήσεις για τον πίνακα που διακοσμούσε το γραφείο του, για παράδειγμα. Ή ένα γενικό θέμα στο μυαλό των εργατών μπορεί να είναι κατάλληλο αντικείμενο φιλοσοφικής παρουσίασης. Έκανα σεμινάρια σε ομάδες αποτελούμενες από γυναικεία εκτελεστικά στελέχη που ενδιαφέρονταν για τη «γυάλινη οροφή» και για το πώς θα περνούσαν μέσα απ' αυτή. Έκανα σεμινάρια «εκπαίδευσης στη μη ευαισθησία» για υπαλλήλους που δεν μπορούσαν πλέον να κάνουν τη διάκριση ανάμεσα στην προσβολή και τη βλάβη. Έκανα σεμινάρια για την ηθική ακεραιότητα και την αξία των ηθικών κανόνων, που βοήθησαν να κατευναστούν ή να προληφθούν συγκρούσεις που απορρέουν από την αυξανόμενη ποικιλομορφία του εργατικού δυναμικού, που βασίζεται τόσο στην εθνοτική διαφορά όσο και στις διαφορές του φύλου.

Αυτές οι φιλοσοφικές δραστηριότητες είναι κρίσιμες για να ελαχιστοποιούνται οι τριβές κατά τη διεξαγωγή της εργασίας και την πορεία της ζωής. Καθώς ανατέλλει η νέα χιλιετία, είμαστε ήδη πολύ μακριά από την εποχή που η πράσινη ταπετσαρία, η ηχογραφημένη μουσική, η ομαδική θεραπεία και τα ηρεμιστικά θα συνθέτουν την ημέρα σας. Εφόσον οι Αμερικανοί σκέφτονται πιο φιλοσοφικά, και οι αμερικανικές εταιρείες πρέπει να συμβαδίσουν. Στην πραγματικότητα, απλά θα μπορούσαν να ανοίξουν το δρόμο.

ΜΙΑ ΤΕΛΕΥΤΑΙΑ ΛΕΞΗ

Το πόσο ελεύθερα ζούμε εξαρτάται τόσο από το πολιτικό μας σύστημα όσο και από το κατά πόσο επαγρυπνούμε για να υπερασπίσουμε τις ελευθερίες μας. Το πόσο πολύ ζούμε εξαρτάται τόσο από τα γονίδιά μας όσο και από την ποιότητα της φροντίδας για την υγεία μας. Το πόσο καλά ζούμε –δηλαδή πόσο στοχαστικά, πόσο αξιοσέβαστα, πόσο ενάρετα, πόσο χαρούμενα, με πόση αγάπη– εξαρτάται τόσο από τη φιλοσοφία μας όσο και από το πώς την εφαρμόζουμε σε όλους τους άλλους. Μια ζωή με στοχασμό για την ουσία της είναι μια καλύτερη ζωή και είναι κάτι εφικτό για εσάς. Προσπαθήστε με τον Πλάτωνα και όχι με το Πρόζακ!

ΜΕΡΟΣ ΤΕΤΑΡΤΟ

ΕΠΙΠΡΟΣΘΕΤΕΣ ΠΗΓΕΣ ΠΛΗΡΟΦΟΡΙΩΝ

ΠΑΡΑΡΤΗΜΑ Α

ΚΑΤΑΛΟΓΟΣ ΕΠΙΤΥΧΗΜΕΝΩΝ ΦΙΛΟΣΟΦΩΝ

Αυτή είναι μία σύντομη ματιά σε εξήντα περίπου φιλόσοφους και κλασικά έργα που αναφέρονται στο βιβλίο, τις ιδέες των οποίων έχω βρει χρήσιμες στη φιλοσοφική θεραπεία. Υπάρχουν και πολλοί άλλοι που δεν τους αναφέρω αυτή τη φορά. Μα εδώ θα βρείτε μερικούς από τους σημαντικότερους.

ΑΡΙΣΤΟΤΕΛΗΣ, 384-322 π.Χ.
Έλληνας φιλόσοφος, επιστήμονας και νατουραλιστής
Θέματα: Λογική, μεταφυσική, δεοντολογία.
Επωδός: Η χρυσή τομή ή μεσότης (αποφυγή των άκρων σε ιδεώδη και συμπεριφορά).
Μεγαλύτερες Επιτυχίες: *Μετά τα Φυσικά*, *Ηθικά Νικομάχεια*.
Ως μαθητής στην Ακαδημία του Πλάτωνα, ο Αριστοτέλης είχε ως κύρια απασχόληση τη μάθηση, συγκεντρώνοντας τη γνώση από την παρατήρηση φυσικών φαινομένων. Του άρεσε να κατατάσσει τα πράγματα (έγραψε και ένα βιβλίο με τίτλο *Κατηγορίες*). Ήταν στην κυριολεξία ο εφευρέτης της Λογικής και ήταν πρωτοπόρος σε πολλές επιστήμες. Ήταν επίσης ο διδάσκαλος του Μεγάλου Αλεξάνδρου. Για δύο περίπου χιλιετίες ο Αριστοτέλης ήταν γνωστός ως «Ο Φιλόσοφος».

ΑΥΓΟΥΣΤΙΝΟΣ, 354-430
Βορειοαφρικανός φιλόσοφος και θεολόγος
Θέμα: Προπατορικό αμάρτημα.

Επωδός: Η λύτρωση δεν βρίσκεται σε αυτό τον κόσμο.
Μεγαλύτερες Επιτυχίες: *Εξομολογήσεις, Η Πολιτεία του Θεού.*
Ο Αυγουστίνος, επίσκοπος της Ιππώνας και πλατωνιστής, έτυχε να βρίσκεται στη Ρώμη, όταν αυτή αλώθηκε από τον Αλάριχο το 410 μ.Χ. Όμως η Ρώμη είχε ήδη προσηλυτιστεί στο χριστιανισμό, οπότε υποτίθεται πως ήταν υπό την προστασία του Θεού. Ο Αυγουστίνος εξισορρόπησε αυτό το πρόβλημα, επινοώντας το δόγμα του προπατορικού αμαρτήματος. Είναι επίσης διάσημος για μια προσευχή στο βιβλίο του *Εξομολογήσεις*, που λέει: «Κάνε με αγνό... μα όχι ακόμη».

ΜΑΡΚΟΣ ΑΥΡΗΛΙΟΣ, 121-180
Ρωμαίος αυτοκράτορας και στωικός φιλόσοφος
Θέμα: Στωικισμός.
Επωδός: Μη δίνετε μεγάλη αξία σε οτιδήποτε μπορούν να σας αφαιρέσουν.
Μεγαλύτερη Επιτυχία: *Τα Εις Εαυτόν.*
«Ακόμη και σε ένα παλάτι είναι δυνατό να ζεις καλά». Ο Μάρκος Αυρήλιος δεν ήταν ένας τελείως ευτυχισμένος αυτοκράτορας, μα παρηγορούσε τον εαυτό του με τη στωική φιλοσοφία. Όταν οι άνθρωποι λένε «αντιμετώπισε τα πράγματα φιλοσοφικά», εννοούν στωικά, με αδιαφορία δηλαδή για τις επίγειες κακουχίες και ηδονές.

ΛΟΥΝΤΒΙΧ ΒΙΤΓΚΕΝΣΤΑΪΝ, 1889-1951
Αυστριακός φιλόσοφος
Θέμα: Φιλοσοφία της γλώσσας.
Επωδός: Το φάσμα και τα όρια της γλώσσας. Η γλώσσα ως κοινωνικό όργανο.
Μεγαλύτερες Επιτυχίες: *Tractatus Logico-Philosophicus, Φιλοσοφικές Έρευνες.*
Ο Βίτγκενσταϊν πίστευε ότι η φιλοσοφία έχει τουλάχιστον μία «θεραπευτική» αποστολή: το να διασαφηνίζει παρανοήσεις και ανακρίβειες της γλώσσας, οι οποίες με τη σειρά τους δημιουργούν φιλοσοφικά προβλήματα. Είναι ένας από τους φιλόσοφους του εικοστού αιώνα με τη μεγαλύτερη επιρροή.

ΑΝΙΚΙΟΣ ΒΟΗΘΙΟΣ, περίπου 480-524
Ρωμαίος φιλόσοφος, θεολόγος και ύπατος
Θέματα: Πλατωνισμός, χριστιανισμός, παγανισμός.
Επωδός: Η χρήση της φιλοσοφίας για την απόκτηση άποψης για όλα τα πράγματα.
Μεγαλύτερη Επιτυχία: *Περί Παραμυθίας της Φιλοσοφίας.*
Ο Βοήθιος, Ρωμαίος αριστοκράτης, απέκτησε μεγάλη ισχύ προτού χάσει την εύνοια και καταδικαστεί σε θάνατο. Έγραψε το αριστούργημά του καθώς περίμενε την εκτέλεσή του στη φυλακή, και αυτό παραμένει ακόμη μια ανθεκτική στο χρόνο και γεμάτη έμπνευση εργασία.

ΒΟΥΔΑΣ (ΣΙΝΤΑΡΤΑ ΓΚΟΤΑΜΑ), 563-483 π.Χ.
Ινδός σοφός και διδάσκαλος
Θέμα: Βουδισμός
Επωδός: Πώς να ξεπεράσετε τη θλίψη.
Μεγαλύτερες Επιτυχίες: *Οι Τέσσερις Ευγενείς Αλήθειες*, *Νταμαπάντα* και πολλές *Σούτρα* (Διδαχές), όλα καταγεγραμμένα από τους μαθητές και τους οπαδούς του.
Το «Βούδας» είναι ένας τίτλος που σημαίνει «Ο Φωτισμένος» ή «Αυτός που έχει ξυπνήσει στην αλήθεια». Ο Σιντάρτα Γκοτάμα ήταν ο ιδρυτής του βουδισμού. Οι διδαχές και η πρακτική του, οι οποίες αποτελούν έναν ανορθόδοξο κλάδο της ινδικής θεολογίας/φιλοσοφίας, δείχνουν τον πιο ξεκάθαρο δρόμο για να ζήσει κανείς ζωή με νόημα, χρήσιμη, συμπονετική και χωρίς βάσανα και χωρίς επίσης να προκαλέσει θρησκευτική προκατάληψη. Από την άλλη, μερικοί άνθρωποι εφαρμόζουν το βουδισμό ως θρησκεία. Είτε με τον έναν είτε με τον άλλο τρόπο, η καρδιά του είναι αγνή.

ΚΑΡΛ ΓΙΟΥΝΓΚ, 1875-1961
Ελβετός ψυχαναλυτής και φιλόσοφος
Θέματα: Συλλογικό ασυνείδητο, συγχρονικότητα.
Επωδός: Αναπτυξιακό ταξίδι μέχρι έναν τελικό (πνευματικό) στόχο.

Μεγαλύτερες Επιτυχίες: *Ψυχολογικοί Τύποι, Συγχρονικότητα.*
Ο Γιουνγκ ήταν αρχικά ο καλύτερος μαθητής και διάδοχος του Φρόιντ, αλλά διαχωρίστηκε εξαιτίας μιας διαφωνίας πάνω σε ένα σοβαρό φιλοσοφικό θέμα. Ενώ ο Φρόιντ θεωρούσε δεδομένη κάποια βιολογική βάση για κάθε νεύρωση ή ψύχωση, ο Γιουνγκ πίστευε ότι τα ψυχολογικά προβλήματα είναι εκδηλώσεις άλυτων πνευματικών κρίσεων. Ο Γιουνγκ έγραψε σημαντικές εισαγωγές για το *Ι Τσινγκ* (την έκδοση από τους Wilhelm-Baynes) και για το *Θιβετιανό Βιβλίο του Θανάτου* (την έκδοση από τους Evans-Wentz), κάνοντας αυτά τα μεγάλα έργα πιο προσιτά στη Δύση.

ΚΟΥΡΤ ΓΚΕΝΤΕΛ, 1906-1978
Τσεχο-Γερμανο-Αμερικάνος μαθηματικός, λογικιστής και φιλόσοφος.
Θέμα: Θεωρήματα μη πληρότητας.
Επωδός: Δεν μπορούν να αποδειχθούν ή να μην αποδειχθούν τα πάντα.
Μεγαλύτερη Επιτυχία: *Επί Τυπικά Απροσδιόριστων Προτάσεων των «Principia Mathematica» και Σχετικών Συστημάτων.*
Ο Κουρτ Γκέντελ κατάφερε να αποδείξει, το 1931, ότι δεν μπορεί να αποδειχθεί ή να απαντηθεί κάθε μαθηματική ή λογική ερώτηση. Αυτό ουσιαστικά έθετε ένα τέλος στην αναζήτηση των ορθολογιστών για τέλεια και πλήρη γνώση. Αφού μετανάστευσε στην Αμερική, ο Γκέντελ έκανε παρέα στον Αϊνστάιν στο Ινστιτούτο Προχωρημένων Σπουδών του Πρίνστον και απέδειξε ότι το χρονικό ταξίδι δεν είναι αδύνατο. Το βράδυ πριν από την ημέρα που θα ορκιζόταν Αμερικανός πολίτης, ο Γκέντελ βρήκε ένα λογικό σφάλμα στο Σύνταγμα το οποίο θα επέτρεπε σε ένα δικτάτορα να αναλάβει την εξουσία νόμιμα. Ο φίλος του Όσκαρ Μόργκενστερν τον έπεισε να μην το αναφέρει στο δικαστή κατά τη διάρκεια της τελετής της ορκωμοσίας του.

ΧΑΛΙΛ ΓΚΙΜΠΡΑΝ, 1883-1931
Λιβανο-Αμερικανός ποιητής και φιλόσοφος
Θέμα: Αραβικός ρομαντισμός.
Επωδός: Φαντασία, συναίσθημα, ισχύς της φύσης.
Μεγαλύτερη Επιτυχία: *Ο Προφήτης.*

Το πολύ όμορφο βιβλίο του Γκιμπράν, γεμάτο φιλοσοφικές αναπολήσεις και αφορισμούς, έχει γίνει μία διαρκής προτίμηση μεταξύ των νεαρών ενήλικων.

ΤΟΜΑΣ ΓΚΡΙΝ, 1836-1882
Βρετανός φιλόσοφος
Θέμα: Ιδεαλισμός.
Επωδός: Το να είσαι αληθινός σημαίνει να σχετίζεσαι με άλλα πράγματα.
Μεγαλύτερη Επιτυχία: Εισαγωγή στη δική του έκδοση των έργων τού Χιουμ, *Προλεγόμενα στην Ηθική*.
Αντιτιθέμενος στον εμπειρισμό, ο Γκριν θεωρούσε το νου κάτι περισσότερο από αποθήκη αντιλήψεων, συναισθημάτων και εμπειριών, μάλλον σαν την έδρα της λογικής εγρήγορσης και ικανό να παράγει σχέσεις, προθέσεις και δράσεις. Η ιδέα του πως όλα τα πιστεύω μας είναι αλληλεξαρτώμενα προέβλεψε τον διάσημο «ιστό των πεποιθήσεων» του Κουίν.

ΜΑΙΡΗ ΓΟΥΛΣΤΕΝΚΡΑΦΤ, 1759-1797
Βρετανίδα φιλόσοφος και φεμινίστρια
Θέμα: Κοινωνική ισότητα.
Επωδός: Οι κοινωνικές λειτουργίες δεν πρέπει να βασίζονται στη διαφορά των δύο φύλων.
Μεγαλύτερες Επιτυχίες: *Vindication of the Rights of Women*, *Vindication of The Rights of Men*.
Η Γούλστενκραφτ ήταν μπροστά από τον καιρό της στη διεκδίκηση των γυναικείων δικαιωμάτων. Έγραψε με ευφράδεια και πειθώ υπέρ της κοινωνικής ισότητας. Η αλληλογραφία της με τον μεγάλο κομφορμιστή Έντμουντ Μπερκ είναι διαφωτιστική. Ήταν η μητέρα της Μαίρης Σέλεϊ που έγραψε τον *Φράνκεσταϊν*.

ΕΚΚΛΗΣΙΑΣΤΗΣ, περίπου 3ος αιώνας π.Χ.
Ένας βασιλιάς της Ιερουσαλήμ (Hebrew Koheleth), μερικές φορές ταυτίζεται με τον Σολομώντα.

Θέματα: Σκοπός και συμπεριφορά στη ζωή.
Επωδός: «Ματαιότης ματαιοτήτων τά πάντα ματαιότης» (κεφ. α: 2).
Μεγαλύτερη Επιτυχία: *Εκκλησιαστής* (ένα βιβλίο της Παλαιάς Διαθήκης).
Ο Εκκλησιαστής ασχολούνταν με τον εγωισμό και τη θνησιμότητα του ανθρώπου. Τα γραπτά του μπορούν να εξηγηθούν και οπτιμιστικά και πεσιμιστικά και μερικές φορές απαγορεύονταν από ραβίνους που τα θεωρούσαν πολύ ηδονιστικά. Ο Εκκλησιαστής έχει προσφέρει τίτλους σε συγγραφείς (π.χ., *Earth Abides*, *The Sun Also Rises*). Έδωσε στους The Byrds τους στίχους για την επιτυχία τους «Turn, Turn, Turn». Επίσης παρείχε πολλούς διάσημους αφορισμούς [π.χ, «Οὐδέν νέον ὑπό τόν ἥλιον» (κεφ. α: 9) και «Ῥίψον τόν ἄρτον σου ἐπί πρόσωπον τῶν ὑδάτων» (κεφ. ια: 1)].

ΕΠΙΚΟΥΡΟΣ, 341-270 π.Χ.
Έλληνας φιλόσοφος και διδάσκαλος
Θέμα: Πρακτική γνώση.
Επωδός: Υπεροχή της περισυλλογής πάνω από τις ηδονιστικές απολαύσεις.
Μεγαλύτερες Επιτυχίες: *Περί Φύσεως* (σώζονται μόνο τμήματα), *De Rerum Natura* (*Περί Φύσεως Πραγμάτων*) (ποίημα του Λουκρήτιου που παρουσιάζει την επικούρεια φιλοσοφία).
Αν και ο επικουρισμός είχε κατά κάποιο τρόπο αναμειχθεί με τον ηδονισμό (Φάτε, πιείτε, διασκεδάστε, γιατί αύριο θα είμαστε νεκροί), ο Επίκουρος στην πραγματικότητα υπεράσπιζε τις πιο μετριοπαθείς απολαύσεις όπως η φιλία και αισθητικές επιδιώξεις. Ο Επίκουρος ίδρυσε ένα από τα πρώτα κοινόβια (Ο Κήπος) και θεωρούσε τη φιλοσοφία πρακτικό οδηγό για τη ζωή. Μπορεί και να ήταν ο αυθεντικός χίπις.

ΕΠΙΚΤΗΤΟΣ, περίπου 55-135
Ρωμαίος φιλόσοφος και διδάσκαλος
Θέμα: Στωικότητα.
Επωδός: Προσκόλληση μόνο σε πράγματα που βρίσκονται εντελώς μέσα στην επιρροή μας (όπως η αρετή).

Μεγαλύτερες Επιτυχίες: *Διατριβαί*, *Εγχειρίδιον*.
Απελεύθερος σκλάβος, δάσκαλος του Μάρκου Αυρήλιου, ο Επίκτητος επικεντρώθηκε στην ταπεινοφροσύνη, στη φιλανθρωπία, στον αυτοέλεγχο και στην ανεξαρτησία του νου. Λέγεται πως ήταν πιο γαλήνιος από τον αυτοκράτορα που υπηρετούσε.

ΗΡΑΚΛΕΙΤΟΣ Ο ΕΦΕΣΙΟΣ, πέθανε μετά το 480 π.Χ.
Έλληνας φιλόσοφος
Θέμα: Αλλαγή.
Επωδός: Όλα τα πράγματα βρίσκονται σε μία κατάσταση ρευστότητας. Δεν μπορείς να μπεις στον ίδιο ποταμό δύο φορές.
Μεγαλύτερη Επιτυχία: *Περί Φύσιος* (τμήματα σώζονται).
Ο Ηράκλειτος υποστήριζε την ενότητα των αντιθέτων και ήταν ένας υπερασπιστής του «Λόγου» (λογική ή γνώση) ως της οργανωτικής δύναμης του κόσμου.

ΧΕΝΡΙ ΝΤΕΪΒΙΝΤ ΘΟΡΟ, 1817-1862
Αμερικανός συγγραφέας, ποιητής και φιλόσοφος
Θέμα: Υπερβατισμός της Νέας Αγγλίας (ελευθεριακός).
Επωδός: «Η αναμφισβήτητη ικανότητα του ανθρώπου να εξυψώνει τη ζωή του με συνειδητή προσπάθεια».
Μεγαλύτερες Επιτυχίες: *Ουόλντεν*, *Πολιτική Ανυπακοή*.
Ο Θορό υπεράσπιζε την απλότητα, την ατομική ευθύνη και την επαφή με το φυσικό περιβάλλον ως κλειδιά για την καλή ζωή. Ζούσε βάσει της φιλοσοφίας του. Η θεωρία του περί κοινωνικής ανυπακοής άσκησε παραγωγική επιρροή και στον Γκάντι και στον Μάρτιν Λούθερ Κινγκ.

Ι ΤΣΙΝΓΚ (ΤΟ ΒΙΒΛΙΟ ΤΩΝ ΑΛΛΑΓΩΝ), περίπου 12ος π.Χ. αιώνας
Αρχαίο κινέζικο βιβλίο σοφίας, αγνώστου(ων) συγγραφέα(ων).
Θέματα: Τάο, πρακτική γνώση.
Επωδός: Πώς να διαλέξει κανείς σοφές αντί για ανόητες διαδικασίες δράσης.
Το *Ι Τσινγκ* διατηρεί την προσωπική, οικογενειακή, κοινωνική και πο-

λιτική αλλαγή καταστάσεων σε συμφωνία με φυσικούς νόμους που καταλαβαίνουν οι σοφοί και λαμβάνουν υπόψη τους όταν παίρνουν αποφάσεις. Δρώντας σε συμφωνία με το Τάο, κάποιος κάνει το σωστό στη σωστή στιγμή, οπότε και εκμεταλλεύεται στο έπακρο την κάθε κατάσταση. Συμβουλεύομαι το *Ι Τσινγκ* εδώ και τριάντα χρόνια και δεν το έχω μετανιώσει ούτε μία φορά.

ΑΛΜΠΕΡ ΚΑΜΙ, 1913-1960
Γάλλος συγγραφέας και φιλόσοφος, Βραβείο Νόμπελ Λογοτεχνίας 1957
Θέμα: Υπαρξισμός.
Επωδός: Κάνε το σωστό ακόμη και αν το σύμπαν είναι σκληρό ή χωρίς νόημα.
Μεγαλύτερες Επιτυχίες: *Ο Ξένος, Η Πανούκλα.*
Τα μυθιστορήματα και τα δοκίμια του Καμί ερευνούν την εμπειρία τού να μην πιστεύεις σε τίποτα πέρα από την ατομική ελευθερία και δράση και τις ηθικές επιπλοκές αυτού του τρόπου σκέψης.

ΙΜΑΝΟΥΕΛ ΚΑΝΤ, 1724-1804
Γερμανός φιλόσοφος
Θέματα: Κριτική φιλοσοφία, ηθική θεωρία.
Επωδός: Η κατηγορική προσταγή (Δράσε μόνο βάσει του αξιώματος το οποίο μπορείς ταυτόχρονα να κάνεις καθολικό νόμο).
Μεγαλύτερες Επιτυχίες: *Κριτική του Καθαρού Λόγου, Προλεγόμενα στη Μεταφυσική των Ηθών.*
Ο Καντ ήταν ένας ορθολογιστής με μεγάλη επιρροή ο οποίος προσπάθησε να διαπιστώσει τα όρια της λογικής. Η θεωρία του της ηθικής, ως καθήκοντος έναντι ανώτερων αρχών και όχι εξαιτίας των επιπτώσεων, είναι υποχρεωτική για τους κοσμικούς ιδεαλιστές.

ΤΟΜΑΣ ΚΑΡΛΑΪΛ, 1795-1881
Σκοτσέζος λόγιος, ιστορικός και κοινωνικός κριτικός
Θέματα: Ατομισμός, ρομαντισμός.
Επωδός: Τα επιτεύγματα είναι ατομικά.

Μεγαλύτερες Επιτυχίες: *Περί Ηρώων, Λατρείας Ηρώων και του Ηρωικού στην Ιστορία.*

Ένας αιρετικός καλβινιστής, ο Καρλάιλ απέρριπτε και τον μηχανιστικό και τον ωφελιμιστικό τρόπο αντιμετώπισης του κόσμου υπέρ μιας δυναμικής άποψης. Πίστευε στην ατομική ηθικότητα του «δυνατού, δίκαιου άνδρα» σε αντίθεση με τη θέληση των μαζών και την επιρροή συνηθισμένων γεγονότων. Περιέργως, πίστευε επίσης πως κανένας υποκριτής δεν θα μπορούσε να ιδρύσει μια μεγάλη θρησκεία.

ΣΕΡΕΝ ΚΙΡΚΕΓΚΟΡ, 1813-1855

Δανός φιλόσοφος και θεολόγος

Θέμα: Υπαρξισμός.

Επωδός: Ελεύθερη θέληση, ατομική επιλογή.

Μεγαλύτερες Επιτυχίες: *Είτε-Είτε, Ασθένεια προς Θάνατο.*

Ο Κίρκεγκορ, ο πρώτος υπαρξιστής, αρνήθηκε τη συστηματική φιλοσοφία του Χέγκελ καθώς και την οργανωμένη θρησκεία. Κατά την άποψή του, η ανθρώπινη κρίση είναι ατελής, υποκειμενική και περιορισμένη, μα έχουμε επίσης την ελευθερία της επιλογής και την ευθύνη των επιλογών μας. Μόνο ερευνώντας και ερχόμενοι σε συμβιβασμό με θεμελιώδεις αγωνίες μπορούμε να είμαστε απελευθερωμένοι μέσα στην άγνοιά μας.

ΚΟΜΦΟΥΚΙΟΣ (KUNG FU TZU), 551- 479 π.Χ.

Κινέζος φιλόσοφος, δάσκαλος και κυβερνητικός παράγοντας

Θέμα: Κομφουκιανισμός.

Επωδός: Ακολούθησε την Οδό, μέσω τελετής, υπηρεσίας και καθήκοντος.

Μεγαλύτερη Επιτυχία: *Ανάλεκτα.*

Ο Κομφούκιος υποστήριζε τη διακυβέρνηση με αρετή αντί για ισχύ. Κατά την άποψή του, η ευτυχία επιτυγχάνεται με τη επιδίωξη υπεροχής και στην προσωπική αλλά και στην κοινωνική ζωή. Έτρεφε εκτίμηση για την ευσέβεια, το σεβασμό, τα θρησκευτικά μυστήρια και τη δικαιοσύνη ως τα στοιχεία μιας αρμονικής ζωής. Η επιρροή του στην κινέζική κουλτούρα συγκρίνεται με την επιρροή του Αριστοτέλη στη Δύση και μπορεί να ήταν και μεγαλύτερη.

ΑΛΦΡΕΝΤ ΚΟΡΖΙΜΠΣΚΙ, 1879-1950
Πολωνό-Αμερικανός φιλόσοφος
Θέμα: Γενική σημαντική.
Επωδός: Οι άνθρωποι αντιλαμβάνονται μοναδικά το χρόνο («χρόνο-δεσμευμένα» ζώα). Η συμβατική κοινωνική επαφή και γλώσσα προωθεί περιττές συγκρούσεις.
Μεγαλύτερη Επιτυχία: *Επιστήμη και Λογικότητα: Εισαγωγή σε Μη Αριστοτελικά Συστήματα και στη Γενική Σημαντική.*
Ο Κορζίμπσκι είναι άλλος ένας παραμελημένος μα σημαντικός φιλόσοφος, ο οποίος έβλεπε το ανθρώπινο ζώο σαν να είναι στη συλλογική του παιδική ηλικία και πρότεινε τρόπους με τους οποίους θα μπορούσαμε στο μέλλον να ωριμάσουμε ως είδος. Εξηγούσε πως οι δομές της γλώσσας και οι συνήθειες της σκέψης συντηρούν και ενεργοποιούν καταστροφικά συναισθήματα και έψαχνε τρόπους να αναδιαρθρώσει τη σκέψη μας.

ΟΥΙΛΑΡΝΤ ΚΟΥΙΝ, 1908-
Αμερικανός φιλόσοφος
Θέμα: Αναλυτική φιλοσοφία.
Επωδός: Όλα τα πιστεύω βασίζονται σε άλλα πιστεύω.
Μεγαλύτερη Επιτυχία: *From a Logical Point of View.*
Ο Κουίν είναι ο πιο σημαντικός Αμερικανός φιλόσοφος του δεύτερου μισού του εικοστού αιώνα. Η συμβολή του ξεκινά με τη λογική και τη θεωρία του συνόλου και συνεχίζεται με θεωρίες γνώσης και νοήματος. Είναι διάσημος γιατί αμφισβήτησε τον Καντ, γιατί απομακρύνθηκε από τον λογικό θετικισμό και επειδή επαναδιατύπωσε την ιδέα του Γκριν ότι τα πιστεύω τηρούνται πάντα σε συνδυασμό με άλλα πιστεύω.

ΓΚΟΤΦΡΙΝΤ ΒΙΛΧΕΛΜ ΛΑΪΜΠΝΙΤΣ, 1646-1716
Γερμανός μαθηματικός, φιλόσοφος και ιστορικός
Θέμα: Ορθολογισμός.

Επωδός: Αυτός είναι ο καλύτερος από όλους τους δυνατούς κόσμους.
Μεγαλύτερες Επιτυχίες: *Διαλογισμοί της Γνώσης, της Αλήθειας και των Ιδεών, Θεοδικία, Μοναδολογία.*
Ενώ ο Βολταίρος σατίριζε την άποψη του Λάιμπνιτς ότι αυτός είναι «ο καλύτερος από όλους τους κόσμους» με το χαρακτήρα του Δρος Παγκλός στο έργο του *Αγαθούλης*, ο Λάιμπνιτς πίστευε ότι τα πάντα συμβαίνουν για επαρκείς λόγους, πολλούς από τους οποίους δεν μπορούμε να κατανοήσουμε. Ο Λάιμπνιτς (τον ίδιο καιρό με τον Νεύτωνα) ανακάλυπτε από κοινού τα μαθηματικά, ενώ ήταν και ο εφευρέτης του δυαδικού συστήματος αριθμών. Πίστευε στην ελεύθερη βούληση.

ΤΖΟΝ ΛΟΚ, 1632-1704
Βρετανός φιλόσοφος και γιατρός
Θέματα: Εμπειρισμός, επιστήμες, πολιτική.
Επωδός: Η εμπειρία είναι η βάση της γνώσης. Το ανθρώπινο μυαλό είναι μία άγραφη πλάκα (tabula rasa) κατά τη γέννηση.
Μεγαλύτερες Επιτυχίες: *Δοκίμιο πάνω στην Ανθρώπινη Νόηση, Δύο Πραγματείες περί Διακυβέρνησης.*
Ο Λοκ είναι ένας από τους σημαντικούς εμπειριστές. Αρχικά ήταν γιατρός και έσωσε τη ζωή του κόμη του Σάφτσμπερι, πρωτοποριακά εισάγοντας ένα σωλήνα για να απορροφήσει ένα κοιλιακό απόστημα. Αυτό είχε ως αποτέλεσμα να αποκτήσει την εύνοια ισχυρών ανθρώπων, οι οποίοι ζητούσαν τις φιλοσοφικές συμβουλές του. Πολιτικά, ο Λοκ υποστήριζε τις ατομικές ελευθερίες και τη συνταγματική διακυβέρνηση, κάτι που τον έφερε πολύ μπροστά από την εποχή του στην Αγγλία και άσκησε σημαντική επιρροή στην αναπτυσσόμενη αμερικανική πολιτική σκέψη.

ΝΙΚΟΛΟ ΜΑΚΙΑΒΕΛΙ, 1469-1527
Ιταλός πολιτικός
Θέμα: Πολιτική φιλοσοφία.
Επωδός: Για να είσαι ένας επιτυχημένος ηγέτης, πρέπει να δρας με οποιοδήποτε τρόπο είναι αποδοτικός, χωρίς να σε απασχολεί η συμβατική ηθική.

Μεγαλύτερη Επιτυχία: *Ο Ηγεμόνας.*

Με ρεαλισμό που προκαλούσε σοκ για την εποχή του, ο Μακιαβέλι δήλωνε ότι ο κόσμος δεν είναι ηθικό μέρος και η πολιτική, συγκεκριμένα, δεν είναι μια ηθική ενασχόληση. Ο Μπέρτραντ Ράσελ αποκάλεσε τον *Ηγεμόνα* ένα «εγχειρίδιο για κακοποιούς».

ΤΖΟΝ ΜΑΚΤΑΓΚΑΡΤ, 1866-1925

Βρετανός φιλόσοφος

Θέμα: Ιδεαλισμός.

Επωδός: Η πραγματικότητα είναι κάτι παραπάνω από υλική.

Μεγαλύτερη Επιτυχία: *Η Φύση της Ύπαρξης.*

Ο ΜακΤάγκαρτ πίστευε ότι δεν υπήρχε Θεός, μα πίστευε στην ατομική αθανασία. Η φιλοσοφία του περί χρόνου παρέχει μία ανθεκτική αφήγηση της αντοχής.

ΑΪΡΙΣ ΜΕΡΝΤΟΧ, 1919-1999

Βρετανίδα φιλόσοφος και συγγραφέας

Θέματα: Θρησκεία και ηθική.

Επωδός: Η αποκατάσταση του σκοπού και της αρετής σε έναν κομματιασμένο κόσμο

Μεγαλύτερη Επιτυχία: *Ο Μαύρος Πρίγκιπας.*

Η Μέρντοχ αναβίωσε τον πλατωνισμό σαν ένα αντίδοτο στην έλλειψη νοήματος και ηθικής στον κόσμο του εικοστού αιώνα. Μετέφερε τη φιλοσοφία της κυρίως και έντεχνα μέσω μυθιστορημάτων.

ΤΖΟΝ ΣΤΙΟΥΑΡΤ ΜΙΛ, 1806-1873

Σκοτσέζος φιλόσοφος, οικονομολόγος και πολιτικός

Θέματα: Ωφελιμισμός, φιλελευθερισμός, κοινωνική ισότητα.

Επωδός: Ατομική ελευθερία.

Μεγαλύτερες Επιτυχίες: *Για την Ελευθερία, Ο Ωφελιμισμός, Σύστημα Λογικής, Αρχές της Πολιτικής Οικονομίας.*

Ο Μιλ πίστευε ότι περιορισμοί στην ελευθερία ενός ατόμου έπρεπε να επιτρέπονται μόνο για να αποτρέψουν βλάβη σε άλλους και ήταν ένας παθιασμένος υπερασπιστής της ελευθερίας του λόγου, της ατομικής ευθύνης και της κοινωνικής ισότητας. Το είδος του ωφελιμισμού του διέφερε από αυτό του Μπένθαμ στο ότι ο Μιλ πίστευε πως η ευχαρίστηση δεν ήταν το μόνο μέτρο του καλού. «Καλύτερα ο Σωκράτης ανικανοποίητος παρά ένα γουρούνι ικανοποιημένο», υποστήριζε.

ΤΖΟΡΤΖ ΕΝΤΟΥΑΡΝΤ ΜΟΥΡ, 1873-1958

Βρετανός φιλόσοφος

Θέματα: Αναλυτική φιλοσοφία, ιδεαλισμός.

Επωδός: «Η υπεράσπιση της κοινής λογικής»· η αρετή δεν μπορεί να καθοριστεί μα είναι διαισθητικά κατανοητή.

Μεγαλύτερη Επιτυχία: *Ηθικές Αρχές.*

Ο Μουρ είναι ευρύτερα γνωστός για το αποκαλούμενο φυσικό σφάλμα, το λάθος δηλαδή που υποστηρίζει ότι κάνουμε όταν προσπαθούμε να αναγνωρίσουμε το καλό σε οποιοδήποτε υλικά υπαρκτό αντικείμενο ή ιδιότητα ή τρόπο μέτρησης. Παρ' όλα αυτά, ο Μουρ υποστήριξε ότι οι δράσεις μπορεί να είναι σωστές ή λανθασμένες, αν και η αρετή δεν μπορεί να καθοριστεί.

ΜΠΑΓΚΑΒΑΝΤ ΓΚΙΤΑ, 250 π.Χ. - 250 μ.Χ.

Αρχαίο ινδικό επικό ποίημα, έκτο βιβλίο της Μαχαμπαράτα, *αγνώστου συγγραφέως (αποδίδεται στον μυθικό σοφό Βιάσα).*

Θέματα: Πνευματική εγρήγορση, εξόντωση κάθε μιαρής επιθυμίας, καθήκον, κάρμα.

Επωδός: Το *άτμαν* (ψυχή του ατόμου) είναι ίσο με το *βράχμαν* (ανώτατη και αιώνια ουσία του σύμπαντος), η προσωπική σας ψυχή είναι τμήμα της Ουράνιας Υπερψυχής.

Το *Μπαγκαβάντ Γκίτα* είναι γεμάτο από χρήσιμες διδασκαλίες πάνω στον ανθρώπινο πόνο, τα αίτια και τις θεραπείες του. Υιοθετεί το κλασικό δόγμα της μετενσάρκωσης και της προόδου σε ένα πνευματικό μονοπάτι προς την κοσμική συνειδητοποίηση.

ΜΑΡΤΙΝ ΜΠΑΜΠΕΡ, 1878-1965

Γερμανο-εβραίος φιλόσοφος και θεολόγος

Θέματα: Ανθρώπινες σχέσεις και σχέσεις ανθρώπου-Θεού.

Επωδός: Εγώ-Αυτό έναντι Εγώ-Εσύ.

Μεγαλύτερη Επιτυχία: *I and Thou (Εγώ κι Εσύ).*

Για τον Μπάμπερ οι σχέσεις είναι είτε αμφίδρομες και αμοιβαίες συνδέσεις μεταξύ ίσων ή σχέσεις υποκειμένου-αντικειμένου που περιλαμβάνουν ένα τουλάχιστον μέρος ελέγχου του ενός πάνω στον άλλο. Οι σχέσεις μεταξύ ανθρώπων ή μεταξύ ανθρώπων-Θεού πρέπει να ανήκουν στην πρώτη κατηγορία (Εγώ-Εσύ σε αντίθεση με το Εγώ-Αυτό.)

ΦΡΑΝΣΙΣ ΜΠΕΪΚΟΝ, 1561-1626

Βρετανός φιλόσοφος και πολιτικός

Θέμα: Εμπειριοκρατία.

Επωδός: Η γνώση είναι δύναμη.

Μεγαλύτερες Επιτυχίες: *Νέο Όργανο, Πρόοδος της Μάθησης.*

Νονός της επιστημονικής επανάστασης, ο Μπέικον υπεράσπιζε τη γενίκευση, από συγκεκριμένες περιστάσεις παρατηρούμενων φαινομένων, σε επιστημονικούς νόμους ή θεωρίες, οι οποίες θα μπορούσαν να δοκιμαστούν με πειράματα. Πέθανε, θύμα ενός από τα πειράματά του, αφού έπαθε πνευμονία προσπαθώντας να καταψύξει κοτόπουλα στο Χάμστιντ Χιθ.

ΤΖΕΡΕΜΙ ΜΠΕΝΘΑΜ, 1748-1832

Βρετανός φιλόσοφος

Θέμα: Ωφελιμισμός.

Επωδός: Η μέγιστη ευτυχία των περισσότερων.

Μεγαλύτερη Επιτυχία: *Εισαγωγή στις Αρχές της Ηθικής και της Νομοθεσίας.*

Ιδρυτής του ωφελιμισμού με κύριο επιχείρημα ότι οι πράξεις είναι ηθικές όταν μεγιστοποιούν την ηδονή και ελαχιστοποιούν τον πόνο για όλους όσους επηρεάζουν. Αυτό λέγεται και «ηδονιστικός λογισμός». Τα επικερωμένα οστά του Μπένθαμ είναι ντυμένα με ρούχα και εκτίθενται στο περιστύλιο του University College of London, το οποίο και ίδρυσε.

Σύμφωνα με τη διαθήκη του, τα οστά του μεταφέρονται κάθε χρόνο στη Σύγκλητο, όπου και καταγράφεται στα πρακτικά ως παρών αλλά απέχων της ψηφοφορίας.

ΤΖΟΡΤΖ ΜΠΕΡΚΛΕΪ, 1685-1753
Ιρλανδός φιλόσοφος και επίσκοπος
Θέμα: Ιδεαλισμός.
Επωδός: Υπάρχω σημαίνει γίνομαι αντιληπτός.
Μεγαλύτερες Επιτυχίες: *Πραγματεία για τις Αρχές της Ανθρώπινης Γνώσης, Τρεις Διάλογοι μεταξύ Ύλα και Φιλονόου.*
Ο Μπέρκλεϊ αρνήθηκε την ανεξάρτητη ύπαρξη των υλικών πραγμάτων, υποστηρίζοντας ότι η πραγματικότητα συγκροτείται από τα μυαλά και τις αντιλήψεις τους. Τα πράγματα υφίστανται μόνο όσο είναι αντιληπτά. Έτσι ο Μπέρκλεϊ πλησίασε την άποψη του Βούδα ότι τα φαινόμενα είναι μια νοητική δημιουργία.

ΑΝΡΙ ΜΠΕΡΞΟΝ, 1859-1941
Γάλλος φιλόσοφος και ανθρωπιστής, Βραβείο Νόμπελ Λογοτεχνίας το 1927
Θέματα: Βιταλισμός και δυναμική θεωρία.
Επωδός: Élan Vital («ζωική δύναμη» που δεν εξηγείται από την επιστήμη).
Μεγαλύτερη Επιτυχία: *Η Δημιουργός Εξέλιξη.*
Ο Μπερξόν κριτικάριζε μηχανιστικούς και ματεριαλιστικούς τρόπους αντιμετώπισης του κόσμου, υποστηρίζοντας μια πιο πνευματική αλλά όχι απαραίτητα θρησκευτική προσέγγιση της ζωής.

ΛΕΟΝΑΡΝΤ ΝΕΛΣΟΝ, 1882-1927
Γερμανός φιλόσοφος
Θέματα: Σύνθεση του ορθολογισμού και του εμπειρισμού.
Επωδός: Μπορούμε να αντλήσουμε λογική από τις συγκεκριμένες εμπειρίες μας για να καταλήξουμε στην κατανόηση των καθολικών εννοιών.
Μεγαλύτερες Επιτυχίες: *Για τα Θεμέλια της Ηθικής, Η Νέα Μεταρρύθμιση.*
Ο Νέλσον είχε ανεκτίμητη συνεισφορά στη φιλοσοφική πρακτική ανα-

πτύσσοντας τη θεωρία και τη μέθοδο του Σωκρατικού Διαλόγου. Όταν εφαρμόζεται σωστά, ο νελσόνειος Σωκρατικός Διάλογος παρέχει συγκεκριμένες απαντήσεις σε γενικά ερωτήματα όπως «Τι είναι ελευθερία;», «Τι είναι ακεραιότητα;» και «Τι είναι αγάπη;».

ΦΡΙΝΤΡΙΧ ΝΙΤΣΕ, 1844-1900
Γερμανός φιλόσοφος
Θέμα: Υπερβολικός αντικομφορμισμός.
Επωδός: Η θέληση για δύναμη, άνθρωπος έναντι υπεράνθρωπου.
Μεγαλύτερες Επιτυχίες: *Τάδε Έφη Ζαρατούστρα, Πέραν του Καλού και του Κακού, Γενεαλογία της Ηθικής.*
Φιλόσοφος, ποιητής, προφήτης και πάσχων από σύφιλη, ο Νίτσε είναι σπάνια βαρετός. Απεχθανόταν τη συμβατική κοινωνία και επέπληττε το χριστιανισμό σαν θρησκεία για σκλάβους. Υπεράσπιζε την ανάδυση του *übermensch* (υπεράνθρωπου), ο οποίος θα μετέθετε τη συμβατική ηθική, μία ιδέα της οποίας έκαναν κατάχρηση οι Ναζί. Περιέργως, φαίνεται αρεστός και στους μεταμοντέρνους, η πολιτική των οποίων τείνει προς το άλλο άκρο. Αυτή είναι μία απόδειξη της ιδιοφυΐας (ή πιθανής τρέλας) του Νίτσε. Έγραψε περιεκτικούς αφορισμούς και έδωσε τροφή για σκέψη (π.χ., «Ο Θεός είναι νεκρός», «Ο Σωκράτης ήταν ασυνάρτητος»).

ΤΖΟΝ ΦΟΝ ΝΟΪΜΑΝ, 1903-1957
Ουγγρο-Αμερικανός μαθηματικός και φιλόσοφος
Θέματα: Θεωρία παιγνίων, υπολογιστική, φυσική.
Επωδός: Η λήψη αποφάσεων σε καταστάσεις κινδύνου, σύγκρουσης συμφερόντων ή αβεβαιότητας μπορούν να αναλυθούν με τη θεωρία των παιγνίων για να βρεθεί η καλύτερη λύση.
Μεγαλύτερη Επιτυχία: *Θεωρία Παιγνίων και Οικονομική Συμπεριφορά* (μαζί με τον Όσκαρ Μόργκενστερν).
Ο Τζον φον Νόιμαν συνέβαλε αξιοσημείωτα σε αρκετούς τομείς, συμπεριλαμβανόμενων των μαθηματικών, της υπολογιστικής θεωρίας και της κβαντομηχανικής. Η επινόηση (μαζί με τον Μόργκεστερν) της θεωρίας των παιγνίων σημάδεψε την έναρξη ενός εντελώς νέου κλάδου των μα-

θηματικών, ο οποίος έχει εφαρμογές στη φιλοσοφία, στην ψυχολογία, στην κοινωνιολογία, στη βιολογία, στα οικονομικά και στις πολιτικές επιστήμες, για να μην αναφέρω και τη φιλοσοφική συμβουλευτική.

ΡΕΝΕ ΝΤΕΚΑΡΤ, 1569-1650
Γάλλος φιλόσοφος και μαθηματικός
Θέματα: Σκεπτικισμός, δυϊσμός.
Επωδός: «Σκέπτομαι άρα υπάρχω».
Μεγαλύτερες Επιτυχίες: *Στοχασμοί, Περί Μεθόδου Λόγος.*
Ένας από τους ιδρυτές της μοντέρνας φιλοσοφίας, ο Ντεκάρτ μας έδωσε την πλήρη διάκριση μεταξύ νου και ύλης (καρτεσιανός δυϊσμός). Έδωσε έμφαση στη σημασία της βεβαιότητας, που επιτυγχάνεται με την αμφιβολία, σαν τη βάση της γνώσης. Προσπαθούσε να ενώσει όλες τις επιστήμες σε ένα σύστημα γνώσης.

ΣΙΜΟΝ ΝΤΕ ΜΠΟΒΟΥΑΡ, 1908-1986
Γαλλίδα φιλόσοφος και φεμινίστρια
Θέματα: Υπαρξισμός, φεμινισμός.
Επωδός: Ηθική ευθύνη, φυσικές διαφορές μεταξύ των δύο φύλων.
Μεγαλύτερες Επιτυχίες: *Το Δεύτερο Φύλο, Για μια Ηθική της Αμφισβήτησης.*
Η Σιμόν ντε Μποβουάρ ήταν μια πιστή οπαδός του είδους του υπαρξισμού του Ζ. Π. Σαρτρ καθώς και «αδελφή ψυχή» του. Έγραψε με ευφράδεια και φιλοσοφικά για τις διαφορές των δύο φύλων και τις κοινωνικές επιπτώσεις τους.

ΤΖΟΝ ΝΤΙΟΥΙ, 1859-1952
Αμερικανός φιλόσοφος, εκπαιδευτικός και κοινωνικός μεταρρυθμιστής
Θέματα: Πραγματισμός.
Επωδός: Η διερεύνηση είναι αυτοδιορθωτική.
Μεγαλύτερες Επιτυχίες: *Reconstruction in Philosophy, Experience and Nature, The Quest for Certainty.*
Ο Ντιούι έκανε δημοφιλή πραγματιστικά, επιστημονικά και δημοκρατικά ιδεώδη. Προσπάθησε να κάνει τους εκπαιδευτικούς να εκτιμήσουν

την αξία της διερεύνησης σε αντίθεση με την τετριμμένη μετάδοση γνώσης. Η φιλοσοφία του Ντιούι έφτασε σε τραγικές ακρότητες στην αμερικανική εκπαίδευση, στα τέλη του εικοστού αιώνα, καταλήγοντας στη δαιμονοποίηση της γνώσης και τη μηχανική μετάδοση του βαρβαρισμού.

ΑΛΦΡΕΝΤ ΝΟΡΘ ΟΥΑΪΤΧΕΝΤ, 1861-1947
Βρετανός φιλόσοφος
Θέμα: Εμπειρισμός.
Επωδός: Η φυσική επιστήμη πρέπει να μελετά το περιεχόμενο των αντιλήψεών μας.
Μεγαλύτερες Επιτυχίες: *Μαθηματικές Αρχές* (με τον Μπέρτραντ Ράσελ), *The Concept Of Nature*, *Process and Reality*.
Ο Ουάιτχεντ έψαχνε μία ενοποιημένη επεξήγηση των πάντων από τη φυσική μέχρι την ψυχολογία.

ΤΣΑΡΛΣ ΣΑΝΤΕΡΣ ΠΙΡΣ, 1819-1914
Αμερικανός φιλόσοφος και επιστήμονας
Θέμα: Πραγματισμός.
Επωδός: Η αλήθεια είναι μία γνώμη στην οποία τελικά όλοι συμφωνούμε και αναπαριστά μια αντικειμενική πραγματικότητα.
Μεγαλύτερη Επιτυχία: *Άπαντα.*
Ο Πιρς ήταν η ιδρυτική μορφή του αμερικανικού πραγματισμού, ο οποίος αναπτύχθηκε περαιτέρω και διαφοροποιήθηκε από τους Ντιούι και Τζέιμς. Για να διαχωρίσει τη δική του εκδοχή από του Τζέιμς, ο Πιρς δημιούργησε τον όρο *πραγματισμός*, ο οποίος δεν ταίριαζε και πολύ. Η φιλοσοφία του Πιρς υπέστη κριτική από τον Ράσελ για την προφανή υποκειμενικότητά της, όμως, ουσιαστικά, η θεώρηση του Πιρς ήταν πολύ επιστημονική.

ΠΛΑΤΩΝΑΣ, περίπου 429-347 π.Χ.
Έλληνας φιλόσοφος και ακαδημαϊκός
Θέμα: Ουσιοκρατία.

Επωδός: Οι ουσίες της αρετής, της ομορφιάς και της δικαιοσύνης μπορούν να γίνουν κατανοητές μόνο μέσω ενός φιλοσοφικού ταξιδιού.
Μεγαλύτερες Επιτυχίες: *Πλατωνικοί Διάλογοι* (συμπεριλαμβανόμενης της *Πολιτείας*).
Ο Πλάτωνας ίδρυσε την Ακαδημία (το αρχετυπικό πανεπιστήμιο) στην Αθήνα. Οι διάλογοί του στους οποίους συμμετέχει ο δάσκαλός του Σωκράτης αποτελούν το σύνολο όλων όσα γνωρίζουμε για τη φιλοσοφία του Σωκράτη, οπότε και οι ιδέες του Πλάτωνα και του Σωκράτη είναι δύσκολο να διαχωριστούν. Ο Πλάτωνας θεωρείται ο ιδρυτής της φιλοσοφικής μελέτης και συνδιάλεξης όπως εφαρμόζεται μέχρι και σήμερα.

ΠΡΩΤΑΓΟΡΑΣ Ο ΑΒΔΗΡΙΤΗΣ, περίπου 485-420 π.Χ.
Έλληνας φιλόσοφος και διδάσκαλος
Θέματα: Σχετικισμός, σοφιστική.
Επωδός: «Ο άνθρωπος είναι το μέτρο όλων των πραγμάτων».
Μεγαλύτερες Επιτυχίες: Είναι κυρίως γνωστός από τους πλατωνικούς διαλόγους *Πρωταγόρας* και *Θεαίτητος*.
Ο Πρωταγόρας πίστευε πως τα ηθικά δόγματα μπορούν να βελτιωθούν, ακόμη και αν η αξία τους είναι σχετική. Πίστευε επίσης ότι η αρετή μπορεί να διδαχθεί. Ανέπτυξε διαλεκτικές και ρητορικές μεθόδους οι οποίες αργότερα έγιναν δημοφιλείς από τον Πλάτωνα ως η σωκρατική μέθοδος. Η *σοφιστική* απέκτησε μια άδικα υποτιμητική έννοια. Οι σοφιστές δίδασκαν ανθρώπους, έναντι αμοιβής, σχετικά με το πώς να επιχειρηματολογούν πειστικά πάνω σε οποιοδήποτε θέμα, άσχετα πόσο λάθος ή άδικο είχαν. Έτσι οι σοφιστές εκπαίδευσαν την πρώτη γενιά δικηγόρων.

ΠΥΘΑΓΟΡΑΣ, γεννήθηκε περίπου το 570 π.Χ.
Έλληνας φιλόσοφος και μαθηματικός
Θέματα: Μετεμψύχωση και μαθηματικά.
Επωδός: Όλα τα πράγματα βασίζονται σε γεωμετρικές μορφές.
Μεγαλύτερες Επιτυχίες: Πυθαγόρειο Θεώρημα, Πυθαγόρειο κόμμα.
Περισσότερα πράγματα αποδίδονται στον Πυθαγόρα από όσα είναι γνωστά για αυτόν. Από ό,τι φαίνεται, δίδασκε το δόγμα της μετεμψύ-

χωσης (τη μετανάστευση των ψυχών σε άλλα σώματα ή μετενσάρκωση) και απείχε από το να τρώει κουκιά. Του αποδίδεται το περίφημο θεώρημα της Ευκλείδειας γεωμετρίας που φέρει το όνομά του. Του αποδίδεται επίσης η ανακάλυψη ότι η δωδεκάτονη (διατονική) μουσική κλίμακα δεν επιτρέπει σε μουσικά όργανα να είναι τέλεια κουρδισμένα. Αυτή η ανωμαλία οδήγησε στην αρμονική ρύθμιση ίσης μεταβολής στον καιρό του Γ. Σ. Μπαχ.

ΑΪΝ ΡΑΝΤ, 1905-1982

Γεννημένη στη Ρωσία Αμερικανίδα φιλόσοφος και συγγραφέας

Θέματα: Αντικειμενιστική δεοντολογία, ρομαντικός καπιταλισμός (φιλελευθερισμός).

Επωδός: Οι αρετές του εγωισμού, τα ήθη του αλτρουισμού.

Μεγαλύτερες Επιτυχίες: *Κοντά στον Ουρανό, Εμείς οι Ζωντανοί.*

Η Άιν Ραντ ήταν μία σημαντική, αυθεντική διανοήτρια που υπερασπιζόταν την ακεραιότητα και την ικανότητα ως τα κλειδιά για μια παραγωγική και ακμάζουσα κοινωνία. Κατά την άποψή της, ο καπιταλισμός χωρίς εκμετάλλευση (φωτισμένη ιδιοτέλεια) είναι το καλύτερο σύστημα και ο σοσιαλισμός με εκμετάλλευση (μη φωτισμένη συλλογική ιδιοτέλεια) είναι το χειρότερο. Όλοι οι φανταστικοί καπιταλιστές της Ραντ είναι εκπαιδευμένοι στη φιλοσοφία και είναι όλοι ενάρετα όντα.

ΜΠΕΡΤΡΑΝΤ ΡΑΣΕΛ, 1872-1970

Βρετανός φιλόσοφος, Βραβείο Νόμπελ Λογοτεχνίας το 1950

Θέματα: Ρεαλισμός, εμπειρισμός, λογική, κοινωνική και πολιτική φιλοσοφία.

Επωδός: «Η φιλοσοφία είναι μία ασυνήθιστα ευφυής προσπάθεια να σκεφτεί κανείς απατηλά».

Μεγαλύτερες Επιτυχίες: *Μαθηματικές Αρχές* (με τον Άλφρεντ Νορθ Ουάιτχεντ), *Ιστορία της Δυτικής Φιλοσοφίας, Ανθρώπινη Γνώση: Η Έκταση και τα Όριά της, Αντιδημοφιλή Δοκίμια.*

Ο Ράσελ εξέδωσε περισσότερα από εβδομήντα βιβλία στη ζωή του. Οι φιλοσοφικές του αναλύσεις κάλυπταν κάθε δυνατό αντικείμενο. Ήταν ένας σπουδαίος και μορφωμένος άνθρωπος, ο οποίος δεν απείχε από πολιτικούς σκοπούς και την κοινωνική πάλη. Ήταν διάσημη η άρνηση του City College της Νέας Υόρκης να του παρέχει έδρα μετά από μία απόφαση ενός δικαστηρίου στη Νέα Υόρκη που υποστήριζε ότι ασκεί ανήθικη επιρροή στην κοινωνία, κυρίως λόγω των πολύ προχωρημένων για την εποχή του (και τετριμμένων σήμερα) απόψεών του για ανοιχτό γάμο και διαζύγιο. Ενώ οι Αθηναίοι σκότωσαν τον Σωκράτη επειδή δήθεν διέφθειρε τους νέους, οι Αμερικανοί απλά αρνήθηκαν στον Ράσελ επαγγελματική απασχόληση. Ο Ράσελ μπορεί να συμφωνούσε ότι αυτό υποδηλώνει κοινωνική πρόοδο.

ΟΥΙΛΙΑΜ ΡΟΣ, 1877-1971
Βρετανός φιλόσοφος
Θέμα: Η θεωρία των εκ πρώτης όψεως υποχρεώσεων.
Επωδός: Μερικά καθήκοντα πρέπει να τηρούνται πιο αυστηρά από μερικά άλλα. Η προτεραιότητα εξαρτάται από την κάθε περίσταση.
Μεγαλύτερες Επιτυχίες: *Το Ορθό και το Αγαθό, Τα Θεμέλια της Ηθικής.*
Ο Ρος υπογραμμίζει ότι τα καθήκοντα έρχονται σε σύγκρουση μεταξύ τους, εξαιτίας της άποψης ότι πρέπει συχνά να φέρουμε σε πέρας ένα καθήκον εις βάρος κάποιου άλλου. Η θεωρία του προτείνει ότι πρέπει να ιεραρχήσουμε προσεκτικά τα καθήκοντά μας, ανάλογα με την κάθε περίσταση.

ΖΑΝ-ΖΑΚ ΡΟΥΣΟ, 1712-1788
Ελβετός φιλόσοφος
Θέμα: Ρομαντισμός.
Επωδός: Το ανθρώπινο ον γεννιέται ως ένας «ευγενής άγριος» και διαφθείρεται από τον πολιτισμό.
Μεγαλύτερες Επιτυχίες: *Το Κοινωνικό Συμβόλαιο, Πραγματεία περί της Καταγωγής και των Θεμελίων της Ανισότητας ανάμεσα στους Ανθρώπους.*
Ο Ρουσό επικεντρώθηκε στο χάσμα μεταξύ ανθρώπου και φύσης και στην ένταση μεταξύ της νοημοσύνης και του συναισθήματος, συνιστώντας τη φύση και το συναίσθημα ως τις υψηλότερες εκδηλώσεις ύπαρξης. Αν και ο ρομαντισμός του παρέχει ένα αντιστάθμισμα στον αυταρ-

χισμό του Χομπς, η φιλοσοφία του Ρουσό για την εκπαίδευση είναι μία συνταγή προς την καταστροφή.

ΖΑΝ-ΠΟΛ ΣΑΡΤΡ, 1905-1980
Γάλλος φιλόσοφος και συγγραφέας, Βραβείο Νόμπελ Λογοτεχνίας 1964
Θέματα: Υπαρξισμός, πολιτική, μαρξισμός.
Επωδός: ελεύθερη θέληση, «κακή πίστη» (άρνηση της ευθύνης των πράξεών μας).
Μεγαλύτερες Επιτυχίες: *Η Ναυτία, Το Είναι και το Μηδέν, Ο Υπαρξισμός Είναι Ανθρωπισμός.*
Ο Σαρτρ ήταν ο κορυφαίος Γάλλος διανοούμενος της εποχής του. Σπούδασε με τον Χούσερλ (τον ιδρυτή της φαινομενολογίας) και τον Χάιντεγκερ (την κορυφαία γερμανική προσωπικότητα στο χώρο του υπαρξισμού). Μαρξιστής εκ πεποιθήσεως, ο Σαρτρ προσπάθησε να ιδρύσει ένα πολιτικό κόμμα στη Γαλλία. Ανεξάρτητα από τις μαρξιστικές του καταβολές, υπερασπιζόταν σθεναρά το πιστεύω του περί ατομικής υπευθυνότητας.

ΛΕΥΚΙΟΣ ΣΕΝΕΚΑΣ, 4 π.Χ. - 65 μ.Χ.
Ρωμαίος φιλόσοφος και πολιτικός
Θέματα: Στωικισμός, δεοντολογία.
Επωδός: Η φιλοσοφία, όπως και η ζωή, πρέπει να ασχολείται κυρίως με την αρετή.
Μεγαλύτερη Επιτυχία: *Ηθικές Επιστολές.*
Ο Σενέκας αναδύθηκε από την αφάνεια της επαρχίας Κόρδοβα για να γίνει ο διδάσκαλος, ο υπασπιστής και τελικά το θύμα του αυτοκράτορα Νέρωνα. Ο Σενέκας έζησε και πέθανε σύμφωνα με τις ηθικές επιταγές του στωικισμού, αντέχοντας τις κακουχίες, τη νίκη και το θάνατο με τον ίδιο τρόπο. Αυτοκτόνησε σύμφωνα με τη ρωμαϊκή παράδοση, ανοίγοντας τις φλέβες του μέσα σε ένα ζεστό μπάνιο, όταν διατάχθηκε να το κάνει από τον παρανοϊκό Νέρωνα.

ΑΡΘΟΥΡ ΣΟΠΕΝΧΑΟΥΕΡ, 1788-1860

Γερμανός φιλόσοφος

Θέματα: Εσωτερική θέληση, παραίτηση, πεσιμισμός.

Επωδός: Η θέληση είναι πέραν του χώρου και του χρόνου, μα το να ακολουθεί κανείς τις διαταγές της οδηγεί στη δυστυχία σε πολύ σύντομο χρονικό διάστημα.

Μεγαλύτερη Επιτυχία: *Ο Κόσμος σαν Βούληση και σαν Παράσταση*.

Ο Σοπενχάουερ ήταν μορφωμένος, μιλούσε άπταιστα αρκετές ευρωπαϊκές και κλασικές γλώσσες και είχε μια διαβόητα δύσκολη σχέση με τη μητέρα του. Είναι διάσημος γιατί προσπάθησε και απέτυχε να εκτοπίσει τον Χέγκελ, τον οποίο θεωρούσε σοφιστή και τσαρλατάνο, από τη θέση επιρροής του. Ζητούσε καταφύγιο από τη συναισθηματική ταλαιπωρία στην ινδική φιλοσοφία. Έγραψε καυστικά δοκίμια και πικρόχολους αφορισμούς και ήταν ένας από τους λίγους φιλόσοφους που διάβαζε ή θαύμαζε ο Βίτγκενσταϊν. Εάν αυτό είναι καλό για τον Σοπενχάουερ εξαρτάται από το αν θαυμάζετε ή διαβάζετε τον Βίτγκενσταϊν.

ΜΠΑΡΟΥΧ ΣΠΙΝΟΖΑ, 1632-1677

Ολλανδός φιλόσοφος και κατασκευαστής φακών

Θέμα: Ορθολογισμός.

Επωδός: Όλη η γνώση μπορεί να ανεβρεθεί.

Μεγαλύτερες Επιτυχίες: *Θεολογικοπολιτική Πραγματεία, Ηθική*.

Οι απόψεις του Σπινόζα συνετέλεσαν στην αποβολή του από την ιουδαϊκή κοινότητα και τα γραπτά του δέχθηκαν επίθεση και απαγορεύτηκαν από χριστιανούς θεολόγους. Προσέλκυσε εχθρότητα μέχρι και στην ανεκτική Ολλανδία, όπου είχε βρει φιλοσοφικό καταφύγιο. Ο Σπινόζα πίστευε ότι αυτοσυντήρητα ανθρώπινα πάθη (όπως ορέξεις και απωθήσεις) οδηγούσαν σε προκαθορισμένες πράξεις και ότι μπορούμε να απελευθερώσουμε τη λογική μας από τα δεσμά του πάθους. Όπως και ο Χομπς, έτσι και ο Σπινόζα πίστευε ότι δεν μας αρέσει κάτι επειδή είναι καλό, αλλά το χαρακτηρίζουμε καλό επειδή απλά μας αρέσει.

ΣΩΚΡΑΤΗΣ, περίπου 470-399 π.Χ.
Έλληνας φιλόσοφος και δάσκαλος
Θέμα: Η σωκρατική μέθοδος.
Επωδός: Η καλή ζωή είναι η ζωή με διαρκή εξέταση, την οποία περνούμε αναζητώντας τη σοφία με κάθε κόστος.
Μεγαλύτερες Επιτυχίες: Οι ιδέες του Σωκράτη σώζονται μόνο στους πλατωνικούς διαλόγους, οπότε και είναι δύσκολο μερικές φορές να διαχωριστεί ο Σωκράτης ως άνθρωπος από τον Σωκράτη ως χαρακτήρα των διαλόγων ή να διαχωρίσει κανείς τις σκέψεις του Σωκράτη από αυτές του Πλάτωνα.
Ο ιστορικός Σωκράτης και ο ιστορικός Πλάτωνας είναι πιο εύκολο να διαχωριστούν. Ο Σωκράτης (όπως ο Βούδας, ο Ιησούς, ο Γκάντι) ήταν ένας σοφός με μεγάλη επιρροή που δεν είχε επίσημη εργασία ή θέση, η σοφία του οποίου προσέλκυσε σημαντικούς οπαδούς και εκτιμήθηκε περισσότερο μετά το θάνατό του. Ο Σωκράτης έβλεπε τον εαυτό του σαν μία πολιτική αλογόμυγα, η οποία με τα τσιμπήματά της συνεχώς κέντριζε τους Αθηναίους για τις φιλοσοφικές τους ελλείψεις. Επέτρεψε στον εαυτό του να θανατωθεί από το διεφθαρμένο κράτος, επειδή τα επιχειρήματά του του επέβαλαν να παραμείνει στην πόλη, αν και οι φίλοι του είχαν οργανώσει την απόδρασή του. Άρα εκτιμούσε τη φιλοσοφία περισσότερο και από την ίδια τη ζωή. Ο Πλάτωνας ποτέ δεν συγχώρεσε τους Αθηναίους για την εκτέλεση του Σωκράτη. Οι χριστιανοί πιστεύουν πως ο Ιησούς πέθανε για να λυτρώσει τους ανθρώπους από την αμαρτία. Μπορεί τελικά να αποδειχθεί κάποτε ότι ο Σωκράτης πέθανε για να λυτρώσει τους φιλόσοφους από την ανεργία.

ΟΥΙΛΙΑΜ ΤΖΕΪΜΣ, 1842-1910
Αμερικανός ψυχολόγος και φιλόσοφος
Θέμα: Πραγματισμός.
Επωδός: Τρέχουσα αξία (μία ιδέα θα πρέπει να κρίνεται από το πόσο αποδοτική είναι).
Μεγαλύτερες Επιτυχίες: *Οι Αρχές της Ψυχολογίας*, *Οι Ποικιλίες της Θρησκευτικής Εμπειρίας*.

Ο Τζέιμς αποκάλυψε το διπλό του ενδιαφέρον στη φιλοσοφία και την ψυχολογία προσεγγίζοντας πρακτικά τη φιλοσοφία (πραγματισμός), πιστεύοντας πως μία ιδέα είναι αληθινή εάν έχει χρήσιμα αποτελέσματα. Έδινε έμφαση και στην πειραματική, εργαστηριακή προσέγγιση στην ψυχολογία αλλά και στον αναλυτικό στοχασμό της εμπειρίας.

ΣΙΡΙΛ ΤΖΟΑΝΤ, 1891-1953

Βρετανός φιλόσοφος και ψυχολόγος

Θέματα: Ολισμός, ανθρωπισμός.

Επωδός: Το σύμπαν είναι πλουσιότερο, πιο μυστηριώδες και παρ' όλα αυτά πιο λογικό από ό,τι φανταζόμαστε.

Μεγαλύτερες Επιτυχίες: *Guide to Modern Thought, Journey through the War Mind.*

Ο Τζόαντ, δυστυχώς, είναι ένας παραμελημένος φιλόσοφος ο οποίος πίστευε στον εμπλουτισμό της κατανόησης μέσω πολλαπλών και εξίσου αποδοτικών μεθόδων έρευνας: λογικής, μαθηματικής και επιστημονικής, επίσης αισθητικής, ηθικής και πνευματικής. Μεγάλος ηθικολόγος και ανθρωπιστής, ασχολήθηκε επίσης και με τη φιλοσοφία και ψυχολογία της ανθρώπινης διαμάχης.

ΛΑΟ ΤΣΟΥ, περίπου 6ος αιώνας π.Χ.

Κινέζος φιλόσοφος

Θέμα: Ταοϊσμός.

Επωδός: Συμπληρωματικότητα των αντιθέτων, επίτευξη χωρίς διαμάχη, αρμονικές σχέσεις.

Μεγαλύτερη Επιτυχία: *Τάο Τε Κινγκ (Η Οδός και η Αρετή της).*

Η ταυτότητα του Λάο Τσου και ο αιώνας που έζησε είναι ακόμη υπό αμφισβήτηση, μα ανεξάρτητα από αυτό, οι ιδέες του για τη ζωή σε αρμονία με την «Οδό» παραμένουν ισχυρές και με επιρροή. Από ό,τι φαίνεται ήταν μάλλον ένας παλιός δημόσιος υπάλληλος που έγραψε τη φιλοσοφία του με το που αποσύρθηκε, από ό,τι φημολογείται, μετά από διαταγή ενός συνοριακού φύλακα ο οποίος διαφορετικά δεν θα τον άφηνε να φύγει από την επαρχία στην οποία βρισκόταν. Έγραψε έναν πραγματικά σημαντικό φιλοσοφικό οδηγό και με αυτόν ίδρυσε τον ταοϊσμό.

ΣΟΥΝ ΤΣΟΥ, περίπου 4ος αιώνας π.Χ.
Κινέζος στρατιωτικός σύμβουλος
Θέμα: Φιλοσοφία του πολέμου.
Επωδός: «Το να είσαι ανίκητος βρίσκεται μέσα σου».
Μεγαλύτερη Επιτυχία: *Η Τέχνη του Πολέμου.*
Ο Σουν Τσου επαναπροσδιόρισε τη μάχη ως μορφή φιλοσοφικής τέχνης. Δίδασκε πως το «απόγειο της υπεροχής» είναι να υποτάσσεις τον εχθρό χωρίς μάχη. Η φιλοσοφία του πολέμου μπορεί να εφαρμοστεί ανάλογα και σε άλλους τομείς ανθρώπινης διαμάχης, από ενδοσυζυγικές προστριβές μέχρι πολιτικές γραφείου.

ΤΣΟΥΑΝΓΚ ΤΣΟΥ, 369-286 π.Χ.
Κινέζος φιλόσοφος-σοφός, δεύτερος μετά τον Λάο Τσου από τους γνωστούς ταοϊστές
Θέμα: Ταοϊσμός (η κατανόηση «της Οδού», η φυσική τάξη των πραγμάτων).
Επωδός: Μαθαίνοντας να αποκτά κανείς με *wu-wei* (άπρακτη πράξη).
Μεγαλύτερη Επιτυχία: *Τσουάνγκ Τσου (Άπαντα).*
Ο Τσουάνγκ Τσου ήταν ένας υποδειγματικός ταοϊστής που δεν ήθελε καν να τον αποκαλούν ταοϊστή. Έψαχνε τρόπους για να ζήσει ζωή καλοσύνης και δικαιοσύνης, γεμάτος χιούμορ, χωρίς προστριβές και αδέσμευτος από κοινωνικές και πολιτικές συμβάσεις.

ΓΚΕΟΡΓΚ ΒΙΛΧΕΛΜ ΦΡΙΝΤΡΙΧ ΧΕΓΚΕΛ, 1770-1831
Γερμανός φιλόσοφος
Θέματα: Ιστορία, πολιτική, λογική.
Επωδός: Η ελευθερία ως αυτοσυνείδηση σε μια λογικά οργανωμένη κοινωνία.
Μεγαλύτερες Επιτυχίες: *Φαινομενολογία του Πνεύματος, Επιστήμη της Λογικής, Εγκυκλοπαίδεια των Φιλοσοφικών Επιστημών, Φιλοσοφία του Δικαίου.*

Ο Χέγκελ ήταν και παραμένει ένας φιλόσοφος με μεγάλη επιρροή, με ευρύ φάσμα ιδεών γύρω από την ελευθερία, την ιστορική πρόοδο, την αστάθεια της αυτοσυνείδησης και την εξάρτησή της από την αναγνώριση των άλλων. Δυστυχώς, ο Χέγκελ επηρέασε τους Μαρξ και Ένγκελς και έτσι έγινε ένας ακούσιος απολογητής των ολοκληρωτικών δογμάτων.

ΧΙΛΕΛ, περίπου 70 π.Χ. - 10 μ.Χ.
Ραβίνος, λόγιος και νομοδιδάσκαλος, γεννημένος στη Βαβυλώνα
Θέματα: Ηθικότητα, ευσέβεια, ταπεινοφροσύνη.
Επωδός: Αυτό που δεν σου αρέσει να σου κάνουν, μην το κάνεις στους γείτονές σου.
Μεγαλύτερη Επιτυχία: *Seven Rules of Hillel* (πρακτικές εφαρμογές εβραϊκών νόμων.)
Ο Χιλέλ ήταν ένας από τους οργανωτές του πρώτου μέρους του Ταλμούδ και υποστηρικτής της φιλελεύθερης μετάφρασης των γραφών. Λατρευόταν ως μεγάλος σοφός και οι μαθητές του καθόριζαν τον ιουδαϊσμό για πολλές γενεές.

ΝΤΕΪΒΙΝΤ ΧΙΟΥΜ, 1711-1776
Σκοτσέζος φιλόσοφος
Θέμα: Εμπειρισμός.
Επωδός: Όλες μας οι ιδέες μας αντιγράφονται από τις εντυπώσεις μας.
Μεγαλύτερη Επιτυχία: *Πραγματεία για την Ανθρώπινη Φύση*.
Ο εξέχων σκεπτικιστής εμπειριστής Χιουμ είχε ονομαστεί «ο άπιστος». Αντιτιθέμενος στον Πλάτωνα, πίστευε ότι καμία ιδέα δεν είναι έμφυτη. Αρνούνταν επίσης την πραγματικότητα του εαυτού, την αναγκαιότητα αιτίου και αποτελέσματος και την προέλευση αξιών από γεγονότα. Όλα αυτά τον έκαναν μη δημοφιλή για ένα διάστημα. Πρότεινε επίσης να καούν όλα τα βιβλία με μεταφυσικά θέματα και παρηγορούσε τον εαυτό του με μεγάλους περιπάτους, πίνοντας και χαρτοπαίζοντας.

ΤΟΜΑΣ ΧΟΜΠΣ, 1588-1679

Βρετανός φιλόσοφος

Θέματα: Υλισμός, απολυταρχισμός.

Επωδός: Οι άνθρωποι βρίσκονται από τη φύση τους σε πόλεμο «όλοι εναντίον όλων» και χρειάζονται μια δημόσια εξουσία να τους προκαλεί δέος.

Μεγαλύτερη Επιτυχία: *Λεβιάθαν*.

Ο Τόμας Χομπς ίδρυσε τα επιστημονικά αντικείμενα της πολιτικής επιστήμης και της εμπειρικής ψυχολογίας. Ήταν ο μεγαλύτερος φιλόσοφος μετά τον Αριστοτέλη και το γνώριζε. Στην επιτύμβια πλάκα του ήθελε να γράφει: «Εδώ βρίσκεται η πραγματική φιλοσοφική λίθος». Η άποψή του για τους ανθρώπους, ότι είναι υπερβολικά εγωιστές, έντονα παθιασμένοι, εύκολα παραπλανούνται, διαρκώς διψούν για εξουσία, οπότε και είναι εξαιρετικά επικίνδυνοι, ήταν πολύ αντιπαθής, αλλά, από ό,τι φαίνεται, σωστή. Επέμενε πως η πολιτική δεν πρέπει να είναι κλάδος της θεολογίας και ότι μόνο η ισχυρή κυβέρνηση μπορεί να αποτρέψει τη βία και την αναρχία. Είχε δίκιο σε πολλά σημεία και έκανε πολλούς εχθρούς. Η φιλοσοφία του προέβλεψε τη φροϊδική ψυχολογία και προκάλεσε το ρομαντικό κίνημα με υπέρμαχο τον Ρουσό. Δίδασκε στον Πρίγκιπα Κάρολο ΙΙ γεωμετρία, του απαγορευόταν όμως να κάνει πολιτική διδασκαλία.

Σ.τ.Μ.: Από τα έργα που αναφέρει ο συγγραφέας, τα αναγραφόμενα στα ελληνικά έργα ξένων φιλοσόφων είτε έχουν εκδοθεί στην ελληνική γλώσσα είτε ο τίτλος τους προτείνεται στα ελληνικά από την εγκυκλοπαίδεια *Πάπυρος-Λαρούς-Μπριτάνικα*. Τα υπόλοιπα είτε δεν έχουν μεταφραστεί είτε δεν βρέθηκαν στους υπάχοντες οδηγούς και, ανεξαρτήτως γλωσσικής προέλευσης, τηρούνται οι τίτλοι της αμερικανικής έκδοσης.

ΠΑΡΑΡΤΗΜΑ Β

ΟΡΓΑΝΩΣΕΙΣ ΦΙΛΟΣΟΦΙΚΗΣ ΠΡΑΚΤΙΚΗΣ

ΑΜΕΡΙΚΑΝΙΚΕΣ ΟΡΓΑΝΩΣΕΙΣ

ΑΜΕΡΙΚΑΝΙΚΗ ΕΝΩΣΗ ΕΠΑΓΓΕΛΜΑΤΙΩΝ ΦΙΛΟΣΟΦΙΑΣ (APPA – American Philosophical Practitioners Association)

Η APPA είναι μια εθνική επαγγελματική ένωση που ιδρύθηκε το 1998. Εκπαιδεύει, πιστοποιεί και αντιπροσωπεύει τους επαγγελματίες της φιλοσοφίας σ' όλο το φάσμα της συμβουλευτικής, σε πελάτες, σε ομάδες και στην παροχή συμβουλών σε οργανισμούς. Επίσης καλλιεργεί επαγγελματικές και εκπαιδευτικές σχέσεις με άλλα επαγγέλματα παροχής συμβουλών, με οργανισμούς και με το κοινό. Η APPA έχει τις ακόλουθες κατηγορίες μελών:

- *Ιδιότητες πιστοποιημένου μέλους* προσφέρονται σε πεπειραμένους επαγγελματίες της φιλοσοφικής πρακτικής –συμβούλους πελατών, οργανωτές ομάδων ή συμβούλους οργανισμών– που ανταποκρίνονται στις απαιτήσεις της APPA. Τα μέλη αυτά που διαθέτουν τέτοιου είδους πιστοποιητικά καταγράφονται στον *APPA Directory of Certified Practitionners* και διαθέτουν τα προσόντα για να αναφέρονται καθώς και άλλα επαγγελματικά οφέλη. Τα πιστοποιημένα μέλη υπόκεινται στον Κώδικα Ηθικής Επαγγελματικής Πρακτικής της APPA.

• *Ιδιότητες συνδεδεμένου μέλους* προσφέρονται σε αναγνωρισμένους επαγγελματίες της συμβουλευτικής ή συμβούλους σε άλλους τομείς (π.χ., στους τομείς της ιατρικής, της ψυχιατρικής, της ψυχολογίας, κοινωνικούς λειτουργούς, στους τομείς της διοίκησης, του δικαίου) που επιθυμούν να ενταχθούν και να εξοικειωθούν καλύτερα με τη φιλοσοφική πρακτική, αλλά δεν επιζητούν να λάβουν πιστοποίηση της APPA. Τα συνδεδεμένα μέλη έχουν τη δυνατότητα να παρακολουθούν ειδικά γεγονότα, συναντήσεις και σεμινάρια.

• *Ιδιότητες έκτακτου μέλους* προσφέρονται σε κατόχους επικυρωμένου πτυχίου ή διδακτορικού στη φιλοσοφία ή σε εκείνους που διαθέτουν ισοδύναμες φιλοσοφικές γνώσεις, οι οποίοι επιθυμούν να γίνουν πιστοποιημένα μέλη. Τα έκτακτα μέλη μπορούν να παρακολουθούν τα προγράμματα εκπαίδευσης της APPA, από το Προκαταρκτικό (Επίπεδο Ι) έως το Προχωρημένο (Επίπεδο ΙΙ), πρόγραμμα η ολοκλήρωση του οποίου τους επιτρέπει να αποκτήσουν την ιδιότητα του πιστοποιημένου μέλους. Τα έκτακτα μέλη μπορούν επίσης να παρακολουθούν ειδικά γεγονότα, συναντήσεις και σεμινάρια.

• *Ιδιότητες βοηθητικού μέλους* προσφέρονται σε φίλους και υποστηρικτές της φιλοσοφικής πρακτικής. Το Τμήμα Βοηθητικών Μελών της APPA καλωσορίζει όλους όσοι επιθυμούν να ενταχθούν στη δύναμή του. Δεν είναι αναγκαία κάποια εξειδίκευση πέραν του ενδιαφέροντος να ζήσουν μια ζωή με διαρκή αναζήτηση. Τα βοηθητικά μέλη έχουν τη δυνατότητα να παρακολουθούν ειδικά γεγονότα, συναντήσεις και σεμινάρια.

• *Ιδιότητες μέλους σε οργανώσεις* προσφέρονται σε όλες τις οντότητες (π.χ., εταιρείες, ιδρύματα, επαγγελματικές ενώσεις) που επιζητούν να ωφεληθούν ή να ωφελήσουν μέσω της φιλοσοφικής πρακτικής. Τα μέλη-οργανώσεις έχουν τη δυνατότητα να νέμονται μια κλίμακα φιλοσοφικών υπηρεσιών που παρέχονται από τα πιστοποιημένα μέλη της APPA, στις οποίες συμπεριλαμβάνονται η ηθική συμμόρφωση, η ενίσχυση του χαρακτήρα, σεμινάρια υπαλλήλων και σεμινάρια εκτελεστικών στελεχών.

Όλα τα μέλη της APPA λαμβάνουν το Δελτίο, προσκλήσεις σε εκδηλώσεις και άλλα ωφελήματα.

Η APPA είναι μια μη κερδοσκοπική εκπαιδευτική εταιρεία. Αποδέχεται πιστοποιημένα, συνδεδεμένα και έκτακτα μέλη απλά στη βάση των αντίστοιχων προδιαγραφών και δέχεται βοηθητικά μέλη και οργανώσεις ως μέλη μόνο στη βάση του ενδιαφέροντός τους για τη φιλοσοφική πρακτική και την υποστήριξή της. Η APPA δεν κάνει διακρίσεις των μελών ή των πελατών της όσον αφορά την εθνικότητα, τη φυλή, την εθνότητα, το φύλο, το γένος, την ηλικία, τις θρησκευτικές πεποιθήσεις, τις πολιτικές απόψεις ή άλλα επαγγελματικά ή φιλοσοφικώς μη συναφή κριτήρια. Αιτήσεις μέλους και άλλες πληροφορίες παρέχονται με ηλεκτρονικό ταχυδρομείο, φαξ, από την ιστοσελίδα της APPA ή γράφοντας στην APPA. Παρακαλούμε απευθυνθείτε στο:

APPA
The City College of New York
137th Street at Convent Avenue
New York, NY 10031
tel.: 212-650-7827
fax.: 212-650-7409
e-mail: info@appa.edu.
http://www.appa.edu
Πρόεδρος: Λου Μαρίνοφ
Αντιπρόεδρος: Βογκάνα Φίρι, Τόμας Μάγκνελ, Πολ Σαρκ
Ταμίας: Κιθ Μπέρκαμ

ΑΜΕΡΙΚΑΝΙΚΗ ΕΤΑΙΡΕΙΑ ΦΙΛΟΣΟΦΙΑΣ, ΣΥΜΒΟΥΛΕΥΤΙΚΗΣ ΚΑΙ ΨΥΧΟΘΕΡΑΠΕΙΑΣ (ASPCP – American Society for Philosophy, Counseling and Psychotherapy)

Η ASPCP (που ιδρύθηκε το 1992) είναι μια ανοιχτή ακαδημαϊκή εταιρεία αφοσιωμένης στη διερεύνηση της σχέσης ανάμεσα στη φιλοσοφία, τη συμβουλευτική και την ψυχοθεραπεία. Διοργανώνει ετήσιες συναντήσεις σε συνεργασία με την Αμερικανική Φιλοσοφική Ένωση (APA). Παρακαλούμε απευθυνθείτε στη:

Vaughana Feary
President Elect, ASPCP
37 Parker Drive
Morris Plains, NJ 07950
tel/fax: 973-984-6692

ΞΕΝΕΣ ΕΘΝΙΚΕΣ ΟΡΓΑΝΩΣΕΙΣ

ΚΑΝΑΔΑΣ
Canadian Society for Philosophical Practice
473 Besserer Street
Ottawa, Ontario K1N 6C2
Canada
Stephen Hare, Interim President
tel: 613-241-6717
fax: 613-241-9767

ΓΕΡΜΑΝΙΑ
International Society for Philosophical Practice (formerly German Society for Philosophical Practice)
Hermann-Loens Street 56c
D-51469 Bergisch Gladbach
Germany
Gerd Achenbach, President
tel: 2202-951995
fax: 2202-951997
e-mail:
Achenbach.PhilosophischePraxis@t-online.de

ΙΣΡΑΗΛ
Israel Society for Philosophical Inquiry
Horkania 23, Apt. 2
Jerusalem 93305
Israel
tel: 972-2-679-5090
e-mail:
msshstar@pluto.mscc.huji.ac.il
http://www.geocites.com/Athens/Forum/5914
Schlomit Schuster, Chief Inquirer

ΟΛΛΑΝΔΙΑ
Dutch Society for Philosophical Practice
Wim van der Vlist, Secretary
E. Schilderinkstraat 80
7002 JH Doetinchem
Netherlands

tel: 33-314-334704
e-mail:
W.vanderVlist@intern.nl.net
Jos Delnoy, President
Herenstraat 52
2313 Al Leiden
Netherlands
tel: 33-71-5140964
fax: 33-71-5122819
e-mail: ledice@worldonline.nl

ΝΟΡΒΗΓΙΑ
Norwegian Society for Philosophical Practice
Cappelens vei 19c
1162 Oslo
Norway
tel: 47-88-00-96-69
e-mail:
filosofiskpraksis@bigfoot.com
http://home.c2i.net/aholt/e-nsfp.htm
Henning Herrestad, President
e-mail: herrestad@online. no
Anders, Holt, Secretary
e-mail: aholt@c2i.net
tel: 47-22-46-14-18
cell: 47-92-86-43-47

ΣΛΟΒΑΚΙΑ
Slovak Society for Philosophical Practice
Dept. of Social & Biological Communication
Slovak Academy of Sciences
Klemensova 19, 81364 Bratislava
Slovakia
Emil Visnovsky, President
tel: 00421-7-375683
fax: 00421-7-373442
e-mail: ksbkemvi@savba.sk

ΗΝΩΜΕΝΟ ΒΑΣΙΛΕΙΟ
Anglo-American Society for Philosophical Practice (AASPP)
Keynes House, Austenway
Gerrards Cross, Bucks SL9 8NW
United Kingdom
Anne Noble, Secretary
tel: 01753-981874
fax: 01753-889419
Co-Chair, UK: Ernesto Spinelli
Co-Chair, US: Lou Marinoff

Society of Constultant Philosophers
The Old Vicarage
258 Amersham Road
Hazlemere nr High Wycome
Bucks HP157P2
United Kingdom
tel: 01494 521691
e-mail:
106513.3025@compuserve.com
Chair: Karin Murris
Secretary: Elizabeth Aylward

ΠΑΡΑΡΤΗΜΑ Γ

ΚΑΤΑΛΟΓΟΣ ΕΠΑΓΓΕΛΜΑΤΙΩΝ ΤΗΣ ΦΙΛΟΣΟΦΙΑΣ

Σημείωση: Οι περισσότεροι επαγγελματίες της φιλοσοφίας που αναφέρονται σ' αυτό τον κατάλογο είναι αναγνωρισμένοι. Άλλοι αναφέρονται χωρίς να κατέχουν αναγνωρισμένους τίτλους. Η φιλοσοφική πρακτική δεν έχει ακόμη ρυθμιστεί στην Αμερική και παγκοσμίως. Οι ατομικές μέθοδοι, τα στιλ και οι προσανατολισμοί μπορεί να ποικίλλουν σε σημαντικό βαθμό.

Καθώς αυτό το βιβλίο πήγαινε για εκτύπωση, η Αμερικανική Ένωση Επαγγελματιών της Φιλοσοφίας (APPA) είχε αρχίσει να πιστοποιεί εξειδικευμένους επαγγελματίες. Συμβουλευτείτε την APPA ή τον δικτυακό της τόπο (βλ. Παράρτημα Β) για έναν εκσυγχρονισμένο Οδηγό των πιστοποιημένων συμβούλων, προωθητών και εμπειρογνωμόνων της APPA.

ΑΜΕΡΙΚΗ

Wills Borman
6752 Dogtown Road
Coulterville, CA 95311
tel/fax: 209-878-0304
e-mail: wborman@usa.net
counselor, facilitator, consultant

Jon Borowicz
Milwaukee School
of Engineering
1025 North Broadway
Milwaukee, W1 53202-3109
e-mail:
BOROWICZ@warp.msoe.edu
counselor

Keith Burkum
5620 Moshulu Avenue, Apt. 1
Bronx, NY 10471
tel/fax: 718-543-3885
tel: 973-778-1190,ext. 6140
e-mail: Speedo6034@aol.com
counselor, consultant

Harriet Chamberlain
1534 Scenic Avenue
Berkeley, CA 94708
tel: 510-548-9284
fax: 510-540-1057
counselor, facilitator, consultant

Elliot Cohen
Department of Philosophy
Indian River Community College
3209 Virginia Avenue
Fort Pierce, FL 34981-5599
e-mail: COHENE@mail.firn.edu
clinical philosophy

Kenneth Cust
Department of English & Philosophy
Central Missouri State University
Warrensburg, MO 64093
tel: 816-543-8775
e-mail:kencust@sprintmail.com
counselor

Barbara Cutney
782 West End Avenue, Apt. 81
New York, NY 10025
tel: 212-865-3828
counselor

Richard Dance
6632 East Palm Lane
Scottsdale, AZ 85257
tel: 602-945-6525
fax: 602-429-0737
e-mail: rdance@swlink.net
counselor

Peter Dlugos
Bergen Community College
400 Paramus Road
Paramus, NJ 07652
tel: 201-447-9282
e-mail:
pdlugos@mailhost.bergen.cc.nj.us
counselor

Mary van Eepoel
4210 W. Fig Street
Tampa, FL 33609
tel: 813-288-2059
counselor

Kathy and James Elliott
Anthetics Institute
3108 Pinehook Road, Suite 101

Lafayette, LA 70508
counselors

Vaughana Feary
37 Parker Drive
Morris Plains, NJ 07950
tel/fax: 973-984-6692
e-mail: VFeary@aol.com
counselor, facilitator (including Socratic Dialogue), consultant

Claude Gratton
University of Nevada at Las Vegas
4505 Maryland Parkway, Box 455028
Las Vegas, NV 89154
tel: 702-895-4333
fax: 702-895-1279
e-mail: grattonc@nevada.edu
counselor, consultant

Pierre Grimes
Academy for Philosophical Midwifery
5122 Bolsa Avenue, Apt. 102
Huntington Beach, CA 92649
e-mail:
mind@philosophicalmidwifery.com
counselor

Victor Guarino
442 Easy Street
Sebastian, FL 32958
tel: 561-388-0184
counselor

David Hilditch
7152 Tulane Avenue
University City, MO 63130
tel: 314-727-1675
e-mail: Hilditch@excite.com
counselor

Alicia Juarrero
4432 Volta Place, NW
Washington, DC 20007
tel: 202-342-5128
fax: 202-342-5160
e-mail: ja82@umail.umd.edu
counselor

Stephanie and Jonathan Kastin
1115 Prospect Avenue, Apt. 301
Brooklyn, NY 11218
tel: 718-369-0010
e-mail:
jkastin@post.harvard.edu
counselors

Christopher Keller
555 Buena Vista West, Apt. 703
San Francisco, CA 94117
tel: 415-863-8017
counselor

Kenneth Kipnis
Department of Philosophy
University of Hawaii at Manoa
2530 Dole Street
Honolulu, HI 96822
e-mail: kkipnis@hawaii.edu
facilitator, consultant

Ran Lahav
RR 3, Box 115
West Glover, VT 05875
tel: 802-525-6275
e-mail:
lahavr@construct.haifa.ac.il
counselor

Thomas Magnell
Department of Philosophy
Drew University
Madison, NJ 07940
tel: 973-267-2582
e-mail: tmagnell@drew.edu
consultant

Lou Marinoff
Department of Philosophy
The City College of New York
137th Street at Convent Avenue
New York, NY 10031
tel: 212-650-7647
fax: 212-650-7409
e-mail: marinoff@cnct.com
counselor, facilitator (including Socratic Dialogue), consultant, video-conferencing available

Christopher McGullough
1510 Eddy Street, PH3A
San Francisco, CA 94115
tel/fax: 415-885-1037
e-mail: CMccull787@aol.com
counselor

James Morrow
1055 West Morrow Street
Elba, AL 36323
tel: 334-897-6522
counselor

G. Steven Neely
900 Powell Avenue
Cresson, PA 16030
tel: 814-886-4219
counselor

Roger Paden
Department of Philosophy
& Religious Studies
George Mason University
Fairfax, Virginia 22030
tel: 703-993-1290
fax: 703-993-1297
counselor

Benjamin Phillips
188 Mang Avenue

Kenmore, NY 14217
tel: 716-876-4919
e-mail:
Phillips.Benjamin–B@buffalo.va.gov
counselor

Dennis Polis
1145 Linden Avenue, Apt. 3
Glendale, CA 91201
tel: 818-845-6499
counselor

Sidney Rainey
9513 Kentstone Drive
Bethesda, MD 20817
tel: 301-564-0253
fax: 301-564-1296
facilitator, consultant

Ross Reed
3778 Friar Tuck Road
Memphis, TN 38111
tel: 901-458-8112
e-mail: DoctorReed@yahoo.com
counselor

Tj Relly
6195 Raasaf Circle
Las Cruces, NM 88005
tel: 505-523-1325
e-mail: simone@zianet.com
counselor, consultant

Susan Robbins
957 Broadway
Westville, NJ 08093
tel: 609-742-5500
e-mail: srobbins@netreach.net
counselor

Bernard Roy
396 Third Avenue, Apt. 3N
New York, NY 10016
tel: 212-686-3285
e-mail:
bernard–roy@baruch.cuny.edu
counselor, facilitator (including Socratic Dialogue), consultant

Mehul Shah
Baruch College CUNY
Department of Philosophy, Box G-1437
17 Lexington Avenue
New York, NY 10010
tel: 914-591-7488
fax: 212-387-1728
e-mail: mshah1967@aol.com
facilitator (including Socratic Dialogue)

Paul Sharkey
Box 222
Lancaster, CA 93584
tel: 805-726-0102
e-mail:

PWSHARKEY@email.msn.com
counselor, consultant

Wayne Shelton
Center for Medical Ethics
Albany Medical College
47 New Scotland Avenue, Apt. 153
Albany, NY 12208
tel: 518-262-6423
fax: 518-262-6856
e-mail: wshelton@ccgateway.amc.edu
counselor, consultant

Richard Stichler
Department of Philosophy
Alvernia College
Reading, PA 19606
tel: 610-779-6266
fax: 610-370-9163
e-mail: rnstich@aol.com
counselor, facilitator, consultant

ΑΥΣΤΡΑΛΙΑ

Stan van Hooft
Faculty of Arts
School of Social Inquiry
221 Burwood Highway
Burwood, Vic 3125
Australia
tel: 61-3-9244-3973
fax: 61-3-9244-6755
e-mail: stanvh@deakin.edu.au
facilitator

Steven Segal
35 Memorial Avenue
St. Ives 2075
Australia
tel: (Sydney) 9144-4382
counselor

ΚΑΝΑΔΑΣ

Hakam Al-Shawi
Department of Philosophy
York University
4700 Keele Street
Toronto, Ontario M3J 1P3
Canada
tel: 416-422-3987
e-mail: hacam@yorku.ca
website: www.geocities.com/HotSprings/Villa/3253
counselor

Stanley Chan
270 Old Post Road
Waterloo, Ontario N2L 5B9
Canada
tel: 519-884-5384
fax: 519-884-9210
e-mail: stanley_chan@pmh.

toronto.on.ca
counselor

Stephen Hare
473 Besserer Street
Ottawa, Ontario K1N 6C2
Canada
tel: 613-241-6717
fax: 613-241-9767
e-mail: share@ced.flora.org.
website: www.ced.flora.
org/dr-hare
counselor, facilitator

David Jopling
Department of Philosophy
York University
4700 Keele Street
Toronto, Ontario M3J 1P3
Canada
tel: 416-736-2100 ext. 77588
fax: 416-736-5114
e-mail: jopling@yorku.ca
councelor, consultant

Peter March
Department of Philosophy
St. Mary's University
Halifax, Nova Scotia B3H 3C3
e-mail: Peter.March@StMarys.ca
facilitator

Cheryl Nafziger-Leis
16 Meadowlark Road
Elmira, Ontario N3B 1T6
Canada
tel: 519-669-4991
fax: 519-669-5641
e-mail: Leis@sentex.com
counselor, consultant

Justine J. Noel and Susan M.
Turner
P.O. Box 5364
Victoria, British Columbia, V8R
6S9
Canada
tel: 250-370-9070
fax: 250-721-8728
e-mail:
jnoel@uvic.ca, sturner@uvic.ca
counselors

Peter B. Raabe
46-2560 Whiteley Court
North Vancouver, British
Columbia,
V7J 2R5
Canada
tel: 604-986-9446
e-mail:
raabe@interchange.ubc.ca
counselor

ΦΙΛΑΝΔΙΑ

Antti Mattila, M.D.
Tykistonkatu, 11 B 30
SF-00260 Helsinki
Finland
counselor

ΓΑΛΛΙΑ

Anette Prins-Bakker
43, Avenue Lulli
92330 Sceaux, France
tel: 33-014-661-0032
fax: 33-014-661-0031
e-mail: prins@aol.com
counselor, facilitator

ΓΕΡΜΑΝΙΑ

Υπάρχουν πολλοί φιλοσοφικοί σύμβουλοι στη Γερμανία. Για ενημερωμένο κατάλογο, επικοινωνήστε με International Society στο Παράρτημα Β. Εδώ παρατίθενται μερικοί.

Gerd Achenbach
Hermann-Loens Strasse 56c
D-51469 Bergisch Gladbach
Germany
tel: 49-2202-951995
fax: 49-2202-951997
e-mail:
Achenbach.PhilosophischePraxis@t-online.de
counselor

Christian Hick
Ebernburgweg 9-11
50739 Köln, Germany
tel: 49-0221-9171085
fax: 49-0221-9171086
e-mail: Christian.Hick @ Koeln.netsurf.de
counselor

Ute Maria Kraemer
Neue Linner Str. 14
47799 Krefeld
Germany
tel: 49-2151-618365
counselor

Eckart Ruschmann
P.O. Box 608
79006 Freiburg, Germany
fax: 49-761-39728
counselor

Christoph Weismüller
Am Dammsteg 59
40591 Düsseldorf
Germany
tel: 49-0211-228122
counselor

ΙΣΡΑΗΛ

Για ενημερωμένο κατάλογο, συμβουλευτείτε την Israel Society στο Παράρτημα Β. Εδώ αναφέρονται μερικοί.

Lydia Amir
The College of Management
9 Shoshana Persitz Street
Tel-Aviv, 61480
Israel
tel: 972-3-690-2091
fax: 972-3-699-0460
counselor

Ora Gruengard
43 Yehuda Hanasi Street
Tel-Aviv, 69391
Israel
tel: 972-3-641-4776
fax: 972-3-642-2439
e-mail: egone@mail.shenkar.ac.il
counselor

Ran Lahav
25 Yasmin Street
Mevasseret Zion, 90805
Israel
tel: 972-2-534-3047
e-mail:
lahavr@construct.haifa.ac.il
counselor

ΙΑΠΩΝΙΑ

Narifumi Nakaoka
Department of Philosophy
Faculty of Letters
The University of Osaka
1-5 Machikaneyama-cho,
Toyonaka-shi,
560 Japan
tel: 06-850-5662
fax: 06-850-5836
e-mail: nana@let.osaka-u.ac.jp
clinical philosophy

ΛΟΥΞΕΜΒΟΥΡΓΟ

Jean-Luc J. Thill
Conseil et Recherche
en Philosophie
10, rue du XI Septembre
L-9282 Diekirch
Luxembourg
tel: 352-80-87-44
fax: 352-80-87-45
e-mail: info@philosophie.lu
website:www.philosophie.lu
counselor

ΟΛΛΑΝΔΙΑ

Υπάρχουν πολλοί φιλοσοφικοί σύμβουλοι στην Ολλανδία. Συμβουλευτείτε την Dutch Society στο

Παράρτημα Β. Εδώ αναφέρονται μερικοί.

Dries Boele
Spaarndammerplantsoen 108
1013 XT Amsterdam
Netherlands
tel: 31-20-686-7330
counselor, facilitator (Socratic Dialogue),
consultant

Jos Delnoy
Herenstraat 52
2313 Al Leiden
Netherlands
tel: 33-71-5140964
fax: 33-71-5122819
e-mail: ledice@worldonline.nl
counselor, facilitator (Socratic Dialogue),
consultant

Ida Jongsma
Hotel de Filosoof
(Philosopher's Hotel)
Anna Vondelstraat 6
1054 GZ Amsterdam
Netherlands
tel: 31-20-683-3013
fax: 31-20-685-3750
facilitator (Socratic Dialogue),
consultant

Will Heutz
Schelsberg 308
6413 AJ Heerlen
Netherlands
tel: 31-45-572-0323
counselor

Jos Kessels
Dialogue Consultants
Nieuwe Kerkstraat 147
1018 VL Amsterdam
Netherlands
tel: 31-20-625-7036
fax: 31-20-620-0872
e-mail: dialogue@xs4all.nl
facilitators (Socratic Dialogue),
consultants

Henk Van Luijk
Michelanglostraat 62
1077 CG Amsterdam
Netherlands
tel: 31-20-675-7634
fax: 31-20-679-4709
e-mail: vanluijk@nijenrode.nl
consultant

Eite Veening
Geerten Gossaertlan 10
9721 XJ Groningen
Netherlands
tel: 31-50-272248
counselor

Yvonne Verweij
Uilenburgstraatje 10
5211 ED s-Hertogenbosch
Netherlands
tel/fax: 31-73-613-8126
counselor

Ria Vriend
Vlamingstraat 13
2011 WR Haarlem
Netherlands
tel: 31-23-531-5023
fax: 31-20-641-8970
counselor, facilitator (Socratic Dialogue)

ΝΟΡΒΗΓΙΑ

Για έναν ενημερωμένο κατάλογο, συμβουλευτείτε τη Norwegian Society, Παράρτημα Β.

Anders Lindseth
University of Tromso
N-9037 Tromso
Norway
e-mail: andersl@fagmed.uit.no
counselor

ΣΛΟΒΑΚΙΑ

Emil Visnovsky
Department of Social & Biological Communication
Slovak Academy of Sciences
Klemensova 19
813 64 Bratislava
Slovakia
tel: 00421-7-375683
fax: 00421-7-373442
e-mail: ksbkemvi@savba.sk
counselor

Pavol Vyleter
Masarykova 32
984 01 Lucenec
Slovakia
tel/fax: 00421-863-4320688
counselor

ΝΟΤΙΑ ΑΦΡΙΚΗ

Barbara Norman
Department of Education
University of Witwatersrand
WITS 2050, Johannesburg
Sout Africa
e-mail: 022bar@mentor.edcm.wits.ac.za
counselor

ΕΛΒΕΤΙΑ

Willi Fillinger
Lavaterstrasse 66
8002 Zürich

Switzerland
counselor

ΤΑΪΒΑΝ

Jess Fleming, Ph. D.
Tamkang University
Tamsui, Taipei County
Taiwan, R.O.C.
e-mail:
fleming@hpap.tku.edu.tw
counselor

ΗΝΩΜΕΝΟ ΒΑΣΙΛΕΙΟ

Emmy van Deurzen
Warden's House
33 Shore Lane
Sheffield S10 3AY
United Kingdom
tel/fax: 0114-268-4025
e-mail:
Emmy@compuserve.com
counselor

Tim LeBon
7 Ormonde Gate
Chelsea, London SW3 4EU
United Kingdom
tel: 0171-542-8912
ή
19 Irwin Road
Guildford, Surrey GU2 5PW
United Kingdom
tel: 0148-345-7893
e-mail: timlebon@aol.com
website:
http://members.aol.com/timlebon
counselor

Simon du Plock
School of Psychotherapy
& Counselling
Regent's College
Inner Circle, Regent's Park
London NW1 4Ns
United Kingdom
tel/fax: 0171-487-7406
counselor

Ermesto Spinelli
School of Psychotherapy
& Counselling
Regent's College
Inner Circle, Regent's Park
London NW1 4NS
United Kingdom
tel/fax: 0171-487-7406
counselor

ΠΑΡΑΡΤΗΜΑ Δ

ΟΔΗΓΟΣ ΠΕΡΑΙΤΕΡΩ ΜΕΛΕΤΗΣ

Βιβλία

Achenbach, Gerd, *Philosophische Praxis*, Κολονία: Jürgen Dinter, 1984.

Cohen, Elliot, *Philosophers at Work*, Νέα Υόρκη: Holt, Rinehart & Winston, 1989.

Deurzen, Emmy van, *Paradox and Passion in Psychotherapy*, Νέα Υόρκη: John Wiley & Sons, 1998.

Eakman, Beverly, *Cloning of the American Mind: Eradicating Morality through Education*, Λαφαγιέτ, Λουιζ.: Huntington House Publishers, 1998.

Ehrenwald, Jan (επιμέλεια), *The History of Psychotherapy*, Νόρθβεϊλ, Ν. Τζέρσεϊ: Jason Aronson, 1997.

Erwin, Edward, *Philoshophy and Psychotherapy*, Λονδίνο: Sage Publications, 1997.

Evans-Wentz, W. (επιμέλεια), *Tibetan Yoga and Secret Doctrines*, Λονδίνο: Oxford University Press, 1958.

Grimes Pierre, *Philosophical Midwifery*, Κόστα Μέσα, Καλιφόρνια: Hyparxis Press, 1998.

Hadot, Pierre, *Philosophy as a Way of Life*, Λονδίνο: Blackwell, 1995.

Held, Barbara, *Back to Reality: A Critique of Postmodern Theory in Psychotherapy*, Νέα Υόρκη: W. W. Norton, 1995.

Kapleau, Philip, *The Three Pillars of Zen*, Νέα Υόρκη: Doubleday, 1969.

Kennedy, Robert, *Zen Spirit, Christian Spirit*, Νέα Υόρκη: Continuum, 1997.

Kessels, Jos, *Socrates op de Markt, Filosofie in Bedriff*, Άμστερνταμ: Boom, 1997.
Koestler, Arthur, *The Ghost in the Machine*, Λονδίνο: Hutchinson, 1967.
Lahav, Ran και Tillmanns, Maria (επιμέλεια), *Essays on Philosophical Counseling*, Λάναμ, Μέριλαντ.: University Press of America, 1995.
McCullough, Chris, *Nobody's Victim: Freedom from Therapy and Recovery*, Νέα Υόρκη: Clarkson Potter, 1995.
Nelson, Leonard, *Socratic Method and Critical Philosophy*, μτφρ. Τόμας Μπράουν III, Νέα Υόρκη: Dover Publications, 1965.
Russell, Bertrand, *A History of Western Philosophy*, Νέα Υόρκη: Simon & Schuster, 1945.
Spinelli, Ernesto, *The Interpreted World*, Λονδίνο: Sage Publications, 1989.
Szasz, Thomas, *The Myth of Mental Illness*, Νέα Υόρκη: Harper & Row, 1961.
Thome, Johannes, *Psychotherapeutische Aspekte in der Plilosophie Platons*, Χίλντεσχάιμ, Ζυρίχη, Νέα Υόρκη: Olms-Weidmann *(Altertumswissenschaftliche Texte und Studien*, Τόμ. 29), 1995.
Wallraaf, Charles, *Philosophical Theory and Psychological Fact*, Τούσον: University of Arizona Press, 1961.
Wiseman, Bruce, *Psychiatry: The Ultimate Betrayal*, Λος Άντζελες: Freedom Publishing, 1995.
Woolfolk, Robert, *The Cure of Souls: Science, Values and Psychotherapy*, Σαν Φρανσίσκο: Jossey-Bass Publishers, 1998.

Λόγια περιοδικά περί φιλοσοφικής πρακτικής

Zeitschrift für Philosophische Praxis (Περιοδικό Φιλοσοφικής Πρακτικής)
Michael Schefczyk, editor
Grabengasse 27
50679 Köln
Germany
(εκδίδεται στα γερμανικά και στα αγγλικά)

Filosofische Praktijk (Φιλοσοφική Πρακτική)
Ολλανδική Εταιρεία Φιλοσοφικής Πρακτικής
(εκδίδεται στα ολλανδικά)

International Journal of Applied Philosophy
Elliot Cohen, editor
Philosophy Program
Indian River Community College
3209 Virginia Avenue
Fort Pierce, FL 33454-9003

Journal of Applied Philosophy
Society for Applied Philosophy
Carfax Publishers, Abingdon, Oxfordshire, United Kingdom

Journal of the Society for Existential Analysis
Hans W. Cohn, Simon du Plock, editors
Society for Existential Analysis
BM Existential
London WC1N 3XX
United Kingdom

Ειδικές εκδόσεις για τη φιλοσοφική πρακτική

Journal of Chinese Philosophy
Εκδότης Chung-Ying Cheng
Τόμ. 23, Αρ. 3, Σεπτέμβριος 1996
Φιλοσοφική συμβουλευτική και κινέζικη φιλοσοφία

Inquiry: Critical Thinking Across the Disciplines
Εκδότης Robert Esformes
Τόμ. 27, Αρ. 3, άνοιξη 1998
Επιλεγμένες εργασίες από την Τρίτη Διεθνή Συνδιάσκεψη Φιλοσοφικής Πρακτικής

ΠΑΡΑΡΤΗΜΑ Ε

ΣΥΜΒΟΥΛΕΥΟΜΕΝΟΙ ΤΟ ΒΙΒΛΙΟ *Ι ΤΣΙΝΓΚ*

> «Το *Ι Τσινγκ* επιμένει στην αυτογνωσία σε όλο του το περιεχόμενο. Οι μέθοδοι με τις οποίες επιτυγχάνεται είναι ανοιχτές σε κάθε είδους κακή χρήση, οπότε δεν είναι για επιπόλαια και ανώριμα μυαλά.... Είναι κατάλληλο μόνο για ανθρώπους με περίσκεψη που αρέσκονται στο να σκέπτονται το τι κάνουν και το τι τους συμβαίνει....»
>
> ΚΑΡΛ ΓΙΟΥΝΓΚ

Το *Ι Τσινγκ*, ή *Βιβλίο των Αλλαγών*, προϋπάρχει του Κομφούκιου και του Λάο Τσου. Και οι δύο αυτοί μεγάλοι φιλόσοφοι αναφέρονται σε αυτό, και ο συγγραφέας (ή οι συγγραφείς του) είναι άγνωστοι. Γεμάτο από αρχαία και ανθεκτική σοφία, το *Ι Τσινγκ* έχει παρερμηνευθεί ευρέως στη Δύση και έχει μεταφραστεί για πολλούς διαφορετικούς σκοπούς. Πολλοί το χρησιμοποιούν σαν γυάλινη σφαίρα που λέει τη μοίρα ή σαν προφητεία. Στην πραγματικότητα είναι ένας θησαυρός φιλοσοφικής γνώσης και, εάν χρησιμοποιηθεί σωστά, ένας καθρέφτης που αντικατοπτρίζει το τι πραγματικά σκέφτεστε, ακόμη και υποσυνείδητα. Η μέθοδος της επιλογής κοτσανιών από φυτά ή του στριψίματος των νομισμάτων για να κατευθυνθείτε προς ένα συγκεκριμένο τμήμα του βιβλίου δεν έχει σχέση με τη σαφή αντανάκλαση του τι βρίσκεται στην καρδιά ή το μυαλό σας – που είστε στα πρόθυρα να το μάθετε συνειδητά, μα δεν έχει ακόμη εμφανιστεί. Αυτό το παράρτημα περιγράφει με συντομία τον σωστό τρόπο να χρησιμοποιείτε νομίσματα για να κατευθυνθείτε προς κάποιο ανάγνωσμα.

Είναι αυτό το στοιχείο της αλληλεπίδρασης που έχει απορρίψει (ή επιβάλει) το *Ι Τσινγκ* ως κάτι που λέει τη μοίρα. Τα νομίσματα θα σας κατευθύνουν σε κάποιο ανάγνωσμα και, βάσει της εμπειρίας μου, το επελεγμένο κομμάτι συχνά έχει την αξιοσημείωτη ιδιότητα να απευθύνεται άμεσα στα θέματα που απασχολούν ένα συγκεκριμένο άτομο. Μερικοί πιστεύουν πως υπάρχει μία μυστικιστική σχέση μεταξύ του στριψίματος του νομίσματος και των απαντήσεων στις οποίες οδηγεί στο βιβλίο. Δεν είναι απαραίτητο να συμβαίνει αυτό. Εάν απλά ανοίγατε το βιβλίο σε μία τυχαία σελίδα, θα ήταν πιθανότερο να το ανοίξετε κάπου κοντά στο μέσο, παρά κοντά σε μία από τις δύο άκρες. Θα πετυχαίνατε τα αρχικά ή τελικά κεφάλαια με μικρότερη πιθανότητα από ό,τι τα κεντρικά. Τα νομίσματα απλώς εξισορροπούν τις πιθανότητες. Ανεξάρτητα από ποιο κεφάλαιο θα πετύχετε, το ενεργό συνειδητό μυαλό σας θα βρει κάτι χρήσιμο και με νόημα στο κείμενο, το οποίο στην πραγματικότητα αντανακλά αυτό που υποσυνείδητα θεωρείτε χρήσιμο και με νόημα. Θα υπάρξει αρμονία μεταξύ της σοφίας του και της δικιάς σας, επειδή το *Ι Τσινγκ* αντικατοπτρίζει ό,τι έχετε στην καρδιά σας.

Θα μπορούσατε επίσης να διαβάσετε το βιβλίο και να διαλέξετε ό,τι σας ταιριάζει. Μα είναι εκατοντάδες σελίδες, οπότε θα σας πάρει λίγο καιρό. Ανεξάρτητα από αυτό, κάθε κεφάλαιο είναι γεμάτο με αλήθεια. Κάθε κεφάλαιο σας προσφέρει παραπάνω από αρκετά κάθε φορά που συμβουλεύεστε το βιβλίο.

Σας προτείνω να δοκιμάσετε το *Ι Τσινγκ* με τη μέθοδο που προτείνεται παρακάτω. Προτιμώ τη μετάφραση των Wilhelm-Baynes πολύ περισσότερο από όλες τις άλλες. Είναι η μόνη που θα σκεπτόμουν ποτέ να χρησιμοποιήσω. Μα υπάρχουν πολλές εκδόσεις τις οποίες μπορείτε να να διαλέξετε στα βιβλιοπωλεία.

Το *Ι Τσινγκ* χωρίζεται σε εξήντα τέσσερα θεματικά κεφάλαια και κάθε κεφάλαιο αναγνωρίζεται από ένα εξάγραμμο, ένα σχήμα που αποτελείται από έξι γραμμές. Κάθε γραμμή είναι είτε διακεκομμένη είτε συνεχής. Οι διακεκομμένες γραμμές θεωρούνται γραμμές γιν (θηλυκές), ενώ οι συνεχείς γιανγκ (αρσενικές). Αυτός ο τρόπος κατάταξης των γραμμών μάς υπενθυμίζει ότι δεν είναι αντίθετες αλλά αλληλοσυμπληρούμενες, όπως φαίνεται στο γνωστό ταοϊστικό σύμβολο. Στην κινέζικη φιλοσοφία, η ισορροπία μεταξύ τους είναι κρίσιμη.

Υπάρχουν δύο τρόποι να διαλέξετε το εξάγραμμό σας και έτσι και το κεφάλαιο το οποίο θα συμβουλευτείτε σε οποιαδήποτε στιγμή. Ο ένας τρόπος περιλαμβάνει τη χρήση βλαστών από φυτά και είναι πιο περίπλοκος. Μπορείτε όμως να φτάσετε στο ίδιο αποτέλεσμα χρησιμοποιώντας τρία συνηθισμένα νομίσματα. Η παράδοση απαιτεί να χρησιμοποιείτε το πιο ταπεινό νόμισμα σε σχέση με την υψηλή συμβουλή που ζητάτε, οπότε εγώ χρησιμοποιώ νομίσματα του ενός σεντ (αν και οποιοδήποτε νόμισμα κάνει). Στρίψτε τα τρία νομίσματα και θα πετύχετε έναν από τέσσερις πιθανούς συνδυασμούς: τρεις κορόνες, τρία γράμματα, μία κορόνα και δύο γράμματα ή δύο κορόνες και ένα γράμματα. Συμβατικά δίνουμε στις κορόνες αξία 2 και στα γράμματα αξία 3. Προσθέστε την αξία του συνδυασμού σας (3 κορόνες=6, δύο κορόνες και ένα γράμματα=7, δύο γράμματα και μία κορόνα=8, τρία γράμματα=9). Έχετε μεταφράσει το στρίψιμο των νομισμάτων σε ένα αριθμό και τώρα μεταφράζετε τον αριθμό σε γραμμή του εξαγράμμου: Το 6 και το 8 αντιπροσωπεύει γιν (διακεκομμένη γραμμή) και το 7 και το 9 γιανγκ (συνεχή γραμμή). Κάθε γραμμή γιν και γιανγκ μπορεί να είναι επίσης «μεταβαλλόμενη» ή «μη μεταβαλλόμενη». Το 6 και το 9 είναι μεταβαλλόμενες γραμμές ενώ το 7 και το 8 είναι μη μεταβαλλόμενες.

Στρίψτε τα νομίσματα έξι φορές, και κάθε φορά σημειώστε το γιν ή το γιανγκ που πετυχαίνετε σε ένα χαρτί. Επίσης σημειώστε με αστερίσκο ή άλλο σημάδι τυχόν μεταβαλλόμενες γραμμές. Βεβαιωθείτε ότι αρχίζετε από κάτω προς τα πάνω. Το πρώτο στρίψιμο είναι η κάτω γραμμή του εξαγράμμου και η τελευταία η πάνω. Όταν το συνηθίσετε, η όλη διαδικασία θα διαρκεί ένα με δύο λεπτά.

Τζέισον

Για παράδειγμα, ο Τζέισον διέθετε εθελοντικά το χρόνο του στην υπηρεσία ενός οργανισμού στην αποστολή του οποίου πίστευε. Η υπηρεσία του αναγνωρίστηκε ως πολύτιμη και το διοικητικό συμβούλιο του οργανισμού τον κάλεσε να αναλάβει μία θέση σημαντικής υπευθυνότητας, ακόμα σε εθελοντική βάση, την οποία και ο Τζέισον αποδέχτηκε. Ο οργανισμός αναπτύχθηκε. Μα δεν ήταν όλα τα μέλη του συμβουλίου φίλοι του Τζέισον. Ένας ή δύο είχαν αντιταχθεί στο διορισμό του, πιθανότατα λόγω φθόνου ή προσωπικών προβλημάτων που αντιμετώπιζαν. Ένας από τους αντιπάλους τού Τζέισον, ας τον ονομάσουμε Τζορτζ, έβαλε να ελέγξει τον Τζέισον, χωρίς ο ίδιος να το ξέρει, ανεξάρτητος ειδήμονας στον οποίο είχε δώσει επιλεγμένα έγγραφα γύρω από τις δραστηριότητες του Τζέισον. Βασιζόμενος στα περιορισμένα στοιχεία που είχε, ο ειδικός συμπέρανε πως υπήρχε σύγκρουση μεταξύ της εθελοντικής εργασίας του Τζέισον για τον οργανισμό και των υπόλοιπων επαγγελματικών του δραστηριοτήτων. Ο Τζέισον ήθελε να διατηρήσει και τις δύο σχέσεις, και με τον οργανισμό και με το παρόν του επάγγελμα. Μα ο Τζορτζ ήθελε να παραιτηθεί ο Τζέισον από τον οργανισμό και προσπάθησε να χρησιμοποιήσει αυτή την έρευνα για να επιβάλει την παραίτησή του.

Ο Τζέισον προσπαθούσε να αποφασίσει εάν θα υπερασπιστεί τον εαυτό του έναντι της απρόκλητης επίθεσης από τον Τζορτζ ή εάν θα αντεπιτεθεί ζητώντας από το συμβούλιο να διώξει τον Τζορτζ αντί για τον ίδιο, μεταξύ άλλων πραγμάτων. Έτσι συμβουλεύτηκε το *Ι Τσινγκ* (όπως και τους φίλους του στο συμβούλιο). Αυτές είναι οι γραμμές που απέκτησε: 8, 8, 7, 7, 9, 9. Το εξάγραμμο που προκύπτει είναι σαν το παρακάτω:

Ο αστερίσκος σημειώνει γραμμές που μεταβάλλονται, ένα εννιά στην πέμπτη και ένα εννιά στην έκτη θέση.

Το εξάγραμμο είναι το νούμερο 33, το θέμα του οποίου είναι «υποχώρηση». Θα βρείτε τον αριθμό και τη θέση του εξαγράμμου στο βιβλίο συμβουλευόμενοι έναν πίνακα που υπάρχει στις περισσότερες εκδόσεις).

Μεταξύ άλλων, η «υποχώρηση» συμβούλευε:

«Η υποχώρηση σημαίνει να σώζει κανείς τον εαυτό του υπό οποιεσδήποτε συνθήκες, στις οποίες η υποχώρηση είναι σημάδι δύναμης.... Έτσι, δεν εγκαταλείπουμε απλά το πεδίο της μάχης στον αντίπαλο. Καθιστούμε δύσκολο για αυτόν να προχωρήσει δείχνοντας επιμονή σε μικρές πράξεις αντίστασης. Με αυτό τον τρόπο προετοιμαζόμαστε, ενώ υποχωρούμε, για την αντίδρασή μας».

Ο Τζέισον θεώρησε ότι αυτό σήμαινε πως δεν έπρεπε να παραιτηθεί αμέσως από τη θέση του, ότι θα έπρεπε να αντισταθεί στην κατηγορία της «σύγκρουσης συμφερόντων», μα και ότι δεν θα έπρεπε να αντεπιτεθεί στον Τζορτζ (τουλάχιστον όχι για την ώρα). Επίσης, η «υποχώρηση» παρείχε και σημαντικές συμβουλές που αφορούσαν τη στάση του Τζέισον και τη συμπεριφορά του:

«Το βουνό υψώνεται κάτω από τους ουρανούς, μα λόγω της φύσης του τελικά σταματάει κάπου. Ο ουρανός, από την άλλη, τραβιέται προς τα πάνω και παραμένει απρόσιτος. Αυτό συμβολίζει τη συμπεριφορά τού ανώτερου άντρα προς έναν ανερχόμενο υφιστάμενο. Αποσύρεται στις σκέψεις του, καθώς ο κατώτερος προχωρεί. Δεν τον μισεί, γιατί το μίσος είναι ένα είδος υποκειμενικής εμπλοκής με την οποία δεσμευόμαστε με το μισητό αντικείμενο. Ο ανώτερος άντρας δείχνει δύναμη (ουρανός) εφόσον επιφέρει στον κατώτερο ακινησία (βουνό) με την αξιοπρεπή επιφυλακτικότητά του».

Αυτό φαινόταν αρκετά ξεκάθαρο: Οι κατηγορίες του Τζορτζ δεν θα άντεχαν και πολύ μπροστά σε όλο το διοικητικό συμβούλιο, οπότε ο Τζέισον θα μπορούσε να τον νικήσει χωρίς να του αντιπαρατεθεί και χωρίς να τον μισήσει. (Παρόμοιες συμβουλές προσφέρονται στο *Κατά Ματθαίον* 5: 39 «... νά μή ἀντισταθῆτε πρός τόν πονηρόν».)

Όταν φέρετε μεταβαλλόμενες γραμμές, όπως ο Τζέισον στην πέμπτη και την έκτη θέση, τις αλλάζετε στα αντίθετά τους (γιν σε γιανγκ, γιανγκ σε γιν) και έτσι αποκτάτε ένα νέο εξάγραμμο, το οποίο αφορά την υπόθεση που ακολουθεί την παρούσα. Το εννιά αλλάζει σε οχτώ, ενώ το έξι γίνεται εφτά. Αλλάζοντας το δύο εννέα του Τζέισον σε οχτώ, το νέο του εξάγραμμο μοιάζει ως εξής:

— —
— —
——
——
— —
— —

Αυτό είναι το εξάγραμμο 62, «Υπεροχή του μικρού». Έδωσε στον Τζέισον επιπρόσθετες συμβουλές για τη συνέχιση της σχέσης με τον οργανισμό:

«Η εξαιρετική μετριοφροσύνη και η ευσυνειδησία είναι καταδικασμένες να αμειφθούν με την επιτυχία, αν και, για να μην υποβιβάσει κάποιος τον εαυτό του, είναι σημαντικό να μη γίνουν απλή αβρότητα και υποταγή, μα να συνδυάζονται πάντα με τη σωστή αξιοπρέπεια στην προσωπική συμπεριφορά. Πρέπει να καταλάβουμε τις απαιτήσεις του καιρού για να βρούμε το απαραίτητο αντιστάθμισμα στα ελαττώματα και τις απώλειες».

Έτσι το *Ι Τσινγκ* βοήθησε τον Τζέισον να συντηρήσει τη σχέση του με τον οργανισμό και να αποκρούσει την κακή συμπεριφορά άλλων χωρίς να προκαλέσει περαιτέρω εκδίκηση.

Όταν συμβουλεύεστε το *Ι Τσινγκ*, σκεφτείτε καλά το κείμενο που σας έτυχε για να ανακαλύψετε τη σοφία που κρύβει για σας στη συγκεκριμένη περίπτωσή σας. Όταν ικανοποιηθείτε με τις αρχικές σας τουλάχιστον εντυπώσεις, εκεί υπεισέρχονται οι μεταβαλλόμενες και μη μεταβαλλόμενες γραμμές. Αυτό είναι άλλωστε το *Βιβλίο των Αλλαγών*, και αυτό το κομμάτι είναι σημαντικό. Εάν δεν έχετε μεταβαλλόμενες γραμμές σημαίνει πως η κατάστασή σας είναι σταθερή για την ώρα. Από την άλλη, εάν έχετε μόνο μεταβαλλόμενες γραμμές, σημαίνει ότι σας συμβαίνουν πολλά πράγματα. Πιο συχνά πέφτετε κάπου ενδιάμεσα (όπως ο Τζέισον). Δεν υπάρχει απόλυτο χρονοδιάγραμμα σε κάθε περίπτωση, οι αλλαγές μπορεί να συμβούν τώρα ή την άλλη εβδομάδα ή σε πέντε χρόνια. Θα καταλάβετε τι σημαίνει για εσάς. Εσείς καθορίζετε το ρυθμό των αλλαγών. Κάθε κεφάλαιο έχει επιπλέον ειδικό σχολιασμό για κάθε μεταβαλλόμενη γραμμή.

Κάθε εξάγραμμο είναι πιθανό να μετατραπεί σε κάποιο άλλο. Συμβολικά, αυτό φτάνει στον πυρήνα αυτής της φιλοσοφίας: Κάθε κατάσταση μπορεί να μετατραπεί σε κάποια άλλη. Πρακτικά αυτό σημαίνει ότι το *Ι Τσινγκ* δεν απευθύνεται σε 64 συγκεκριμένες περιπτώσεις, μα σε πολύ περισσότερες από αυτές. Μέσα σε κάθε εξάγραμμο υπάρχουν 64 πιθανοί συνδυασμοί μεταβαλλόμενων και μη μεταβαλλόμενων γραμμών (δηλαδή, καθόλου μεταβαλλόμενες, μόνο μεταβαλλόμενες και κάθε ενδιάμεσος πιθανός συνδυασμός). Υπάρχουν επίσης 64 διαφορετικά εξάγραμμα, οπότε πολλαπλασιάζοντας 64 επί 64, έχουμε 4.096 πιθανές καταστάσεις. Επιπλέον κάθε εξάγραμμο με μεταβαλλόμενες γραμμές (οποιαδήποτε από τις 4.032 μεταβαλλόμενες καταστάσεις) μπορεί να αλλάξει σε οποιοδήποτε άλλο εξάγραμμο (64 πιθανές καταστάσεις). Έτσι το *Ι Τσινγκ* καλύπτει ένα σύνολο 4.032 επί 64, ή 258.048 πιθανές καταστάσεις. (Σε αντίθεση, το καθημερινό ωροσκόπιο καλύπτει μόνο δώδεκα.)

Το *Ι Τσινγκ*, όπως και η κινέζικη φιλοσοφία γενικότερα, δεν εξαρτάται από τη μοίρα. Είναι ιδανικό στο να εκμεταλλεύεται στο έπακρο κάθε δεδομένη κατάσταση. Από τη μεριά σας πρέπει να συγκεντρωθείτε στις παρούσες καταστάσεις και αυτός είναι συνάμα ο πιο σοφός τρόπος να τις αντιμετωπίσετε. Το παρόν σας θα γίνει ένα μέρος πολλών πιθανών μελλοντικών εξελίξεων, αλλά μπορείτε να προκαλέσετε επιθυμητά αποτελέσματα και να αποφύγετε ανεπιθύμητα με το να αναλάβετε ευθύνη και να γίνετε συνετοί. Το τι σκέφτεστε, λέτε ή κάνετε, εξαρτάται από εσάς. Το *Ι Τσινγκ* σας οδηγεί στο να μεταβείτε από μία κακή κατάσταση σε μία καλή, ή από μία καλή σε μία καλύτερη, και σας βοηθάει να αποφύγετε να μεταβείτε από μία κακή κατάσταση σε μία χειρότερη. Λάβετε υπόψη αυτό το κομμάτι από το εξάγραμμο 15, «Μετριοφροσύνη»:

«Το πεπρωμένο των ανθρώπων υπόκειται σε αμετάβλητους νόμους που πρέπει να εκπληρώνονται. Μα ο άνθρωπος έχει τη δύναμη να μορφοποιεί την τύχη του, σύμφωνα με το πώς η συμπεριφορά του τον εκθέτει στην επιρροή καλοπροαίρετων ή καταστροφικών δυνάμεων».

Εκεί που το μεγαλύτερο μέρος της δυτικής φιλοσοφίας ξεκινάει από την κοινή λογική και καταλήγει στο παράδοξο, μεγάλο μέρος της κινέζικης φιλοσοφίας ξεκινάει από το παράδοξο και καταλήγει στην κοινή λογική.

Αφού ρίξετε τα νομίσματα και διαβάσετε το κομμάτι που προκύπτει, μπορεί να εκπλαγείτε από το πόσο εφαρμόζεται ειδικά σε αυτό που σας απασχολεί, όπως συνέβη με τις περιπτώσεις της Σάρας και του Τζέισον. Δεν έχω κάποια εξήγηση για το πώς αυτό το βιβλίο πατάει πάντα τα σωστά κουμπιά στον καθένα, μα αποδέχομαι το αποτέλεσμα ευχαρίστως. Πείτε με μυστικιστή πραγματιστή. Ο Γιουνγκ το αποκαλούσε «συγχρονισμό», μία μη τυχαία ανταπόκριση μεταξύ δύο φαινομενικά μη συνδεόμενων ακολουθιών γεγονότων. Ψάχνετε για συμβουλή, ρίχνετε τα νομίσματα και το *Ι Τσινγκ* σας καθοδηγεί σαν ειδικός, μα καθαρά τυχαία. Δεν εξηγείται επακριβώς, αλλά αποδίδει. Ο Χιουμ πίστευε πως η «τύχη» είναι μια χυδαία λέξη, που εκφράζει απλώς την αμάθειά μας. Η αξιοπιστία του *Ι Τσινγκ* αποδεικνύει ότι ο Χιουμ είχε δίκιο.

Μπορεί να οδηγηθείτε σε κάποιο εξάγραμμο, η συμβουλή τού οποίου να μην είναι ξεκάθαρη. Σε οποιαδήποτε περίπτωση, σκοπός είναι να χρησιμοποιήσετε αυτό που διαβάσατε σαν εφαλτήριο για περισυλλογή. Ο Πλάτωνας θα το ενέκρινε: Η γνώση ήδη υπάρχει μέσα σας, αν και μπορεί να χρειαστείτε λίγη βοήθεια για να την αποκαλύψετε.

Βλέπω το *Ι Τσινγκ* σαν παράθυρο που σας δίνει τη θέα αυτού που πραγματικά σκέφτεστε για καθετί. Οι ψυχαναλυτές και οι ψυχολόγοι έχουν και αυτοί τα παράθυρά τους, για να κοιτούν στο μυαλό σας. Οι φροϊδικές τεχνικές ελεύθερου ταιριάσματος λέξεων (ο αναλυτής λέει μία λέξη και εσείς απαντάτε με την πρώτη λέξη που σας έρχεται στο μυαλό) και η ερμηνεία των ονείρων είναι δύο τρόποι για να προσεγγίσετε τις βαθύτερες σκέψεις και τα συναισθήματά σας. Αυτό μπορεί να γίνει και μη φραστικά, όπως με τα τεστ Rorschach (κουκκίδες μελάνης). Το να συμβουλευτείτε το *Ι Τσινγκ* είναι ένας φιλοσοφικός τρόπος να ψαρέψετε στα βαθιά αυτά νερά. Μα αντί να βρει κάτι στραβό σ' εσάς, σας βοηθάει να κάνετε το σωστό. Και από αυτό προκύπτει τεράστια διαφορά.